はしがき（令和2年12月改訂）

　個人住民税と個人事業税の税額は、原則として、所得税の確定申告書（「住民税・事業税に関する事項」に付記されたものを含む。）の内容を基礎として通知される。そのため、所得金額や税額計算過程を検証することもなく、通知を受けた税額を納付する（又は特別徴収される）だけの方もおられると思う。

　しかし、所得税の取扱いと個人住民税又は個人事業税の取扱いは必ずしも全てが同じではない上、所得税で2以上の制度から選択適用する際のその選択の結果が、個人住民税や個人事業税の税額に影響を与えるケースもある（例えば、特別償却と特別税額控除の選択による住民税額や事業税額への影響、住宅ローン控除と特定増改築等住宅ローン控除の選択と所得税での控除不足額の住民税控除の可否など）。さらに、平成29年度の税制改正大綱において、上場株式等に係る配当等に関し、所得税と個人住民税で異なる課税方式を選択できることが明確化されたため、今後は、国民健康保険等の保険料負担を踏まえ、所得税の申告とは別に個人住民税の申告を行うケースが増大することであろう。

　そこで本書は、個人の所得に対する税金、すなわち、所得税、個人住民税及び個人事業税を一覧し、それらの取扱いの概要や差異等が一目でわかることを目的として作成したものである（次葉の「はしがき（初版）」参照）。

　今回の改訂（第15回）では、寡婦控除の改正とひとり親控除の創設、国外中古建物の不動産所得に係る損益通算の特例（令和3年分から適用）、配偶者居住権等の消滅対価に関する取扱い、低未利用土地等を譲渡した場合の長期譲渡所得の特別控除の創設など令和2年度改正を踏まえたものとした。また、平成30年度改正で令和2年分から適用される給与所得控除、公的年金等控除、所得金額調整控除、基礎控除等の改正内容を充実させ、さらに新型コロナウイルス感染症緊急経済対策における税制上の各種措置も取り入れた。

　本書は、確定申告相談等の際の携帯に便利であるよう、できるだけコンパクトなものとしている。税務関係の仕事に携わる皆様方にとって、本書が便利で使い勝手のよいものとして携帯していただき、機会あるごとに参照していただくなど御活用いただければ幸いである。

　これまでの改訂の都度、地方税の職員の方や税理士の皆様から数多くの御意見を頂戴した。御意見はできるだけ取り入れたつもりではあるが、まだまだ改善すべき点も多い。お気付きの点について今後も御意見をお寄せいただければありがたい。

　最後に、今回の改訂版の編集・発行についても、大蔵財務協会の編集局の皆様方に大変お世話になった。この紙面を借りて心から感謝を申し上げたい。

令和2年11月

著　者

は　し　が　き（初版）

　ある市役所から電話があり、「先生、退職金の税金を払いすぎていませんか。」と言われた。調べてみると、退職金に対する住民税を10％多く支払っていることが判明した。退職金に対する課税については、勤続年数に応じた退職所得控除額を控除して、その2分の1に課税されることは承知していた。所得税は、この2分の1の金額に所得税率を乗じればよい。しかし、恥ずかしながら住民税について、2分の1の金額に住民税の税率を乗じた後、さらに90％を乗じることは知らなかった。税理士としてケアレスミスである。幸いなことに、市役所からの電話で10％分は還付され、事なきを得たが冷汗をかいた。住民税をよく勉強しなくてはいけないと痛感したことが、本書を企画したきっかけである。

　さらに、税理士業務の中で、住民税のことが調べにくいと感じることが多い。例えば、「個人の所得800万円に対して、税金はいくらですか。」と聞かれることがある。所得税はすっと算出できる。住民税は、道府県民税がいくらで、市町村民税がいくらである。そーだ、定率減税があるので、それを控除して3つの税額を足して「いくらになります。」と答えることになる。3つの税金をいっぺんに書いてある書物には出会ったことがない。これは多分、所得税の実務書が国税当局の方の書くものが普及しており、住民税のことは書いてあっても、別項目で記載していることが多く、所得税と住民税をまとめて記載する場面が少なかったからではないかと感じていた。

　そこで本書は、個人の所得に対する税金、すなわち所得税、住民税（道府県民税・市町村民税）、事業税を一覧できるようにまとめあげた。個人の所得に関する課税標準は、基本的には所得税、住民税、事業税とも同じであるのだから、それに課税される税金をまとめて書くよう心掛けた。あるいは、同じ所得に対しても、課税方式などが異なるところをはっきり分かるように書こうということで、本書をまとめている。

　この本が、公認会計士、税理士、国税・地方税の税務職員など税金の実務に携わる方々に参考にしていただく、ガイドブックという名称にさせていただいた。税金の仕事に携わる方々の手元に置き、辞書代わりに使っていただくなど、皆様のお役に立てれば幸いである。内容については、不備なところも多いと思うが、御意見などをお寄せいただければありがたいと思っている。

　最後に、本書の出版に当たり、大蔵財務協会の編集局の皆様のお世話になり、御尽力いただいたことにお礼を申し上げたい。

平成17年12月

　　　　　　　　　　　　　　　　　　　　　　　　　　　　　著　者

《本書を利用するに当たって》

(1) 取り上げた項目及び内容について

本書は、税理士等が所得税、住民税、事業税についての質問等を受けた際、その場で概要を回答するための参考資料とすることを目的と作成したものであり、次の点にご留意願いたい。

ア　所得税、住民税、事業税について、全ての内容を網羅したものではなく、実務上、頻度が高いものについて、その概要を記載するに留めている。

イ　税法や通達の取扱いについて、一般的な事項を表形式等によりまとめたものもあり、必ずしも詳細な事項まで記載していない。

したがって、詳細事項については、再度、条文・通達や他の参考文献を当たっていただきたい。

(2) 収入金額、必要経費等について

収入金額、必要経費等については、所得区分ごとに記載しており、各所得に共通する必要経費（例えば、減価償却資産の償却、専従者給与等）は、「事業所得」の項目に記載している。掲載箇所については、目次や索引を活用し

ていただきたい。

(3) 給与所得の金額について

給与所得の金額は、その年中の給与等の収入金額が660万円未満である場合には、別表第五「年末調整等のための給与所得控除後の給与等の金額の表（第28条、第190条関係）」を用いて給与所得控除後の給与等の金額を求めることになっているが（所法28④）、一定の算式により求めることもできるので、本書ではその算式等を記載することとし、別表第五の掲載を省略している（P.160参照）。

(4) 所得税・住民税・事業税の取扱いの差異について

「所得税と住民税」及び「所得税と事業税」の取扱いが相違する事項については、「所得税と住民税（所得割）の主な相違点」（P.435参照）及び「所得税（事業所得・不動産所得）と事業税の主な相違点」（P.436参照）にその概要を記載するとともに、各項目ごとの記載の中に随時折り込んでいる。

《凡　例》

本書の文中等における主な引用条文の略称は次のとおりである。

1　法令

所法	所得税法
所令	所得税法施行令
所規	所得税法施行規則
措法	租税特別措置法
措令	租税特別措置法施行令
措規	租税特別措置法施行規則
地法	地方税法
地令	地方税法施行令
地規	地方税法施行規則
災害減免法	災害被害者に対する租税の減免、徴収猶予等に関する法律
震災税特法	東日本大震災の被災者等に係る国税関係法律の臨時特例に関する法律
復興財確法	東日本大震災からの復興のための施策を実施するために必要な財源の確保に関する特別措置法

新型コロナ税特法	新型コロナウイルス感染症等の影響に対応するための国税関係法律の臨時特例に関する法律
抜本改革法	社会保障の安定財源の確保等を図る税制の抜本的な改革を行うための消費税法等の一部を改正する等の法律

2　通達又は通知

所基通	所得税基本通達
措通	租税特別措置法通達
取扱通知(県)	地方税法の施行についての取扱について(道府県関係)
取扱通知(市)	地方税法の施行についての取扱について(市町村関係)

〈例〉　所得税法第1条第1項第1号イ……所法1①一イ

（注）　本書は、令和2年10月20日現在の法令、通達によっている。

目　　次

一　納税義務者と納税地 ………………………………………………………1

1　個人の納税義務者 …………………………………………………………1

2　非居住者に対する課税 ……………………………………………………2

 ☞　参考　税条約上の PE の定義と異なる場合の調整規定等の整備

  （平31.1.1以降）………………………………………………………4

 ☞　参考　非居住者に対する課税（平28.12.31以前）………………6

 ☞　参考　短期滞在者免税（183日ルール）………………………………6

 ➡住民税（前年中に非居住者期間を有する場合）…………………………7

（1）国家（地方）公務員の取扱い　（2）住所に関する推定規定　（3）国内に居住
する者の非永住者等の区分

3　納税地 ………………………………………………………………………8

（1）原則　（2）特例　（3）納税地の指定

 ➡住民税（納税義務者）……………………………………………………9

 ☞　参考　住民税における住所認定の基準………………………………11

 ◐事業税（納税義務者）……………………………………………………13

 ◐事業税（納税地）…………………………………………………………13

 ☞　参考　「事業税に関する欄」に記載する非課税所得番号等について ………14

二　非課税所得と免税所得 ……………………………………………………15

1　非課税所得…………………………………………………………………15

（1）所得税法及び租税特別措置法の規定によるもの　（2）他の法律の規定によ
るもの（主なもの）

 ☞　参考　新型コロナウイルス感染症等の影響に関連して国等から支給され
  る主な助成金等の課税関係 …………………………………………19

 ☞　参考　生命保険金等の課税関係 ………………………………………20

 ➡住民税（非課税所得と人的非課税）……………………………………20

 ☞　参考　住民税給与所得控除・公的年金等控除から基礎控除への振替に伴
  う調整（令3年度以後）……………………………………………21

 ☞　参考　同一生計配偶者とは ……………………………………………22

2　免税所得（肉用牛の売却による農業所得）……………………………22

（1）意義　（2）免税額　（3）手続

 ☞　参考　非課税所得と免税所得の取扱いの差異………………………23

三　所得の帰属、計算等に関する通則 ………………………………………24

1　所得の種類と計算式………………………………………………………24

2　青色申告……………………………………………………………………24

 ☞　参考　青色申告の特典 …………………………………………………25

3　所得の帰属…………………………………………………………………25

— 1 —

4 信託課税‥‥‥‥‥‥‥‥‥‥‥‥‥‥‥‥‥‥‥‥‥‥‥‥‥‥‥‥‥‥‥‥‥‥27
　(1) 信託に係る取扱いの概要　(2) 信託に係る個人の納税義務の取扱い
5 信託財産に係る利子等の源泉徴収額の調整‥‥‥‥‥‥‥‥‥‥‥‥‥‥‥‥32
6 外貨建取引の換算等‥‥‥‥‥‥‥‥‥‥‥‥‥‥‥‥‥‥‥‥‥‥‥‥‥‥33
　(1) 内容　(2) 外貨建取引とは　(3) 外国為替の円換算　(4) 国外で業務を行
う者の損益計算書等に係る外貨建取引の換算
　　　参考　為替差損益の認識の要否‥‥‥‥‥‥‥‥‥‥‥‥‥‥‥‥‥‥34

四　利子所得 ‥‥‥‥‥‥‥‥‥‥‥‥‥‥‥‥‥‥‥‥‥‥‥‥‥‥‥‥‥‥‥35

1 意義‥‥‥‥‥‥‥‥‥‥‥‥‥‥‥‥‥‥‥‥‥‥‥‥‥‥‥‥‥‥‥‥‥35
2 所得金額の計算‥‥‥‥‥‥‥‥‥‥‥‥‥‥‥‥‥‥‥‥‥‥‥‥‥‥‥35
3 所得分類のポイント‥‥‥‥‥‥‥‥‥‥‥‥‥‥‥‥‥‥‥‥‥‥‥‥‥35
4 課税方法（復興特別所得税を含む。）‥‥‥‥‥‥‥‥‥‥‥‥‥‥‥‥‥36
　(1) 上場株式等に係る利子等　(2) 一般株式等に係る利子等　(3) その他の利
子等
5 非課税‥‥‥‥‥‥‥‥‥‥‥‥‥‥‥‥‥‥‥‥‥‥‥‥‥‥‥‥‥‥‥38
　(1) 障害者等利子所得の非課税制度　(2) その他
6 収入計上時期‥‥‥‥‥‥‥‥‥‥‥‥‥‥‥‥‥‥‥‥‥‥‥‥‥‥‥39

五　配当所得 ‥‥‥‥‥‥‥‥‥‥‥‥‥‥‥‥‥‥‥‥‥‥‥‥‥‥‥‥‥‥‥40

1 意義‥‥‥‥‥‥‥‥‥‥‥‥‥‥‥‥‥‥‥‥‥‥‥‥‥‥‥‥‥‥‥‥‥40
2 所得金額の計算‥‥‥‥‥‥‥‥‥‥‥‥‥‥‥‥‥‥‥‥‥‥‥‥‥‥‥40
3 所得分類のポイント‥‥‥‥‥‥‥‥‥‥‥‥‥‥‥‥‥‥‥‥‥‥‥‥‥40
4 収入計上時期‥‥‥‥‥‥‥‥‥‥‥‥‥‥‥‥‥‥‥‥‥‥‥‥‥‥‥41
5 元本取得に要した負債の利子の計算‥‥‥‥‥‥‥‥‥‥‥‥‥‥‥‥‥‥42
6 課税方法‥‥‥‥‥‥‥‥‥‥‥‥‥‥‥‥‥‥‥‥‥‥‥‥‥‥‥‥‥‥42
　(1) 配当等（下記(2)の配当等を除く。）（復興特別所得税を含む。）　(2) 私募（国外
私募）公社債等運用投資信託等の収益の分配に係る配当等又は国外投資信託等
の配当等（復興特別所得税を含む。）
　　　参考　上場株式等の配当等の範囲‥‥‥‥‥‥‥‥‥‥‥‥‥‥‥‥‥44
　　　参考　特定上場株式等の配当等の課税方法の選択‥‥‥‥‥‥‥‥‥‥45
　　　参考　所得税と違う課税方法を選択する際の留意事項（住民税）‥‥‥46
　　　参考　特定年間取引報告書のうち配当関係の内訳欄の記載内容‥‥‥‥47
　　　参考　NISA制度の見直し‥‥‥‥‥‥‥‥‥‥‥‥‥‥‥‥‥‥‥‥49
7 申告不要となる配当の有利選択（復興特別所得税を含む。）‥‥‥‥‥‥‥52
　(1) 特定上場株式等の配当等（個人大口株主を除く。）の場合　(2) 非上場株式
等に係る少額配当（年10万円相当以下）（復興特別所得税を含む。）の場合
8 みなし配当‥‥‥‥‥‥‥‥‥‥‥‥‥‥‥‥‥‥‥‥‥‥‥‥‥‥‥‥‥54
　(1) 意義　(2) 所得計算の例　(3) ケースによるみなし配当と有価証券の譲渡
損益の関係　(4) 無対価組織再編に係るみなし配当の認識　(5) みなし配当の

— 2 —

不適用

六　不動産所得 ……………………………………………………58

1　意義 ………………………………………………………………58
2　所得金額の計算 …………………………………………………58
3　所得分類のポイント ……………………………………………58
4　事業的規模と事業的規模以外 …………………………………59
　(1)　不動産貸付けが事業的規模か否かによる主な取扱いの差異　(2)　事業的規模かどうかの判定
　　◯事業税（不動産貸付業・駐車場業）…………………………60
　　☞ 参考　東京都における認定基準 ……………………………61
5　収入金額 …………………………………………………………62
　(1)　収入の帰属　(2)　収入計上時期　(3)　定期借地権設定による保証金等の経済的利益　(4)　収入金額とされる保険金等
　　☞ 参考　賃貸料収入の貸付期間対応額の収入計上（昭48直所2－78）…………63
6　必要経費 …………………………………………………………64
　(1)　必要経費区分のポイント　(2)　生命保険契約（業務用資産の取得に伴う借入金の担保としての保険契約）の保険料　(3)　マンション管理組合に支払った修繕積立金　(4)　一定の賃貸住宅の割増償却
　　☞ 参考　資本的支出・修繕費の判断（不動産所得関係）…………………67
7　税額計算・損益通算等 …………………………………………69
　(1)　臨時所得の平均課税　(2)　損益通算の特例
　　◯事業税（土地等を取得するための負債利子・特定組合員又は特定受益者の
　　　不動産所得の損失の取扱い）……………………………………72
　　☞ 参考　国外中古建物の不動産所得に係る損益通算等の特例（令和3年分
　　　以後）……………………………………………………………72

七　事業所得 ………………………………………………………75

1　意義 ………………………………………………………………75
2　所得金額の計算 …………………………………………………75
3　所得分類のポイント ……………………………………………75
4　リース取引 ………………………………………………………77
5　収入計上時期 ……………………………………………………78
　(1)　原則　(2)　収入及び費用の帰属時期に関する特例
　　☞ 参考　弁護士の着手金、歯科医の歯列矯正料の計上時期 ………79
6　収入計上額 ………………………………………………………79
7　必要経費 …………………………………………………………81
　(1)　原則と例外　(2)　債務確定基準
8　家事費、家事関連費等 …………………………………………81
9　租税公課 …………………………………………………………82

— 3 —

(1) 取扱区分 (2) 必要経費算入時期（所基通37－6、37－7） (3) 利子税の必要経費算入額

> **☞ 参考　相続等に係る業務用資産の固定資産税等の取扱い**………………83

10　損害賠償金等…………………………………………………………………84
11　違約金等………………………………………………………………………85
12　海外渡航費……………………………………………………………………85
13　棚卸資産の評価………………………………………………………………86
(1) 原則 (2) 損傷等した棚卸資産の評価 (3) 暗号資産の評価

> **☞ 参考　新型コロナ関連で事業用資産に生じた災害による損失等の取扱い**…87

14　減価償却資産の償却…………………………………………………………88
(1)　減価償却資産…………………………………………………………………88
(2)　減価償却の対象とされない資産……………………………………………89
(3)　少額の減価償却資産の取扱い………………………………………………89
(4)　美術品等の取扱い……………………………………………………………91
(5)　減価償却資産の償却方法（平19.3.31以前取得分）………………………92
(6)　減価償却資産の残存価額……………………………………………………93
(7)　減価償却資産の償却方法（平19.4.1以後取得分）…………………………94

> **☞ 参考　リース取引に関する償却方法**…………………………………96
> 　　　　　（平成20年3月31日以前の契約の場合）
> 　　　　　（平成20年4月1日以後の契約の場合）

(8)　減価償却資産の取得価額……………………………………………………96
(9)　資本的支出を行った場合……………………………………………………97

> **☞ 参考　賃貸用中古物件を取得した場合の建物と建物附属設備の区分方法**…98
> **☞ 参考　同一年分において資本的支出を2回行った場合の取扱い**……………99

(10)　償却費の計算方法……………………………………………………………100

> **☞ 参考　減価償却資産の償却率、改定償却率及び保証率の表**……………103
> **☞ 参考　平成24年分において定率法を選定した場合の償却率と経過措置**…104

(11)　耐用年数………………………………………………………………………104
ア　新規取得資産の耐用年数　イ　中古資産の耐用年数　ウ　その他の場合

> **☞ 参考　耐用年数表（主な有形減価償却資産）**………………………105
> **☞ 参考　耐用年数表（無形減価償却資産）**……………………………113

(12)　特殊な償却費の計算…………………………………………………………114
ア　年の中途から（まで）業務の用に供した資産等の償却費の計算　イ　償却方法を変更した場合の償却費（5年間の均等償却を除く。）の計算　ウ　一部取壊し等をした資産の償却費の計算　エ　資本的支出があった場合の償却費の計算　オ　非業務用資産を業務用に転用した場合の償却費の計算

(13)　償却方法の選定・変更………………………………………………………116
ア　償却方法の選定　イ　償却方法のみなし選定　ウ　法定償却　エ　償却方法の変更

(14)　少額の減価償却資産の取得価額の必要経費算入…………………………117

— 4 —

⒂ 一括償却資産の必要経費算入の特例 ……………………………117

　　🖝 参考　一括償却資産の取扱い（所基通49―40の２、３、国税庁質疑応答事
　　　　例）……………………………………………………………………117
⒃ 中小事業者の少額減価償却資産の取得価額の必要経費算入の特例 …………117
　　🖝 参考　新たな減価償却資産の取得とされる資本的支出（平成19．４．１以後
　　　　の支出）についての各特例の適用の有無 …………………………118
　　🖝 参考　償却資産税の課税対象（地法341四、地令49）……………………118
⒄ 特別償却、割増償却 ……………………………………………………118
　　ア　中小事業者が機械等を取得した場合の特別償却　イ　医療用機器等の特
　　別償却　ウ　その他の特別償却等　〔震災税特法における特別償却〕
15 繰延資産の償却 ……………………………………………………………121
　⑴ 繰延資産の内容　⑵ 償却方法　⑶ 分割払の繰延資産の償却　⑷ 少額
　繰延資産の必要経費算入　⑸ その他の取扱い
　　🖝 参考　繰延資産の償却期間（所基通50―３）………………………124
16 資本的支出と修繕費 ………………………………………………………125
　⑴ 内容及び取扱い　⑵ 資本的支出・修繕費に該当するもの　⑶ ソフトウ
　エアに係る資本的支出と修繕費　⑷ 少額費用等の必要経費算入　⑸ 災害の
　復旧費用の必要経費算入　⑹ 機能復旧補償金による固定資産の取得又は改良
　⑺ 耐用年数を経過した資産についてした修理、改良等　⑻ 損壊した賃借資
　産等に係る修繕費　⑼ 形式基準による区分
17 借地権等の更新料 …………………………………………………………130
18 資産損失 ……………………………………………………………………130
　⑴ 損失金額の計算　⑵ 損失金額の取扱い　⑶ 原状回復費用の支出と資本
　的支出を同時に行った場合の取扱い　⑷ スクラップ化している資産の譲渡損
　失　⑸ 有姿除却　⑹ 親族の有する固定資産について生じた損失
　　🖝 参考　資産損失と消費税 ……………………………………………132
19 貸倒損失 ……………………………………………………………………132
　⑴ 貸倒損失の取扱い　⑵ 必要経費に算入する貸倒損失等　⑶ 貸倒れに係
　る具体的判断　⑷ 事業廃止後に生じた貸倒損失等
20 貸倒引当金 …………………………………………………………………133
　⑴ 貸倒引当金繰入額　⑵ 個別評価貸金等　⑶ 一括評価貸金
21 生計を一にする親族に支払う対価 ………………………………………135
　⑴ 原則　⑵ 青色事業専従者給与・事業専従者控除の特例　⑶ ２以上の事
　業に従事した場合の事業専従者給与等の必要経費算入額の計算
　　🖝 参考　消費税の取扱い ………………………………………………136
　　➡住民税・➡事業税（青色事業専従者給与の取扱い）………………137
　　➡住民税・➡事業税（事業専従者控除の取扱い）……………………138
22 青色申告特別控除 …………………………………………………………138
　　➡住民税（所得税の申告義務のない者が住民税の申告のみを行う場合の青色
　　　申告特別控除）……………………………………………………………140

— 5 —

　　　　❏事業税（青色申告特別控除の取扱い）‥‥‥‥‥‥‥‥‥‥140
　23　社会保険診療報酬の必要経費の特例 ‥‥‥‥‥‥‥‥‥‥‥‥‥140
　　⑴　内容　⑵　適用要件　⑶　必要経費の区分
　　　　❏事業税（社会保険診療報酬の取扱い）‥‥‥‥‥‥‥‥‥‥142
　24　家内労働者等の必要経費の特例 ‥‥‥‥‥‥‥‥‥‥‥‥‥‥142
　25　任意組合等の組合員の所得計算 ‥‥‥‥‥‥‥‥‥‥‥‥‥‥143
　　⑴　所得計算の方法　⑵　損益の帰属時期
　26　匿名組合の組合員の所得計算 ‥‥‥‥‥‥‥‥‥‥‥‥‥‥‥144
　27　有限責任事業組合の事業に係る組合員の事業所得等の所得計算の特例 ‥‥‥144
　　⑴　有限責任組合（LLP）課税の概要　⑵　複数の組合契約を締結している場
　　合　⑶　有限責任事業組合の個人組合員への損益の帰属時期　⑷　確定申告書
　　への明細書の添付
　　　　☞　参考　有限責任事業組合における消費税の取扱い ‥‥‥‥‥147
　28　不動産業者等の土地の譲渡等の課税の特例（平10.1.1～令5.3.31適用なし）‥‥‥147
　　⑴　内容　⑵　土地等に係る事業所得等の金額　⑶　土地等に係る課税事業所
　　得等の金額に対する税額
　　　　❏事業税（不動産業者等の土地の譲渡等の課税の特例）‥‥‥‥148
　29　消費税等の処理 ‥‥‥‥‥‥‥‥‥‥‥‥‥‥‥‥‥‥‥‥‥148
　　⑴　税込経理方式の場合　⑵　税抜経理方式の場合　⑶　消費税のみなし仕入
　　率（簡易課税制度選択者）
　　　　☞　参考　被相続人に係る消費税等の取扱い（税込経理方式の場合）‥‥‥149
　　　　☞　参考　平成27.3.31以前開始の課税期間におけるみなし仕入率 ‥‥‥152
　30　消費税率の段階的引上げとその経過措置 ‥‥‥‥‥‥‥‥‥‥152
　　⑴　消費税・地方消費税の引上げ ‥‥‥‥‥‥‥‥‥‥‥‥‥‥152
　　⑵　経過措置 ‥‥‥‥‥‥‥‥‥‥‥‥‥‥‥‥‥‥‥‥‥‥152
　　　　☞　参考　消費税の軽減税率制度（平28法律第15号）‥‥‥‥‥155

八　給与所得 ‥‥‥‥‥‥‥‥‥‥‥‥‥‥‥‥‥‥‥‥‥‥‥‥‥158
　1　意義 ‥‥‥‥‥‥‥‥‥‥‥‥‥‥‥‥‥‥‥‥‥‥‥‥‥‥158
　2　所得金額の計算 ‥‥‥‥‥‥‥‥‥‥‥‥‥‥‥‥‥‥‥‥‥158
　3　所得金額調整控除 ‥‥‥‥‥‥‥‥‥‥‥‥‥‥‥‥‥‥‥‥158
　4　所得分類のポイント ‥‥‥‥‥‥‥‥‥‥‥‥‥‥‥‥‥‥‥159
　5　給与所得控除額 ‥‥‥‥‥‥‥‥‥‥‥‥‥‥‥‥‥‥‥‥‥159
　　　　☞　参考　給与所得の速算表 ‥‥‥‥‥‥‥‥‥‥‥‥‥‥160
　　　　☞　参考　給与所得控除の上限の引下げ ‥‥‥‥‥‥‥‥‥162
　　　　☞　参考　パート収入で本人に税金がかかるかどうか（都内23区在住者の
　　　　例）（※同一生計配偶者及び扶養家族がいない場合）‥‥‥162
　6　特定支出控除の特例 ‥‥‥‥‥‥‥‥‥‥‥‥‥‥‥‥‥‥‥162
　　⑴　特定支出控除とは　⑵　特定支出の内容　⑶　添付書類
　7　収入計上時期 ‥‥‥‥‥‥‥‥‥‥‥‥‥‥‥‥‥‥‥‥‥‥164

— 6 —

8　ストックオプション（SO）等 ……………………………………………165
　　　(1)　SO に係る課税区分（税制非適格と税制適格）　(2)　株式等を取得する権利
　　を与えられた場合の所得区分　(3)　発行法人から与えられた株式を取得する権
　　利の譲渡による収入金額　(4)　特定譲渡制限付株式報酬制度（リストリクテッ
　　ドストックユニット（RSU））　(5)　従業員持株購入権（ESPP：Employee Stock
　　Purchase Plan）
　　9　現物給与・経済的利益 ……………………………………………………169
　　　(1)　特殊な給与及び現物給与の取扱い　(2)　その他の現物給与・経済的利益等
　　の課税上の取扱い　(3)　現物給与の評価の原則
　　10　源泉徴収 …………………………………………………………………174
　　　(1)　賞与以外の給与に対する源泉徴収　(2)　賞与に対する源泉徴収
　　　📖　参考　給与所得の源泉徴収税額表（令和 3 年 1 月以降分）………………175
　　　📖　参考　賞与に対する源泉徴収税額の算出率の表（令和 3 年 1 月以降分）…182

九　退職所得 ……………………………………………………………………184
　　1　意義（退職所得の範囲）………………………………………………………184
　　　(1)　退職手当等(所法30条関係等)　(2)　退職手当等とみなす一時金(所法31条関
　　係)
　　2　退職所得とならないケース ……………………………………………………187
　　3　所得金額の計算（平成25年 1 月 1 日以後支給分）…………………………187
　　　(1)　一般退職手当等又は特定役員退職手当等のいずれかが支給される場合
　　　(2)　同一年に一般退職手当等と特定役員退職手当等の両方が支給される場合
　　4　退職所得控除額 …………………………………………………………………188
　　　(1)　退職所得控除額の計算　(2)　勤続年数の計算
　　5　収入計上時期（課税年分）……………………………………………………190
　　　❏住民税（退職所得の課税時期の特例）……………………………………191
　　6　源泉徴収(特別徴収) ……………………………………………………………191
　　　(1)　退職所得の受給に関する申告書　(2)　退職所得の受給に関する申告書(退
　　職所得申告書)の提出がある場合の令和元年分の源泉(特別)徴収税額の速算表
　　　(3)　退職所得の受給に関する申告書(退職所得申告書)の提出がない場合の源泉
　　(特別)徴収税額　(4)　源泉(特別)徴収した所得税、住民税の納付　(5)　退職所
　　得の選択課税
　　　❏住民税（「退職所得申告書」の提出）…………………………………………192

十　山林所得 ……………………………………………………………………195
　　1　意義 ……………………………………………………………………………195
　　2　山林所得が課税される特殊な場合 ……………………………………………195
　　3　所得金額の計算 …………………………………………………………………195
　　4　必要経費 ………………………………………………………………………195
　　　(1)　原価計算による方法　(2)　概算経費率による方法

— 7 —

5 税額が軽減される特例 ································197
  (1) 森林計画特別控除　(2) 収用等　(3) 譲渡代金の貸倒れ　(4) 保証債務の
　履行
  6 税額の計算方法（復興特別所得税を含む。）···········198

十一　譲渡所得（総合課税）···199
  1 対象資産 ··199
  2 所得金額の計算 ···································199
  (1) 収入金額　(2) 取得費　(3) 譲渡費用　(4) 特別控除
    ☞ 参考　低額譲渡における態様別課税関係 ··········200
  3 長期と短期 ··201
    ●事業税（事業用資産の譲渡損失）·················202
    ☞ 参考　金商品に関する課税区分 ··················202
    ☞ 参考　配偶者居住権及びその敷地を使用する権利の消滅対価に関する取
　　扱い（令2.4.1以後）··202

十二　譲渡所得（分離課税）〈土地等・建物等〉·················203
  1 対象資産 ··203
  2 所得金額の計算 ···································203
  (1) 取得費　(2) 譲渡費用　(3) 特別控除
    ☞ 参考　建物の標準的な建築価額による建物の取得価額の計算表 ·····205
    ☞ 参考　建物の標準的な建築価額表 ·················206
  3 長期と短期 ··207
  4 税額の計算 ··207
  (1) 課税長期譲渡所得金額に対する税額　(2) 課税短期譲渡所得金額に対する
　税額　(3) 税率適用区分の内容
  5 居住用の家屋や敷地（居住用財産）を売却した場合 ·········209
  (1) 自己の居住用財産を売却した場合の3,000万円の特別控除の特例
  (2) 被相続人の居住用家屋を売却した場合の3,000万円の特別控除の特例
  (3) 所有期間が10年超の居住用財産を売却した場合（軽課所得）の軽減税率の特例
  (4) 特定の居住用財産を売却した場合の買換え等の特例
  (5) 居住用財産の買換え等の場合の譲渡損失の損益通算及び繰越控除の特例
  (6) 特定居住用財産の譲渡損失の損益通算及び繰越控除の特例
    ☞ 参考　居住用財産とは ··························209
    ☞ 参考　土地等・建物等の譲渡の特例一覧 ············210
    ☞ 参考　特例重複適用可否一覧 ·····················211
    ☞ 参考　居住用財産の譲渡所得に関する特例の適用関係一覧 ·········213
  6 その他の譲渡所得の特例 ····························219
  (1) 固定資産（土地や建物など）を交換した場合の特例
  (2) 保証債務を履行するために土地や建物を売却した場合の特例

- (3) 収用代替の特例
- (4) 収用等により土地等が買い取られた場合の5,000万円の特別控除の特例
- (5) 特定土地区画整理事業等のために土地等を売却した場合の2,000万円の特別控除の特例
- (6) 特定住宅地造成事業等のために土地等を売却した場合の1,500万円の特別控除の特例
- (7) 農地保有の合理化等のために農地等を譲渡した場合の800万円の特別控除の特例
- (8) 特定の土地等の長期譲渡所得の特別控除
- (9) 低未利用土地等を譲渡した場合の100万円の特別控除の特例
- (10) 特定の事業用資産の買換え等の特例
- (11) 中高層耐火建築物や中高層耐火共同住宅の建設のための買換え等の特例
- (12) 特定の交換分合が行われた場合の交換の特例
- (13) 特定普通財産と所有隣接土地等の交換の場合の特例
- (14) 平成21年及び平成22年に土地等の先行取得をした場合の譲渡所得の課税の特例
- (15) 相続財産を売却した場合の相続税額の取得費加算の特例
  - 参考　補償金の区分と課税上の取扱い …………………………222
  - 参考　特定の事業用資産の買換えの内容 …………………………226

〔東日本大震災関連〕……………………………………………………229
- (1) 特定の事業用資産の買換え等の特例
- (2) 被災市街地復興土地区画整理事業による換地処分に伴い代替住宅等を取得した場合の課税繰延べ
- (3) 被災市街地復興土地区画整理事業等のために土地等を譲渡した場合の5,000万円特別控除又は課税繰延べ
- (4) 特定住宅被災市町村の区域内にある土地等を譲渡した場合の2,000万円特別控除
- (5) 被災市街地復興土地区画整理事業等のために土地等を譲渡した場合の1,500万円特別控除
- (6) 被災市街地復興土地区画整理事業等のために土地等を譲渡した場合の軽減税率の特例
- (7) 収用等の場合の課税の特例

十三　株式譲渡益課税 ……………………………………………………232
- 1　株式譲渡益課税の概要 ……………………………………………232
  - (1) 申告分離課税制度
  - (2) 株式等の譲渡による所得の区分
  - (3) 上場株式等の譲渡損失の損益通算及び繰越控除
  - (4) 株式等
  - (5) 上場株式等

— 9 —

(6) 一定の譲渡

  参考　投資一任口座（ラップ口座）における株取引の所得区分……………232

2　株式等に係る譲渡所得等の金額の計算 ………………………………………236

(1) 収入金額（株式等の譲渡に係る収入金額）

(2) 取得費（株式等の取得に要した金額等）

(3) 譲渡に要した費用

(4) 取得に要した負債の利子

(5) 特定投資株式の取得に要した金額の控除

(6) 相続税額の取得費加算の特例

  参考　株式分配が行われた場合における個人株主の課税関係 ……………240

3　申告分離課税の対象とならない株式等以外の有価証券の譲渡による所得 ……241

(1) 総合譲渡所得

(2) 分離短期譲渡所得

(3) 非課税

  参考　上場株式等を対象とした特例 ………………………………………242

  参考　上場株式等の優遇税率（平成21年 1 月 1 日から平成25年12月31日ま

   での取扱い） ………………………………………………………………242

4　特定口座制度 ……………………………………………………………………242

(1) 制度の概要

(2) 特定口座に受け入れられることができる上場株式等（特定口座内保管上場

 株式等）のうち主なもの

(3) 源泉徴収を行う特定口座（源泉徴収口座）申告不要制度

(4) 手続

5　上場株式等に係る譲渡損失の繰越控除の特例 ………………………………244

(1) 制度の内容　(2) 繰越控除の方法　(3) 手続

  参考　源泉徴収口座を申告する場合の転記方法 ……………………………246

  参考　非課税口座内の譲渡所得等の非課税措置（令和 3 年 4 月 1 日以後）…247

6　エンジェル税制 …………………………………………………………………247

(1) 取得価額の控除　(2) 価値喪失の特例　(3) 損失の繰越控除　(4) 特定株

式に係る寄附金控除の特例

 ❷住民税（エンジェル税制） ……………………………………………………249

7　株式等に係る譲渡所得等のその他の特例 ……………………………………249

(1) 特定権利行使株式に係る保管の委託等の解約等があった場合のみなし譲渡

 課税

(2) 特定管理株式が価値を失った場合の株式等に係る譲渡所得の課税の特例

(3) 特別事業再編を行う法人の株式を対価とする株式等の譲渡に係る譲渡所得

 等の課税の特例

(4) 株式交換等に係る課税の特例

(5) 保証債務を履行するために株式等を譲渡した場合の特例

(6) 相続税額の取得費加算の特例

— 10 —

8　公社債等に対する課税方式の概要 ·················251
　　参考　平成28年分以後の金融証券税制の概略 ·················254
　　参考　上場株式等の配当・利子所得及び譲渡所得等の課税方式（所得
　　　　税・住民税）·················256
9　国外転出時課税制度 ·················257
（1）制度の概要　（2）国外転出（贈与・相続）時課税　（3）申告書の提出時期
と対象資産の評価の時期　（4）国外転出課税制度における納税猶予制度
　　参考　主な対象資産（有価証券等）の価額の算定方法·················258
　　参考　住民税における出国時の譲渡所得課税の特例についての検討状況···262

十四　一時所得 ·················264
1　意義 ·················264
2　所得金額の計算 ·················264
3　所得分類のポイント ·················264
4　課税方法（復興特別所得税を含む。）·················266
5　非課税 ·················266
6　収入金額 ·················266
（1）収入計上時期　（2）収入金額の評価（計上額）
7　収入を得るために支出した金額 ·················267
（1）原則　（2）生命保険契約等に基づく一時金、損害保険契約等に基づく満期
返戻金等の場合　（3）寄附する定めがある場合

十五　雑所得 ·················269
1　意義 ·················269
2　所得金額の計算 ·················269
3　雑所得の例示 ·················269
　　参考　太陽光発電設備による売電収入の所得区分 ·················270
　　参考　民泊（住宅宿泊事業）に係る必要経費の算定·················270
4　課税方法 ·················271
5　収入計上時期 ·················271
　　参考　令和4年分（5年度）以後の雑所得に係る業務 ·················272
6　暗号資産に係る所得 ·················272
（1）収入計上時期　（2）取得価額　（3）譲渡原価等の計算　（4）評価方法の選
定の届出又は変更の申請
　　参考　暗号資産に係る所得の認識とその取得価額（BTC……ビットコイ
　　　　ン）·················273
7　非課税 ·················274
8　公的年金 ·················274
（1）公的年金等の範囲　（2）収入計上時期　（3）公的年金等に係る雑所得の金
額の速算表

— 11 —

　　　　☞ 参考　公的年金の遡及受領等に係る取扱い ‥‥‥‥‥‥‥‥‥‥‥‥‥275
　　　　☞ 参考　令和元年分（2年度）以前の公的年金等に係る雑所得の金額（速
　　　　　　算表）‥‥‥‥‥‥‥‥‥‥‥‥‥‥‥‥‥‥‥‥‥‥‥‥‥‥‥‥‥‥276
　　9　生命（損害）保険契約に基づく年金の雑所得の計算 ‥‥‥‥‥‥‥‥‥‥276
　　（1）下記(2)以外の場合　(2) 相続等に係る年金の場合
　　　　☞ 参考　保険年金の課税・非課税部分の振り分け ‥‥‥‥‥‥‥‥‥‥277
　　10　減額された外国所得税額の総収入金額算入 ‥‥‥‥‥‥‥‥‥‥‥‥‥‥280
　　11　先物取引に係る雑所得等の課税の特例 ‥‥‥‥‥‥‥‥‥‥‥‥‥‥‥280
　　（1）先物取引の意義　(2) 先物取引に係る雑所得等の金額　(3) 先物取引に係
　　る課税雑所得等の金額に対する税額　(4) 先物取引の差金等決済に係る損失の
　　繰越控除

十六　所得税額等の計算過程 ‥‥‥‥‥‥‥‥‥‥‥‥‥‥‥‥‥‥‥‥‥‥283
　　1　課税標準の計算過程 ‥‥‥‥‥‥‥‥‥‥‥‥‥‥‥‥‥‥‥‥‥‥‥‥283
　　2　課税所得金額の計算過程 ‥‥‥‥‥‥‥‥‥‥‥‥‥‥‥‥‥‥‥‥‥284
　　3　税額の計算過程 ‥‥‥‥‥‥‥‥‥‥‥‥‥‥‥‥‥‥‥‥‥‥‥‥‥285

十七　損益通算、損失の繰越し・繰戻し ‥‥‥‥‥‥‥‥‥‥‥‥‥‥‥‥286
　　1　損益通算 ‥‥‥‥‥‥‥‥‥‥‥‥‥‥‥‥‥‥‥‥‥‥‥‥‥‥‥‥286
　　（1）意義　(2) 対象となる所得・対象とならない所得　(3) 損益通算の順序
　　　　☞ 参考　譲渡所得内の通算順序 ‥‥‥‥‥‥‥‥‥‥‥‥‥‥‥‥‥286
　　　　☞ 参考　損益通算の適用関係一覧 ‥‥‥‥‥‥‥‥‥‥‥‥‥‥‥‥286
　　　　❷住民税（損益通算における所得税との相違点）‥‥‥‥‥‥‥‥‥‥289
　　2　損失の繰越控除 ‥‥‥‥‥‥‥‥‥‥‥‥‥‥‥‥‥‥‥‥‥‥‥‥‥290
　　（1）純損失、通算後譲渡損失及び雑損失の繰越控除　(2) 繰越控除の手続
　　（3）繰越控除の順序
　　　　純損失の金額の控除順序表 ‥‥‥‥‥‥‥‥‥‥‥‥‥‥‥‥‥‥‥291
　　　　❷事業税（損失の控除と繰越控除）‥‥‥‥‥‥‥‥‥‥‥‥‥‥‥292
　　3　純損失の繰戻しによる還付請求 ‥‥‥‥‥‥‥‥‥‥‥‥‥‥‥‥‥‥292
　　（1）制度の内容　(2) 繰戻し還付の手続　(3) 繰戻し還付の控除順序
　　　　❷住民税・❷事業税（損失の繰戻し）‥‥‥‥‥‥‥‥‥‥‥‥‥‥293

十八　所得控除 ‥‥‥‥‥‥‥‥‥‥‥‥‥‥‥‥‥‥‥‥‥‥‥‥‥‥‥294
　　〈所得税と住民税の控除額の概要〉‥‥‥‥‥‥‥‥‥‥‥‥‥‥‥‥‥‥294
　　　　☞ 参考　総所得金額等とは ‥‥‥‥‥‥‥‥‥‥‥‥‥‥‥‥‥‥295
　　1　雑損控除 ‥‥‥‥‥‥‥‥‥‥‥‥‥‥‥‥‥‥‥‥‥‥‥‥‥‥‥‥295
　　（1）内容　(2) 損失の金額　(3) 控除額　(4) 損害の発生原因　(5) 対象とな
　　る資産の範囲　(6) 災害に関連するやむを得ない支出の控除年分等　(7) 添付
　　書類
　　　　☞ 参考　原状回復のための支出を行った場合 ‥‥‥‥‥‥‥‥‥‥298

— 12 —

参考　災害による損失の取扱い ……………………………… 298
2　医療費控除と医療費控除の特例 ……………………………… 299
　(1)　内容　(2)　控除額　(3)　対象となる支出の範囲　(4)　医療費を補填する保
　険金等　(5)　対象となる親族の範囲　(6)　添付書類
　　　参考　医療費控除の対象となるものとならないもの ………… 302
　　　参考　高額療養費制度 ………………………………………… 304
3　社会保険料控除 ………………………………………………… 308
　(1)　内容　(2)　控除額　(3)　対象となる社会保険料の範囲　(4)　対象となる親
　族の範囲　(5)　添付書類
　　　参考　社会保険料控除の控除年分・控除対象者 …………… 310
　　　参考　国民年金の保険料 ……………………………………… 310
　　　参考　国民健康保険料について ……………………………… 310
　　　参考　後期高齢者医療保険料について ……………………… 314
4　小規模企業共済等掛金控除 …………………………………… 316
　(1)　内容　(2)　控除額　(3)　小規模企業共済等掛金の範囲　(4)　添付書類
5　生命保険料控除 ………………………………………………… 316
　(1)　内容　(2)　控除額　(3)　添付書類
　　　参考　生命保険料の区分による控除額と控除限度額 ……… 318
6　地震保険料控除 ………………………………………………… 318
　(1)　内容　(2)　控除額　(3)　添付書類
7　寄附金控除 ……………………………………………………… 319
　(1)　内容　(2)　控除額　(3)　特定寄附金とは　(4)　国、地方公共団体に対して
　財産を寄附した場合の取扱い　(5)　添付書類
　　　参考　新型コロナウイルス感染症に関連する寄附金の指定等 …………… 321
8　障害者控除 ……………………………………………………… 323
　(1)　内容　(2)　控除額(障害者1人当たり)　(3)　障害者・特別障害者とは
　(4)　判定の時期　(5)　添付書類
　　　参考　年の中途で死亡・出国した居住者等に係る障害者控除の取扱い … 324
9　寡婦控除（改正前の寡婦(寡夫)控除の経過措置） …………… 324
　(1)　内容　(2)　控除額　(3)　寡婦とは　(4)　配偶者控除を受ける場合の寡婦控
　除　(5)　寡婦(寡夫)控除の経過措置　(6)　判定の時期
　　　参考　令和元年分（2年度）以前の寡婦（寡夫）控除 ……… 326
　　　参考　合計所得金額とは ……………………………………… 326
10　ひとり親控除 ………………………………………………… 326
　(1)　内容　(2)　控除額　(3)　ひとり親とは　(4)　配偶者控除を受ける場合のひ
　とり親控除　(5)　判定の時期
11　勤労学生控除 ………………………………………………… 327
　(1)　内容　(2)　控除額　(3)　勤労学生とは　(4)　判定の時期　(5)　添付書類
12　配偶者控除 …………………………………………………… 328
　(1)　内容　(2)　控除額　(3)　控除対象配偶者とは　(4)　老人控除対象配偶者と

— 13 —

は (5) 判定の時期 (6) 配偶者が同一生計配偶者及び他の納税者の扶養親族
のいずれにも該当する場合 (7) 再婚した場合 (8) 添付書類

    ☞ 参考　平成29年分（平成30年度分）以前の配偶者控除 ……………330

 13　配偶者特別控除 ……………………………………………………………330

  (1) 内容 (2) 控除額 (3) 判定の時期 (4) 再婚した場合 (5) 添付書類

    ☞ 参考　令和元年分（令和2年度分）以前の配偶者特別控除 …………331

    ☞ 参考　配偶者控除・配偶者特別控除の所得基準と控除額 …………332

 14　扶養控除 …………………………………………………………………………332

  (1) 内容 (2) 控除額 (3) 扶養親族とは (4) 控除対象扶養親族とは
(5) 特定扶養親族とは (6) 老人扶養親族とは (7) 同居老親等とは (8) 判
定の時期 (9) 二以上の居住者の扶養親族に該当する場合 (10) 国外扶養親族
等に係る添付書類

    ☞ 参考　「生計を一にする」とされる場合 …………………………………333

    ☞ 参考　扶養親族等の所属の変更 …………………………………………334

    ☞ 参考　年の中途で死亡・出国した居住者に係る扶養親族等の取扱い …334

 15　基礎控除 …………………………………………………………………………335

  (1) 内容 (2) 控除額

    ☞ 参考　令和元年分以前の基礎控除 ………………………………………335

 16　所得控除の順序 ………………………………………………………………335

  (1) 所得控除の種類による順序 (2) 控除する課税標準による順序

十九　税額計算 ……………………………………………………………………336

 1　税額算定の基礎 ………………………………………………………………336

 2　各課税標準に対する税額（所得税及び住民税の所得割）……………337

  (1) 課税総所得金額に対する税額 (2) 変動所得と臨時所得の平均課税
(3) その他の課税所得金額に対する税額

    税額の速算表（所得税は復興特別所得税を含めた税額）…………………337

    ☞ 参考　税額の速算表（復興特別所得税を含めない税額）………………338

    ☞ 参考　変動所得の金額又は臨時所得の金額の計算上控除する青色申告特
          別控除額 ………………………………………………………………340

    ▶住民税（変動所得と臨時所得の平均課税）………………………………340

    ▶事業税（税率と税額計算）……………………………………………………341

二十　税額控除 ……………………………………………………………………345

 1　配当控除 …………………………………………………………………………345

  (1) 内容 (2) 配当控除の対象 (3) 控除額の計算

    ☞ 参考　課税総所得金額等 …………………………………………………347

 2　住宅の取得や改築等に係る税額控除 ……………………………………347

  (1) 住宅税制（住宅の取得、改築等）の概要 (2) 住宅借入金等特別控除
(3) 特定増改築等住宅借入金等特別控除 (4) 住宅特定改修特別控除 (5) 認

— 14 —

定住宅新築等特別控除 (6) 住宅耐震改修特別控除

　　　📖 参考　住宅借入金等特別控除と他の住宅税制との適用関係 ················348

　　　📖 参考　従前住宅に係る居住用財産の譲渡特例の適用を受ける場合の住宅

　　　　　　税制の制限 ···348

　　　📖 参考　「特定取得」とは ···351

　　　📖 参考　「特別特定取得」とは ···352

　　　📖 参考　新型コロナウイルス感染症の影響で期限内に入居できない場合の

　　　　　　措置 ···352

　　　📖 参考　災害と（特定増改築等）住宅借入金等特別控除 ···············352

　　　📖 参考　東日本大震災に係る住宅借入金等特別控除の取扱い ··········359

　　　▶住民税（住宅借入金等特別控除）···360

　　　📖 参考　増改築等に係る住宅借入金等特別控除制度の比較 ···········367

　　　📖 参考　対象工事別の標準的な工事費用（限度額）と最高控除税額 ····373

3　寄附金に係る税額控除 ··376

(1)　共通事項　(2)　政党等寄附金税額控除　(3)　認定 NPO 法人等寄附金税額

控除　(4)　公益社団法人等寄附金税額控除

　　　📖 参考　チケット払戻請求権の放棄に係る寄附金税額控除の適用 ·········378

　　　▶住民税（寄附金税額控除）··378

　　　📖 参考　特例控除（ふるさと納税）を含めた税の軽減額 ·················381

4　分配時調整外国税相当額控除 ···383

(1)　内容　(2)　特定目的会社の利益の配当等への分配時調整外国税相当額控除

制度の適用　(3)　添付書類等

　　　📖 参考　恒久的施設を有する非居住者に係る分配時調整外国税相当額控除 ···385

5　外国税額控除 ···385

(1)　内容　(2)　外国所得税　(3)　控除限度額の計算　(4)　国外所得金額

(5)　控除限度額を超える場合の外国税額控除　(6)　外国所得税額の繰越控除

(7)　適用に当たっての留意事項　(8)　添付書類等

　　　▶事業税（外国所得税額の必要経費算入）·····································392

　　　📖 参考　非居住者に係る外国税額控除制度 ·······························393

6　所得税におけるその他の主な税額控除（概要）·································394

(1)　高度省エネルギー増進設備等を取得した場合の税額控除（中小事業者の特

例の場合）　(2)　中小事業者が機械等を取得した場合の税額控除　(3)　給与等

の引上げ及び設備投資を行った場合等の税額控除（中小事業者の場合）　(4)　革

新的情報産業活用設備を取得した場合の税額控除　(5)　所得税額控除額の特例

　　　📖 参考　調整前事業所得税額とは ···396

　　　▶住民税（調整控除）··397

　　　📖 参考　住民税の人的控除額と所得税の人的控除額との差額（令和 3 年度

　　　　　　分以後）···398

　　　▶住民税（配当割額又は株式等譲渡所得割額の控除）·······················398

7　災害減免 ··398

— 15 —

(1) 内容 (2) 適用要件 (3) 所得税の減免税額 (4) 手続
- **▶住民税の減免** ……………………………………………………………399
- **●事業税の減免** ……………………………………………………………400
- **☞ 参考 東京都における事業税の減免制度** ……………………………400
8 税額控除の順序 ………………………………………………………………401
- **☞ 参考 震災税特法に規定する税額控除** ………………………………402
- **▶住民税（税額控除の順序）** ……………………………………………402

二十一 予定納税 ……………………………………………………………403

1 制度の概要 ……………………………………………………………………403
2 予定納税基準額 ………………………………………………………………403
3 予定納税額等の通知 …………………………………………………………403
4 予定納税の減額申請 …………………………………………………………403
(1) 減額承認申請ができる場合 (2) 申告納税見積額
- **☞ 参考 死亡又は出国の場合の予定納税** ………………………………404

二十二 確定申告 ……………………………………………………………405

1 確定申告義務 …………………………………………………………………405
2 損失申告 ………………………………………………………………………406
3 還付等を受けるための申告 …………………………………………………407
4 非居住者の申告 ………………………………………………………………407
(1) 非居住者に対する課税関係の概要 (2) 総合課税（申告の対象）と源泉分
離課税の区分け (3) 総合課税（申告の対象）とされる所得の課税標準、所得
控除及び税額控除 (4) 退職所得の選択課税 (5) 源泉徴収を受けない給与等
(6) 海外転勤者（恒久的施設を有しない非居住者の場合）の納税手続
- **▶住民税（非居住者期間を有する者に係る申告）** ……………………413
- **●事業税（国内不動産の貸付事業者が非居住者となる場合）** ………413
- **非居住者に対する課税関係の概要（平成29年分以後）** ……………414
- **☞ 参考 平成28年分以前の非居住者に対する課税関係の概要** ………415
5 確定申告書の提出期間等 ……………………………………………………416
6 確定申告書の提出先 …………………………………………………………417
- **☞ 参考 死亡の場合の準確定申告のポイント** …………………………417
7 確定申告における添付書類の省略 …………………………………………417
(1) 平成31年4月1日以後に確定申告書を提出する場合における添付省略
(2) 電子申告（e-Tax）における第三者作成書類の添付省略
8 確定申告の所得控除欄の記載 ………………………………………………418
9 申告書等へのマイナンバー（個人番号）の記載と本人確認等 …………418
(1) 申告書、申請書等へのマイナンバーの記載 (2) 書面によりマイナンバー
を記載した申告書等を提出する場合の確認事項
- **▶住民税の申告** ……………………………………………………………420

❶事業税の申告 ……………………………………………………422
　　　☞ 参考 「国外財産調書」と「財産債務調書」………………………424

二十三　更正の請求 ………………………………………………………430
　　1　更正の請求の原則 …………………………………………………430
　　　☞ 参考　更正の請求期限 ……………………………………………430
　　2　後発的事由の場合の更正の請求の特例 …………………………430
　　　☞ 参考　後発的事由による更正の請求と税務署長による所得税の更正可能
　　　　　　　期限 ……………………………………………………………431
　　3　所得税法における更正の請求の特例 ……………………………431
　　⑴　各種所得の金額に異動を生じた場合　⑵　修正申告又は更正・決定に伴い
　　その翌年分以後の金額が異動する場合　⑶　国外転出時課税制度に係る更正の
　　請求の特例
　　　☞ 参考　各種所得の金額の異動（所得減少要因）と更正の請求等 ……………432

二十四　復興特別所得税 …………………………………………………433
　　1　納税義務者 …………………………………………………………433
　　2　税額計算 ……………………………………………………………433
　　3　確定申告 ……………………………………………………………433
　　4　納付又は還付 ………………………………………………………433
　　5　端数計算 ……………………………………………………………434
　　6　その他 ………………………………………………………………434
　　　➡住民税（地方財確法における標準税率の特例）………………434

所得税と住民税（所得割）の主な相違点 ………………………………435
所得税（事業所得・不動産所得）と事業税の主な相違点 ……………436
所得税に関する主な申請、届出等一覧 …………………………………438
給与収入・家族構成別　ふるさと納税の限度額（目安）………………441

索引 …………………………………………………………………………443

納税義務者 納税地

一　納税義務者と納税地

1　個人の納税義務者

　所得税の納税義務者（法人等を除く。）の区分とその課税所得の範囲及び課税方式は次表のとおり。

所得の区分 / 居住形態		課税の範囲					課税方式
		国内源泉所得		国外源泉所得			
					国外払い		
		国内払い	国外払い	国内払い	国内に送金された部分(注3)	国内に送金されない部分	
居住者	「非永住者」以外の居住者（永住者） 【定義】 ①　国内に住所を有する個人 又は ②　現在まで引き続き1年以上居所を有する個人（注1）で、非永住者に該当しない者	課　税　（所法7①一）					総合課税方式による申告納税方式（所法21、22）
	非永住者（所法2①四） 【定義】 居住者のうち ①　日本国籍を有しておらず、 かつ、 ②　過去10年以内において、国内に住所又は居所を有していた期間の合計が5年以下の個人（注2）	（所法7①二、所令17） （注4）					
非居住者	【定義】 居住者以外の個人 （所法2①五）	（所法7①三、161 所令279〜288） （注5）		非課税			①　源泉分離課税方式（所法164①、169、170） ②　総合課税による申告納税方式（所法164①、165、166、所基通165-1〜165-2）

　(注)1　「1年以上」の期間の起算日は、入国の翌日となる（所基通2-4）。

　　　2　「過去10年以内」とは、判定日の10年前の同日から、判定日の前日までをいう（所基通2-4の2）。

　　　3　送金には、通貨、小切手等通常の送金の他、貴金属、有価証券の持込、送付によるもの、国外資産による代物弁済で通常の送金に代えて行われたと認められるものも含まれる（所基通7-5）。

— 1 —

【一 納税義務者と納税地】

4 平成30年4月1日以後、非永住者の課税所得の範囲から、国外にある有価証券の譲渡により生ずる一定の所得が除外された（所法7①二、所令17、平29改正法附則2）。
5 非居住者が課税される国内源泉所得については、下記2の(2)の表参照。

2 非居住者に対する課税

(1) 平成29年分以後、非居住者に対する課税原則が、従来の総合主義から、2010年改訂後のOECDモデル租税条約に沿った帰属主義に変更されたのに伴ない恒久的施設(PE)を有する非居住者の課税方法は下のとおりに変更された（所法164）。

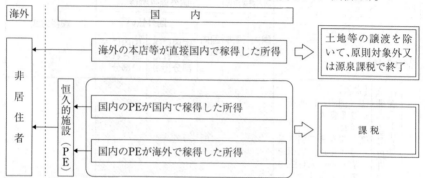

(2) 非居住者の課税の対象となる国内源泉所得（所法161、164）

非居住者が課税される「国内源泉所得」とその課税方法は、恒久的施設（PE）に帰属する所得の有無により、以下のとおり区分される（所基通164－1）。

所法161条1項	内容	国内のPEに帰属する所得あり	左記以外	源泉徴収の有無
1号所得（事業）	恒久的施設（PE）に帰属する所得はすべて「国内源泉所得」とする。	総合課税（申告）	課税対象外	なし
2号所得	国内にある資産の運用又は保有による所得（7号から14号に該当するものを除く。）	総合課税（申告）	総合課税（一部）（申告）	なし(注1)
3号所得	国内資産の譲渡による所得で一定のもの	総合課税（申告）	総合課税（一部）（申告）(注3)	なし
4号所得	国内における組合事業から生ずる利益の配分	総合課税（源泉徴収＋申告）	課税対象外	あり（20.42％）
5号所得	国内にある土地等又は建物等の譲渡の対価	総合課税（源泉徴収＋申告）		なし(注2)
6号所得	国内における人的役務の提供事業の対価	総合課税（源泉徴収＋申告）		あり（20.42％）
7号所得	国内における不動産の貸付による所得	総合課税（源泉徴収＋申告）		あり（20.42％）

【一　納税義務者と納税地】

8号所得	国債等の債券、預貯金等の利子所得	総合課税 （源泉徴収＋申告）	源泉分離課税	あり (15.315%)
9号所得	配当等の所得			あり (20.42%)
10号所得	貸付金利子等の所得			あり (20.42%)
11号所得	使用料等の所得（ロイヤリティ）			あり (20.42%)
12号所得	給与・報酬・年金・退職金等の所得			あり (20.42%)
13号所得	事業の広告宣伝のための賞金の所得			あり (20.42%)
14号所得	生命保険契約等に基づく年金等の所得			あり (20.42%)
15号所得	定期積金等の給付補填金			あり (15.315%)
16号所得	匿名組合契約に基づく利益の配分			あり (20.42%)
17号所得	その他の国内源泉所得	総合課税 （申告）		なし

(注)　1　措置法41条の12の規定により同条に規定する一定の割引債の償還差益については、18.378％（一部のものは16.336％）の税率で源泉徴収が行われる。

　　　　　また、措置法41条の12の2の規定により同条に規定する一定の割引債の償還金に係る差益金額については、15.315％の税率で源泉徴収が行われる。

　　　2　資産の譲渡による所得のうち、国内にある土地若しくは土地の上に存する権利又は建物及びその附属設備若しくは構築物の譲渡による対価（所得税法施行令281条の3に規定するものを除く。）については、10.21％の税率で源泉徴収が行われる。

　　　3　所得税法施行令281条1項1号から8号までに掲げるもののみが課税される。

　　この改正による国内源泉所得に係る源泉徴収（所法212）は、平成28年4月1日以後に支払うべき国内源泉所得について適用し、同日前に支払うべき国内源泉所得については、従前どおりとされている。

(3)　恒久的施設を有する非居住者のPE帰属所得につき、居住者の課税方法に準じて課税が行われる場合、①内部取引の認識について債務確定基準を適用しない、②PEを通じて行う事業とそれ以外の事業共通の費用については一定の計算方法により配賦された額をそれぞれの必要経費とすることとされている（所法165②③）。

　　また、非居住者に係る分配時調整外国税相当額の控除（所法165の5の3）については、P.383参照のこと。

— 3 —

【一　納税義務者と納税地】

参考　税条約上の PE の定義と異なる場合の調整規定等の整備（平31.1.1以降）

　近年、国内法上の PE（恒久的施設）の定義とわが国が締結している租税条約の多くや OECD モデル租税条約における PE の定義との乖離が大きくなってきた。

　また、最近、非居住者又は外国法人（以下「非居住者等」という。）が PE 課税を逃れるため PE 認定の人為的回避の事例が目立ってきた。そこで国内法上の PE の範囲を国際基準に合わせるとともに PE 課税回避を防止するため、以下のような法の整備が行われた。

(1)　租税条約上の PE の定義と異なる場合の調整規定等の整備

　①　PE の範囲について、租税条約において異なる定めがある場合、その租税条約の適用を受ける非居住者等については、その租税条約において PE と定められたもの（国内にあるものに限る。以下同じ。）を国内法上の PE とすることとされた（所法2①八の四）。

　　(注)　相互免除法についても同様の改正が行われた（相互免除法4の2）。

　②　いわゆる支店 PE について、その範囲を国内にある支店、事務所等その他事業を行う一定の場所に定めるとともに（所令1の2①）、いわゆる建設 PE について、建設 PE を構成する場所を、国内に長期建設工事現場等に限定し（所法2①八の四ロ、所令1の2②）、いわゆる代理人 PE について、在庫保有代理人及び注文取得代理人の定義に関する規定を削除するとともに、同業者代理人に関する措置を廃止する等の措置が講じられました（旧所令1の2③）。

　　改正の概要については次頁の図のとおりである。

(2)　PE 認定の人為的回避防止措置の導入

　①　建設 PE の期間要件について、契約を分割して建設工事等の期間を1年以下とすることにより建設 PE を構成しないことがその契約の分割の主たる目的の一つであったと認められる場合には、正当な理由に基づいて契約を分割したときを除いて、分割された期間を合計して判定を行うこととされた（所令1の2③）。

　②　その活動が非居住者等の事業の遂行にとって準備的又は補助的な性格のものである場合に限り、保管、展示、引渡しその他の特定の活動を行うことのみを目的として保有する場所等は、PE に含まれないものとされた（令1の2④）。ただし、事業を行う一定の場所を使用し、又は保有する非居住者等と特殊の関係にある者（その個人又は法人との間に直接・間接の持分割合50％超の関係その他の支配・被支配の関係にある者をいう（所令1の2⑨）。次の③において同じ。）が当該事業を行う一定の場所において事業上の活動を行う等の場合において、当該事業を行う一定の場所がその者の PE に該当する等の一定の要件に該当し、かつ、当該事業上の活動が一体的な業務の一部として補完的な機能を果たすときの当該事業を行う一定の場所については、この適用はないこととされた（所令1の2⑤）。

　③　代理人 PE の範囲について、国内において非居住者等に代わって、その事業に関し、反復して契約を締結し、又は一定の契約の締結のために反復して主要な役割を果たす者で、これらの契約が非居住者等の所有権の移転等に関する契約であ

— 4 —

〈国内法上の PE の範囲の改正イメージ図〉

	《平成30年分以前》【限定列挙】	《令和元年（平成31年）分以後》例示列挙
支店PE	支店、出張所、事業所、事務所、工場、倉庫業者の事業用倉庫 鉱山、採石場、その他の天然資源採取場所 その他事業を行う一定の場所で上記に掲げる場所に準ずるもの	事業の管理の場所、支店、事務所、工場、作業場 鉱山、石油・天然ガスの坑井、採石場、その他の天然資源採取場所 他の事業を行う一定の場所 ※倉庫も含まれる。
建設PE	1年超の建設・据付け・組立てその他の作業 上記の作業の指揮監督	12か月超（契約分割への対応）の建築工事現場・建設・据付けの工事 ※上記の作業の指揮監督も含まれる。
代理人PE	常習代理人 注文取得代理人 在庫保有代理人	契約締結代理人 ●契約者名基準 ●契約類型基準 ※契約の締結に繋がる主要な役割を果たす場合にもPEに該当

【PE の例外】（平成30年分以前）
以下は、PE に含まれない。
- 保管のみを行う場所
- 購入のみを行う場所
- 広告・宣伝・情報提供・市場調査・基礎的研究その他補助的活動のみを行う場所

同業者代理人 / 単純購入代理人 / 独立代理人

独立代理人：*専ら又は主として関連企業に代わって行動する者を除外*

【PE の例外】（令和元年（平成31年）分以後）
以下は、PEに含まれない。*ただし、事業を行う一定の場所の活動の全体が準備的・補助的な性格のものである場合に限る。*
- 保管・展示・引渡しのみを行う場所
- 保管・展示・引し用の在庫
- 加工用の在庫
- 購入のみを行う場所
- 情報収集のみを行う場所
- 他の活動のみを行う場所
- 上記を組み合わせた活動のみを行う場所

※各場所で行う事業上の活動が一体的な業務の一部として補完的な機能を果たす等の場合等には、上記の取扱いは適用しない。

※1 下線部分は、改正前との主な相違点（PE 認定の人為的回避防止措置を除く。）
※2 *斜体の下線部分*は、PE 認定の人為的回避防止措置
※3 租税条約に異なる定めがある場合には、租税条約上の PE による。

（平成30年版 「改正税法のすべて」より）

【一　納税義務者と納税地】

る場合における当該者を加えるとともに、独立代理人の範囲から、専ら又は主として一又は二以上の自己と特殊の関係にある者に代わって行動する者を除外することとされた（所令1の2⑦⑧）。

《適用関係》　上記(1)及び(2)の改正は、非居住者の平成31年分以後の所得税又は同年1月1日以後に支払を受けるべき国内源泉所得について適用され、所要の経過措置が講じられた（平30改正法附則3、55、平30改正所令附則2）。

参考　非居住者に対する課税（平28.12.31以前）

平成28年分以前においては、非居住者に対する課税は以下の様に総合主義に基づいて課税が行われていた。

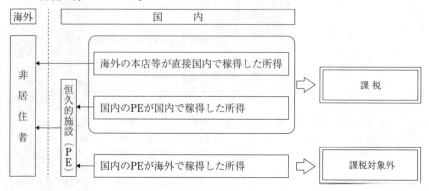

参考　短期滞在者免税（183日ルール）

1　原則

日本国籍を有する「居住者」については国内源泉所得（国内での勤務に伴う所得）及び国外源泉所得（国外での勤務に伴う所得）のいずれについても課税される（全世界課税）のに対し、「非居住者」については国内源泉所得についてのみ課税されることとされている（所得税法5条2項、7条1項3号）。

2　給与所得に関する短期滞在者免税（183日ルール）

ところが、居住者の身分のまま海外に長期出張した者の海外勤務期間中現地で稼得する所得（国外源泉所得）については、勤務先の国でも課税することができるというのが国際課税の原則である。

そこで、わが国ではこのような二重課税の除去等を目的として以下に掲げる要件を条件として、勤務先の国での申告納税が免除されるとする租税条約を各国と締結している。

イ　他方の国に滞在する期間が合計183日を超えないこと（注）。

ロ　報酬が他方の国(相手国)の居住者でない雇用者またはこれに代わる者から支払われるものであること（本国の親会社等が直接給与の支払いをしていること）。

ハ　報酬が他方の国(相手国)に存在する雇用者の恒久的施設によって負担されるもの

【一　納税義務者と納税地】

でないこと(相手国における PE に該当する子会社等からの給与負担がないこと)。

(注)　183日のカウントの仕方については、①課税年度ごとに判定する国(中国、韓国、ドイツ、ベトナム等)と②連続する12か月間で判定する国(アメリカ、イギリス、フランス、シンガポール等)に分かれている。

　たとえばある年の8月1日から翌年の3月末日までの計243日間海外に滞在し、勤務した場合、①に掲げた国々であれば、どちらの年でみても183日以下(153日と90日)であるため、短期滞在者免税の適用があるのに対し、後者の②の国々の場合であれば、通算して183日を超えることから、短期滞在者免税の適用はないこととなる。その場合、確定申告により他方の国(相手国)で課税された税額は外国税額控除にて調整することとなる(所法95)(P.385参照)。

⮕住民税(前年中に非居住者期間を有する場合)

　賦課期日(1月1日)に国内に住所を有する者で、前年に非居住者期間を有し、かつ、所得税において源泉分離課税とされる国内源泉所得(所法164②)を有する場合のその国内源泉所得は、住民税では、総合課税となる(地法32⑯、313⑯、地令7の11、48の5の2)。また、非居住者に対する総合主義から帰属主義への見直しは、平成30年度分の個人住民税から行われる。

(1)　国家(地方)公務員の取扱い (所法3)

　公務員は、原則として、国内に住所を有しない期間についても、国内に住所を有するものとみなされる(所法3)(注)。

　なお、住民税の場合、この取扱いと異なり、下記(2)の表の右側「国内に住所を有しない者と推定する場合」の規定により判断する。

(注)　国家公務員には、国立公文書館、造幣局、国立印刷局等の「行政執行法人」の役・職員も含まれる(国公法2③一七、独立行政法人通則法51)。

(2)　住所に関する推定規定 (所令14、15)

国内に住所を有する者と推定する場合	国内に住所を有しない者と推定する場合
国内に居住することとなった者が、次のいずれかに該当する場合 ① 国内において、継続して1年以上居住することを通常必要とする職業を有する。 ② 日本の国籍を有し、かつ、国内において生計を一にする配偶者その他の親族を有することその他国内におけるその者の職業及び資産の有無等の状況に照らし、その者が国内に継続して1年以上居住するものと推測するに足りる事実がある。	国外に居住することとなった者が、次のいずれかに該当する場合 ① 国外において、継続して1年以上居住することを通常必要とする職業を有する。 ② 外国の国籍を有し又は外国の法令によりその外国に永住する許可を受けており、かつ、その者が国内において生計を一にする配偶者その他の親族を有しないことその他国内におけるその者の職業及び資産の有無等の状況に照らし、その者が再び国内に帰り、主として国内に居住するものと推測するに足りる事実がない。

【一　納税義務者と納税地】

(3) 国内に居住する者の非永住者等の区分 (所基通2-3)

区　分	取扱い
①　入国後1年を経過する日まで住所を有しない場合	入国後1年を経過する日までの間は非居住者
	1年を経過する日の翌日以後は居住者
②　入国直後には国内に住所がなく、入国後1年を経過する日までの間に住所を有することとなった場合	住所を有することとなった日の前日までの間は非居住者
	住所を有することとなった日以後は居住者
③　日本の国籍を有していない居住者で、過去10年以内において国内に住所又は居所を有していた期間の合計が5年を超える場合	5年以内の日までの間は非永住者
	その翌日以後は非永住者以外の居住者

3　納税地
(1) 原則 (所法15、16⑥、所令53、54)

区　分	納税地
①　国内に住所 (注1) を有する場合	住所地
②　国内に住所を有せず、居所を有する場合	居所地
③　①、②以外で国内に恒久的施設を有する非居住者の場合	国内事業に係る事務所、事業所等の所在地
④　国内に住所及び居所を有しないこととなった場合で、その有しないこととなった時に国内事業に係る事務所等を有せず、かつ、その納税地であった場所に親族等が居住しているとき	納税地とされていた場所
⑤　①～④以外で、不動産の貸付け等 (注2) の対価を受ける場合	貸付資産の所在地
⑥　①～⑤により納税地を定められていた者が、これらのいずれにも該当しないこととなった場合	該当しないこととなった時の直前に納税地であった場所
⑦　⑥にも該当しない場合で、所得税に関する法律の規定に基づく申告、請求その他の行為をする場合	本人の選択した場所
⑧　納税義務者が死亡した場合	死亡した者の死亡時の納税地
⑨　⑥、⑦以外の場合	麹町署の管轄区域内の場所

(注)1　住所とは生活の本拠をいい、生活の本拠であるかどうかは客観的事実により判定する (所基通2-1)。
　　2　船舶又は航空機の貸付けを除く。

【一　納税義務者と納税地】

(2)　**特例** (所法16、所規17)

区　分	納税地の選択等
① 　国内に住所のほか居所を有する場合	住所地に代え、居所地を納税地とすることができる（住所地管轄、居所地管轄の両税務署への届出が必要）。
② 　国内に住所（居所）を有し、かつ、それ以外の場所に事業場等を有する者	事業場等の所在地を納税地とすることができる（住所（居所）地管轄、事業場管轄の両税務署への届出が必要）（注）。
③ 　死亡した者の納税地	死亡時におけるその死亡者の所得税の納税地

(3)　**納税地の指定** (所法18)

　　上記(1)又は(2)による納税地が納税義務者の所得状況からみて納税地として不適当である場合には、その納税地の所轄国税局長（又は国税庁長官）は納税地を指定できる（納税者へ書面通知）。

(注)　国内に住所又は居所を有する者の場合、単に貸付物件が所在するということだけでは事業場等にはあたらないことから、その不動産の貸付けが事業規模であり、かつ、同地に管理事務所等を有する場合以外は、貸付物件の所有地を納税地とすることはできない。

➡住民税（納税義務者）

〔住所を有する個人〕

　　賦課期日（年度の初日の属する年の１月１日）に都道府県又は市区町村内に住所を有する個人に対し、均等割及び所得割の合計額により住民税が課される。

(1)　**住民基本台帳法の適用を受ける個人** (地法24②、294②)

　　ア　道府県民税（都民税）⇒都道府県内の市区町村の住民基本台帳に記録されている者

　　　　市町村民税（区民税）⇒市区町村の住民基本台帳に記録されている者

　　イ　住民基本台帳の記録と実際の住所（生活の本拠）が異なる場合

　　　⇒その住所がある者をその市区町村の住民基本台帳に記録されているものとみなして、市町村民税を課すことができる（地法294③、24②、取扱通知(市)２章６）。

　　　⇒その者が記録されている住民基本台帳に係る市区町村は、市町村民税を課することができない（道府県民税も同様）（地法294④、24②、取扱通知(市)２章６）。

(2)　**外国人の取扱い**

　　ア　国内に住所等を有するが日本国籍を有しない者

　　　　平成24年７月の住民基本台帳法改正に伴い、下記のような日本国籍を有しない在住外国人についても住民基本台帳に記録されることとなった。

　　　a　新たに国内に居住することとなった外国人等で、賦課期日（１月１日）において引き続き３か月以上日本国内に居住している者（いわゆる中長期在留者）等

　　　b　特別永住者

― 9 ―

【一　納税義務者と納税地】

　　c　一時庇護許可者又は仮滞在許可者
　　d　出生による経過滞在者又は国籍喪失による経過滞在者
　　これに伴い住民税の課税方法も、従前の昭和41年5月31日付自治省税務局長通達上記通達が平成24年7月9日付で廃止され、以後これらの在住外国人については、所得税法上の居住者、非居住者の区分に関わりなく、住民税の賦課期日（1月1日現在）において住民基本台帳に記録されていれば、住民税の納税義務者となることとされた（住基台帳法30の45、地法294②）。
　イ　住所を有しない外国人等（日本国民で日本国内に住所を有しない者を含む。）
　　住民税は課されない。ただし、賦課期日（1月1日）において日本国内に事務所、事業所又は家屋敷を有する場合は、均等割が課される（地法24①二、294①二、取扱通知（市）2章4の3）。
　ウ　出国した者
　　日本国内に居住した者が出国により賦課期日（1月1日）現在において日本国内に住所を有しなくなった場合（出国の期間、目的等から単なる旅行と認められる場合を除く。）、住民税は課されない。
　　なお、賦課期日において、日本国内に住所を有するかどうか明らかでない者の場合、所得税法施行令15条の規定（P.7の(2)）を用いて推定する（公務員の取扱いについては、P.7の(1)参照）。
　エ　租税条約による制約
　　租税条約の対象税目に住民税が含まれている国・地域から来日した者については、当該租税条約の内容により住民税の課税が制限される場合があるため、該当国との租税条約の内容を確認する必要がある。
〔事務所、事業所又は家屋敷を有する個人〕
　市町村内に事務所、事業所又は家屋敷を有する個人で当該市町村内に住所を有しない者は、均等割の納税義務者となるのが原則であるが、前年の合計所得金額が市町村の条例で定める金額以下の者は、非課税となる。ただし、非居住者等の日本国内に住所がない者は、非課税とはならない（地法294①二、295①）。
(1)　事務所、事業所
　事務所、事業所とは、それが自己の所有に属するものであると否とを問わず、事業の必要から設けられた人的及び物的設備であって、そこで継続して事業が行われる場所をいう。例えば、医師、弁護士、税理士、諸芸師匠などが住宅以外に設ける診療所、法律事務所、教授所など、また、事業主が住宅以外に設ける店舗などがこれに該当する（取扱通知1章6(2)）。
　また、事業が行われると認められるためには、その場所において行われる事業が、ある程度継続性をもつものであることを要するから、2〜3か月程度の一時的な事業の用に供する目的で設けられる仮事務所等は含まれない（取扱通知（県）1章6(2)）。
(2)　家屋敷
　家屋敷とは、自己又は家族の居住の用に供する目的で住所地以外の場所に設けた独立性のある住宅をいい、常に居住し得る状態にあるものであれば足り、現実に居住し

— 10 —

ていることを要しない。

　また、家屋敷は、必ずしも自己所有のものであることを要しない反面、自己所有のものであっても他人に貸し付ける目的で所有している住宅又は現に他人が居住しているものは該当しない。

　そのほか家屋敷であるためには、独立性があることが必要であって間借のような場合は含まれない。

　例えば、いわゆる別荘、別宅のように自己の住宅に留守番をおき自身は都市で生活している者の所有に係るその住宅はもちろん、マンション、アパート等もこれに含まれる。また、常時は妻子を住まわせ時々帰宅する関係にある住宅も家屋敷に該当する。

参考　住民税における住所認定の基準

(昭43.3.26　自治振41号
各都道府県総務部長あて　振興課長通知)

問1　職業訓練法に定める職業訓練所に入所し、家族と離れて寄宿舎に居住しながら職業訓練を受けている訓練生の住所はどこにあると認められるか。

答　特段の事情のない限り、訓練期間が1年未満の者については入所前の居住地、訓練期間が1年以上の者については寄宿舎にあると認められる。

問2　会社の研修所で合宿しながら1年以上の研修を受けている場合、その者の住所はどこにあると認められるか。

答　家族と密接な生活関係がある等特段の事情のない限り、研修所にあると認められる。

(昭46.3.31　自治振128号
「住民基本台帳法の質疑応答について」
各都道府県総務部長あて　振興課長通知)

問1　単身者であって刑務所に入所しているものの住所は、刑務所の所在地にあると考えられるが、この取扱いについてどうか。

答　単身で世帯を構成していた受刑者の住所は、刑務所の所在地にあると認められる。

問2　刑務所に入所するまで家族と住所を一にしていた者の住所については、家族のもとにあると認定することはどうか。

答　原則として家族の居住地にある。

問3　病院、療養所等に入院、入所している者の住所は家族のもとにあると認定することはどうか。

答　医師の診断により1年以上の長期、かつ、継続的な入院治療を要すると認められる場合を除き、原則として家族の居住地にある。

問4　勤務する事務所又は事業所との関係上家族と離れて居住している会社員等の住所は家族の居住地にあると認定することはどうか。

答　勤務する事務所又は事業所との関係上家族と離れて居住している者の住所は、本人の日常生活関係、家族との連絡状況等の実情を調査確認して認定するもので

【一 納税義務者と納税地】

あるが、確定困難な者で、毎週土曜日、日曜日のごとく勤務日以外には家族のもとにおいて生活をともにする者については、家族の居住地にあるものとする。

問5 住込み店員等で定まった給与の支給を受けず、子弟同様の待遇を受けている者については、同居の雇主と同一の地に住所があり、かつ、同一の世帯を構成するものと解されるがどうか。

答 当該雇主と生計を一にしていると認められる場合はお見込みのとおり。

問6 学生、生徒の住所は、原則として寮、下宿等にありと認定することとして差し支えないか。

答 勉学のため寮、下宿等に居住する者の住所は、その寮、下宿等が家族の居住地に近接する地にあり、休暇以外にもしばしば帰宅する必要がある等特段の事情のある場合を除き、居住する寮、下宿等の所在地にある。

問7 船員の住所については、航海と航海の中間期間、休暇等に際して家族と生活をともにする関係を失わず、かつ、家族の居住地以外に居を構えてそこを生活の本拠としているような状況がない限りその者の住所は、家族の居住地にあり、船舶内に居住することを常として港から港へ転々としている者の住所はないと認定してよいか。

答 前段　お見込みのとおり。
後段　航海を終われば通常帰航する関係にある主たる船舶定けい港にある。

問8 児童福祉施設、老人福祉施設、知的障害者援護施設、身体障害者更生援護施設、婦人保護施設等の施設に入所する者の住所は、施設にあると認定して差し支えないか。

答 それらの施設に1年以上にわたって居住することが予想される者の住所は施設の所在地にある。

問9 海外への出張者は、転出として取り扱って差し支えないか。

答 海外出張者の住所は、出張の期間が1年以上にわたる場合を除き、原則として家族の居住地にある。

問10 転出時において転入先に家財道具等を輸送して転出をした者の転入地における住所を定めた年月日は、転出日の翌日とする取扱いとして差し支えないか。

答 差し支えない。

【一　納税義務者と納税地】

▶事業税（納税義務者）

　事業税の納税義務者は、第1種事業、第2種事業及び第3種事業として地方税法又はこれに基づく政令に定められている事業を行う個人となる（地法72の2③⑧～⑩）。

　したがって、法定列挙されていない事業（例えば、農業や、無認可保育園）を行う個人に対しては、事業税は課されない。

区　分	税率	事　業　の　種　類			
第1種事業 （37業種）	5%	物 品 販 売 業	運 送 取 扱 業	料 理 店 業	遊 覧 所 業
		保 　 険 　 業	船 舶 定 係 場 業	飲 食 店 業	商 品 取 引 業
		金 銭 貸 付 業	倉 　 庫 　 業	周 　 旋 　 業	不 動 産 売 買 業
		物 品 貸 付 業	駐 車 場 業	代 　 理 　 業	広 　 告 　 業
		不 動 産 貸 付 業	請 　 負 　 業	仲 　 立 　 業	興 信 所 業
		製 　 造 　 業	印 　 刷 　 業	問 　 屋 　 業	案 　 内 　 業
		電 気 供 給 業	出 　 版 　 業	両 　 替 　 業	冠 婚 葬 祭 業
		土 石 採 取 業	写 　 真 　 業	公衆浴場業(むし風呂等)	
		電 気 通 信 事 業	席 　 貸 　 業	演 劇 興 行 業	
		運 　 送 　 業	旅 　 館 　 業	遊 技 場 業	
第2種事業(3業種)	4%	畜 　 産 　 業	水 　 産 　 業	薪 炭 製 造 業	
第3種事業 （30業種）	5%	医 　 　 　 業	公 証 人 業	設 計 監 督 者 業	公衆浴場業(銭湯)
		歯 科 医 業	弁 理 士 業	不 動 産 鑑 定 業	歯 科 衛 生 士 業
		薬 剤 師 業	税 理 士 業	デ ザ イ ン 業	歯 科 技 工 士 業
		獣 　 医 　 業	公 認 会 計 士 業	諸 芸 師 匠 業	測 量 士 業
		弁 護 士 業	計 理 士 業	理 　 容 　 業	土 地 家 屋 調 査 士 業
		司 法 書 士 業	社 会 保 険 労 務 士 業	美 　 容 　 業	海 事 代 理 士 業
		行 政 書 士 業	コンサルタント業	クリーニング業	印 刷 製 版 業
	3%	あんま・マッサージ又は指圧・はり・灸・柔道整復その他の医業に類する事業			装 蹄 師 業

（注）1　助産師業（第3種事業・3%）は平成19年度以後課税対象から除外された。
　　　2　税率が異なる事業を併せて営む場合は、その個人の事業所得を損失の繰越控除、
　　　　被災事業用資産の損失の繰越控除、事業主控除等の控除前のそれぞれの事業所得の
　　　　金額により按分して算定する（地法72の49の13②）。

▶事業税（納税地）

　個人事業税は、個人事業主の事業所（事業所を設けないで行う事業は、住所又は居所）が所在する都道府県が課税する（地法72の2③⑦）。

— 13 —

【一 納税義務者と納税地】

参考 「事業税に関する欄」に記載する非課税所得番号等について

　所得税の確定申告書第二表下段にある事業税に関する欄に記載する非課税所得の種類に関する番号は下表のとおりである。

　「事業税に関する欄」の記載（入力）に際しては、所得の左に表示する番号と所得金額を入力することとなるが、事業税では、所得税の青色申告特別控除は認められないため、この欄に記載する所得金額は、青色申告特別控除前の金額を入力する。

(1)　複数の事業を兼業している者で、次に掲げる事業より生ずる所得がある場合に記載する番号

1	畜産業から生ずる所得（農業に付随して行うものを除く。）
2	水産業から生ずる所得（小規模な水産動植物の採捕の事業を除く。）
3	薪炭製造業から生ずる所得
4	あんま、マッサージ又は指圧、はり、きゅう、柔道整復その他の医業に類する事業から生ずる所得（ただし、両眼の視力を喪失した方又は両眼の視力0.06以下の方が行う場合は事業税が課されないため「10」を入力する。）
5	装蹄師業から生ずる所得

(2)　次に掲げる非課税所得がある場合に記載する番号

6	林業から生ずる所得
7	鉱物掘採（事）業から生ずる所得
8	社会保険診療報酬等に係る所得
9	外国での事業に係る所得（外国に有する事務所等で生じた所得）
10	地方税法第72条の2に定める事業に該当しないものから生ずる所得

二　非課税所得と免税所得

1　非課税所得
(1)　所得税法及び租税特別措置法の規定によるもの

　非課税所得については損失が生じても、その損失はなかったものとみなされる（所法9②）。

利子・配当所得関係	①　1％以下の当座預金の利子（所法9①一、所令18） ②　子供銀行の預貯金等の利子（所法9①二、所令19、所規2①） ③　障害者等の少額預金（元本等の合計額が350万円以下）の利子等（所法10、措法3の4）⇒　利子所得の項参照（P.38） ④　障害者等の少額公債（額面金額の合計額が350万円以下）の利子（措法4） ⑤　勤労者財産形成住宅貯蓄（⑥を含めた元本が550万円以下）の利子（措法4の2） ⑥　勤務者財産形成年金貯蓄（⑤を含めた元本が原則550万円以下）の利子（措法4の3）（注1） ⑦　特定寄附信託に係る利子（平23.6.30以後）（措法4の5） ⑧　納税準備預金の利子（措法5） ⑨　非居住者が支払を受ける振替国債又は振替地方債の利子（措法5の2） ⑩　非居住者が支払を受ける特定振替社債等の利子（平22.6.1以後）（措法5の3） ⑪　非居住者が支払を受ける民間国外債の利子（措法6） ⑫　特別国際金融取引勘定において経理された預金等の利子（措法7） ⑬　オープン型証券投資信託の特別分配金（所法9①十一、所令27） ⑭　平26.1.1以後に支払を受ける非課税口座内の少額上場株式等の配当等（措法9の8） ⑮　平28.4.1以後に支払を受ける未成年口座内の少額上場株式等の配当等（措法9の9） ⑯　平30.1.1以後に設定される累積投資勘定にて支払われる公社債投資信託以外の証券投資信託の配当等（措法9の8二）
給与所得関係	①　傷病賜金、遺族恩給、遺族年金等（所法9①三、所令20） ②　労働基準法76条の規定に基づく休業補償、療養補償、障害補償（所法9①三、所令20①二） ③　給与所得者の旅費（所法9①四） ④　給与所得者の通勤手当（所法9①五、所令20の2、所基通9-6の3） 　　通勤のために交通機関を利用する人が受ける通勤用定期乗車券で、通常の通勤の経路及び方法による定期乗車券の価額（1か月当たりの金額が150,000円を超えるときは、150,000円）（所令20の2） ⑤　給与所得者の職務上必要な現物給与（所法9①六、所令21） ⑥　国外勤務者の在外手当（所法9①七、所令22） ⑦　外国政府、国際機関等に勤務する職員の給与所得（所法9①八、所令23、24、所規3） ⑧　給与所得者等が、①自己の居住用の住宅等を取得するため、使用者から無利息又

— 15 —

【二 非課税所得と免税所得】

は低利で資金の貸付けを受けた場合の経済的利益、②自己の居住用の住宅等を取得するため、金融機関等から借り受けた借入金の利子について使用者から受けるその借入金の利子の支払に充てるための利子の補給金、③自己の居住用の住宅等を取得するため、勤労者財産形成促進法に基づくいわゆる財形持家制度による負担軽減措置によって事業主等から受ける一定の経済的利益等で昭41．4．1から平22.12.31までの間に係るもの（旧措法29）

なお、平22.12.31以前に使用者から住宅資金の貸付け等を受けている者に対しては、この特例が引き続き適用される（平22改正法附則58）。

⑨ 株式会社の定時総会等の決議等に基づき、特定新株予約権等を付与された株式会社の取締役、執行役若しくは使用人（その株式会社の大口株主である者など一定の者を除く。）又はその取締役等の相続人が、その会社との間で締結された契約により与えられた特定新株予約権等をその契約に従って行使し、その特定新株予約権等に係る株式の取得をした場合の経済的利益で一定のもの（措法29の2①）

⑩ 平28．3．31以前に特定の取締役等が受ける新株予約権等の行使による株式の取得に係る経済的利益（措法29の2）

⑪ 政府管掌健康保険等の被保険者が受ける附加的給付等（措法41の7）

譲渡・山林所得関係

① 生活用動産の譲渡による所得（所法9①九、所令25）

② 強制換価手続による資産の譲渡による所得（所法9①十、所令26）

③ 平26．1．1以後に行う非課税口座内の少額上場株式等の譲渡等による所得（措法37の14①）

④ 平28．4．1以後に行う未成年口座内の少額上場株式等の譲渡等による所得（措法37の14の2）

⑤ 国又は地方公共団体に財産を寄附した場合（公益法人その他の公益を目的とする事業を営む法人に財産を贈与・遺贈した場合で国税庁長官の承認を受けた場合を含む。）の譲渡所得、雑所得又は山林所得（措法40）

国税庁長官の承認を受けるためには、申請書等を財産の贈与又は遺贈があった日から4か月以内（その前に贈与があった年分の所得税の申告期限が到来する場合にはその期限まで）に、納税地の所轄税務署長を経由し、国税庁長官に提出しなければならない。

⑥ 特定の国宝、重要文化財を国（独立行政法人国立文化財機構、独立行政法人国立美術館及び独立行政法人国立科学博物館等を含む。）、地方公共団体又は、一定の文化財保存活用団体に譲渡した場合の譲渡所得（措法40の2、措令25の17の2）

⑦ 相続税を財産で物納した場合の譲渡所得又は山林所得（措法40の3）

⑧ 債務処理計画に基づき財産を法人に贈与した場合の譲渡所得又は山林所得（平25．4．1以後）（措法40の3の2）

その他のもの

① 皇室の内廷費及び皇族費（所法9①十二）

② 文化功労者年金、学術奨励金、ノーベル賞等（所法9①十三）

③ オリンピック又はパラリンピックにおける成績優秀者を表彰するものとして(財)日本オリンピック委員会、(財)日本障害者スポーツ協会等から交付される金品（所法9①十四）

④ オリンピック・パラリンピックメダリストに対し交付される金品（報奨金）（所令28①②）

⑤ 東京都認証保育所の保育料助成金（所法9①十五）

⑥ 平28．4．1以後において、その法人の役員等以外の者が、その使用者から通常の

— 16 —

【二　非課税所得と免税所得】

給与に加算して受ける学資金（使用者からの奨学金に係る債務免除益を含む。）（所法9①十五、所令29、平28改正法附則3、平28改正所令附則2）→P.163参照

⑦　相続又は個人からの贈与による所得（所法9①十六）

⑧　リビング・ニーズ特約に基づく保険金（生前給付金）及びがん保険の健康回復給付金（所法9①十七、所施令30①、所基通9－21、相法12①五）

⑨　損害保険の保険金、損害賠償金（所法9①十七、所令30）

　ア　損害保険契約に基づく保険金、生命保険契約又は旧簡易生命保険契約に基づく給付金及びこれらの契約に類する共済契約に基づく共済金で、身体の傷害に基因して支払を受けるもの並びに心身に加えられた損害について支払を受ける慰謝料その他の損害賠償金（その損害に基因して勤務又は業務に従事することができなかったことによる給与又は収益の補償として受けるものを含む。）

　イ　損害保険契約に基づく保険金及び損害保険契約に類する共済契約に基づく共済金で資産の損害に基因して支払を受けるもの並びに不法行為その他突発的な事故によって資産に加えられた損害について支払を受ける損害賠償金（棚卸資産等の損失について支払を受けるもので不動産所得、事業所得、雑所得又は山林所得の収入金額に代わる性質を有するものを除く。）（所基通9－19）

　ウ　心身又は資産に加えられた損害について支払を受ける相当の見舞金（不動産所得、事業所得、雑所得又は山林所得の収入金額に代わる性質を有するもの、その他役務の対価としての性質を有するものを除く。）

⑩　選挙費用に充てるために法人から贈与された金品（所法9①十八）

⑪　労働者が業務上の負傷等により休業した場合に支給される「休業補償」など、労働基準法第8章（災害補償）の規定により受ける療養のための給付等（所令20）（注2、3）。

⑫　葬祭料、香典等（所基通9－23）

⑬　労働基準法による遺族補償等（所基通9－1）

⑭　公益信託の信託財産について生ずる所得（所法11③）

⑮　非居住者が支払を受ける振替国債又は振替地方債（いずれも平22.4.1以後に取得するもの）の償還差益（措法41の13①）

⑯　非居住者が支払を受ける特定振替社債等（平22.6.1以後に取得するもの）の償還差益（措法41の13②）

⑰　非居住者が受ける民間国外債の発行差金（措法41の13③）

⑱　相続等保険年金に係る特別還付金及び加算金（措法97の2⑲）

⑲　家族介護者支援手当金（所基通9－23）

⑳　消費税率の引上げに際して地方自治体より給付される給付金（措法41の8一～四）

（注）1　通常、目的外払出し等が行われた場合、当該払出日以前5年以内に支払われた利子については、遡及して課税されるが、平29.4.1以後においては、災害等の事由により、同日以後1年内に行われる目的外払出しについては遡及課税されない（措令2の25の2）。なお、上記の事由により、平28.4.1から平29.3.31の間に目的外払出しを行った者についても平30.3.31までは、所得税の還付請求をすることができる（平29改正措令附則2②～⑥）。

　　　2　使用者の責に帰すべき事由により休業した場合に支給される「休業手当」は、給与所得となる（労働基準法26）。

　　　3　勤務先の就業規則に基づき、労働基準法第76条第1項に定める割合を超えて支給される付加給付金についても、労働基準法上の給付では補てんされない部分に対応

【二　非課税所得と免税所得】

する民法上の損害賠償に相当するものであり、心身に加えられた損害につき支払を
受ける慰謝料として非課税所得となる（所令30、所基通9－24）。

(2)　他の法律の規定によるもの（主なもの）

他の法律の規定によるもの	①　納税貯蓄組合預金の利子（納税貯蓄組合法8） ②　健康保険の保険給付（健康保険法62） ③　厚生年金保険の保険給付（老齢厚生年金を除く。）（厚生年金保険法41②） ④　国民年金法の規定により支給を受ける給付（老齢基礎年金及び付加年金を除く。）（国民年金法25） ⑤　失業等給付に該当する求職者給付、就職促進給付、教育訓練給付及び雇用継続給付（雇用保険法10、12） ⑥　生活保護法の規定により支給を受ける保護金品、児童福祉法の規定により支給を受ける金品（生活保護法57、児童福祉法57の5） ⑦　当せん金付証票（宝くじなど）の当せん金品（当せん金付証票法13） ⑧　スポーツ振興投票（いわゆるサッカーくじ）の当せん金の払戻金（スポーツ振興投票の実施等に関する法律16） ⑨　国家公務員共済組合の給付（退職共済年金及び休業手当金を除く。）（国家公務員共済組合法50） ⑩　国家公務員災害補償法により支給を受ける金品（国家公務員災害補償法30） ⑪　原子爆弾被爆者に対する援護に関する法律の規定により支給を受ける金品（原子爆弾被爆者に対する援護に関する法律46①） ⑫　戦没者等遺族に対する特別弔慰金（戦没者等の遺族に対する特別弔慰金支給法12） ⑬　独立行政法人農業者年金基金法による給付（年金給付を除く。）（独立行政法人農業者年金基金法27） ⑭　国民健康保険の保険給付（国民健康保険法68） ⑮　船員保険の保険給付（船員保険法26） ⑯　労働者災害補償保険の保険給付（労働者災害補償保険法12の6） ⑰　介護保険の保険給付（介護保険法26） ⑱　障害者の自立支援給付として支給を受けた金品（障害者自立支援法14） ⑲　地方公務員等共済組合法により支給を受ける給付（退職共済年金及び休業手当金を除く。）（地方公務員等共済組合法52、168） ⑳　条例に基づき地方公務員に支給される「失業者の退職手当」（退職手当法10、所基通9－24(1)） ㉑　地方公務員災害補償法又は同法に基づく条例により支給を受ける金品（地方公務員災害補償法65） ㉒　児童手当（児童手当法16） ㉓　児童扶養手当（児童扶養手当法25、特別児童扶養手当等の支給に関する法律16） ㉔　子ども手当（子ども手当支給法15他）（平24.3.31廃止） ㉕　高等学校等就学支援金（高校等就学支援金支給法13） ㉖　未熟児の養育医療のための金品（母子保健法23） ㉗　ハンセン病療養所退所者給与金及びハンセン病療養所非入居者給付金（ハンセン病問題の解決の促進に関する法律15④） ㉘　地方公共団体から給付を受ける一定の給付金 ㉙　地方公共団体が医学生に貸与した修学資金に係る債務免除益

— 18 —

【二　非課税所得と免税所得】

㉚　被災者生活再建支援金（被災者支援法３～５）
㉛　特別定額給付金（新型コロナ税特法４）

🖐 **参考　新型コロナウイルス感染症等の影響に関連して国等から支給される主な助成金等の課税関係**

非課税

【支給の根拠となる法律が非課税の根拠となるもの】
・新型コロナウイルス感染症対応休業支援金（雇用保険臨時特例法７）
・新型コロナウイルス感染症対応休業給付金（雇用保険臨時特例法７）

【新型コロナ税特法が非課税の根拠となるもの】
・特別定額給付金（新型コロナ税特法４一）
・子育て世帯への臨時特別給付金（新型コロナ税特法４二）

【所得税法が非課税の根拠となるもの】
○　学資として支給される金品（所法９①十五）
　・学生支援緊急給付金
○　心身又は資産に加えられた損害について支給を受ける相当の見舞金（所法９①十七）
　・低所得のひとり親世帯への臨時特別給付金
　・新型コロナウイルス感染症対応従事者への慰労金
　・企業主導型ベビーシッター利用者支援事業の特例措置における割引券
　・東京都のベビーシッター利用支援事業における助成
　・見舞金（注）

課税

【事業所得等に区分されるもの】
・持続化給付金（事業所得者の場合）
・家賃支援給付金
・農林漁業者への経営継続補助金
・文化芸術・スポーツ活動の継続支援
・東京都の感染拡大防止協力金
・雇用調整助成金
・小学校休業等対応助成金
・小学校休業等対応支援金
・休業協力金

【一時所得に区分されるもの】
・持続化給付金（給与所得者の場合）

【雑所得に区分されるもの】
・持続化給付金（雑所得者の場合）

（注）　新型コロナウイルス感染症に関連して従業員等が事業者から支給を受ける見舞金が、次の３つの条件を満たす場合には、所得税法上、非課税所得に該当する（所法９①十七）。
①　その見舞金が心身又は資産に加えられた損害につき支払を受けるものであること
②　その見舞金の支給額が社会通念上相当であること
③　その見舞金が役務の対価たる性質を有していないこと

— 19 —

【二　非課税所得と免税所得】

参考　生命保険金等の課税関係

受取事由	ケース		課税関係
傷害等	受取人＝被保険者（被保険者の親族を含む。）	生存	非課税
		死亡後の受取り	相続税
	受取人≠被保険者		一時所得
中途解約	受取人＝保険料負担者		一時所得
	受取人≠保険料負担者		贈与税
満期	受取人＝保険料負担者	一時金による受取り	一時所得
		年金形式による受取り	雑所得
		一定のこども保険の給付金（注2）	
	受取人≠保険料負担者		贈与税
被保険者の死亡	受取人＝保険料負担者	一時金による受取り	一時所得
		年金形式による受取り	雑所得
	被保険者＝保険料負担者		相続税
	被保険者≠保険料負担者		贈与税

（注）1　雇用主が保険料を負担している場合であっても、従業員が負担していたものとして取り扱われるものは、従業員が保険料負担者となる。
　　　2　こども保険のうち、被保険者（子供）が一定の年齢に達した場合、教育資金又は満期保険金という形で定期・定額で支払われるものについては、いずれの給付金についても対応する支払保険料との差額が、雑所得として課税される（国税庁ＨＰ質疑応答事例）。

▶住民税（非課税所得と人的非課税）

〔非課税所得〕

　所得税の非課税所得は、住民税（所得割）においても、同様に非課税となる。

〔人的非課税〕

区　分	非課税とされる者
均等割と所得割が非課税とされる者（地法24の5①、295①）	①　1月1日現在、生活保護法の規定による生活扶助を受けている者 ②　1月1日現在、障害者、未成年者、寡婦又は寡夫で前年の合計所得金額（P.326参照）が125万円以下の者 ※　②の者は、退職所得に対する分離課税に係る所得割は非課税とならない。

【二　非課税所得と免税所得】

均等割が非課税とされる者（地法24の5③、295③、地令47の3、地規9の2の3）	均等割のみを課すべき者のうち、前年の合計所得金額（P.326参照）が一定の基準に従い市区町村の条例で定める金額以下の者 一定の基準＝（本人、同一生計配偶者及び扶養親族の合計数）× 基本額〔35万円（1級地）／31.5万円（2級地）／28万円（3級地）〕＋ 加算額〔21万円／18.9万円／16.8万円〕 ※1　「級地」は、生活保護基準の級地区分を示す。 　2　加算額は、同一生計配偶者又は扶養親族を有する場合に適用される。 　3　扶養親族数には、16歳未満の者（年少扶養親族）も含む。
所得割が非課税とされる者（地法附則3の3①④）	総所得金額等（P.295参照）の合計額が、35万円に本人、同一生計配偶者及び扶養親族の合計数を乗じて得た金額（控除対象配偶者又は扶養親族を有する場合は、加算額（32万円）を加えた金額）以下の者 総所得金額等の合計額≦35万円×（本人、同一生計配偶者及び扶養親族の合計数）＋ 加算額〔32万円〕 ※1　退職所得に対する分離課税に係る所得は非課税とならない。 　2　扶養親族数には、16歳未満の者（年少扶養親族）も含む。

参考　住民税給与所得控除・公的年金等控除から基礎控除への振替に伴う調整（令3年度以後）

　給与所得控除・公的年金等控除から基礎控除への振替に伴い、同じ収入金額であっても、合計所得金額・総所得金額等が10万円増加するため原則として、下表のとおり非課税措置につき所得要件がそれぞれ10万円引き上げることとされた。

障害者等に対する非課税措置	非課税措置の合計所得要件：125万円以下⇒135万円以下 ※　給与収入換算では約204万円以下で変わらず
非課税限度額	基準額に10万円を加算 ※　給与収入換算では変わらず（単身の場合100万円） 均等割　所得金額≦　基本額〔35万円〕×世帯人員数＋見直し額〔10万円〕＋加算額〔21万円〕 所得割　所得金額≦　基本額〔35万円〕×世帯人員数＋見直し額〔10万円〕＋加算額〔32万円〕 （注）1　所得金額は、給与所得者の場合、収入金額から給与所得控除を引いた後の金額 　2　世帯人員数は、本人、同一生計配偶者及び扶養親族の合計数 　3　加算額は、同一生計配偶者又は扶養親族を有する場合のみ加算 　4　均等割の非課税限度額は、基本額及び加算額に生活保護基準の級地区分に応じて率（1級地：1.0、2級地：0.9、3級地：0.8）を乗じた額を基準として条例で設定

【二　非課税所得と免税所得】

(注)　住民税が課税されない所得水準の目安（非課税限度額）

イ．給与所得者の場合

区　分	非課税限度額※ 給与収入ベース
単身	100万円
夫婦（配偶者を扶養している場合）	156万円
夫婦子1人（配偶者と子1人を扶養している場合）	205.7万円
夫婦子2人（配偶者と子2人を扶養している場合）	255.7万円

ロ．公的年金等受給者の場合

区　分		非課税限度額※ 年金収入ベース
単身	65歳以上	155万円
	65歳未満	105万円
夫婦（配偶者を扶養している場合）	65歳以上	211万円
	65歳未満	171.3万円

※生活保護基準の1級地（東京都23区等）における非課税限度額。

(厚生労働省資料より)

参考　同一生計配偶者とは

　居住者の配偶者でその居住者と生計を一にするもの（青色事業専従者等を除く。）のうち、合計所得金額が38万円以下である者をいい、改正前の「控除対象配偶者」は改正後の「同一生計配偶者」のことである。

2　免税所得（肉用牛の売却による農業所得）

(1)　**意義**（措法25①〜③、措令17①〜⑤、令2改正令附則9、地法附則6）

　ア　農業を営む個人が令和5年までに、①その飼育した肉用牛（農業災害補償法111条1項に規定する肉用牛等及び乳牛の雌等のうち一定のものをいう。以下同じ。）を家畜市場、中央卸売市場その他特定の市場（令2.6.21以後においては、農林水産大臣の認定を受けた地方卸売市場が加えられた。）において売却した場合又は②その飼育した生産後1年未満の肉用牛を特定の農業協同組合又は農業協同組合連合会のうち一定のものに委託して売却した場合で、その売却した肉用牛がすべて免税対象飼育牛であり、かつ、その売却した肉用牛の頭数の合計が1,500頭以内であるときは、その売却により生じた事業所得（農業所得）に対する所得税・住民税が免除される。

　　なお、免税対象飼育牛とは、次のA又はBのいずれかに該当する肉用牛をいう。

　A　その売却価額が100万円未満（平成24年分以後において、交雑牛の場合は80万円未満。消費税抜き、生産者補給金を含める。）である肉用牛（売却価額50万円以上の

— 22 —

一定の乳牛（措規9の5①）を除く。）

B　肉用牛の改良増殖に著しく寄与するものとして農林水産大臣が財務大臣と協議して指定した家畜改良増殖法に基づく登録がされている肉用牛

イ　農業を営む個人が令和6年までに、その飼育した肉用牛を上記アの①又は②の方法により売却した場合において、その売却した肉用牛のうちに免税対象飼育牛に該当しないもの又は免税対象飼育牛に該当する肉用牛の頭数の合計が1,500頭を超える場合のその超える部分の免税対象飼育牛が含まれているとき（その売却した肉用牛のすべてが免税対象飼育牛に該当しないものであるときを含む。）は、免税対象飼育牛については免税とし、免税対象飼育牛以外のものの売却価額及び免税対象飼育牛に該当する肉用牛の頭数の合計が1,500頭（平成23年分以前は2,000頭）を超える場合のその超える部分の免税対象飼育牛の売却価額の合計額に対し5％（住民税は1.5％）課税の適用を受けるか、又は免税対象飼育牛の売却による所得を含めて通常の総合課税の適用を受けるかのいずれかにより課税される。

⑵　**免税額**

免税額は次の算式により計算する。

$$\binom{免税所得を含めた}{総所得金額に対する税額} - \binom{免税所得を除いた}{総所得金額に対する税額}$$

⑶　**手続**（措法25④、措規9の5）

明細書及び一定の書類の添付

参考　非課税所得と免税所得の取扱いの差異

区　　分	合計所得金額	損益通算	国民健康保険料
非課税所得	含めない	適用なし	含めない
免税所得	含める	適用あり	含める

（注）　免税所得は、所得に組み入れ税額計算した後に、その所得に見合う税額を免税するものである。

三 所得の帰属、計算等に関する通則

1 所得の種類と計算式

　所得税法及び地方税法（住民税・所得割）は、それぞれ課税標準を算定するに当たり、所得を利子、配当、不動産、事業、給与、退職、山林、譲渡、一時及び雑の10種類に区分し、それぞれの所得ごとに所得金額の計算方法を定めている。

所得の種類	計算式の基本型	掲載ページ
利子所得 （所法23②）	$\dfrac{収入}{金額}=\dfrac{利子所得}{の\ 金\ 額}$	P. 35
配当所得 （所法24②）	$\dfrac{収入}{金額}-\dfrac{その元本を取得する}{ための負債の利子}=\dfrac{配当所得}{の\ 金\ 額}$	P. 40
不動産所得 （所法26②）	$\dfrac{総収入}{金\ 額}-\dfrac{必要}{経費}-\dfrac{青色申告}{特別控除}(注1)=\dfrac{不動産所}{得の金額}$	P. 58
事業所得 （所法27②）	$\dfrac{総収入}{金\ 額}-\dfrac{必要}{経費}-\dfrac{青色申告}{特別控除}(注1)=\dfrac{事業所得}{の\ 金\ 額}$	P. 75
給与所得 （所法28②）	$\dfrac{収入}{金額}-\dfrac{給与所得}{控\ 除\ 額}(注2)=\dfrac{給与所得}{の\ 金\ 額}$	P. 158
退職所得 （所法30②）	$\left(\dfrac{収入}{金額}-\dfrac{退職所得}{控\ 除\ 額}\right)\times\dfrac{1}{2}=\dfrac{退職所得}{の\ 金\ 額}$	P. 184
山林所得 （所法32③）	$\dfrac{総収入}{金\ 額}-\dfrac{必要}{経費}-\dfrac{特\ 別}{控除額}-\dfrac{青色申告}{特別控除}(注1)=\dfrac{山林所得}{の\ 金\ 額}$	P. 195
譲渡所得 （所法33③）	$\dfrac{総収入}{金\ 額}-\left(取得費+\dfrac{譲渡}{費用}\right)-\dfrac{特\ 別}{控除額}=\dfrac{譲渡所得}{の\ 金\ 額}$	P. 199
一時所得 （所法34②）	$\dfrac{総収入}{金\ 額}-\dfrac{その収入を得るた}{めに支出した金額}-\dfrac{特\ 別}{控除額}=\dfrac{一時所得}{の\ 金\ 額}$	P. 264
雑所得 （所法35②）	$\left(\dfrac{公的年金等}{の収入金額}-\dfrac{公的年金}{等控除額}\right)+\left(\dfrac{公的年金等以外}{の\ 総\ 収\ 入\ 金\ 額}-\dfrac{必要}{経費}\right)=\dfrac{雑所得}{の\ 金\ 額}$	P. 269

　（注）1　青色申告特別控除は、青色申告者のみ適用あり。
　　　　2　特定支出控除の特例あり（P. 162〜164参照）。

2 青色申告

　事業所得、不動産所得又は山林所得を生ずべき業務を営む者が①法定の帳簿書類を備え付けて取引を記録し、かつ保存すること②税務署長に「青色申告の承認の申請書」（提出期限は巻末の「所得税に関する主な申請、届出等一覧」参照）を提出してあらかじめ承認を受けた場合に、青色の申告書を提出することができる（所法143、144、148）。

— 24 —

【三　所得の帰属、計算等に関する通則】

参考　青色申告の特典

青色申告者に対する主な特典は次表のとおり。

項　目	青色申告の場合	左記以外 （いわゆる白色申告）	掲載 ページ
専従者給与等（所法57①③）	原則、全額必要経費算入	限度額あり（配偶者86万円、その他50万円）	P. 136
純損失の繰越控除（所法70①②）	翌年以降3年間（**震災税特法に係るものは5年間**）繰越控除の適用あり	変動所得、被災事業用資産の損失に限り適用あり	P. 290
純損失の繰戻還付請求（所法140、141）	前年分への繰戻還付請求の適用あり	適用なし	P. 292
引当金（所法52～54）	貸倒引当金、退職給与引当金等一定の引当金について適用あり	貸倒引当金（個別評価貸金等に係るものに限る。）に限り適用あり	P. 133
棚卸資産評価における低価法（所令99①）	適用あり	適用なし	P. 86
現金基準（所法67）	小規模事業者（所得要件あり）は適用あり	適用なし	P. 79
青色申告特別控除（措法25の2）	55万円（又は10万円）控除可（注）	適用なし	P. 138
特別償却・割増償却（措法10の2ほか）	一定の設備等を取得した際に適用あり	一定の賃貸住宅の割増償却に限り適用あり	P. 68、118
事業所得に係る所得税額控除（措法10ほか）	一定の設備等の取得や試験研究費の増額等において適用あり	適用なし（**震災税特法に係るものは適用あり**）	P. 394
更正処分等について（所法155②、156）	理由付記が必要、推計課税を受けることはない。	理由付記不要（平成25年1月1日以後は必要）、推計課税を受ける場合あり	－

(注)　令2年分以後においては、控除額は、原則55万円（又は10万円）となる。ただし、確定申告書の提出につき e-Tax を利用する等別途要件を備えれば、55万円控除については65万円控除となる。

3　所得の帰属

資産又は事業から生ずる収益の法律上帰属するとみられる者が単なる名義人で収益を享受せず、その者以外の者が収益を享受する場合のその収益は、これを享受する者に帰属するものとする(実質所得者課税の原則(所法12))。具体的取扱いは次表のとおり。

— 25 —

【三　所得の帰属、計算等に関する通則】

区　分	取　扱　内　容
資産から生ずる収益の享受者の判定（所基通12－1）	資産から生ずる収益の享受者は、収益の基因となる資産の真実の権利者より判定するが、それが明らかでない場合には、資産の名義者が真実の権利者であるものと推定する。
事業から生ずる収益の享受者の判定（所基通12－2）	事業から生ずる収益の享受者は、事業を経営していると認められる者により判定する。
親族間における事業主の判定（所基通12－5）	生計を一にする親族間における事業（農業を除く。）の事業主は、事業の経営方針の決定につき支配的影響力を有する者を事業主と推定する。 　支配的影響力を有する者が不明のときには、次の①～③の場合はそれぞれ次に掲げる者を事業主と推定し、その他の場合は生計主宰者を事業主と推定する。 ①　生計主宰者が一の店舗で事業経営し、他の親族が他の店舗の事業に従事している場合又は生計主宰者が会社等に勤務し、他の親族が事業に従事している場合で、他の親族が事業用資産の所有者又は賃借権者であり、事業の取引名義者である場合 　⇒　他の親族が従事している事業の事業主は他の親族 ②　生計主宰者以外の親族が自由職業者として生計主宰者とともに事業に従事している場合で、親族に係る収支と生計主宰者に係る収支とが区分され、親族の従事状態が生計主宰者の従属従事でない場合 　⇒　事業のうち親族の収支に係る部分の事業主は親族 ③　①又は②に該当する場合のほか、生計主宰者が遠隔地勤務でその者の親族が国もとで事業従事している場合のように、生計主宰者と事業従事者とが日常の起居を共にしていない場合 　⇒　親族が従事している事業の事業主は親族
無記名の公社債の利子等の帰属（所法14）	無記名の公社債、株式、貸付信託、投資信託、特定受益証券発行信託の受益証券について、元本の所有者以外の者が利子、剰余金の配当又は収益の分配（以下「利子等」という。）の支払を受ける場合のその利子等は、元本の所有者が支払を受けるものとみなす（平28.3.31までに支払を受けた場合に限る。）。利子等の生ずる期間中の元本所有者の異動があったときは、最後の所有者を利子等の支払を受ける者とみなす。

（注）1　信託財産から生ずる所得の帰属（所法13）⇒次頁4参照
　　　2　夫婦間における農業の事業主の判定⇒所基通12－3参照
　　　3　親子間における農業の事業主の判定⇒所基通12－4参照

【三　所得の帰属、計算等に関する通則】

4　信託課税

(1)　信託に係る取扱いの概要

区分	新信託法施行後（平19. 9. 30以後）
原則	**受益者等課税信託**（所法13①） 　信託の受益者（受益者としての権利を現に有するものに限る。）が信託財産に属する資産及び負債を有するものとみなし、かつ、信託財産に帰せられる収益及び費用は受益者の収益及び費用とみなして、所得税法の課税が行われる。 　なお、受益者としての権利が信託財産の権利の一部であっても、残余の権利者が不存在等のときは、その受益者が権利の全部を有するものとされる（所基通13－1）。

但書き信託（所法13①ただし書）

区分			内　　容
例外	集団投資信託		合同運用信託
		投資信託	証券投資信託（投資信託及び投資法人に関する法律2④）
			国内公募投資信託
			外国投資信託
			特定受益証券発行信託
	退職年金等信託		厚生年金基金契約、確定給付年金資産管理運用契約、確定給付年金基金資産運用契約、確定拠出年金資産管理契約、勤労者財産形成給付契約若しくは勤労者財産形成基金給付契約、国民年金基金若しくは国民年金基金連合会の締結した国民年金法に規定する契約又は適格退職年金契約に係る信託
	法人課税信託		受益証券発行信託
			受益者が存在しない信託
			法人が委託者となる信託で一定のもの(注)
			投資信託(投資信託及び投資法人に関する法律2③)
			特定目的信託（資産の流動化に関する法律2⑬）

(注)　法人（公共法人及び公益法人を除く。）が委託者となる信託（信託財産に属する資産のみを信託するものを除く。）で次に掲げるもの（法法2二十九ハ）
①　委託者である法人の事業の重要部分の信託で、受益者の50％超を委託者の株主等とするもの
②　その法人の自己信託等で信託の存続期間が原則20年を超えるもの
③　その法人の自己信託等で信託の損益分配割合が変更可能であるもの

－ 27 －

【三　所得の帰属、計算等に関する通則】

(2)　信託に係る個人の納税義務の取扱い（平19.9.30以後）

ア　受益者等課税信託

①　課税関係（所法13①）

信託の受益者（受益者としての権利を現に有するものに限る。）が信託財産に属する資産及び負債を有するものとみなし、かつ、信託財産に帰せられる収益及び費用は受益者の収益及び費用とみなして、所得税の課税が行われる。

(注)1　信託の変更をする権限（軽微な変更をする一定の権限を除く。）を現に有し、かつ、その信託の信託財産の給付を受けることとされている者（受益者を除く。）は、受益者とみなされる（所法13②、所基通13－8参照）。
2　受益者が2以上ある場合の取扱い（所令52参照）
3　受益者から除かれるもの（所基通13－7参照）
4　特定受益者の不動産所得の損益通算の特例（P.70～71参照）

②　収益及び費用の帰属時期並びに計上額（所基通13－2、13－3）

信託の計算期間にかかわらず、受益者のその年分の各種所得の金額の計算上、総収入金額又は必要経費に算入する。

また、その算入額は、信託財産から生ずる利益又は損失ではなく、信託財産に属する資産、負債及び帰せられる収益、費用を受益者の金額として計算する。

③　受益者としての権利の譲渡等（所基通13－6）

受益者の有する権利の譲渡又は取得が行われた場合には、その権利の目的となっている信託財産に属する資産、負債が譲渡又は取得されたことになる。

(注)　委託者と受託者が同一の場合（所基通13－5参照）

④　所得の計算

A　委託者である居住者が資産を信託し、信託の受益者等となる法人が適正な対価を負担せずに受益者等となる場合には、次により信託に関する権利に係る資産の移転が行われたものとして各種所得の金額を計算する（所法67の3③、所基通67の3－1）。

ケース	課税関係
①　法人が対価を負担していないとき	資産の信託時における居住者から法人への贈与（みなし譲渡課税）
②　法人が対価を負担しているとき	資産の信託時における居住者から法人に対するその対価の額による譲渡（時価の2分の1未満である場合はみなし譲渡課税）

※　委託者（個人）から受益者（個人）に適正な対価を負担せずに資産が移転する場合については、相続税法9条の2参照。

B　新たに信託の受益者等が存するに至った場合（A又はDに該当する場合を除く。）において、新たな受益者等となる法人が適正な対価を負担せずに受益者等となり、かつ、受益者等であった者が居住者であるときは、次により信託に関する権利に係る資産の移転が行われたものとして各種所得の金額を計算する（所法67の3④）。

【三　所得の帰属、計算等に関する通則】

ケース	課税関係
①　法人が対価を負担していないとき	受益者等である法人が存するに至った時に受益者等であった居住者から法人への贈与（みなし譲渡課税）
②　法人が対価を負担しているとき	受益者等である法人が存するに至った時に受益者等であった居住者から法人へのその対価の額による譲渡（時価の2分の1未満である場合はみなし譲渡課税）

　C　一部の受益者等が存しなくなった場合において、既に受益者等である法人が適正な対価を負担せずに信託に関する権利について新たに利益を受ける者となり、かつ、信託の一部の受益者等であった者が居住者であるときは、次により信託に関する権利に係る資産の移転が行われたものとして各種所得の金額を計算する（所法67の3⑤）。

ケース	課税関係
①　法人が対価を負担していないとき	一部の受益者等である居住者が存しなくなった時における居住者から法人への贈与（みなし譲渡課税）
②　法人が対価を負担しているとき	一部の受益者等である居住者が存しなくなった時における居住者から法人へのその対価の額による譲渡（時価の2分の1未満である場合はみなし譲渡課税）

　D　受益者等課税信託が終了した場合において、信託の残余財産の給付を受けるべき又は帰属すべき者となる法人が適正な対価を負担せずにその給付を受けるべき又は帰属すべき者となり、かつ、信託終了の直前において受益者等であった者が居住者であるときは、次により信託の残余財産の移転が行われたものとして各種所得の金額を計算する（所法67の3⑥）。

ケース	課税関係
①　法人が対価を負担していないとき	給付を受けるべき、又は帰属すべき者となった時に、受益者等であった居住者から法人への贈与（みなし譲渡課税）
②　法人が対価を負担しているとき	給付を受けるべき、又は帰属すべき者となった時に、受益者等であった居住者から法人へのその対価の額による譲渡（時価の2分の1未満である場合はみなし譲渡課税）

（注）　上記A～Dの「信託に関する権利」がその受益者等課税信託に関する権利の全部でない場合における課税の取扱いについては、所得税法施行令197条の3第5項参照。

【三　所得の帰属、計算等に関する通則】

イ　但書き信託

<table>
<tr>
<td rowspan="2">集団投資信託</td>
<td>〔合同運用信託、一定の投資信託、特定受益証券発行信託〕
集団投資信託から信託の受益者に対し収益の分配が行われる際に、受益者が個人の場合には特別分配金を除き、利子所得又は配当所得として所得税が課税される（受益者受領時課税）（受益者が法人である場合には内国法人所得又は外国法人所得として所得税が課税される。）。
　なお、特定受益証券発行信託の信託財産に帰せられる所得については、受益者に対する収益の分配が配当所得として課税(所法24①)されるが、配当控除の適用はない。
　また、その受益権の譲渡は、株式等に係る譲渡所得等として課税される（措法37の10②六）。</td>
</tr>
</table>

<table>
<tr>
<td rowspan="2">退職年金等信託</td>
<td>〔厚生年金基金契約、確定給付年金資産管理運用契約、確定給付年金基金資産運用契約、確定拠出年金資産管理契約、勤労者財産形成給付契約若しくは勤労者財産形成基金給付契約、国民年金基金若しくは国民年金基金連合会の締結した国民年金法に規定する契約又は適格退職年金契約に係る信託〕
　退職年金等信託からその信託契約に基づいて支払われる一時金、年金等については、退職所得、雑所得（公的年金等）等として所得税が課税される（所法31、35）。</td>
</tr>
</table>

<table>
<tr>
<td rowspan="5">法人課税信託</td>
<td colspan="2">〔受益証券発行信託、受益者が存在しない信託、法人が委託者となる信託で一定のもの（法法２二十九ハ）、投資信託（投資信託及び投資法人に関する法律２③）、特定目的信託（資産の流動化に関する法律２⑬）〕
① 　課税関係（信託財産段階で受託者（法人又は個人）に対し法人課税）
　A　受益権、受益者及び収益の分配等の取扱い（所法６の３四・八）</td>
</tr>
<tr>
<td align="center">区　分</td>
<td align="center">課税関係</td>
</tr>
<tr>
<td>受益権は、株式又は出資とみなされ、受益者は株主等に含まれる。
※　この受益権から私募公社債等運用投資信託の受益権及び特定目的信託の社債的受益権は除かれる。</td>
<td>受益権の譲渡は、株式譲渡の課税関係となる。
※　私募公社債等運用投資信託の受益権及び特定目的信託の社債的受益権の譲渡は非課税（これらの受益権に係る収益の分配は15％の源泉分離課税）</td>
</tr>
<tr>
<td>①　収益の分配は、資本剰余金の減少を伴わない剰余金の配当とみなされる。

②　元本の払戻しは、資本剰余金の減少を伴う剰余金の配当とみなされる。</td>
<td>①　収益の分配は、配当所得とされる。
※　私募公社債等運用投資信託の受益権及び特定目的信託の社債的受益権の場合は、15％の源泉分離課税（措法８の２）
②　元本の払戻しは、法人の資本の払戻しとされる（みなし配当の対象）。
※　私募公社債等運用投資信託の受益権及び特定目的信託の社債的受益権に係るみなし配当は、15％の源泉分離課税（措法８の２）</td>
</tr>
</table>

— 30 —

【三　所得の帰属、計算等に関する通則】

B　法人課税信託の終了等の場合（所法6の3五）

ケース	課税関係
① 法人課税信託の終了の場合 ② 受益者等の存しない法人課税信託に受益者等が存すること（受益者等課税信託）となった場合	法人課税信託に係る受託法人の解散があったものとされ、この場合のその受益者に対する課税関係は、法人の解散の場合の株主等に対する課税関係と同様になる。 ※　金銭の交付はみなし配当の対象

C　法人課税信託に対し資産を信託した場合（所法6の3六・七）

ケース	課税関係
① 法人課税信託（受益者等の存しない信託を除く。）の委託者が資産の信託をした場合 ② 受益者等課税信託が法人課税信託（受益者等の存しない信託を除く。）に該当することとなった場合	法人課税信託の受託法人に対する出資があったものとみなされ、この場合の法人課税信託の委託者又は受益者等課税信託の受益者等に対する課税関係は、法人の出資者に対する課税関係と同様になる。 ※　法人課税信託の委託者は受託法人に対して現物出資をしたものとして譲渡課税
① 法人課税信託（受益者等の存しない信託に限る。）の委託者が資産の信託をした場合 ② 受益者等課税信託が法人課税信託（受益者等の存しない信託に限る。）に該当することとなった場合	法人課税信託（受益者等の存しない信託）の受託法人に対する贈与によりその資産の移転があったものとみなされ、この場合の受益者等の存しない信託の委託者又は受益者等課税信託の受益者等に対する課税関係は、法人に贈与をする者に対する課税関係と同様になる。 ※　法人課税信託の受託法人に対する贈与をしたものとみなしてみなし譲渡課税（所法59）

D　信託の併合又は分割の場合（所令16）

②　所得の計算及び収益の取扱い（受益者等の存しない信託の受益者となった場合）
（所法67の3①②、所令197の3①〜④）

ケース	所得の計算及び収益の取扱い
受益者等の存しない法人課税信託について、居住者が受益者等課税信託の受益者（清算中における受益者を除く。）となったことにより、その信託が受益者等の存しない法人課税信託に該当しなくなった場合 ※　受益証券発行信託及び法人が委託者となる一定の信託に該当することになる場合を除く。	受益者等となった居住者は、その信託の受託法人から信託財産（資産及び負債）を帳簿価額により引継ぎを受けたものとする。 この場合において、その引継ぎにより生じた収益の額（資産の帳簿価額−負債の帳簿価額）は総収入金額に算入せず、損失（負債の帳簿価額−資産の帳簿価額）は生じなかったものとされる。 また、引継ぎを受けたものとされた資産は、その引継時の帳簿価額により取得したものとみ

【三　所得の帰属、計算等に関する通則】

	なしてその居住者の各種所得の金額を計算することとされ、その資産の取得日は法人課税信託の受託法人の取得日となる。 ※　信託財産に係る資産のキャピタルゲインは、受益者たる居住者に引き継がれる。

5　信託財産に係る利子等の源泉徴収額の調整

　令和2年1月1日以後に支払われる収益の分配について、信託財産に係る利子等の課税の特例を適用するに当たり、次の措置が講じられた（所令300、306の2、平30改正所令附則18、19）。

①　受益権を他の証券投資信託の受託者に取得させることを目的とする証券投資信託の信託財産について納付した所得税（外国所得税を含む。）の額は、信託財産を当該証券投資信託の受益権に対する投資として運用することを目的とする公社債投資信託以外の証券投資信託で、その設定に係る受益権の募集が公募以外の方法により行われたものの収益の分配に係る所得税の額から控除することとする（所令300②、306の2①）。

②　集団投資信託の収益の分配に係る所得税の額から控除する外国所得税の額は、当該収益の分配に係る所得税の額に当該集団投資信託の外貨建資産への運用割合を乗じた額を限度とする（所令300③、306の2②）。

③　集団投資信託の収益の分配の支払を受ける者の当該収益の分配に係る源泉徴収税額は、当該収益の分配に係る所得税の額から、上記②により控除された外国所得税の額のうち、その支払を受ける者の当該収益の分配に対応する部分の金額として一定の計算をした金額を控除した額とする（所令300④、306の2②）。

④　集団投資信託を引き受けた内国法人及び外国法人は、当該集団投資信託の収益の分配の支払をする場合には、書面又は電磁的方法により当該収益の分配の支払を受ける個人又は法人に対し、分配時調整外国税相当額（P.383参照）の計算の基礎となる通知外国所得税の額等一定の事項を通知しなければならないこととする（所令300⑥～⑬、306の2④～⑪）。

【三　所得の帰属、計算等に関する通則】

6　外貨建取引の換算等

(1)　内容（所法57の3、所令167の6、所基通57の3-4）

区　分		適用要件及び円換算方法
A　外貨建取引を行った場合の換算	①　外貨建取引を行った場合の円換算額	外貨建取引時における外国為替の売買相場換算額（原則仲値（TTM））により各種所得の金額を計算する。
	②　不動産、事業、山林又は雑の各所得に係る業務を行う者が、外貨建資産・負債（下記③の適用を受けるものを除く。）の取得又は発生に伴って支払い、又は受け取る外国通貨の金額の円換算額を先物外国為替契約により確定させた場合	先物外国為替契約の締結日にその旨を業務に係る先物外国為替契約の締結に関する帳簿書類に記載した場合 ⇒　外貨建資産・負債について、その円換算額をもって不動産、事業、山林又は雑の各所得の金額を計算する。
B　先物外国為替契約により円換算額を確定させた場合	③　不動産、事業、山林又は雑の各所得に係る業務を行う者が、先物外国為替契約等により外貨建取引によって取得し、又は発生する資産、負債の金額の円換算額を確定させた場合	先物外国為替契約等の締結日に、その旨を業務に係る資産・負債の取得、発生に関する帳簿書類又は先物外国為替契約の締結に関する帳簿書類に記載した場合 ⇒　資産又は負債については、その円換算額をもって、①による換算額として、不動産、事業、山林又は雑の各所得の金額を計算する。

(2)　外貨建取引とは（所法57の3、所令167の6②、所基通57の3-1）

該当する取引	該当しない取引
外国通貨で支払が行われる次の取引 ①資産の販売及び購入、②役務の提供、③金銭の貸付け及び借入れ、④その他の取引	①　同一金融機関に同一の外国通貨で行われる預貯金の預入れ ②　外国通貨表示であっても、支払が本邦通貨で行われることとされているもの

(3)　外国為替の円換算（所基通57の3-2）

区　分	換算レート
①　原則	取引日のTTM（電信売相場と電信買相場の仲値）
②　不動産、事業、山林又は雑の各業務の所得の計算で、継続適用を条件	収入・資産⇒取引日のTTB（電信買相場） 経費・負債⇒取引日のTTS（電信売相場）

計算等の通則　所得の帰属

【三　所得の帰属、計算等に関する通則】

(4)　国外で業務を行う者の損益計算書等に係る外貨建取引の換算

　国外において不動産所得、事業所得、山林所得又は雑所得を生ずべき業務を行う個人で、当該業務に係る損益計算書又は収支内訳書を外国通貨表示により作成している者については、継続適用を条件として、当該業務に係る損益計算書又は収支内訳書の項目（前受金等の収益性負債の収益化額及び減価償却資産等の費用性資産の費用化額を除く。）の全てを当該年の年末における為替相場により換算することができる（所基通57の3－7）(注)。

　(注)　上記の円換算に当たっては、上記以外にも継続適用を条件として、収入金額及び必要経費の換算について、その年において当該業務を行っていた期間内における電信売買相場の仲値、電信買相場又は電信売相場の平均値を使用することができる。

📖 参考　為替差損益の認識の要否

　外貨建取引においては、取引の都度為替換算を行い為替差損益を認識するのが原則である（所法57の3①）が、その具体的な事例は以下のとおりである。

事　例	事例の内容	為替差損益の認識の要否
①　外貨預金の預け替え	A銀行に預け入れていた外貨建て定期預金を満期日に全額払い出し、元本部分を同日、同じ通貨でB銀行に預金した場合	不　要
②　他の金融商品への投資	米ドル建て預金を払出し、その全額を外貨建てMMF（米ドル建公社債投資信託）に投資した場合	必　要
③　貸付用不動産の購入	米ドル建て預金を払出し、その一部をもって米国内にある貸付用物件を購入した場合（残額については引き続き米ドルで保有）	物件購入費用部分につき必要
④　他通貨への交換	現金（円）を米ドルに交換し、さらにユーロに交換した場合における、ユーロへの交換時	必　要

（国税庁HP　質疑応答事例より）

四　利子所得

1　意義

　利子所得とは、公社債及び預貯金の利子（分離利息振替国債に係るものを除く。）並びに合同運用信託、公社債投資信託及び公募公社債等運用投資信託の収益の分配に係る所得をいう（所法23①、措法8の4①）。

2　所得金額の計算

$$利子所得の金額 = \begin{pmatrix}利子等の\\収入金額\end{pmatrix}　（所法23②）$$

3　所得分類のポイント

区　分			内　　容
利子所得	① 公社債等の利子	特定公社債等の利子	ア　特定公社債（以下 a ～ h）の利子若しくは収益の分配金（措法37の10②七、37の11②一、五～十四、措令25の9②～⑩） 　a　国債、地方債、外国国債、外国地方債、及び農林債、商工債券等 　b　公募公社債、上場公社債 　c　発行日前9か月以内（外国法人の場合12か月以内）に有価証券報告書等を提出している法人が発行する社債 　d　外国社債のうち国内において売出しがされたもの 　e　金融商品取引所に発行プログラム（目論見書や MTN プログラム等）が公表されている公社債 　f　国内外の公営企業等又は国際機関が発行した債券 　g　銀行若しくは金融商品取引業者又はこれらの者の100%子会社等が発行した債券（その所有者が多数でないものを除く。） 　h　平27.12.31以前に発行された公社債（発行時に源泉徴収された割引債及び同族会社が発行した社債を除く。） イ　公募公社債投資信託（中期国債ファンド等）の受益権 ウ　証券投資信託以外の公募公社債等運用投資信託の受益権
		一般公社債等の利子	1　一般公社債（特定公社債以外の公社債）の利子 2　私募の公社債投資信託
	② 預貯金（銀行、信用金庫、農協等の預金、社内預金（従業員等））の利子		
	③ 合同運用信託（貸付信託、指定金銭信託等）の収益の分配金（注2）		
	④ 勤労者財産形成貯蓄契約に基づく生命保険等の差益金		

【四　利子所得】

雑所得	① 学校債、組合債の利子 ② 定期積金又は相互掛金の給付補てん金 ③ 抵当証券の利息 ④ 金投資（貯蓄）口座の差益 ⑤ 外貨投資口座の差益 ⑥ 知人や法人に対する貸付金の利子（注3） ⑦ 社内預金（役員及び退職者等）の利子 ⑧ 国税又は地方税の還付加算金 ⑨ 土地収用法に規定する加算金又は過怠金
事業所得	① 貸金業者の貸金利子 ② 得意先、従業員に対する貸付金利子
一時所得	① 一時払養老保険等の差益 ② 懸賞金付預貯金等の懸賞金

(注) 1　外国及び外国の地方公共団体の発行した債券の利子も含まれる(所基通2－11)。
　　 2　令2.1.1以後に支払われる集団投資信託の収益の分配については、その収益の分配に係る源泉徴収税額から控除することとされているその集団投資信託の信託財産について納付した所得税及び外国所得税の額の計算については、その集団投資信託の収益から収益調整金のみに係るものを除いて行うこととされたほか、所要の措置が講じられた（所法176③、180の2③、所令300①）。
　　 3　同族会社の役員が当該法人に対する貸付金の利子を受領した場合もこれに該当する。

4　課税方法（復興特別所得税を含む。）
(1)　上場株式等に係る利子等

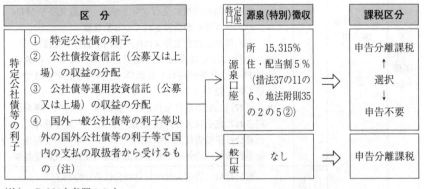

(注)　P.264も参照のこと。

【四 利子所得】

(2) 一般株式等に係る利子等

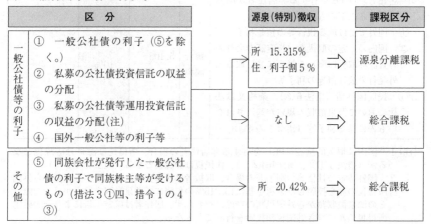

(注) 私募の公社債等運用投資信託の収益の分配は配当所得になるが、課税関係は同様である。

(3) その他の利子等

区 分	課税方法	税率等		確定申告の要否
		所得税	住民税	
(1) 居住者及びPEを有する非居住者が国内で受け取る下記の一般利子等（措法3①） ① 預貯金の利子 ② 特定公社債以外の社債利子（一般公社債）（国外公社債等に係るもの及び公社債の利子で条約又は法律により源泉徴収義務の規定の適用がないものを除く。） (2) 居住者が受け取る、国外一般公社債等の利子等（措法3の3①） (3) 合同運用信託（貸付信託、指定金銭信託等）の収益の分配金 (4) 勤労者財産形成貯蓄契約に基づく生命保険等の差益金（措法4の4①）	源泉分離課税	15.315%（措法3、3の3）	5％（地法23、71の6）（注1）	不可
(5) 居住者及びPEを有する非居住者が国内で受け取る、国際間の取決めに基づき設立された国際機関が国内にて発行し、又は保証する世銀債、国際復興開発銀行債、アジア開発銀行債などの債権から生ずる利子等	申告分離課税	15.315%（措法3、3の3）	5％（地法23、71の6）	原則申告不要（申告選択可）（措法8の5①二・三・七、3の3⑦）

— 37 —

【四　利子所得】

(6)　居住者及び PE を有する非居住者が国内で受け取る以下のもの ①　国外で受け取る銀行等の預金利子 ②　国内の一定の取扱者（指定証券会社の外貨証券取引口座）を経ずに受け取る国外発行の公社債等の利子等 ③　民間国外債（措法 6 ②）、条約又は法律において源泉徴収の規定が適用されないものに係る利子等（措令 1 の 4 ①）。	総合課税	5.105～45.95%	10%	要

（注）1　国内に恒久的施設（PE）を有する非居住者の場合、所得税は源泉分離課税となるが（措法 3 ①②、所法164②一）、住民税は非課税となる（地法25の 2 ①）。
　　　2　国外特定公社債等の利子等の場合、取扱者はその支払を受けるべき金額から外国所得税の額を控除した金額を基に15.315％の税率にて源泉徴収を行うが、その際、その源泉徴収額から外国税額の控除は行われず、居住者は確定申告によりその外国所得税の額につき外国税額控除を行うこととなる。

5　非課税

(1)　障害者等利子所得の非課税制度

　障害者等の少額預金で元本等の合計額が、350万円以下のものの利子等（所法10、措法 3 の 4 ）

　（注）　障害者等の定義

　　　　障害者等とは、国内に住所を有する個人で、身体障害者手帳の交付を受けている者、遺族基礎年金や遺族厚生年金等の受給資格者である妻、寡婦年金を受けることができる妻である者、障害基礎年金や障害厚生年金等を受けている者、児童扶養手当を受けている児童の母、精神障害者保健福祉手帳の交付を受けている者、戦傷病者手帳の交付を受けている者など特定の人とされていたが令和元年度改正により、療育手帳の交付を受けている者も対象となった（所法10①、所令31の 2 、所規 4 ）。

対象預貯金等

区分	①旧郵便貯金	②少額預金	③少額公債
対象預貯金等	旧郵便貯金の利子（平19. 9 .30以前）で、元本の合計額が350万円までのもの（旧措法 9 の 2 ほか）（平19.10. 1 以後のは「②少額預金」の取扱いとなる。）	①預貯金、②合同運用信託、③特定公募公社債等運用投資信託、④一定の有価証券の利子又は収益の分配で元本の合計額が350万円までのもの（所法10、措法 3 の 4 ）	国債及び地方債の利子で額面金額の合計額が350万円までのもの（措法 4 ）

— 38 —

【四　利子所得】

(2)　その他

「二　非課税所得と免税所得」の1(1)（P. 15）参照

6　収入計上時期

次表のとおり（所基通36−2）。

区　　分			収　入　の　時　期
①　定期預金の利子	満期後に支払を受けた利子	満期までの利子	満期日
		満期後の期間の利子	支払を受けた日
	満期前に既経過期間に対応して支払又は元本に繰り入れる旨の特約のある利子		特約による支払日又は元本への繰入日
	満期前の解約利子		解約の日
②　普通預金又は貯蓄預金の利子	通常の利子		約定による支払日又は元本への繰入日
	解約利子		解約の日
③　通知預金の利子			払出しの日
④　合同運用信託、公社債投資信託又は公募公社債等運用投資信託の収益の分配	信託期間中のもの		収益計算期間の満了の日
	信託の終了又は解約（一部解約も含む。）によるもの		信託の終了又は解約の日
⑤　公社債の利子	記名式		支払開始日と定められた日
	無記名		支払を受けた日（所法36③）

利子所得

— 39 —

五　配当所得

1　意義

次表に掲げる本来の配当（平成22年10月1日以後は適格現物分配に係るものを除く。）及びみなし配当に係る所得をいう。

区分	内　　容
本来の配当（所法24）	①　剰余金の配当（株式会社、協同組合等（下記3⑷参照）からの剰余金の配当、特定目的信託の社債的受益権の収益の分配）（注1） ②　利益の配当（持分会社（合名・合資・合同）、特定目的会社（SPC）からの利益の配当）（注2） ③　投資法人から受ける金銭の分配（注3） ④　剰余金の分配（船主相互保険組合法42条2項の組合員の出資割合に基づく剰余金の分配など）（注4） ⑤　基金利息（相互保険会社の基金に対する利息） ⑥　投資信託（公社債投資信託及び公募公社債等運用投資信託を除く。）の収益の分配（注5） ⑦　特定受益証券発行信託の収益の分配
みなし配当（所法25）…P.54参照	

(注)1　株式又は出資に係るものに限り、資本剰余金の額の減少に伴うもの及び分割型分割によるものを除く。
　　2　特定目的会社の金銭の分配（中間配当）を含み、分割型分割によるものを除く。又、SPCよりの利益の分配のうち特定社債に該当するものは利子所得となる。
　　3　投資法人が利益を超えて投資者に分配する金銭のうち、その利益を超えた額が当該投資法人の計算規則に規定する一時差異等調整引当額の増加額に相当する金額と同額であるもののうち、平27.4.1以後に支払を受けるもの（所法24①、所規18の2、平27改正法附則4）。
　　4　出資に係るものに限る。
　　5　オープン型証券投資信託の特別分配金は元本の払戻相当額として非課税
　※　また、平29.4.1以後に受ける一定の株式分配については、配当所得の対象となる剰余金の配当又は利益の配当から除外された（所法2十二の十五の二）。

2　所得金額の計算

$$\text{配当所得}\ \text{の金額} = \left(\begin{array}{c}\text{配当等の}\\\text{収入金額}\end{array}\right) - \left(\begin{array}{c}\text{元本取得に要した}\\\text{負債の利子}\end{array}\right) \quad \text{（所法24②）}$$

3　所得分類のポイント

(1)　法人が株主等に対し損金経理により交付した株主優待（乗車券・入場券・施設利用券）は雑所得

(2)　人格のない社団等から受けるもの
　　ア　収益の分配金は雑所得

【五 配当所得】

　　イ　解散による清算分配金は一時所得
(3)　匿名組合の組合員がその組合から受ける利益の分配
　　「七　事業所得」の「26　匿名組合の組合員の所得計算」（P.144）を参照。
(4)　企業組合等の分配金（所令62、所基通23～35共－4）

区　分　・　内　容　等		所得区分
企業組合の組合員	事業従事程度に応じ受ける分配金	配当所得
協業組合の組合員	出資口数に応じないで受ける分配金	
農住組合の組合員	利用分量に応じて受ける分配金	
農事組合法人・漁業生産組合・生産森林組合の組合員	事業従事程度に応じ受ける分配金　給与等の支給をする組合	
	給与等の支給をしない組合	配当・給与・退職以外の各種所得（注1～3）
協同組合等から受ける金額で、その組合の損金となるもの		配当以外の各種所得

（注）1　農事組合法人から受けるもので、農業経営から生じた所得を分配したものは事業所得（林業経営も行っている場合のその林業経営から生じたものは（注3）による。）
　　　2　漁業生産組合から受けるもので、漁業から生じた所得を分配したものは事業所得
　　　3　生産森林組合から受けるもので、山林の伐採又は譲渡から生じた所得の大部分を分配したものは山林所得（取得の日から5年以内の山林の伐採又は譲渡による所得は事業所得又は雑所得）

4　収入計上時期

　　次表のとおり（所基通36－4、所法36③、措法37の11の6⑧）。

区　　分		収入計上時期
剰余金の配当、金銭の分配、利益の配当、剰余金の分配、基金利息		効力を生ずる日(同日を定めていない場合には、社員総会その他正当な権限を有する機関による決議日)
投資信託の収益の分配	信託期間中	収益計算期間の満了日
	信託終了、解約(一部解約)	終了又は解約（一部解約）の日
みなし配当	合併	効力を生ずる日、新設合併の場合は設立登記日(注)
	分割型分割	効力を生ずる日、新設分割の場合は設立登記日(注)
	株式分配	効力を生ずる日もしくは正当な権限を有する機関の決議のあった日
	資本の払戻し	効力を生ずる日
	解散による残余財産分配	分配開始日（数回の分割分配はそれぞれの分配開始日）
	自己株式又は出資の取得	その法人の取得日

― 41 ―

【五 配当所得】

	出資の消却、払戻し等、退社等による持分の払戻し、株式等を法人が取得することなく消滅させる	これらの事実があった日
	組織変更	効力を生ずる日（注）
認定配当	支払すべき日⇒定められている	定められた日
	支払すべき日⇒定められていない	交付を受けた日
	支払すべき日⇒明らかでない	交付認定された事業年度の終了日
無記名株式等の配当		支払を受けた日（所法36③）
源泉徴収選択口座内配当等（平成22年分以後）		金融商品取引業者等から交付を受けた日

（注） これらの日前に金銭等が交付される場合には、その交付日

5 元本取得に要した負債の利子の計算

$$元本取得に要した負債の利子 = \left(\begin{array}{c}負債の利子\\（年額）\end{array}\right) \times \frac{元本所有期間の月数（1か月未満切上げ）}{12}$$

（注）1 無配の株式に係る負債の利子も他の配当収入から控除できる（期間対応）。

2 申告不要とした配当及び源泉分離課税の対象となる配当に係る負債の利子は控除できない。

3 株式等に係る譲渡所得等の金額の計算上控除される負債の利子は、配当所得の金額の計算上控除できない。

4 負債により取得した株式等の一部を譲渡した場合は、次の算式により計算した金額を、その譲渡後の残余の株式等に係る負債の額とする。

$$\left(\begin{array}{c}その株式等を取得する\\ために要した負債の額\end{array}\right) \times \frac{\left(\begin{array}{c}譲渡直後のそ\\の株式等の数\end{array}\right)}{\left(\begin{array}{c}譲渡直前に有してい\\たその株式等の総数\end{array}\right)}$$

6 課税方法

(1) 配当等（下記(2)の配当等を除く。）（復興特別所得税を含む。）

		株式の種類	
		上場株式等（個人大口株主を除く。） （注1）	非上場株式等 左記以外の株式
課税	配当の源泉徴収税率（注7）	平成26年1月1日以後 所得税15.315% 住民税5% （措法9の3、地法71の28）（注2）	所得税 20.42% 住民税 －% （所法182二）
	申告不要制度	あり（金額の上限なし）（注3、4、6参考） （措法8の5①二～四）	少額配当のみあり（住民税は申告必要）（注6） （措法8の5④）

— 42 —

【五　配当所得】

申告時の選択 （注3）	総合（注4） （所法22、89、165）	申告分離 （措法8の4）	総合のみ
配当の申告税率	累進 （5.105～ 45.945%） （注5）	平成26年1月1日以後 所得税15.315% 住民税5%（注2）	累進 （5.105～45.945%）
配当所得計算	借入金利子控除あり	借入金利子控除あり	借入金利子控除あり
配当控除	あり（所法92）	なし（措法8の4①）	あり（所法92）
損益通算　上場株式等の譲渡損失との損益通算	できない	できる （措法37の12の2）	できない
損益通算　その他の所得との損益通算	事業・不動産・総合譲渡・山林所得より生じた損失との通算可	できない	事業・不動産・総合譲渡・山林所得より生じた損失との通算可
扶養控除の判定	合計所得金額に含まれる。	「源泉徴収あり特定口座」で運用している場合、申告を選択しなければ配当・譲渡益とも含まれない。	配当については、申告不要を選択した場合は合計所得金額に含まれない。

（注）1　個人大口株主に対する課税方法は、非上場株式の場合と同じであるが、外国法人から支払を受ける上場株式の配当等で国内における支払の取扱者を経由して交付を受けるものについては、個人大口株主が受けるものを除外する制限はない。
　　　　　なお、個人大口株主の要件は、下記の「参考　上場株式等の配当等の範囲」参照。
　　　2　平成25年1月1日から12月末までの源泉徴収税率は、所得税7.147%、住民税3%である。また、居住者が、国外株式の配当等を国内における支払の取扱者を経由して交付を受ける場合には、源泉徴収がなされ、次により申告不要の規定（措法8の5）が適用される（措法9の2②⑤）。
　　　①　国外株式の配当等の国内における支払の取扱者から交付を受ける金額（外国所得税を控除後の金額）については、その金額が少額配当（注6）の支払金額とみなされる。
　　　②　国外株式の配当等については、内国法人から支払を受ける配当等とみなされる。
　　　3　上場株式等の配当等については、その一部について申告不要を適用できるが、申告することを選択したものについては、そのすべてについて総合課税又は申告分離課税のいずれかを選択することになる（措法8の4②）。また、源泉徴収選択口座内配当等についての申告不要の選択は、口座ごとに行う（措法37の11の6⑨）。申告する場合（e-Taxによる場合を除く。）には、支払通知書、特定口座年間取引報告書等を申告書に添付する必要がある（措令4の二⑨⑪、所法120③四、166、所令262④、平27庁告示8号）。
　　　4　総合課税を選択できるのは、特定上場株式等の配当等（措法8の4②）のみで、特定公社債の利子や公募公社債投資信託の収益の分配などは、選択できない。
　　　5　平成25年から令和19年までは復興特別所得税として、各年分の基準所得税額の2.1%を所得税と併せて申告・納付することとなる（復興財確法17）。
　　　6　少額配当とは、1銘柄につき1回の配当金額が算式（10万円×配当計算期間÷12）により計算した金額以下の場合のもの
　　　7　令2.1.1以後支払われる上場株式等の配当等に源泉徴収額については、外国税額等がある場合、源泉徴収額の調整が行われる（措法9の3の2）（P.383参照）。

— 43 —

【五　配当所得】

📖 参考　上場株式等の配当等の範囲

　「上場株式等の配当等」とは、配当等（源泉分離課税とされる私募公社債等運用投資信託等の収益の分配に係る配当等及び国外私募公社債等運用投資信託等の配当等を除く。）のうち、次のものをいう（措法8の4①②）。ただし、内国法人からの配当等で、個人大口株主(配当基準日において配当支払法人の発行済株式等又は出資の総数又は総額の3％(平成23年9月30日以前に支払を受けるべきものは5％)以上に相当する数又は金額の株式又は出資を有する者)が支払を受けるものは除かれる。

特定上場株式等の配当等	①　株式等（措法37の10②）で金融商品取引所に上場されているものの配当等で次に掲げるものも含む。 a　特定株式投資信託（注2）の収益の分配 b　店頭売買登録銘柄として登録された株式（出資を含む。）の配当等 c　店頭管理銘柄株式（出資及び投資法人の投資口を含む。）の配当等 d　日本銀行出資証券の配当等 e　外国金融商品市場において売買されている株式等の配当等
	②　公募証券投資信託の収益の分配 　（上記①aの特定株式投資信託及び公社債投資信託を除く。）
	③　特定投資法人の投資口の配当等
上記以外の配当等	④　証券投資信託以外の公募投資信託（公社債等運用投資信託を除く。）の収益の分配
	⑤　公募の特定受益証券発行信託の収益の分配（上場されている特定受益証券発行信託の収益の分配は上記①に該当）
	⑥　公募の特定目的信託の社債的受益権の剰余金の配当

(注)　特定上場株式等とは、一般には上場株式等のうち、整理銘柄・監理銘柄以外のもの及びレバレッジ型上場投資信託とされているが、令和6年1月1日前にNISA口座を開設している者等においては、原則上場株式等のうち、整理銘柄・監理銘柄以外のものを言う（上場株式等→P.234参照）。

【五 配当所得】

参考　特定上場株式等の配当等の課税方法の選択

特定上場株式等の配当等の課税方法の選択はP.43の表にあるとおり扶養控除の判定、国民健康保険や後期高齢者医療保険の保険料や窓口負担割合の決定に影響するが、その選択の際留意すべき事項は下記のとおりである（次頁の「参考　所得税と違う課税方法を選択する際の留意事項（住民税）」も参照）。

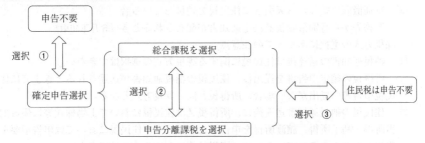

選択①
(1) 特定口座(源泉徴収口座)内配当については、口座ごとに選択する(措法37の11の6 ⑨)。
　⇒P.242～参照
　(同一口座内の譲渡所得と配当は口座内損益通算がなければ、申告するか否かは別々に選択可能)
(2) その他の配当については、銘柄ごとではなく、1回に支払を受ける配当の額ごとに選択する(措法8の5④)。
(3) 申告の有利不利の判断については、P.52～54参照。

選択②
　平成28年1月1日以後、特定口座(源泉徴収口座)内に特定公社債の利子等が受け入れられることとなったことから、課税方式の選択に当たり以下の点に留意する必要がある。
(1) 上場株式等の配当等に係る利子所得を申告する場合、利子所得については、申告分離課税しか選択できない(総合課税は選択できない。)。
(2) 上場株式等の配当等(大口株主等が支払を受けるものを除く。)に係る配当所得については、総合課税に代えて申告分離課税を選択できるが、その際留意する点は以下のとおりである。
　イ　上場株式等の配当所得を申告する場合、原則としてそのすべてについて、一律に総合課税か申告分離課税のどちらかを選択しなければならない。
　ロ　しかし、上記(1)に述べたとおり、上場株式等の配当等に係る利子所得については、申告分離課税しか選択できないことから、利子所得→申告分離課税、配当所得→総合課税という選択をすることは可能である。
　ハ　配当所得につき申告分離課税を選択した場合、配当控除は受けられない。
　ニ　上場株式等の配当等につき総合課税を選択した場合、上場株式等の譲渡損失との損益通算はできない。

(注)　上記①、②の選択は更正の請求等によって、事後的に選択換えをすることはできない(措法8の5②、措通8の4－1、8の5－1)。

選択③
　上場株式等の配当所得等及び株式等譲渡所得等に係る住民税の申告は、所得税の確定申告と異なる課税方式を選択することができる。
(1) 選択の方法は、市区町村により異なっており、①特定の申告書を提出する、②一般の住民税申告書に注記する形で申告するといった方法が一般的であるが、これも事前に各市区町村に確認が必要である。
(2) 申告期限は原則3月15日であるが住民税の納税通知書が送達される前までに提出されれば有効である（送達後の提出は無効となる。)。

【五　配当所得】

参考　所得税と違う課税方法を選択する際の留意事項（住民税）

1　納税通知書が送達となる時点
(1)　普通徴収で住民税を納付している者及び公的年金から住民税を差引きされている者
　　　その年の税額決定・納税通知書が届くとき（5月～6月中旬頃）
(2)　特別徴収で給与から天引きで住民税を納付している者
　　　勤務先から特別徴収税額決定通知書が配布されるとき（5月下旬頃）

2　課税方式の選択にあたっての注意点
(1)　納税通知書の送達後は住民税に関する課税方式の選択はできない。
(2)　所得税の確定申告書を提出後、住民税の納税通知書が送達されるときまでに住民税申告書の提出がない場合、所得税と同じ課税方式となる。
(3)　住民税の納税通知書送達後に、所得税又は住民税において上場株式等に係る配当所得・利子所得・譲渡所得を申告したとしても、住民税においては申告不要を選択したとみなされているため、課税計算に含めることはできない。
(4)　住民税において申告不要を選択した場合、配当割額控除及び株式譲渡所得割の適用は受けられない。
(5)　所得税が20.42%源泉徴収されている配当所得については、住民税が源泉徴収されていないため、申告不要を選択することができない。
(6)　住民税が源泉徴収されない特定口座（簡易口座）と一般口座での取引に係る上場株式等の配当所得・利子所得・譲渡所得については、申告不要を選択することはできない。
(7)　株式数比例配分方式を選択している配当金の場合、株主名義管理人が発行する配当金計算書は所得税及び住民税の記載がないため、添付書類としては利用できない。所得税と住民税の差し引きは、受取先の証券会社にて行われるため、証券会社にて確定申告もしくは住民税申告に使用できる書類を別途請求する必要がある。
(8)　上場株式等に係る配当所得・利子所得・譲渡所得を申告した場合、国民健康保険料や各種行政サービスに影響を及ぼす場合がある。

3　繰越損失がある場合
　課税方式の選択によっては、所得税における繰越損失額と住民税における繰越損失額に差異が生じるため、所得税と住民税でそれぞれ繰越損失を申告する必要がある。
(注)1　申告がない場合、住民税において繰越損失を適用できなくなる場合がある。
　　　2　上場株式等の譲渡所得がない年でも、翌年に繰り越すために申告が必要である。

【五 配当所得】

参考　特定年間取引報告書のうち配当関係の内訳欄の記載内容

　特定年間取引報告書に記載される配当等関係の各項目の欄の内容は以下のとおりである。

（配当等の額及び源泉徴収税額等）

Ⓐ 種類	Ⓑ 配当等の額	Ⓒ 源泉徴収税額（所得税）	Ⓓ 配当割額（住民税）	Ⓔ 特別分配金の額	Ⓕ 外国所得税の額
特定上場株式等の配当等｜④株式、出資又は基金	④				
⑤特定株式投資信託	⑤				
⑥投資信託又は特定受益証券発行信託（⑤、⑦及び⑧以外）	⑥				
⑦オープン型証券投資信託	⑦				
⑧国外株式又は国外投資信託等	⑧				
⑨合計（④＋⑤＋⑥＋⑦＋⑧）					
上記以外のもの｜⑩公社債	⑩				
⑪社債的受益権	⑪				
⑫投資信託又は特定受益証券発行信託（⑬及び⑭以外）	⑫				
⑬オープン型証券投資信託	⑬				
⑭国外公社債等又は国外投資信託等	⑭				
⑮合計（⑩＋⑪＋⑫＋⑬＋⑭）					
⑯譲渡損失の金額	⑯				
⑰差引金額（⑨＋⑮－⑯）					
⑱納付税額	⑱				
⑲還付税額（⑨＋⑮－⑱）	⑲				

　Ⓐ欄のそれぞれの区分の詳細は以下のとおりである。

A	④～⑧は特定上場株式等の配当等、⑩～⑭はそれ以外のものに分けて記載されている。	
特定上場株式等に係る配当所得	④ 株式、出資又は基金	国内上場株式等（国内の証券取引所（1部、2部、新興市場）に上場されている株式等）
	⑤ 特定株式投資信託	国内 ETF（上場投資信託） 商品例　日経225連動型上場投信など
	⑥ 投資信託又は特定受益証券発行信託（⑤、⑦及び⑧以外）	非上場投資信託又は特定受益証券発行信託（日本ビルファンド投資法人等）
	⑦ オープン型証券投資信託	株式投資信託
	⑧ 国外株式又は国外投資信託等	外国株式、海外 ETF、ETN、ADR 等で海外の証券取引所に上場されているもの

配当所得

— 47 —

【五　配当所得】

利子又は配当所得	⑩	公社債	個人向けの国債、地方債、社債
	⑪	社債的受益権	イスラム債（スクーク）等
	⑫	投資信託又は特定受益証券発行信託（⑬及び⑭以外）	ETN（指標連動証券）、JDR（日本型預託証券）等
	⑬	オープン型証券投資信託	MRF、MMF
	⑭	国外公社債等又は国外投資信託等	海外で発行された公社債(例米国債、世界銀行債等)や公社債投信(外貨建MMF、MRF等)
⑯		譲渡損失の金額	③の「差引金額（譲渡所得等の金額）」欄がマイナス（損失）の場合は、その損失の金額を記載（プラスの場合は0と記載）。
⑱		納付税額	特定口座で受け入れた上場株式等の配当等に係る源泉徴収税額（所得税）・配当割額（住民税）のうち、譲渡損失との損益通算を行った結果、納付した税額を記載。
⑲		還付税額	特定口座内で損益通算の結果、還付された配当等の源泉徴収額（所得税）や配当割額（住民税）の金額を記載。
B		配当等の額	証券会社等を通じて支払われた配当、利金、分配金等の合計額を記載。 ※　NISA口座預かりの商品からの配当・分配金は記載されない。 ※　オープン型証券投資信託の元本払戻金（特別分配金）額は含まれない。→E欄に記載。 ※　外国株式の配当等については外国所得税(下記Fの金額)を差し引く前の金額で記載。
C		源泉徴収税額（所得税）	商品ごとに源泉徴収されている所得税・復興特別所得税（15.315%）の合計
D		配当割額（住民税）	商品ごとに特別徴収されている住民税（5％）の合計
E		特別分配金の額	支払われた分配金のうち、個別元本を原資とする分配金を記載。元本払戻金（特別分配金）は、非課税
F		外国所得税の額	その年度中に源泉徴収された外国所得税の合計額

※　確定申告をする場合、表中④～⑧については総合課税を選択できるが、⑩～⑭については申告分離課税のみしか選択できない。

【五　配当所得】

(2)　私募（国外私募）公社債等運用投資信託等の収益の分配に係る配当等又は国外投
資信託等の配当等（復興特別所得税を含む。）

区　分	課税方法	税率等	
		所得税	住民税
1　国内において支払を受ける次の受益権の収益の分配（注1） ①　私募公社債等運用投資信託の受益権（注2） ②　社債的受益権	源泉分離課税	15.315% （措法8の2）	5％ （地法23、71の6）
2　居住者が受ける国外私募公社債等運用投資信託（国外発行の上記1①、②に係る収益の分配に係る配当等で国外支払のもの）につき、国内における支払の取扱者を通じて交付を受けるもの	源泉分離課税	15.315% （措法8の3）	5％ （地法23、71の6）
3　居住者が受ける国外投資信託等の配当等（注3）（上記2の国外私募公社債等運用投資信託の配当等を除く。）で、国内における支払の取扱者を通じて受けるもの（措法8の3⑥、8の4①、9の3、平20改正法附則33②） （源泉（特別）徴収 　所得税20.42%（上場株式等15.315%） 　住民税　－　（上場株式等5％）	上記(1)の表と同様の取扱い		

(注)1　国内に恒久的施設を有する非居住者の場合、所得税は源泉分離課税となるが（措法
8の2①②、所法164②一）、住民税は課されない。
　　2　公募公社債等運用投資信託に係るものは、利子所得として源泉分離課税となる（措
法3）。
　　3　国外において発行された投資信託（公社債投資信託及び公募公社債等運用投資信託
を除く。）又は特定受益証券発行信託の受益権の収益の分配に係る配当等

🖙 参考　NISA制度の見直し

1　一般NISAの改組

現行の一般NISA投資期限終了後の令和6年（2024年）からの措置として特定非課
税累積投資契約に係る非課税措置を創設し、つみたてNISAと選択して適用できるこ
ととなった。現行NISAと新制度の対比は以下のとおりである（新措法9の8、37の14
①）。

配当所得

【五　配当所得】

	現行一般 NISA	新一般 NISA
対象者	20歳以上の居住者等	同左
非課税投資額（年間）	120万円（平成27年までは100万円）	① 特定非課税管理勘定 102万円
		② 特定累積投資勘定　20万円
非課税投資総額	600万円（120万円×5年）	610万円（122万円×5年）
非課税対象 右記資産の配当等・ 譲渡益	上場株式、ETF、公募株式投資信託 等	2階　特定非課税管理勘定 上場株式等（注2、3）
		1階　特定累積投資勘定（注1） 公募等株式投資信託
投資可能期間	令和5年12月31日まで	令和6年1月1日～ 令和10年12月31日
その他	つみたて NISA との選択適用	同左

（注）1　特定累積投資勘定に受け入れた公募等株式投資信託の受益権は5年後の1月1日に取得対価で移管することができる。
　　　2　新 NISA 口座では、特定累積投資勘定で6月以内に公募等株式投資信託の受益権を受け入れている場合に限り、上場株式等を受け入れることができる。
　　　3　現行 NISA 口座からの移行では、特定累積投資勘定に公募等株式投資信託を受け入れないことを届け出た者が上場株式等を受け入れることができる。

2　つみたて NISA の延長

　非課税累積投資契約に係る非課税措置（つみたて NISA）の口座開設可能期間（改正前：平成30年1月1日から令和19年12月31日まで）が令和24年12月31日まで5年延長された（新措法37の14⑤一ロ、五イ）。

3　ジュニア NISA の終了

　現行の未成年者口座開設可能期間（令和5年12月31日まで）は延長せず終了することとされ、それに合わせて令和6年1月1日以後、課税未成年者口座及び未成年者口座内の上場株式等及び金銭の全額について源泉徴収を行わず無税にて払い出し可能な所要の措置が講じられた（新措法9の9、37の14の2）。

4　新制度の概要

　上記1～3の改正点を踏まえた新しい NISA 全体の概要図は以下のとおりである。

【五　配当所得】

新 NISA 制度の全体像（令和 6 年分以後）

	新 NISA　〔いずれかを選択〕	つみたて NISA
年間の投資上限額	2 階　102万円 1 階　20万円 〔原則として、1 階での投資を行った者が 2 階での投資を行うことができる〕	40万円
非課税期間	2 階 5 年間 1 階 5 年間 〔1 階部分は終了後に「つみたて NISA」に移行可能〕	20年間
口座開設可能期間	令和 6 年（2024年） ～令和10年（2028年） （5 年間）	平成30年（2018年）～令和24年（2042年） （2023年まで20年間の積立確保）
投資対象商品	2 階　上場株式・公募株式投資信託等(注) 1 階　つみたて NISA と同様 〔例外として、何らかの投資経験がある者が 2 階で上場株式のみに投資を行う場合には 1 階での投資を必要としない〕	積立・分散投資に適した一定の公募等株式投資信託 （商品性について内閣総理大臣が告示で定める要件を満たしたものに限る）
投資方法	2 階　制限なし 1 階　つみたて NISA と同様	契約に基づき、定期かつ継続的な方法で投資
制度イメージ		

（備考）　「ジュニア NISA」は延長せずに、法の規定どおり2023年末で終了。

（注）　新制度においては、高レバレッジ投資信託など、一定の商品・取引については、投資対象から除外された。

【五　配当所得】

7　申告不要となる配当の有利選択（復興特別所得税を含む。）

　個人住民税配当割の課税標準である特定配当等（地法23①十五）のうち、特定上場株式等の配当等（措法8の4②）については、所得税・個人住民税ともに①総合課税、②申告不要（源泉徴収のみ）、③申告分離課税のいずれかを選択できることとされているところ、平成29年度の地方税法の改正において、所得税の確定申告書が提出されている場合であっても、その後に個人住民税の申告書が提出された場合には、後者の申告書に記載された事項を基に課税できる旨明確化された（地法32⑬、313⑬、地法附則33の2②⑥）（下記(1)の（注2）参照）。

　さらに、これに国民健康保険の全国主要都市平均の料率12％（令和2年）を加味したところで、特定上場株式等の配当等の申告の有利不利を検討すると以下のとおりとなる（P.45参照）。

　なお、この表は、配当控除割合は所得税10％、住民税2.8％、所得は総合所得のみで申告分離課税所得はない場合である。

(1)　特定上場株式等の配当等（個人大口株主を除く。）の場合

配当控除割合（所得税10％、住民税2.8％）総所得金額のみ（申告分離課税の所得なし）の場合

区　分	所得税等				住民税				保険料	国民健康保険等適用者の場合の負担率		
	総合課税			申告不要	総合課税			申告不要		いずれも申告の場合	所得税申告の場合／住民税申告不要の場合	いずれも申告不要の場合
	税率	配当控除	差引税率（復興税含む）	徴収税率	税率	配当控除	差引税率	徴収税率	料率			
課税総所得金額の区分	①	②	③＝(①－②)×102.1%	④	⑤	⑥	⑦＝⑤－⑥	⑧	⑨	⑩＝③＋⑦＋⑨	⑪＝③＋⑧	⑫＝④＋⑧
195万円以下	5%		0%							19.2%	5%	20.315%
195万円超330万円以下	10%		0%							19.2%	5%	20.315%
330万円超695万円以下	20%	10	10.21%	15.315	10	2.8	7.2	5	12	29.41%	15.21%	20.315%
695万円超900万円以下	23%		13.273%							32.473%	18.273%	20.315%
900万円超1,000万円以下	33%		23.483%							42.683%	28.483%	20.315%

— 52 —

【五 配当所得】

1,000万円超 1,800万円以下	33%		28.588%					49.188%	33.588%	20.315%
1,800万円超 4,000万円以下	40%	5%	35.735%		1.4%	8.6		56.335%	40.735%	20.315%
4,000万円超	45%		40.84%					61.44%	45.84%	20.315%

(注)1　網かけ部分がその課税総所得区分における有利選択となる。

　　2　所得税と住民税の課税総所得金額は異なるため、この判定はおおよその目安である。

　　　　また、判定の対象となる配当所得の金額については、課税総所得金額の各区分内に含まれ、かつ、他に配当所得がないものとして作成している。

　　3　具体的には、上場株式等の配当等に関する事項の部分を記載しない個人住民税の申告書を、所得税の確定申告書とは別に住民税の課税通知書が発送されるまでの間に提出することとなる。

　　4　源泉徴収を行う特定口座内にて取引される上場株式の譲渡や配当の金額は、国民健康保険料や後期高齢者医療保険の保険料算定の基準所得金額には含まれないが、住民税についても確定申告を選択した場合、その金額は算定基準金額に含まれることとなるため、自治体によっては還付又は減額される税額よりも保険料の増額が多くなる場合もあるので、所得税のみを総合課税選択するなどの検討も必要となる（P.314参照）。

　　5　会社員や公務員（協会けんぽ、健保組合、共済組合のいずれかに加入）の場合は、給与や賞与の水準をもとに社会保険料が決定されるため、上場株式等の所得によって社会保険料は変わらない。

(2)　非上場株式等に係る少額配当（年10万円相当以下）（復興特別所得税を含む。）の場合

課税総所得金額	令和2年分		有　利　選　択
	所得税の負担率（注）	源泉徴収税率	
〜195万円以下	△ 4.895%	20.42%（所得税）	申告が有利
195万円超〜330万円以下	0%		
330万円超〜695万円以下	10.21%		
695万円超〜900万円以下	13.273%		
900万円超〜1,000万円以下	23.483%		申告しないほうが有利
1,000万円超〜1,800万円以下	28.588%		
1,800万円超〜4,000万円以下	35.735%		
4,000万円超〜	40.84%		

(注)1　判定の対象となる配当所得の金額が、課税総所得金額の各区分内に含まれ、かつ、他に配当所得がないものとして作成している。

【五　配当所得】

　　2　所得税について申告不要を選択しても、住民税については申告が必要となるため、申告の際、確定申告書2表の所定の欄に申告不要分も加えた総額を記載する必要がある。
　　3　195万円以下については、5％相当の還付税額を見込んでいる。

8　みなし配当

(1)　意義（所法25、所令61）

　次表に掲げるケースにおいて、法人から交付された金銭及び金銭以外の資産の価額（平成22年10月1日以後の適格現物分配に係る資産は、帳簿価額相当額）の合計額のうち、資本金等の額に対応する額を超える部分は、会社法上の配当ではないものの、その性質が実質的に配当と変わらないため「みなし配当」として配当所得とされる。

みなし配当が生じるケース
①　合併（法人課税信託に係る信託の併合を含み、適格合併を除く。）
②　分割型分割（適格分割型分割を除く。）
③　株式分配（平29.4.1以後行うもの）
④　資本の払戻し（株式に係る余剰金の配当のうち分割型分割以外）
⑤　解散による残余財産の分配
⑥　法人の自己株式又は出資の取得(注1)(市場購入、公開買付、合併等、所得税法施行令61条1項に規定する事由による取得（注2）を除く。)
⑦　出資の消却（取得した出資について行うものを除く。）、出資の払戻し、退社・脱退による持分の払戻し
⑧　株式又は出資をその法人が取得することなく消滅させること
⑨　組織変更（法人の株式又は出資以外の資産を交付したものに限る。）

(注)1　相続又は遺贈により財産を取得あるいは取得したとみなされて、相続税を課税された人が、相続の開始があった日の翌日から相続税の申告書の提出期限の翌日以後3年を経過する日までの間に、相続税の課税の対象となった非上場株式をその発行会社に譲渡した場合においては、その人が株式の譲渡の対価として発行会社から交付を受けた金銭の額が、その発行会社の資本金等の額のうちその譲渡株式に対応する部分の金額を超えるときであっても、その超える部分の金額は配当所得とはみなされず、発行会社から交付を受ける金銭の全額が株式の譲渡所得に係る収入金額とされる。したがって、この場合には、発行会社から交付を受ける金銭の全額が非上場株式の譲渡所得に係る収入金額となり、その収入金額から譲渡した非上場株式の取得費及び譲渡に要した費用を控除して計算した金額に15.315％の税率で所得税が課税される（措法9の7、37の10、39、措令5の2）。
　　　2　この取得には、平成27年5月1日以後行われる、株式併合（会社法182の4①）に反対する株主よりの買取請求に基づく買取りも含まれる（平27改正所令附則5）。

— 54 —

【五　配当所得】

(2) 所得計算の例

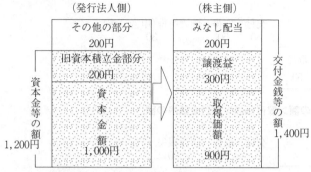

ア　みなし配当に係る課税方法は一般の配当と同じ。
イ　交付金銭等を受けた場合には、まず、みなし配当を認識し、それ以外の金額を有価証券の譲渡対価とする。

(3) ケースによるみなし配当と有価証券の譲渡損益の関係

> 交付……1株当たりの交付金銭等の額
> 資本……1株当たりの資本金等の額
> 取得……1株当たりの取得価額

　みなし配当の発生の有無は、「交付価額」と「資本金等の額」の関係で、譲渡損益の発生の有無は、「交付価額」と「取得価額」の関係でそれぞれ検討することとなる。具体的ケースは以下のとおり。

ケース①　交付金銭等の額＞資本金等の額＞取得価額

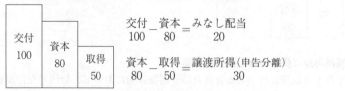

ケース②　交付金銭等の額＞取得価額＞資本金等の額

【五　配当所得】

ケース③　資本金等の額＞交付金銭等の額＞取得価額

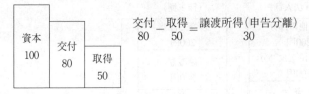

ケース④　資本金等の額＞取得価額＞交付金銭等の額

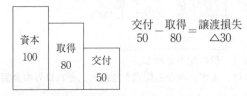

ケース⑤　取得価額＞交付金銭等の額＞資本金等の額

ケース⑥　取得価額＞資本金等の額＞交付金銭等の額

(4)　無対価組織再編に係るみなし配当の認識

　平成30年4月1日以後に行われる合併及び分割型分割において、対価の交付が省略されたと認められる非適格合併又は非適格分割型分割が行われた場合には、その非適格合併又は非適格分割型分割に係る被合併法人又は分割法人の株主等が株式その他の資産の交付を受けたものとみなして、対価の交付があった場合と同様に、その省略された対価を配当等とみなして計算することとされた（所法25②、所令61④⑤）。

(5)　みなし配当の不適用

　次の場合にはみなし配当の適用がなく、株式等の譲渡収入金額とされる（P.237参照）。

【五 配当所得】

区　分	内　　　　　容
相続人等が相続財産に係る非上場株式をその発行法人に譲渡した場合（措法9の7①、37の10③）	平成16年4月1日以後の相続又は遺贈により財産の取得をした個人で相続税額があるものが、相続開始日の翌日から相続税の申告書の提出期限の翌日以後3年以内にその相続税額に係る課税価格に算入された非上場株式をその発行法人に譲渡した場合において、一定の手続の下で、その対価として交付を受けた金銭の額がその非上場会社の資本金等の額のうちその交付の基因となった株式に対応する部分の金額を超えるときは、その超える部分の金額については、みなし配当から除外され、株式等に係る譲渡所得等に係る収入金額とされる。

六 不動産所得

1 意義

不動産所得とは、不動産、不動産の上に存する権利、船舶又は航空機の貸付け（地上権又は永小作権等の設定等を含む。）による所得をいう（所法26①）。

2 所得金額の計算

$$不動産所得の金額 = \binom{総収入}{金\ 額} - \binom{必要}{経費} - \binom{青色申告}{特別控除額} （所法26②）$$

※ 青色申告特別控除額は青色申告者のみ適用

3 所得分類のポイント

内　　容		所得区分
① 建物等の所有を目的とする借地権、地役権等設定の対価として支払を受ける権利金等（更新料を含む。）	使用のための設定の対価（経済的利益を含む。）>土地の価額×50%（支払を受ける金額が地代の年額の20倍以下の場合を除く。）	譲渡所得
	上記以外	不動産所得
② 駐車場	入出庫の管理を行う場合、時間貸の場合等	事業（雑）所得
	上記以外	不動産所得
③ 建物の貸付け	ホテル、食事提供の下宿など人的役務の提供が主である場合（いわゆる「民泊」については P.270〜271参照）	事業（雑）所得
	アパート、賃貸マンションなど不動産の貸付けが主である場合	不動産所得
④ 船舶の貸付け	20トン未満の船舶や端舟その他ろかいで運転する舟	事業（雑）所得
	船員とともに利用させる定期用船契約又は航海用船契約（航空機も同様）	事業（雑）所得
	裸用船契約（航空機も同様）	不動産所得
⑤ 不動産業者の販売目的資産の一時貸し		事業所得
⑥ 貸金業者等が担保権の実行等により取得した不動産の一時貸し		事業所得
⑦ 従業員宿舎等の貸付け		事業所得
⑧ 広告等による収入	浴場業、飲食業における広告の掲示	事業所得
	土地、家屋（屋上・側面・塀）の使用料	不動産所得
⑨ 季節営業で解体、移設等できる簡易な施設（バンガロー等）の貸付け		事業（雑）所得
⑩ ケース貸し（店舗の部分貸し）		不動産所得

【六　不動産所得】

⑪　不動産貸付業務の休止、転換、廃止等により受領する収益の補償金		不動産所得
⑫　エコポイント （交換時又は充当時に収入計上）	業務用資産の購入・取得等に伴うもの （例えば、賃貸用住宅の取得に伴うもの）	業務に係る所得 （不動産所得）
	上記以外	一時所得

4　事業的規模と事業的規模以外

(1)　不動産貸付けが事業的規模か否かによる主な取扱いの差異

項　目		事業的規模	事業的規模以外
収入計上時期（前受け、未収の経理を行っている場合）（昭48付直所2−78）		期間対応可	1年以内の期間の賃料に限り期間対応可
資産損失	取壊し、除却、滅失等 （所法51①④）	損失の全額（原価ベース）を必要経費算入	不動産所得の金額を限度として必要経費算入
	災害等 （所法70②③、72①）	同上 他に被災事業用資産の損失の繰越控除適用可	上記と雑損控除との選択適用
貸倒損失 （所法51②、64①）		その損失が生じた年分の必要経費算入	総収入金額に計上した年分に遡って、一定限度額の総収入金額を減額⇒更正請求若しくは更正の申出（注1）
事業専従者給与・控除 （所法57①③）		一定の要件を具備することにより必要経費算入	適用なし
延納に係る利子税 （所令97①）		不動産所得の金額に対応する部分は必要経費算入	必要経費不算入
青色申告特別控除 （措法25の2①③）		一定の要件を具備することにより最高65万円（注2）	最高10万円（ただし、事業所得を有する一定の場合は最高65万円）

(注)1　事業に至らない規模の不動産貸付において、未収家賃が回収不能となった場合、回収不能額のうち、次の金額のいずれか低い金額に達するまでの金額は、その不動産所得の金額の計算上、なかったものとみなされる（所法64①、所令180②、所基通64−2の2）。
　　　①　総所得金額、退職所得金額及び山林所得金額の合計額
　　　②　不動産所得の金額から、回収不能額に相当する総収入金額がなかったものとした場合に計算される不動産所得の金額を控除した残額
　　　上記②の金額は「控除した残額」と規定されていることから、「不動産所得の金額」及び「回収不能額に相当する総収入金額がなかったものとした場合に計算される不動産所得の金額」はそれぞれ黒字の場合を前提としており、これらの金額が赤字の場合にはそれぞれ0円として計算することとなる。
　　　したがって、「不動産所得の金額」が赤字の場合には、なかったものとみなされる金額は生じないことから、更正の請求等を行うことはできない。
　　2　青色申告特別控除の額については、P.26の（注）参照

— 59 —

【六　不動産所得】

(2)　事業的規模かどうかの判定（所基通26－9）

区分	事業的規模の判断規準
建物	①　社会通念上事業と称する程度の規模で貸付けが行われている場合 ②　貸間、アパート等はおおむね10室以上、独立家屋はおおむね5棟以上の場合 ③　賃貸料の収入の状況、貸付資産の管理の状況等からみて②に準ずる事情があると認められる場合
土地	①　社会通念上事業と称する程度の規模で貸付けが行われている場合 ②　建物の場合の形式基準（上記建物の②、③）を参考（貸室1室及び貸地1件当たりの平均的賃貸料の比、貸室1室及び貸地1件当たりの維持・管理等に要する役務提供の程度等を考慮し、地域の実情及び個々の実態等に応じ、1室の貸付けに相当する土地の貸付件数を、「おおむね5」）として判定

（注）　共有の場合でも実際の室数、棟数等により判定する。

▶事業税（不動産貸付業・駐車場業）

次の不動産貸付業及び駐車場業が課税の対象となる(税額計算についてはP.341参照)。

区分	事　業　内　容
不動産貸付業	継続して、対価の取得を目的として、不動産の貸付け（地上権又は永小作権の設定によるものを含む。）を行う事業をいう。 　不動産貸付業に該当するかどうかの認定は、所得税の取扱いを参考とするとともに、次による（取扱通知（県）3章2の1⑶）。 ①　アパート、貸間等の一戸建住宅以外の住宅の貸付けの場合は居住用に供するために独立的に区画された一の部分の数が、一戸建住宅の貸付けの場合は住宅の棟数が、それぞれ10以上の場合は不動産貸付業に該当する。 ②　住宅用土地の貸付けの場合は、貸付け契約件数（一の契約で二画地以上を貸し付けている場合はそれぞれ一件とする。）が10以上又は貸付総面積が2,000㎡以上の場合は、不動産貸付業に該当する。 ③　一戸建住宅とこれ以外の住宅の貸付け又は住宅と住宅用土地の貸付けを併せて行っている場合においては、①又は②との均衡を考慮して取り扱う。
駐車場業	対価の取得を目的として、自動車の駐車のための場所を提供する事業をいう。 　建築物である駐車場を除き、駐車台数が10台以上である場合には、駐車場業に該当する（取扱通知（県）3章の2の1⑹）。

【六　不動産所得】

参考　東京都における認定基準

種類・用途等				貸付用不動産の規模等（空室などを含む。）
不動産貸付業	建物	住宅	① 一戸建	棟数が10以上
			② 一戸建以外	室数が10以上
		住宅以外	③ 独立家屋	棟数が5以上
			④ 独立家屋以外	室数が10以上
	土地	⑤ 住宅用		契約件数が10以上又は貸付総面積が2,000㎡以上
		⑥ 住宅用以外		契約件数が10以上
	⑦ 上記①～⑥の貸付用不動産を複数種保有している場合			①～⑥の総合計が10以上又は①～⑥のいずれかの基準を満たす場合
	⑧ 上記①～⑦の基準未満であっても規模等からみて、不動産貸付業と認定される場合			貸付用建物の総床面積が600㎡以上であり、かつ、この建物の賃貸料収入金額が年1,000万円以上の場合（権利金、名義書換料、更新料、礼金、共益費、管理費等は除きます。）
				競技、遊技、娯楽、集会等のために基本的設備を施した不動産（劇場、映画館、ゴルフ練習場など）
				一定規模の旅館、ホテル、病院など特定業務の用途に供される建物
駐車場業	寄託を受けて保管行為を行う駐車場			駐車可能台数が1台以上（駐車可能台数は問いません。）
	建築物・機械式等である駐車場			
	上記以外の駐車場			駐車可能台数が10台以上

(注) 1　共有物件は、持分にかかわりなく共有物件全体の貸付状況により認定され、税額は持分に応じて計算される。また、信託物件も貸付件数等に含まれる。

2　独立的に区画された2以上の室を有する建物は、一棟貸しの場合でも室数により認定する。

3　土地の貸付件数は、1つの契約において2画地以上の土地を貸し付けている場合、それぞれを1件と認定する。

4　駐車場用地として、土地をコインパーキング会社等に貸し付けている場合など、一括した土地の貸付けでも、整地し、区画を設けるなど、一定の設備を施して貸付ける場合も含む。

5　自動車保管の寄託とは、例えば、貸ビル業者がそのビルの敷地の一部をビルテナントの駐車施設として、利用に供する場合をいう。すなわち、一般にこうした駐車場施設の利用は独立した土地・建物の賃貸借ではなく、テナントが使用する自動車の保管を委託したと解されるからである。

【六 不動産所得】

5 収入金額

(1) 収入の帰属

ア 実質所得者課税の原則 (所法12)

資産から生ずる収益は、その資産の真実の権利者に帰属することになるが、それが明らかでない場合には、その資産の名義者が真実の権利者であるものと推定する(所基通12－1)。

例えば、貸家の所有者が毎月の家賃の全部を親族に自由に消費させているような場合であっても、第一次的には、その所有者が収益を享受し、その親族は単に二次的にその分配にあずかっているにすぎないものと解する。

イ 未分割不動産に係る所得の帰属

未分割不動産から生ずる不動産所得は、相続開始から遺産分割までの間、共同相続人の共有に属し(民法898)、遺言による相続分の指定があれば指定相続分により、指定がなければ法定相続分により各共同相続人が申告する。その後、遺産分割が確定し、申告の際の相続分の割合と異なることとなっても、修正申告又は更正の請求の対象とならない(最判平17.9.8)。

なお、遺産分割確定日以後の不動産収入については、その遺産分割による相続分により申告することとなる。

(2) 収入計上時期

区　　分	収　入　計　上　時　期
ア　賃貸料 (所基通36－5(1))	①　契約又は慣習により支払日が定められているものは、その支払日 ②　支払日が定められていないものは、支払を受けた日（請求があったときに支払うべきものは、請求の日）
イ　供託された家賃等 (所基通36－5(2))	①　家賃の増額請求に関する係争によって供託された家賃は、上記アによる ②　家主の主張が通り、差額（供託金を超える部分）が支払われる場合のその差額は、判決、和解等のあった日 ③　賃貸借契約の存否の係争の場合の既往の期間に対応する賃貸料相当額は、判決、和解等のあった日
ウ　権利(礼)金、名義書換料、更新料等（所基通36－6）	①　資産の引渡しを要するものは、その引渡しの日（又は契約の効力発生日） ②　引渡しを要しないものは、契約の効力発生日
エ　返還不要となった敷金等（所基通36－7）	①　貸付期間の経過に関係なく返還しない定めとなっている部分の金額は、上記ウ（所基通36－6）の取扱いによる ②　貸付期間の経過に応じて返還を要しないこととなる部分の金額は、返還を要しないこととなった日 ③　貸付期間が終了しなければ返還を要しないことが確定しない部分の金額は、貸付けが終了した日
オ　住宅エコポイント等	エコポイント交換商品への交換時、追加工事費用への充当時

【六　不動産所得】

（注）　小規模事業者の現金基準については、事業所得（P.79）参照。

(3)　定期借地権設定による保証金等の経済的利益

　ア　業務に係る資金として運用され又は業務用資産の取得資金に充てられている場合は、経済的利益を総収入金額に算入するとともに同額を必要経費に算入

　イ　預貯金、公社債、指定金銭信託等の金融資産に運用されている場合は、経済的利益について計算不要

　ウ　ア、イ以外の場合（生活費に充てるなど）は、経済的利益を総収入金額に算入（経済的利益の評価は次表の10年長期国債平均利率による。）

年分	平22	平23	平24	平25	平26	平27	平28	平29	平30	令1
利率(年)	1.1%	1.1%	0.8%	0.7%	0.5%	0.3%	0.05%	0.02%	0.01%	0.01%

(4)　収入金額とされる保険金等 （所令94）

　賃貸期間終了後の土地家屋などの明渡しの遅延による損害賠償金のように、不動産所得の収入金額に代わる性質を有するものは、不動産所得の総収入金額に算入する。

> **参考　賃貸料収入の貸付期間対応額の収入計上**（昭48直所2-78）

〔適用要件〕

区分	要　　　　　件
A 事業的規模の場合	次の①～③のいずれにも該当⇒その賃貸料に係る貸付期間の経過に応じ、その年中の貸付期間に対応する部分の賃貸料の額をその年分の不動産所得の総収入金額に算入できる。 ①　不動産所得に係る取引について、帳簿書類を備えて継続的に記帳し、その記帳に基づいて不動産所得の金額を計算していること。 ②　賃貸料に係る収入金額の全部について、継続的にその年中の貸付期間に対応する部分の金額をその年分の総収入金額に算入する方法により所得金額を計算しており、かつ、帳簿上当該賃貸料に係る前受収益及び未収収益の経理が行われていること ③　1年を超える期間に係る賃貸料収入については、その前受収益又は未収収益についての明細書を確定申告書に添付していること
B A以上外記	上記Aの①に該当し、かつ、1年以内の期間に係る賃貸料の収入金額の全部について上記Aの②に該当⇒1年以内の期間に係る賃貸料の収入金額については、上記Aの取扱いによることができる。

（注）1　一時に受ける権利金、礼金、更新料等には適用できない。
　　　2　小規模事業者の収入・費用の特例適用者は、適用できない。

不動産所得

— 63 —

【六　不動産所得】

〔計上時期の変更のあった年分の取扱い〕

(1)　原則（所基通36－5(1)）から期間対応への変更 　　前払の賃貸料については、例えば前月払の月額賃貸料の場合、新たに期間対応の取扱いによることとした年分は、11か月分の賃貸料を総収入金額に算入する。
(2)　期間対応から原則（所基通36－5(1)）への変更 　　期間対応の取扱いによらないこととなった最初の年分の前年以前に支払日が到来している賃貸料の額のうち、その賃貸料に係る貸付期間が経過していないため前年以前の各年分の総収入金額に算入されていない金額がある場合、その金額は、その最初の年分の総収入金額に算入する（前払の賃貸料については、変更年分は、13か月分を計上）。

6　必要経費

(1)　必要経費区分のポイント

		支　出　目　的	所得税法上の取扱い	根拠条文
租税公課	不動産取得税	建物建築	必要経費算入	所基通37－5
	登録免許税	建物表示・保存登記		
	事業所税	新設		
	固定資産税	建物建築等		
工事関係	地質調査費	建物建築	建物取得費算入	所基通38－10 （注1）
		土地改良工事	土地取得費算入	
	測量費	建物建築	必要経費に算入されるもの以外は土地又は建物の取得費	所基通38－10 （注2）
	建築確認申請費用	建物建築	建物取得費算入	所令126①一
	立退料	土地建物の譲渡又は建物を取壊して土地を譲渡するため	譲渡費用	所基通37－23
		土地建物等の取得に際してその使用者に対する支出	土地建物等の取得価額	所基通38－11
		建物を賃借する際に支出	繰延資産	所基通2－27(1)、同50－3
		その他の理由	必要経費算入	所基通37－23

【六　不動産所得】

	建物取壊費用	建物を取壊して土地等を譲渡するため	譲渡費用	所基通33－7
		土地等とともに取得した建物等の取壊費用（土地の利用が目的）	土地取得費算入	所基通38－1
		その他建替え等業務関連	必要経費算入	所法37①
		賃貸用建物建築のための自宅取壊	家事費	所法45、所令126
		非業務用資産建築のための賃貸用建物の取壊	必要経費算入	所法37①
	埋立・土盛・地ならし・切土・防壁工事	土地の造成・改良	土地取得費算入	所基通38－10
		構築物の取得	構築物取得費算入	
		建物建築に要する通常支払	建物取得費算入	所基通38－10（注1）
負担金等	水道敷設関係	水道施設利用権・公共下水道工事負担金	無形固定資産（15年で償却）	所令6八タ 所基通2－21
		公共下水道受益者負担金	繰延資産（6年で償却）	所基通50－4の2
	公共負担金等	取付道路・公園・緑地等直接土地の効用を形成する施設に係るもの	土地取得費算入	法基通7－3－11の2(1)準用
		造成団地近辺道路（取付道路を除く。）・汚水処理場等土地・建物の効用を越えて独立した効用を形成する施設で、負担者の便益に寄与すると認められるもの	それぞれの性質に応じ、無形固定資産若しくは繰延資産	法基通7－3－11の2(2)準用
		造成団地の周辺に設置される消防施設等主として団地外の住民の便益に寄与すると認められる公共的施設に係る負担金等	繰延資産（8年で償却）	法基通7－3－11の2(3)準用
その他	承諾料	建替に際し、借地権者が地主に支払う承諾料	借地権の取得費	所基通38－12
	住民対策費	住民対策費等の費用で当初から支出が予定されているもの	建物取得費算入	法基通7－3－7準用
	登記費用		必要経費算入	所基通37－5、同49－3(3)
	借入金利子	業務開始前	建物取得費算入	所基通37－2（注）、同38－8
		業務開始後　使用開始前	建物取得費算入又は必要経費算入	所基通37－27
		使用開始後	必要経費算入	所基通37－27

不動産所得

— 65 —

【六　不動産所得】

訴訟費用	業務用資産について生じた紛争（例えば賃貸不動産の明渡訴訟）に関して生じる弁護士費用等	資産の取得費とされるものを除き必要経費に算入する。		所基通37－25
	業務用資産の建築に当たり近隣住民等から苦情等を解決するための弁護士費用等	建物取得費算入		所基通37－25(1)
	相続した賃貸不動産を物納するために支出した賃借人の立退料、弁護士費用等	物納（譲渡所得は原則非課税）のための費用（譲渡費用）であり、不動産所得の必要経費とならない。		
雑　費	地鎮祭・起工式の費用	建物取得費算入		所令126①一
	竣工式の費用	建物取得費算入又は必要経費算入		法基通7－3－7準用

（注）1　建物の取壊しの際の資産損失は、事業所得（P.131）参照
　　　2　相続等に係る業務用資産の固定資産税等の取扱いについてはP.83参照

(2)　生命保険契約（業務用資産の取得に伴う借入金の担保としての保険契約）の保険料

　次の①及び②のいずれにも該当するときは、生命保険契約に係る保険料は、借入金保証料等と同一の性格といえ（所基通38－8）、業務上必要なものとして必要経費に算入できる。

　①　生命保険契約は、融資を受ける条件として締結されたものであること

　②　保険金は、銀行等の債権者（第三者である債務の保証人を含む。）を受取人としていること等により、保険金が債務の弁済に充てられていることが担保されていること。

　（注）　融資を受ける際に担保を別に徴し、保険契約が融資条件とされていない場合には、保険金受取人が債権者であっても、当該保険料は家事費とされ必要経費に算入できない。

(3)　マンション管理組合に支払った修繕積立金

　修繕積立金は、繰延資産とするか又は前払金とし、実際に修繕を実施したときの必要経費等とすることになるが、次のいずれにも該当するような場合には、管理組合への支払債務が確定した年分の必要経費として差し支えないとされている。

　①　適正な管理規約に定められた方法で管理組合の運営が行われている。

　②　管理組合は、修繕積立金について、マンション所有者への返還義務を有しない。

　③　マンションの区分所有者は、管理組合に対し、修繕積立金の支払義務がある。

　④　修繕積立金は将来の修繕のためのみ使用されるもので、他へ流用されるもので

【六　不動産所得】

はない。

⑤　修繕積立金の額は、長期修繕計画に基づき各区分所有者の共有持分に応じて、合理的な方法により算出されている。

参考　資本的支出・修繕費の判断（不動産所得関係）

　資本的支出と修繕費の判断に関する一般原則については、後述のとおり（P.125以後参照）であるが、不動産所得特有の場面での判断基準については以下のとおりである。なお、明らかに資本的支出となるもの（所基通37－10）、修繕費となるもの（所基通37－11）については、該当の条文を参照のこと。（⇒P.126）

	支出内容	取扱い	取扱いの内容
1	蛍光灯からLEDランプへの取替	修繕費	ここでいう取替とは、単に蛍光灯に代えてLEDランプを使用することを指すのであって、建物の天井ピットに装着された照明設備の取替工事を併せ行った場合は、その全てが資本的支出となる。（国税庁ＨＰ　質疑応答事例）
2	ワンルームマンション全室のカーテン交換	修繕費	1組として使用されるカーテン（本件の場合は1部屋（室）ごと）の取得価額が10万円未満である場合には、修繕費（消耗品費）とすることができる。（国税庁ＨＰ　質疑応答事例）
3	アパートの壁紙の張替	修繕費	建物の通常の維持管理のため、又は毀損した建物につきその現状を回復するために行われたものと考えられることから、その全額を修繕費とすることができる。（国税庁ＨＰ　質疑応答事例）
4	太陽熱吸収フィルム（ガラス飛散防止フィルム）の取付費	資本的支出と修繕費に按分	形式基準による修繕費の判定（所基通37－13）に従い、資本的支出と修繕費の区分をし、経費計上することができる。（国税庁ＨＰ　質疑応答事例）
5	システムキッチン、ユニットバスの取替工事費用	資本的支出と修繕費に按分	①　修繕費となるもの…旧設備の解体・撤去費用 ②　資本的支出（建物）となるもの…新設備の購入、設置費用 ③　資本的支出（建物付属設備）となるもの…給排水、ガス管等接続工事費用 （裁決事例平26.4.21）

— 67 —

【六　不動産所得】

6	陸屋根の全面防水工事	条件付きで修繕費	陸屋根のため雨漏りの箇所が特定できず過去に何度となく応急的に防水工事を行ってきたという事情、一般的な工法で行われた工事であり原状回復を超えることはないと認められる場合。その他の場合は形式基準で判断。（裁決事例平13.9.20）
7	瓦葺屋根の全面張替	原則資本的支出	ただし、ヒョウなどにより瓦が全面的に破損したため、葺き替えざるを得なかった場合等は修繕費となる。（旧法基通235、236）

(4)　一定の賃貸住宅の割増償却

ア　サービス付き高齢者向け賃貸住宅の割増償却（平29.3.31廃止）（旧措法14①、旧措令7、平23改正法附則31⑥、平29改正法附則49③）

平成13年8月5日から平成29年3月31日までの間に、サービス付き高齢者向け住宅を取得又は新築して、賃貸の用に供した場合（所有権移転外リース取引により取得したものを賃貸の用に供した場合を除く。）には、賃貸の用に供した日以後5年以内において、明細書の添付等を要件として割増償却が認められる。

(注)　平成28年4月1日以降に取得又は新築をするサービス付き高齢者向け賃貸住宅について、適用される（平28改正法附則63④⑤）。

(ア)　サービス付き高齢者向け住宅の要件

高齢者の居住の安定確保に関する法律に規定するサービス付き高齢者向け住宅のうち、共同住宅又は長屋に係る各独立部分で、同法の登録を受けたサービス付き高齢者向け住宅事業に係る賃貸住宅又は有料老人ホームとして登録簿に記載されているもの（次の要件の全てを満たすものに限る。）

①　各独立部分の数が10以上

②　入居契約が賃貸借契約

③　各独立部分の床面積が25㎡以上

(イ)　償却費の額

普通償却費×114%（平成28年4月1日以後は110%）（ただし、耐用年数が35年以上の物件は120%、平成28年4月1日以後は114%）

(ウ)　適用除外

上記アと同様

イ　特定都市再生建築物等の割増償却（措法14）（平成29年改正により内容の見直しが行われた。）（措法14①②二、旧措法14の2②二、措令7②一）

— 68 —

【六　不動産所得】

ウ　東日本大震災の被災者向け優良賃貸住宅に係る制度

区　分	期　間	制度内容	備　考
割増償却制度 (特定激甚災害地域内の優良賃貸住宅) (震災税特法11の2①)	平23.12.14 〜令3.3.31	5年間にわたり、平29.4.1以後においては普通償却費の40％相当額(耐用年数35年以上は56％相当額)(注1)	平成31年4月1日以後取得又は新築したものについては、20％(耐用年数35年以上については28％)とする。
特別償却制度 (復興居住地域内　認定地方公共団体の指定を受けた者) (震災税特法10の2①③)	平23.12.26 〜令3.3.31	取得価額の17％相当額 (平29.3.31以前においては25％相当額)	税額控除制度(取得価額の6％相当額(注2))との選択適用

(注)1　平成29年改正により割増償却率の見直しが行われた上、期限が4年延長された(震災税特法11の2)。

　　2　不動産所得の金額に係る所得税額の20％相当額が限度となる(平成29年3月31日以前における控除額は取得額の18％)。

エ　その他の災害関連特例

(ア)　被災代替資産等の特別償却の特例(措法11の3、平29改正法附則49②)

(イ)　避難解除区域等において機械等を取得した場合の特別償却又は所得税額の特別控除制度(震災税特法10の2の3)

7　税額計算・損益通算等

(1)　臨時所得の平均課税(所法2①二十四、所令8、所基通2−37)

　次のアないしエの収入に係る所得その他これらに類する所得が臨時所得となり、その所得金額と変動所得の金額の合計額が総所得金額の20％以上の場合に平均課税の適用がある。(P.338参照)

ア　3年以上の期間不動産等を使用させることにより一時に受ける権利金等で使用料の年額の2倍に相当する金額以上であるもの(譲渡所得に該当するものを除く。)

イ　3年以上の期間にわたる不動産の貸付けの対価として一括して支払を受ける賃貸収入で、その金額がその年分の総収入金額に算入されるべきもの

ウ　賃借人の交替又は転貸により支払を受けるいわゆる名義書換料、承諾料その他これらに類するもの(貸付期間3年以上)で、賃貸料の年額の2倍に相当する金額以上であるもの(譲渡所得に該当するものを除く。)

エ　業務の休止、転換又は廃止することになった者又は業務用資産につき鉱害等により被害を受けた者が、その業務に係る3年以上の期間の不動産所得の補償として受ける補償金

不動産所得

【六　不動産所得】

(2)　損益通算の特例

区分	取扱い
生活に通常必要でない資産に係る特例	不動産所得の金額の計算上生じた損失のうち、別荘の貸付け等生活に通常必要でない資産（不動産）に係る所得の金額の計算上生じた損失は、他の不動産所得の金額（黒字）と通算できるが、通算しきれない損失は、他の各種所得との損益通算の際には生じなかったものとみなされる（所法69②）。
土地等の取得のための借入金利子に係る特例	不動産所得の金額の計算上生じた損失のうち、土地等を取得するために要した負債の利子の額に相当する次の金額は、損益通算の対象とならない（措法41の4、措令26の6）。 ア　$\left(\begin{array}{c}\text{土地等の負債}\\\text{利子相当額①}\end{array}\right) > \left(\begin{array}{c}\text{不動産所得}\\\text{の損失額②}\end{array}\right)$ のとき⇒②の金額 イ　①≦②のとき⇒①の金額 ※　土地等取得のための負債の利子額（土地等・建物等の一括取得の場合） $\text{土地等取得のための負債利子額} = \left(\begin{array}{c}\text{土地等と建物等取得}\\\text{のための負債利子額}\end{array}\right) \times \dfrac{\text{土地等取得のための負債額(注)}}{\text{土地等と建物等取得のための負債額}}$ （注）　土地等取得のための負債額 　　1　同一契約で同一の者からの取得で負債額の区分ができない場合 　　　　負債額は①建物等の取得対価の額、②土地等の取得対価の額、の順に充てられたものとすることができる（措令26の6②）。 　　2　上記1以外の場合 $\text{土地等取得のための負債額} = \left(\begin{array}{c}\text{土地等と建物等取}\\\text{得のための負債額}\end{array}\right) \times \dfrac{\text{土地等の取得価額}}{\text{土地等と建物等の取得価額の合計額}}$ ※　借地の更新料を支払うための借入金の利子は、土地等を取得するための借入金利子には当たらない。
特定組合員又は特定受益者に係る特例	ア　内容 　特定組合員に当たる個人の不動産所得の金額の計算上その組合事業から生じた不動産所得の損失の金額（平成18年分以後の年分に限る。）及び特定受益者の信託から生ずる不動産所得の損失の金額として一定の金額があるときは、その損失の金額は生じなかったものとみなされる（措法41の4の2）。 　なお、特定受益者とは、①受益者としての権利を現に有する者及び②信託の変更をする権限を現に有し、かつ、その信託の信託財産の給付を受けることとされている者（所法13①②）をいい、この特定受益者に係る規定は、信託法施行日（平19.9.30）以後に効力が生ずる信託及び同日以後に信託の受益者たる地位の承継を受ける個人のその承継に係る信託について適用される（平19改正法附則84）。

— 70 —

【六　不動産所得】

区分	特定組合員に係る規定
対象となる組合契約	①　民法667条１項に規定する組合契約（いわゆる任意組合契約） ②　投資事業有限責任組合契約に関する法律３条１項に規定する投資事業責任組合契約 ③　外国における上記①②に類する契約 ④　外国における有限責任事業組合契約（有限責任事業組合契約に関する法律３条１項に規定する契約をいう。）に類する契約
特定組合員の範囲	特定組合員とは、上記①～④のいずれかの組合契約を締結している組合員である個人のうち、組合事業に係る重要な財産の処分若しくは譲受け又は組合事業に係る多額の借財に関する業務（以下「重要業務」という。）の執行の決定に関与し、かつ、その重要業務のうち契約を締結するための交渉その他の重要な部分を自ら執行する組合員以外のものをいう（措法41の４の２①、措令26の６の２①）。 　なお、組合契約を締結している組合員である個人が、その組合契約により組合事業の業務を執行する組合員（以下「業務執行組合員」という。）又は業務執行組合員以外の者にその組合事業の業務の執行の全部を委任している場合には、組合事業に係る重要業務の執行の決定に関与し、かつ、重要業務のうち契約を締結するための交渉その他の重要な部分を自ら執行しているかどうかにかかわらず、特定組合員に該当するものとされる（措令26の６の２③）。
特定組合員の判定時期	その年の12月31日（年の中途で組合員が死亡又は組合から脱退した場合は死亡又は脱退の日、その組合が年の中途で解散した場合は解散の日）において、その個人がその組合契約を締結した日以後引き続き組合事業に係る重要業務のすべての執行の決定に関与し、かつ、その重要業務のうち契約を締結するための交渉その他の重要な部分のすべてを自ら執行しているかどうかにより判定する（措令26の６の２②）。

イ　組合事業又は信託から生ずる不動産所得の損失の金額

　特定組合員のその年分の組合事業又は信託から生ずる不動産所得に係る総収入金額からその組合事業又は信託に係る必要経費を差し引いた際の損失の金額をいう。

　なお、この損失の金額は、複数の組合事業又は受益者等課税信託がある場合には、それぞれの組合事業等ごとに計算し、他の黒字の組合事業等による不動産所得の金額や組合事業等以外の一般の不動産所得の金額と差引計算することはできない（措通41の４の２－１）。

ウ　手続

　組合事業又は信託ごとに次の事項を記載した明細書を確定申告書に添付する（特定組合員又は特定受益者に限らず、特定組合員以外の個人の組合員又は特定受益者以外の受益者も添付が必要）（措規18の24）。

①　総収入金額（賃貸料その他の収入の内訳）

②　必要経費（減価償却費、貸倒金、借入金利子及びその他の経費の内訳）

— 71 —

【六　不動産所得】

▶事業税（土地等を取得するための負債利子・特定組合員又は特定受益者の不動産所得の損失の取扱い）

　事業税の課税標準は、地方税法及び地方税法施行令で特別の定めをする場合を除き、所得税法26条に規定する不動産所得及び同法27条に規定する事業所得の計算の例によって算定することとされている（地法72の49の8①）。

　ところで、土地等を取得するための借入金の利子は、所得税では不動産所得が損失となった場合には、その損失のうちその利子部分については損益通算の対象とされず（措法41の4）、また、特定組合員又は特定受益者の不動産所得の金額の計算上生じた組合事業又は信託から生ずる損失は、所得税では生じなかったものとみなされるが（措法41の4の2）、これらの損失は、措置法により制限を加えたものであり、いずれも所得税法26条の規定により計算した損失には該当することになるから、事業税では不動産所得の損失として取り扱われる。したがって、申告の際は確定申告書2表の所定の欄に損益通算の特例適用前の金額を記載することとなる。

参考　国外中古建物の不動産所得に係る損益通算等の特例（令和3年分以後）

1　個人が、令和3年以後の各年において、国外中古建物（下記3参照）から生ずる不動産所得を有する場合において、その年分の不動産所得の金額の計算上、国外不動産所得等の損失（下記4参照）の金額がある場合は、当該国外不動産所得の損失の金額に相当する金額のうち、国外中古建物の償却費に相当する部分の金額は、所得税に関する法令の適用については、生じなかったものとみなし、国内の不動産所得や他の所得との損益通算はできなくなった（措法41の4の3①②）。

2　損益通算が制限される国外不動産所得の損失の金額とは以下のものである（措令26の6の3、措規18の24の2）。

　①　個人が2以上の国外中古建物が存する場合、それぞれに不動産所得を計算するのであるが、国外不動産所得の損失の金額とは、その損失の金額のうち、当該国外中古建物の償却費の額に相当する部分の金額として一定の計算をした金額をいう。

　②　上記①の「一定の計算をした金額」とは、国外中古建物ごとに計算した償却費のうち、次の区分に応じて計算した金額の合計額である。

　　イ　当該償却費の額が、その国外中古建物の貸付に係る損失の金額を超える場合
　　　　→　当該損失の金額

　　ロ　当該償却費の額が、その国外中古建物の貸付に係る損失の金額以下の場合
　　　　→　当該損失の金額のうち当該償却費の額に相当する金額

【六 不動産所得】

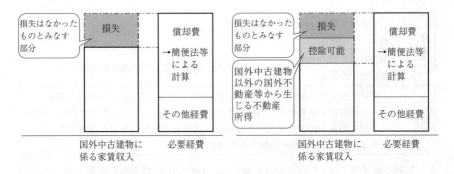

③ 損益通算の特例の適用例

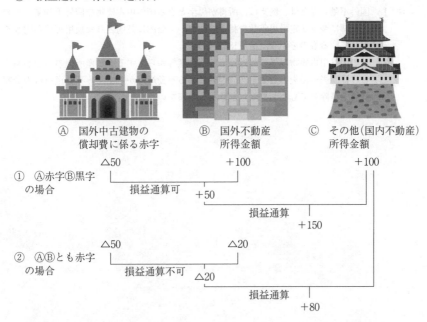

3 国外中古建物とは、個人において使用され、又は法人において事業の用に供された国外にある建物であって、個人が取得してこれをその個人の不動産所得を生ずべき業務の用に供したもののうち、不動産所得の金額の計算上その建物の償却費として必要経費に算入する金額を計算する際の耐用年数を次の方法により算定しているものをいう。

【六　不動産所得】

簡便法	①　法定耐用年数の全部を経過した中古資産	法定耐用年数×20%
	②　法定耐用年数の一部を経過した中古資産	（法定耐用年数－経過年数）＋経過年数×20%
見積法	③　その用に供したとき以後の使用可能期間の年数を耐用年数とする方法（※） （※）　その耐用年数を国外中古建物の所在地国の法令における耐用年数としている旨を明らかにする書類その他のその使用可能期間の年数が適切であることを証する一定の書類の添付がある場合を除く。	

4　国外不動産等（注1）の損失の金額とは、不動産所得の金額の計算上生じた国外中古建物の貸付けによる損失の金額（注2）をいう。

（注）1　国外不動産等とは、例えば、所得が黒字となる国外中古建物や国外不動産でその減価償却につき法定耐用年数や相手国において公的に証明された使用可能期間等を採用しているものをいう（措規18の24の2）。

　　　　2　その国外中古建物以外の国外にある不動産等から生ずる不動産所得の金額がある場合には、当該損失の金額を当該国外にある不動産等から生ずる不動産所得の金額の計算上控除してもなお控除しきれない金額をいう。

七　事業所得

1　意義

　事業所得とは、農業、漁業、製造業、卸売業、小売業、サービス業その他の事業から生じる所得をいう（所法27、所令63）。

2　所得金額の計算

$$事業所得の金額 = \left(\begin{array}{c}総収入\\金　額\end{array}\right) - \left(\begin{array}{c}必要\\経費\end{array}\right) - \left(\begin{array}{c}青色申告\\特別控除額\end{array}\right) （所法27②）$$

※　青色申告特別控除額は青色申告者のみ適用

3　所得分類のポイント

　事業所得と他の所得との区分のポイントは次表のとおり。

区　分	内　容			所得区分
①　不動産等の貸付けによる所得	有料駐車場等入出庫の管理を行う場合・時間貸の場合等			事業（雑）所得
	季節営業等で解体、移設又は格納できる簡易な施設（バンガロー等）の貸付け			事業（雑）所得
	ホテル、食事提供の下宿など人的役務の提供が主である場合（いわゆる「民泊」についてはP.270〜271参照）			事業（雑）所得
	船舶の貸付け	定期用船契約又は航海用船契約（航空機も同様）		事業（雑）所得
		裸用船契約（航空機も同様）		不動産所得
	不動産業者の販売目的資産の一時貸し			事業所得
	貸金業者等が担保権の実行等により取得した不動産の一時貸し			事業所得
	従業員宿舎等の貸付け			事業所得
	広告等による収入	浴場業、飲食業における広告の掲示		事業所得
		土地、家屋（屋上・側面・塀）の使用料		不動産所得
②　山林の伐採又は譲渡	所有期間5年超			山林所得
	所有期間5年以下			事業（雑）所得
③　事業用固定資産の譲渡等	使用可能期間が1年未満			事業所得
	取得価額が10万円未満	少額重要資産	営利目的の継続的譲渡	事業所得
			上記以外	譲渡所得
		少額重要資産以外		事業所得

【七　事業所得】

③　事業用固定資産の譲渡等	一括償却資産	少額重要資産	営利目的の継続的譲渡	事業所得
			上記以外	譲渡所得
		少額重要資産以外		事業所得
	事業の性質上反覆継続して譲渡される資産（貸衣装、パチンコ器、繁殖用・種付用の豚、採卵鶏等）			事業所得
	スクラップ化した減価償却資産			事業所得
	上記のいずれもに該当しないもの			譲渡所得
④　金銭債権の譲渡	事業上の金銭債権の譲渡			事業所得
⑤　匿名組合契約に係る利益の分配	営業者とともに重要な業務執行の意思決定を行う組合員			事業所得等
	上記以外			雑所得

(注)　「少額重要資産」とは、製品の製造、農産物の生産、商品の販売、役務の提供等その者の目的とする業務の遂行上直接必要な減価償却資産でその業務の遂行上欠くことのできないものをいう。

※　新型コロナウイルス感染症関連の助成金の課税関係については P. 19参照

【七 事業所得】

4 リース取引

平成20年4月1日以降契約のリース取引に係る課税関係は次表のとおり。

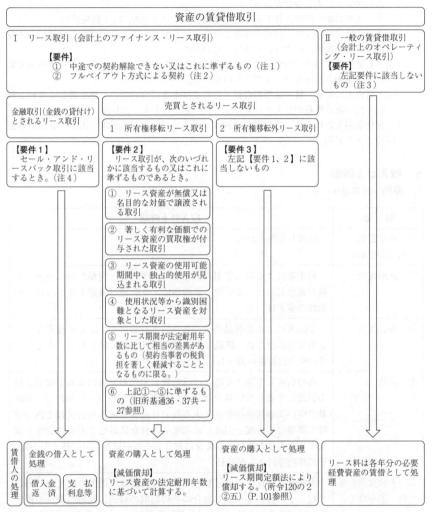

(注) 1 解除できないものに準ずるもの
① 旧所基通36・37共－24参照
② 所基通67の2－1（平20.4.1以後適用）参照
2 リース物件からもたらされる経済的利益を実質的に享受することができ、かつ使用に伴う費用を実質的に負担することとなる契約のこと
① 旧所基通36・37共－25、26参照
② 所令197の2②（平20.4.1以後適用）参照
資産の賃貸借につき、その解約不能の賃貸借期間において支払う賃借料の合計額

— 77 —

【七　事業所得】

がその資産取得のために通常要する価額（その資産を業務の用に供するために要する費用（賃貸借資産の取得資金の利子、固定資産税、保険料等）の額を含む。）の概ね90％を超える場合が該当

3　リース取引から除外されるもの（所令197の2①）（平20.4.1以後適用）

土地の賃貸借のうち、資産の譲渡とみなされる行為（所令79）の規定の適用のあるもの及び次の要件のいずれにも該当しないもの

①　賃貸借期間の終了の時又は中途において、土地が無償又は名目的な対価の額で賃借人に譲渡されるもの（準ずるものを含む。）

②　賃借人に対し、賃貸借期間の終了の時又は中途において、土地を著しく有利な価額で買い取る権利が与えられているもの（準ずるものを含む。）

4　金融取引とされるリース取引から除かれるものは、旧所基通36・37共－44、所基通67の2－4参照

5　収入計上時期

(1)　原則（所基通36－8）

区　分	収入計上時期
①　通常販売（②、③を除く。）	引渡しがあった日
②　試用販売	相手方による購入意思の表示日（相手方が一定期間内に返送、拒絶の意思表示をしない限り特約等により販売が確定する場合はその期間の満了日）
③　委託販売	受託者による委託品の販売日（売上計算書が1か月を超えない一定期間で送付され、継続してその到達日に収入計上しているときはその売上計算書の到達日）
④　請負	物の引渡しを要する場合は目的物の全部の完成による引渡日、物の引渡しを要しない場合は役務の提供の完了日（一の契約で、引渡量に従い工事代金等を収入する旨の特約等がある場合又は1個の建設工事等で完成部分引渡しの都度その割合に応じて工事代金等を収入する旨の特約等がある場合におけるその引渡し部分に係る収入は、その特約等による引渡日）
⑤　人的役務の提供（④を除く。）	人的役務の提供の完了日（期間の経過、役務の提供の程度等に応じて収入する特約等がある場合のその期間の経過、役務の提供の程度等に対応する報酬は、その特約等による収入すべき事由が生じた日）
⑥　資産（金銭を除く。）の賃貸料でその年に対応するもの	その年の末日（貸付期間の終了する年は、その期間の終了日）

— 78 —

【七　事業所得】

⑦　金銭の貸付利息又は手形割引料でその年に対応するもの	その年の末日（貸付期間の終了する年は、その期間の終了日） ただし、継続適用を条件に次に掲げる日でも可 ア　利息天引きによる貸付けの利息は、契約による元本の返済日 イ　その他の利息は、契約の内容に応じ所得税基本通達36－5(1)に掲げる日 ウ　手形の割引料は、その手形の満期日（満期日前の手形譲渡はその譲渡日）

参考　弁護士の着手金、歯科医の歯列矯正料の計上時期

区　分	収入計上時期
弁護士の着手金	原則として着手時（所基通36－8(5)）
歯科医の歯列矯正料	治療契約により歯列矯正装置を装着した時に患者に請求し、受領している場合は装着時（昭60.12.19裁決）

(2)　収入及び費用の帰属時期に関する特例
ア　延払条件付販売等（旧所法65①、平30改正法附則8、平30改正所令附則12）
イ　リース譲渡（所法65②、所令188②③）
ウ　工事進行基準（所法66、所令192）
エ　小規模事業者の現金主義（所法67、所令195～197）（注）
オ　農産物の収穫基準（所法41、所令88）
　　（注）　小規模事業者とは、その年の前々年分の事業所得の金額及び不動産所得の金額（事業専従者給与（控除）の額を必要経費に算入しないで計算した金額）の合計額が300万円以下の者をいう。

6　収入計上額
　収入金額についての主な取扱いは次表のとおり。

区分	収 入 金 額 の 取 扱 い	
原則	収入すべき金額（金銭以外の物又は権利その他の経済的な利益の額は、それらの取得（享受）時における価額）により計上する（所法36①②）。 　なお、その収入の基因となった行為が、適法であるかどうかを問わない（所基通36－1）。	
特例	①　棚卸資産等の家事消費、贈与、遺贈	棚卸資産等の取得価額（通常販売価額の70％未満の場合は70％相当額）以上の金額を収入に計上する（備付帳簿への記帳を要件）（所基通39－2）。
	②　棚卸資産等の著しく低い価額の対価に	対価と資産の価額との差額のうち実質的に贈与をしたと認められる金額（通常販売価額の70％の金額と対価の額との差額）を収入に計上する（所基通40－3）。

事業所得

— 79 —

【七　事業所得】

		よる譲渡（注1）	ただし、流行遅れ等による値引販売、広告宣伝のための目玉商品販売、金融上の換金処分等は適用除外となる（所基通40－2）。
特　　　例	③　事業の広告宣伝のための賞金を受けた場合	源泉徴収の対象となる賞品（金銭との選択ができるものを除く。）で製造された物品の価額は、その物品の通常小売価額の60％相当額を収入に計上する（所基通36－20）。
	④　広告宣伝用資産等の贈与等を受けた場合	ア　広告宣伝用の看板、ネオンサインのように専ら広告宣伝用に供される資産に係る経済的利益はないものとする。 イ　製造業者等の製品名、社名を表示した自動車、陳列棚、陳列ケース、冷蔵庫等で、広告宣伝目的であることが明らかなものは、その資産の価額（製造業者等の取得価額）の3分の2相当額から負担額を控除した金額を収入に計上する。 　　ただし、その金額が30万円（同一の製造業者等から2以上の資産を取得したときはその合計額）以下のとき、経済的利益はないものとする（所基通36－18）。
	⑤　国庫補助金等（注2）の総収入金額不算入	国庫補助金等の交付を受け、その年中に、その国庫補助金等をもって交付目的適合固定資産の取得等をし、その国庫補助金等をその年12月31日までに返還を要しないことが確定しているときは、国庫補助金等のうち固定資産の取得又は改良に充てた部分の金額相当額は、総収入金額に算入しない（所法42、所令89）。 　　また、国庫補助金等の交付に代えて固定資産の交付を受けた場合にも、その固定資産の時価相当額は総収入金額に算入しない。 　　なお、その資産の取得価額は、その取得に要した金額から総収入金額不算入額を控除した金額とする。 　※　確定申告書に適用を受ける旨、その他一定の記載が必要 　　　条件付国庫補助金の取扱いは、所得税法43条参照
	⑥　資産の移転等の費用に充てるための補助金の総収入金額不算入	居住者が資産の移転等の費用に充てるために交付を受けた国庫補助金等は、総収入金額に算入しない（所法44）（収用等の補償金等については、P.220参照）。 　　また、災害関連措置として、平成29年1月1日以後に発生するやむを得ない事由につき、被災市街地復興土地区画整理事業が施行された場合の換地処分により譲渡した土地の上にある資産の除却に充てるための補助金についても総収入金額不算入とされた（所令92、平29改正措令附則8）。
	⑦　債務免除益の総収入金額不算入	居住者が、破産法252条1項に規定する免責許可の決定又は再生計画認可の決定があった場合その他資力を喪失して債務を弁済することが著しく困難であると認められる場合に債務の免除を受けたときは、当該免除により受ける経済的な利益の価額（損失の金額又は控除する純損失の金額の合計額相当額部分を除く。）については、その者の各種所得の金額の計算上、総収入金額に算入しない（所法44の2）。

(注)1　譲渡時における棚卸資産等の販売価額等の70％相当額に満たない場合をいう（所基通40－2）。

【七　事業所得】

2　国庫補助金等とは、国もしくは地方公共団体がその行政目的の遂行のために支出する補助金又は給付金その他政令で定めるものをいう（所法42、所令89）。

なお、この国庫補助金等の総収入金額不算入の適用を受けない場合は、当該国庫補助金等については、一時所得となる（所基通34−1(9)）。

7　必要経費
(1)　原則と例外（所法37①ほか）

<table>
<tr><td rowspan="2">原</td><td>収入</td><td>①</td><td>売上原価</td></tr>
<tr><td>対応</td><td>②</td><td>総収入金額を得るために直接に要した費用の額</td></tr>
<tr><td rowspan="2">則</td><td>期間</td><td>①</td><td>その年に生じた販売費、一般管理費</td></tr>
<tr><td>対応</td><td>②</td><td>その他業務について生じた費用</td></tr>
<tr><td rowspan="3">例

外</td><td colspan="3">①　短期前払費用（支払日から1年以内に提供を受ける役務に係るもの）を支払った際に、継続して支払った年分の必要経費としている場合には、必要経費に算入できる（所基通37−30の2）。</td></tr>
<tr><td colspan="3">②　消耗品費等（消耗品その他これに準ずる棚卸資産の取得に要した費用の額で、各年ごとに概ね一定数量を取得し、かつ、経常的に消費するもの）の取得に要した費用の額を継続してその取得をした年分の必要経費としている場合には、必要経費に算入できる（所基通37−30の3）。</td></tr>
<tr><td colspan="3">③　債務処理計画に基づく減価償却資産等の損失の必要経費算入の特例（平成26年4月1日以後適用）（措法28の2の2）。</td></tr>
</table>

(2)　債務確定基準

<table>
<tr><td rowspan="4">原

則</td><td colspan="2">その年において債務の確定しているものとは、原則、次の全ての要件に該当することが必要（所基通37−2）</td></tr>
<tr><td>①</td><td>その年12月31日（死亡又は出国した場合は、その死亡又は出国の時。以下同じ。）までに費用に係る債務が成立している。</td></tr>
<tr><td>②</td><td>その年12月31日までに債務に基づいて具体的な給付をすべき原因となるが事実が発生している。</td></tr>
<tr><td>③</td><td>その年12月31日までにその金額を合理的に算定することができる。</td></tr>
<tr><td rowspan="2">例

外</td><td>①</td><td>必要経費となる損害賠償金で年末までに金額が確定しない場合は申出額（保険金等により補てんが明らかな部分の金額を除く。）を必要経費とすることができる（所基通37−2の2）。</td></tr>
<tr><td>②</td><td>翌年以後の期間の賃貸料等を一括収受した場合でその全てを収受年分の収入金額とすべき場合における翌年以後の期間に係る必要経費（通常生ずると見込まれるものに限る。）は見積額により計上する。この場合、翌年以後に見積額と異なることとなったときは、差額を必要経費又は総収入金額に算入する（所基通37−3）。</td></tr>
</table>

8　家事費、家事関連費等

家事上の経費等についての取扱いは次表のとおり（所法45①一、②、所令96、所基通45−1、45−2）。

【七　事業所得】

区　分		取　扱　い
家事上の経費（注1）		必要経費不算入
家事関連費 （店舗併用住宅に係る家賃、租税公課、保険料、修繕費、水道光熱費等の支出）	原則	必要経費不算入
	例外	①　主たる部分が業務の遂行上必要であり、かつ、その必要である部分を明らかに区分することができる場合におけるその部分に相当する金額は必要経費（家事按分をする。） ②　上記①のほか、家事関連費のうち、取引の記録等に基づいて業務の遂行上直接必要であったことが明らかにされる部分の金額は必要経費
賄賂等（注2）		必要経費不算入

（注）1　①所得税（事業所得等に係る利子税を除く。）、②住民税、③国税又は地方税の延滞税（金）、各種加算税（金）、過怠税、④罰金及び科料（通告処分による罰金又は科料に相当するもの及び外国又はその地方公共団体が課する罰金又は科料に相当するものを含む。）並びに過料、⑤家事上の損害賠償金、業務上の損害賠償金で故意又は重過失によるもの、⑥国民生活安定緊急措置法、金融商品取引法又は公認会計士法の規定による課徴金及び延滞金、⑦私的独占の禁止及び公正取引の確保に関する法律の規定による課徴金及び延滞金（外国若しくはその地方公共団体又は国際機関が納付を命ずるこれらに類するものを含む。）、⑧不当景品類及び不当表示防止法の規定による課徴金及び延滞金、⑨森林環境税及び森林環境税に係る延滞金（令6.1.1以後納付分）
　　　2　刑法198条に規定する賄賂又は不正競争防止法18条1項（外国公務員に対する不正の利益の供与等の禁止）に規定する金銭等及び金銭以外の物、経済的な利益

9　租税公課

(1)　**取扱区分**（所法45①、46、所基通37－4、37－5、49－3、95－1）

区　分			取　扱　い
業務用（資産）等	登録免許税	特許権、鉱業権等登録により権利が発生するもの	取得価額
		船舶、航空機、自動車のように業務の用に供するために登録を要するもの	取得価額 必要経費　（選択）
		上記以外	
	固定資産税、自動車税、自動車取得税、自動車重量税、鉱区税、不動産取得税、地価税、特別土地保有税、印紙税、鉱産税、事業税、事業所税、事業所得者等の確定申告税額の延納に係る利子税、消費税等（税込経理方式）、酒税		必要経費
所得税、住民税、相続税、国税の加算税、延滞税、過怠税、地方税の加算金、延滞金など			必要経費不算入
外国所得税（外国の所得に課されたもの）			必要経費 外国税額控除　（選択）（注）

（注）　外国所得税についての必要経費算入と外国税額控除の選択は、各年ごと、その年中に確定した外国所得税の全部について行う必要がある。

【七　事業所得】

(2)　必要経費算入時期（所基通37−6、37−7）

ア　原則

その年12月31日（死亡又は出国の場合には、その死亡又は出国の時）までに申告、賦課決定等により納付税額が確定したもの

イ　認められる処理

区　分	必要経費算入時期
賦課課税方式による租税のうち納期が分割されている固定資産税などの税額	各納期の税額をそれぞれ納期開始の日又は実際に納付した日の属する年分
消費税等（税込経理方式）	確定申告額を未払金計上することにより、その未払金計上した年分
その年分の総収入金額に算入された酒税などのうち、その年中に申告期限の到来しない税額	未払金計上額のうち、確定申告期限までに申告等があった税額について、総収入金額に算入された年分
製造場から移出された物品に係る酒税などで、その年中に申告等があったもののうち、その年中にまだ販売されていない物品に係る税額	物品が販売された年分
利子税	納付した年分（その年中に対応する税額を未払金計上することにより、その未払金計上した年分でも可）
事業税（事業廃止年分）（注2）	下記算式により計算した見込額をその廃止した年分

$$\text{事業税の課税見込額}=\frac{\left(\begin{array}{c}\text{事業税の課税見込額を控除する前のその年}\\\text{分の事業税の課税対象となる所得金額（注）}\end{array}\right)\times\left(\begin{array}{c}\text{事業税}\\\text{の税率}\end{array}\right)}{1+\text{事業税の税率}}$$

(注)1　所得税における所得金額に事業税の課税標準の計算上考慮すべき金額を加減算した金額

2　相続の場合は事業税の見込控除はできない。

参考　相続等に係る業務用資産の固定資産税等の取扱い

区　分	賦課通知書を相続前に受領	賦課通知書を相続後に受領
被相続人の所得計算	①全額、②納期到来分、③納付済分のいずれかを選択して必要経費算入	必要経費に算入できない。
業務継承者の所得計算（相続年）	被相続人の必要経費とされた金額以外を必要経費算入	①全額、②納期到来分、③納付済分のいずれかを選択して必要経費算入

事業所得

— 83 —

【七 事業所得】

(3) 利子税の必要経費算入額 （所法45①二、所令97）

不動産所得、事業所得又は山林所得を生ずべき事業を営む場合において、次の区分に応じたそれぞれの金額

ア 事業から生ずる所得に対するもの

$$\left(\begin{array}{c}\text{納付した}\\\text{利子税の額}\end{array}\right) \times \frac{\left(\begin{array}{l}\text{その利子税の基礎となった年分の確}\\\text{定申告書に記載された事業所得、不}\\\text{動産貸付業から生じた不動産所得及}\\\text{び林業から生じた山林所得の金額の}\\\text{合計額}\end{array}\right)}{\left(\begin{array}{l}\text{その利子税の基礎となった年分の確}\\\text{定申告書に記載された各種所得の金}\\\text{額の合計額(給与所得及び退職所得}\\\text{の金額を除く。)}\end{array}\right)}\left(\begin{array}{l}\text{小数点3位}\\\text{以下切上げ}\end{array}\right)$$

イ 山林の延払条件付譲渡に係るもの

林業から生じた山林所得の延払条件付譲渡による延納について納付した利子税の額

10 損害賠償金等

事業主が支払う損害賠償金（慰謝料、示談金、見舞金等の名目のいかんを問わず、他人に与えた損害を補塡するために支出する一切の費用及びこれらに関連する弁護士の報酬等の費用を含む。）についての取扱いは次表のとおり（所法45①七、所令98、所基通45－6、45－7）。

区 分	内　　　容			取扱い
事業主の行為	業務上	故意又は重過失	あり	必要経費不算入
			なし	必要経費
	業務上以外			必要経費不算入
使用人の行為	使用人の行為に関し、業務を営む者の故意又は重過失	あり		必要経費不算入
		なし	業務遂行上の行為に基因	必要経費
			業務に関連しない行為に基因　家族従業員の行為	必要経費不算入
			上記以外で雇い主の立場で負担したもの	必要経費

（注）　直接の行為責任者である使用人の債務を事業主が負担したことによる経済的利益は、所得税基本通達36－33参照

【七 事業所得】

11 違約金等

資産の取得・譲渡時等に支払う違約金やいわゆる手付流れ等の取扱は以下のとおり（所基通33-7、34-1、38-9の3）。

区　　分		
取得時	①　取得予定であった資産が、業務用であったことが客観的に見て明確であった場合	その年の必要経費
	②　いったん締結した資産の取得に関する契約を解除して他の資産を取得することとした場合	取得した資産の取得費
	③　上記①、②の場合以外	家事費
譲渡時	④　更に有利な条件で譲渡するために、既に締結していた資産の譲渡に関する契約を解除する場合	資産の譲渡費用
	⑤　上記④以外の理由で譲渡を取りやめた場合	業務用資産の場合：その年の必要経費 / 非業務用資産の場合：家事費
その他の場合	業務用借入金の繰り上げ返済や借り換えの際に支払う違約金など明らかに業務の遂行に際して支払った違約金等	その年の必要経費

（参考）　資産の買換えに際して、売却予定の甲物件の契約が解約されたため、やむなく取得予定の乙物件の売買契約を解約した場合において、乙契約に関して支払った違約金を、甲契約の解除により取得した違約金の必要経費とすることはできない（平2.12.21裁決）。

12 海外渡航費

事業主及び使用人に係る海外渡航費の取扱いは次表のとおり。

旅行者	取　扱　い
事業主	事業上直接必要な場合に限り、海外渡航のための交通機関の利用、宿泊等の費用（家事上の経費に属するものを除く。）を必要経費に算入する（所基通37-16）。
使用人	使用人（青色事業専従者及び事業専従者を含む。）に支給する旅費（支度金を含む。）は、その海外渡航が事業上直接必要であり、かつ、渡航のため通常必要な金額に限り旅費として、それ以外のものは給与（所得税法57条1項、3項の適用あり）として、必要経費に算入する（所基通37-17）。

【七　事業所得】

共　通	① 事業の遂行上直接必要な海外渡航の判定（所基通37-19参照） ② 常時業務に従事しない同伴者の取扱い（所基通37-20参照） ③ 同業者団体等が行う視察のための団体による海外渡航費用の取扱い（平12.10.11付課法2-15、課所4-24） 　(1)　業務従事割合(A) 　　　旅行日程を①業務従事日数、②観光日数、③旅行日、④その他に区分し、次の算式により求めた割合…①／（①＋②）（端数処理不要） 　(2)　必要経費等算入割合(B) 　　　上記(1)の業務従事割合(A)を10%単位で区分した割合（10%未満の端数は四捨五入）（例）　85%⇒90%、74%⇒70% 　(3)　旅行に通常要する費用(C)＝「往復の交通費の額」＋「その他の費用の額(D)」

業務従事割合(A)	「旅行に通常要する費用(C)」のうち「旅費」として必要経費に算入する金額		旅行者が使用人の場合で「給与」とされる金額
	往復の交通費の額	その他の費用の額(D)	
85%以上	(C)		なし
50%以上85%未満	全　額	(D)×(B)	(D)×［1-(B)］
15%以上50%未満	(C)×(B)		(C)×［1-(B)］
15%未満	なし		(C)

13　棚卸資産の評価

(1)　原則（所令99、99の2）

　選定（届出が必要）できる評価方法は、次に掲げる方法である。

　ただし、納税地の所轄税務署長の承認を受けた場合には、その承認を受けた評価方法によることができる。

原価法	個別法（一の取引により大量取得され、かつ、規格に応じて価格が定められているものには適用できない。）、先入先出法、後入先出法（平成21年分以前の年分に限る。）、総平均法、移動平均法、単純平均法（平成21年分以前の年分に限る。）、最終仕入原価法、売価還元法のいずれか ※　評価方法の選定がない場合又は選定した方法により評価しなかった場合は、最終仕入原価法とする（所令102）。
低価法（青色申告者のみ）	期末棚卸資産をその種類等の異なるごとに区別し、その種類等の同じものについて、上記の原価法により評価した価額とその年12月31日におけるその取得のために通常要する価額（その年12月31日に売却するものとした場合の正味売却価額）とのうちいずれか低い価額をもってその評価額とする方法（洗替法による。）

— 86 —

【七 事業所得】

(2) **損傷等した棚卸資産の評価**（所令104、所基通47−23、70−2）

棚卸資産について次の事実が生じた場合には、その事実が生じた日の属する年以後の各年におけるその棚卸資産の取得価額は、その年12月31日におけるその棚卸資産の価額によることができる。

① 災害により著しく損傷したこと

② 著しく陳腐化したこと

③ 上記①、②に準ずる特別の事実（破損、型崩れ、棚ざらし、品質変更等により、通常の方法により販売できなくなった事実）

(3) **暗号資産の評価**

暗号資産に係る措置が次のとおり創設された。なお、雑所得における暗号資産については、P.272参照。

① 居住者の暗号資産につき事業所得の金額又は雑所得の金額の計算上必要経費に算入する金額を算定する場合におけるその算定の基礎となるその年12月31日において有する暗号資産の価額は、その者が暗号資産について選定した評価の方法（総平均法又は移動平均法）により評価した金額（評価の方法を選定しなかった場合等には、総平均法により評価した金額）とするほか、暗号資産を棚卸資産の範囲から除外するなど、所要の整備が行われた（所法2①十六、48の2、所令5、119の2〜119の7）。

② 棚卸資産の贈与等の場合の総収入金額算入（所法40）について、その対象となる棚卸資産に準ずる資産に、暗号資産が加えられた（所令87）。

《適用関係》 上記①の改正は、令和元年以後の所得税について適用される。なお、評価方法の選定に関して、平成31年4月1日に現に暗号資産を有する個人については、同日にその暗号資産を取得したものとみなす一定の経過措置が講じられている（平31改正法附則3、平31改正所令附則4）。

　　　　　上記②の改正は、令和元年分以後の所得税について適用される（平31改正所令附則2）。

参考　新型コロナ関連で事業用資産に生じた災害による損失等の取扱い

新型コロナウイルス感染症に関連した「事業用資産に生じた災害による損失等」については、次のとおり、取り扱って差し支えない。

(1) 災害により生じた損失等（翌年以後に繰り越される損失等）に該当する例

・飲食業者等の食材（棚卸資産）の廃棄損

・感染者が確認されたことにより廃棄処分した器具備品等の除却損

・施設や備品などを消毒するために支出した費用

・感染発生の防止のため、配備するマスク、消毒液、空気洗浄機等の購入費用

・イベント等の中止により、廃棄せざるを得なくなった商品等の廃棄損

※ 「災害により生じた損失等」とは、棚卸資産や固定資産に生じた被害（損失）に加え、その被害の拡大・発生を防止するために緊急に必要な措置を講ずるための費用が該当す

【七　事業所得】

る。

(2)　災害により生じた損失等（翌年以後に繰り越される損失等）に該当しない例
・客足が減少したことによる売上げ減少額
・休業期間中に支払う人件費
・イベント等の中止により支払うキャンセル料、会場借上料、備品レンタル料

※　上記のように、棚卸資産や固定資産に生じた被害の拡大・発生を防止するために直接
要した費用とは言えないものについては、「災害により生じた損失等」に該当しない。

14　減価償却資産の償却

(1)　減価償却資産

減価償却資産とは、不動産所得若しくは雑所得の基因となり、又は、不動産所得、
事業所得、山林所得若しくは雑所得を生ずべき業務の用に供される以下の資産をいう
（所法2十九、所令6）。

減価償却資産	有形減価償却資産	・建物及びその附属施設（暖冷房設備、照明設備、通風設備、昇降機その他建物に附属する設備） ・構築物（ドック、橋、岸壁、桟橋、軌道、貯水池、坑道、煙突その他土地に定着する土木設備又は工作物） ・機械及び装置　・船舶　・航空機 ・車両及び運搬具 ・工具、器具及び備品（観賞用、興行用その他これらに準ずる用に供する生物を含む。）
	無形減価償却資産	・鉱業権（租鉱権及び採石権その他土石を採掘し又は採取する権利を含む。） ・漁業権（入漁権を含む。）　・ダム使用権　・水利権　・特許権 ・実用新案権　・意匠権　・商標権　・ソフトウエア（注2）　・育成者権 ・公共施設等運営権　・営業権　・専用側線利用権　・鉄道軌道連絡通行施設利用権　・電気ガス供給施設利用権　・熱供給施設利用権 ・水道施設利用権　・工業用水道施設利用権　・電気通信施設利用権　・樹木採取権
	生物（注1）	・牛、馬、豚、綿羊及びやぎ ・かんきつ樹、りんご樹、ぶどう樹、梨樹、桃樹、桜桃樹、びわ樹、くり樹、梅樹、柿樹、あんず樹、すもも樹、いちじく樹、キウイフルーツ樹、ブルーベリー樹及びパイナップル ・茶樹、オリーブ樹、つばき樹、桑樹、こりやなぎ、みつまた、こうぞ、もう宗竹、アスパラガス、ラミー、まおらん及びホップ

(注)1　観賞用、興行用その他これらに準ずる用に供する生物は、この区分における「生物」から除かれ、有形減価償却資産に含まれる。

2　ソフトウエアは、他の者から購入等したものか、自社で製作したものかを問わず、無形固定資産に該当し、その耐用年数は下記のとおり（耐令別表第三、第六）。

3　樹木採取権とは、国が国有林内の一定の区域において、一定の林業経営者に対し設定する権利であり、その存続期間は50年内である。

【七 事業所得】

(2) 減価償却の対象とされない資産

区　分	内　容
ア　減耗しない資産 （時の経過により価値の減少しないもの）	・土地及び土地の上に存する権利 ・電話加入権（携帯・自動車電話の利用権を除く。） ・美術品等（所基通2−14）（P. 91） ・貴金属の素材の価額が大部分を占める固定資産 　（所基通2−15）
イ　棚卸資産及び建設又は製作中の資産	・棚卸資産 ・現に稼働していない資産（所基通2−16）（注1） ・建設又は製作中の資産（所基通2−17）（注1）

（注）　稼働休止中のものでも、必要な維持補修が行われ、いつでも稼働し得る状態にあるもの及び建設中のものでも、完成した部分を業務の用に供している場合のその部分については、減価償却資産に該当する（所基通2−16、2−17）。

(3) 少額の減価償却資産の取扱い

30万円未満の減価償却資産の取扱いはそれぞれ以下のとおりである（注1）。

取得価額	区　分	償却方法	地方税(償却資産税)の取扱い
10万円未満	少額の減価償却資産(注2)	全額即時経費算入 ※消耗品等（所令138）	課税なし
20万円未満 （注2）	一括償却資産	選択にて3年間で3分の1ずつ均等償却（残存価額0） （所令139） （注3、4）	課税なし
30万円未満	少額減価償却資産の特例 （注5、7）	中小事業者に該当する青色申告者の場合、選択にて全額即時経費算入（措法28の2） （注6）	課税対象 ただし、150万円未満は固定（償却）資産税は免除

（注）1　少額又は使用可能期間が1年未満であっても、業務の用に供していないものは、必要経費に算入できない。この場合、貯蔵品として資産に計上する必要がある。

　　　2　少額の減価償却資産とは、使用可能期間が1年未満又は取得価額が10万円未満の減価償却資産をいうが、

　　　　①　「使用可能期間が1年未満のもの」とは、法定耐用年数でみるのではなく、その者の営む業種において一般的に消耗性のものと認識され、かつ、そのものの平均的な使用状況、補充状況などからみてその使用可能期間が1年未満のものをいう（所基通49−40）。

　　　　②　「取得価額が10万円未満のもの」あるいは「20万円（30万円）未満のもの」とは、通常1組として取り引きされる単位ごとに判定する（所基通49−39、措通28の2−2）。

　　　　　また、消費税については、そのものが適用している経理方式により算定された金額にて判定する。

— 89 —

【七　事業所得】

なお、他人との共有の場合には、自己の持分に係る部分により判定する。
3　一括償却資産を業務の用に供した年以後の3年間においてその資産の全部又は一部が滅失、除却、譲渡した場合においても、必要経費に算入する償却費の額は当初算定した金額のままとなる（所基通49－40の2）。
4　一括償却の規定を選択している者が死亡した場合、死亡した日の属する年分において未償却残高の全額を必要経費に算入する。ただし、その者の事業を承継する者がいる場合は、死亡した年分に係る償却費は、その死亡した者の必要経費に、死亡した年分の翌年以後の償却費については事業を承継した者の必要経費としても差し支えない（所基通49－40の3）。
5　一括償却資産の必要経費算入の規定（所令139）の適用を選択したものを除く。
6　中小事業者に該当する個人とは、常時使用する従業員の数が500人以下の個人をいう（措令18の5①）。
7　一定の要件を満たす青色申告者が平成18年4月1日から令和4年3月31日の間に取得し、業務の用に供した資産については、少額減価償却資産の合計額が300万円に達するまでの合計額をその業務に供した年分の必要経費に算入できる(措法28の2)。

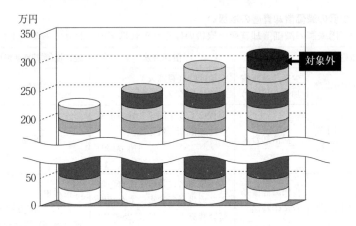

【七　事業所得】

(4)　美術品等の取扱い

　美術品等が減価償却資産に該当するか否かは、原則として次のような区分により判断する（所基通2－14）。

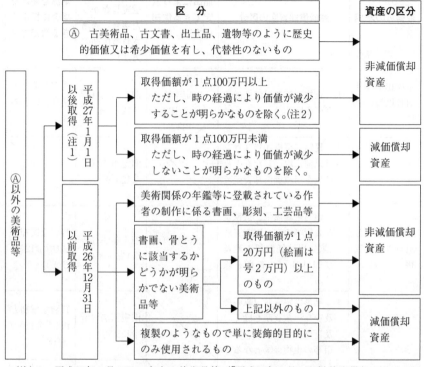

（注）1　平成27年1月1日に有する美術品等（「平成27年1月1日以後取得」のフローチャートで減価償却資産に該当するものに限る。）について、同日から減価償却資産に該当するものとすることも認められる。この場合、減価償却に関する規定（措法28の2）の適用にあたっては、その減価償却資産を同日に取得し、かつ、事業の用に供したものとすることができる（平26.12.19課個2－20附則）。
　　　2　これには、例えば、会館のロビーや葬祭場のホールのような不特定多数の者が利用する場所の装飾用や展示用（有料で公開するものを除く。）として個人が取得するもののうち、移設することが困難でその用途にのみ使用されることが明らかなものであり、かつ、他の用途に転用すると仮定した場合にその設置状況や使用状況からみて美術品等としての市場価格が見込まれないものが含まれる。

【七 事業所得】

(5) 減価償却資産の償却方法（平成19年3月31日以前取得分）

取得等の時期	減価償却資産の区分	届出により選定できる償却の方法	法定償却方法（届出により選定しなかった場合に適用される償却の方法）	承認を受けた場合に採用できる償却方法
平成10年3月31日以前に取得	① 建物（鉱業用減価償却資産を除く。）	旧定額法 旧定率法 （所令120①一、123①）	旧定額法（所令125一イ）	特別な償却方法（所令120の3①）
平成19年3月31日以前に取得	② 建物（平成10年3月31日以前に取得したもの及び鉱業用減価償却資産及びリース資産を除く。）		旧定額法（所令123⑤）	
	③ 建物附属設備、機械及び装置等の有形固定資産（鉱業用減価償却資産及び国外リース資産を除く。）	旧定額法 旧定率法（所令120①二、123①）	旧定額法（所令125一イ）	特別な償却方法（所令120の3①）
	④ 無形固定資産（鉱業権及びリース資産を除く。）及び生物（観賞用、興行用等の生物は③となる。）		旧定額法（所令123⑤）	特別な償却方法（所令120の3①）
平成10年10月1日から平成20年3月31日の間に契約を締結	⑤ 国外リース資産（改正前リース取引の目的とされているもので、非居住者又は外国法人に対して賃貸されているもの）		旧国外リース期間定額法（所令123⑤）	

(注) 1 改正前リース取引とは、改正前の所得税法施行令184条の2第1項に規定するリース取引（売買取引又は金融取引とされるものを除く。）をいう。

2 平成20年3月31日以前契約分の改正前リース取引の目的とされているリース賃貸資産については、賃貸人において、平成20年分以後の所得税から旧リース期間定額法を選定することも認められる。

— 92 —

【七　事業所得】

(6)　減価償却資産の残存価額（耐令6、別表11（平成21年分以後は別表9））

<table>
<tr><td rowspan="7">平成19年3月31日以前に取得</td><td colspan="2">種　　類</td><td>残存価額</td></tr>
<tr><td colspan="2">有形減価償却資産（坑道を除く。）</td><td>取得価額の10％相当額</td></tr>
<tr><td colspan="2">無形減価償却資産・ソフトウエア・鉱業権・坑道</td><td>零</td></tr>
<tr><td rowspan="5">生物（観賞用、興行用等を除く。）</td><td>牛（細目により異なる。）</td><td>取得価額の10％〜50％相当額と10万円のいずれか少ない金額</td></tr>
<tr><td>馬（細目により異なる。）</td><td>取得価額の10％〜30％相当額と10万円のいずれか少ない金額</td></tr>
<tr><td>豚</td><td>取得価額の30％相当額</td></tr>
<tr><td>綿羊・やぎ</td><td>取得価額の5％相当額</td></tr>
<tr><td>果樹その他の植物</td><td>取得価額の5％相当額</td></tr>
</table>

ア　償却累積額による償却限度額（平成19年3月31日以前取得の場合）（所令134①一）

区　分	償却限度額
①　有形固定資産（坑道、国外リース資産、リース賃貸資産を除く。）	取得課税の95％相当額
②　坑道及び無形固定資産（リース賃貸資産を除く。）	取得価額
③　生物（リース賃貸資産を除く。）	取得価額－残存価額
④　国外リース資産	取得価額－見積残存価額
⑤　リース賃貸資産	取得価額－残価保証額(零の場合は1円)

(注)1　①有形固定資産及び③生物については、平成20年分以後の所得税から下記イの5年間の均等償却の対象となる。

　　2　⑤リース賃貸資産の償却可能限度額は、旧リース期間定額法を適用できることになる平成20年分からとなる。

イ　償却累積額による償却費の特例

<table>
<tr><td rowspan="1">5年間の均等償却</td><td>有形固定資産（坑道、国外リース資産及びリース賃貸資産を除く。）及び生物（リース賃貸資産を除く。）について、その年分の前年までの償却費の累積額が取得価額の95％相当額（生物の場合は取得価額－残存価額）に達している場合には、平成20年分以後の所得税から次の算式により計算した金額をその年分の償却費として償却を行い、残存簿価1円まで償却する（所令134②、平19改正所令附則12）。
〔取得価額－（取得価額の95％相当額(注1)）－1円〕÷5
(注)1　生物の場合は取得価額－残存価額
　　2　年の中途で業務の用に供した場合等は、算式により求められた金額に「本年中に業務に使用していた月数／12」を乗じる。

　この償却累積額による償却費の特例の適用を受ける減価償却資産に資本的支出を行い、その資本的支出を取得価額に加算（所令127②）した場合において、その加算後</td></tr>
</table>

【七　事業所得】

	の帳簿価額（未償却残額）が、その加算後の取得価額の５％相当額を超えるときは、５年間の均等償却ではなく、その減価償却資産について採用している償却方法により減価償却を行うことになる（所基通49—48）。
堅牢な建物等	次のA及びBの減価償却資産については、償却費の累積額が取得価額の95％相当額に達した後なお業務の用に供されているときは、業務の用に供されている間に限り、取得価額の５％相当額から１円を差し引いた残額をその資産について定められている耐用年数の10分の３に相当する年数（１年未満の端数切上げ）で除した金額を償却費として償却し、残存簿価１円まで償却する（所令134の２）。 A　鉄骨鉄筋コンクリート造、鉄筋コンクリート造、れんが造、石造又はブロック造の建物 B　鉄骨鉄筋コンクリート造、鉄筋コンクリート造、コンクリート造、れんが造、石造又は土造の構築物又は装置

(7)　減価償却資産の償却方法（平成19年４月１日以後取得分）

取得等の時期	減価償却資産の区分	届出により選定できる償却の方法	法定償却方法（届出により選定しなかった場合に適用される償却の方法）	承認を受けた場合に採用できる償却方法
平成19年４月１日以後に取得	①　建物（鉱業用減価償却資産及びリース資産を除く。）		定額法（所令120の２、123⑤）	
	②　平成28年４月１日以後に取得する建物の附属設備及び構築物			
	③　建物附属設備、機械及び装置等の有形固定資産（②の建物の附属設備及び構築物、鉱業用減価償却資産及びリース資産を除く。）	定額法定率法（所令120の２①一イ、ニ、旧所令120の２①二、123①）	定額法（所令125二イ）	特別な償却方法(所令120の３①)
	④　無形固定資産（鉱業権を除く。）及び生物（観賞用、興行用等の生物は③となる。）		定額法（所令123④）	特別な償却方法(所令120の３①)
平成20年４月１日以後締結する契約	⑤　リース資産（所有権移転外リース取引に係るもの）		リース期間定額法(所令123⑤)	

— 94 —

【七　事業所得】

(注)1　「取得」には、相続・贈与又は遺贈による取得も含まれる（所基通49－1）。
　　　2　法定償却方法は、償却方法の届出をせず、かつ、みなし選定（P.111⒀イ参照）に
　　　　該当しない場合に適用される（所令123③、125）。
　　　3　①建物、③無形固定資産及び生物、⑥リース資産については、その取得日におい
　　　　てそれぞれに掲げる償却方法を選択したものとみなされる（所令123④）。
　　　4　②有形固定資産のうち特定のものについては、納税地の所轄税務署長の承認を受
　　　　けて取替法（所令121、所規24の2、耐通5－1－3）を採用できる。
　　　5　漁網、活字に常用されている金属等（リース資産を除く。）については、納税地の
　　　　所轄国税局長の認定を受けて特別な償却率による償却方法（所令122、所規26、耐通
　　　　4－1－1～4－1－5）を採用できる。

ア　償却累積額による償却限度額（平成19年4月1日以後取得の場合）(所令134①二)

区　分	償却限度額
①　有形固定資産（坑道、リース資産を除く。）及び生物	取得価額－1円
②　坑道及び無形固定資産	取得価額
③　リース資産	取得価額－残価保証額

イ　リース賃貸資産の償却方法の特例 (所令121の2)

　　平成20年分以後の所得税からリース賃貸資産(注1)については、賃貸人において、
その採用している償却方法に代えて、次の算式による旧リース期間定額法を選定す
ることができる。

$$リース賃貸資産の改定取得価額(注2)\times\frac{その年における改定リース期間の月数}{改定リース期間(注3)の月数}$$

(注)1　リース賃貸資産
　　　　改正前リース取引（旧所令184の2①）の目的とされている減価償却資産（国外
　　　リース資産を除く。）をいう。
　　　2　改定取得価額
　　　　リース賃貸資産について、旧リース期間定額法による償却の適用を受ける最初の
　　　年の1月1日における取得価額（必要経費に算入された償却費の累積額を控除した
　　　金額）から残価保証額（契約において定められているリース期間の終了の時にリー
　　　ス賃貸資産の処分価額が改正前リース取引に係る契約において定められている保証
　　　額に満たない場合にその満たない部分の金額をその改正前リース取引に係る賃借人
　　　がその賃貸人に支払うこととされている場合におけるその保証額）を控除した金額
　　　をいう。
　　　3　改定リース期間
　　　　リース賃貸資産のリース期間のうち、旧リース期間定額法による償却の適用を受
　　　ける最初の年の1月1日以後の期間をいう。

　　この取扱いを選定する場合には、旧リース期間定額法を採用しようとする年分（平
成20年分以後に限る。）の所得税に係る確定申告期限までに、適用を受けようとする
リース賃貸資産の種類その他財務省令で定める事項を記載した届出書（所規25の2）
を納税地の所轄税務署長に提出する必要がある（所令121の2②）。

— 95 —

【七　事業所得】

👉 参考　リース取引に関する償却方法

（平成20年3月31日以前の契約の場合）

取　引　等　の　区　分			償却者	償　却　方　法
リース取引 （旧所令184 の2③）	売買取引とされるもの		賃借人	選定している償却方法
	金融取引とされるもの		賃借人（注1）	選定している償却方法
	賃貸借取引と されるもの （改正前リー ス取引）	国外リース資産	賃貸人	旧国外リース期間定額 法
		国外リース資産以外	賃貸人	選定している償却方法 （注2）

（注）1　当初、資産を譲渡した者

　　　2　平成20年分以後の所得税では、一定の手続により旧リース期間定額法を選定する
　　　　ことができる（上記イ参照）。

（平成20年4月1日以後の契約の場合）

取　引　等　の　区　分		償却者	償　却　方　法
リース取引 （所法67の2 ③）	所有権移転リース取引（売買取引）	賃借人	選定している償却方法
	金融取引とされるもの	賃借人（注）	選定している償却方法
	所有権移転外リース取引（売買取引）	賃借人	リース期間定額法

（注）　当初、資産を譲渡した者

(8)　減価償却資産の取得価額　(所令126ほか)

取　得　形　態		取得価額に算入するもの		
①	購入資産	購入代金（注1）	引取運賃、保険料、 手数料等の付随費用	業務の用に供するために 直接要した費用
②	建設・製作（製造） 資産	原価（原材料費・労務費・経費）		
③	成育させた牛馬等 の生物	購入代価又は種 付費、出産費	成育のための飼料 費・労務費・経費	
④	成熟させた果樹等	購入代価又は種 苗費	成熟のための肥料 費・労務費・経費	
⑤	①～④以外	取得のために通常要する価額（時価）		
⑥	贈与・相続等によ り取得した資産	当初、その資産を取得した者が引き続き所有していたものとみな した場合における上記①ないし⑤により計算した金額		
⑦	国庫補助金等によ り取得した資産	実際の取得価額から国庫補助金等を控 除した金額（注2）		業務の用に供するために 直接要した費用

（注）1　消費税等の取扱いは、適用している経理方式（税込・税抜）による（平元.3.29
　　　　直所3-8）。

　　　2　国庫補助金等の総収入金額不算入の規定（所法42①又は43①）の適用を受けない
　　　　場合は、当該国庫補助金等については、一時所得となる（所基通34-1(9)）。

【七 事業所得】

(9) 資本的支出を行った場合 (所令127)

<table>
<tr>
<td rowspan="2">原則</td>
<td>
　既存の減価償却資産について、平成19年4月1日以後に資本的支出を行った場合には、その支出金額を取得価額として、既存の減価償却資産と種類及び耐用年数を同じくする減価償却資産を新たに取得したものとして償却費を計算し（所令127①）、既存の減価償却資産本体については、この資本的支出を行った後においても、現に採用されている償却方法による償却を継続して行う。

　この場合において、新たに取得したものとされる資本的支出部分の償却費は、原則として、次の算式により計算する。

$$\left(\begin{array}{c}\text{資本的支出の}\\\text{年分の償却費}\end{array}\right)\times\dfrac{\text{資本的支出後の月数}}{12}$$

　また、リース資産（所有権移転外リース取引に係る賃借人が取得したものとされる減価償却資産をいう。）に対して資本的支出を行った場合には、新たに取得したものとされる減価償却資産についてもリース資産に該当するものとされ、そのリース期間は、その資本的支出をした日から既存の減価償却資産に係るリース期間の終了の日までの期間となる（所令127③）。
</td>
</tr>
</table>

<table>
<tr>
<td rowspan="2">特例</td>
<td>
① 平成19年3月31日以前に取得をされた減価償却資産に資本的支出を行った場合（所令127②）
　資本的支出を行った年分において、既存の減価償却資産の取得価額に、その資本的支出の金額を加算することができる。
　この場合には、既存の減価償却資産の種類、耐用年数及び償却方法に基づいて、その加算をした資本的支出部分を含めた減価償却資産全体の償却を旧定額法、旧定率法等により行うことになる。
② 定率法による償却を採用している減価償却資産に資本的支出を行った場合（所令127④）
　既存の減価償却資産（以下「旧減価償却資産」という。）及び資本的支出（以下「追加償却資産」という。）の双方について定率法による償却を採用しているときは、資本的支出を行った年分の翌年1月1日において、同日における旧減価償却資産の未償却残高と追加償却資産の未償却残高との合計額を取得価額とする一の減価償却資産を新たに取得したものとすることができる。
　この場合には、翌年1月1日を取得日として、旧減価償却資産の種類及び耐用年数に基づいて償却を行う（耐通1－1－2）。ただし、平成24年3月31日以前に取得をした減価償却資産と平成24年4月1日以後にした資本的支出により取得をしたものとされた減価償却資産とを一の減価償却資産とすることはできないこととされた（所令127④）。
③ 同一年分に複数回資本的支出を行った場合（所令127⑤）
　複数回の資本的支出について定率法を採用し、かつ、上記②の適用を受けないときは、その資本的支出を行った年分の翌年の1月1日において、その資本的支出のうち種類及び耐用年数を同じくするものの同日における未償却残高の合計額を取得価額とする一の減価償却資産を新たに取得したものとすることができる。
　この場合には、翌年1月1日を取得日として、既存の減価償却資産の種類及び耐用年数に基づいて償却を行う（耐通1－1－2）。
</td>
</tr>
</table>

事業所得

— 97 —

【七　事業所得】

☞ 参考　賃貸用中古物件を取得した場合の建物と建物附属設備の区分方法

1　建物と建物附属設備を区分する必要性

居住者が減価償却資産を取得した場合には、その種類ごとに区分して減価償却を行わなければならない（所規33）。したがって、建築物を取得し場合、木造建物を除き、建物と建物附属設備に取得価額を区分する必要がある（耐用年数の適用等に関する取扱通達2－2－1）。

しかし、中古物件を取得した場合、契約書に土地と建物及び建物附属設備の価額が区分して記載されていないものが多いため、これをまず土地と建物部分（注1）に、次に建物と建物附属設備に合理的に按分する必要がある。

2　建物と建物附属設備の取得価額の区分

建物と建物附属設備の取得価額の区分方法は、実務上問題となるものの、具体的な区分方法について税法や通達には明確な基準は規定されていない。そこで取得価額の区分方法につき、過去の裁決事例を参考にまとめると以下のようになる。

（裁決事例平12.12.28、平13.2.19）

(1)　売買契約書に明記されている場合

売買契約書に土地、建物、建物附属設備の金額がそれぞれ区分されて記載されている場合は、その金額をもって、土地、建物及び建物附属設備の取得価額とする。

ただし、売買契約書にそれぞれの価額が明記されていても、その金額が時価と乖離している場合には、下記「(2)　売買契約書に明記されていない場合」と同様の方法により取得価額を按分する必要がある。

(2)　売買契約書に明記されていない場合

イ　工事見積書等の積算資料を入手できる場合

工事見積書等の積算資料を入手することができる場合には、その工事費の額を用いて按分計算を行う。ただし、建物と建物附属設備では耐用年数が異なることから、新築時から取得の日までの期間の損耗等（償却額の差）を見込んで、その按分割合を未償却残額割合を用いた補正を行う必要がある。

ロ　工事見積書等の積算資料を入手できない場合

工事見積書等の積算資料を入手することができない場合は、下記のいずれかの方法により取得価額を按分する。

(イ)　同業他社の物件から見積もった建物及び建物附属設備の価額の割合により按分する方法

(ロ)　販売会社又は建築会社が作成した譲譲渡原価証明等に基づいた建物及び建物附属設備の価額の割合により按分する方法

(ハ)　固定資産税評価額の再建築費評点数算出表（注2）における建物及び建物附属設備の構造別の再建築費表点数の割合により按分する方法

(注)1　売買金額を土地と建物部分の価額に按分する方法としては、①売買契約書に消費税の金額の記載がある場合には、消費税の金額から割り返して建物部

— 98 —

【七　事業所得】

分の金額を求める方法、②消費税の金額の記載がない場合は、固定資産税の
評価額の割合から按分比率を求める方法がある。
2　再建築費評点数算出表については、東京都23区内の所有物件であれば、管
轄の都税事務所の窓口にてその写しを取得することができる。ただし、古い
建物は再建築費評点数算出表が廃棄されていて、保管されていないケースも
あるため、事前に管轄の都税事務所に確認する必要がある。

参考　同一年分において資本的支出を2回行った場合の取扱い

（平成19年4月1日以後）

減価償却資産Ⓧに対し、同一年分において、資本的支出Ⓐ及び資本的支出Ⓑを加え
た場合の取扱いは以下のとおりとなる。

区　分		処理方法	適用要件
原則 （所令127①）		Ⓧ、Ⓐ及びⒷのそれぞれを減価償却資産として償却する（種類、耐用年数は同じ。）。	
特 例	特例1 （所令127②）	資本的支出を行った年分において、Ⓧの取得価額にⒶ、Ⓑを加算し、加算後の金額についてⓍの償却方法（旧定額法、旧定率法等）により償却する。 （可能な組合せ） ①　Ⓧ＋Ⓐ＋Ⓑ ②　Ⓧ＋Ⓐ ③　Ⓧ＋Ⓑ	ア　Ⓧの取得日が平成19年3月31日以前 イ　Ⓧの償却方法が所得税法施行令120条1項に規定するもの
	特例2 （所令127④）	ア　資本的支出を行った年分は、Ⓧ、Ⓐ、Ⓑを別々の減価償却資産として償却する。 イ　翌年1月1日において次の組合せによるそれぞれの未償却残高の合計額を取得価額とする一の減価償却資産を新たに取得したものとして償却する（取得日は、翌年1月1日）。 　　ただし、平成24年3月31日以前に取得をした減価償却資産と平成24年4月1日以後にした資本的支出により取得をしたものとされた減価償却資産とを一の減価償却資産とすることはできないこととされた（所令127④）。 （可能な組合せ） ①　Ⓧ＋Ⓐ＋Ⓑ ②　Ⓧ＋Ⓐ、Ⓧ＋Ⓑ	ア　Ⓧの取得日が平成19年4月1日以後 イ　Ⓧ、Ⓐ、Ⓑの償却方法がいずれも定率法

事業所得

— 99 —

【七　事業所得】

特例3 (所令127⑤)	ア　資本的支出を行った年分は、Ⓧ、Ⓐ、Ⓑを別々の減価償却資産として償却する。 イ　翌年1月1日において、ⒶとⒷのそれぞれの未償却残高の合計額を取得価額とする一の減価償却資産を新たに取得したものとして償却する（取得日は、翌年1月1日）。	ア　Ⓐ、Ⓑの償却方法がいずれも定率法 イ　Ⓐ、Ⓑについて、上記特例2の適用を受けていない。

(注)1　特例1について

①　資本的支出をした翌年分以後において、その資本的支出を新たに取得をしたものとして償却することやその資本的支出を既存の減価償却資産と分離して別々に償却することはできない（所基通49−8の4）。

②　いわゆる5年間の均等償却を行っている年分において資本的支出をした結果、その資本的支出を加算した後の未償却残額（年初未償却残額に資本的支出を加算した金額）がその減価償却資産全体の取得価額（既存の減価償却資産の取得価額に資本的支出を加算した金額）の5％相当額を超えることとなった場合には、5年間の均等償却ではなく、従前の償却方法により償却を行うことになる（所基通49−48）。

2　特例2及び特例3について

①　資本的支出について、選択可能な組合せにより翌年分に償却費の計上を行った場合には、特例3で他の用途に転用した場合を除き、翌々年分以後において、他の組合せに変更することやその資本的支出を分離して別々に償却することはできない（所基通49−8の4）。

②　定率法による償却から改定償却率による償却に切り替わっている年分における資本的支出について特例2を適用する場合には、合算を行う翌年1月1日を取得日として、既存の減価償却資産の種類及び耐用年数により償却を行うことになるので、その償却は、改定償却率によるのではなく、定率法の償却率により行うことになる。

③　翌年に新たに取得されたものとされる一の減価償却資産については、既存の減価償却資産に現に適用している耐用年数により償却費を計算する（耐通1−1−2）。

(10) 償却費の計算方法

ア　平成19年3月31日以前取得した減価償却資産　(所令120①)

区　分	計算式
旧定額法	$\text{旧定額法}\atop\text{の償却費}=\left(\text{取得}\atop\text{価額}-\text{残存}\atop\text{価額}\right)\times\left(\text{耐用年数に応ずる}\atop\text{旧定額法の償却率}\right)$ 　残存価額は、原則として、その取得価額の10％相当額（無形固定資産にあっては零）。
旧定率法	$\text{旧定率法}\atop\text{の償却費}=\underset{\text{年初未償却残高}}{\left(\text{取得}\atop\text{価額}-\text{償却費の額}\atop\text{の累積額}\right)}\times\left(\text{耐用年数に応ずる}\atop\text{旧定率法の償却率}\right)$

【七　事業所得】

旧生産高比例法	$\dfrac{旧生産高比例法}{の \quad 償 \quad 却 \quad 費}=\dfrac{（取得価額－残存価額）}{\left(\begin{array}{l}耐用年数と採掘予定年数のうち\\短い方の期間内の採掘予定数量\end{array}\right)}×\left(\begin{array}{l}その年の\\採掘数量\end{array}\right)$
旧国外リース期間定額法	$\dfrac{旧国外リー}{ス期間定額}{法の償却費}=\left(\begin{array}{l}取得\\価額\end{array}-\begin{array}{l}見積残\\存価額\end{array}\right)×\dfrac{その年の賃貸借期間の月数}{賃貸借期間の月数}$ （注）　旧国外リース期間定額法は、改正前リース取引に係る契約が平成20年3月31日までに締結された国外リース資産に適用される。

イ　平成19年4月1日以後取得した減価償却資産 （所令120の2）

区　分	計算式等
定額法	$\dfrac{定額法の}{償 \quad 却 \quad 費}=取得価額×\left(\begin{array}{l}耐用年数に応ずる\\定額法の償却率\end{array}\right)$
定率法	$\dfrac{定率法の}{償 \quad 却 \quad 費}=\left(\begin{array}{l}取得\\価額\end{array}\underset{\underset{\text{年初未償却残高}}{\overline{}}}{-}\begin{array}{l}償却費の額\\の \; 累 \; 積 \; 額\end{array}\right)×\left(\begin{array}{l}耐用年数に応ずる\\定率法の償却率\end{array}\right)$ 　この算式により求めた償却費の額がその減価償却資産の当初の取得価額に保証率（P.103参照）を乗じて計算した金額である償却保証額に満たない場合には、原則として、その最初に満たないこととなる年分の年初未償却残高を改定取得価額として、その改定取得価額に、その償却費がその後毎年同一となるようにその資産の耐用年数に応じた改定償却率（P.103参照）を乗じて計算した金額を、各年分の償却費として償却する。
生産高比例法	$\dfrac{生産高比例法}{の \quad 償 \quad 却 \quad 費}=\dfrac{鉱業用減価償却資産の取得価額}{\left(\begin{array}{l}耐用年数と採掘予定年数のうち\\短い方の期間内の採掘予定数量\end{array}\right)}×\left(\begin{array}{l}その年の\\採掘数量\end{array}\right)$
リース期間定額法	所有権移転外リース取引（注1）については、原則として、リース資産の引渡し時にその売買があったものとされ（所法67の2①）、その所有権移転外リース取引に係る賃借人が取得したものとされる減価償却資産（以下「リース資産」という。）については、次の算式によるリース期間定額法により償却する（改正前リース取引の目的とされているリース賃貸資産については、P.95イ参照）。 $\dfrac{リース期}{間定額法}{の償却費}=\left(\begin{array}{l}リース資産の\\取得価額（注2）\end{array}-\begin{array}{l}残価保\\証額（注3）\end{array}\right)×\dfrac{その年のリース期間の月数}{リース期間（注4）の月数}$

（注）1　所有権移転外リース取引

　　　　所得税法67条の2第3項に規定するリース取引（以下「リース取引」という。）のうち、次のいずれかに該当するもの（これらに準ずるものを含む。）以外のものをいう（所令120の2②五）。

　　　①　リース期間の終了時又は中途において、そのリース取引に係る契約において定められているそのリース取引の目的とされている資産（以下「目的資産」という。）が無償又は名目的な対価の額でそのリース取引に係る賃借人に譲渡されるもので

【七　事業所得】

　　あること

②　そのリース取引に係る賃借人に対し、リース期間の終了時又は中途において目的資産を著しく有利な価額で買い取る権利が与えられているものであること

③　目的資産の種類、用途、設置の状況等に照らし、その目的資産がその使用可能期間中そのリース取引に係る賃借人によってのみ使用されると見込まれるものであること又はその目的資産の識別が困難であると認められるものであること

④　リース期間が目的資産の耐用年数に比して相当短いもの（そのリース取引に係る賃借人の所得税の負担を著しく軽減することになると認められるものに限る。）であること

2　リース資産の取得価額

　　残価保証額がない場合にはリース料の総額となるが、その一部を利息相当額として区分した場合には、その区分した利息相当額を控除した金額となる。

3　残価保証額

　　リース期間終了時にリース資産の処分価額が所有権移転外リース取引に係る契約において定められている保証額に満たない場合にその満たない部分の金額をその所有権移転外リース取引に係る賃借人がその賃貸人に支払うこととされている場合におけるその保証額をいう（所令120の2②六）。

4　リース期間

　　リース取引に係る契約において定められているリース資産の賃貸借の期間をいう（所令120の2②七）。

　　なお、リース資産がリース期間の中途において所得税法60条1項各号（贈与等により取得した資産の取得費等）に掲げる事由以外の事由により移転を受けたものである場合には、その移転の日以後の期間に限られる（所令120の2①六）。

【七　事業所得】

参考　減価償却資産の償却率、改定償却率及び保証率の表

平成19年3月31日以前取得

耐用年数	旧定額法償却率	旧定率法償却率
2	0.500	0.684
3	0.333	0.536
4	0.250	0.438
5	0.200	0.369
6	0.166	0.319
7	0.142	0.280
8	0.125	0.250
9	0.111	0.226
10	0.100	0.206
11	0.090	0.189
12	0.083	0.175
13	0.076	0.162
14	0.071	0.152
15	0.066	0.142
16	0.062	0.134
17	0.058	0.127
18	0.055	0.120
19	0.052	0.114
20	0.050	0.109
21	0.048	0.104
22	0.046	0.099
23	0.044	0.095
24	0.042	0.092
25	0.040	0.088
26	0.039	0.085
27	0.037	0.082
28	0.036	0.079
29	0.035	0.076
30	0.034	0.074
31	0.033	0.072
32	0.032	0.069
33	0.031	0.067
34	0.030	0.066
35	0.029	0.064
36	0.028	0.062
37	0.027	0.060
38	0.027	0.059
39	0.026	0.057
40	0.025	0.056
41	0.025	0.055
42	0.024	0.053
43	0.024	0.052
44	0.023	0.051
45	0.023	0.050
46	0.022	0.049
47	0.022	0.048
48	0.021	0.047
49	0.021	0.046
50	0.020	0.045

平成19年4月1日以後取得

耐用年数	定額法償却率	定率法 償却率	定率法 改定償却率	定率法 保証率
2	0.500	1.000	—	—
3	0.334	0.833	1.000	0.02789
4	0.250	0.625	1.000	0.05274
5	0.200	0.500	1.000	0.06249
6	0.167	0.417	0.500	0.05776
7	0.143	0.357	0.500	0.05496
8	0.125	0.313	0.334	0.05111
9	0.112	0.278	0.334	0.04731
10	0.100	0.250	0.334	0.04448
11	0.091	0.227	0.250	0.04123
12	0.084	0.208	0.250	0.03870
13	0.077	0.192	0.200	0.03633
14	0.072	0.179	0.200	0.03389
15	0.067	0.167	0.200	0.03217
16	0.063	0.156	0.167	0.03063
17	0.059	0.147	0.167	0.02905
18	0.056	0.139	0.143	0.02757
19	0.053	0.132	0.143	0.02616
20	0.050	0.125	0.143	0.02517
21	0.048	0.119	0.125	0.02408
22	0.046	0.114	0.125	0.02296
23	0.044	0.109	0.112	0.02226
24	0.042	0.104	0.112	0.02157
25	0.040	0.100	0.112	0.02058
26	0.039	0.096	0.100	0.01989
27	0.038	0.093	0.100	0.01902
28	0.036	0.089	0.091	0.01866
29	0.035	0.086	0.091	0.01803
30	0.034	0.083	0.084	0.01766
31	0.033	0.081	0.084	0.01688
32	0.032	0.078	0.084	0.01655
33	0.031	0.076	0.077	0.01585
34	0.030	0.074	0.077	0.01532
35	0.029	0.071	0.072	0.01532
36	0.028	0.069	0.072	0.01494
37	0.028	0.068	0.072	0.01425
38	0.027	0.066	0.067	0.01393
39	0.026	0.064	0.067	0.01370
40	0.025	0.063	0.067	0.01317
41	0.025	0.061	0.063	0.01306
42	0.024	0.060	0.063	0.01261
43	0.024	0.058	0.059	0.01248
44	0.023	0.057	0.059	0.01210
45	0.023	0.056	0.059	0.01175
46	0.022	0.054	0.056	0.01175
47	0.022	0.053	0.056	0.01153
48	0.021	0.052	0.053	0.01126
49	0.021	0.051	0.053	0.01102
50	0.020	0.050	0.053	0.01072

平成24年4月1日以後取得

耐用年数	定率法 償却率	定率法 改定償却率	定率法 保証率
2	1.000	—	—
3	0.667	1.000	0.11089
4	0.500	1.000	0.12499
5	0.400	0.500	0.10800
6	0.333	0.334	0.09911
7	0.286	0.334	0.08680
8	0.250	0.334	0.07909
9	0.222	0.250	0.07126
10	0.200	0.250	0.06552
11	0.182	0.200	0.05992
12	0.167	0.200	0.05566
13	0.154	0.167	0.05180
14	0.143	0.167	0.04854
15	0.133	0.143	0.04565
16	0.125	0.143	0.04294
17	0.118	0.125	0.04038
18	0.111	0.112	0.03884
19	0.105	0.112	0.03693
20	0.100	0.112	0.03486
21	0.095	0.100	0.03335
22	0.091	0.100	0.03182
23	0.087	0.091	0.03052
24	0.083	0.084	0.02969
25	0.080	0.084	0.02841
26	0.077	0.084	0.02716
27	0.074	0.077	0.02624
28	0.071	0.072	0.02568
29	0.069	0.072	0.02463
30	0.067	0.072	0.02366
31	0.065	0.067	0.02286
32	0.063	0.067	0.02216
33	0.061	0.063	0.02161
34	0.059	0.063	0.02097
35	0.057	0.059	0.02051
36	0.056	0.059	0.01974
37	0.054	0.056	0.01950
38	0.053	0.056	0.01882
39	0.051	0.053	0.01860
40	0.050	0.053	0.01791
41	0.049	0.050	0.01741
42	0.048	0.050	0.01694
43	0.047	0.048	0.01664
44	0.045	0.046	0.01664
45	0.044	0.046	0.01634
46	0.043	0.044	0.01601
47	0.043	0.044	0.01532
48	0.042	0.044	0.01499
49	0.041	0.042	0.01475
50	0.040	0.042	0.01440

（注）　耐用年数省令別表第七、別表第八及び平成24年改正法附則には、耐用年数100年までの計数が規定されている。

事業所得

【七 事業所得】

参考　平成24年分において定率法を選定した場合の償却率と経過措置

		平成24.3.31以前に取得した資産	平成24.4.1以後に取得した資産
原則		**250％定率法**	**200％定率法**
経過措置	対象資産	**平成19.4.1から平成24.3.31までの間に取得した** ① 有形固定資産（建物・鉱業用減価償却資産及びリース資産を除く。） ② 鉱業用減価償却資産（鉱業権及びリース資産を除く。）	① 有形固定資産（建物・鉱業用減価償却資産及びリース資産を除く。） ② 鉱業用減価償却資産（鉱業権及びリース資産を除く。）
	届出	必要（平成25.3.15までに一定の届出書を所轄税務署長に提出）	不　要
	効果	平成24年分若しくは平成25年分（選択）以後、250％定率法から200％定率法への変更が可能	平成24.4.1から平成24.12.31までに取得した資産についても250％定率法の選択が可能

(注) 1　資本的支出の取得価額の特例のうち、資本的支出をした日の属する年分の翌年1月1日において減価償却資産の取得価額と当該資本的支出により取得をしたものとされた減価償却資産の取得価額との合計額を取得価額等として一の減価償却資産を取得したものとすることができる措置について、平成24年3月31日以前に取得をした減価償却資産と平成24年4月1日以前にした資本的支出により取得をしたものとされた減価償却資産とを一の減価償却資産とすることはできない（所令127④）。

　2　上記注1の取扱いは、個人が平成24年4月1日以降に減価償却資産について支出する金額（経過旧資本的支出額〔下記注3〕を除き、経過新資本的支出額〔下記注4〕を含む。）について適用し、個人が同日前に減価償却資産について支出した金額（経過旧資本的支出額を含み、経過新資本的支出額を除く。）については、従前どおり一の減価償却資産とすることができる（平23.12改正所令附則2④）。

　3　経過旧資本的支出額とは、平成24年4月1日から同年12月31日までの間に減価償却資産についてする資本的支出につき新たに取得したものとされる減価償却資産について上記の経過措置の適用を受ける場合のその支出額をいう。

　4　経過新資本的支出額とは、平成24年1月1日から同年3月31日までの間に減価償却資産についてした資本的支出につき新たに取得したものとされる減価償却資産について上記の経過措置の適用を受ける場合のその支出額をいう。

(11)　耐用年数

ア　新規取得資産の耐用年数

　耐用年数は、耐用年数省令別表第1から第6（平成20年分以前は第1から第8）までにおいて、減価償却資産の種類、用途ごとに定められている。

イ　中古資産の耐用年数 （耐令3）

　(ｱ)　原則

　　　業務の用に供した時以後の使用可能期間（見積り）の年数

　(ｲ)　簡便法（見積りが困難な場合）

　　　次より計算した年数（1年未満の端数は切り捨て、その計算した年数が2年未満の

【七　事業所得】

場合には2年とする。)
① 耐用年数の全部を経過した資産
　　法定耐用年数×20%
② 耐用年数の一部を経過した資産
　　(法定耐用年数－経過年数)＋経過年数×20%
　※　資本的支出の金額が、その資産の取得価額の50%を超える場合、簡便法は適用できない。
　※　簡便法による耐用年数を用いて償却している資産について、その中古資産の法定耐用年数の改正により耐用年数が短縮されたときは、改正後の法定耐用年数を基礎として、耐用年数の再計算ができる。
(ｳ) 中古資産に資本的支出をした場合
　　耐用年数通達1－5－3、1－5－6参照
(ｴ) 国外中古建物の不動産所得に係る損益通算の特例 (措法41の4の3①②) については、P.72参照

ウ　その他の場合

(ｱ) 賃借建物に対する造作の耐用年数
　　建物の耐用年数、造作の種類、用途、使用材質等を勘案して合理的に見積もった年数とする。
　　ただし、賃借期間の定めがあるもの (更新不可に限る。) で、買取請求等できないものは、賃借期間を耐用年数とする。
(ｲ) 貸与資産の耐用年数
　　原則として貸与を受けている者の用途等で判定する。

参考　耐用年数表 (主な有形減価償却資産)

〈建　物〉

構造・用途	細　　目	耐用年数
木造・合成樹脂造のもの	事務所用のもの	24
	店舗用・住宅用のもの	22
	飲食店用のもの	20
	旅館用・ホテル用・病院用・車庫用のもの	17
	公衆浴場用のもの	12
	工場用・倉庫用のもの (一般用)	15
木骨モルタル造のもの	事務所用のもの	22
	店舗用・住宅用のもの	20
	飲食店用のもの	19
	旅館用・ホテル用・病院用・車庫用のもの	15
	公衆浴場用のもの	11
	工場用・倉庫用のもの (一般用)	14
鉄骨鉄筋コンクリート造・鉄筋	事務所用のもの	50
	住宅用のもの	47

事業所得

－ 105 －

【七　事業所得】

コンクリート造のもの	飲食店用のもの	
	延面積のうちに占める木造内装部分の面積が30%を超えるもの	34
	その他のもの	41
	旅館用・ホテル用のもの	
	延面積のうちに占める木造内装部分の面積が30%を超えるもの	31
	その他のもの	39
	店舗用・病院用のもの	39
	車庫用のもの	38
	公衆浴場用のもの	31
	工場用・倉庫用のもの（一般用）	38
れんが造・石造・ブロック造のもの	事務所用のもの	41
	店舗用・住宅用・飲食店用のもの	38
	旅館用・ホテル用・病院用のもの	36
	車庫用のもの	34
	公衆浴場用のもの	30
	工場用・倉庫用のもの（一般用）	34
金属造のもの	事務所用のもの	
	骨格材の肉厚が、（以下同じ。）	
	4mm を超えるもの	38
	3mm を超え、4mm 以下のもの	30
	3mm 以下のもの	22
	店舗用・住宅用のもの	
	4mm を超えるもの	34
	3mm を超え、4mm 以下のもの	27
	3mm 以下のもの	19
	飲食店用・車庫用のもの	
	4mm を超えるもの	31
	3mm を超え、4mm 以下のもの	25
	3mm 以下のもの	19
	旅館用・ホテル用・病院用のもの	
	4mm を超えるもの	29
	3mm を超え、4mm 以下のもの	24
	3mm 以下のもの	17
	公衆浴場用のもの	
	4mm を超えるもの	27
	3mm を超え、4mm 以下のもの	19
	3mm 以下のもの	15
	工場用・倉庫用のもの（一般用）	
	4mm を超えるもの	31
	3mm を超え、4mm 以下のもの	24
	3mm 以下のもの	17

【七　事業所得】

〈建物附属設備〉

構造・用途	細　　　　　目	耐用年数
アーケード・日よけ設備	主として金属製のもの その他のもの	15 8
店用簡易装備		3
可動間仕切り	簡易なもの その他のもの	3 15
電気設備（照明設備を含む。）	蓄電池電源設備 非常用自家発電装置 その他のもの	6 6 15
給排水・衛生設備、ガス設備	太陽熱温水器（ソーラーシステム） ※太陽光発電システムは、機械・装置に該当し、その他の設備の17年となる。	15
冷房、暖房、通風又はボイラー設備	冷暖房設備（冷凍機の出力が22kW以下のもの） その他のもの	13 15
昇降機設備	エレベーター エスカレーター	17 15
消火、排煙又は災害報知設備及び格納式避難設備	消化設備 防犯・防災設備	8

〈構　築　物〉

構造・用途	細　　　　　目	耐用年数
広告用のもの	金属造のもの その他のもの	20 10
緑化施設及び庭園	工場緑化施設 その他の緑化施設及び庭園	7 20
舗装道路及び舗装路面	コンクリート敷、ブロック敷、れんが敷又は石敷のもの アスファルト敷又は木れんが敷のもの ビチューマルス敷のもの	15 10 3

〈車両・運搬具〉

構造・用途	細　　　　　目	耐用年数
一般用のもの （特殊自動車・次の運送事業用等以外のもの）	自動車（2輪・3輪自動車を除く。） 　小型車（総排気量が0.66リットル以下のもの） 　貨物自動車 　　ダンプ式のもの	4 4

— 107 —

【七　事業所得】

構造・用途	細　目	耐用年数
	その他のもの	5
	報道通信用のもの	5
	その他のもの	6
	2輪・3輪自動車	3
	自転車	2
	リヤカー	4
運送事業用・貸自動車業用・自動車教習所用のもの	自動車（2輪・3輪自動車を含み、乗合自動車を除く。） 　小型車（貨物自動車にあっては積載量が2トン以下、その他 　　　　のものにあっては総排気量が2リットル以下のも 　　　　の）	3
	大型乗用車（総排気量が3リットル以上のもの）	5
	その他のもの	4
	乗合自動車	5
	自転車、リヤカー	2
	被けん引車その他のもの	4

〈工　具〉

構造・用途	細　目	耐用年数
測定工具、検査工具（電気・電子を利用するものを含む。）		5
治具、取付工具		3
切削工具		2
型（型枠を含む。）、鍛圧工具、打抜工具	プレスその他の金属加工用金型、合成樹脂、ゴム・ガラス成型用金型、鋳造用型	2
	その他のもの	3
活字、活字に常用される金属	購入活字（活字の形状のまま反復使用するものに限る。）	2
	自製活字、活字に常用される金属	8

〈器具・備品〉

構造・用途	細　目	耐用年数
家具、電気機器、ガス機器、家庭用品（他に掲げてあるものを除く。）	事務机、事務いす、キャビネット 　主として金属製のもの	15
	その他のもの	8
	応接セット	
	接客業用のもの	5
	その他のもの	8
	ベッド	8
	児童用机、いす	5

【七 事業所得】

	陳列だな、陳列ケース	
	冷凍機付・冷蔵機付のもの	6
	その他のもの	8
	その他の家具	
	接客業用のもの	5
	その他のもの	
	主として金属製のもの	15
	その他のもの	8
	ラジオ、テレビジョン、テープレコーダーその他の音響機器	5
	冷房用・暖房用機器	6
	電気冷蔵庫、電気洗濯機その他これらに類する電気・ガス機器	6
	氷冷蔵庫、冷蔵ストッカー（電気式のものを除く。）	4
	カーテン、座ぶとん、寝具、丹前その他これらに類する繊維製品	3
	じゅうたんその他の床用敷物	
	小売業用・接客業用・放送用・レコード吹込用・劇場用のもの	3
	その他のもの	6
	室内装飾品	
	主として金属製のもの	15
	その他のもの	8
	食事・ちゅう房用品	
	陶磁器製・ガラス製のもの	2
	その他のもの	5
	その他のもの	
	主として金属製のもの	15
	その他のもの	8
事務機器及び通信機器	謄写機器、タイプライター	
	孔版印刷・印書業用のもの	3
	その他のもの	5
	電子計算機	
	パーソナルコンピュータ（サーバー用のものを除く。）	4
	その他のもの	5
	複写機、計算機（電子計算機を除く。）、金銭登録機、タイムレコーダーその他これらに類するもの	5
	その他の事務機器	5
	テレタイプライター、ファクシミリ	5
	インターホーン、放送用設備	6
	電話設備その他の通信機器	
	デジタル構内交換設備、デジタルボタン電話設備	6
	その他のもの	10

【七　事業所得】

時計、試験機器及び測定機器	時計	10
	度量衡器	5
	試験・測定機器	5
光学機器及び写真製作機器	カメラ、映画撮影機、映写機及び望遠鏡	5
	引伸機、焼付機、乾燥機及び顕微鏡	8
看板及び広告器具	看板、ネオンサイン、気球	3
	マネキン人形、模型	2
	その他のもの	
	主として金属製のもの	10
	その他のもの	5
容器及び金庫	ボンベ	
	溶接製のもの	6
	鍛造製のもの	
	塩素用のもの	8
	その他のもの	10
	ドラムかん、コンテナーその他の容器	
	大型コンテナー（長さが6m以上のものに限る。）	7
	その他のもの	
	金属製のもの	3
	その他のもの	2
	金庫	
	手さげ金庫	5
	その他のもの	20
理容・美容機器		5
医療機器	消毒殺菌用機器	4
	手術機器	5
	血液透析又は血しょう交換用機器	7
	ハバードタンクその他の作動部分を有する機能回復訓練機器	6
	調剤機器	6
	歯科診療用ユニット	7
	光学検査機器	
	ファイバースコープ	6
	その他のもの	8
	その他のもの	
	レントゲンその他の電子装置を使用する機器	
	移動式のもの、救急医療用のもの、自動血液分析器	4
	その他のもの	6
	その他のもの	
	陶磁器製・ガラス製のもの	3
	主として金属製のもの	10
	その他のもの	5

【七 事業所得】

娯楽又はスポーツ器具	たまつき用具	8
	パチンコ器、ビンゴ器その他これらに類する球戯用具、射的用具	2
	ご、しょうぎ、まあじゃん、その他の遊戯具	5
	スポーツ具	3

〈機械・装置〉

平成20年分以前			平成21年分以後		
番号	設備の種類の細目	耐用年数	番号	設備の種類の細目	耐用年数
12	精穀設備	10	1	食料品製造業用設備	10
			42	飲食料品卸売業用設備	10
14	豆腐類、こんにゃく又は食ふ製造設備	8	1	食料品製造業用設備	10
23	パン又は菓子類製造設備	9			
25	再製茶製造設備	10	2	飲料、たばこ又は飼料製造業用設備	10
44	織物設備	10	3	繊維工業設備　その他の設備	7
45	メリヤス生地、編み手袋又はくつ下製造設備	10			
56	縫製品製造業用設備	7			
59	製材業用設備　　製材用自動送材装置　　その他の設備	8　12	4	木材又は木製品（家具を除く。）製造業用設備	8
69	段ボール、段ボール箱又は板紙製容器製造設備	12	6	パルプ、紙又は紙加工品製造業用設備	12
75	印刷設備	10	7	印刷業又は印刷関連業用設備　　デジタル印刷システム設備　　その他の設備	4　10
76	活字鋳造業用設備	11	7	印刷業又は印刷関連業用設備　　その他の設備	10
77	金属板その他の特殊物印刷設備	11			
78	製本設備	10	7	印刷業又は印刷関連業用設備　　製本業用設備	7
79	写真製版業用設備	7	7	印刷業又は印刷関連業用設備　　デジタル印刷システム設備	4
80	複写業用設備	6	7	印刷業又は印刷関連業用設備　　その他の設備	10

事業所得

— 111 —

【七 事業所得】

192	機械ぐつ製造設備	8	11	ゴム製品製造業用設備		9
193	その他の革製品製造設備	11	12	なめし革、なめし革製品又は毛皮製造業用設備		9
219	鉄鋼鍛造業用設備	12	14	鉄鋼業用設備 純鉄、原鉄、ベースメタル、フェロアロイ、鉄素形材又は鋳鉄管製造業用設備		9
220	鋼鋳物又は銑鉄鋳物製造業用設備	10				
251	プレス、打抜き、しぼり出しその他の金属加工品製造業用設備		16	金属製品製造業用設備 その他の設備		10
	めっき又はアルマイト加工設備	7				
	その他の設備	12				
252	その他の金属製品製造設備	15				
294	自動車分解整備業用設備	13	53	自動車整備業用設備		15
299	がん具製造設備		24	その他の製造業用設備		9
	合成樹脂形成設備	9				
	その他の設備	11				
318	畳表製造設備					
	織機、い草選別機及びい割機	5				
	その他の設備	14				
319	畳製造設備	5				
319の2	その他のわら工品製造設備	8				
334	ブルドーザー、パワーショベルその他の自走式作業用機械設備	5	26	林業用設備		5
			30	総合工事業用設備		6
			41	運輸に附帯するサービス業用設備		10
335	その他の建設工業設備		30	総合工事業用設備		6
	排砂管及び可搬式コンベヤ	3				
	ジーゼルパイルハンマー	4				
	アスファルトプラント及びバッチャープラント	6				
	その他の設備	7				
338の2	洗車業用設備	10	53	自動車整備業用設備		15
339	ガソリンスタンド設備	8	45	その他の小売業用設備 ガソリン又は液化石油ガススタンド設備		8
339の2	液化石油ガススタンド設備	8				

【七 事業所得】

339の3	機械式駐車設備	15	55	前掲の機械及び装置以外のもの並びに前掲の区分によらないもの 機械式駐車設備	10
359	クリーニング設備	7	49	洗濯業、理容業、美容業又は浴場業用設備	13
360	公衆浴場設備 　かま、温水器及び温かん 　その他の設備	 3 8			
364	天然色写真現像焼付設備	6	50	その他の生活関連サービス業用設備	6
365	その他の写真現像焼付設備	8			

参考　耐用年数表（無形減価償却資産）

種　　　類	細　　　目	耐用年数
漁　　業　　権		10
ダ　ム　使　用　権		55
水　　利　　権		20
特　　許　　権		8
実　用　新　案　権		5
意　　匠　　権		7
商　　標　　権		10
ソ　フ　ト　ウ　エ　ア	複写して販売するための原本 その他のもの	3 5
育　　成　　者　　権	種苗法4条2項に規定する品種 その他	10 8
営　　業　　権		5
専　用　側　線　利　用　権		30
鉄道軌道連絡通行施設利用権		30
電気ガス供給施設利用権		15
熱　供　給　施　設　利　用　権		15
水　道　施　設　利　用　権		15
工業用水道施設利用権		15
電気通信施設利用権		20

【七　事業所得】

(12)　特殊な償却費の計算

ア　年の中途から（まで）業務の用に供した資産等の償却費の計算　(所令132①②)

　　①年の中途で業務の用に供した資産、②年の中途で業務の用以外の用に供した資産、③年の中途で死亡、出国をした者の資産に係るその年分の必要経費に算入する償却費は、次の算式で計算する。なお、平成29年4月1日以後において、この月割計算を行う資産に営業権が加えられた。

〔原則〕

$$1年間分の償却費 \times \frac{その年中においてその資産を業務の用に供していた期間の月数 \left[\begin{array}{l} 1か月未満の端数 \\ は1か月とする。 \end{array}\right]}{12}$$

〔特例〕

　　減価償却資産（所得税法施行令第6条第9号に掲げる生物を除く。）を年の中途において、従来使用されていた用途から他の用途に転用した場合は、原則として転用前と転用後の期間に分けて、それぞれの用途に応じて定められた耐用年数によって減価償却費を計算することとなるが、その年において転用した減価償却資産の全部についてその転用した日の属する年の1月1日から転用後の耐用年数により減価償却費を計算することができる（所基通49-18）。

(注)　その年において転用した減価償却資産の一部についてのみこの方法により減価償却費を計算することはできない（所基通49-18(注)1）。

イ　償却方法を変更した場合の償却費（5年間の均等償却を除く。）の計算

(ア)　(旧)定額法⇒(旧)定率法　(所基通49-19)

　　その変更した年の1月1日における未償却残額、改定取得価額又は取得価額を基礎とし、その資産の耐用年数に応ずる(旧)定率法の償却率、改定償却率又は保証率により計算する。

(イ)　(旧)定率法⇒(旧)定額法　(所基通49-20)

　　その変更した年の1月1日における未償却残額をその資産の取得価額とみなし、平成19年3月31日以前取得のものについては実際の取得価額の10%相当額を残存価額として、次に掲げるいずれかの耐用年数（選択）に応ずる(旧)定額法の償却率より計算する。

①　法定耐用年数

②　法定耐用年数から選定した償却方法に応じた経過年数（変更年の1月1日における未償却残額を実際の取得価額で除して得た割合に応ずるその法定耐用年数に係る未償却残額割合に対応する経過年数をいい、耐用年数関係通達の付表7(1)又は(2)により求めることができる。）を控除した年数（2年未満の場合には2年）

※　変更後に資本的支出があった場合……所基通49-20の2参照

ウ　一部取壊し等をした資産の償却費の計算　(所基通49-31(1))

(ア)　(旧)定額法の場合⇒次の①と②の合計額

①　次の算式で計算した金額を取壊し等があった部分の取得価額とみなして、その取壊し等があった日までの期間について計算した償却費の額

— 114 —

【七　事業所得】

$$\left(\begin{array}{l}\text{その年 1 月 1 日に}\\\text{おける取得価額}\end{array}\right)\times\dfrac{\text{資産損失額（注）}}{\text{取壊し等直前の未償却残額}}$$

（注）　資産損失額 $=\left(\begin{array}{l}\text{取壊し等直前}\\\text{の未償却残額}\end{array}\right)-\left(\begin{array}{l}\text{取壊し等}\\\text{直後の時価}\end{array}\right)$

②　次の算式で計算した金額を取壊し等があった部分以外の部分の取得価額とみなして計算した償却費の額

$$\left(\begin{array}{l}\text{その年 1 月 1 日に}\\\text{おける取得価額}\end{array}\right)-\left(\begin{array}{l}①\text{の算式で}\\\text{計算した金額}\end{array}\right)$$

(イ)　(旧)定率法の場合⇒次の①と②の合計額

①　次の算式で計算した金額をその年 1 月 1 日における取壊し等があった部分の未償却残額とみなして、その取壊し等があった日までの期間について計算した償却費の額

$$\left(\begin{array}{l}\text{その年 1 月 1 日に}\\\text{おける未償却残額}\end{array}\right)\times\dfrac{\text{資産損失額（上記(ア)①(注)参照）}}{\text{取壊し等直前の未償却残額}}$$

②　次の算式で計算した金額をその年 1 月 1 日における取壊し等があった部分以外の部分の未償却残額とみなして計算した償却費の額

$$\left(\begin{array}{l}\text{その年 1 月 1 日に}\\\text{おける未償却残額}\end{array}\right)-\left(\begin{array}{l}①\text{の算式で}\\\text{計算した金額}\end{array}\right)$$

エ　資本的支出があった場合の償却費の計算　(所基通49−31(2))

年の中途で資本的支出をした資産のその年分の償却費は、その資産の取得価額を資本的支出に係る部分とその他の部分とに区分し、それぞれの資産を別個の資産とみなして計算した償却費の合計額とする。

オ　非業務用資産を業務用に転用した場合の償却費の計算　(所令135、136)

下記の算式により計算した金額を転用時における未償却残額として、(旧)定額法、(旧)定率法により償却費を計算する。

※　なお転用資産が建物の場合は、その取得が、①平成10年 3 月31日以前の場合は、旧定額法と旧定率法の選択（要届出）、②平成10年 4 月 1 日以後平成19年 3 月31日以前であれば旧定額法、③平成19年 4 月 1 日以後であれば、定額法が償却方法となる。

また、転用年の償却費については、月数按分（転用後の月数／12）を行う。

$$\left(\begin{array}{l}\text{取得}\\\text{価額}\end{array}\right)+\left(\begin{array}{l}\text{支出した}\\\text{資本的支出}\end{array}\right)-\left(\begin{array}{l}\text{耐用年数の1.5倍の年数（1年未満の端数切捨て）に}\\\text{より旧定額法に準じて計算した転用時までの減価の額}\end{array}\right)$$

なお、昭和27年12月31日以前に取得した資産を転用した場合には、昭和28年 1 月 1 日における相続税評価額をもって同日に取得したものとみなし、上記の算式に準じて計算した金額を転用時における未償却残額として、旧定額法、旧定率法により償却費を計算する。

事業所得

【七 事業所得】

(13) 償却方法の選定・変更

ア 償却方法の選定 （所令123①②、所規28）

平成19年4月1日以後に取得をされた減価償却資産と平成19年3月31日以前に取得をされた減価償却資産とを区別した上で、その減価償却資産の種類ごとの区分又は二以上の事業所若しくは船舶を有する場合にはその事務所若しくは船舶ごとに、償却方法を選定しては、次の(ア)～(ウ)に掲げる日の属する年分の確定申告期限（翌年3月15日）までに、納税地の所轄税務署長に届け出なければならない。

なお、建物、無形固定資産（鉱業権及びリース資産を除く。）、生物（器具・備品に該当するものを除く。）及びリース資産については、その取得した日において、建物、無形固定資産及び生物は(旧)定額法を、リース資産はリース期間定額法（国外リース資産は旧国外リース期間定額法）を、それぞれ選定したものとみなされる（所令123④）。

(ア) 新たに業務を開始した者⇒その事業を開始した日

(イ) 業務を開始した後、既にそのよるべき償却方法を選定している減価償却資産(法定償却方法によるべきこととされているものを含む。）以外の減価償却資産を取得した者⇒その資産を取得した日

(ウ) 新たに事業所を設けた者で、その事業所に属する減価償却資産につきその資産と同一の区分に属する資産について既に選定している償却方法と異なる償却方法を選定しようとするもの又は既に事業所ごとに異なる償却方法を選定しているもの⇒新たに事業所を設けた日

イ 償却方法のみなし選定 （所令123③）

平成19年3月31日以前に取得をされた減価償却資産（以下「旧償却方法適用資産」という。）について、既に旧定額法、旧定率法又は旧生産高比例法を選定している場合（法定償却方法によっている場合を含み、二以上の事業所又は船舶を有する場合で既に事業所又は船舶ごとに異なる償却の方法を選定している場合を除く。）において、平成19年4月1日以後に取得をされた減価償却資産（以下「新償却方法適用資産」という。）で、同日前に取得をされるとしたならば、旧償却方法適用資産と同一の区分に属するものにつき、上記アの償却方法の選定の届出をしていないときは、その新償却方法適用資産については、その旧償却方法適用資産につき選定した償却の方法の区分に応じ次表のとおりの償却方法を選定したものとみなされる。

旧償却方法適用資産の償却方法	新償却方法適用資産の償却方法
旧定額法の場合　　　⇒	定額法を選択したものとみなされる。
旧定率法の場合　　　⇒	定率法を選択したものとみなされる。
旧生産高比例法の場合　⇒	生産高比例法を選択したものとみなされる。

ウ 法定償却 （償却方法を選定しなかった場合） （所令125）

上記アの償却方法の選定をせず、また、上記イのみなし選定の適用もない場合の新償却方法適用資産の償却方法は、有形減価償却資産については定額法、鉱業用減価償却資産及び鉱業権については生産高比例法となる。

なお、旧償却方法適用資産の法定償却方法は、前者が旧定額法、後者が旧生産高

【七　事業所得】

比例法となる。

エ　償却方法の変更（所令124）

償却方法の変更は、新たな償却方法を採用しようとする年の3月15日までに、納税地の所轄税務署長に申請書を提出しなければならない（現在の償却方法を採用してから、原則、3年経過が必要…所基通49－2の2）。

⑭　少額の減価償却資産の取得価額の必要経費算入（所令138）

次の減価償却資産(国外リース資産及びリース資産を除く。)を業務の用に供した場合、取得価額をその業務の用に供した日の属する年分の必要経費に算入する。

　ア　使用可能期間が1年未満の資産
　イ　取得価額が10万円未満の資産

⑮　一括償却資産の必要経費算入の特例（所令139）

取得価額が10万円以上20万円未満である減価償却資産（国外リース資産、リース資産及び少額減価償却資産を除く。）については、確定申告書への記載等を要件として、業務の用に供した年以後3年間の各年において、次の算式により計算した金額を必要経費に算入することができる。

$$\begin{matrix}必要経費\\算入額\end{matrix}=\left(\begin{matrix}その年中に取得したこれらの減価償却資産\\の全部又は特定の一部の取得価額の合計額\end{matrix}\right)\times\frac{1}{3}$$

> **参考　一括償却資産の取扱い（所基通49－40の2、3、国税庁質疑応答事例）**

区　分		取扱い
譲渡、除却、滅失等の場合		原則どおり、3年間で必要経費算入
法人成の場合		残額を法人成の年分の必要経費算入
相続の場合	原則	残額を被相続人の死亡した年分の必要経費算入
	業務承継者がある場合	原則どおり、3年間（死亡年は被相続人）で必要経費算入可

(注)　法人成による一括償却資産の譲渡収入は、事業所得の付随収入となる。

⑯　中小事業者の少額減価償却資産の取得価額の必要経費算入の特例（措法28の2、措令18の5）

中小事業者（平成27年以前は「中小企業者」といい、常時使用する従業員の数が1,000人（令2.4.1以後は500人）以下の個人をいう。）に該当する青色申告者が令和4年3月31日までに下記の減価償却資産（上記⑭、⑮の適用を受けるものその他特定の減価償却資産を除く。）を取得し、業務の用に供した場合には、その資産の取得価額の明細書の確定申告書添付を要件として、その資産の取得価額を、業務の用に供した年分の必要経費に算入できる。

【七　事業所得】

    (ｱ)　取得価額　10万円以上30万円未満

    (ｲ)　限度額　取得価額の合計額が300万円までとなる。なお、年の中途での開廃業
    は限度額を月数按分する（1か月未満は1か月とする）。

参考　新たな減価償却資産の取得とされる資本的支出（平成19.4.1以後の支出）についての各特例の適用の有無

特例等の区分	適用の有無
中小事業者（平成27年以前は「中小企業者」）の少額減価償却資産の取得価額の必要経費算入の特例（措法28の2）	原則、適用なし。実質的に新たな資産の取得に該当すれば適用あり
少額の減価償却資産の取得価額の必要経費算入（所令138）	適用あり
一括償却資産の必要経費算入（所令139）	適用あり

参考　償却資産税の課税対象（地法341四、地令49）　　　　○＝課税対象　×＝課税対象外

区　分 ＼ 取得価額	10万円未満	10万円以上20万円未満	20万円以上
個別減価償却資産（中小事業者（平成27年以前は「中小企業者」）の少額減価償却資産（措法28の2）も含む。）	○	○	○
少額減価償却資産（10万円未満又は使用可能期間1年未満）	×	（×）	（×）
一括償却資産	×	×	

（注）1　かっこ書は、使用期間1年未満のものの取扱いを示す。

     2　無形減価償却資産は、課税対象である償却資産から除外されている。

---

(17)　特別償却、割増償却

  青色申告者は、その事業の用に供する減価償却資産等について、次のような特別償却又は割増償却等ができる。

  これらの適用を受けるためには、確定申告書にこれらの特別償却又は割増償却等に関する規定により必要経費に算入される金額について記載をし、かつ、その計算明細書を添付しなければならない。

  なお、平成20年4月1日以後の契約に係る所有権移転外リース取引により取得したものとされる資産については、特別償却制度及び割増償却制度の適用はない。

ア　中小事業者が機械等を取得した場合の特別償却（措法10の3①、措令5の5、措規5の8）

    中小事業者（平成27年以前は「中小企業者」）である青色申告者が平成10年6月1日から令和3年3月31日までの期間内に下記(ｳ)の特定機械装置等を取得等し、下記

— 118 —

【七　事業所得】

(ｲ)の指定事業の用に供した場合で、税額控除の適用を受けない場合に適用される。

　なお、特定生産性向上設備についての即時償却と税額控除との選択適用については、平成29年3月31日をもって廃止された（措法10の3①、旧措法10の3③⑥）。

(ｱ)　償却費の額（償却不足額は翌年に繰り越せる。）

$$\left(\begin{array}{c}\text{通常の償却費の額}\\ \text{（強制償却）}\end{array}\right)+\left(\begin{array}{c}\text{特別償却費}\\ \text{（任意償却）}\end{array}\text{（基準取得価額の30\%）}\right)$$

(ｲ)　指定事業

区分	業　種　等
指定事業	①　下記(ｳ)の表の①～④の特定機械装置等の場合 　　製造業、建設業、農業、林業、漁業、水産養殖業、鉱業、卸売業、道路貨物運送業、倉庫業、港湾運送業、ガス業、小売業、料理店業その他の飲食業（料亭、バー、キャバレー、ナイトクラブその他これらに類する事業を除く。）、一般旅客自動車運送業、海洋運輸業及び沿海運輸業、内航船舶貸渡業、旅行業、こん包業、通信業、損害保険代理業、サービス業（物品賃貸業及び娯楽業（映画業を除く。） ②　下記(ｳ)の⑤海上運送業の用に供される船舶の場合 　　内航海業法2条2項に規定する内航海運業（内航運送の用に供される船舶の貸渡しをする事業以外の貸付けを除く。）

(ｳ)　特定機械装置等の要件及び基準取得価額

区分	要　件　等	基準取得価額
特定機械装置等	①　機械及び装置で1台又は1基の取得価額が160万円以上の新品	取得価額
	②　事務処理の能率化等に資する以下のもので、1台又は1基の取得価額が120万円以上の新品（注1）。 　　電子計算機、ネット接続のデジタル複合機、平成24年4月1日以後取得した試験・測定工具等	
	③　ソフトウエア（電子計算機に対する指令であって一の結果を得ることができるように組み合わされたものをいい、システム仕様書等を含むが、複写して販売するための原本、開発研究用のもの、サーバー用オペレーティングシステム、サーバー用の仮想化ソフトウエア、データベース管理ソフトウエア、連携ソフトウエア及び不正アクセス防御ソフトウエアは除かれる。（注2））で取得価額（新品については取得価額の合計額）が70万円以上のもの	
	④　貨物運送用に供される車両総重量が3.5トン以上の普通自動車	
	⑤　海上運送業の用に供される船舶	取得価額×75%

(注) 1　平成24.3.31以前取得分については、取得価額の合計額が120万円以上のもの

　　　2　平成24.4.1以後は、除外されるソフトウエアのうち、ISO／IEC規格15408に基づき評価、認証されたものは対象となる。

— 119 —

【七　事業所得】

イ　医療用機器等の特別償却（措法12の２、措令６の４、平31改正措令附則３）

　青色申告者である個人で医療保険業を営む者が、昭和54年４月１日から令和３年３月31日までの間に、下記の医療用機器等で、その製作後事業の用に供されたことのないものを取得し、これをその個人の営む医療保険業の用に供した場合には、その用に供した年分におけるその医療用機器の償却費として必要経費に算入する金額は、通常の償却費の額と一定の特別償却割合を乗じて計算した特別償却費の額との合計額以下の金額を必要経費とすることができる（注１）。

(ア)　償却費の額（償却不足額は翌年に繰り越せる。）

$$\left(\begin{array}{c}\text{通常の償却費の額}\\(\text{強制償却})\end{array}\right)+\left(\begin{array}{c}\text{特別償却費}\\(\text{任意償却})\end{array}\text{（基準取得価額の12％）}\right)=\text{合計償却限度額}$$

(イ)　対象設備（注２、３）

　　医療用の機械及び装置並びに器具及び備品で１台又は一基の取得価額が500万円以上の新品で次に掲げるもの

A　高度な医療の提供に資するものとして厚生労働大臣が指定するもの

B　薬事法の①高度医療機器②管理医療機器③一般医療機器のうち厚生労働大臣が指定した日から２年以内のもの

(注)1　他の特別償却等の特例の適用を受けるものは適用除外される（措法19）。
　　　また、所有権移転外リース取引により取得した医療用機器についても適用されない（措法12の２①）。

　　2　具体的には「平成21.3.31　厚生労働省告示第229号」若しくは「平成21年度改正税法のすべて」P.253～255を参照

　　3　令和元年度改正により、対象が拡大された。

ウ　その他の特別償却等

(ア)　エネルギー環境負荷低減推進設備等を取得した場合の特別償却又は所得税額の特別控除（平24.7.1～平25.3.31取得等分については、即時償却措置の適用がある。）（平30.3.31で廃止）（旧措法10の２）

(イ)　高度省エネルギー増進設備等を取得した場合の特別償却又は所得税額の特別控除（措法10の２）（平30.4.1～令４.3.31まで）（令和２年改正により、内容の一部見直しが行われた。）

(ウ)　特定中小事業者が平25.4.1～令３.3.31の間において経営改善設備を取得した場合の特別償却又は所得税額の特別控除（措法10の５の２）

(エ)　特定中小事業者が平29.4.1～令３.3.31の間において特定経営力向上設備等を取得した場合の特別償却（措法10の５の３）

(オ)　生産性向上設備等を取得した場合の特別償却又は所得税額の特別控除（平29.3.31で廃止）（旧措法10の５の４）

(カ)　特定設備等の特別償却（措法11）（平23.6.30～24.3.31取得等分の資源需給構造変化対応設備等については即時償却措置の適用がある。）所要の経過措置を講じた上、令和２年改正により、内容の一部の見直しが行われた。

(キ)　耐震基準適合建物等の特別償却（令２.3.31廃止）（旧措法11の２、令２改正法附

【七　事業所得】

則60②）

(ク)　特定農産加工品生産設備等の特別償却（平28. 3 .31で廃止）（旧措法11の 3 ）

(ケ)　特定事業継続力強化設備等の特別償却（令 3 . 3 .31まで）（措法11の 4 ）

(コ)　特定地域における工業用機械等の特別償却（平成29年改正により内容の見直しが行われた。）（措法12、措令 6 の 3 ）

(サ)　障害者を雇用する場合の機械等の割増償却等（令和 2 年改正により内容の一部見直しが行われた。）（令 4 . 3 .31まで）（措法13①）

(シ)　支援事業所取引金額が増加した場合の 3 年以内取得資産の割増償却（平27.12.31で廃止）（旧措法13の 2 ）

(ス)　事業再編計画の認定を受けた場合の事業再編促進機械等の割増償却（措法13の 2 ）（令 3 . 3 .31まで）

(セ)　特定都市再生建築物等の割増償却（令和元年改正により、内容の一部見直しが行われた。）（令 3 . 3 .31まで）（措法14）

(ソ)　特定再開発建築物等の割増償却（平成27年改正により内容の一部見直しが行われた。）（措法14の 2 ）（措法14①に改編の上、平29. 3 .31廃止）

(タ)　倉庫用建物等の割増償却（平成27年改正により内容の一部見直しが行われた。）（令 4 . 3 .31まで）（措法15）

(チ)　地域経済牽引事業の促進区域内において特定事業用機械等を取得した場合の特別償却又は所得税額の特別控除（令 3 . 3 .31まで）（措法10の 4 ）

(ツ)　地方活力向上地域において特定建物等を取得した場合の特別償却又は所得税額の特別控除（平成30年改正により内容の一部見直しが行われた）（平27. 8 .10～令 4 . 3 .31の間）（措法10の 4 の 2 ①③）

(テ)　革新的情報産業活用設備を取得した場合の特別償却又は所得税額の特別控除（旧措法10の 5 の 5 ）（平30. 6 . 6 ～令 3 . 3 .31の間）

(ト)　認定特定高度情報通信技術活用設備を取得した場合の特別償却又は所得税額の特別控除制度の創設（措法10の 5 の 4 の 2 ）（令 4 . 3 .31まで）

〔震災税特法における特別償却〕

(ア)　復興産業集積区域等において機械等を取得した場合の特別償却（平成28年改正により内容の一部見直しが行われた。）（震災税特法10の 2 ）

(イ)　企業立地促進区域において機械等を取得した場合の特例償却（震災特例法10の 2 の 2 ）

(ウ)　避難解除区域において機械等を取得した場合の特別償却（震災特例法10の 2 の 3 ）

(エ)　復興産業集積区域等における開発研究用資産の特別償却等（震災税特法10の 5 ）

(オ)　被災代替資産等の特別償却（平成28年改正により内容の見直しが行われた。）（震災税特法11）

15　繰延資産の償却

(1)　繰延資産の内容（所令 7 ①）

個人が支出する費用（資産の取得に要した金額とされるべき費用及び前払費用を除く。）のうち次表に掲げるもの

— 121 —

【七 事業所得】

区 分	内 容	償 却
開業費	不動産所得、事業所得又は山林所得を生ずべき事業を開始するまでの間に開業準備のために特別に支出する費用	5年均等償却又は任意償却
試験研究費	新製品の製造又は新技術の発明に係る試験研究のために特別に支出する費用（平成19年3月31日以前支出分に限る。）	
開発費	新技術若しくは新経営組織の採用、資源の開発、市場の開拓又は新事業の開始のために特別に支出する費用	
その他の繰延資産（支出の効果が支出日以後1年以上に及ぶもの）	① 自己が便益を受ける公共的施設又は共同的施設の設置又は改良のために支出する費用 ② 資産を賃借し又は使用するために支出する権利金、立退料その他の費用 ③ 役務の提供を受けるために支出する権利金その他の費用 ④ 製品等の広告宣伝の用に供する資産を贈与したことにより生ずる費用 ⑤ その他自己が便益を受けるために支出する費用	均等償却（所基通50-3、P.124～125参照）

(2) **償却方法**（所令137）

　ア　原則（均等償却）

　　(ア)　一般の場合

$$償却費の額=\binom{繰延資}{産の額}\times\frac{\binom{その年中の業務を行っていた}{期間の月数（1か月未満は切上げ）}}{支出の効果の及ぶ期間の月数}$$

　　(イ)　年の中途で支出した場合

$$償却費の額=\binom{繰延資}{産の額}\times\frac{\binom{その年中の支出の日から業務}{を行っていた期間の末日までの月数（1か月未満は切上げ）}}{支出の効果の及ぶ期間の月数}$$

　イ　特例（任意償却）

　　確定申告書への記載を要件として、繰延資産の額の範囲内で任意償却（開業費、試験研究費及び開発費に限る。）

(3) **分割払の繰延資産の償却**（所基通50-5、50-5の2）

　上記(1)の表のその他の繰延資産を分割払する場合の償却方法は次のとおりとなる。

　ア　短期分割払（支払期間3年以内）

　　総額（未払金計上）をもって償却できる。

　イ　長期分割払（支払期間3年超）

　　(ア)　原則

　　　分割支出額を順次繰延資産の額に加えて償却する。

— 122 —

【七　事業所得】

(ｲ)　特例

公共的施設又は共同的施設の設置又は改良に係る負担金で、次のすべてに該当する場合には、その支出した金額をその支出の都度、必要経費に算入できる。

①　負担金の額が、その繰延資産の償却期間以上の期間にわたり分割徴収される。

②　分割徴収される負担金の額がおおむね均等である

③　負担金の徴収がおおむね施設工事の着工後に開始される。

(4)　少額繰延資産の必要経費算入（所令139の2、所基通50－7）

20万円未満の繰延資産（開業費、試験研究費及び開発費を除く。）については、その支出した年分の必要経費に算入する。

なお、20万円未満の判定は次による。

ア　自己が便益を受ける公共的施設又は共同的施設の設置又は改良のために支出する費用⇒一の設置計画又は改良計画についての支出金額（2回以上の分割支出の場合、その支出時における見積額）

ｲ　資産を賃借し又は使用するために支出する権利金、立退料その他の費用⇒契約ごとの支出金額

ｳ　役務の提供を受けるために支出する権利金その他の費用⇒契約ごとの支出金額

ｴ　製品等の広告宣伝の用に供する資産を贈与したことにより生ずる費用⇒対象資産の1個又は1組ごとの支出金額

(5)　その他の取扱い

ア　街路の舗装などの簡易な施設の負担金（所基通2－26）

国、地方公共団体、商店街等が行う街路の簡易舗装、街灯などの簡易な施設で主として一般公衆の便益に供されるものに充てられる負担金⇒支出年分の必要経費入可

ｲ　建物の賃借の際の仲介手数料（所基通2－27(1)）⇒支出年分の必要経費算入可

ｳ　同業者団体等への加入金（所基通2－29の4）

同業者団体への加入金（その構成員としての地位を他に譲渡することができるもの及び出資の性格を有するものを除く。）⇒繰延資産（5年償却）

ｴ　固定資産を利用するための繰延資産の償却開始時期（所基通50－6）

固定資産を利用するための費用で繰延資産となるものを支出した場合でも、固定資産の建設等に着手されていないときは、着手時から償却を行う。

事業所得

【七　事業所得】

参考　繰延資産の償却期間（所基通50－3）

区分	種　　　　類	細　　　　　　目	償　却　期　間
公共的施設の負担金	公共的施設の設置又は改良のために支出する費用（所基通2－24参照）	(1)　その施設又は工作物がその負担をした者に専ら使用されるものである場合	その施設又は工作物の耐用年数の70％に相当する年数
		(2)　(1)以外の施設又は工作物の設置又は改良の場合	その施設又は工作物の耐用年数の40％に相当する年数
	共同的施設の設置又は改良のために支出する費用（所基通2－25参照）	(1)　その施設がその負担をした者又は構成員の共同の用に供されるものである場合又は協会等の本来の用に供されるものである場合	ア　施設の建設又は改良に充てられる部分の負担金については、その施設の耐用年数の70％に相当する年数 イ　土地の取得に充てられる部分の負担金については、45年
		(2)　商店街における共同のアーケード、日よけ、アーチ、すずらん燈等その負担をした者の共同の用に供されるとともに、併せて一般公衆の用にも供されるものである場合	5年（その施設について定められている耐用年数が5年より短い場合には、その耐用年数）
資産を賃借するための権利金等	建物を賃借するために支出する権利金等（所基通2－27の(1)参照）	(1)　建物の新築に際しその所有者に対して支払った権利金等で、当該権利金等の額が当該建物の賃借部分の建設費の大部分に相当し、かつ、実際上その建物の存続期間中賃借できる状況にあると認められるものである場合	その建物の耐用年数の70％に相当する年数
		(2)　建物の賃借に際して支払った(1)以外の権利金等で、契約、慣習等によってその明渡しに際して借家権として転売できることになっているものである場合	その建物の賃借後の見積残存耐用年数の70％に相当する年数
		(3)　(1)及び(2)以外の権利金等である場合	5年（契約の賃借期間が5年未満であり、かつ、契約の更新をする場合に再び権利金等の支払を要することが明らかであるものについては、当該賃借期間の年数）

— 124 —

【七 事業所得】

区分	内容		償却期間
	電子計算機その他の機器の賃借に伴って支出する費用（所基通2－27の(2)参照）		その機器の耐用年数の70％に相当する年数（その年数が契約による賃借期間を超えるときは、当該賃借期間の年数）
役務提供を受けるための権利金等	ノーハウの頭金等（所基通2－28参照）		5年（設定契約の有効期間が5年未満である場合において、契約の更新に際して再び一時金又は頭金の支払を要することが明らかであるときは、当該有効期間の年数）
広告宣伝用資産を贈与した費用	広告宣伝の用に供する資産を贈与したことにより生ずる費用（所基通2－29参照）		その資産の耐用年数の70％に相当する年数（その年数が5年を超えるときは、5年）
自己が便益を受けるための費用	スキー場のゲレンデ整備費用（所基通2－29の2参照）		12年
	出版権の設定の対価（所基通2－29の3参照）		設定契約に定める存続期間（設定契約に存続期間の定めがない場合には、3年）
	同業者団体等の加入金（所基通2－29の4参照）		5年
	職業運動選手等の契約金等（所基通2－29の5参照）		契約期間（契約期間の定めがない場合には、3年）

(注) 1　道路用地をそのまま又は道路として舗装の上、国又は地方公共団体に提供した場合において、その提供した土地の帳簿価額に相当する金額（舗装費を含む。）が繰延資産となる公共施設の設置又は改良のために支出する費用に該当するときは、その償却期間の計算の基礎となる「その施設又は工作物の耐用年数」は15年として、この表を適用する。
　　 2　償却期間に1年未満の端数があるときは、その端数を切り捨てる。

16　資本的支出と修繕費

(1)　内容及び取扱い （所令181）

　資本的支出と修繕費の内容及び取扱いは次表のとおり。

— 125 —

【七　事業所得】

区　分	支出の内容	取扱い
資本的支出	固定資産の使用可能期間の延長又は価値の増加をもたらす支出	平19.3.31以前は固定資産の取得価額に加算するが、平19.4.1以後は原則、別個の資産とする。
修　繕　費	固定資産の通常の維持管理及び原状回復のための支出	支出年分の必要経費に算入する。

（注）　資本的支出の取扱いは前記14⑼（P.97）参照

　ア　使用可能期間を延長させる部分の金額

$$\substack{\text{資本的支出}\\ \text{の　金　額}} = \binom{\text{支出}}{\text{金額}} \times \frac{\binom{\text{支出後の使}}{\text{用可能年数}} - \binom{\text{支出しない場合の}}{\text{残存使用可能年数}}}{\text{支出後の使用可能年数}}$$

　イ　価値を増加させる部分の金額

$$\substack{\text{資本的支出}\\ \text{の　金　額}} = \binom{\text{支出後}}{\text{の時価}} - \binom{\text{通常の管理又は修理を}}{\text{していた場合の時価}}$$

⑵　資本的支出・修繕費に該当するもの（所基通37－10、37－11）

資 本 的 支 出 に 該 当	修 繕 費 に 該 当（注）
①　建物の避難階段の取付けなど物理的に付加した部分に係る金額 ②　用途変更のための模様替え等改造又は改装に直接要した金額 ③　機械の部品を特に品質又は性能の高いものに取り替えた場合に要した金額のうち、通常の取替えの場合に要する金額を超える部分の金額 　（注）　建物の増築、構築物の拡張、延長等は、建物等の取得に当たる。	①　既に業務の用に供している建物の移えい又は解体移築（旧資材の70％以上を使用し従前の建物と同一規模及び構造の建物の再建築に限る。）に要した金額 ②　機械装置の移設に要した金額（集中生産等のため以外） ③　地盤沈下した土地を沈下前の状態に回復するための地盛りに要した金額 ④　建物、機械装置等が地盤沈下により海水等の浸害を受けることとなったため行う床上げ、地上げ又は移設に要した金額 ⑤　既に業務の用に供している土地の砂利の敷設・補充に要した金額

（注）　その他不動産所得関連のものについてはP.67～68参照

⑶　ソフトウエアに係る資本的支出と修繕費（所基通37－10の２）

　業務の用に供しているソフトウエアのプログラムの修正等を行った場合、その修正等が、プログラムの機能上の障害の除去や現状の効用の維持等に該当するときは、その修正等に要した費用は修繕費に該当し、新たな機能の追加、機能の向上等に該当するときはその支出は資本的支出に該当する。

　ただし、既に業務の用に供しているソフトウエアや購入したパッケージソフトウエアの仕様を大幅に変更して、新たなソフトウエアを製作するための費用は、原則とし

— 126 —

て取得価額となる。

⑷ 少額費用等の必要経費算入 （所基通37－12）

一の修理、改良等が次のいずれかに該当する場合で、その修理、改良等に要した金額を修繕費として処理したときは、資本的支出に当たるものでも、その処理したところによる。

  ア その修理、改良等に要した金額（2以上の年にわたって行われるときは、各年ごとの金額）が20万円未満の場合

  イ 既住の事績等からみてその修理、改良等がおおむね3年以内の期間を周期として行われることが明らかな場合

⑸ 災害の復旧費用の必要経費算入 （所基通37－12の2）

災害により被害を受けた固定資産（以下この項において「被災固定資産」という。）の被災前の効用を維持するために行う補強工事、排水又は土砂崩れの防止等のために支出した費用の額（当該費用に係る損失につき所法51条①若しくは④又は72条の規定の適用を受けている部分を除く。）は修繕費とすることができる。

ただし、被災固定資産の復旧に代えて、新たに資産を取得し、又は特別の施設（被災固定資産の被災前の効用を維持するためのものを除く。）を設置する場合は、その取得のために支出した金額は、新たな資産の取得の対価及び付随費用となることから、資産の取得価額となることに留意する。

この取扱いは、固定資産に準ずる資産の範囲（所令140）に規定する繰延資産につき、その基因となる固定資産について損壊等の被害があった場合についても準用される。

⑹ 機能復旧補償金による固定資産の取得又は改良 （所基通37－14の3）

業務の用に供されている固定資産について電波障害、日照妨害、風害、騒音等による機能の低下があったことによりその原因者からその機能を復旧するための補償金（所令30の規定により非課税とされるものを除く。以下この項において同じ。）の交付を受けた場合において、当該補償金については収入に計上するとともに、当該補償金をもってその交付の目的に適合した固定資産の取得又は改良をしたときは、その取得又は改良に充てた補償金の額のうちその機能復旧のために支出したと認められる部分の金額に相当する金額は、修繕費等として必要経費に算入することができる。

当該補償金の交付に代えて、その原因者から機能復旧のための固定資産の交付を受け、又は当該原因者が当該固定資産の改良を行った場合についても、同様の取扱となる。

(注) 当該補償金の交付を受けた日の属する年の12月31日までにその機能復旧のための固定資産の取得又は改良をすることができなかった場合においても、その後速やかにその取得又は改良をすることが確実であると認められるときは、当該補償金の額のうちその取得又は改良に充てることが確実と認められる部分の金額に限り、その取得又は改良をする時まで仮受金として経理することができる。

【七 事業所得】

(7) 耐用年数を経過した資産についてした修理、改良等 (所基通37−15の３)

耐用年数を経過した減価償却資産について修理、改良等をした場合であっても、その修理、改良等のために支出する金額に係る資本的支出と修繕費の区分については、一般の例（(9)のフローチャート参照）によりその判定を行う。

(8) 損壊した賃借資産等に係る修繕費 (所基通37−15の３)

居住者が、不動産所得、事業所得又は山林所得（以下この項において「事業所得等」という。）を生ずべき事業の用に供している賃借資産等（賃借若しくは賃貸をしている又は販売をした土地、建物、機械装置等をいう。）につき、契約により修繕等を行うこととされていない場合においても、当該賃借資産等が災害により被害を受けたため、当該賃借資産等の原状回復を行った場合、その金額を修繕費とすることができる。

(注)1 この取扱いにより修繕費として取り扱う費用の額は、所基通36・37共−７の５の災害損失特別勘定への繰入れの対象とはならないことに留意する。

2 当該居住者が、その修繕費の額として、事業所得等の金額の計算上、必要経費に算入した金額に相当する金額を賃貸人等から収受した場合には、その支払を受けた日の属する年分の事業所得等の金額の計算上、この金額を総収入金額に算入する。

3 居住者が賃借している（（リース取引に係る所得の金額の計算）（所法67の２①））に規定するリース資産が災害により被害を受けたため、契約に基づき支払うこととなる損害金（免除される金額及び災害のあった日の属する年の12月31日までに支払った金額を除く。）については、災害のあった日の属する年分において必要経費に算入することができる。

(9) 形式基準による区分

次頁参照

【七 事業所得】

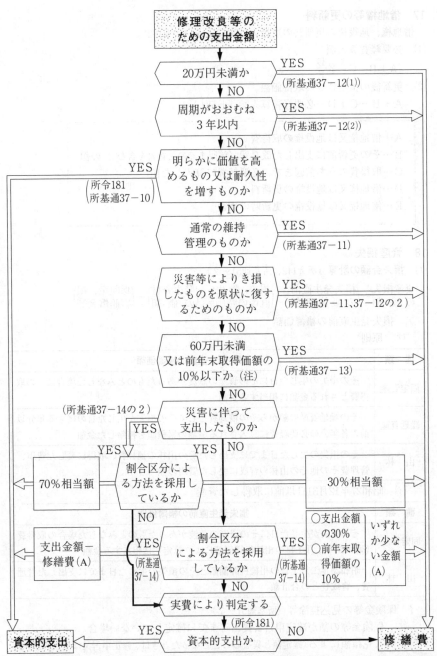

(注) 「前年末取得価額」とは、原則として前年12月31日に有する固定資産の最初の取得価額に既往のその固定資産につき支出された資本的支出額(減価償却における資本的支出の特例により、別個の資産とされた資本的支出の取得価額も含める。)を加算したものである。

【七　事業所得】

17　借地権等の更新料

借地権、地役権の更新料の取扱いは次による（所令182）。

(1)　必要経費算入額

$$(A+B-C) \times \frac{D}{E}$$

(2)　更新後の借地権等の取得価額

A＋B－C＋D－必要経費算入額（上記(1)）

A…借地権又は地役権の取得費
B…その更新前に支出した改良費（前回までの更新料を含む。）の額
C…取得費のうち前回までに必要経費に算入した額
D…借地権又は地役権の更新料
E…借地権又は地役権の更新時の価額

18　資産損失

(1)　損失金額の計算（所令142、所基通51－2）

$$\begin{pmatrix} 資産損失 \\ の\ 金\ 額 \end{pmatrix} = \begin{pmatrix} 損失発生直前 \\ の帳簿価額 \end{pmatrix} - \begin{pmatrix} 損\ 失\ 発\ 生 \\ 直後の時価 \end{pmatrix} - \begin{pmatrix} 発生資材 \\ の\ 価\ 額 \end{pmatrix} - \begin{pmatrix} 保険金、損 \\ 害賠償金等 \end{pmatrix}$$

　ア　損失発生直前の帳簿価額

　　(ア)　原則

種　類	損失発生直前の帳簿価額
固定資産	その損失の生じた日にその資産の譲渡があったものとみなした場合にその取得費とされる金額に相当する金額
繰延資産	その繰延資産の額からその償却費としてその損失が生じた日の属する年分以前の各年分の必要経費に算入される金額の累積額を控除した金額
山　林	その損失の生じた日までに支出したその山林の植林費、取得に要した費用、管理費その他その山林の育成に要した費用の額

　　(イ)　昭和27年12月31日以前に取得した資産

種　類	損失発生直前の帳簿価額
固定資産	その損失が生じた日にその資産の譲渡があったものとみなした場合の取得費（昭和28年1月1日の相続税評価額により算定）に相当する金額
山　林	昭和28年1月1日の相続税評価額とその損失の生じた日までに支出した管理費、育成費との合計額

　イ　保険金等の見込控除等（所基通51－7）

　　(ア)　保険金等の額が確定申告書提出時までに確定していない場合

　　　⇒　見積額による（確定額と異なることとなったときは、修正申告又は更正の請求）。

　　(イ)　山林に係る保険金等の額で損失の金額を超える部分の金額

　　　⇒　確定した年分の事業所得又は山林所得の総収入金額算入（所令94①）

【七　事業所得】

(2) **損失金額の取扱い** (所法51、所令140その他)

資産の種類		損失発生事由	損失の取扱い	損失の繰越し	
業務用資産	事業用資産 固定資産 繰延資産	取壊し、除却、滅失等（譲渡関連以外の事由のすべて）	必要経費算入	青色	純損失の繰越控除
				白色	災害損失のみ純損失の繰越控除適用あり
	山林	災害、盗難、横領			
	上記以外の業務用資産（不動産所得及び雑所得の基因となる資産）	下記以外（譲渡関連を除く。）	その業務の所得金額を限度として必要経費算入	適用なし	
		災害 盗難 横領 （選択）	雑損控除	雑損失の繰越控除	

(注) 1　土地を譲渡するためにその土地上の建物を取壊した場合のその建物の資産損失相当額は、譲渡費用となる（所基通33－8）。
　　 2　東日本大震災による事業用資産の損失について、選択により平成22年分の損失とすることができる（震災税特法6②〜④）。

(3) **原状回復費用の支出と資本的支出を同時に行った場合の取扱い** (所基通51－3)

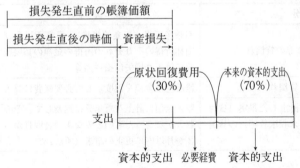

(4) **スクラップ化している資産の譲渡損失** (所基通51－4)

既にスクラップ化している業務用資産の譲渡損失は、資産損失として必要経費に算入する。

(5) **有姿除却** (所基通51－2の2)

次のような場合には、その固定資産の未償却残額から処分見込価額を控除した金額を必要経費に算入できる。

ア　使用を廃止し、今後通常の方法により事業の用に供する可能性がない固定資産

【七 事業所得】

イ 特定の製品の生産のための金型等で、その製品の生産中止により将来使用される可能性のほとんどないことがその後の状況等で明らかなもの

(6) 親族の有する固定資産について生じた損失 （所基通51−5）

自己と生計を一にする配偶者等の親族が有する固定資産又は繰延資産を事業の用に供している場合に、その資産に受けた損失については、自己の所有する資産とみなして、所得税法51条1項の規定を適用することができる。ただしその親族が雑損控除(所法72①) の適用を受ける場合はこの限りではない。

参考 資産損失と消費税

資産の滅失は資産の譲渡等には該当しないことから、その滅失した資産の損失相当額に係る消費税相当額は仕入税額控除の対象とはならない（消基通5−2−13）。ただし、資産を取得した課税期間においてその資産を滅失した場合には、その取得に係る消費税相当額は、仕入税額控除の対象となる（消基通11−2−11）。

災害に伴い受け取った保険金は不課税収入となるが、その保険金を原資として修繕を行った場合には、その修繕費用のうち課税仕入れに該当するものに係る消費税相当額は、仕入税額控除の対象となる（消基通11−2−10）。

---

19 貸倒損失
(1) 貸倒損失の取扱い （所法51②④、64①）

区 分		取 扱 い
事業の遂行上生じた債権等の貸倒れ		不動産所得（事業的規模）、事業所得及び山林所得のそれぞれの所得の金額の必要経費に算入⇒損失は損益通算
業務の遂行上生じた貸倒れ	貸付金の元本の貸倒れ	雑所得の金額を限度として必要経費に算入
	既に収入金額に計上した果実（貸付金の未収利息、未収家賃等）の貸倒れ	収入金額に計上した年分に遡及して、その収入がなかったものとみなす⇒貸倒日から2か月以内に更正の請求（所法152）

(2) 必要経費に算入する貸倒損失等 （所法51②、所令141）

ア 事業の遂行上生じた売掛金、貸付金、前渡金その他これらに準ずる債権の貸倒れによる損失

イ 事業の遂行上生じた保証債務の履行に伴う求償権の全部又は一部の行使不能による損失

ウ 販売商品の返戻、値引等による収入金額の減少による損失

エ 所得金額の計算の基礎事実に含まれていた無効な行為により生じた経済的成果が失われたこと等による損失

— 132 —

【七　事業所得】

(3) 貸倒れに係る具体的判断

区　分	内　　　容
法律上の債権の消滅等（所基通51－11）	貸金等につき次に掲げる事実が生じた場合には、その貸金等のうち次に掲げる金額は貸倒れとして必要経費に算入する。 ① 次に掲げる決定により切り捨てられることとなった金額 　ア　更生計画の認可の決定又は再生計画の認可の決定 　イ　特別清算に係る協定の認可の決定 ② 合理的な基準により債務者の負債整理を定めた債権者集会の協議決定又はこれに準ずる行政機関、金融機関等の斡旋による当事者間の協議により締結された契約に基づき切り捨てられた金額 ③ 債務者の債務超過の状態が相当期間継続し、債権の弁済を受けることができないと認められる場合において、その債務者に対し書面により通知した債務免除額
回収が事実上不能（所基通51－12）	債務者の資産状況、支払能力等からみて貸金等の全額が回収できないことが明らかとなった場合には、その債務者に対して有する貸金等の全額を貸倒れとする。ただし、担保物が付されている貸金等については、その担保物を処分した後でなければ貸倒れとすることはできず、また、保証債務は現実に履行した後でなければ貸倒れの対象にできない。
経済性等の観点からの貸倒れ（所基通51－13）	債務者について次の事実が発生した場合には、その債務者に対して有する売掛債権（売掛金、未収請負金その他これに準ずる債権をいい、貸付金その他これに準ずる債権を含まない。）の額から備忘価額（最低１円）を控除した残額を貸倒れとすることができる。 ① 債務者との取引を停止した時（最後の弁済期又は最後の弁済の時がその停止した時以後である場合には、これらのうち最も遅い時）以後１年以上を経過したこと（売掛債権について担保物のある場合を除く。） ② 同一地域の債務者について有する売掛債権の総額がその取立てのために要する旅費その他の費用に満たない場合において、その債務者に対し支払を督促したにもかかわらず弁済がないこと

(4) 事業廃止後に生じた貸倒損失等（所法63、所令179、所法152）

　事業廃止後に生じた貸倒損失等の損失や費用は、一定の金額を限度として、事業廃止年分（その年分にその事業に係る所得の総収入金額がない場合は、その総収入金額があった最近の年分）又はその前年分のその事業に係る各種所得の金額の計算上、必要経費に算入する。

　この場合、その貸倒れ等の事実が生じた日の翌日から２か月以内に更正の請求を行う。

20　貸倒引当金
(1) 貸倒引当金繰入額
　① 個別評価貸金等（下記(2)）
　　　損失見込額又は貸金等の額×50％

— 133 —

【七　事業所得】

　②　一括評価貸金（下記(3)）
　　　貸金の額×5.5%（金融業は3.3%）
　③　繰入額（①＋②）⇒翌年全額戻入（総収入金額算入）

(2)　**個別評価貸金等**（所法52①、所令144、所規35の2、35の3、所基通52-1～52-15、平18改正令附則11）
　ア　適用者
　　　不動産所得、事業所得又は山林所得を生ずべき事業を営む居住者
　イ　対象となる貸金の範囲及び繰入限度額

貸金等の範囲	繰入限度額
①　次の事由による弁済の猶予又は、賦払により弁済される場合 　　更生計画認可の決定、再生計画認可の決定、特別清算に係る協定の認可、整理計画の決定並びに債権者集会の協議決定で合理的な基準により債権者の負債整理を定めているもの及び行政機関、金融機関その他第三者のあっせんによる当事者間の協議により締結された契約でその内容が前者に準ずるもの	事由が生じた年の翌年1月1日から5年を経過する日までに弁済されることとなっている金額以外の金額（担保権の実行その他によりその取立て又は弁済の見込みがあると認められる部分の金額を除く。）
②　貸金等（①を除く。）に係る債務者につき、債務超過の状態が相当期間継続しその営む業務に好転の見通しがないこと、災害、経済事情の急変等により多大な損害が生じたことその他の事由が生じていること	一部の金額につきその取立て等の見込みがないと認められるときにおけるその一部の金額に相当する金額
③　貸金等（①及び②を除く。）に係る債務者につき次に掲げる事由が生じている場合 　　更生手続開始の申立て、再生手続開始の申立て、破産手続開始の申立て、特別清算開始の申立て、整理開始又は特別清算開始の申立て及び手形交換所等による取引停止処分	貸金等の額（貸金等の額のうち、債務者から受け入れた金額があるため実質的に債権とみられない部分の金額及び担保権の実行、金融機関又は保証機関による保証、債務の履行その他により取立て等の見込みがあると認められる部分の金額を除く。）の50%相当額
④　外国の政府、中央銀行又は地方公共団体に対する貸金等のうち、これらの者の長期にわたる債務の履行遅滞によりその経済的な価値が著しく減少し、かつ、その弁済を受けることが著しく困難であると認められる事由が生じている場合	貸金等の額（貸金等の額のうち、これらの者から受け入れた金額があるため実質的に債権と認められない部分の金額及び保証債務の履行その他により取立て等の見込みがあると認められる部分の金額を除く。）の50%相当額

【七　事業所得】

(3)　**一括評価貸金**（所法52②、所令145②、所基通52－16〜24、平27改正所令附則7①）

　　ア　適用者

　　　　青色申告者で事業所得を有する居住者

　　イ　対象となる貸金の範囲（上記(2)の個別評価貸金等は除く。）

　　　　その年12月31日において有する次表の貸金

対象となるもの	対象とならないもの
① 売掛金	① 保証金、敷金、預け金等
② 事業上の貸付金	② 手付金、前渡金
③ 受取手形	③ 仮払金、立替金
④ 未収加工料、未収請負金、未収 　手数料、未収保管料、その他事業 　所得の収入となる債権	④ 雇用保険法、雇用対策法等の法令の規定に基づ 　き交付を受ける給付金等の未収金
	⑤ 仕入割戻しの未収金
	⑥ 債券に表示されるべき権利

　　ウ　実質的に債権とみられないものの額（いずれか少ない方）

　　　①　実額（同一人に対する売掛金又は受取手形の金額のうち、買掛金又は支払手形の
　　　　金額に相当する金額など実質的に債権とみられない部分の金額）

　　　②　簡便法（平成27年1月1日以後事業所得を生ずべき事業を営む者）

$$\left(\begin{array}{c}\text{その年の年末}\\\text{における一括}\\\text{評価貸金の額}\end{array}\right) \times \left(\dfrac{\begin{array}{c}\text{分母各年末における実質}\\\text{的に債権とみられないも}\\\text{のの額の合計額}\end{array}}{\begin{array}{c}\text{平成27年及び平成28年の}\\\text{各年末の一括評価貸金の}\\\text{額の合計額}\end{array}}\right) \left(\begin{array}{c}\text{小数点3位}\\\text{未満切捨て}\end{array}\right)$$

　　　（注）1　年末における一括評価貸金の額は個別評価貸金等を控除した後の金額
　　　　　　2　平成27年・平成28年は青色申告者でなくても適用年において簡便法の適用あ
　　　　　　　り（所基通52－18の2）

　　エ　繰入限度額

　　　　貸金の額（イ－ウ）×5.5%（金融業は3.3%）

21　生計を一にする親族に支払う対価

(1)　**原則**（所法56）

| 居住者
（事業主）
‖
対価
⇓
生計を一
にする親
族 | ⇒ | ①　生計を一にする親族に支払った事業上の対価（労務の対価、資産の使用料等）は、事業主の事業に係る不動産所得の金額、事業所得の金額又は山林所得の金額の計算上必要経費に算入されない。
②　親族のその対価に係る所得の金額の計算上必要経費に算入されるべき金額は、事業主の事業に係る所得金額の計算上必要経費に算入される。 |
| | ⇒ | 生計を一にする事業主から支払を受けた対価の額及びその対価に係る所得の金額の計算上必要経費に算入されるべき金額は、その対価の支払を受けた親族の所得金額の計算上ないものとみなす。 |

　　上記の取扱いは、①生計を一にする親族の資産を無償で事業の用に供している場合、②
事業ではなく業務の場合にも適用される。

— 135 —

【七　事業所得】

📖 参考　消費税の取扱い

　消費税法には、生計を一にする親族間における資産の譲渡等に関する特例規定はなく、個人事業者が生計を一にする親族との間で行った資産の譲渡及び貸付け並びに外注費等の役務の提供であっても、それが事業として対価を得て行われるものであるときは、これらの行為は資産の譲渡等に該当することになり（消基通5－1－10）、それが課税資産の譲渡等であれば消費税の対象となる。

(2)　青色事業専従者給与・事業専従者控除の特例 （所法57①③、所令164、165）

区分	青 色 事 業 専 従 者 給 与	事 業 専 従 者 控 除
要件	青色事業専従者が事業から給与の支払を受けた場合	下記の専従者の要件に該当する事業専従者がある場合
対象金額	支払われた額のうち青色事業専従者給与に関する届出書に記載されている金額の範囲内で労務の対価として相当な金額	事業専従者1名につき次の①と②のいずれか少ない金額 ①　50万円（配偶者の場合は86万円） ②　$\dfrac{\text{この規定の適用前の事業の所得（不動産、事業及び山林）の合計額(注)}}{1+\text{事業専従者数}}$ （注）　山林所得は、特別控除前の金額
取扱い	**事業主**　事業の所得の金額の計算上、必要経費に算入する。 **親　族**　給与所得の収入金額とする。	**事業主**　事業の所得の金額の計算上、必要経費とみなす。 **親　族**　給与所得の収入金額とみなす。
手続	青色事業専従者給与に関する届出書の提出 〈期限〉原則⇒その年3月15日まで 　　　　1月16日以後開業・専従者を有することとなる場合⇒それらの日から2か月以内	確定申告書への記載
専従者の要件	①　事業者と生計を一にする配偶者その他の親族であること ②　その年12月31日現在（事業者が年の中途で死亡又は出国した場合は死亡又は出国時、ただし親族がその当時死亡している場合は死亡時）で年齢が15歳以上であること	
	③　次のような場合には、事業に従事することができると認められる期間を通じてその期間の2分の1を超える期間専ら従事すれば、青色事業専従者とされる。 ○　年の中途の開業、廃業、休業又は納税者の死亡、その事業が季節営業であ	③　その年を通じて6か月を超える期間、事業者の営む事業に専ら従事していること

— 136 —

| 専従者の要件 | ることなどの理由により、事業がその年中を通じて営まれなかった場合
○ 事業に従事する親族の死亡、長期の病気、婚姻その他相当の理由によって、その年中を通じて納税者と生計を一にする親族として事業に従事することができなかった場合 | |

※ 次の１～３の期間は専ら従事する期間に含まれない。
1 学生又は生徒である者（夜間の授業を受ける者で昼間を主とする事業に従事する者、昼間の授業を受ける者で夜間を主とする事業に従事する者その他その事業に専ら従事することが妨げられないと認められる者を除く。）
2 他に職業を有する者（その職業に従事する時間が短い者その他その事業に専ら従事することが妨げられないと認められる者を除く。）
3 老衰その他心身の障害によりその事業に従事する能力が著しく阻害されている者

(3) 2以上の事業に従事した場合の事業専従者給与等の必要経費算入額の計算 (所令167、所基通57－2、57－3)

同一の青色事業専従者又は事業専従者が不動産所得、事業所得又は山林所得のうち２以上の所得を生ずべき事業を営む者のその２以上の事業に従事する場合には、その青色事業専従者又は事業専従者がそれぞれの事業に従事した分量に応じてその者に係る青色事業専従者給与額又は事業専従者控除額をそれぞれの事業に配分（その分量が明らかでない場合には、それぞれの事業に均等に従事したとみなす。）し、その配分した金額をその従事するそれぞれの事業に係る不動産所得、事業所得又は山林所得の必要経費に算入する。

➡住民税
➡事業税 （青色事業専従者給与の取扱い）

〔**所得税につき青色事業専従者給与に関する届出書を提出している場合**〕
所得税と同じ取扱いとなる（地法313③）。

〔**所得税につき青色事業専従者給与に関する届出書を提出していない場合**〕（地法32③、72の49の8②、313③、地令7の5、35の3の8、48の2の2）
次の左欄に該当する場合における住民税及び事業税の青色事業専従者給与の取扱いは、下記の表によるとされている。

【七　事業所得】

事　由	住民税の取扱い
次の理由により青色事業専従者給与に関する届出書を提出しなかった青色申告者の事業に従事する青色事業専従者がその事業から給与の支払を受けた場合 (1)　前年分の所得税につき納税義務を負わないと認められたこと (2)　前年分の所得税につき青色事業専従者を控除対象配偶者又は扶養親族としたこと	青色事業専従者給与に関する事項を記載した住民税の申告書を提出している場合（所得税の確定申告書を提出したことにより住民税の申告がされたとみなされる場合を含む。）は、その申告に基づいてその給与の金額を不動産所得の金額、事業所得の金額又は山林所得の金額の計算上必要経費に算入し、かつ、その青色事業専従者の給与所得に係る収入金額とする。
	事業税の取扱い
	青色事業専従者給与に関する事項につき事業税の申告がある場合（所得税の確定申告書又は住民税の申告書を提出したことにより、事業税の申告がされたものとみなされる場合を含む。）は、その申告に基づいて青色事業専従者の給与の金額を事業の所得の計算上必要経費に算入する。
	住民税・事業税共通の取扱い
	給与の支給の事実及びその支給額の認定は、原則として帳簿書類に記帳経理がなされている給与の支給に関する事項を基として認定することとなる。この場合において、その額が妥当であるかどうかは、青色事業専従者給与の判定基準等を定めている所得税法57条1項及び同法施行令164条1項の規定の例によって判定する。

▶**住民税**
●**事業税**（事業専従者控除の取扱い）

　所得税と同じ取扱いとなる（地法313④）。

22　青色申告特別控除

青色申告特別控除の適用要件等は次表のとおり（措法25の2）。

区　分	原　　　則	特　　　例
適用要件	青色申告者であること	①　不動産所得又は事業所得を生ずべき事業を営む青色申告者（現金主義の選択者を除く。） ②　正規の簿記の原則等に従い取引を記録している。 ③　貸借対照表、損益計算書その他の計算明細書を添付し、所定の事項を記載した確定申告書を期限内提出

【七　事業所得】

控除額	次のうち、いずれか低い額 ①　10万円 ②　青色申告特別控除額を控除する前の不動産所得、事業所得又は山林所得の合計額（※）	次のうち、いずれか低い額 ①　55万円（注1） ②　青色申告特別控除額を控除する前の不動産所得又は事業所得の合計額（※）
	（※）　合計額の計算は、次による（措通25の2－1）。 ①　損失の所得は「0」として計算する。 ②　社会保険診療報酬について租税特別措置法26条の適用を受ける場合、事業所得の金額からその適用に係る部分の全額を除いて計算する。 　　ただし、事業所得の金額から青色申告特別控除額を控除するときは、その所得を含めた事業所得の金額から控除する。 （注）　家内労働者の必要経費の特例を適用した後の所得金額から青色申告特別控除額を控除できる。	
控除の順序 （損失の所得からは控除できない。）	①不動産⇒②事業⇒③山林	①不動産⇒②事業 　事業所得を有する場合、不動産所得が事業的規模でなくても不動産所得から控除する。
その他	①　確定申告書への記載要件はない。 ②　修正申告等で所得金額が増加した場合、10万円の範囲内で増額できる（措通25の2－3）。	①　上記の適用要件あり。 ②　修正申告等で所得金額が増加した場合、平成22年分以前は、控除額の増額はできないが、平成23年分以後は増額できる（措通25の2－4）。 ③　事業所得があり、不動産所得が事業的規模以外の場合、貸借対照表は事業所得のみの添付でよい。

（注）1　令和2年分以後においては、青色申告特別控除（措法25の2）の額を、取引を正規の簿記の原則に従って記録しているのみの者については55万円（改正前：65万円）に引き下げる一方、取引を正規の簿記の原則に従って記録している者であって、次に掲げる要件のいずれかを満たす者については、控除額を65万円とすることとされた（措法25の2③④、措規9の6②～⑤）。
　①　その年分の事業に係る仕訳帳及び総勘定元帳について、電子計算機を使用して作成する国税関係帳簿書類の保存方法等の特例に関する法律に定めるところにより「電磁的記録の備付け及び保存」又は「電磁的記録の備付け及びその電磁的記録の電子計算機出力マイクロフィルムによる保存」（以下これらを「電磁的記録の備付け等」という。）を行っていること。
　　　なお、令和2年分の事業に係る仕訳帳及び総勘定元帳の備付けを開始する日に、これらの帳簿の電磁的記録の備付け等に係る承認を受けていない場合、同年中にその承認を受けてこれらの帳簿の電磁的記録の備付け等を令和2年末まで行っているときは、上記の要件を満たすこととする等の所要の措置が講じられた（平30改正法附則70②）。
　②　その年分の所得税の確定申告書、貸借対照表及び損益計算書等の提出を、その提出期限までに電子情報処理組織（e-Tax）を使用して行うこと。

【七 事業所得】

> ➡住民税（所得税の申告義務のない者が住民税の申告のみを行う場合の青色申告特別控除）
>
> 所得税の申告義務がない者が住民税の申告のみを行う場合、青色申告特別控除については、所得税申告書の提出は要件となっていないことから、当該年分について青色申告の承認を受けていれば、住民税の課税所得の計算においては青色申告特別控除額（10万円）を控除できる（措法25の2①、地法313②）。

> ➡事業税（青色申告特別控除の取扱い）
>
> 事業税では、青色申告特別控除の特例措置が講じられていないので、課税標準となる事業の所得は、青色申告特別控除額を控除しないで算定する（地法72の49の8①本文）。

23 社会保険診療報酬の必要経費の特例

(1) 内容（措法26）

医業又は歯科医業を営む者が社会保険診療報酬を有する場合（支払額が年間5,000万円以下の場合に限る。）、その社会保険診療報酬に係る費用として必要経費に算入する金額は、実額計算によらず、次表により計算した金額とすることができる。

なお、平成26年1月1日以後においては、その年の医業及び歯科医業に係る収入金額の総額が7,000万円（医療品の仕入割戻し、マスク、歯ブラシ等の物品販売収入等の雑収入の金額を除く。）を超える者は、この特例は適用できない（措法26①、平25改正法附則40、措通67－2の2）（注1、2）。

社会保険診療収入（Ⓐ）	必要経費の額（Ⓑ）
2,500万円以下	Ⓐ×72%
2,500万円超　3,000万円以下	Ⓐ×70%＋500千円
3,000万円超　4,000万円以下	Ⓐ×62%＋2,900千円
4,000万円超　5,000万円以下	Ⓐ×57%＋4,900千円

(2) 適用要件

原則として、確定申告書にこの特例により事業所得の金額を計算した旨の記載がない場合には適用しない。

(3) 必要経費の区分

この特例の適用を受ける者に社会保険診療報酬と自由診療収入がある場合の自由診療収入の所得金額の計算は、一般計算による必要経費を社会保険診療報酬に係る部分と自由診療収入に係る部分とに区分して、その区分された自由診療収入分に係る部分の必要経費をその自由診療収入から差し引いて計算する。

なお、この場合の区分については、原則として、事業税のように自由診療収入に係

— 140 —

【七　事業所得】

る経費であることが明らかなものはそれにより区分し、雇人費、減価償却費、固定資産税のように両者に共通の経費については、それぞれ使用薬価の比、延患者数（診療実日数）の比その他その経費の種類に応じ適切な基準により区分する。
　これらの具体的な計算過程は以下のとおりである。

(1) 自由診療割合の計算
　　自由診療割合は、次のア又はイのいずれかの方法により算出する。
　ア　診療実日数による割合

$$\frac{\text{自由診療実日数（日）}}{\text{総診療実日数（日）}} \times 100 = \boxed{\qquad} \%$$

　イ　収入による割合

$$\frac{\text{自由診療収入（円）}}{\text{総診療収入(注1)（円）}} \times 100 \times \text{調整率※} \boxed{\quad}\% = \boxed{\quad}\%$$

　※　調整率一覧

診療科目	調整率
内科、耳鼻咽喉科、呼吸器科、皮膚科など下記以外　ただし、美容整形は除く。	85%
眼科、外科、整形外科	80%
産婦人科、歯科	75%

(2) 自由診療分の経費（一般計算分）の計算

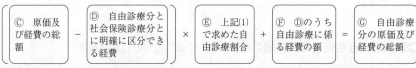

(3) 社会保険診療分の経費（一般計算分）の計算

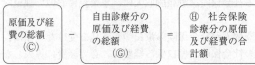

(4) 措置法26条により計算した社会保険診療分の経費の額の計算

【七　事業所得】

(5)　措置法差額の計算

　　上記(3)で求めた社会保険診療分経費と措置法26条により計算した金額の差額（措置法差額）の計算

社会保険診療分の原価及び経費の合計額（Ⓗ）	－	措置法26条の規定により算出した社会保険診療分の原価及び経費の合計額（Ⓘ）	＝	Ⓙ　措置法差額

(注)1　措通67-2の2に関する庁質疑応答事例によれば、「所得税の特例に関して、この医業又は歯科医業から生ずる事業所得に係る総収入金額に算入すべき金額の合計額の判定に当たっては、「所得税青色申告決算書（一般用）付表《医師及び歯科医師用》」又は「収支内訳書（一般用）付表《医師及び歯科医師用》」における「1．収入金額の内訳」のうち「社会保険診療報酬」欄及び「自由診療の収入等」欄に記載される収入金額の合計額により判定することとされており、「1．収入金額の内訳」のうち「雑収入」欄に記載される金額は、所得税の特例における医業又は歯科医業から生ずる事業所得に係る総収入金額に算入すべき金額の合計額に含まれないと解される。したがって本通達（措通67-2の2）の例示にあるような収入等が個人の医師又は歯科医師において生じた場合であっても、当該収入等が7,000万円以下の判定における事業所得に係る総収入金額に算入すべき金額の合計額にはもともと含まれないことから、結果的に医療法人における総収入金額の7,000万円以下の判定と個人の医師又は歯科医師における事業所得に係る総収入金額に算入すべき金額の合計額の7,000万円以下の判定は同じ基準により行われることとなる。」としている。

　　2　7,000万円の判定をする場合、社会保険診療収入の窓口収入に値引きがあった場合には、値引きがなかったものとして、また、クレジットカード等を利用した場合に差し引かれる手数料については、その差し引かれる前の金額にてそれぞれ判定することとなる。

> ▶**事業税（社会保険診療報酬の取扱い）**（地法72の49の12ただし書）
>
> 　医業、歯科医業、薬剤師業、あん摩、マッサージ又は指圧、はり、きゅう、柔道整復その他の医業に類する事業に係る社会保険診療報酬収入は、事業税において課税除外とされている。→P.14参照
>
> 　したがって、これらの事業を行う個人が社会保険診療につき支払を受けた金額は、総収入金額に算入せず、また、その社会保険診療に係る経費は、必要経費に算入しない。

24　家内労働者等の必要経費の特例

　次表に掲げる家内労働者等の事業所得又は雑所得の必要経費の合計額が55万円（他に給与所得を有する場合には、55万円から給与所得控除額を控除した残額をいう。以下同じ。）に満たないときは、これらの所得の必要経費に算入する金額は、55万円を次により事業所得又は雑所得とに区分したそれぞれの金額（事業所得に係る総収入金額又は公的年金等以外の雑所得に係る総収入金額を限度）となる（措法27、措令18の2②）。(注)

— 142 —

【七　事業所得】

(1)　事業所得又は雑所得のいずれか一方を有する場合

　　事業所得の金額又は雑所得の金額の計算上55万円を控除する（注）。

(2)　事業所得及び雑所得を有する場合

　ア　55万円のうち、所得税法の規定による事業所得の必要経費に達するまでの部分

　　　の金額を事業所得の必要経費とする。

　イ　55万円のうち、アにより必要経費とされた以外の部分の金額を雑所得の必要経

　　　費とする。

　ウ　イにより雑所得の必要経費とされた金額が雑所得の総収入金額を超える場合、

　　　その超過額をアの事業所得の必要経費に加算する。

①　家内労働法に規定する家内労働者（家内労働法2） 　　物品の製造、加工、改造、修理、浄洗、選別、包装、解体、販売又はこれらの請負を業とする者から、主として労働の対償を得るために、その業務の目的物たる物品（物品の半製品、部品、附属品又は原材料を含む。）について委託を受けて、物品の製造、加工、改造、修理、浄洗、選別、包装又は解体に従事する者であって、その業務について同居の親族以外の者を使用しないことを常態とするもの
②　外交員、集金人、電力量計の検針人
③　特定の者に対して継続的に人的役務の提供を行うことを業務とする者 　(例)　クリーニング取次業、写真現像焼付の取次業、宅配便の取次業、損保代理業、シルバー人材センターの業務に就業する者などが一般に該当する。 　　　ピアノ教師や学習塾については、特定の業者が主宰するものは対象となるが、自らが営むものは対象とならない。

(注)　令和元年分以前は、必要経費に算入する最低保障額は65万円であった。

25　任意組合等の組合員の所得計算

(1)　所得計算の方法（所基通36・37共－20）

　任意組合等（民法667条1項に規定する組合契約、投資事業有限責任組合契約及び外国におけるこれらに類するもの）の組合事業に係る所得については、その組合の組合員に直接帰属するものとして、構成員課税が行われる。

　この場合、組合員における組合事業に係る所得の計算方法については、原則として次の①の方法により行うが、その組合員が①の方法により計算することが困難と認められる場合で、かつ、継続して次の②又は③の方法により計算している場合には、それらの計算方法によって所得計算することもできる（平成24年8月30日以前に締結された組合契約については、①の方法による計算に困難性があったとしても、継続適用要件のみで②又は③の方法による計算可）。

事
業
所
得

— 143 —

【七　事業所得】

区　分	計　算　方　法	摘　　　要
①総額方式	収入金額、支出金額、資産、負債等をその分配割合に応じて各組合員のこれらの金額として計算	組合員が青色申告者等で一定の場合には、一括評価による貸倒引当金などの規定の適用がある。
②中間方式	収入金額、その収入金額に係る原価の額及び費用の額並びに損失の額（損益計算書等の勘定に限る。）をその分配割合に応じて各組合員のこれらの金額として計算	非課税所得、配当控除、確定申告による源泉徴収税額の控除等に関する規定の適用がある（引当金、準備金等の規定の適用なし）。
③純額方式	組合事業について計算される利益の額又は損失の額をその分配割合に応じて各組合員に按分	非課税所得、引当金、準備金、配当控除、確定申告による源泉徴収税額の控除等に関する規定の適用はなく、組合事業の主たる事業内容に従い、各種所得の収入金額又は必要経費となる。

（注）　計算することが困難と認められる場合とは、その者への組合計算の報告状況等からみて、その者において、当該組合事業に係る収入、支出、資産、負債の状況を明らかにできない場合をいう。

(2)　損益の帰属時期（所基通36・37共－19の２）

　組合事業に係る損益を毎年１回以上一定の時期において計算し、かつ、組合員への個々の損益の帰属がその損益発生後１年以内である場合には、その任意組合等の計算期間を基として計算し、その計算期間の終了日の属する年分の各種所得の金額の計算上総収入金額又は必要経費に算入する。

26　匿名組合の組合員の所得計算

　匿名組合契約（商法535）を締結しその組合契約に基づいて出資する者が、その営業者から受ける利益の分配は、原則として雑所得となる（所基通36・37共－21）。

　ただし、匿名組合員がその契約に基づいて営業者の営む事業に係る重要な業務執行の決定を行っているなど組合事業を営業者と共に経営している場合は、その営業者の営業の内容に従い事業所得又はその他の各種所得に区分される。

　なお、営業者から受ける利益の分配が、その営業の利益の有無にかかわらず一定額又は出資額に対する一定割合によるものである場合は、その分配は金銭の貸付けから生じる所得として事業所得又は雑所得となる。

27　有限責任事業組合の事業に係る組合員の事業所得等の所得計算の特例

(1)　有限責任組合（LLP）課税の概要

①　構成員課税

　有限責任事業組合（LLP）の各取引は、各個人組合員の配当所得、不動産所得、事業所得、山林所得、譲渡所得、一時所得及び雑所得として、他の組合等の組合

【七　事業所得】

員同様、構成員課税される（パス・スルー課税）。
② 有限責任事業組合における処理
　有限責任事業組合自体には課税されないため、組合としての申告は不要である。
　ただし、組合構成員の申告手続のために、各組合員に対し税務処理上の資料を提供する必要がある。
　また、組合の計算期間の終了日の翌年１月31日までに、各組合員毎の「有限責任事業組合に係る組合員所得に関する計算書」及び同合計表を、所轄税務署長に対し提出しなければならない（所法227の２）。
③ 出資個人における所得計算
　有限責任事業組合の組合員の各種所得の金額の計算上総収入金額又は必要経費に算入する利益の額又は損失の額の計算は、上記⑴の３方式のいずれかによる。
④ 有限責任事業組合の事業に係る組合員の事業所得等の所得計算の特例（措法27の２、措令18の３、平17改正法附則１）
　有限責任事業組合は、あくまで組合であるため、有限責任事業組合の損益は当該組合に止まることなく、直接その構成員である組合員に帰属する。
　しかし、有限責任事業組合の組合員が出資金額以上の負担を負うことはないため、損失の分担も出資額が上限とされ、税務上、その超える金額について、以下のとおり経費不算入及び損金不算入規定が置かれている。すなわち組合員である個人の、その組合事業から生じる不動産所得、事業所得又は山林所得の損失額(以下「組合事業による事業所得等の損失額」という…下図Ⓐ）について調整出資金額（下図Ⓑ）を超える部分は必要経費に算入できない。

　Ａ　Ⓐ≧Ⓑの場合

　Ｂ　Ⓐ＜Ⓑの場合
　　組合事業による事業所得等の損失額(Ⓐ)の全額が必要経費となる。

ア　組合事業による事業所得等の損失額
　　組合員である個人の、その年分におけるその組合事業から生ずる損失額をいう（一つの有限責任事業組合が２以上の業務を行っている場合、それらの各業務による所得の合計額が損失となる場合のその損失額をいう。）。
イ　調整出資金額
　　有限責任事業組合の計算期間（事業年度の期間）の終了年のその組合員である個人のその組合事業に係る下図の金額（①＋②－③が零を下回る場合零となる。）をいう。

— 145 —

【七　事業所得】

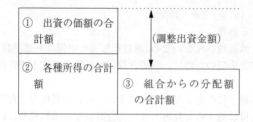

①出資の価額の合計額	その年に計算期間の終了日が到来する計算期間（その年に計算期間の終了日が２以上ある場合は、最も遅い計算期間）の終了時までにその個人がその組合契約に基づいて有限責任事業組合契約に関する法律の規定により出資した金銭その他の財産（出資が履行されているものに限る。）の価額で有限責任事業組合の会計帳簿に記載された出資価額の合計額をいう（措令18の３②、措通27の２－２）。
②各種所得の合計額	その年の前年に計算期間の終了日が到来する計算期間（その年の前年に計算期間の終了日が２以上ある場合は、最も遅い計算期間）以前の各計算期間において、その個人のその組合事業から生ずる各種所得の収入（総収入）金額の合計額から各種所得に係る次のアないしエの金額の合計額を控除した金額のその各計算期間における合計額相当額をいう（措規９の６）。 ア　その個人の組合事業から生ずる配当所得に係る収入金額から控除される負債利子の額の合計額 イ　その個人の組合事業から生ずる不動産所得、事業所得、山林所得又は雑所得に係る総収入金額から控除される必要経費の額 ウ　その個人の組合事業から生ずる譲渡所得に係る総収入金額から控除される資産の取得費及び譲渡費用の合計額 エ　その個人の組合事業から生ずる一時所得に係る総収入金額から控除される支出した金額の合計額
③組合からの分配額の合計額	その年に計算期間の終了日が到来する計算期間（その年に計算期間の終了日が２以上ある場合は、最も遅い計算期間）の終了時までにその個人が交付を受けた金銭その他の資産に係る有限責任事業組合契約に関する法律に規定する分配額（分配した組合財産の帳簿価額をいう。）のうち、その個人がその交付を受けた部分に相当する金額の合計額相当額をいう。

(2)　**複数の組合契約を締結している場合**（措令18の３④）

　個人が複数の組合契約を締結している場合の組合事業による事業所得等の損失額及び調整出資金額は、各組合契約に係る組合事業ごとに計算する。

(3)　**有限責任事業組合の個人組合員への損益の帰属時期**

　有限責任事業組合の組合員の組合事業に係る利益の額又は損失の額は、その年分の各種所得の金額の計算上総収入金額又は必要経費に算入する。

　ただし、組合事業に係る損益を毎年１回以上一定の時期において計算し、かつ、当該組合員への個々の損益の帰属が当該損益発生後１年以内である場合には、当該任意組合等の計算期間を基として計算し、当該計算期間の終了する日の属する年分の各種

【七　事業所得】

所得の金額の計算上総収入金額又は必要経費に算入する（所基通36・37共−19の２）。

(4)　確定申告書への明細書の添付

　確定申告書に有限責任事業組合の計算期間及び事業内容並びに調整出資金額及びその計算の基礎その他所定の事項を記載した書類（「有限責任事業組合の組合事業に係る所得に関する計算書」及び所得税法施行規則47条の３第１項の規定に準じて収入及び必要経費を記載した書類）を添付しなければならない（措法27の２②、措規９の６⑥）。

　なおこれらの書類は、確定申告書を提出しない場合でも、住所、氏名等を記載して、その年の翌年３月15日までに提出する必要がある。

☞ 参考　有限責任事業組合における消費税の取扱い

　共同事業（人格のない社団等又は匿名組合が行う事業を除く。）に属する資産の譲渡等又は課税仕入れ等については、当該共同事業の構成員が、当該共同事業の持分の割合又は利益の分配割合に対応する部分につき、それぞれ資産の譲渡等又は課税仕入れ等を行ったこととなる（消基通１−３−１、１−３−２）。

　消費税の仕入税額控除を受けるためには、その課税仕入れを行った事業者が課税仕入の事実を記載した帳簿及び請求書等を保存しなければならないが、有限責任事業組合がこれを保存することを条件に、各組合員は仕入税額控除ができる。

　資産の譲渡等の時期については、原則として、当該共同事業として資産の譲渡等を行った時に各構成員が資産の譲渡等を行ったこととなる。

　ただし、各構成員が、当該資産の譲渡等の時期を、当該共同事業の計算期間（１年以内のものに限る。）の終了する日の属する自己の課税期間において行ったものとして取り扱っている場合にはこれを認める（消基通９−１−28）。

　なお、有限責任事業組合と組合員との間の出資や利益の分配取引は消費税課税の対象とはならない。

28　不動産業者等の土地の譲渡等の課税の特例（平10.1.1〜令５.３.31適用なし）

(1)　内容

　不動産業者等が、その年の１月１日において所有期間が５年以下の土地等（国内にある土地及び土地の上に存する権利をいい、その年中に取得等したものを含む。）で事業所得又は雑所得の基因となる土地等の譲渡をした場合には、その譲渡に係る事業所得又は雑所得については、土地等に係る事業所得等の金額として、分離課税により所得税額（住民税所得割額）を計算する（措法28の４、地法附則33の３）。

　なお、平成10年１月１日から令和５年３月31日までの間の土地等の譲渡による事業所得又は雑所得の計算は、所有期間の長短にかかわらず、一般の事業所得や雑所得と同様に、他の所得と総合して課税される（措法28の４⑥）。

(2)　土地等に係る事業所得等の金額

　土地等に係る事業所得等の金額は、次の算式により計算する。

— 147 —

【七 事業所得】

$$
\begin{pmatrix} 土地等に係る \\ 事業所得等の \\ 金額(注) \end{pmatrix} = \begin{pmatrix} 土地の譲渡 \\ 等 に よ る \\ 収 入 金 額 \end{pmatrix} - \begin{pmatrix} 土地の譲渡 \\ 等 に 係 る \\ 原 価 の 額 \end{pmatrix} + \begin{pmatrix} 土地の譲渡 \\ 等 に 係 る \\ 負債の利子 \end{pmatrix} + \begin{pmatrix} 土地の譲渡等に \\ 要した販売費・ \\ 一 般 管 理 費 \end{pmatrix}
$$

(注) 損益通算、純損失の繰越控除、雑損失の繰越控除、居住用財産の買換え等の場合の譲渡損失の損益通算及び繰越控除又は特定居住者財産の譲渡損失の損益通算及び繰越控除は、総所得金額の計算上通算又は控除しきれなかったものがあれば通算又は控除する。

(3) 土地等に係る課税事業所得等の金額に対する税額

土地等に係る課税事業所得等の金額＝Ⓐ、課税総所得金額＝Ⓑとした場合、次の①と②のいずれか多い金額

	所　得　税	住　民　税
①	Ⓐ×40%	Ⓐ×12%
②	$\left[(Ⓐ+Ⓑ)×\begin{pmatrix}総合課税 \\ の 税 率\end{pmatrix} - Ⓑ×\begin{pmatrix}総合課税 \\ の 税 率\end{pmatrix}\right]×110\%$	(Ⓐ×10%)×110%

▶事業税（不動産業者等の土地の譲渡等の課税の特例）

事業税の課税標準の算定において、この課税の特例（措法28の4）の規定の適用はない（地法72の48の8）。

29 消費税等の処理

(1) 税込経理方式の場合

ア 原 則（所法37①）

消費税等の申告書を提出した日（更正又は決定に係る消費税等については、その更正又は決定のあった日）の属する年分の必要経費に算入する。

イ 未払計上消費税（特例）（平元直所3－8通達9）

消費税等の申告書の提出により納付すべき消費税等をその消費税等の課税期間を含む年分において未払金に計上した場合、その計上した年分の必要経費とすることができる。

ウ 還付を受ける消費税等（平元直所3－8通達10）

消費税等の申告書を提出した日（更正に係る消費税等については、その更正のあった日）の属する年分の総収入金額に算入する。

ただし、還付を受けるべき消費税等をその消費税等の課税期間を含む年分において未収入金に計上した場合、その計上した年分の総収入金額とすることができる。

【七 事業所得】

参考　被相続人に係る消費税等の取扱い（税込経理方式の場合）

区　分	納　付　金	還　付　額
事業承継する相続人がいない場合	未払金計上し、被相続人の死亡年分の必要経費算入 　必要経費に算入していない場合⇒更正の請求	未払金計上し、被相続人の死亡年分の総収入金額算入 　総収入金額に算入していない場合⇒修正申告
事業承継する相続人がいる場合	申告書提出日の属する年分の相続人の必要経費算入 　ただし、未払金計上して被相続人の死亡年分の必要経費に算入できる（所基通37－30の4）。	申告書提出日の属する年分の相続人の総収入金額算入 　ただし、未払金計上して被相続人の死亡年分の総収入金額に算入できる。

⑵　**税抜経理方式の場合**

ア　**仮受消費税、仮払消費税の清算**

　　消費税の課税期間終了の時におけるその業務に係る仮受消費税と仮払消費税（控除対象外消費税を除く。）との差額とその課税期間に係る納付すべき消費税又は還付を受けるべき消費税との過不足額は、その課税期間を含む年分の必要経費又は総収入金額に算入する（平元直所3－8通達6）。

事業所得

【七 事業所得】

イ 控除対象外消費税（地方消費税を含む。）の取扱い

A 繰延消費税額等の計算手順

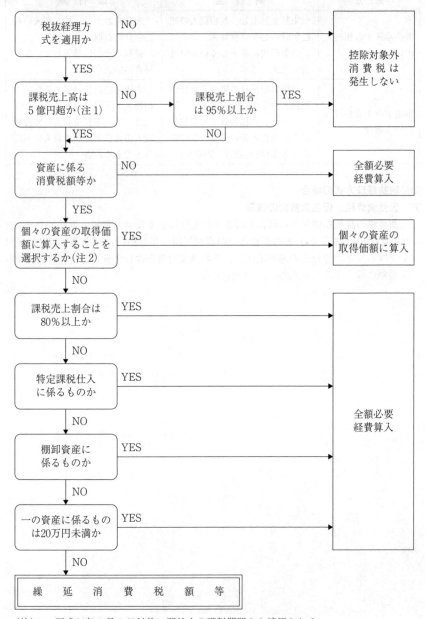

(注) 1 平成24年4月1日以後に開始する課税期間から適用される。
　　 2 個々の資産ごとに取得価額に算入するか否かを選択することは認められない。

【七　事業所得】

B　前頁Aのフローチャートにて判定した繰延消費税額等については、次の算式により計算した金額を必要経費に算入する（所令182の2①～④）。

(A)　繰延消費税額が生じた年分の必要経費に算入する金額

$$\left(\begin{array}{l}繰延消\\費税額\end{array}\right) \times \cfrac{\left(\begin{array}{l}その年において業務を行っていた期間の\\月数（1か月未満の端数は1か月とする。）\end{array}\right)}{60} \times \frac{1}{2}$$

(B)　繰延消費税額が生じた年の翌年以後の各年分の必要経費に算入する金額

$$\left(\begin{array}{l}繰延消\\費税額\end{array}\right) \times \cfrac{\left(\begin{array}{l}その年において業務を行っていた期間の\\月数（1か月未満の端数は1か月とする。）\end{array}\right)}{60}$$

※　計算額がその年の前年末における繰延消費税の未償却残額を超える場合には、その未償却残額

(3)　消費税のみなし仕入率（簡易課税制度選択者）

平成27年4月1日以後の課税期間におけるみなし仕入率は、課税売上高を次の6つの事業に区分した上で、それぞれの課税売上高について、それぞれのみなし仕入率を適用する（消法37①、消令57①⑤⑥）。

事業区分	みなし仕入率	該当する事業
第1種事業	90%	〔卸売業〕 　他の者から購入した商品をその性質及び形状を変更しないで他の事業者に対して販売する事業をいう。
第2種事業	80%	〔小売業〕 　他の者から購入した商品をその性質及び形状を変更しないで販売する事業で第1種事業以外のものをいう。 （注）　製造小売業を除く。
第3種事業	70%	〔農業、林業、漁業、鉱業、建設業、製造業、電気業、ガス業、熱供給業及び水道業〕 （注）1　第1種事業又は第2種事業に該当するものを除く。 　　　2　加工賃その他これに類する料金を対価とする役務の提供を行う事業を除く。 　　　3　製造業には、製造小売業を含む。 　　　4　第3種事業に該当するかどうかの判定は、おおむね日本標準産業分類（総務省）の大分類に掲げる分類を基礎として行う。
第4種事業	60%	〔第1種から第3種事業及び第5種事業並びに第6種事業以外の事業〕 　例えば、飲食サービス業等が該当する。 　また、第3種事業から除かれる加工賃その他これに類する料金を対価とする役務の提供を行う事業も該当する。
第5種事業	50%	〔運輸通信業、金融業、保険業及びサービス業〕 （注）1　飲食店業（飲食サービス業）に該当するものを除く。 　　　2　第1種事業から第3種事業に該当するものを除く。 　　　3　第5種事業に該当するかどうかの判定は、おおむね日本標準産業分類（総務省）の大分類に掲げる分類を基礎として行う。

事業所得

【七 事業所得】

		[不動産業]
第6種事業	40%	(注) 1　第1種から第3種事業及び第5種事業に該当するものを除く。 　　　2　第6種事業に該当するかどうかの判定は、おおむね日本標準産業分類(総務省)の大分類に掲げる分類を基礎として行う。

※　平成26年9月30日までに「簡易課税制度選択届出書」を提出している事業者は、適用開始課税期間の初日から2年を経過する日までの間に開始する課税期間については、従前のみなし仕入率が適用される（改正消令附則1二、4）。

参考　平成27. 3. 31以前開始の課税期間におけるみなし仕入率

平成27年3月31日以前に開始された課税期間におけるみなし仕入率は次のとおり。
① 金融業及び保険業……第4種事業（60%）
② 不動産業……第5種事業（50%）
③ 上記以外……上記(3)の分類表に掲げる各事業区分と、そのみなし仕入率による。

30　消費税率の段階的引上げとその経過措置

税制抜本改革法による改正後の消費税法は、令和元年10月1日以後に行われる資産の譲渡等並びに課税仕入れ及び保税地域からの課税貨物の引取り（以下「課税仕入れ等」という。）について適用されるため、同年9月30日までに締結した契約に基づき行われる資産の譲渡等及び課税仕入れ等であっても、これらが同年10月1日以後に行われる場合、下記(2)の経過措置の適用があるときを除き、その資産の譲渡等及び課税仕入れ等については、改正後の消費税法が適用される（抜本改革法附則2、経過措置通達2）。

また、令和元年9月30日までに他から仕入れた資産を同年10月1日以後に販売する場合も、下記の経過措置の適用があるときを除き、資産の譲渡等については改正後の消費税法が、その資産の課税仕入れ等については改正前の消費税法が適用される（経過措置通達3）。軽減税率制度については、P.155参照。

(1) 消費税・地方消費税の引上げ

施　行　日		消費税	地方消費税	合　計	指定日
平26. 3. 31まで		4.0%	1.0%	5%	
旧税率（平26. 4. 1～）		6.3%	1.7%	8%	平25. 10. 1
令元. 10. 1	標準税率	7.8%	2.2%	10%	平31. 4. 1
	軽減税率	6.24%	1.76%	8%	

(2) 経過措置
〔対象となる取引〕
ア　指定日の前日までに譲渡契約等を行ったもの
　A　請負工事等（注1）

— 152 —

【七　事業所得】

　　　できる旨の定めがないこと（注4）
　③　契約期間中に当事者の一方又は双方がいつでも解約の申し入れをすることが
　　できる旨の定めがないことその他一定の要件に該当すること

〈資産の貸付けに関する経過措置の適用関係〉

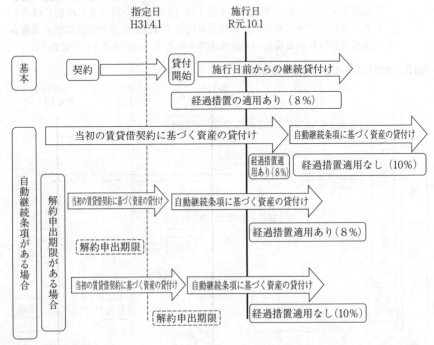

　　C　その他の契約
　　　a　指定役務の提供（注2）契約に基づく役務の提供
　　　b　定期継続供給契約に基づく書籍等の予約販売のうち一定の要件を満たすもの
　　　c　通信販売等のうち一定の要件を満たすもの
　　　d　有料老人ホームに係る終身入居契約で一定の要件を満たすもの
　イ　施行日にまたがる取引につき適用されるもの
　　A　旅客運賃等
　　B　電気、ガス、水道、電話等の料金
　　C　特定新聞等
（注）1　一定の要件に該当する測量、設計及びソフトウエアの開発等に係る請負契約を含む。
　　　2　「指定役務の提供」とは、冠婚葬祭のための施設の提供その他の便宜の提供に係
　　　　る役務の提供をいう。
　　　3　自動継続条項のある賃貸借契約で解約申出期限の取り決めがある場合は、解約申
　　　　出期限を経過したときに当事者間の合意、すなわち新しい契約の締結があったもの
　　　　と考えるのが相当であることから、解約申出期限が指定日の前日までに経過して自

【七　事業所得】

　　a　消費税率5％に係る経過措置
　　　平成25年10月1日（指定日）前に締結した工事の請負契約等に基づき、平成26年4月1日以後にその契約に係る課税資産の譲渡等が行われる場合には、5％の税率を適用する（抜本改革法附則3～14、17）。
　　b　消費税率10％に係る経過措置
　　　平成26年4月1日から平成31年4月1日（指定日）の前日までの間に締結した工事の請負契約等に基づき、令和元年10月1日以後にその契約に係る課税資産の譲渡等が行われる場合の消費税率は8％とする（抜本改革法附則16、17）。

〈請負工事等における経過措置の適用関係〉

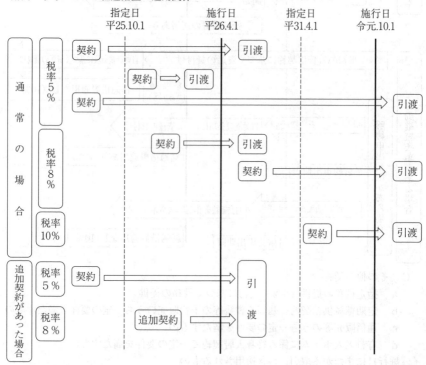

　B　資産の貸付け
　　指定日の前日までの間に締結した資産の貸付けに係る契約に基づき施行日前から引き続き当該契約に係る資産の貸付けを行っている場合において、当該契約の内容が次に掲げる要件の「①及び②」又は「①及び③」に該当する場合には、施行日以後に行う貸付けについては、それぞれ旧税率（5％若しくは8％）が適用される（抜本改革法附則5④、同令附則4⑥）(注3)。
　①　当該契約に係る資産の貸付期間及びその期間中の対価の額が定められていること
　②　事業者が事業の変更その他の理由により当該対価の額の変更を求めることが

【七　事業所得】

　動継続された契約については施行日以後の貸付けについては経過措置の適用がある
が、指定日以後に解約申出期限が経過して自動継続された場合には、経過措置の適
用はない。
　4　また、契約書上、事情の変更等により対価の額の変更を求めることができる旨定
められている場合には、経過措置の適用はない。

参考　消費税の軽減税率制度（平28法律第15号）

1　制度の概要

軽減税率制度の 実施時期	令和元年10月1日（消費税率の引上げと同時）
消費税率等	標準税率は10％（消費税率7.8％、地方消費税率(注)2.2％） 軽減税率は8％（消費税率6.24％、地方消費税率(注)1.76％） （注）　地方消費税の税率は、消費税額の78分の22
軽減税率の 対象品目	①　酒類・外食を除く飲食料品（平28改正法附則34①） ②　週2回以上発行される新聞（定期購読契約に基づくもの）
帳簿及び請求書等の 記載と保存	・　対象品目の売上げ・仕入れがある事業者は、これまでの記載 　事項に税率ごとの区分を追加した請求書等の発行や記帳などの 　経理（区分経理）を行うこととなる。 ・　仕入税額控除の要件は、現行、「帳簿及び請求書等(注1)の 　保存」だが、軽減税率制度実施後は、こうした区分経理に対応 　した帳簿及び請求書等(注2)の保存が要件となる（区分記載請 　求書等保存方式）。 　（注）1　「請求書等」には一定の領収書や納品書、レシート等 　　　　　も含まれる。 　　　　2　「区分記載請求書等」という。なお、令和5年10月か 　　　　　らは「区分記載請求書等」に代わり、「適格請求書等」 　　　　　の保存が要件となる（適格請求書等保存方式（いわゆる 　　　　　インボイス制度））。
税額の計算	・　売上げ及び仕入れを税率ごとに区分して下記のとおり税額計 　算を行う必要がある。 ・　区分経理が困難な中小事業者については、経過措置として売 　上げに係る税額（売上税額）又は仕入れに係る税額（仕入税額） 　の計算の特例がある。

事業所得

【七 事業所得】

《消費税率の引上げ時期が平成29年4月1日から令和元年10月1日に変更されたことに伴う改正点》

内容	改正前	改正後（平成28年11月改正）
軽減税率制度の実施時期	平成29年4月1日	令和元年10月1日
区分記載請求書等保存方式の適用期間	平成29年4月1日～令和3年3月31日	令和元年10月1日～令和5年9月30日
適格請求書等保存方式の導入時期	令和3年4月1日	令和5年10月1日
税額計算の特例の対象者	中小事業者以外の事業者も対象	中小事業者のみが対象 ※適用対象となる期間が変更

2　税額計算のイメージ

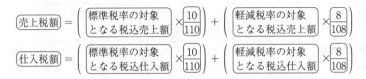

3　中小事業者の税額計算の特例（消費税）

　軽減税率制度が実施される令和元年10月1日から一定期間、売上げ又は仕入れを軽減税率と標準税率とに区分することが困難な中小事業者(注)に対して、売上税額又は仕入税額の計算の特例が設けられている（平28改正法附則38①②④）。

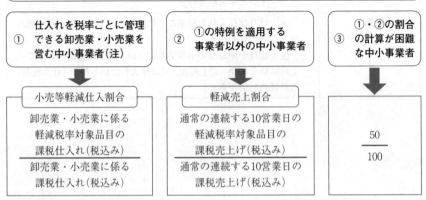

（注）　中小事業者とは、基準期間（個人の場合は前々年）における課税売上高が5,000万円

【七　事業所得】

以下の事業者をいう。

4　税額計算の特例の適用関係

適用可能な売上税額と仕入税額の計算の特例の組合せは次表のとおり（◎が組合せができるもの、×が組合せができないものを示す。）。

			売上税額の計算		
			特例適用なし	特例適用あり	
				小売等軽減仕入割合の特例(注1)	軽減売上割合の特例(注1)
仕入税額の計算	一般課税			◎	◎
	簡易課税			×	◎
	特例適用あり	簡易課税制度の適用あり / 簡易課税制度の届出の特例	◎	×	◎
		簡易課税制度の適用なし / 小売等軽減売上割合の特例	◎	×	◎(注2)

(注)1　軽減売上割合や小売等軽減仕入割合の計算が困難な中小事業者であって、主として軽減税率の対象品目の譲渡等を行う中小事業者は、その割合を100分の50とすることができる。

　　2　同じ事業について、軽減売上割合の特例と小売等軽減売上割合の特例を適用する場合、仕入税額の計算に当たっては、小売等軽減売上割合ではなく軽減売上割合を用いて、軽減対象資産の仕入税額を計算することとなる（平28改正令附則15）。

※　平成28年11月の税制改正により、中小事業者以外の事業者には、税額計算の特例は措置されないこととされた。

（国税庁ＨＰより）

八　給与所得

1　意義

　給与所得とは、俸給、給料、賃金、歳費、賞与のほかこれらの性質を有するものをいう（所法28①）。

2　所得金額の計算

$$給与所得の金額 = \left(\begin{array}{c}給与等の\\収入金額\end{array}\right) - \left(\begin{array}{c}給与所得\\控除額\end{array}\right) \text{（所法28②）}$$

（注）1　特定支出控除の特例については、下記6参照。
　　　2　国内に恒久的施設を有する相手国居住者等が支払う特定社会保険料の給与収入からの控除（国税庁平19.7.19付「条約相手国の社会保障制度の下で支払った保険料に関する租税条約実施特例法の改正について（情報）」参照）。

3　所得金額調整控除

　令和2年分以後の総所得金額の計算において、以下の要件に該当する場合は、給与所得から所得金額調整控除額が控除される（措法41の3の3、41の3の4、措令26の5、措通41の3の3-1）。

　所得金額調整控除には、①子ども・特別障害者等を有する者等の所得金額調整控除と②給与所得と年金所得の双方を有する者に対する所得金額調整控除がある。いずれも給与所得の金額から一定の金額を控除する制度であり、それらの概要は次のとおりである。

(1)　給与等の収入金額が850万円を超える居住者で、次のアからウのいずれかに該当する場合（措法41の3の3①⑤）。

　ア　本人が特別障害者に該当する場合
　イ　年齢23歳未満の扶養親族がいる場合
　ウ　特別障害者である同一生計配偶者もしくは扶養親族がいる場合

　　給与所得の金額 - ｛（給与等の収入金額※ - 850万円）× 10%｝

　　※　給与等の収入金額が1,000万円を超える場合1,000万円とする。

　（注）　この控除は、扶養控除と異なり、同一生計内のいずれか一方のみの所得者に適用するという制限はない。したがって、例えば、夫婦ともに給与等の収入金額が850万円を超えており、夫婦の間に1人の年齢23歳未満の扶養親族である子がいるような場合には、その夫婦双方が、この控除の適用を受けることができる。

(2)　給与所得控除後の給与等の金額および公的年金等に係る雑所得の金額がある居住者で、給与所得控除後の給与等の金額および公的年金等に係る雑所得の金額の合計額が10万円を超える場合の総所得金額は以下の算式による（措法41の3の3②⑤）。

　　給与所得の金額（注2） - ｛（給与所得控除後の給与等の金額（注1）＋公的年金等に係る雑所得の金額（注1））- 10万円｝

【八　給与所得】

(3)　上記の所得金額調整控除は、年末調整において適用できることとされた（措法41の3の4①）。

(4)　公的年金等に係る確定申告不要制度における公的年金等に係る雑所得以外の所得金額を算定する場合には、上記(2)の所得金額調整控除額を給与所得の金額から控除することとされた（措法41の3の3⑥）。

(注)1　それぞれ10万円を超える場合は10万円とする。

　　2　上記(1)の所得金額調整控除の適用がある場合には、その適用後の金額。

4　所得分類のポイント

内　　　容		所得区分
①　医師、歯科医師が地方公共団体から支給を受ける、休日、夜間診療の委嘱料等（注1）	地方公共団体等の開設する救急センター、病院等で診療を行い、患者等からの報酬がその救急センター等に帰属する場合	給与所得
	患者等からの報酬が医師等に帰属する場合	事業所得
②　派遣医が支給を受ける診療報酬等（注1）	大学病院の医局、教授等又は医療機関のあっせんで派遣された医師等が派遣先の医療機関で診療を行うことにより支払を受ける報酬	給与所得
③　国又は地方公共団体の各種委員会（審議会、調査会、協議会等の名称のものを含む。）の委員に対する謝金、手当等の報酬（注2）		給与所得
④　事業専従者控除額		給与所得
⑤　株式等を取得する権利	下記8(1)(2)参照	
⑥　発明報奨金等	下記9(1)8参照	

(注)1　①所基通28-9の2、27-5(5)、②所基通28-9の3、③所基通28-7参照

　　2　その委員会の設置機関から他に支払われる給与等がなく、かつ、その委員として旅費等の弁償を受けない場合で、年間支給額が1万円以下であるものは課税しなくてよい。

5　給与所得控除額

次表により計算した金額（新所法28④）

給与等の収入金額		給与所得控除額
	550,000円まで	全額
550,000円超	1,625,000円以下	55万円
1,625,000円超	1,800,000円以下	収入金額×40％－　100,000円
1,800,000円超	3,600,000円以下	収入金額×30％＋　 80,000円
3,600,000円超	6,600,000円以下	収入金額×20％＋　440,000円
6,600,000円超	8,500,000円以下	収入金額×10％＋1,100,000円
8,500,000円超		1,950,000円

【八　給与所得】

参考　給与所得の速算表

　給与等の収入金額が660万円未満の場合には、所得税法別表第5により給与所得の金額を求めることになるが（所法28④）、次表の算式により計算できる。

1　令和2年分

　令和2年分以後の給与所得の金額は、次表の算式により計算できる。

給与等の収入金額		給与所得の金額	
から	まで		
0円	550,999円		0円
551,000円	1,618,999円		収入金額－550,000円で求めた金額
1,619,000円	1,619,999円		1,069,000円
1,620,000円	1,621,999円		1,070,000円
1,622,000円	1,623,999円		1,072,000円
1,624,000円	1,627,999円		1,074,000円
1,628,000円	1,799,999円	給与等の収入金額の合計額を「4」で割って千円未満の端数を切り捨ててください。（算出金額＝A）	A×2.4＋100,000円で求めた金額
1,800,000円	3,599,999円		A×2.8－80,000円で求めた金額
3,600,000円	6,599,999円		A×3.2－440,000円で求めた金額
6,600,000円	8,499,999円		収入金額×0.9－1,100,000円で求めた金額
8,500,000円以上		収入金額－1,950,000円で求めた金額	

（計算例）

　「給与等の収入金額の合計額」が5,420,500円の場合の給与所得の金額

① 　5,420,500円÷4＝1,355,125円　⇒　1,355,000円（千円未満切捨て）

② 　1,355,000円×3.2－440,000円＝3,896,000円

※　所得金額調整控除については P.158参照。

【八 給与所得】

2 平成29年～令和元年分

給与等の収入金額の合計額		給与所得の金額
から	まで	
650,999円まで		0円
円 651,000	円 1,618,999	給与等の収入金額の合計額から650,000円を控除した金額
1,619,000	1,619,999	969,000円
1,620,000	1,621,999	970,000
1,622,000	1,623,999	972,000
1,624,000	1,627,999	974,000

給与等の収入金額の合計額		給与所得の金額
から	まで	
円 1,628,000	円 1,799,999	給与等の収入金額の合計額を「4」で割って千円未満の端数を切り捨てる。(算出金額：A) 「A×4×60%」で求めた金額
1,800,000	3,599,999	「A×4×70%－180,000円」で求めた金額
3,600,000	6,599,999	「A×4×80%－540,000円」で求めた金額
6,600,000	9,999,999	「収入金額×90%－1,200,000円」で求めた金額
10,000,000		「収入金額－220万円」で求めた金額

(計算例)

　「給与等の収入金額の合計額」が5,420,500円の場合の給与所得の金額

① 　5,420,500円÷4＝1,355,125円　⇒　1,355,000円（千円未満切捨て）

② 　1,355,000円×4×80%－540,000円＝3,796,000円

3 平成28年分

給与等の収入金額の合計額		給与所得の金額	給与等の収入金額の合計額		給与所得の金額
から	まで		から	まで	
円 10,000,000	円 11,999,999	「収入金額×95%－1,700,000円」で求めた金額	円 12,000,000		「収入金額－230万円」で求めた金額

(注)　給与等の収入金額1,000万円未満の各区分は上記2と同じ。

4 平成27年以前

給与等の収入金額の合計額		給与所得の金額	給与等の収入金額の合計額		給与所得の金額
から	まで		から	まで	
円 10,000,000	円 14,999,999	「収入金額×95%－1,700,000円」で求めた金額	円 15,000,000	平24以前	同　左
				平25～27	「収入金額－245万円」で求めた金額

(注)　給与等の収入金額1,000万円未満の各区分は上記2と同じ。

【八　給与所得】

参考　給与所得控除の上限の引下げ

給与所得控除の上限の額については、平成28年以後（住民税については、平成29年度以後）、以下のとおり漸次引き下げられた（所法28③、平26改正法附則4、23）。

	平成29～令和元年分の所得税	平成28年分の所得税	平成25～27年分の所得税
上限額が適用される給与収入	1,000万円	1,200万円	1,500万円
給与所得控除の上限額	220万円	230万円	245万円

参考　パート収入で本人に税金がかかるかどうか（都内23区在住者の例）

（※同一生計配偶者及び扶養家族がいない場合）

パート年収	住民税		所得税
	所得割	均等割	
100万円以下	かからない	かからない	かからない
100万円超103万円以下	かかる	かかる	かからない
103万円超	かかる	かかる	かかる

（注）　23区以外では異なる場合がある。　　　　　　　　　（都主税局HPより）

6　特定支出控除の特例

(1)　特定支出控除とは（所法57の2①）（平26改正法附則6）

給与所得者が特定支出をした場合、次表の特例適用要件に該当するときは、それぞれ下欄に掲げる金額を給与収入から控除することができる。

適用年分	特例適用要件	給与収入から控除できる金額
平成28年分以後	一律に 特定支出の合計額＞給与所得控除額×1／2	特定支出の合計額 ＋給与所得控除額×1／2
平成25年 ～ 平成27年分	①　給与収入≦1,500万円の場合 　　特定支出の合計額＞給与所得控除額×1／2	特定支出の合計額 ＋給与所得控除額×1／2
	②　給与収入＞1,500万円の場合 　　特定支出の合計額＞125万円	特定支出の合計額＋120万円

(2)　特定支出の内容（所法57の2②、所令167の3）

特定支出とは、次表の①から⑥の支出をいう。ただし、その支出について、給与支払者による補塡部分があり、かつ、その補塡部分が非課税の場合には、その補塡部分相当額は除かれる。なお、令和2年1月1日以後、旅費並びに帰宅旅費の内容につき所定の改正が行われた（所法57の2②、所令167の3②⑤）。

— 162 —

【八　給与所得】

項　　目	内　　　容
① 通勤費	通勤のために必要な交通機関の利用又は交通用具の使用のための支出で、その通勤の経路及び方法が最も経済的かつ合理的であることにつき給与支払者の証明を受けたもののうち、一般の通勤者につき通常必要な部分の支出
② 転居費	転任に伴うものであることにつき給与支払者の証明を受けた転居のために通常必要な支出
③ 研修費	職務遂行上直接必要な技術・知識の習得を目的として受講する研修（資格取得研修を除く。）であることにつき給与支払者の証明を受けたもののための支出 (注)「受講する研修」とは、第三者が自己の有する技術又は知識を不特定多数の者に習得させることを目的として開設されている講座等において、その第三者から訓練又は講習を受けることにより、その技術又は知識を習得する、いわば受動的立場での研修をいう。
④ 資格取得費	下記の資格を取得するための支出で、その支出が職務遂行上直接必要なものとして給与支払者の証明を受けたもの ア　弁護士、公認会計士、税理士など資格取得費（平成25年分以後） イ　上記以外の資格取得費用
⑤ 帰宅旅費	転任に伴い生計を一にする配偶者と別居することとなった場合等に該当することにつき給与支払者の証明を受けた場合における勤務場所又は居所と配偶者等が居住する場所との間の旅行に通常要する支出のうち特定のもの 　また、令和2年以後においては、1か月4往復までという制限が撤廃された上、帰宅に自家用車を使用する場合、通常要する燃料費、有料道路の料金の額等を加えることとされた
⑥ 勤務必要経費 （上限65万円）	平成25年分以後に行われた次の支出で、職務遂行上直接必要なものとして給与支払者の証明を受けたもの ア　書籍、定期刊行物等で職務に関連するもの及び制服、事務服等を購入するための支出 イ　得意先、仕入先等職務上の関係者に対する接待、供応、贈答等のための支出
⑦ 職務上の旅費（令和2年分以後）	勤務する場所を離れて職務を遂行するために通常直接要する支出（所法57の2②、所令167の3②）

【八　給与所得】

⑶　**添付書類**（所法57の2③④、所令167の4、5）

　確定申告書、修正申告書又は更正請求書（平成22年分以前は、確定申告書に限られる。）
に適用を受ける旨及び特定支出の合計額を記載した上、次の書類の添付等が必要であ
る（e-Tax による申告の場合には添付省略可（P.417参照））。

　　ア　特定支出に関する明細書
　　イ　給与等の支払者の証明書
　　ウ　特定支出の金額等を証する書類
　　エ　鉄道等の利用区間等を証する書類

7　収入計上時期

　次の区分に応じ、次に掲げる日による（所法36①、所基通36−9）。

区　分	収入計上時期	
①　契約又は慣習その他株主総会の決議等により支給日が定められているもの（③を除く。）	その支給日	
②　支給日が定められていないもの	その支給を受けた日	
③　役員に対する賞与のうち、株主総会の決議等により算定基礎となる利益指標の数値が確定し支給金額が定められるものその他利益を基礎として支給金額が定められるもの	その決議等があった日。ただし、その決議等が支給金額の総額を定めるにとどまり、各人ごとの支給金額を定めていない場合には、各人ごとの支給金額が具体的に定められた日	
④　給与規定の改訂が既往にさかのぼって実施されたため既往の期間に対応して支払われる新旧給与の差額	支給日が定められているもの	その支給日
	支給日が定められていないもの	その改訂の効力が生じた日
⑤　認定賞与とされる給与	支給日が定められているもの	その支給日
	支給日が定められていないもの	その支給を受けた日（注）

（注）　その日が明らかでない場合は、その支給が行われたと認められる事業年度終了日

※　労働基準監督署の行政指導等により、過去の実労働時間に基づく残業手当と実際に支
　払われた残業手当との差額の一括支給は、本来の支給日となる（国税庁質疑応答事例）。

※　給与の支給期到来前の受領辞退は課税されず（所基通28−10）、支給期到来後の受領辞
　退は所基通181〜223共−2、同共−3参照。

【八　給与所得】

8　ストックオプション（ＳＯ）等

(1)　ＳＯに係る課税区分（税制非適格と税制適格）

役員又は使用人が権利行使したＳＯの課税関係は、次表のとおり。

区　分		税制非適格ＳＯ	税制適格ＳＯ
権利行使前に付与（発行）法人に譲渡した場合	所得区分	給与	原則譲渡不可 ※　譲渡した場合は非適格ＳＯの場合と同じ扱い。
	所得金額	譲渡価額－取得価額	
権利行使時（株式取得時）	所得区分	給与所得	課税されない(譲渡時課税)。
	所得金額	行使時の時価－行使価格	
譲　渡　時	所得区分	株式等に係る譲渡所得等	株式等に係る譲渡所得等
	所得金額	売却価額－行使時の時価	売却価額－払込価額

(注) 1　税制適格ＳＯの要件（措法29の２）

①　新株予約権等の権利行使は、付与決議の日後２年を経過した日からその付与決議の日後10年を経過する日までに行わなければならない。

②　新株予約権等の年間の権利行使価額が1,200万円を超えない。

③　新株予約権等の１株当たりの権利行使価額は、その付与会社の株式の付与契約の締結時における１株当たりの価額以上である。

④　新株予約権については、譲渡をしてはならない。

⑤　権利行使に係る株式の譲渡、移転又は新株の発行が、その譲渡、移転又は発行のために付与決議がされた会社法に定める事項（取締役等の氏名を除く。）に反しないで行われるものである。

⑥　非課税規定の適用を受けて取得した株式は、その付与会社と金融商品取引業者等との間であらかじめ締結される株式の振替口座簿への記載若しくは記録、保管の委託又は管理等信託に関する取決めに従い、一定の方法（措令19の３⑧）により、その金融商品取引業者等の営業所等に保管の委託等がされる。

2　特定の取締役等が受ける新株予約権等の行使による株式の取得に係る経済的利益の非課税等のうち、特定多国籍企業による研究開発事業等の促進に関する特別措置法に係る措置（旧措法29の３）については、適用期限（平成28年３月31日）の到来をもって廃止された。

《適用関係》　平成28年４月１日前に取締役等が行った特定外国新株予約権の行使については、従前のとおり（平28改正法附則68）。

3　令和２年１月１日以後においては、その適用者の範囲に「特定従事者」が加えられた（措法29の２、平31改正法附則33）。

(2)　株式等を取得する権利を与えられた場合の所得区分

発行法人から譲渡制限等が付されている株式（準ずるものを含む。）を取得する権利を与えられた場合（原則として、株主等として与えられた場合を除く。）の経済的利益の所得区分は次表のとおり（所令84②、所基通23～35共－６、23～36共－６の２）。

給
与
所
得

【八　給与所得】

権 利 の 内 容	所 得 区 分
①　平成13年旧商法210条ノ2第2項《取締役又は使用人に譲渡するための自己株式の取得》の決議に基づき与えられた同項3号に規定する権利 ②　旧商法280条ノ19第2項《取締役又は使用人に対する新株引受権の付与》の決議に基づき与えられた同項に規定する新株の引受権	ア　原則⇒給与所得 イ　退職後にその権利の行使が行われた場合において、例えば、権利付与後短期間のうちに退職を予定している者に付与され、かつ、退職後長期間にわたって生じた株式の値上り益に相当するものが主として供与されているなど、主として職務の遂行に関連を有しない利益が供与されていると認められるとき ⇒雑所得
③　旧商法280条ノ21第1項《新株予約権の有効発行の決議》の決議に基づき発行された同項に規定する新株予約権 ④　会社法238条2項《募集事項の決定》の決議に基づき発行された新株予約権	ア　発行法人と権利を与えられた者との間の雇用契約又はこれに類する関係に基因してその権利が与えられたと認められるとき ⇒上記①、②に準じて給与所得又は雑所得 イ　権利を与えられた者の営む業務に関連してその権利が与えられたと認められるとき ⇒事業所得又は雑所得 ウ　ア及びイ以外のとき ⇒原則として雑所得
⑤　株式と引換えに払い込むべき額が有利な金額である場合におけるその株式を取得する権利（①から④の権利を除く。）	ア　原則⇒一時所得 イ　その発行法人の役員又は使用人に対しその地位又は職務等に関連して新株等を取得する権利が与えられたと認められるとき ⇒給与所得 ウ　その発行法人の役員又は使用人に対しこれらの者の退職に基因して新株等を取得する権利が与えられたと認められるとき ⇒退職所得

(注)1　平成13年旧商法とは、「商法等の一部を改正する等の法律（平成13年法律79号）1条の規定による改正前の商法」をいう。

　　2　旧商法とは、「商法等の一部を改正する法律（平成13年法律128号）1条の規定による改正前の商法」をいう。

　　3　①から④に係る取扱いは、発行法人が外国法人である場合も同様となる。

　　4　平成28年1月1日以後、個人が法人から役務の提供の対価として一定の要件を満たす特定譲渡制限付株式等（いわゆるリストリクテッド・ストック（RS））を交付された場合には、その譲渡制限が解除された日におけるその特定譲渡制限付株式等の価額をもって、その個人のその年分の上記各所得区分の収入金額となる（所令84①、平28改正所令附則5）。

　　　さらに、その譲渡制限付株式等を譲渡した場合の取得価額は、譲渡制限の解除された日における当該株式の価額となる。

　　　また、その交付された特定譲渡制限付株式等が、給与所得となる場合は、その交付法人において源泉徴収義務が発生する。

— 166 —

【八　給与所得】

(3)　**発行法人から与えられた株式を取得する権利の譲渡による収入金額**（所法41の2）

　居住者が新株予約権等を発行法人から与えられた場合において、当該居住者等が当該権利をその発行法人に譲渡したときは、当該譲渡の対価の額から当該権利の取得価額を控除した金額を、事業所得、給与等、退職手当等、一時所得又は雑所得に係る収入金額とみなす。⇒平成26年4月1日以後に行う新株予約権等の譲渡から適用される（平26改正法附則5）。

(4)　**特定譲渡制限付株式報酬制度**（リストリクテッドストックユニット（RSU））

　①　特定譲渡制限付株式（RSU）とは、ストックオプション同様、自社若しくは親会社の株式を用いたインセンティブ報酬の一種である。そして、譲渡制限が解除された場合の所得に係る所得区分は、当該特定譲渡制限付株式等を交付した法人（以下「交付法人」という。）と当該特定譲渡制限付株式等を交付された者との関係等に応じ、それぞれ次による（所基通23〜35共−5の2）。

交付法人との関係	所得区分
▷　雇用関係又はこれに類する関係に基因して交付されたと認められる場合	給与所得 又は 退職所得 （交付された者の退職に基因して解除されたと認められる場合）
▷　個人の営む業務に関連して交付されたと認められる場合	事業所得 又は 雑所得
▷　それ以外の場合	原則として 雑所得

　②　会社法の改正に伴う措置

　　令和元年12月に成立した会社法改正により、取締役の報酬として株式を発行する場合に出資の履行を要しないで発行すること（以下、「無償発行」）が認められた。当該会社法の改正を受け、取締役に対する報酬としての株式の交付については、従前のその取締役に生じた金銭報酬債権を現物出資財産として払い込むことによる交付のほか、金銭の払込み又は金銭以外の財産の給付を要しない株式の交付が可能となることから、従前の譲渡制限付株式のほか、その譲渡制限付株式が実質的にその役務の提供の対価と認められるものである場合（無償交付型）の譲渡制限付株式を特定譲渡制限付株式の対象に追加することとされた（所令84①二）。

　　この改正は、会社法改正法の施行の日以後に交付に係る決議（当該決議が行われない場合には、その交付）がされる譲渡制限付株式について適用される（令2改正所令附則4③）。(注)

　③　役務の提供をした個人の死亡時に無償取得事由に該当しないことが確定している特定譲渡制限付株式等の改正

　　役務の提供をした個人が交付を受けた特定譲渡制限付株式又は承継譲渡制限付株式の譲渡制限が解除される日前に死亡した場合において、当該個人の死亡の時に無償取得事由に該当しないことが確定しているその特定譲渡制限付株式又は承継譲渡制限付株式については、当該個人の死亡の日における価額により当該個人

給与所得

— 167 —

【八　給与所得】

の給与所得又は退職所得として課税されることとなった（所令84①）。

　また、この改正に併せて、これらの株式の取得価額は、当該個人の死亡の日における価額とされました（所令109①二）。

　この改正は、役務の提供をした個人が令和2年4月1日以後に死亡する場合について適用し、役務の提供をした個人が同日前に死亡した場合については従前どおりとされた（令2改正所令附則4①）。

　このほか、新株予約権の経済的利益についての所要の規定の整備（所令84③一）が行われた。

(注)　会社法改正法の施行の日は、その公布の日（令和元年12月11日）から1年6月を超えない範囲内において政令で定める日とされており（同法附則1）、その政令は関係政省令と併せて今後定められる予定。

(5)　従業員持株購入権（ESPP：Employee Stock Purchase Plan）

　従業員が自社株式などを割引購入することができる制度。株式を割引購入した日の時価と購入額の差額が給与所得として課税される。

(注)1　平成24年以降、外国親会社から日本子会社の役員や従業員が付与された一定の権利に基づいて、その外国親会社から株式や金銭などの経済的利益の供与等を受けた場合に、日本の子会社は、その内容を「外国親会社等が国内の役員等に供与等をした経済的利益に関する調書」として税務署に提出することとされている（所法228の3の2）。

　2　その他、同様の課税関係にある株式を利用したインセンティブ報酬の形態としては、パフォーマンス・シェア（Performance Share）、パフォーマンス・ユニット（Performance Unit）、ファントムストック（Phantom Stock）、株式評価益受益権（Stock Appreciation）などがある。

【八　給与所得】

9　現物給与・経済的利益

(1)　特殊な給与及び現物給与の取扱い

項　目	課税上の取扱い等	関係法令等
1　通勤手当等	通勤手当（通常の給与に加算して支給）や通勤定期（類する手当、乗車券を含む。）は、次の区分に応じ、次の金額（1月当たり・消費税込み）までは課税されない（所法9①五、所令20の2、平26改正所令338）。	所法9①五、所令20の2

区　　分	課税されない金額	
	平成28年1月1日以後	平成28年3月31日以前
①交通機関又は有料道路利用の通勤手当	合理的運賃額（最高15万円）	同左（最高10万円）
②交通用具（自転車・自動車）使用の通勤手当　片道55km以上	31,600円	24,500円
片道45km以上55km未満	28,000円	
片道35km以上45km未満	24,400円	20,900円
片道25km以上35km未満	18,700円	16,100円
片道15km以上25km未満	12,900円	11,300円
片道10km以上15km未満	7,100円	6,500円
片道2km以上10km未満	4,200円	4,100円
片道2km未満	（全額課税）	同左
③交通機関利用による通勤用定期乗車券	合理的運賃額（最高15万円）	同左（最高10万円）
④交通機関又は有料道路の他交通用具も使用	合理的運賃額と②の金額の合計額　　（最高15万円）	同左（最高10万円）

項　目	課税上の取扱い等	関係法令等
2　旅費	日常の職務遂行上又は、転勤、就職、退職に伴い必要な交通費、宿泊費等で通常必要なものは課税されない。	所法9①四、所基通9－3、9－5、28－3、昭60直法6－7
3　在勤手当	海外勤務者に対し通常の給与に加算して支給する在勤手当で、勤務地の状況等から国内勤務に比し利益を受けたと認められない範囲は課税されない。	所法9①七、所令22
4　学資金	学資に充てるため給付される金品のうち、通常の給与に加算して受給するものは非課税。ただし、その法人の役員等一定のものに対して支給されたものは除く。	所法9①十五、所基通9－14～16
5　食事代（現物支給）	支給を受ける人が食事（宿日直、残業での支給を除く。）の価額の半額以上を負担した場合は原則非課税、ただし使用者の負担額が月額3,500円（消費税抜き）を超えるときは使用者の負担額全額が給与所得となる。	所基通36－38、36－38の2、平元直法6－1、平9課法8－1改正

― 169 ―

【八　給与所得】

6　夜間勤務者の夜食代	正規の勤務時間が深夜（午後10時〜翌午前5時）に及ぶ深夜勤務者対し、給与に加算して支給される夜食代で1回あたり300円（消費税抜き）以下のものは課税されない。 　なお、残業又は宿日直を行うときに支給する食事は無料で支給しても給与課税しなくてもよい。	昭59直法6－5、平元直法6－1、平9課法8－1改正
7　宿日直料	1回の宿日直につき4,000円（食事支給の場合、4,000円からその食事代を控除した残額）までの部分は課税されない。	所基通28－1
8　発明報奨金等	支給の理由や状況により、譲渡所得、雑所得、給与所得に区分される。	所基通23〜35共1
9　祝金品	その額が社会通念上相当と認められるものは課税されない。	所基通28－5
10　葬祭料、香典、見舞金等	その額が社会通念上相当と認められるものは課税されない。	所基通9－23
11　永年勤続記念品等の支給	その額が社会通念上相当と認められるもので表彰がおおむね10年以上勤務した者を対象としたもの、複数回行う場合はおおむね5年以上の間隔で行われるものは課税されない。	所基通36－21
12　創業記念品等の支給	社会通念上記念品としてふさわしい品（処分価格1万円（消費税抜き）以下で、創業記念等一定期間の到来ごとに支給する記念品の場合、その間隔がおおむね5年以上の場合課税されない。	所基通36－22、平元直法6－1、平9課法8－1改正
13　商品等の値引販売	値引き販売価額が取得価額以上かつ販売価額の70%以上で、割引率の格差や販売数量が相当であるものは課税されない。	所基通36－23
14　レクリエーションの費用	自己都合の不参加者に金銭支給を行ったり、役員のみを対象とした行事でなければ課税されない。	所基通36－30、36－50
15　慰安旅行の費用	旅行期間が4泊5日（目的地が海外の場合は、目的地での滞在日数）以内で上記14の条件を満たすものは課税されない。	昭63直所3－13、平5直法8－1改正
16　少額な保険料	役員等特定の者のみを対象とする場合を除き、保険料の負担が月額300円以下の場合、課税されない。	所基通36－32
17　会社役員賠償責任保険の保険料	株主代表訴訟担保特約部分（株主代表訴訟の役員敗訴を補償する部分）を除く普通保険約款部分は課税されない。	平6課法8－2
18　損害賠償金等	業務遂行関連行為で、行為者に故意や重過失のない場合、あるいは支払能力等から使用者がやむを得ず負担したと認められる部分については、課税されない。	所基通36－33

【八　給与所得】

19　住宅等の貸与	次の算式により計算した賃料相当額と徴収している賃貸料との差額が給与課税される。	

賃貸料相当額（月額）の計算方法		根拠条文等
役員の場合	自己所有住宅等	ア　その年度の家屋及びその敷地の固定資産税評価額を基に所定の算式にて計算した額 （注）1　家屋又は敷地だけを貸与している場合は、上記算式中のその部分のみで計算する。 2　家屋の固定資産税評価額に乗ずる割合は耐用年数が30年超の物件(木造家屋以外の家屋)と、それ以外の物件とでは違う。	所基通36－40
	借上社宅	イ　実際の支払賃料の額の50％又は上記アの計算額のいずれか多い額	
	小規模住宅	自己所有住宅等及び借上社宅の内、小規模住宅（木造家屋：132㎡以下、木造家屋以外：99㎡以下）に該当する場合には、上記ア、イにおいて使用する算式は、使用人の場合と同じ算式（所基通36－41に規定する算式）を用いて計算する。	所基通36－41
	特例	一定の使用状況がある場合、計算の特例がある。	所基通36－43
	豪華社宅	上記ア、イの算式によらず、実際に貸主に支払われる賃貸料の額又は一般の賃貸住宅である場合に授受されるであろう賃貸料の額 　豪華社宅とは、①床面積が240㎡超のもののうち、その取得価額、支払賃料、内外装の設備等を総合勘案して判定する。ただし240㎡以下であっても次のものは豪華社宅に該当する。 　(ア)　一般の住宅等には設置されていないプール等の設備があるもの 　(イ)　役員個人の嗜好を反映した設備があるもの	平7課法8－1他
一般の使用人		ウ　その年度の家屋及びその敷地の固定資産税評価額を基に所定の算式（所基通36－41）にて計算した額 　上記賃貸料相当額の50％以上を使用人から実際に徴収している場合には、経済的利益の供与はなかったものとして課税されない。	所基通36－45、47

20　死亡した者の給与	死亡後に支給期の到来する給与のうち相続税の課税価額に算入されるものは所得税は課税されない。	所基通9－17

給与所得

【八　給与所得】

21 労働基準法による補償金	労働基準法等の規定により支給される療養費、休業補償、傷害補償等の各種補償金は課税されない。	
22 交際費等	原則、支給された者の給与所得課税。ただし、業務用として支給され、目的使用の事績が明らかなものは課税されない。	
23 確定給付企業年金規約等に基づく掛金等	政令の定めるところにより、支出された各制度の掛金、保険料、信託金等は課税されない。	所令64、82の4

(2)　その他の現物給与・経済的利益等の課税上の取扱い

　　下記条文等による。

1 制服等の支給	所法9①六、所令21二・三、所基通9－8
2 寄宿舎の電気料等の使用者負担	所基通36－26
3 金銭等の無利息貸付	所基通36－28
4 用役の提供等	所基通36－29
5 生命保険料や損害保険料の負担	所基通36－31～36－31の4、36－31の6～36－31－8、平2直審4－19
6 ゴルフクラブの入会金等の負担	所基通36－34、36－34の2
7 レジャークラブの入会金等の負担	所基通36－34の3
8 ロータリー（ライオンズ）クラブの入会金等の負担	所基通36－35の2
9 社交団体の入会金等の負担	所基通36－35
10 住宅資金の貸付け等を受けた場合の経済的利益	旧措法29、旧措令19の2 ※ 平成22年12月31日をもって廃止されたが、同日以前に使用者から住宅資金の貸付けを受けている者は、引き続きこの特例の適用がある（平22改正法附則58①～⑦）。

【八　給与所得】

(3)　現物給与の評価の原則

現物給与の種類	評　価　額　等
ア　商品等の支給（所基通36－39(1)）	製造業者が自家製品を支給する場合⇒製造業者販売価額 卸売業者が取扱商品を支給する場合⇒卸売価額 小売業者が取扱商品を支給する場合⇒小売価額
イ　商品等以外（所基通36－39(2)）	原則⇒通常売買価額 役員等に支給するための購入物品⇒購入価額（価額変動少の場合）
ウ　有価証券（所基通36－36）	支給時の価額 （価額の多少にかかわらず給与所得課税）
エ　生命保険契約等に関する権利（所基通36－37）	支給時に契約を解除した場合の解約返戻金等の額
オ　事業用資産の専属的利用（所令84の2）	通常支払うべき使用料その他その利用の対価に相当する額 （注）　社宅については、上記(1)19参照
カ　金銭の貸付け（所基通36－15、36－28、36－49）	①　他から借入れによる貸付けの場合⇒その借入金の利率 ②　①以外⇒貸付を行った年の特例基準割合（措法93②）による利率

貸付日	平21	平22~平25	平26	平27~28	平29	平30	令1
利率(年)	4.5%	4.3%	1.9%	1.8%	1.7%	1.6%	1.6%

（注）　使用人に対する住宅取得資金の貸付け⇒年1％以上の利率により利息を徴しているときは課税されない（平成22年12月31日までに行った場合（平22改正法附則58他））。それ以後の貸付けについては②に同じ。

キ　食事の支給（所基通36－38）	調理して支給⇒主食、副食、調味料等に要する直接費相当額 購入して支給⇒購入価額相当額

給与所得

【八　給与所得】

10　源泉徴収
(1)　賞与以外の給与に対する源泉徴収 （所法185）

給与の支給区分	使用する税額表	扶養控除等申告書の提出の有無	使用する欄
① 月ごとに支払うもの ② 半月ごと、旬ごとに支払うもの ③ 月の整数倍の期間ごとに支払うもの	月額表	提　出　あ　り	甲欄
		提　出　な　し	乙欄
④ 毎日支払うもの ⑤ 週ごとに支払うもの ｝日雇賃金を除く。 ⑥ 日割で支払うもの	日額表	提　出　あ　り	甲欄
		提　出　な　し	乙欄
⑦ 日雇賃金		（提出不要）	丙欄

　日雇賃金とは、日々雇い入れられる人が労働した日又は時間によって算定され、かつ、労働した日ごとに支払を受ける給与をいう。ただし、一の給与の支払者から継続して2か月を超えて支払を受ける場合には、その2か月を超えて支払を受けるものは、日雇賃金には含まれない（所令309）。

(2)　賞与に対する源泉徴収 （所法186）

賞与の支給区分	使用する税額表	給与所得者の扶養控除等申告書の提出の有無	使用する欄
① 前月中に賞与以外の普通給与の支払がある者に支払う賞与（前月中の普通給与の10倍を超える賞与を除く。）	算出率表	提　出　あ　り	甲欄
		提　出　な　し	乙欄
② 前月中に賞与以外の普通給与の支払がない者に支払う賞与 ③ 前月中の普通給与の10倍を超える賞与	月額表	提　出　あ　り	甲欄
		提　出　な　し	乙欄

— 174 —

【八　給与所得】

参考　給与所得の源泉徴収税額表（令和3年1月以降分）

（一）　**月額表**（平成24年3月31日財務省告示第115号別表第一（平成31年3月29日財務省告示第97号改正））（～166,999円）

その月の社会保険料等控除後の給与等の金額		甲								乙
		扶　養　親　族　等　の　数								
		0 人	1 人	2 人	3 人	4 人	5 人	6 人	7 人	
以　上	未　満	税					額			税　額
円 88,000	円 円未満	円 0	円 0	円 0	円 0	円 0	円 0	円 0	円 0	円 その月の社会保険料等控除後の給与等の金額の3.063％に相当する金額
88,000	89,000	130	0	0	0	0	0	0	0	3,200
89,000	90,000	180	0	0	0	0	0	0	0	3,200
90,000	91,000	230	0	0	0	0	0	0	0	3,200
91,000	92,000	290	0	0	0	0	0	0	0	3,200
92,000	93,000	340	0	0	0	0	0	0	0	3,300
93,000	94,000	390	0	0	0	0	0	0	0	3,300
94,000	95,000	440	0	0	0	0	0	0	0	3,300
95,000	96,000	490	0	0	0	0	0	0	0	3,400
96,000	97,000	540	0	0	0	0	0	0	0	3,400
97,000	98,000	590	0	0	0	0	0	0	0	3,500
98,000	99,000	640	0	0	0	0	0	0	0	3,500
99,000	101,000	720	0	0	0	0	0	0	0	3,600
101,000	103,000	830	0	0	0	0	0	0	0	3,600
103,000	105,000	930	0	0	0	0	0	0	0	3,700
105,000	107,000	1,030	0	0	0	0	0	0	0	3,800
107,000	109,000	1,130	0	0	0	0	0	0	0	3,800
109,000	111,000	1,240	0	0	0	0	0	0	0	3,900
111,000	113,000	1,340	0	0	0	0	0	0	0	4,000
113,000	115,000	1,440	0	0	0	0	0	0	0	4,100
115,000	117,000	1,540	0	0	0	0	0	0	0	4,100
117,000	119,000	1,640	0	0	0	0	0	0	0	4,200
119,000	121,000	1,750	120	0	0	0	0	0	0	4,300
121,000	123,000	1,850	220	0	0	0	0	0	0	4,500
123,000	125,000	1,950	330	0	0	0	0	0	0	4,800
125,000	127,000	2,050	430	0	0	0	0	0	0	5,100
127,000	129,000	2,150	530	0	0	0	0	0	0	5,400
129,000	131,000	2,260	630	0	0	0	0	0	0	5,700
131,000	133,000	2,360	740	0	0	0	0	0	0	6,000
133,000	135,000	2,460	840	0	0	0	0	0	0	6,300
135,000	137,000	2,550	930	0	0	0	0	0	0	6,600
137,000	139,000	2,610	990	0	0	0	0	0	0	6,800
139,000	141,000	2,680	1,050	0	0	0	0	0	0	7,100
141,000	143,000	2,740	1,110	0	0	0	0	0	0	7,500
143,000	145,000	2,800	1,170	0	0	0	0	0	0	7,800
145,000	147,000	2,860	1,240	0	0	0	0	0	0	8,100
147,000	149,000	2,920	1,300	0	0	0	0	0	0	8,400
149,000	151,000	2,980	1,360	0	0	0	0	0	0	8,700
151,000	153,000	3,050	1,430	0	0	0	0	0	0	9,000
153,000	155,000	3,120	1,500	0	0	0	0	0	0	9,300
155,000	157,000	3,200	1,570	0	0	0	0	0	0	9,600
157,000	159,000	3,270	1,640	0	0	0	0	0	0	9,900
159,000	161,000	3,340	1,720	100	0	0	0	0	0	10,200
161,000	163,000	3,410	1,790	170	0	0	0	0	0	10,500
163,000	165,000	3,480	1,860	250	0	0	0	0	0	10,800
165,000	167,000	3,550	1,930	320	0	0	0	0	0	11,100

給与所得

【八 給与所得】

(二) (167,000円～289,999円)

その月の社会保険料等控除後の給与等の金額		甲								乙
		扶 養 親 族 等 の 数								
以上	未満	0 人	1 人	2 人	3 人	4 人	5 人	6 人	7 人	税 額
円	円	円	円	円	円	円	円	円	円	円
167,000	169,000	3,620	2,000	390	0	0	0	0	0	11,400
169,000	171,000	3,700	2,070	460	0	0	0	0	0	11,700
171,000	173,000	3,770	2,140	530	0	0	0	0	0	12,000
173,000	175,000	3,840	2,220	600	0	0	0	0	0	12,400
175,000	177,000	3,910	2,290	670	0	0	0	0	0	12,700
177,000	179,000	3,980	2,360	750	0	0	0	0	0	13,200
179,000	181,000	4,050	2,430	820	0	0	0	0	0	13,900
181,000	183,000	4,120	2,500	890	0	0	0	0	0	14,600
183,000	185,000	4,200	2,570	960	0	0	0	0	0	15,300
185,000	187,000	4,270	2,640	1,030	0	0	0	0	0	16,000
187,000	189,000	4,340	2,720	1,100	0	0	0	0	0	16,700
189,000	191,000	4,410	2,790	1,170	0	0	0	0	0	17,500
191,000	193,000	4,480	2,860	1,250	0	0	0	0	0	18,100
193,000	195,000	4,550	2,930	1,320	0	0	0	0	0	18,800
195,000	197,000	4,630	3,000	1,390	0	0	0	0	0	19,500
197,000	199,000	4,700	3,070	1,460	0	0	0	0	0	20,200
199,000	201,000	4,770	3,140	1,530	0	0	0	0	0	20,900
201,000	203,000	4,840	3,220	1,600	0	0	0	0	0	21,500
203,000	205,000	4,910	3,290	1,670	0	0	0	0	0	22,200
205,000	207,000	4,980	3,360	1,750	130	0	0	0	0	22,700
207,000	209,000	5,050	3,430	1,820	200	0	0	0	0	23,300
209,000	211,000	5,130	3,500	1,890	280	0	0	0	0	23,900
211,000	213,000	5,200	3,570	1,960	350	0	0	0	0	24,400
213,000	215,000	5,270	3,640	2,030	420	0	0	0	0	25,000
215,000	217,000	5,340	3,720	2,100	490	0	0	0	0	25,500
217,000	219,000	5,410	3,790	2,170	560	0	0	0	0	26,100
219,000	221,000	5,480	3,860	2,250	630	0	0	0	0	26,800
221,000	224,000	5,560	3,950	2,340	710	0	0	0	0	27,400
224,000	227,000	5,680	4,060	2,440	830	0	0	0	0	28,400
227,000	230,000	5,780	4,170	2,550	930	0	0	0	0	29,300
230,000	233,000	5,890	4,280	2,650	1,040	0	0	0	0	30,300
233,000	236,000	5,990	4,380	2,770	1,140	0	0	0	0	31,300
236,000	239,000	6,110	4,490	2,870	1,260	0	0	0	0	32,400
239,000	242,000	6,210	4,590	2,980	1,360	0	0	0	0	33,400
242,000	245,000	6,320	4,710	3,080	1,470	0	0	0	0	34,400
245,000	248,000	6,420	4,810	3,200	1,570	0	0	0	0	35,400
248,000	251,000	6,530	4,920	3,300	1,680	0	0	0	0	36,400
251,000	254,000	6,640	5,020	3,410	1,790	170	0	0	0	37,500
254,000	257,000	6,750	5,140	3,510	1,900	290	0	0	0	38,500
257,000	260,000	6,850	5,240	3,620	2,000	390	0	0	0	39,400
260,000	263,000	6,960	5,350	3,730	2,110	500	0	0	0	40,400
263,000	266,000	7,070	5,450	3,840	2,220	600	0	0	0	41,500
266,000	269,000	7,180	5,560	3,940	2,330	710	0	0	0	42,500
269,000	272,000	7,280	5,670	4,050	2,430	820	0	0	0	43,500
272,000	275,000	7,390	5,780	4,160	2,540	930	0	0	0	44,500
275,000	278,000	7,490	5,880	4,270	2,640	1,030	0	0	0	45,500
278,000	281,000	7,610	5,990	4,370	2,760	1,140	0	0	0	46,600
281,000	284,000	7,710	6,100	4,480	2,860	1,250	0	0	0	47,600
284,000	287,000	7,820	6,210	4,580	2,970	1,360	0	0	0	48,600
287,000	290,000	7,920	6,310	4,700	3,070	1,460	0	0	0	49,700

【八 給与所得】

(三)　　　　　　　　　　　　　　　　　　　　　　　　　　　　　（290,000円～439,999円）

その月の社会保険料等控除後の給与等の金額		甲								乙
以上	未満	0 人	1 人	2 人	3 人	4 人	5 人	6 人	7 人	税額
円	円	税					額			円
290,000	293,000	8,040	6,420	4,800	3,190	1,570	0	0	0	50,900
293,000	296,000	8,140	6,520	4,910	3,290	1,670	0	0	0	52,100
296,000	299,000	8,250	6,640	5,010	3,400	1,790	160	0	0	52,900
299,000	302,000	8,420	6,740	5,130	3,510	1,890	280	0	0	53,700
302,000	305,000	8,670	6,860	5,250	3,630	2,010	400	0	0	54,500
305,000	308,000	8,910	6,980	5,370	3,760	2,130	520	0	0	55,200
308,000	311,000	9,160	7,110	5,490	3,880	2,260	640	0	0	56,100
311,000	314,000	9,400	7,230	5,620	4,000	2,380	770	0	0	56,900
314,000	317,000	9,650	7,350	5,740	4,120	2,500	890	0	0	57,800
317,000	320,000	9,890	7,470	5,860	4,250	2,620	1,010	0	0	58,800
320,000	323,000	10,140	7,600	5,980	4,370	2,750	1,130	0	0	59,800
323,000	326,000	10,380	7,720	6,110	4,490	2,870	1,260	0	0	60,900
326,000	329,000	10,630	7,840	6,230	4,610	2,990	1,380	0	0	61,900
329,000	332,000	10,870	7,960	6,350	4,740	3,110	1,500	0	0	62,900
332,000	335,000	11,120	8,090	6,470	4,860	3,240	1,620	0	0	63,900
335,000	338,000	11,360	8,210	6,600	4,980	3,360	1,750	130	0	64,900
338,000	341,000	11,610	8,370	6,720	5,110	3,480	1,870	260	0	66,000
341,000	344,000	11,850	8,620	6,840	5,230	3,600	1,990	380	0	67,000
344,000	347,000	12,100	8,860	6,960	5,350	3,730	2,110	500	0	68,000
347,000	350,000	12,340	9,110	7,090	5,470	3,850	2,240	620	0	69,000
350,000	353,000	12,590	9,350	7,210	5,600	3,970	2,360	750	0	70,000
353,000	356,000	12,830	9,600	7,330	5,720	4,090	2,480	870	0	71,100
356,000	359,000	13,080	9,840	7,450	5,840	4,220	2,600	990	0	72,100
359,000	362,000	13,320	10,090	7,580	5,960	4,340	2,730	1,110	0	73,100
362,000	365,000	13,570	10,330	7,700	6,090	4,460	2,850	1,240	0	74,200
365,000	368,000	13,810	10,580	7,820	6,210	4,580	2,970	1,360	0	75,200
368,000	371,000	14,060	10,820	7,940	6,330	4,710	3,090	1,480	0	76,200
371,000	374,000	14,300	11,070	8,070	6,450	4,830	3,220	1,600	0	77,100
374,000	377,000	14,550	11,310	8,190	6,580	4,950	3,340	1,730	100	78,100
377,000	380,000	14,790	11,560	8,320	6,700	5,070	3,460	1,850	220	79,000
380,000	383,000	15,040	11,800	8,570	6,820	5,200	3,580	1,970	350	79,900
383,000	386,000	15,280	12,050	8,810	6,940	5,320	3,710	2,090	470	81,400
386,000	389,000	15,530	12,290	9,060	7,070	5,440	3,830	2,220	590	83,100
389,000	392,000	15,770	12,540	9,300	7,190	5,560	3,950	2,340	710	84,700
392,000	395,000	16,020	12,780	9,550	7,310	5,690	4,070	2,460	840	86,500
395,000	398,000	16,260	13,030	9,790	7,430	5,810	4,200	2,580	960	88,200
398,000	401,000	16,510	13,270	10,040	7,560	5,930	4,320	2,710	1,080	89,800
401,000	404,000	16,750	13,520	10,280	7,680	6,050	4,440	2,830	1,200	91,600
404,000	407,000	17,000	13,760	10,530	7,800	6,180	4,560	2,950	1,330	93,300
407,000	410,000	17,240	14,010	10,770	7,920	6,300	4,690	3,070	1,450	95,000
410,000	413,000	17,490	14,250	11,020	8,050	6,420	4,810	3,200	1,570	96,700
413,000	416,000	17,730	14,500	11,260	8,170	6,540	4,930	3,320	1,690	98,300
416,000	419,000	17,980	14,740	11,510	8,290	6,670	5,050	3,440	1,820	100,100
419,000	422,000	18,220	14,990	11,750	8,530	6,790	5,180	3,560	1,940	101,800
422,000	425,000	18,470	15,230	12,000	8,770	6,910	5,300	3,690	2,060	103,400
425,000	428,000	18,710	15,480	12,240	9,020	7,030	5,420	3,810	2,180	105,200
428,000	431,000	18,960	15,720	12,490	9,260	7,160	5,540	3,930	2,310	106,900
431,000	434,000	19,210	15,970	12,730	9,510	7,280	5,670	4,050	2,430	108,500
434,000	437,000	19,450	16,210	12,980	9,750	7,400	5,790	4,180	2,550	110,300
437,000	440,000	19,700	16,460	13,220	10,000	7,520	5,910	4,300	2,680	112,000

給与所得

【八　給与所得】

(四)　　　（440,000円～589,999円）

その月の社会保険料等控除後の給与等の金額		甲								乙
		扶　養　親　族　等　の　数								
以　上	未　満	0 人	1 人	2 人	3 人	4 人	5 人	6 人	7 人	税　額
円	円	税　　　　　　　　　　　　　額								円
440,000	443,000	20,090	16,700	13,470	10,240	7,650	6,030	4,420	2,800	113,600
443,000	446,000	20,580	16,950	13,710	10,490	7,770	6,160	4,540	2,920	115,400
446,000	449,000	21,070	17,190	13,960	10,730	7,890	6,280	4,670	3,040	117,100
449,000	452,000	21,560	17,440	14,200	10,980	8,010	6,400	4,790	3,170	118,700
452,000	455,000	22,050	17,680	14,450	11,220	8,140	6,520	4,910	3,290	120,500
455,000	458,000	22,540	17,930	14,690	11,470	8,260	6,650	5,030	3,410	122,200
458,000	461,000	23,030	18,170	14,940	11,710	8,470	6,770	5,160	3,530	123,800
461,000	464,000	23,520	18,420	15,180	11,960	8,720	6,890	5,280	3,660	125,600
464,000	467,000	24,010	18,660	15,430	12,200	8,960	7,010	5,400	3,780	127,300
467,000	470,000	24,500	18,910	15,670	12,450	9,210	7,140	5,520	3,900	129,000
470,000	473,000	24,990	19,150	15,920	12,690	9,450	7,260	5,650	4,020	130,700
473,000	476,000	25,480	19,400	16,160	12,940	9,700	7,380	5,770	4,150	132,300
476,000	479,000	25,970	19,640	16,410	13,180	9,940	7,500	5,890	4,270	134,000
479,000	482,000	26,460	20,000	16,650	13,430	10,190	7,630	6,010	4,390	135,600
482,000	485,000	26,950	20,490	16,900	13,670	10,430	7,750	6,140	4,510	137,200
485,000	488,000	27,440	20,980	17,140	13,920	10,680	7,870	6,260	4,640	138,800
488,000	491,000	27,930	21,470	17,390	14,160	10,920	7,990	6,380	4,760	140,400
491,000	494,000	28,420	21,960	17,630	14,410	11,170	8,120	6,500	4,880	142,000
494,000	497,000	28,910	22,450	17,880	14,650	11,410	8,240	6,630	5,000	143,700
497,000	500,000	29,400	22,940	18,120	14,900	11,660	8,420	6,750	5,130	145,200
500,000	503,000	29,890	23,430	18,370	15,140	11,900	8,670	6,870	5,250	146,800
503,000	506,000	30,380	23,920	18,610	15,390	12,150	8,910	6,990	5,370	148,500
506,000	509,000	30,880	24,410	18,860	15,630	12,390	9,160	7,120	5,490	150,100
509,000	512,000	31,370	24,900	19,100	15,880	12,640	9,400	7,240	5,620	151,600
512,000	515,000	31,860	25,390	19,350	16,120	12,890	9,650	7,360	5,740	153,300
515,000	518,000	32,350	25,880	19,590	16,370	13,130	9,890	7,480	5,860	154,900
518,000	521,000	32,840	26,370	19,900	16,610	13,380	10,140	7,610	5,980	156,500
521,000	524,000	33,330	26,860	20,390	16,860	13,620	10,380	7,730	6,110	158,100
524,000	527,000	33,820	27,350	20,880	17,100	13,870	10,630	7,850	6,230	159,600
527,000	530,000	34,310	27,840	21,370	17,350	14,110	10,870	7,970	6,350	161,000
530,000	533,000	34,800	28,330	21,860	17,590	14,360	11,120	8,100	6,470	162,500
533,000	536,000	35,290	28,820	22,350	17,840	14,600	11,360	8,220	6,600	164,000
536,000	539,000	35,780	29,310	22,840	18,080	14,850	11,610	8,380	6,720	165,400
539,000	542,000	36,270	29,800	23,330	18,330	15,090	11,850	8,630	6,840	166,900
542,000	545,000	36,760	30,290	23,820	18,570	15,340	12,100	8,870	6,960	168,400
545,000	548,000	37,250	30,780	24,310	18,820	15,580	12,340	9,120	7,090	169,900
548,000	551,000	37,740	31,270	24,800	19,060	15,830	12,590	9,360	7,210	171,300
551,000	554,000	38,280	31,810	25,340	19,330	16,100	12,860	9,630	7,350	172,800
554,000	557,000	38,830	32,370	25,890	19,600	16,380	13,140	9,900	7,480	174,300
557,000	560,000	39,380	32,920	26,440	19,980	16,650	13,420	10,180	7,630	175,700
560,000	563,000	39,930	33,470	27,000	20,530	16,930	13,690	10,460	7,760	177,200
563,000	566,000	40,480	34,020	27,550	21,080	17,200	13,970	10,730	7,900	178,700
566,000	569,000	41,030	34,570	28,100	21,630	17,480	14,240	11,010	8,040	180,100
569,000	572,000	41,590	35,120	28,650	22,190	17,760	14,520	11,280	8,180	181,600
572,000	575,000	42,140	35,670	29,200	22,740	18,030	14,790	11,560	8,330	183,100
575,000	578,000	42,690	36,230	29,750	23,290	18,310	15,070	11,830	8,610	184,600
578,000	581,000	43,240	36,780	30,300	23,840	18,580	15,350	12,110	8,880	186,000
581,000	584,000	43,790	37,330	30,850	24,390	18,860	15,620	12,380	9,160	187,500
584,000	587,000	44,340	37,880	31,410	24,940	19,130	15,900	12,660	9,430	189,000
587,000	590,000	44,890	38,430	31,960	25,490	19,410	16,170	12,940	9,710	190,400

— 178 —

【八　給与所得】

（五）　　　　　　　　　　　　　　　　　　　　　　　　　　（590,000円～739,999円）

その月の社会保険料等控除後の給与等の金額		甲								乙
		扶 養 親 族 等 の 数								
以上	未満	0 人	1 人	2 人	3 人	4 人	5 人	6 人	7 人	税 額
		税					額			
円	円	円	円	円	円	円	円	円	円	円
590,000	593,000	45,440	38,980	32,510	26,050	19,680	16,450	13,210	9,990	191,900
593,000	596,000	46,000	39,530	33,060	26,600	20,130	16,720	13,490	10,260	193,400
596,000	599,000	46,550	40,080	33,610	27,150	20,690	17,000	13,760	10,540	194,800
599,000	602,000	47,100	40,640	34,160	27,700	21,240	17,280	14,040	10,810	196,300
602,000	605,000	47,650	41,190	34,710	28,250	21,790	17,550	14,310	11,090	197,800
605,000	608,000	48,200	41,740	35,270	28,800	22,340	17,830	14,590	11,360	199,300
608,000	611,000	48,750	42,290	35,820	29,350	22,890	18,100	14,870	11,640	200,700
611,000	614,000	49,300	42,840	36,370	29,910	23,440	18,380	15,140	11,920	202,200
614,000	617,000	49,860	43,390	36,920	30,460	23,990	18,650	15,420	12,190	203,700
617,000	620,000	50,410	43,940	37,470	31,010	24,540	18,930	15,690	12,470	205,100
620,000	623,000	50,960	44,500	38,020	31,560	25,100	19,210	15,970	12,740	206,700
623,000	626,000	51,510	45,050	38,570	32,110	25,650	19,480	16,240	13,020	208,100
626,000	629,000	52,060	45,600	39,120	32,660	26,200	19,760	16,520	13,290	209,500
629,000	632,000	52,610	46,150	39,680	33,210	26,750	20,280	16,800	13,570	211,000
632,000	635,000	53,160	46,700	40,230	33,760	27,300	20,830	17,070	13,840	212,500
635,000	638,000	53,710	47,250	40,780	34,320	27,850	21,380	17,350	14,120	214,000
638,000	641,000	54,270	47,800	41,330	34,870	28,400	21,930	17,620	14,400	214,900
641,000	644,000	54,820	48,350	41,880	35,420	28,960	22,480	17,900	14,670	215,900
644,000	647,000	55,370	48,910	42,430	35,970	29,510	23,030	18,170	14,950	217,000
647,000	650,000	55,920	49,460	42,980	36,520	30,060	23,590	18,450	15,220	218,000
650,000	653,000	56,470	50,010	43,540	37,070	30,610	24,140	18,730	15,500	219,000
653,000	656,000	57,020	50,560	44,090	37,620	31,160	24,690	19,000	15,770	220,000
656,000	659,000	57,570	51,110	44,640	38,180	31,710	25,240	19,280	16,050	221,000
659,000	662,000	58,130	51,660	45,190	38,730	32,260	25,790	19,550	16,330	222,100
662,000	665,000	58,680	52,210	45,740	39,280	32,810	26,340	19,880	16,600	223,100
665,000	668,000	59,230	52,770	46,290	39,830	33,370	26,890	20,430	16,880	224,100
668,000	671,000	59,780	53,320	46,840	40,380	33,920	27,440	20,980	17,150	225,000
671,000	674,000	60,330	53,870	47,390	40,930	34,470	28,000	21,530	17,430	226,000
674,000	677,000	60,880	54,420	47,950	41,480	35,020	28,550	22,080	17,700	227,100
677,000	680,000	61,430	54,970	48,500	42,030	35,570	29,100	22,640	17,980	228,100
680,000	683,000	61,980	55,520	49,050	42,590	36,120	29,650	23,190	18,260	229,100
683,000	686,000	62,540	56,070	49,600	43,140	36,670	30,200	23,740	18,530	230,400
686,000	689,000	63,090	56,620	50,150	43,690	37,230	30,750	24,290	18,810	232,100
689,000	692,000	63,640	57,180	50,700	44,240	37,780	31,300	24,840	19,080	233,600
692,000	695,000	64,190	57,730	51,250	44,790	38,330	31,860	25,390	19,360	235,100
695,000	698,000	64,740	58,280	51,810	45,340	38,880	32,410	25,940	19,630	236,700
698,000	701,000	65,290	58,830	52,360	45,890	39,430	32,960	26,490	20,030	238,200
701,000	704,000	65,840	59,380	52,910	46,450	39,980	33,510	27,050	20,580	239,700
704,000	707,000	66,400	59,930	53,460	47,000	40,530	34,060	27,600	21,130	241,300
707,000	710,000	66,960	60,480	54,020	47,550	41,090	34,620	28,150	21,690	242,900
710,000	713,000	67,570	61,100	54,630	48,160	41,700	35,230	28,760	22,300	244,400
713,000	716,000	68,180	61,710	55,250	48,770	42,310	35,850	29,370	22,910	246,000
716,000	719,000	68,790	62,320	55,860	49,390	42,920	36,460	29,990	23,520	247,500
719,000	722,000	69,410	62,930	56,470	50,000	43,540	37,070	30,600	24,140	249,000
722,000	725,000	70,020	63,550	57,080	50,610	44,150	37,690	31,210	24,750	250,600
725,000	728,000	70,630	64,160	57,700	51,220	44,760	38,300	31,820	25,360	252,200
728,000	731,000	71,250	64,770	58,310	51,840	45,370	38,910	32,440	25,970	253,700
731,000	734,000	71,860	65,380	58,920	52,450	45,990	39,520	33,050	26,590	255,300
734,000	737,000	72,470	66,000	59,530	53,060	46,600	40,140	33,660	27,200	256,800
737,000	740,000	73,080	66,610	60,150	53,670	47,210	40,750	34,270	27,810	258,300

給 与 所 得

— 179 —

【八　給与所得】

(六)　　　（740,000円〜3,499,999円）

その月の社会保険料等控除後の給与等の金額	甲								乙
	扶　養　親　族　等　の　数								
	0 人	1 人	2 人	3 人	4 人	5 人	6 人	7 人	
以　上　　未　満	税　　　　　　　　　　　　　　　　　　額								税　　額
740,000円	円73,390	円66,920	円60,450	円53,980	円47,520	円41,050	円34,580	円28,120	円259,800
740,000円を超え780,000円に満たない金額	740,000円の場合の税額に、その月の社会保険料等控除後の給与等の金額のうち740,000円を超える金額の20.42％に相当する金額を加算した金額								259,800円に、その月の社会保険料等控除後の給与等の金額のうち740,000円を超える金額の40.84％に相当する金額を加算した金額
780,000円	円81,560	円75,090	円68,620	円62,150	円55,690	円49,220	円42,750	円36,290	
780,000円を超え950,000円に満たない金額	780,000円の場合の税額に、その月の社会保険料等控除後の給与等の金額のうち780,000円を超える金額の23.483％に相当する金額を加算した金額								
950,000円	円121,480	円115,010	円108,540	円102,070	円95,610	円89,140	円82,670	円76,210	
950,000円を超え1,700,000円に満たない金額	950,000円の場合の税額に、その月の社会保険料等控除後の給与等の金額のうち950,000円を超える金額の33.693％に相当する金額を加算した金額								
1,700,000円	374,180	367,710	361,240	354,770	348,310	341,840	335,370	328,910	651,900
1,700,000円を超え2,170,000円に満たない金額	1,700,000円の場合の税額に、その月の社会保険料等控除後の給与等の金額のうち1,700,000円を超える金額の40.84％に相当する金額を加算した金額								651,900円に、その月の社会保険料等控除後の給与等の金額のうち1,700,000円を超える金額の45.945％に相当する金額を加算した金額
2,170,000円	円571,570	円565,090	円558,630	円552,160	円545,690	円539,230	円532,760	円526,290	
2,170,000円を超え2,210,000円に満たない金額	2,170,000円の場合の税額に、その月の社会保険料等控除後の給与等の金額のうち2,170,000円を超える金額の40.84％に相当する金額を加算した金額								
2,210,000円	円593,340	円586,870	円580,410	円573,930	円567,470	円561,010	円554,540	円548,070	
2,210,000円を超え2,250,000円に満たない金額	2,210,000円の場合の税額に、その月の社会保険料等控除後の給与等の金額のうち2,210,000円を超える金額の40.84％に相当する金額を加算した金額								
2,250,000円	円615,120	円608,650	円602,190	円595,710	円589,250	円582,790	円576,310	円569,850	
2,250,000円を超え3,500,000円に満たない金額	2,250,000円の場合の税額に、その月の社会保険料等控除後の給与等の金額のうち2,250,000円を超える金額の40.84％に相当する金額を加算した金額								

【八　給与所得】

（七）　　　　　　　　　　　　　　　　　　　　　　　　　　　　　　　　　　　　（3,500,000円〜）

その月の社会保険料等控除後の給与等の金額	甲								乙
	扶　養　親　族　等　の　数								
	0 人	1 人	2 人	3 人	4 人	5 人	6 人	7 人	
以　上　　未　満	税					額			税　額
3,500,000円	円 1,125,620	円 1,119,150	円 1,112,690	円 1,106,210	円 1,099,750	円 1,093,290	円 1,086,810	円 1,080,350	651,900円に、その月の社会保険料等控除後の給与等の金額のうち1,700,000円を超える金額の45.945％に相当する金額を加算した金額
3,500,000円を超える金額	3,500,000円の場合の税額に、その月の社会保険料等控除後の給与等の金額のうち3,500,000円を超える金額の45.945％に相当する金額を加算した金額								
扶養親族等の数が7人を超える場合には、扶養親族等の数が7人の場合の税額から、その7人を超える1人ごとに1,610円を控除した金額									従たる給与についての扶養控除等申告書が提出されている場合には、当該申告書に記載された扶養親族等1人ごとに1,610円を、上の各欄によって求めた税額から控除した金額

（注）　この表における用語の意味は、次のとおり。
　1　「扶養親族等」とは、源泉控除対象配偶者及び控除対象扶養親族をいう。
　2　「社会保険料等」とは、所得税法第74条第2項（社会保険料控除）に規定する社会保険料及び同法第75条第2項（小規模企業共済等掛金控除）に規定する小規模企業共済等掛金をいう。

（備考）　税額の求め方は、次のとおり。
　1　「給与所得者の扶養控除等申告書」（以下この表において「扶養控除等申告書」という。）の提出があった人
　　⑴　まず、その人のその月の給与等の金額から、その給与等の金額から控除される社会保険料等の金額を控除した金額を求める。
　　⑵　次に、扶養控除等申告書により申告された扶養親族等（その申告書に記載がされていないものとされる源泉控除対象配偶者を除く。また、扶養親族等が国外居住親族である場合には、親族に該当する旨を証する書類が扶養控除等申告書に添付され、又は当該書類が扶養控除等申告書の提出の際に提示された扶養親族等に限る。）の数が7人以下である場合には、⑴により求めた金額に応じて「その月の社会保険料等控除後の給与等の金額」欄の該当する行を求め、その行と扶養親族等の数に応じた甲欄との交わるところに記載されている金額を求める。これが求める税額である。
　　⑶　扶養控除等申告書により申告された扶養親族等の数が7人を超える場合には、⑴により求めた金額に応じて、扶養親族等の数が7人であるものとして⑵により求めた税額から、扶養親族等の数が7人を超える1人ごとに1,610円を控除した金額を求める。これが求める税額である。
　　⑷　⑵及び⑶の場合において、扶養控除等申告書にその人が障害者（特別障害者を含む。）、寡婦、ひとり親又は勤労学生に該当する旨の記載があるときは、扶養親族等の数にこれらの一に該当するごとに1人を加算した数を、扶養控除等申告書にその人の同一生計配偶者又は扶養親族のうちに障害者（特別障害者を含む。）又は同居特別障害者（障害者（特別障害者を含む。）又は同居特別障害者が国外居住親族である場合には、親族に該当する旨を証する書類が扶養控除等申告書に添付され、又は当該書類が扶養控除等申告書の提出の際に提示された障害者（特別障害者を含む。）又は同居特別障害者に限る。）に該当する人がいる旨の記載があるときは、扶養親族等の数にこれらの一に該当するごとに1人を加算した数を、それぞれ⑵及び⑶の扶養親族等の数とする。
　2　扶養控除等申告書の提出がない人（「従たる給与についての扶養控除等申告書」の提出があった人を含む。）
　　その人のその月の給与等の金額から、その給与等の金額から控除される社会保険料等の金額を控除し、その控除後の金額に応じた「その月の社会保険料等控除後の給与等の金額」欄の該当する行と乙欄との交わるところに記載されている金額（「従たる給与についての扶養控除等申告書」の提出があった場合には、その申告書により申告された扶養親族等（その申告書に記載がされていないものとされる源泉控除対象配偶者を除く。）の数に応じ、扶養親族等1人ごとに1,610円を控除した金額）を求める。これが求める税額である。

【八　給与所得】

参考　賞与に対する源泉徴収税額の算出率の表（令和３年１月以降分）

（平成24年３月31日財務省告示第115号別表第三（平成31年３月29日財務省告示第97号改正））

賞与の金額に乗ずべき率	甲							
	扶 養 親 族							族
	0 人		1 人		2 人		3 人	
	前 月 の 社 会 保 険 料 等 控							
	以 上	未 満	以 上	未 満	以 上	未 満	以 上	未 満
%	千円	千円	千円	千円	千円	千円	千円	千円
0.000	68 千円未満		94 千円未満		133 千円未満		171 千円未満	
2.042	68	79	94	243	133	269	171	295
4.084	79	252	243	282	269	312	295	345
6.126	252	300	282	338	312	369	345	398
8.168	300	334	338	365	369	393	398	417
10.210	334	363	365	394	393	420	417	445
12.252	363	395	394	422	420	450	445	477
14.294	395	426	422	455	450	484	477	510
16.336	426	520	455	520	484	520	510	544
18.378	520	601	520	617	520	632	544	647
20.420	601	678	617	699	632	721	647	745
22.462	678	708	699	733	721	757	745	782
24.504	708	745	733	771	757	797	782	823
26.546	745	788	771	814	797	841	823	868
28.588	788	846	814	874	841	902	868	931
30.630	846	914	874	944	902	975	931	1,005
32.672	914	1,312	944	1,336	975	1,360	1,005	1,385
35.735	1,312	1,521	1,336	1,526	1,360	1,526	1,385	1,538
38.798	1,521	2,621	1,526	2,645	1,526	2,669	1,538	2,693
41.861	2,621	3,495	2,645	3,527	2,669	3,559	2,693	3,590
45.945	3,495 千円以上		3,527 千円以上		3,559 千円以上		3,590 千円以上	

（注）　この表における用語の意味は、次のとおり。

1　「扶養親族等」とは、源泉控除対象配偶者及び控除対象扶養親族をいう。

2　「社会保険料等」とは、所得税法第74条第２項（社会保険料控除）に規定する社会保険料及び同法第75条第２項（小規模企業共済等掛金控除）に規定する小規模企業共済等掛金をいう。

また、「賞与の金額に乗ずべき率」の賞与の金額とは、賞与の金額から控除される社会保険料等の金額がある場合には、その社会保険料等控除後の金額をいう。

（備考）　賞与の金額に乗ずべき率の求め方は、次のとおり。

1　「給与所得者の扶養控除等申告書」（以下この表において「扶養控除等申告書」という。）の提出があった人（4に該当する場合を除く。）

　(1)　まず、その人の前月中の給与等（賞与を除く。以下この表において同じ。）の金額から、その給与等の金額から控除される社会保険料等の金額（以下この表において「前月中の社会保険料等の金額」という。）を控除した金額を求める。

　(2)　次に、扶養控除等申告書により申告された扶養親族等（その申告書に記載がされていないものとされる源泉控除対象配偶者を除く。また、扶養親族等が国外居住親族である場合には、親族に該当する旨を証する書類が扶養控除等申告書等に添付され、又は当該書類が扶養控除等申告書の提出の際に提示された扶養親族等に限る。）の数と(1)により求めた金額とに応じて甲欄の「前月の社会保険料等控除後の給与等の金額」欄の該当する行を求める。

　(3)　(2)により求めた行と「賞与の金額に乗ずべき率」欄との交わるところに記載されている率を求める。これが求める率である。

2　1の場合において、扶養控除等申告書にその人が障害者（特別障害者を含む。）、寡婦、ひとり親又は勤労学生に該当する旨の記載があるときは、扶養親族等の数にこれらの一に該当するごとに1人を加算した数を、扶養控除等申告書にその人の同一生計配偶者又は扶養親族のうちに障害者（特別障害者を含む。）又は同居特別障害者（障害者（特別障害者を含む。）又は同居特別障害者が国外居住親族である場合には、親族に該当する旨を証する書類が扶養控除等申告書に添付され、又は当該書類が扶養控除等申告書の提出の際に提示された障害者（特別障害者を含む。）又は同居特別障害者に限る。）に該当する人がいる旨の記載があるときは、扶養親族等の数にこれらの一に該当するごとに1人を加算した数を、それぞれ扶養親族等の数とする。

【八 給与所得】

等 の 数								乙	
4 人		5 人		6 人		7 人 以 上		前月の社会保険料等控除後の給与等の金額	
除 後 の 給 与 等 の 金 額									
以 上	未 満	以 上	未 満	以 上	未 満	以 上	未 満	以 上	未 満
千円	千円	千円	千円	千円	千円	千円	千円	千円	千円
210 千円未満		243 千円未満		275 千円未満		308 千円未満			
210	300	243	300	275	333	308	372		
300	378	300	406	333	431	372	456		
378	424	406	450	431	476	456	502		
424	444	450	472	476	499	502	523	222千円未満	
444	470	472	496	499	521	523	545		
470	503	496	525	521	547	545	571		
503	534	525	557	547	582	571	607		
534	570	557	597	582	623	607	650		
570	662	597	677	623	693	650	708		
662	768	677	792	693	815	708	838	222	293
768	806	792	831	815	856	838	880		
806	849	831	875	856	900	880	926		
849	896	875	923	900	950	926	978		
896	959	923	987	950	1,015	978	1,043		
959	1,036	987	1,066	1,015	1,096	1,043	1,127	293	524
1,036	1,409	1,066	1,434	1,096	1,458	1,127	1,482		
1,409	1,555	1,434	1,555	1,458	1,555	1,482	1,583		
1,555	2,716	1,555	2,740	1,555	2,764	1,583	2,788	524	1,118
2,716	3,622	2,740	3,654	2,764	3,685	2,788	3,717		
3,622 千円以上		3,654 千円以上		3,685 千円以上		3,717 千円以上		1,118 千円以上	

3 扶養控除等申告書の提出がない人（「従たる給与についての扶養控除等申告書」の提出があった人を含み、4に該当する場合を除く。）

(1) その人の前月中の給与等の金額から前月中の社会保険料等の金額を控除した金額を求める。

(2) (1)により求めた金額に応じて乙欄の「前月の社会保険料等控除後の給与等の金額」欄の該当する行を求める。

(3) (2)により求めた行と「賞与の金額に乗ずべき率」欄との交わるところに記載されている率を求める。これが求める率である。

4 前月中の給与等の金額がない場合や前月中の給与等の金額が前月中の社会保険料等の金額以下である場合又はその賞与の金額（その金額から控除される社会保険料等の金額がある場合には、その控除後の金額）が前月中の給与等の金額から前月中の社会保険料等の金額を控除した金額の10倍に相当する金額を超える場合には、この表によらず、平成24年3月31日財務省告示第115号（平成31年3月29日財務省告示第97号改正）第3項第1号イ(2)若しくはロ(2)又は第2号の規定により、月額表を使って税額を計算する。

5 1から4までの場合において、その人の受ける給与等の支給期が月の整数倍の期間ごとと定められているときは、その賞与の支払の直前に支払を受けた若しくは支払を受けるべき給与等の金額又はその給与等の金額から控除される社会保険料等の金額をその倍数で除して計算した金額を、それぞれ前月中の給与等の金額又はその金額から控除される社会保険料等の金額とみなす。

給与所得

九　退職所得

1　意義（退職所得の範囲）

　退職所得とは、退職手当、一時恩給その他の退職により一時に受ける給与及びこれらの性質を有する給与に係る所得（所法30①）並びに退職手当等とみなす一時金（所法31）をいう。

　この退職所得の範囲は、次の(1)及び(2)の各表のとおりとなる。

(1)　退職手当等（所法30条関係等）

区　分		内　容
退職手当等 （所法30①）		退職手当、一時恩給その他の退職により一時に受ける給与及びこれらの性質を有する給与
特殊なケース	引き続き勤務する者に支払われる給与で退職手当等とするもの（所基通30－2）	①　新たに退職給与規定を制定し、又は中小企業退職金共済制度等への移行等相当の理由により従来の退職給与規定を改正した場合に、使用人に対し、制定前又は改正前の勤続期間に対する退職手当等として支払われる給与 ②　使用人から役員になった者に対し、使用人であった勤続期間に対する退職手当等として支払われる給与 ③　①の場合に、その制定又は改正の時に既に役員になっている者全員に対し、その者の使用人期間に係る退職手当等として支払われる給与 ④　役員の分掌変更等により、職務の内容や地位が激変した者に対して、その分掌変更等の前における役員であった勤続期間に対する退職手当等として支払われる給与 ⑤　定年に達した後引き続き勤務する使用人に対し、定年に達する前の勤続期間に対する退職手当等として支払われる給与 ⑥　労働協約等の改正による定年延長の場合に、延長前の定年（旧定年）に達した使用人に対し、旧定年に達するまでの退職手当等として支払われる給与で、その支払をすることに相当の理由があると認められるもの ⑦　法人が解散した場合に、引き続き役員又は使用人として清算事務に従事する者に対し、解散前の勤続期間に対する退職手当等として支払われる給与
	使用人から執行役員への就任に伴い退職手当等として支給される一時金（所基通30－2の2）	委任契約等による就任で退任後使用人としての再雇用が保障されておらず、また、報酬、服務規律等は役員に準じたもので、その任務に反する行為等により使用者に生じた損害を賠償する責任を負うなど従前の勤務関係の延長とみられない執行役員への就任により、その就任前の勤務時間に係る退職手当等として一時に支払われる給与

【九　退職所得】

受給者が掛金を拠出することにより退職に際しその使用者から支払われる一時金（所基通30－3）	在職中に使用者に対し所定の掛金を拠出することにより退職に際してその使用者から支払われる一時金。この場合、その退職手当等の収入金額は、その一時金の額から受給者が拠出した掛金（元本に繰り入れられた掛金の運用益を含む。）の額を控除した金額による。
過去の勤務に基づき使用者であった者から支給される年金に代えて支払われる一時金（所基通30－4）	過去の勤務に基づき使用者であった者から支給される年金の受給資格者に対し、その年金に代えて支払われる一時金のうち、退職の日以後その年金の受給開始日までの間に支払われるもの なお、年金の受給開始日後に支払われる一時金であっても、将来の年金給付の総額に代えて支払われるものは、次に掲げる区分に応じ、それぞれ次に掲げる年分の退職手当等として差し支えない。 ①　退職の日以後その退職に基因する退職手当等の支払を既に受けている者に支払われる一時金⇒退職手当等のうち最初に支払われたものの支給期の属する年分 ②　①以外の一時金⇒一時金の支給期の属する年分
解雇予告手当（所基通30－5）	使用者が労働基準法20条の規定による解雇の予告をしないで使用人を解雇する場合に支払われる予告手当
一定の未払賃金（措法29の6）	事業主の倒産等により賃金の支払を受けないで退職した労働者に対し、国がその使用者に代わって未払賃金を弁済する「未払賃金立替制度」に基づいて、労働者が国から弁済を受けた給与は、その労働者が退職した日の年分の退職所得となる。

(2)　退職手当等とみなす一時金（所法31条関係）

区　分	内　　　　　容
すべて退職所得となるもの	①　国民年金法、厚生年金保険法（④を除く。）、国家公務員共済組合法、地方公務員等共済組合法、私立学校教職員共済法及び独立行政法人農業者年金基金法の規定に基づいて支給される一時金（所法31一）
	②　改正前の船員保険法の規定に基づく一時金（所令72①一）
	③　代替退職一時金及び特例退職一時金（地方公務員等共済組合法の一部を改正する法律附則の規定に基づく一時金）（所令72①二）
	④　農林漁業団体職員共済法等を廃止する等の法律の規定に基づく一時金（所令72①三）
加入者の退職に基因して支払われる	⑤　厚生年金保険法又は石炭鉱業年金基金法の規定に基づく一時金で加入員又は坑内員若しくは坑外員の退職に基因して支払われるもの（所法31二）
	⑥　確定給付企業年金法の規定に基づいて支給を受ける一時金で加入者の退職により支払われるもの（掛金のうち自己負担部分を除く。）（所法31三）

退職所得

— 185 —

【九　退職所得】

もの・勤務をした者の退職により支払われるもの	⑦	特定退職金共済団体が行う退職金共済制度に基づいてその被共済者の退職により支給される一時金（所令72②一）
	⑧	独立行政法人勤労者退職金共済機構が中小企業退職金共済法の規定により支給する退職金（所令72②二）
	⑨	独立行政法人中小企業基盤整備機構が共済契約に基づいて支給する一定の共済金又は解約手当金（所令72②三）
	⑩	適格退職年金契約に基づき支給される退職一時金（掛金等のうち自己負担部分を除く。）（所令72②四）
	⑪	確定拠出年金法に規定する企業型年金規約又は個人型年金規約に基づいて老齢給付金として支給される一時金（所令72②五）
	⑫	独立行政法人福祉医療機構が社会福祉施設職員等退職手当共済法の規定により支給する退職手当金（所令72②六）
	⑬	外国の法令に基づく保険又は共済に関する制度で上記①～④の法律の規定による社会保険又は共済に関する制度に類するものに基づき支給される一時金でその制度の被保険者又は被共済者の退職により支払われるもの（所令72②七）
	⑭	確定給付企業年金規約、厚生年金基金規約又は適格退職年金契約に基づいて支給される年金の受給資格者に対し当該年金に代えて支払われる一時金のうち、退職の日以後当該年金の受給開始日までの間に支払われるもの（年金の受給開始日後に支払われる一時金のうち、将来の年金給付の総額に代えて支払われるものを含む。）（所基通31－1(1)）
	⑮	確定拠出年金法に規定する企業型年金規約又は個人型年金規約に基づく年金の受給開始日後に支払われる一時金のうち、将来の年金給付の総額に代えて支払われるもの（所基通31－1(2)）
	⑯	確定給付企業年金規約の加入者又は厚生年金基金（企業年金連合会を含む。）若しくは適格退職年金契約の加入員に対し、30－2の(2)及び(4)から(6)まで並びに30－2の2に掲げる退職に準じた事実等が生じたことに伴い加入者又は加入員（厚生年金基金の場合の加算適用加入員を含む。）としての資格を喪失したことを給付事由として支払われる一時金（当該事実等が生じたことを給付事由として、使用者から30－2の(2)及び(4)から(6)まで並びに30－2の2に掲げる退職手当等が支払われる場合に限る。） ただし、加入者又は加入員に支払われる退職手当等が確定給付企業年金規約又は厚生年金基金規約若しくは適格退職年金契約に基づいて支払われるもののみである場合には、上記かっこ書は適用しない（所基通31－1(3)）。
その他		賃金の支払の確保等に関する法律7条に基づき、退職した労働者が弁済を受ける未払賃金（措法29の4）

— 186 —

【九　退職所得】

2　退職所得とならないケース

内　　容		所得区分等
①　遺族が受ける死亡退職金	死亡退職者の遺族が受ける退職手当等でその死亡後に支給期が到来するもので、相続税の課税価額計算に算入されるもの	非課税（相続税）
	死亡後に支給期の到来するもので、上記以外のもの	一時所得
②　公傷病により退職する者に対し、内規により支払われる見舞金で、一般の退職手当と明確に区分され、その見舞金を支払うことにより一般の退職手当の支給額が減額されることのないもの		非課税
③　退職に際し又は退職後に使用者から支払われる給与で、その支払金額の計算基準からみて、他の引き続き勤務している者に支払われる賞与等と同じ性質であるもの		給与所得
④　雇用契約の更新等により毎年支給される退職給与		給与所得
⑤　雑所得とされる公的年金等の受給資格者に対し、その年金に代えて支払われる一時金のうち年金の受給開始以後支払われるもの（将来の年金給付の総額に代えて支払われるものを除く。）		雑所得
⑥　法律の規定に基づく一時金のうち厚生年金保険法の規定に基づく一時金及び私的退職一時金で、退職に基因して支払われるもの以外の一時金（解約手当金等）		一時所得

3　所得金額の計算（平成25年1月1日以後支給分）

(1)　一般退職手当等又は特定役員退職手当等のいずれかが支給される場合（所法30②）

次のいずれかの金額

①　一般退職手当等に係る退職所得金額

（一般退職手当等の収入金額－退職所得控除額）×1/2

②　特定役員退職手当等（注1）に係る退職所得金額

特定役員退職手当等の収入金額－退職所得控除額

(2)　同一年に一般退職手当等と特定役員退職手当等の両方が支給される場合（所令71の2）

次の①と②の合計額

①　一般退職手当等に係る退職所得金額

［一般退職手当等の収入金額－（退職所得控除額－特定役員退職所得控除額（注2））］×1/2

②　特定役員退職手当等に係る退職所得金額

特定役員退職手当等の収入金額－特定役員退職所得控除額（注2）

（注）1　役員等勤続年数（役員等として勤務した期間、1年未満切上げ）が5年以下の者が、役員等勤続年数に対応する退職手当等として支払を受けるもの。なお、役員等とは、①法人税法上の役員（法法2二十五）、②国会議員及び地方議会の議員、③国家（地方）公務員をいう。

【九　退職所得】

2　a　それぞれの勤続期間に重複期間がない場合
　　　　退職手当等の支払者の下における勤続年数のうちの特定役員等勤続年数
　　（1年未満切上げ、bにおいて同じ。）を下記4(1)の退職所得控除額の算式に
　　て算出した控除額
　　b　それぞれの勤続期間に重複期間がある場合
　　　40万円×（特定役員等勤続年数－重複勤続年数）＋20万円×重複勤続年数
　　　なお、重複勤続年数とは、特定役員等勤続期間と一般勤続期間とが重複し
　　ている期間の年数（1年未満切上げ）をいう。

4　退職所得控除額
(1)　退職所得控除額の計算（所法30③、④二、地法50の3②）

勤続年数	退職所得控除額
20年以下	40万円×勤続年数（最低80万円）
20 年 超	800万円＋70万円×（勤続年数－20年）

下記の特殊な場合については、別途取扱いがある。
ア　障害者になったことに直接基因して退職した場合⇒上記で計算した退職所得控
　除額に100万円加算する（所法30④三、所令71、所基通30－15）。
イ　退職手当等が前年以前に支払を受けた退職手当等の勤続期間を通算して計算さ
　れている場合（所法30④一、所令70①一、③）
ウ　その年に支払を受ける退職手当等についての勤続期間等と前年以前4年内に支
　払を受けた他の退職手当等についての勤続期間等に重複している期間が有る場合
　（所法30④一、所令70①二、②③）
エ　ウの場合に、前の退職手当等の金額がその退職手当等の勤続年数を基として計
　算した退職所得控除額に満たないとき（所令70②）

(2)　勤続年数の計算
ア　原則

通常の場合の勤続年数は、退職手当等の支払を受ける者が、退職手当等の支払者の
下においてその退職手当等の支払の基因となった退職の日まで引き続き勤務した期間
（以下「勤続期間」によって計算する。）
　(ア)　勤続期間に1年未満の端数があるときは、その端数は1年に切り上げて計算す
　　る（所令69②、所基通30－13）。
　(イ)　長期欠勤や休職（他に勤務するための休職を除く。）の期間も勤続年数に含まれる
　　（所基通30－7）。日々雇い入れられる者であったため、支給を受ける給与につい
　　て日額表の丙欄の適用を受けていた期間は、勤続年数に含まれない（所基通30－
　　9）（その他関連通達、所基通30－6、30－8）。
イ　特殊な場合の勤続年数
　(ア)　退職手当等の支払を受ける者がその支払者の下において就職の日から退職の日
　　までの間に一時勤務しなかった期間がある場合（所令69①一イ）

— 188 —

【九　退職所得】

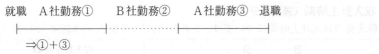

(イ) 支払者の下において勤務しなかった期間に他の者の下において勤務したことがある場合、退職手当等の支払金額の計算の基礎のうちに他の者の下において勤務した期間を含めて計算する場合（所令69①一ロ）

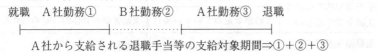

(ウ) その支払者から前に退職手当等の支払を受けたことがある場合（所令69①一ハ）
　A　原則⇒②
　B　今回の退職手当等の支払金額の計算の基礎期間に①を含めて計算する場合
　　⇒①+②

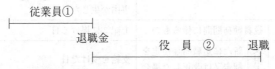

(エ) 退職手当等とみなされる退職一時金等である場合（所令69①二）
　　組合員等であった期間
(オ) その年に2以上の退職手当等や退職一時金等の支払を受ける場合（所令69①三）
　A　退職手当等に係る勤続期間のうち最も長い期間をまず勤続期間とする。
　B　Aと重複しない期間があれば加算する。

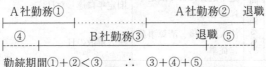

勤続期間①+②＜③　　∴　③+④+⑤

(カ) 確定拠出年金法の改正に伴い、平29．1．1以後、退職所得控除額に係る勤続年数の計算において、確定拠出年金法の老齢給付金として支給される一時金に係る退職所得控除額の計算の基礎となる組合員等であった期間に、他制度から移管を受けた資産等の額の算定の基礎となった期間のうち、企業型（個人型）年金加入者期間に準ずる一定の期間が加算されることとなった（所令69①二、所規18の3）。

退職所得

【九　退職所得】

5　収入計上時期（課税年分）

退職所得の収入計上時期については、次表のとおり（所令77、所基通36-10、36-11）。

区　　分		収入計上時期
①　原則		退職の日
②　役員に支払われる退職手当等で株主総会等の決議を要するもの	支給額を定めている場合	退職後、決議のあった日
	支給額を定めていない場合	支給金額が具体的に定められた日
③　退職給与規程の改訂により既往分に対して支払われる差額	支給日が定められている	支給日
	支給日が定められていない	改訂の効力が生じた日
④　退職手当等とみなされる一時金		支給の基礎となる法令、契約、規定又は規約により定められた給付事由が生じた日
⑤　引き続き勤務する者に支払われる給与で退職手当等とされるもの	役員勤務期間に係るもの	上記②に掲げる日
	使用人であった勤務期間に係るもの　新たに退職給与規定を制定又は改正した場合	支給を受けた日
	役員昇格	使用人から役員になった日
	執行役員就任	使用人から執行役員になった日
	定年後も引き続き勤務	定年に達した日
	定年延長により旧定年に達した場合	旧定年に達した日
	法人解散後、清算事務に従事	法人解散の日
⑥　年金に代えて支払われる一時金		給付事由が生じた日
⑦　一の勤務先の退職により2以上の退職手当等の支払を受ける場合 ・勤務先からの退職手当のほか、共済組合等から一時金の支払を受ける ・退職給与規程の改訂等で差額の支払を受ける		2以上の退職手当等のうち、最初に支払を受けるべき日

— 190 —

【九　退職所得】

➡住民税（退職所得の課税時期の特例）

〔現年分課税主義の採用〕

　住民税は、前年中の所得を課税標準として課税する前年所得課税主義を採用しているが、次の分離課税の対象となる退職手当等については、他の所得と区分して、退職手当等の支払が行われる際にその支払者が徴収するという現年分離課税主義を採用している（所得税と同じ課税年分）。

　その理由は、退職所得に対しても前年所得課税主義を採用すると、退職後の事業資金や住宅取得等のために退職手当等が使われた後に課税することになり、納税者に強い負担感を与えるため、これを緩和することによるものである。

〔分離課税の対象となる退職手当等〕

　退職手当等とは、所得税法30条１項に規定する退職手当等（同法31条及び租税特別措置法29条の６により退職手当等とみなされる金額を含む。）をいうが（地法23①六、292①六）、分離課税の対象となる退職手当等は、これらのうち、所得税が源泉徴収されるべきものに限られる（地法50の２、328）。

　したがって、所得税の源泉徴収義務のない次の者から支払われる退職手当等はこの分離課税の対象とならず、他の所得と同様に、翌年度において総合課税される（所法200、地法通知（市町村税関係）第２章65）。

(1)　常時２人以下の家事使用人のみに対し給与等の支払をする者

(2)　給与等の支払をする者のうち、租税条約等により所得税の源泉徴収義務を負わない者

〔損益通算、所得控除等の不適用〕

　住民税においては、退職所得は現年分離課税、他の所得については前年所得課税主義を採用していることから、住民税の課税標準の計算において、退職所得と他の所得との間での損益通算や損失の繰越控除はできない。また、所得控除のうち総所得金額から控除しきれない額があっても、それを退職所得からは控除できない。同様の理由から、控除対象配偶者等に該当するか否かの判定の際も、退職所得は除外して判断する。

6　源泉徴収（特別徴収）

　居住者に対し国内において退職手当等の支払をする者（常時２人以下の家事使用人のみに対し給与の支払をする者を除く。）は、その支払の際に源泉徴収（特別徴収）を行う（所法199、200、地法328の５）。

　退職所得に対する所得税の源泉徴収（住民税の特別徴収）は、原則として下記(2)の速算表により行う。また、支払を受ける者から「退職所得の受給に関する申告書」（住民税は「退職所得申告書」）の提出がない場合には、下記(3)に記載のとおり、所得税については、その退職手当等の支払金額につき20.42％の税率によって源泉徴収を行う

【九　退職所得】

が、分離課税となる住民税には、このような制度はなく、(2)の速算表による税額を特別徴収することになる。

(1)　退職所得の受給に関する申告書（所法203）

退職手当等の支払を受ける者は、その支払を受ける時までに、退職所得の受給に関する申告書を支払者を経由して所轄税務署へ提出しなければならない。この申告書は、税務署長から特に提出を求められた場合を除いて、これを受理した退職手当等の支払者が保管することになっている（所基通203－3）。

この場合、支払済みの他の退職手当等があるときは、その支払済みの退職手当等について「退職所得の源泉徴収票」を申告書に添付しなければならない（所法203①、所規77）。

▶住民税（「退職所得申告書」の提出）

退職手当等の支払を受ける者は、退職所得申告書をその支払者を経由して、退職手当等の支払を受けるべき日の属する年の1月1日現在における住所所在地の市区町村長に提出しなければならない（地法50の7①、328の7①）。

ただし、申告手続の簡略化の見地から、退職所得申告書は、所得税の「退職所得の受給に関する申告書」と同一の用紙によるものとされており、退職手当等の支払者の手元に保管することとして取り扱うこととされている（取扱通知2章70）。そして、退職手当等の支払者に受理されたときは、その申告書はその受理されたときに市区町村長に提出されたものとみなされる。

なお、支払済みの他の退職手当等についても所得税の取扱いと同様である（地法50の7②、328の7②）。

【九　退職所得】

(2)　退職所得の受給に関する申告書（退職所得申告書）の提出がある場合の令和元年分の源泉（特別）徴収税額の速算表（所法201①②、地法50の6、328の6、地法附則7①③）（復興特別所得税を含む。）

課税退職所得金額 （千円未満切捨て）	①所得税 （上段）税　率 （下段）控除額	②住民税（所得割）			合計（①＋②） （参考） （上段）税　率 （下段）控除額
		道府県民税 税　率	市町村民税 税　率	住民税　合計 税　率	
195万円以下	5.105% —	4％	6％	10%	15.105% —　　円
195万円超 330万円以下	10.21% 99,547.5円				20.21% 99,547.5円
330万円超 695万円以下	20.42% 436,477.5円				30.42% 436,477.5円
695万円超 900万円以下	23.483% 649,356円				33.483% 649,356円
900万円超 1,800万円以下	33.693% 1,568,256円				43.693% 1,568,256円
1,800万円超 4,000万円以下	40.84% 2,854,716円				50.84% 2,854,716円
4,000万円超	45.945% 4,896,716円				55.945% 4,896,716円

（税額：1円未満切捨て）

※1　指定都市に住所を有する者の個人住民税の標準税率については、平成30年度分以後、道府県の税率を4％から2％に、指定都市の市民税を6％から8％とする改正が行われたが、退職所得の分離課税に係る所得割については、当分の間、税率変更をせず、退職所得に係る税率2％相当分を指定都市所在道府県から指定都市へ交付することとなった。

　2　支払済みの他の退職手当等がある旨の記載がある場合
　　　その退職手当等の金額と支払済みの他の退職手当等の金額の合計額から退職所得控除額を控除した残額の2分の1に相当する金額につき、速算表により税額を求め、その税額から支払済みの他の退職手当等について徴収された税額を控除した残額を源泉（特別）徴収される。

(3)　退職所得の受給に関する申告書（退職所得申告書）の提出がない場合の源泉（特別）徴収税額（所法201③、地法50の6②、328の6②）
　①　所得税　その退職手当等の支払金額（退職所得控除額の控除前の金額）の20.42％相当額

退職所得

— 193 —

【九　退職所得】

　② 　道府県民税　(2)に同じ。

　③ 　市町村民税　(2)に同じ。

⑷　源泉（特別）徴収した所得税、住民税の納付

　源泉（特別）徴収した所得税、住民税は翌月10日までに納付する（所法199、220、所規80、通法34①、地法328の5②）。納期の特例の承認を受けている源泉徴収義務者は、特例による納付が可能である（所法216、措法41の6、地法328の5③）。

⑸　退職所得の選択課税

　退職所得の選択課税については、P.410参照。

十　山林所得

1　意義

区　分		所得区分
所有期間が5年を超える山林	伐採して譲渡	山林所得（所法32）
	立木のままで譲渡	
取得から5年以内の山林		事業所得又は雑所得

(注)　山林の「譲渡」には、通常の売買のほか、交換、競売、公売、代物弁済、収用、法人に対する現物出資なども含まれる。

　なお、山林を土地付きで譲渡した場合には、土地の部分の譲渡による所得は、譲渡所得になる。

2　山林所得が課税される特殊な場合
　次の場合にも山林所得の課税の対象になる。
(1)　次の事由により、山林の移転があった場合
　ア　法人に対する贈与や遺贈、時価の2分の1未満の価額による譲渡
　イ　限定承認に係る相続や限定承認に係る包括遺贈（個人に対するものに限られる。）
(2)　自分の住宅を建築するなど、山林を伐採して家事の用に使用した場合
(3)　分収造林契約又は分収育林契約に基づき山林の伐採又は譲渡による収益を分収した場合
(4)　分収造林契約又は分収育林契約に係る権利を譲渡した場合
(5)　生産森林組合から従事分量分配金を受けた場合
　※　上記(1)、(2)とも時価で山林の譲渡があったものとして課税される。

3　所得金額の計算 （所法32③）

$$\begin{pmatrix}山林所得 \\ の\ 金\ 額\end{pmatrix} = \begin{pmatrix}収入 \\ 金額\end{pmatrix} - \begin{pmatrix}必要 \\ 経費\end{pmatrix} - \begin{pmatrix}山林所得の特別 \\ 控除額(50万円)\end{pmatrix} - \begin{pmatrix}青\ 色\ 申\ 告 \\ 特別控除額\end{pmatrix}$$

　※　青色申告特別控除額は青色申告者のみ適用
　※　収入計上時期は、P.190参照

4　必要経費
(1)　原価計算による方法
　譲渡した山林の植林費、取得に要した費用、育成費、管理費、伐採費、譲渡に要した費用等の合計額である。ただし、昭和27年12月31日以前から所有していた山林を譲渡した場合の必要経費は、①「その山林の昭和28年1月1日における相続税評価額」と②「その山林の昭和28年1月1日以降に支出したその山林の育成費、管理費、伐採費、譲渡に要した費用」との合計額になる（所法61①）。

【十　山林所得】

区　分		内　　　容		
ア	植林費	苗木の購入代金やその運搬費、購入手数料、植付けの際の人夫賃など植林のために要した費用		
イ	取得に要した費用	山林の購入代金や仲介手数料などその山林を購入するために要した費用		
ウ	育成費	肥料代、防虫費、下刈り・枝打ち・除草などのための人夫費など山林を育成するために要した費用		
エ	管理費	常用の管理費や固定資産税、森林組合費、火災保険料、機械器具の減価償却費など山林を管理するために要した費用		
オ	伐採費	山林の伐採に要した人夫賃などの費用		
カ	譲渡に要した費用	伐採した山林の運搬賃や測量費、仲介手数料など山林を譲渡するために要した費用		
キ	その他	(ア)　山林の災害や盗難、横領による損失		
		(イ)　山林経営を事業としている場合の譲渡代金の貸倒損失、利子税、青色専従者給与額、事業専従者控除額	A　山林の譲渡代金の貸倒損失など	
			B　所得税を延納した場合の利子税(注)	
			C　青色専従者給与額	
			D　専従者控除額：白色申告者の場合	

（注）　山林を延払条件付で譲渡した場合で、所得税を延納しているときの利子税は、その全額が必要経費となる。

(2)　概算経費率による方法

　伐採又は譲渡した年の15年前（令和2年分の場合には平成17年）の12月31日以前から所有していた山林を譲渡した場合の必要経費は、次の算式で計算することができる(措法30①、措令19の6、措規12)。

$$\binom{必要}{経費} = \left\{ \binom{収入}{金額} - \left(伐採費 + \binom{譲渡}{費用(A)}\right) \right\} \times 50\% + (A) + \binom{被災事業用資産}{の損失の金額}$$

※「伐採費＋譲渡費用」とは、①山林の伐採に要した人夫賃などの費用や、②伐採した山林の運搬費、測量費、仲介手数料など山林の譲渡に要した費用。山林の育成費や管理費（前掲(1)のウ、エ）は含まれない。

※　被災事業用資産の損失はP.290の表の注1参照

[青色申告特別控除]

　青色申告者は、必要経費のほかに、次のいずれか低い方の金額(最高10万円)を青色申告特別控除額として控除することができる（55万円又は65万円の青色申告特別控除は適用できない。）。

①　10万円 − $\binom{不動産所得や事業所得から}{控除した青色申告特別控除額}$

②　青色申告特別控除額を控除する前の山林所得の金額

【十　山林所得】

5　税額が軽減される特例

(1)　森林計画特別控除

　森林法の規定による市町村長、都道府県知事又は農林水産大臣の認定を受けた森林経営計画（平24.3.31までは森林施業計画）に基づいて山林を伐採して譲渡したり、立木のままで譲渡した場合には、その山林の収入金額から必要経費のほかに森林計画特別控除額が控除される（措法30の2）。

　しかし、交換、現物出資、収用等により山林を譲渡した場合、法人に対する贈与・遺贈、限定承認に係る相続若しくは個人に対する限定承認に係る包括遺贈により山林の移転があった場合、又は森林の保健機能の増進に関する特別措置法に規定する森林保健施設を整備するために山林を伐採若しくは譲渡した場合については、この特例は適用されない。

　特例の適用期限は令和4年分までである。

ア　特例の内容

　この特例の適用がある山林については、収入金額から必要経費のほかに次の(ア)と(イ)の金額のうちいずれか低い方の金額（概算経費率による方法によって必要経費を計算した場合には(ア)の金額）が「森林計画特別控除額」として控除される。

$$(ア)\quad \left(\begin{array}{l}\text{この特例の適用が}\\\text{ある山林の収入金額}\end{array} - \begin{array}{l}\text{伐採費}\\\text{譲渡費用}\end{array}\right) \times 20\% \quad (3,000万円を超える部分は10\%)$$

$$(イ)\quad \left(\begin{array}{l}\text{この特例の適}\\\text{用がある山林}\\\text{の収入金額A}\end{array} - \begin{array}{l}\text{伐採費・}\\\text{譲渡費用}\end{array}\right) \times 50\% - \left(\begin{array}{l}\text{Aに対応す}\\\text{る部分の必}\\\text{要経費}\end{array} - \left(\begin{array}{l}\text{伐採費・}\\\text{譲渡費用}\end{array} + \begin{array}{l}\text{Aに対応する部分}\\\text{の被災事業用資産}\\\text{の損失の金額}\end{array}\right)\right)$$

　※　被災事業用資産の損失はP.290の表の注1参照

イ　添付書類

(ア)　山林所得計算明細書

(イ)　森林経営計画に基づく伐採・譲渡である旨などの市町村長の証明書

(ウ)　伐採・譲渡した山林の林地の測量図

(エ)　森林経営計画書の写し

(2)　収用等

　土地収用法や保安林整備臨時措置法などによって山林が収用などをされた場合には、その山林所得の計算について、①5,000万円の特別控除の特例か、②代替資産を取得した場合の課税の特例か、どちらか一方の特例の適用を受けることができる（措法33、33の4）。

(3)　譲渡代金の貸倒れ

　山林の譲渡代金が貸倒れになったとき（山林所得を生ずべき事業から生じたものを除く。）は、その部分は所得がなかったものとされる（所法64①）。

　※　山林所得を生ずべき事業とは、山林の輪伐のみによって通常の生活費を賄うことができる程度の規模において行う山林の経営をいうものとする（所基通45-3）。

【十　山林所得】

⑷　保証債務の履行

　保証債務を履行するため山林を譲渡した場合で、その保証債務の主たる債務者に対して求償権を行使できないときは、その行使できない部分は所得がなかったものとされる（所法64②）。

6　税額の計算方法（復興特別所得税を含む。）

⑴　山林所得に対する所得税については、他の所得と区分した上で、5分5乗方式により課税される（所法89①）。
　　道府県民税と市町村民税については、比例税率となる（地法35①、314の3①）。

⑵　課税山林所得金額（千円未満切捨て）に、次表の上段の税率を乗じた金額から次表の下段の控除額を控除して算定する（所得税は平成29年分、住民税は平成30年度）。

課税所得金額 (千円未満切捨て)	①所得税	②住民税（所得割）			合計(①＋②)
		道府県民税	市町村民税	住民税　合計	
	(上段)税　率 (下段)控除額	(上段)税　率 (下段)控除額	(上段)税　率 (下段)控除額	(上段)税　率 (下段)控除額	(上段)税　率 (下段)控除額
9,750千円以下	5.105% －　円	4 % －　円 (2 %)	6 % －　円 (8 %)	10% －　円	15.105% －　円
9,750千円超 16,500千円以下	10.21% 497,735.5円				20.21% 497,735.5円
16,500千円超 34,750千円以下	20.42% 2,182,387.5円				30.42% 2,182,387.5円
34,750千円超 45,000千円以下	23.483% 3,246,780円				33.483% 3,246,780円
45,000千円超 90,000千円以下	33.693% 7,841,280円				43.693% 7,841,280円
90,000千円超 200,000千円以下	40.84% 14,273,580円				50.84% 14,273,580円
200,000千円超	45.945% 24,483,580円				55.945% 24,483,580円

（注）　道府県民税及び市町村民税の税率のかっこ書は、指定都市の区域内居住者に係る平成30年度以後の税率を示す。

十一　譲渡所得（総合課税）

1　対象資産

　譲渡所得とは、資産の譲渡による所得をいう（所法33）。このうち総合課税の対象となるものは、次の2つである。

(1)　土地、建物、有価証券など分離課税の対象とされる資産以外の資産の譲渡による所得

　（具体例）機械、船舶、車輌、特許権、実用新案権、著作権、ゴルフ会員権、書画骨董、金地金（他の金商品に関する課税区分はP.202参照）、配偶者居住権、借家権など

(2)　資産（漁業権等）の消滅の対価（所令95）

2　所得金額の計算

　総合課税の譲渡所得の金額は、次のように計算する。

$$\begin{pmatrix}\text{総合長期（短期）}\\\text{譲渡所得の金額}\end{pmatrix}=\begin{pmatrix}\text{譲渡価額}\\\text{（収入金額）}\end{pmatrix}-\text{（取得費＋譲渡費用）}-\begin{pmatrix}\text{特　別}\\\text{控除額}\end{pmatrix}$$

　長期譲渡所得は、その2分の1が他の所得に合算される。

(1)　収入金額

区　分	内　　容	
原則 （所法36①②）	資産の譲渡によって、収入すべき金額 金銭以外の物又は権利その他経済的な利益をもって収入する場合にはその価額	
特　例 ①（所法59①一・二）	その資産の時価	法人に対する贈与（注1）（注2）
		限定承認に係る相続
		法人に対する遺贈（注1）
		個人に対する包括遺贈のうち限定承認に係る遺贈
		法人に対する時価の2分の1未満の譲渡
②（所法44、令93）	総収入金額不算入	資産の移転等の支出に充てるための交付金

(注)1　国又は地方公共団体若しくは公益法人等で国税庁長官の承認を受けたものに対する寄付は非課税となる（措法40①）。

　　2　平成25年4月1日から令和4年3月31日までは、一定の要件の下、債務処理計画に基づいて贈与した場合には非課税となる（措法40の3の2）。

※　収入計上時期（土地・建物等、株式も同じ。所基通36-12）

　　原則…資産の引渡しのあった日

　　特例…納税者の選択により、譲渡契約の効力発生日

（総合課税）譲渡所得

【十一 譲渡所得（総合課税）】

参考　低額譲渡における態様別課税関係

譲渡者	譲受者	譲渡価額	譲渡者に対する課税関係		譲受者に対する課税関係	
				譲渡損の通算の可否		取得価額等
個人	個人	時価の$\frac{1}{2}$以上	通常の譲渡所得の金額計算（みなし譲渡課税なし）	可（注1）	著しく低い価額の対価で財産の譲渡を受けた場合には、譲渡価額と相続税評価額又は通常の取引価額の差額はみなし贈与（相法7）（注2）	実際の譲受価額
		時価の$\frac{1}{2}$未満	同上	不可（所法59②）		実際の譲受価額。ただし、譲渡者の譲渡所得の金額の計算において譲渡損となる場合には、譲渡者の取得価額及び取得時期を引き継ぐ（所法60①、所基通60－1）
	法人	時価の$\frac{1}{2}$以上	通常の譲渡所得の金額計算（注3）	可（注1）	譲受価額と時価の差額は受贈益（注4）	時価
	法人	時価の$\frac{1}{2}$未満	みなし譲渡課税（所法59①二、所令169）	可（注1）	譲受価額と時価の差額は受贈益（注4）	時価
法人	個人	時価未満	時価と譲渡価額の差額は寄附金（法法22②、37⑧）（譲受者が役員等である場合には役員等に対する給与）（法基通9－2－9(2))		譲受価額と時価の差額は、一般的には一時所得（所基通34－1(5)）（譲受者が譲渡者である法人の役員等である場合には給与所得）（所法28、所基通36－15(1))（注5）	時価
	法人	時価未満	時価と譲渡価額の差額は寄附金（法法22②、37⑧）		譲受価額と時価の差額は受贈益（法法22②）	同上

（注）1　平成16年1月1日以後の土地、建物等の譲渡損失については、原則として、土地建物等の譲渡所得以外の所得との通算及び青色申告の場合の繰越控除は認められない（措法31、32）。

2　「著しく低い価額の対価で財産の譲渡を受けた場合」に当たるかどうかは、個々の取引について取引の事情、取引当事者間の関係等を総合勘案し、実質的に贈与を受けたと認められる金額があるかどうかにより判定する。土地及び土地の上に存する権利並びに家屋及びその附属設備又は構築物については、通常の取引価額との差額になる（平元.3直評5外1課共同）。

3　所得税法第157条（同族会社等の行為又は計算の否認等）の規定により、譲渡資産の時価に相当する金額により譲渡所得の金額の計算が行われることがある（所基通59－3）。

4　譲受価額が著しく低い価額であることにより譲渡者以外の同族会社の株主等の有する株式等の価額が増加した場合には、その増加した部分に相当する金額を譲渡者から贈与により取得したものとして取り扱われる場合がある（相法9、相基通9－2）。

5　業務に関して譲り受ける場合等他の所得に該当する場合もある。

（大蔵財務協会『税務相談事例集』平成29年版　P.28より）

【十一　譲渡所得（総合課税）】

(2)　取得費

①資産の購入代金、②仲介手数料、③登記費用、④設備費、⑤改良費（通常の修繕費は含まない。）などの合計額から償却費相当額を控除した金額である（所法38）。

ア　償却費相当額

(ア)　業務用資産の場合は事業所得や不動産所得の計算上必要経費に算入される償却費の累計額

(イ)　非業務用資産は次の算式により計算する。平成19年4月1日以後に取得する減価償却資産について1円まで償却されることになったが、非業務用資産における取得費の計算は従前どおりで変更はない（所基通38－9の2）。

$$\begin{pmatrix}償却費\\相当額\end{pmatrix}=\begin{pmatrix}資\ 産\ の\\取得価額\end{pmatrix}\times0.9\times償却率\times\begin{pmatrix}経過\\年数\end{pmatrix}$$

償却率：通常の耐用年数に1.5を乗じた年数に対応する定額法の償却率

経過年数：経過年数の6か月以上の端数は1年とし、6か月未満の端数は切り捨てる。

イ　概算取得費控除の特例

実際の取得費の金額が譲渡価額（収入金額）の5％相当額に満たない場合には、その5％相当額を取得費の金額として計算することができる（所基通38－16）。

ウ　交換等の場合の特例を受けて取得している場合の取得価額

特例の規定により引き継がれる金額

エ　相続財産を売却した場合の相続税額の取得費加算の特例

相続財産を相続税の申告期限の翌日以後3年以内に譲渡した場合に相続税額のうち一定の金額（P.204参照）

オ　相続・遺贈・贈与により取得した資産の取得費

相続（限定承認を除く。）、遺贈（包括遺贈のうち限定承認を除く。）又は贈与により取得した資産の取得費・取得時期は、被相続人、遺贈者、贈与者のものを引き継ぐ（所法60①）。

カ　配偶者居住権

一定の計算が必要である（所令169の2⑤⑥）。

(3)　譲渡費用

①仲介手数料、②売買契約書の印紙代などの金額

(4)　特別控除

50万円。なお、特別控除は、譲渡益が限度となり、短期譲渡所得から優先的に差し引く。

3　長期と短期

区　分	内　　容
長期譲渡所得	所有期間が5年を超える（1月1日基準ではない。）資産
	自己の研究の成果である特許権、実用新案権、自己の著作に係る著作権等（所法33③一、所令82）（所有期間を問わない。）

— 201 —

【十一　譲渡所得（総合課税）】

短期譲渡所得	所有期間が5年以下の資産

（注）　配偶者居住権については、配偶者居住権設定の時からではなく、被相続人が所有した時から所有期間を判定する。

▶事業税（事業用資産の譲渡損失）

　事業を行う個人が直接事業の用に供する資産（機械及び装置、船舶、航空機、車両及び運搬具、工具・器具及び備品並びに生物に限る。）で、事業の用に供さなくなった日の翌日から1年以内に譲渡したものの譲渡損失は、事業税における事業の所得の計算上必要経費に算入する。申告の際は確定申告書2表の「事業税」・「事業用資産の譲渡損失など」の欄にその金額を記載することとなる。

参考　金商品に関する課税区分

種　類	所 得 区 分 等	種　類	所 得 区 分 等
金地金（現物）	総合譲渡（又は事業・雑）	金投資口座	源泉分離（申告不可）
純金積立	総合譲渡（又は事業・雑）	金貯蓄口座	
金ETF（注）	申告分離	金先物取引	先物取引（申告分離）
金ETFS上場投信	総合譲渡（又は事業・雑）	金ミニ取引	

（注）　金 ETF については、特定口座、NISA（少額投資非課税制度）の利用は可能である。

参考　配偶者居住権及びその敷地を使用する権利の消滅対価に関する取扱い（令2.4.1以後）

① 　所得区分…総合譲渡所得（所法33①③、所令82二、三）。

② 　長短の起算日…配偶者居住権の設定の日ではなく、被相続人の配偶者居住権の目的となっている建物及び当該敷地の取得日となる（所令82二、三）。

③ 　取得費の計算…次による（所法60③、所令169の2①～④）。

　　〈建物側〉　配偶者居住権の設定時の被相続人　×B×（1－C）
　　　　　　　から引き継いだ居住建物の取得費

$$B=\frac{配偶者居住権の設定時の価額}{相続開始時の建物の相続税評価額}$$

$$C=\frac{配偶者居住権の設定から消滅時までの年数}{配偶者居住権の存続期間}$$

　　〈土地側〉　配偶者居住権の設定時の被相続人　×D×（1－C）
　　　　　　　から引き継いだ当該土地の取得費

$$D=\frac{配偶者居住権の設定時の敷地使用権の価額}{相続開始時の土地の相続税評価額}$$

十二　譲渡所得(分離課税)〈土地等・建物等〉

1　対象資産

　土地（土地の上に存する権利を含む。）及び建物（その附属設備及び構築物を含む。）の譲渡に係る所得である。

2　所得金額の計算

　土地建物等の譲渡所得の金額は、次のように計算する。

$$課税長期（短期）\atop 譲渡所得金額 = \left({譲渡価額 \atop 収入金額}\right) - （取得費＋譲渡費用） - \left({特\quad別 \atop 控除額}\right)$$

　※　収入金額についてはP.199参照

(1)　取得費

　①資産の購入代金、②仲介手数料、③登記費用、④設備費、⑤改良費（通常の修繕費は含まない。）などの合計額（取得価額）である。

ア　建物の取得費

　建物の取得費はその「建物の取得価額」から一定の方法で計算した「償却費相当額」を控除して計算する。

(ア)　償却費相当額

①　業務用建物の場合は事業所得や不動産所得の計算上必要経費に算入される償却費の累計額

②　自己の居住用建物などの非業務用建物は次の算式により計算する。

　建物の取得価額×0.9×償却率×経過年数

　＝償却費相当額

非業務用建物（居住用）の償却率

区　分	木　造	木骨モルタル	(鉄骨)鉄筋コンクリート	金属造①	金属造②
償却率	0.031	0.034	0.015	0.036	0.025

金属造①：軽量鉄骨造のうち骨格材の肉厚が3mm以下の建物
金属造②：軽量鉄骨造のうち骨格材の肉厚が3mm超4mm以下の建物
経過年数：経過年数の6か月以上の端数は1年とし、6か月未満の端数は切り捨てる。

(イ)　マンションなどのように建物と土地を一括で購入している場合の「建物の取得価額」

　建物の償却費相当額の計算に当たり、建物と土地を一括で購入している場合には、その取得価額を「建物の取得費」と「土地の取得費」に区分する必要がある。

　この場合の各々の取得価額は、次のように区分・計算することができる。

A　購入時の契約において建物と土地の価額が区分されている場合

　契約書等に建物と土地の価額が記載されている場合には、その価額により区分

— 203 —

【十二　譲渡所得（分離課税）〈土地等・建物等〉】

する。なお、契約書等に区分された建物の価額が記載されていない場合でも、その建物に課税された消費税額（地方消費税額を含む。）が分かるときには、次の算式により「建物の取得価額」を計算することができる（土地に対しては消費税は課税されない。）。

$$\text{建物の取得価額}=\binom{\text{その建物の}}{\text{消費税額}}\times\frac{[1+消費税の税率(0.03、0.05、0.08又は0.1)]}{消費税の税率(0.03、0.05、0.08又は0.1)}$$

※　消費税の税率

平成元年4月1日～平成9年3月31日	3%
平成9年4月1日～平成26年3月31日	5%
平成26年4月1日～令和元年9月30日	8%
令和元年10月1日以降	10%

B　購入時の契約において建物と土地の価額が区分されていない場合

建物と土地の購入時の時価の割合で区分する。

なお、この場合の区分方法として、下記の「《参考》建物の標準的な建築価額表」を基に、次の算式で「建物の取得価額」を計算しても差し支えない。

①　新築の建物を購入している場合

$$\text{建物の取得価額}=\binom{\text{売却した建物の建築年に対応する「建}}{\text{物の標準的な建築価額表」の建築単価}}\times\binom{\text{その建物の床面}}{\text{積（延床面積）}}$$

床面積：建物がマンションである場合の床面積は、その専有部分の床面積によっても差し支えない。

②　中古の建物を購入している場合

$$\text{建物の取得価額}=\binom{\text{売却した建物の建築年に対}}{\text{応する「建物の標準的な建}}{\text{築価額表」の建築単価}}\times\binom{\text{その建物の}}{\text{床面積（延}}{\text{床面積）}}-\binom{\text{その建物の建築時から}}{\text{取得時までの経過年数}}{\text{に応じた償却費相当額}}$$

①又は②の算式によって計算する場合には次頁の「建物の標準的な建築価額による建物の取得価額の計算表」を参考にする。

イ　概算取得費控除の特例

実際の取得費の金額が譲渡価額（収入金額）の5％相当額に満たない場合には、その5％相当額を取得費の金額として計算することができる（措法31の4、措通31の4−1）。

ウ　交換等の場合の特例を受けて取得している場合の取得価額

特例の規定により引き継がれる金額

エ　相続財産を売却した場合の相続税額の取得費加算の特例

相続財産を相続税の申告期限の翌日から3年以内に譲渡した場合に相続税額のうち一定の金額

オ　相続・遺贈・贈与により取得した資産の取得費

相続（限定承認を除く。）、遺贈（包括遺贈のうち限定承認を除く。）又は贈与により取得した資産の取得費・取得時期は、被相続人、遺贈者、贈与者のものを引き継ぐ（所法60①）。

【十二　譲渡所得（分離課税）〈土地等・建物等〉】

参考　建物の標準的な建築価額による建物の取得価額の計算表

(1)　次により、減価償却の基礎となる建物の取得価額を求める。

売却した建物の建築年月日（注1）	①	昭和 平成　　　年　　月　　日
上記1の**建物の標準的な建築価額表**で求めた建築単価	②	00円／m²
その建物の床面積（延べ床面積）（注2）	③	m²
その建物の取得価額	④	（②×③） 円

(注)1　建築年月日や建物の構造は、売却した建物の登記簿謄本等で確認できる。
　　2　建物がマンションである場合の床面積は、その専有部分の床面積によっても差し支えない。

(2)　売却した建物が、その購入時点で中古建物の場合には、(1)の計算に加え、次により取得までの期間に減価した額を計算して、減価償却の基礎となる建物の取得価額を求める。

売却した建物を取得した日	⑤	昭和 平成　　　年　　月　　日
その建物の建築年月日（①）から取得した日（⑤）までの経過年数（注3）	⑥	年
その建物の償却率（P.203「非業務用建物（居住用）の償却率」を参照）	⑦	
その建物を取得した日までに減価した額	⑧	（④×0.9×⑥×⑦） 円
その建物が中古建物の場合の取得価額 （※　取得した際に増改築している場合には、その費用をこの価額に加算する。）	⑨	（④－⑧） 円

(注)3　経過年数の6か月以上の端数は1年とし、6か月未満の端数は切り捨てる。
(参考)1　建物の取得費は、この取得価額（④又は⑨の価額）から売却した時までの償却費相当額（「**譲渡所得の内訳書（計算明細書）**」で計算する。）を差し引いた金額となる。
　　　2　建物の取得価額を、この標準的な建築価額表により求めた場合の土地の取得価額は、取得した全体の価額から④又は⑨の価額を差し引いた価額となる。

【十二　譲渡所得（分離課税）〈土地等・建物等〉】

参考　建物の標準的な建築価額表（単位：千円／㎡）

構造 建築年	木造・木骨 モルタル	鉄骨鉄筋 コンクリート	鉄筋 コンクリート	鉄骨
昭和34年	8.7	34.1	20.2	13.7
35年	9.1	30.9	21.4	13.4
36年	10.3	39.5	23.9	14.9
37年	12.2	40.9	27.2	15.9
38年	13.5	41.3	27.1	14.6
39年	15.1	49.1	29.5	16.6
40年	16.8	45.0	30.3	17.9
41年	18.2	42.4	30.6	17.8
42年	19.9	43.6	33.7	19.6
43年	22.2	48.6	36.2	21.7
44年	24.9	50.9	39.0	23.6
45年	28.0	54.3	42.9	26.1
46年	31.2	61.2	47.2	30.3
47年	34.2	61.6	50.2	32.4
48年	45.3	77.6	64.3	42.2
49年	61.8	113.0	90.1	55.7
50年	67.7	126.4	97.4	60.5
51年	70.3	114.6	98.2	62.1
52年	74.1	121.8	102.0	65.3
53年	77.9	122.4	105.9	70.1
54年	82.5	128.9	114.3	75.4
55年	92.5	149.4	129.7	84.1
56年	98.3	161.8	138.7	91.7
57年	101.3	170.9	143.0	93.9
58年	102.2	168.0	143.8	94.3
59年	102.8	161.2	141.7	95.3
60年	104.2	172.2	144.5	96.9
61年	106.2	181.9	149.5	102.6
62年	110.0	191.8	156.6	108.4
63年	116.5	203.6	175.0	117.3
平成元年	123.1	237.3	193.3	128.4
2年	131.7	286.7	222.9	147.4
3年	137.6	329.8	246.8	158.7
4年	143.5	333.7	245.6	162.4
5年	150.9	300.3	227.5	159.2
6年	156.6	262.9	212.8	148.4
7年	158.3	228.8	199.0	143.2
8年	161.0	229.7	198.0	143.6
9年	160.5	223.0	201.0	141.0
10年	158.6	225.6	203.8	138.7
11年	159.3	220.9	197.9	139.4
12年	159.0	204.3	182.6	132.3
13年	157.2	186.1	177.8	136.4
14年	153.6	195.2	180.5	135.0
15年	152.7	187.3	179.5	131.4
16年	152.1	190.1	176.1	130.6
17年	151.9	185.7	171.5	132.8
18年	152.9	170.5	178.6	133.7
19年	153.6	182.5	185.8	135.6
20年	156.0	229.1	206.1	158.3
21年	156.6	265.2	219.0	169.5
22年	156.5	226.4	205.9	163.0
23年	156.8	238.4	197.0	158.9
24年	157.6	223.3	193.9	155.6
25年	159.9	256.0	203.8	164.3
26年	163.0	276.2	228.0	176.4
27年	165.4	262.2	240.2	197.3
28年	165.9	308.3	254.2	204.1
29年	166.7	350.4	265.5	214.6
30年	168.5	304.2	263.1	214.1

（注）　「建築着工統計（国土交通省）」の「構造別：建築物の数、床面積の合計、工事費予定額」
　　　　表を基に1㎡当たりの工事費予定額を算出したものである。

【十二　譲渡所得（分離課税）〈土地等・建物等〉】

（2）　譲渡費用

　①仲介手数料、②売買契約書の印紙代、③測量費など譲渡のために直接要した費用、④貸家の売却に際して借家人に支払った立退料、⑤土地の売却に際して建物を取り壊した場合の取壊し費用や取壊し損などの金額

　修繕費や固定資産税のような資産の維持、管理に要した費用は含まれない。

（3）　特別控除

　居住用財産を売却（譲渡）した場合の3,000万円の特別控除や収用などがあった場合の5,000万円控除などがある。

　なお、これらの特別控除は、譲渡価額から取得費及び譲渡費用を差し引いた金額が、各特別控除の額に満たない場合には、その金額が限度となる。

3　長期と短期

区　分	内　　容	令和2年分の適用
長期譲渡所得	売却した年の1月1日において所有期間が5年を超える土地や建物を売却した場合	平成26年12月31日以前に取得した土地や建物を令和2年中に売却した場合
短期譲渡所得	上記以外の土地や建物を売却した場合	平成27年1月1日以後に取得した土地や建物を令和2年中に売却した場合

4　税額の計算

（1）　**課税長期譲渡所得金額に対する税額**（措法31、31の2、31の3、地法附則34、34の2、34の4）

　課税長期譲渡所得金額（千円未満切捨て）＝Ⓐに次表の税率を乗じて算定する。

区　　分		①所得税(注2)	②住民税	合計（①＋②）
長期一般所得分		Ⓐ×15.315%	Ⓐ×5%	Ⓐ×20.315%
長期特定所得分	Ⓐ≦2,000万円	Ⓐ×10.21%	Ⓐ×4%	Ⓐ×14.21%
	Ⓐ＞2,000万円	Ⓐ×15.315%－102.1万円	Ⓐ×5%－20万円	Ⓐ×20.315%－122.1万円
長期軽課所得分	Ⓐ≦6,000万円	Ⓐ×10.21%	Ⓐ×4%	Ⓐ×14.21%
	Ⓐ＞6,000万円	Ⓐ×15.315%－306.3万円	Ⓐ×5%－60万円	Ⓐ×20.315%－366.3万円

（注）1　住民税の税率は、標準税率（道府県民税と市町村民税の合計）によっており、税率5%は道府県民税2%と市町村民税3%の合計、税率4%は同1.6%と同2.4%の合計である。

　　　　ただし、平成30年度以後、指定都市の区域内居住者については、税率5%の内訳は、道府県民税1%と市民税4%、税率4%については、同0.8%と同3.2%の合計である。

— 207 —

【十二　譲渡所得（分離課税）〈土地等・建物等〉】

2　上記算出した所得税額には、復興特別所得税（P.433参照）が加算されている。

(2) 課税短期譲渡所得金額に対する税額（措法32、32③、地法附則35、35③）（復興特別所得税を含む）

課税短期譲渡所得金額（千円未満切捨て）＝Ⓑに次表の税率を乗じて算定する。

区　　分	①所得税(注2)	②住民税	合計(①＋②)
短期一般所得分	Ⓑ×30.63％	Ⓑ×9％	Ⓑ×39.63％
短期軽減所得分	Ⓑ×15.315％	Ⓑ×5％	Ⓑ×20.315％

(注)1　住民税の税率は、標準税率（道府県民税と市町村民税の合計）によっており、税率9％は道府県民税3.6％と市町村民税5.4％の合計、税率5％は同2％と同3％の合計である。

ただし、平成30年度以後、指定都市の区域内居住者については、税率9％の内訳は、道府県民税1.8％と市民税7.2％、税率5％については、同1％と同4％の合計である。

2　上記算出した所得税額には、復興特別所得税（P.433参照）が加算されている。

(3) 税率適用区分の内容

ア　長期一般所得分

平成26年12月31日以前に取得した土地や建物等の一般の譲渡

イ　長期特定所得分

平成26年12月31日以前に取得した土地などを優良住宅地の造成等のために譲渡した場合の特例（措法31の2）

土地等の譲渡で長期譲渡所得となるもののうち、国や地方公共団体への譲渡、収用等による譲渡、優良な建物を建築する者に対する譲渡及び優良な住宅地の造成を行う者に対する譲渡などによる所得をいう。なお、この軽減税率の特例は、収用等により土地等が買い取られた場合の5,000万円の特別控除の特例などを適用した場合には、重ねて適用することはできない。

ウ　長期軽課所得分

平成21年12月31日以前に取得した居住用建物やその敷地などを譲渡した場合の特例（措法31の3）（P.212参照）

エ　短期一般所得分

平成27年1月1日以後に取得した土地や建物等の一般の譲渡

オ　短期軽減所得分

平成27年1月1日以後に取得した土地などを国や地方公共団体に譲渡した場合の特例（措法32③）

土地等の譲渡で短期譲渡所得となるもののうち、国や地方公共団体への譲渡及び収用等による譲渡などによる所得をいう。

【十二　譲渡所得（分離課税）〈土地等・建物等〉】

5　居住用の家屋や敷地（居住用財産）を売却した場合

自分が居住の用に供している居住用財産を売却した場合には、確定申告をすることにより、次の(1)と(3)から(6)などに掲げる特例の適用を受けることができる。

また、自ら居住していなくても、相続等により被相続人の居住していた家屋を取得した相続人が売却した場合には、被相続人居住用家屋及びその敷地は、居住用財産に該当するものとして、次の(2)の特例のみの適用を受けることができる。

参考　居住用財産とは

これらの特例の対象となる居住用財産は、次のいずれかに該当する家屋や敷地をいう。

ア　現に自分が居住している家屋

イ　過去に自分が居住していた家屋（具体的には、平成29年1月2日以後に居住しなくなったものに限る。）

ウ　アかイの家屋とその敷地（土地や借地権）

エ　アの家屋が災害により滅失した場合の敷地（具体的には平成29年1月2日以後の災害により滅失した家屋の敷地に限る。）

　（注）　東日本大震災関連の特例については→P.229参照

これらのほかにも、①転勤などのため単身で他に起居している場合に、生計を一にする親族が居住している家屋とその敷地や、②居住用家屋を取り壊した跡地などで、一定の要件を満たすものも特例の対象となる場合がある。

次のような場合は特例を受けられない。

ア　特例の適用を受けるためのみの目的で入居したと認められる家屋や仮住まいである家屋を売却した場合

イ　配偶者、直系血族（父、母、子、孫など）その他生計を一にする親族などや同族会社などに売却した場合

(1)　自己の居住用財産を売却した場合の3,000万円の特別控除の特例（措法35、35②）

長期譲渡所得又は短期譲渡所得のどちらに該当する場合でも、その譲渡所得から最高3,000万円の特別控除額を控除することができる。

$$\begin{matrix} \text{課税長期（短期）} \\ \text{譲 渡 所 得 金 額} \end{matrix} = \left(\begin{matrix} \text{譲渡所得} \\ \text{（収入金額）} \end{matrix} \right) - （取得費＋譲渡費用）-3,000万円$$

長期（短期）譲渡所得が3,000万円に満たない場合には、特別控除額は、その譲渡所得の金額が限度となる。

※　添付書類…特例の適用を受けようとする者の住民票に記載されていた住所と譲渡資産の所在地が異なる場合には、戸籍の附票の写しその他これに類する書類で、その者がその資産を居住の用に供していたことを明らかにする書類

譲渡所得〈土地建物等〉

【十二　譲渡所得（分離課税）〈土地等・建物等〉】

🔖 参考　土地等・建物等の譲渡の特例一覧

項　　　　目		特　例　の　概　要	掲載ページ
居住用財産の譲渡	3,000万円の特別控除（措法35）	譲渡益から3,000万円を控除	P. 212
	軽減税率（措法31の3）	所有10年以上の場合に軽減税率を適用	P. 212
	買換え（措法36の2）	所有10年以上の場合に買換えにより譲渡益の課税繰延	P. 212
	買換えの場合の損益通算（措法41の5）	買換えの場合に譲渡損失の損益通算、繰越控除を適用	P. 215
	譲渡損失の損益通算（措法41の5の2）	借入金残を超える譲渡損失の損益通算、繰越控除を適用	P. 217
優良住宅地造成等のための課税の特例（措法31の2）		2,000万円以下の部分の長期譲渡について軽減税率	P. 207
同上　　　　（措法32③）		短期譲渡について軽減税率	P. 208
収用等による譲渡	5,000万円の特別控除（措法33の4）	譲渡益から5,000万円を控除	P. 224
	収用代替（措法33）	買換えにより譲渡益の課税繰延	P. 220
特定土地区画整理事業等のための譲渡　（措法34）		譲渡益から2,000万円を控除	P. 224
特定住宅地成事業等のための譲渡（措法34の2）		譲渡益から1,500万円を控除	P. 224
農地保有の合理化等のための譲渡　（措法34の3）		譲渡益から800万円を控除	P. 225
低未利用土地等の譲渡（措法35の3）		譲渡益から100万円を控除	P. 225
固定資産の交換（所法58）		一定の交換の場合に譲渡益の課税繰延	P. 219
事業用資産の買換え（措法37、37の4）		一定の事業用資産の買換えの場合に譲渡益の80%課税繰延	P. 226
中高層耐火建築物の建設のための買換え（措法37の5）		一定の立体買換えの場合に譲渡益の課税繰延	P. 227
特定の交換分合（措法37の6）		一定の交換分合の場合に譲渡益の課税繰延	P. 228
国有財産の隣地の交換（措法37の8）		国有財産と隣地との交換の場合に譲渡益の課税繰延	P. 228
保証債務の履行による譲渡（所法64②）		保証債務の履行のための譲渡について譲渡益がなかったものとされる	P. 220
相続財産の譲渡の取得費加算（措法39）		相続税の申告期限から3年以内の譲渡で相続税の一定額を取得費に加算	P. 229

※　平成21年及び平成22年に土地等を取得した場合の特例

項目		特例の概要	掲載ページ
長期譲渡所得の特別控除（措法35の2）		譲渡益から1,000万円を控除	P. 225
先行取得した場合の事業用土地等の譲渡（措法37の9）		事業用土地等の譲渡益の課税繰延	P. 228

— 210 —

参考　特例重複適用可否一覧

　この一覧表は、譲渡所得の課税の特例を適用する際、両方の特例の適用要件に該当する場合に、重複して適用することができるか否かについてまとめたものである。また、適用する土地建物等の利用区分が単一の場合を示すものであるから、店舗併用住宅などのように居住用部分と事業用部分からなる土地建物等については、各々判断することになる。なお、これらの特例は、そのすべてが重複して適用できるものではない。

	所法58	所法64②	措法31の2	措法31の3	措法32③	措法33	措法33の4	措法34	措法34の2	措法34の3	措法35②	措法35③	措法35の2	措法35の3	措法36の2	措法36の5	措法37	措法37の4	措法37の5	措法37の6	措法37の8	措法37の9	措法39
所法58		○	○	×	○	−	−	−	−	−	×	×	×	×	×	×	×	×	×	−	−	×	○
所法64②	○		○	○	○	○	○	○	○	○	○	○	○	○	○	○	○	○	○	○	○	○	○
措法31の2	○	○		×	−	×	×	×	×	×	×	×	×	×	×	×	×	×	×	×	×	×	○
措法31の3	×	○	×		−	×	×	×	○	×	×	×	×	×	×	×	×	×	×	×	×	−	○
措法32③	○	○	−	−		×	×	×	○	−	×	×	○	○	○	○	○	○	○	○	○	○	○
措法33	−	○	×	×	×		×	×	×	−	×	×	×	×	×	×	×	×	×	×	×	×	○
措法33の4	−	○	×	×	×	×		×	×	−	×	×	×	×	×	×	×	×	×	×	×	×	○
措法34	−	○	×	×	×	×	×		×	−	×	×	×	×	×	×	×	×	×	×	×	×	○
措法34の2	−	○	×	○	○	×	×	×		−	×	×	×	×	×	×	×	×	×	×	×	×	○
措法34の3	−	○	×	×	−	−	−	−	−		×	×	−	−	×	×	−	−	−	−	−	−	○
措法35②	×	○	×	×	×	×	×	×	×	×		×	×	×	×	×	×	×	×	×	×	×	○
措法35③	×	○	×	×	×	×	×	×	×	×	×		×	×	×	×	×	×	×	×	×	×	○
措法35の2	×	○	×	×	○	×	×	×	×	−	×	×		−	×	×	○	○	○	○	×	−	○
措法35の3	×	○	×	×	○	×	×	×	×	−	×	×	−		×	×	○	○	○	○	×	−	○
措法36の2	×	○	×	×	○	×	×	×	×	×	×	×	×	×		×	×	×	×	×	×	×	○
措法36の5	×	○	×	×	○	×	×	×	×	×	×	×	×	×	×		×	×	×	×	×	×	○
措法37	×	○	×	×	○	×	×	×	×	−	×	×	○	○	×	×		×	×	−	×	−	○
措法37の4	×	○	×	×	○	×	×	×	×	−	×	×	○	○	×	×	×		×	−	×	×	○
措法37の5	×	○	×	×	○	×	×	×	×	−	×	×	○	○	×	×	×	×		−	×	×	○
措法37の6	−	○	×	×	○	×	×	×	×	−	×	×	○	○	×	×	−	−	−		−	×	○
措法37の8	−	○	×	×	○	×	×	×	×	−	×	×	×	×	×	×	×	×	×	−		×	○
措法37の9	×	○	×	−	○	×	×	×	×	−	×	×	−	−	×	×	−	×	×	×	×		○
措法39	○	○	○	○	○	○	○	○	○	○	○	○	○	○	○	○	○	○	○	○	○	○	

○　⇒　重複適用可、　×　⇒　重複適用不可、　−　⇒　重複の場面なし

（注）　個人が同一年中に複数の資産を譲渡し、その中に5,000万円控除、3,000万円控除、2,000万円控除、1,500万円控除、1,000万円控除、800万円控除、100万円控除の対象となるものがあるときは、その年分の特別控除の総額は、5,000万円が限度となる（措法36）。ただし、措法35②と措法35③の対象となる資産をそれぞれ譲渡した場合には、両方で3,000万円が限度となる（措法35①）。

【十二 譲渡所得（分離課税）〈土地等・建物等〉】

(2) **被相続人の居住用家屋を売却した場合の3,000万円の特別控除の特例**(措法35、35③)

被相続人が居住していた家屋（次のアからウに該当するもの）及びその敷地等を相続又は包括遺贈又は相続人に対する遺贈により取得し、相続人がこの家屋又は敷地等を売却した場合（次のエからキに該当する場合）には、居住用財産を売却したものとみなして(1)の3,000万円の特別控除の特例の適用がある。

なお、被相続人が要介護認定等を受け、老人ホーム等に入所していたなど一定の要件を満たす場合には、居住していたものとして取り扱う。

ア 相続開始の直前において、被相続人の居住の用に供されていた家屋で、被相続人以外に居住していた者がいない

イ 昭和56年5月31日以前に建築された家屋で、区分所有建物でない

ウ 相続等の時から譲渡の時まで事業の用、貸付けの用又は居住の用に供されていない

エ 平成28年4月1日から令和5年12月31日までの譲渡

オ 相続開始があった日から同日以後3年を経過する日の属する年の12月31日までの譲渡

カ 譲渡の対価の額が1億円以下

キ 譲渡の時において家屋が耐震基準に適合する場合又は家屋を取壊してから敷地のみを売却する場合（家屋は取壊しの時まで、敷地は譲渡の時まで事業等の用に供されたことがなく、取壊し後、建物又は構築物の敷地の用に供されたことがない）

※ 添付書類…譲渡資産の登記事項証明書等その他の書類（相続により取得したこと及びウに該当することを明らかにするもの）、被相続人居住用家屋等確認書、売買契約書の写しその他の書類（カを明らかにするもの）、取り壊さないで譲渡した場合には耐震基準適合証明書又は建設住宅性能評価書の写し

(3) **所有期間が10年超の居住用財産を売却した場合（軽課所得）の軽減税率の特例**（措法31の3）

売却した年の1月1日において所有期間が10年を超える居住用財産を売却した場合には、3,000万円の特別控除額を差し引いた後の課税長期譲渡所得について、軽減税率を適用することができる。

※ 添付書類…上記(1)に加え、譲渡資産の登記事項証明書

(4) **特定の居住用財産を売却した場合の買換え等の特例**（措法36の2、36の5）

ア 譲渡資産の範囲

(ア) 売却した年の1月1日において所有期間が10年を超える居住用財産であること

(イ) 自分が10年以上にわたって居住用として使用していたものであること

(ウ) 譲渡資産の譲渡に係る対価の額が1億円以下であること。ただし、譲渡の年の前2年、後2年以内において、その譲渡資産と一体として居住の用に供されていた家屋又は土地の譲渡をした場合のその対価の額も加えて判定する（平24.1.1から平25.12.31までは1億5,000万円）。

— 212 —

【十二　譲渡所得（分離課税）〈土地等・建物等〉】

イ　買換（交換）資産の範囲

(ア)　買換資産である家屋が中古の耐火建築物である場合には、その取得の日以前25年以内に建築されたものであること、地震に対する安全上必要な構造方法に関する技術的基準に適合する一定の耐火建築物であること又は既存住宅売買瑕疵保険に加入していること

(イ)　買換資産である家屋の居住用として使用する部分の床面積が50㎡以上であること

(ウ)　買換資産である居住用家屋の敷地の面積が500㎡以下であること

(エ)　買換資産は、譲渡の日の属する年の前年1月1日から譲渡の日の属する年の翌年12月31日までの間に取得をし、かつ、取得の日の属する年の翌年12月31日までに居住の用に供すること、又は供する見込みであること

ウ　譲渡所得金額及び買換資産の取得価額の計算

Ⓐ譲渡資産の譲渡価額　Ⓑ譲渡資産の取得費・譲渡費用の額
Ⓒ買換資産の実際の取得価額

区分	譲渡所得の計算	買換取得資産の取得価額
Ⓐ＞Ⓒ	$(Ⓐ－Ⓑ)×\dfrac{Ⓐ－Ⓒ}{Ⓐ}$	$Ⓑ×\dfrac{Ⓒ}{Ⓐ}$
Ⓐ＝Ⓒ	譲渡所得は生じない	Ⓑ
Ⓐ＜Ⓒ		Ⓑ＋(Ⓒ－Ⓐ)

エ　添付書類…上記(1)に加え、次のもの

・譲渡資産の登記事項証明書その他これらに類する書類
・譲渡資産の売買契約書の写し等
・買換資産の登記事項証明書、売買契約書の写しその他の書類

📖 参考　居住用財産の譲渡所得に関する特例の適用関係一覧

区　　　分			特別控除の特例 （自己の居住用のみ）	軽減税率 の　特　例	特定買換え等 の　特　例
居住用財産の譲渡	所有期間10年超のもの	居住期間10年以上のもの	※ 適用できる	※ 適用できる	適用できる
		居住期間10年未満のもの	※ 適用できる	※ 適用できる	適用できない
	所有期間10年以下のもの		適用できる	適用できない	適用できない

※は、併用適用できることを示す。

— 213 —

【十二　譲渡所得（分離課税）〈土地等・建物等〉】

適用要件		①特別控除の特例 自己の居住用	②特別控除の特例 被相続人居住用	③軽減税率の特例	④特定買換え等の特例	⑤買換えの譲渡損失の特例	⑥特定の譲渡損失の特例
譲渡資産		譲渡期間に関する要件なし	平成28年4月1日～令和5年12月31日 相続開始があった日から同日以後3年を経過する日の属する年の12月31日まで	譲渡期間に関する要件なし	平成5年4月1日～令和3年12月31日	平成16年1月1日～令和3年12月31日	同左
	譲渡期間						
	所有期間	所有期間に関する制限なし	同左	譲渡した年の1月1日における所有期間が10年超	同左	譲渡した年の1月1日における所有期間が5年超	同左
	居住期間	居住期間に関する要件なし	同左	同左	10年以上	居住期間に関する要件なし	同左
	所在地	所在地に関する要件なし	同左	国内にあるもの	同左	同左	同左
	適用除外の譲渡の形態	譲渡の形態に関する要件なし	同左	同左	贈与、交換、現物出資、代物弁済	譲渡の形態に関する要件なし	譲渡の形態に関する要件なし
	適用除外の譲渡先	譲渡者の配偶者その他の譲渡者と特殊の関係がある者	同左	同左	同左	同左	同左
	適用除外の譲渡資産の対価	譲渡資産の対価に関する要件なし	総額で1億円超	譲渡資産の対価に関する要件なし	1億円超（平成26.1.1～）	譲渡資産の対価に関する要件なし	同左
買換資産							
	先行取得期間				譲渡の日の属する年の前年1月1日以後	譲渡の日の属する年の前年1月1日以後	
	面積				建物床面積=50㎡以上 敷地面積=500㎡以下	建物床面積=50㎡以上	
	所在地				国内にあるもの	同左	

— 214 —

【十二　譲渡所得（分離課税）〈土地等・建物等〉】

適用要件		①特別控除の特例 自己の居住用	②特別控除の特例 被相続人居住用	③軽減税率の特例	④特定買換え等の特例	⑤買換えの譲渡損失の特例	⑥特定の譲渡損失の特例
適用除外の取得の形態					贈与、交換、代物弁済	取得の形態に関する要件なし	
連年適用		その年の前年若しくは前々年における資産の譲渡について既に①④⑤⑥の特例の適用を受けている場合には、この特例を適用することはできない。	連年適用についての制限はない。	その年の前年若しくは前々年における資産の譲渡について既に③の特例の適用を受けている場合には、この特例を適用することはできない。	その年又はその年の前年若しくは前々年における資産の譲渡について既に①③⑤⑥の特例の適用を受けている場合には、この特例を適用することはできない。	その年の前年若しくは前々年における資産の譲渡について既に①③④又はその年若しくはその年以前3年内において⑥の特例の適用を受けている場合には、この特例を適用することはできない。	その年の前年若しくは前々年における資産の譲渡について既に①③④又はその年若しくはその年以前3年内において⑤の特例の適用を受けている場合には、この特例を適用することはできない。

※　住宅借入金等特別控除制度との関係は、P. 356のウ③・④、P. 365のエ③・④参照

(5)　**居住用財産の買換え等の場合の譲渡損失の損益通算及び繰越控除の特例**（措法41の5）

　売却した年の1月1日において所有期間が5年を超える居住用財産（譲渡資産）を売却した場合で、その売却した前年の1月1日からその売却した年の翌年12月31日までに新たな居住用財産（買換資産）を取得し、かつ、その取得をした年の翌年12月31日までの間に居住の用に供するとき又は供する見込みであるとき等、一定の要件を満たす場合は、その居住用財産の売却に係る損失の金額を一定の計算の下で他の所得と損益通算することができる。

　また、その損失を控除しきれなかった場合は、一定の要件の下でその譲渡の年の翌年以後3年間繰り越すことにより、各年分の所得から控除することができる。

　なお、(6)とは選択適用である。

ア　譲渡資産の範囲

　特例の対象となる「譲渡資産」とは、個人が有する家屋又は土地等でその年の1月1日において所有期間が5年を超えるもののうち次に掲げるものをいう。

㋐　その個人がその居住の用に供している家屋で国内にあるもの（居住の用に供している家屋を2以上有する場合には、主として居住の用に供している一の家屋に限る。またその家屋のうちに居住の用以外に供している部分がある場合には、居住の用に供し

【十二　譲渡所得（分離課税）〈土地等・建物等〉】

ている部分に限る。）

(イ)　(ア)以外の家屋でその個人の居住の用に供されなくなったもの（居住の用に供されなくなった日から同日以後3年を経過する日の属する年の12月31日までの間に譲渡されたものに限る。）

(ウ)　(ア)又は(イ)の家屋及びその家屋の敷地の用に供されている土地等

(エ)　(ア)の家屋が災害により滅失した場合において、その家屋を引き続き所有していたならば、その年の1月1日において所有期間が5年を超えるその家屋の敷地の用に供されていた土地等（その災害があった日から同日以後3年を経過する日の属する年の12月31日までの間に譲渡されたものに限る。）

イ　買換資産の範囲

特例の適用対象となる「買換資産」とは、個人が居住の用に供する家屋で次に掲げるもの（居住の用に供する家屋を二以上有する場合には、主として居住の用に供する一の家屋に限る。）又はその家屋の敷地の用に供する土地等で、国内にあるもの

(ア)　一棟の家屋の床面積のうちその個人が居住の用に供する部分の床面積が50㎡以上であるもの

(イ)　一棟の家屋のうち独立部分を区分所有する場合には、その独立部分の床面積のうちその個人が居住の用に供する部分の床面積が50㎡以上であるもの

ウ　買換資産の取得期間及び居住期限

買換資産は、譲渡の日の属する年の前年1月1日からその譲渡の日の属する年の翌年12月31日までの間に取得をし、かつ、その取得の日からその取得の日の属する年の翌年12月31日までの間にその個人の居住の用に供すること、又は供する見込みであること（措法41の5⑦一）

エ　買換資産に係る住宅借入金等の金額

譲渡損失の損益通算をするためには、買換資産を取得した日の属する年の年末において、買換資産に係る住宅借入金等の金額を有することが必要である（措法41の5⑦一）。また、繰越控除をするためには、控除する年の年末において住宅借入金等の金額を有することが必要である（措法41の5④）。

買換資産に係る住宅借入金等とは、住宅の用に供する家屋の新築若しくは取得又はその家屋の敷地の用に供される土地等の取得に要する資金に充てるために国内に営業所を有する銀行などの金融機関又は独立行政法人住宅金融支援機構から借り入れた借入金で、契約において償還期間が10年以上の割賦償還の方法により返済することとされているものをいう（措法41の5⑦四、措令26の7⑫）。

この特例の適用を受けた場合においても、その適用に係る買換資産の取得については、住宅借入金等特別控除制度との併用が認められている。

オ　損益通算を受ける年分の添付書類

上記(4)の添付書類（P.213）に加え、買換資産の住宅借入金等に係る残高証明書（原則として、特例の適用を受けようとする年の12月31日現在のもの）

カ　繰越控除を受けるための手続

繰越控除の特例の適用を受けるためには、損益通算の特例の適用を受けた年分の所得税につき期限内申告書を提出した場合であって、その後において連続して確定

— 216 —

【十二 譲渡所得（分離課税）〈土地等・建物等〉】

申告書を提出し、かつ、繰越控除の特例の適用を受ける年の確定申告書(損失申告用)に買換資産に係る住宅借入金等の残高証明書（原則として、特例の適用を受けようとする年の12月31日現在のもの）などを添付する必要がある。

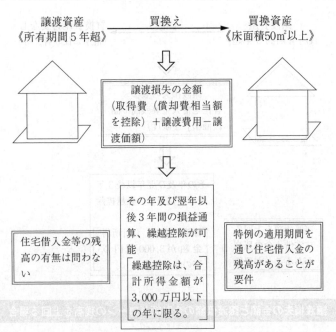

(6) **特定居住用財産の譲渡損失の損益通算及び繰越控除の特例**（措法41の5の2）

売却した年の1月1日において所有期間が5年を超える居住用財産（譲渡資産）を売却し、譲渡損失が算出される場合で、その譲渡損失の金額のうち一定の方法により計算した金額（その売却に係る契約を締結した日の前日におけるその譲渡資産に係る住宅借入金等の金額の合計額からその譲渡資産の譲渡の対価の額を控除した残額を限度とする。）については、一定の要件の下で、その年の他の所得と損益通算することができる。

またその損失を控除しきれなかった場合は、一定の要件の下でその譲渡の年の翌年以後3年間繰り越すことにより、各年分の所得から控除することができる。

なお、(5)とは選択適用である。

ア　譲渡資産の範囲

上記(4)アと同じ。

イ　添付書類

上記(1)の添付書類（P.209）に加え、譲渡資産の登記事項証明書、売買契約書その他これらに類する書類、譲渡契約日の前日の住宅借入金等の残高証明書

ウ　繰越控除を受けるための手続

繰越控除の特例の適用を受けるためには、損益通算の特例の適用を受けた年分の

【十二 譲渡所得（分離課税）〈土地等・建物等〉】

所得税につき期限内申告書を提出した場合であって、その後において連続して確定申告書を提出し、かつ、繰越控除の特例の適用を受ける年の確定申告書（損失申告用）を提出する必要がある。

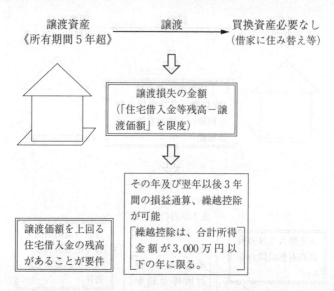

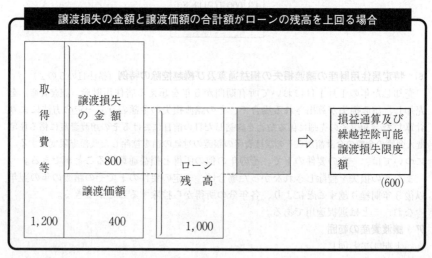

【十二　譲渡所得（分離課税）〈土地等・建物等〉】

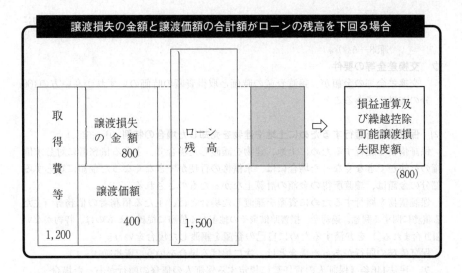

6　その他の譲渡所得の特例

土地や建物の譲渡所得については、居住用財産を売却した場合の特例のほか、次のような特例がある。

(1)　固定資産（土地や建物など）を交換した場合の特例　(所法58)
ア　譲渡資産の要件
　　1年以上保有の固定資産で次に掲げるもの
- (ｱ)　土地等
- (ｲ)　建物（附属設備、構築物を含む。）
- (ｳ)　機械及び装置
- (ｴ)　船舶
- (ｵ)　鉱業権（祖鉱権等を含む。）

イ　取得資産の要件
- (ｱ)　交換相手が1年以上所有の固定資産で、譲渡資産と同一種類の資産であること
- (ｲ)　譲渡資産の用途と同一の用途に供すること（注1）
- (ｳ)　交換の相手方が交換のために取得したものでないこと

　（注）1　取得資産を譲渡資産の用途と同一の用途に供したどうかは、その譲渡資産の種類に応じ、おおむね次に掲げる区分により判定することとされている（所基通58－6）。
　　　　　土　　地→宅地、田畑、鉱泉地、池沼、山林、牧場又は原野、その他
　　　　　建　　物（注2）→居住用、店舗又は事務所用、工場用、倉庫用、その他用
　　　　　機械及び装置→耐用年数省令別表第二に掲げる設備の種類の区分
　　　　　船　　舶→漁船、運送船、作業船、その他
　　　　2　店舗と住宅とに併用されている建物は、店舗専用の建物としてもよく、また、

— 219 —

【十二　譲渡所得（分離課税）〈土地等・建物等〉】

居住専用の建物としても差し支えない。事務所と住宅とに併用されている建物についても、事務所専用又は居住専用の建物のいずれとしても差し支えない（所基通58－6(2)）。

ウ　交換差金等の要件

交換差金等の金額が、譲渡資産の時価と取得資産の時価のいずれか高い方の100分の20以下であること

(2)　保証債務を履行するために土地や建物を売却した場合の特例（所法64②）

保証債務を履行するために土地、建物を譲渡した場合で、主たる債務者に対し求償権の行使ができなくなった場合には、求償権の行使ができなくなった金額に対応する部分の金額は、譲渡所得の金額の計算上なかったものとされる。

保証債務を履行するために資産を譲渡した場合とは、主たる債務者の債務等（主たる債務に関する利息、違約金、損害賠償金その他主たる債務に従属するものは、特約がない限り含まれる。）を弁済するために自己の資産を譲渡した場合をいう。

保証債務の履行があった場合とは、次に掲げる場合をいう（所基通64－4）。

ア　民法446条《保証人の責任》に規定する保証人の債務の履行があった場合

イ　民法454条《連帯保証人の両抗弁権》に規定する連帯保証人の債務の履行があった場合

ウ　不可分債務の債務者の債務の履行があった場合

エ　連帯債務者の債務の履行があった場合

オ　合名会社又は合資会社の無限責任社員による会社の債務の履行があった場合

カ　身元保証人の債務の履行があった場合

キ　他人の債務を担保するため質権若しくは抵当権を設定した者がその債務の弁済又は質権若しくは抵当権を実行された場合

ク　法律の規定により連帯して損害賠償の責任がある場合において、その損害賠償金の支払があったとき

（注）　主たる債務者等に支払能力があると認められる場合には、たとえ求償権を放棄した場合であっても、この特例の適用を受けることができない。

(3)　収用代替の特例（措法33）

個人の有する資産で、棚卸資産、事業所得の基因となる山林、雑所得の基因となる土地及び土地の上に存する権利以外の資産を土地収用法、河川法、都市計画法などの法律によって譲渡し、その補償金等で代替資産を取得した場合には、①その補償金等の額が代替資産の取得価額以下であるときは、その譲渡した資産の譲渡がなかったものとし、②その補償金等の額が代替資産の取得価額を超えるときは、その超える部分に相当する部分の譲渡があったものとして、譲渡所得若しくは山林所得の金額の計算をする（措法33①、措令22②）。

ア　代替資産の範囲

（ア）　個別法

収用等された資産が、次に掲げる資産である場合、同一の区分の資産が代替資産

【十二　譲渡所得（分離課税）〈土地等・建物等〉】

となる（措法33①、措令22④、措規14②）。

① 土地又は土地の上に存する権利

② 建物又は建物に附属する門、へい、庭園、煙突、貯水そう、その他これらに類する構築物

③ ②以外の構築物

④ その他の資産（この場合の代替資産は、収用等された資産と種類及び用途を同じくする資産に限られる。）

(ｲ) 一組法

収用等された資産が、異なる2以上の資産で、一の効用を有する一組の資産となっているもの、例えば、居住用の土地建物である場合には、その効用と同じ効用を有する資産を代替資産とすることができる（措令22⑤）。

この場合の一組の資産として適用されるのは、次の用途に供されるものに限られる（措規14③）。

① 居住の用

② 店舗又は事務所の用

③ 工場、発電所又は変電所の用

④ 倉庫の用

⑤ 劇場の用、運動場の用、遊技場の用その他これらの用の区分に類する用

(ｳ) 事業継続法

収用等された資産が、その者の営む事業又は事業に準ずるものの用に供されていた資産である場合には、その者の事業又は事業に準ずるものの用に供する土地等又は減価償却資産が代替資産となる（措令22⑥）。

イ　代替資産の取得期限

(ｱ) 収用等のあった日以後2年を経過した日

(ｲ) 収用事業が完了した後にその施行地区内の土地等を施行者の指導又はあっせんにより取得する場合、又はその土地等の上に建物等を建設する場合、収用等があった日から最高8年を経過した日から6か月を経過した日

(ｳ) 工場等の敷地の造成並びに工場等の建設及び移転に要する期間が通常2年を超える場合、収用等があった日から3年を経過した日

— 221 —

【十二 譲渡所得（分離課税）〈土地等・建物等〉】

参考 補償金の区分と課税上の取扱い

対 価 補 償		収 益 補 償	
種　　類	摘　　要	種　　類	摘　　要
土 地 の 取 得	土地の附加物を含む。	建 物 等 の 使 用	
土地の上の権利の消　　　滅	借地権、耕作権等	事 業 の 休 廃 業	所得に対する補償（商品等の売却損補償を含む。）
建物の取得取壊し		家 賃 減 収	不動産所得の減少
配偶者居住権の消滅及び価値の減　　　　少	配偶者居住権の目的となっている建物の敷地の用に供される土地等をその配偶者居住権に基づき使用する権利を含む。		
立 木 等 の伐 採 、 除 去	土地の上に定着する物件（立木、工作物等）		
漁業権等の消滅	入漁権等を含む。	養 殖 物	移植に伴う減収、移植不可能な場合
鉱業権等の消滅	租鉱権等を含む。	立 毛	
温泉利用権等の消滅			
借地権等の設定	設定直前の時価50%を超えるとき	借 地 権 等 の 設 定	時価の50%以下のとき
空間、地下の使用	送電線、高架施設、地下鉄等（時価の25%を超えるとき）	空間、地下の使用	時価の25%以下のとき
漁業権等の制限	工作物の設置で漁獲量の減少等（権利の価値の減少)	漁 業 権 等 の 制 限	一時的な立入り制限
鉱業権等の制限	一部について鉱業権行使不可能等（権利の価値の減少)	鉱 業 権 等 の 制 限	一時的な立入り制限
残 地	土地の一部を収用された残地の価値の低下		
借 家 人 補 償 金	転居先の家屋賃借のための権利金等		
移 設 困 難 な機 械 等 除 去	事業の廃止等に伴い転用不能で処分する売却損を含む。		
○　この欄の補償金は、収用等の特例の対象となるが、棚卸資産の補償は、収益補償となり、収用等の特例の対象とならない。 譲渡所得 山林所得		○　収用等の特例の対象とならない。 事 業 所 得 不 動 産 所 得 雑 所 得	

【十二　譲渡所得（分離課税）〈土地等・建物等〉】

（土地建物等）譲渡所得

移転補償		経費補償		精神補償	
種類	摘要	種類	摘要	種類	摘要
建物等移転料		店舗移転	移転に伴う広告費や通常生ずる損失	祭し料	
動産移転料		公課	休業等の場合の固定資産税等	改葬料	遺体、遺骨の掘起しや再埋葬
仮住居費用	仮住居の権利金、賃貸料	仮店舗設置	仮店舗の設置に関する費用の補償	非課税	
立木等の移植費用		解雇手当	従業員を解雇するため必要な解雇手当相当額	その他の補償	
墳墓移動	遺体の改葬等の費用は精神補償	休業手当	転業準備期間中の従業員の休業手当相当額	立木等の伐採譲渡	収用等の特例の対象とならない。（山林所得）
養殖物	移植に要する経費				
				（注）　その他の補償については、その補償の実体的内容に応じて課税関係を判断する。	
収用等の特例の対象とならない（交付の目的に従って支出した部分の金額は総収入金額に算入しない。）（所法44）。（一時所得）		収用等の特例の対象とならない。事業所得　不動産所得　雑所得			

— 223 —

【十二　譲渡所得（分離課税）〈土地等・建物等〉】

(4)　**収用等により土地等が買い取られた場合の5,000万円の特別控除の特例**（措法33の4）

　収用等によって買い取られ、補償金や対価を取得した場合などに適用される特例で、適用要件は次のアないしオである。

　　ア　その年中に収用交換等された資産の全部について、租税特別措置法33条《収用等に伴い代替資産を取得した場合の課税の特例》又は33条の2《交換処分等に伴い資産を取得した場合の課税の特例》の特例の適用を受けないこと（措法33の4①）

　　イ　収用等された資産について、公共事業の施行者から、最初に買取り等の申し出を受けた日から6か月以内に譲渡したこと（措法33の4③一）

　　ウ　一の収用交換等に係る事業につき、資産の譲渡が2以上の年に分けて行われた場合には、最初の年に譲渡した資産に限られること（措法33の4③二）

　　エ　公共事業の施行者から買取り等の申し出を最初に受けた者が譲渡したものであること（措法33の4③三）

　　オ　5,000万円の特別控除の適用を受けなくても、なお確定申告をする義務のある者については、確定申告書に5,000万円の特別控除の特例を適用する旨を記載し、「収用証明書」等を添付して申告すること（措法33の4④）

(5)　**特定土地区画整理事業等のために土地等を売却した場合の2,000万円の特別控除の特例**（措法34）

　国、地方公共団体又は独立行政法人都市再生機構等が行う土地区画整理法による土地区画整理事業、大都市地域住宅等供給促進法による住宅街区整理事業、都市再開発法による第1種市街地再開発事業又は密集市街地における防災街区の整備の促進に関する法律による防災街区整理事業として行う公共施設の整備改善、宅地の造成、共同住宅の建設又は建築物及び建築敷地の整備に関する事業等のために、これらの者に土地等が買い取られた場合には、譲渡所得の金額の計算上2,000万円の特別控除額を控除することができる（措法34①）。

(6)　**特定住宅地造成事業等のために土地等を売却した場合の1,500万円の特別控除の特例**（措法34の2）

　「特定住宅造成事業等のために土地等が買い取られる場合」とは、次のアないしエの譲渡をいう。

　　ア　土地等が住宅の建設、宅地の造成のために、地方公共団体及びその他の法人(注)に買い取られる場合（措法34の2②一）

　　（その他の法人）・独立行政法人中小企業基盤整備機構

　　　　　　　　　　・独立行政法人都市再生機構

　　　　　　　　　　・成田国際空港株式会社

　　　　　　　　　　・地方住宅供給公社

　　　　　　　　　　・日本勤労者住宅協会

　　イ　土地等が土地収用法等に基づく収用、買取り等を行う者若しくはその者に代わ

— 224 —

【十二　譲渡所得（分離課税）〈土地等・建物等〉】

って収用に充てられる土地等を買い取るべき旨の契約を締結した者に対し、収用の対償に充てるために買い取られる場合など（措法34の2②二）
ウ　土地等が民間の一団の宅地造成事業又は住宅建設事業の用に供するために買い取られる場合（措法34の2②三）
エ　土地等が公有地の拡大の推進に関する法律に基づき地方公共団体等に買い取られる場合など（措法34の2②四〜二十五）

(7)　農地保有の合理化等のために農地等を譲渡した場合の800万円の特別控除の特例（措法34の3）
　「農地保有の合理化等のために農地等を譲渡した場合」とは、農業振興地域の整備に関する法律に規定する勧告に係る協議、調停又はあっせんにより土地等を譲渡した場合などをいう（措法34の3②、措令22の9①一）。

(8)　特定の土地等の長期譲渡所得の特別控除（措法35の2）
　平成21年1月1日から平成22年12月31日までの間に取得をした国内にある土地等で、その年1月1日において所有期間が5年を超えるものの譲渡をした場合には、その年中のその譲渡に係る長期譲渡所得の金額から1,000万円（その長期譲渡所得の金額が1,000万円に満たない場合には、その長期譲渡所得の金額）を控除することができる。
　(注)1　「取得」の範囲の制限
　　　　　土地等の「取得」の範囲からは、次のものが除かれる。
　　　　ア　配偶者その他の特別の関係がある者からの取得
　　　　イ　相続、遺贈、贈与及び交換による取得
　　　　ウ　代物弁済としての取得及び所有権移転外リース取引による取得
　　　2　取得をした土地等の用途
　　　　　土地等の取得後の用途は問われない。

(9)　低未利用土地等を譲渡した場合の100万円の特別控除の特例（措法35の3）
　「低未利用土地等を譲渡した場合」とは、都市計画法に規定する低未利用土地等を譲渡した場合で、適用要件は次のアないしカである。
　ア　令和2年7月1日から令和4年12月31日までの譲渡であること
　イ　その年1月1日において所有期間が5年を超えていること
　ウ　譲渡の後に低未利用土地等の利用がされる場合に限ること
　エ　低未利用土地等と一筆であった土地からその前年又は前々年に分筆された土地等の譲渡を前年又は前々年にした場合において、この特例の適用を受けていないこと
　オ　配偶者、直系血族（父、母、子、孫など）その他生計を一にする親族などや同族会社などに対する譲渡ではないこと
　カ　譲渡の対価の額が500万円以下であること
※　添付書類…低未利用土地等確認書、売買契約書の写しその他の書類（カを明らかにするもの）

【十二　譲渡所得（分離課税）〈土地等・建物等〉】

⑽　特定の事業用資産の買換え等の特例 （措法37、37の4 ）

　個人が、事業の用に供している特定の地域内にある土地建物等を譲渡し一定期間内（原則、前年（注）、同年、翌年）に特定地域内にある土地等の特定資産を取得し、又は交換し、その取得の日から1年以内に買換資産を事業の用に供した場合には、買換えの特例の適用を受けることができる（措法37①⑤⑩）。課税の繰延割合は原則として80％である。

　（注）　前年取得した場合には、取得年の翌年3月15日までに「先行取得資産に係る届出書」を提出する必要がある。

〈譲渡所得金額及び買換資産の取得価額の計算〉

　Ⓐ譲渡収入金額　Ⓑ譲渡資産の取得費・譲渡費用の額
　Ⓒ買換資産の取得価額

区分	譲渡所得の計算	買換資産の取得価額
Ⓐ＞Ⓒ	$Ⓐ－Ⓒ×80％－Ⓑ×\dfrac{Ⓐ－Ⓒ×80％}{Ⓐ}$	$Ⓑ×\dfrac{Ⓒ×80％}{Ⓐ}＋Ⓒ×20％$
Ⓐ＝Ⓒ	$Ⓐ×20％－Ⓑ×20％$	$Ⓑ×80％＋Ⓐ×20％$
Ⓐ＜Ⓒ		$Ⓑ×80％＋Ⓒ－Ⓐ×80％$

📖 参考　特定の事業用資産の買換えの内容

　各特例の適用期限は、令和5年12月31日（③と⑤は令和3年3月31日、⑥は令和5年3月31日）までの譲渡が対象となる。

　（注）1　〇内の数字は措置法37条1項の表の号数である。
　　　　2　土地等への買換えは、譲渡した土地等の面積の5倍以内

①　譲渡の日の属する年の1月1日において所有期間が10年を超える既成市街地等内から既成市街地等外への買換え

②　飛行場の航空機騒音障害区域内から航空機騒音障害区域外への買換え

③　過疎区域外から過疎区域内への買換え

④　土地等が土地の計画的かつ効率的な利用に資する施策の実施に伴って取得される場合の既成市街地等内での買換え

⑤　密集市街地における防災街区の整備の促進に関する法律に規定する防災再開発促進地区内における防災街区整備事業に関する都市計画に基づく買換え

⑥　譲渡の日の属する年の1月1日において所有期間が10年を超える国内にある土地等、建物又は構築物から国内にある土地等、建物、構築物への買換え

　なお、平成24年1月1日以後は、買換資産の土地等の範囲を事務所、事業所その他政令で定める施設（以下「特定施設」という。）の敷地の用に供されるもの（当該特定施設に係る事業の遂行上必要な駐車場を含む。）又は駐車場の用に供されるもの（建物又は構築物の敷地の用に供されていないことについて政令で定めるやむを得ない事情があるものに限る。）で面積が300㎡以上のものに限定された（措法37①九、措令25⑬、措規18の5①、平24.4.27国土交通省告示507号）。

【十二 譲渡所得（分離課税）〈土地等・建物等〉】

また、買換資産が共有地である場合、300㎡以上であるかどうかの判定は共有地の総面積に取得者の共有持分の割合を乗じて計算した面積が300㎡以上か否かで判断する。

⑦ 進水の日から譲渡の日までの期間が45年（海洋運輸業、沿海運輸業及び漁業は25年）に満たない日本船舶から進水の日から譲渡の日までの期間が15年（海洋運輸業、沿海運輸業及び漁業以外は耐用年数）に満たない日本船舶への買換え

(注) 1 ①は、平成29年4月1日以後は、譲渡資産から事務所として使用されている建物（附属設備を含む。）及びその敷地の用に供されている土地等は除外される。

2 ⑦は、平成30年1月1日（一定の場合には令和2年10月1日）以後は、譲渡資産及び買換資産から漁業の用に供される船舶は除外される。

また、譲渡資産のうち建設業又はひき船業用のものについては、進水の日から譲渡の日までの期間は平成29年4月1日以後は40年、令和2年4月1日以後は35年となる。

(11) 中高層耐火建築物や中高層耐火共同住宅の建設のための買換え等の特例 （措法37の5）

個人が、下記の譲渡資産を譲渡して、所定の期間内にそれぞれ以下の買換資産の取得をし、かつ、その取得の日から1年以内に買換資産をその個人の事業の用（下記イのみ）又は居住の用（親族の居住の用を含む。）に供したとき又はこれらの用に供する見込みであるときは、譲渡価額と買換資産の取得価額との差額について、長期（短期）譲渡所得の課税が行われる（措法37の5①）。

ア 特定民間再開発事業の施行地区内における中高層耐火建築物への買換えの特例 （措法37の5①一、措令25の4③）

(ア) 譲渡資産

次に掲げる区域又は地区内にある土地等又は建物等（当該個人の事業の用に供しているものを除く。）で、その土地等又は建物等の敷地の用に供されている土地等の上に地上階数4以上の中高層の耐火建築物の建築をする特定民間再開発事業の用に供するために譲渡されるもの

A 租税特別措置法37条1項の表の1号に規定する既成市街地等

B 都市計画法4条1項に規定する都市計画に都市再開発法2条の3第1項2号に掲げる地区として定められた地区

C 都市計画法8条1項3号に掲げる高度利用地区として定められた地区

D 都市計画法12条の4第1項1号に掲げる地区計画の区域（第一種低層住居専用区域、第二種低層住居専用区域、第一種中高層住居専用地域及び第二種中高層住居専用地域を除く。）、同項2号に掲げる防災街区整備地区計画及び同項3号に掲げる沿道地区計画の区域のうち、一定の要件に該当する区域

E 中心市街地の活性化に関する法律16条1項に規定する認定中心市街地の区域

(イ) 買換資産

A 特定民間再開発事業の施行により、譲渡した土地等の上に建築された中高層耐火建築物（その敷地を含む。）又はその中高層耐火建築物に係る構築物

B その特定民間再開発事業の施行される地区内（上記の(ア)のBからEの地区内に限

【十二 譲渡所得（分離課税）〈土地等・建物等〉】

る。）で行われる他の特定民間再開発事業等の施行によりその地区内に建築された中高層の耐火建築物で建築後使用されたことのないもの（その敷地を含む。）又はその中高層の耐火建築物に係る構築物

イ　**既成市街地等内における中高層耐火共同住宅への買換えの特例**（措法37の5①二）

(ｱ)　譲渡資産

次に掲げる区域内にある土地等又は建物等で、その土地等又は建物等の敷地の用に供されている土地等の上に地上階数3以上の中高層の耐火共同住宅の建築をする事業の用に供するために譲渡されるもの

A　租税特別措置法37条1項の表の1号に規定する既成市街地等

B　首都圏整備法2条4項に規定する近郊整備地帯、近畿圏整備法2条4項に規定する近郊整備区域又は中部圏開発整備法2条3項に規定する都市整備区域のうち、Aに掲げる既成市街地等に準ずる区域

C　中心市街地の活性化に関する法律12条1項に規定する認定基本計画に基づいて行われる中心市街地共同住宅供給事業の区域

(ｲ)　買換資産

上記の事業の施行によりその土地等の上に建築された耐火共同住宅（その敷地を含む。）又はその耐火共同住宅に係る構築物

⑿　**特定の交換分合が行われた場合の交換の特例**（措法37の6、措令25の5、措規18の7）

個人が所有する土地等について、農業振興地域の整備に関する法律13条の2第2項、集落地域整備法11条1項又は農住組合法7条2項3号の規定による交換分合により土地等を取得したとき（土地等とともに清算金を取得した場合を含む。）は、これらの交換分合により譲渡した土地等（清算金の額に対応する部分は除く。）の譲渡がなかったものとされる。

⒀　**特定普通財産と所有隣接土地等の交換の場合の特例**（措法37の8）

国有財産の特定普通財産とその隣接する土地との交換をしたときは、取得した交換差金に対応する部分を除き、その交換がなかったものとされる。

⒁　**平成21年及び平成22年に土地等の先行取得をした場合の譲渡所得の課税の特例**
（措法37の9）

不動産所得、事業所得又は山林所得を生ずべき業務を行う者が、平成21年1月1日から平成22年12月31日までの間に、国内にある土地等（棚卸資産等を除く。）の取得をし、その取得をした日の属する年の翌年3月15日までにその取得をした土地等（以下「先行取得土地等」という。）につきこの特例の適用に係るものである旨の届出書を納税地の所轄税務署長に提出した場合において、その取得をした日の属する年の12月31日後10年以内に、その個人の所有する他の事業用の土地等の譲渡をしたときは、その事業用の土地等に係る譲渡益からその譲渡益の100分の80（注1）に相当する金額（以下「繰延利益金額」という。）（注2）を控除した金額に相当する金額をその事業用土地等の譲渡による譲渡所得の金額とする「課税の繰延べ」ができる。

— 228 —

【十二　譲渡所得（分離課税）〈土地等・建物等〉】

（注）1　事業用の土地等の譲渡をした日の属する年の12月31日においてその個人が有する一定の先行取得土地等（以下「対象先行取得土地等」という。）が平成22年1月1日から同年12月31日までの間に取得をされたもののみである場合には、100分の60となる。

2　「繰延利益金額」は、譲渡益の100分の80（又は100分の60）に相当する金額が、その譲渡をした日の属する年の対象先行取得土地等の取得価額の合計額を超える場合には、その取得価額の合計額に相当する金額を限度とされる。

3　「取得」の範囲の制限及び先行取得土地等の用途は、上記(8)と同様である。

(15)　相続財産を売却した場合の相続税額の取得費加算の特例 (措法39)

相続又は遺贈により取得した資産を相続開始のあった日の翌日から相続税の申告書の提出期限の翌日以後3年以内に譲渡した場合には、その譲渡した資産の取得費については、一般の方法により計算した取得費に次に定める金額を加算することができる（措法39、措令25の16）。

―（算式）――――――――――――――――――――――――――――――

$$\left(\begin{array}{l}\text{資産を譲渡}\\\text{した者の確}\\\text{定相続税額}\end{array}\right) \times \dfrac{\left(\begin{array}{l}\text{譲渡資産の相続税の課税価格の}\\\text{計算の基礎に算入された価額}\end{array}\right)}{\text{資産を譲渡した者の相続税の課税価格}}$$

――――――――――――――――――――――――――――――――――――

〔東日本大震災関連〕

(1)　特定の事業用資産の買換え等の特例 (平23.3.11〜令3.3.31)

個人が、事業の用に供している下記の左欄の資産を譲渡し、一定期間内（原則、前年（注）、同年、翌年）に下記の右欄の資産を取得し（平23.3.11以後取得に限る。）、その取得の日から1年以内に買換資産を事業の用に供した場合には、買換えの特例の適用を受けることができる。課税の繰延割合は100%である（震災税特法12）。

なお、平成25年1月1日以降は、その事業用資産の所有者の相続人（事業に従事していた者又は生計を一にしていた者に限る。）が譲渡した場合にも、その相続人が事業の用に供しているものとみなしてこの特例を適用することができる（震災税特法12⑤）。

（注）前年取得した場合には、取得年の翌年3月15日までに「先行取得資産に係る届出書」を提出する必要がある。

	譲　渡　資　産	買　換　資　産
①	被災区域にある土地等又はこれらとともに譲渡する建物等、構築物で、平23.3.11前に取得されたもの	国内にある土地等又は減価償却資産
②	被災区域以外（国内に限る。）の土地等、建物等、構築物	被災区域にある土地等、減価償却資産

（注）1　土地等への買換えは、上記①・②の区分ごとに譲渡した土地等の面積の5倍以内

2　「被災区域」とは、東日本大震災により滅失（通常の修繕によっては現状回復が困難な損壊を含みます。）をした建物等の敷地及びその建物等と一体的に事業の用

【十二 譲渡所得（分離課税）〈土地等・建物等〉】

に供される附属施設の用に供されていた土地の区域をいう（震災税特法11①）。

(2) 被災市街地復興土地区画整理事業による換地処分に伴い代替住宅等を取得した場合の課税繰延べ（平23.12.14〜）

被災市街地復興土地区画整理事業が施行された場合において、①個人が有する土地等の一部について換地を定めない代わりに施行地区内の住宅を取得した場合又は②個人の有する土地等の全部について換地を定めない代わりに施行地区外の住宅及びその敷地を取得した場合には、一定の要件の下、取得価額の引継ぎによる課税の繰延べが適用される（震災税特法11の4①）。

(3) 被災市街地復興土地区画整理事業等のために土地等を譲渡した場合の5,000万円特別控除又は課税繰延べ（平23.12.14〜）

個人の有する土地等が次に掲げる場合に該当することとなった場合には、5,000万円特別控除又は課税繰延べが適用される（震災税特法11の5①一・二）。

ア 地方公共団体又は独立行政法人都市再生機構が特定被災市街地復興推進地域内において施行する減価補償金を交付すべきこととなる被災市街地復興土地区画整理事業の施行区域内にある土地等について、公共施設の整備改善に関する事業の用に供するためにこれらの者（土地開発公社を含む。）に買い取られ、対価を取得する場合

イ 地方公共団体又は独立行政法人都市再生機構が特定住宅被災市町村の区域内において施行する第二種市街地再開発事業の施行区域内にある土地等について、当該事業の用に供するためにこれらの者（土地開発公社を含む。）に買い取られ、対価を取得する場合

(4) 特定住宅被災市町村の区域内にある土地等を譲渡した場合の2,000万円特別控除（平23.12.14〜令3.3.31）

個人の有する土地等で特定住宅被災市町村の区域内にあるものが、東日本大震災の復旧事業の用に供する等のために地方公共団体、独立行政法人都市再生機構、地方住宅供給公社、地方道路公社又は土地開発公社に買い取られる場合には、2,000万円特別控除が適用される（震災税特法11の5②）。

(5) 被災市街地復興土地区画整理事業等のために土地等を譲渡した場合の1,500万円特別控除（平23.12.14〜）

個人の有する土地等で特定被災市街地復興推進地域内にあるものが、次に掲げる場合に該当することとなった場合には、1,500万円特別控除が適用される（震災税特法11の5③）。

ア 被災市街地復興特別措置法の買取りの申出に基づき都道府県知事等に買い取られる場合

イ 被災市街地復興土地区画整理事業に係る換地処分により当該事業の換地計画に定められた公営住宅等の用地に供するための保留地の対価の額に相当する土地等の部分の譲渡があった場合

— 230 —

【十二　譲渡所得（分離課税）〈土地等・建物等〉】

(6)　**被災市街地復興土地区画整理事業等のために土地等を譲渡した場合の軽減税率の特例**（平23.12.14〜）

個人の有する長期所有の土地等で次に掲げる事業に係るものが、独立行政法人都市再生機構に代わって土地開発公社に買い取られる場合には、軽減税率（2,000万円以下の部分について10％）が適用される（震災税特法11の5⑤）。

　ア　特定被災市街地復興推進地域内において施行する被災市街地復興土地区画整理事業

　イ　特定住宅被災市町村の区域内において施行する第二種市街地再開発事業

(7)　**収用等の場合の課税の特例**

「東日本大震災復興特別区域法」における特例措置又は「津波防災地域づくりに関する法律」の制定に伴う土地収用法等の改正により、土地収用法等の土地収用事業等の範囲が拡大され、次のア、イに掲げる場合においても収用等に伴い代替資産を取得した場合の課税の特例（措法33）又は収用交換等の場合の譲渡所得の特別控除〔5,000万円控除〕（措法33の4）の適用を受けられる。

　ア　東日本大震災復興特別区域法関係（東日本大震災復興特別区域法46他）（平23.12.26〜）

　　(ｱ)　「東日本大震災復興特別区域法」の復興特別区域制度における復興整備計画が公表され、都市計画が決定等されたとみなされる場合及び都市計画事業の認可等を受けたものとみなされる場合において、復興特別区域において施行される地方公共団体等による都市計画事業等により土地等が買い取られる場合

　　(ｲ)　復興特別区域において施行される地方公共団体による市街化調整区域内の土地区画整理事業及び住宅地区改良事業により土地等が買い取られる場合

　イ　津波防災地域づくりに関する法律関係（「津波防災地域づくりに関する法律の施行に伴う関係法律の整備等に関する法律」3、6）（津波防災地域づくりに関する法律の施行日から適用）

　　(ｱ)　新たに都市計画法上の都市計画事業に位置付けられる一団地の津波防災拠点市街地形成施設の整備に関する事業により土地等が買い取られる場合

　　(ｲ)　新たに土地収用法上の収用適格事業に位置付けられる津波防護施設の整備に関する事業により土地等が買い取られる場合

十三　株式譲渡益課税

1　株式譲渡益課税の概要
(1)　申告分離課税制度
　株式等（下記(4)参照）の譲渡による事業所得の金額、譲渡所得の金額、雑所得の金額（以下、「株式等に係る譲渡所得等の金額」という。）については、他の所得の金額と区分して、次表の税率を乗じて所得税、復興特別所得税及び住民税が課される。

区　　　　分		平成28年1月1日以後の譲渡
上場株式等	金融商品取引業者等を通じた売却　　　　（注2）	20.315％（所得税15.315％、住民税5％） （注1）
	上記以外の売却	
未公開株式など		

（注）1　住民税の税率は、標準税率（道府県民税と市町村民税の合計）によっており、税率3％は道府県民税1.2％と市町村民税1.8％の合計、税率5％は同2％と同3％の合計である。
　　　　ただし、平成30年度以後、指定都市の区域内居住者については、税率5％の内訳は、道府県民税1％と市民税4％の合計である。
　　　2　金融商品取引業者等での売却の概要

(2)　株式等の譲渡による所得の区分
　一般株式及び上場株式の譲渡したことによって得る所得の区分については、営利を目的として継続的に行う株式等の譲渡による所得は、事業所得又は雑所得となり、それ以外の株式等の譲渡による所得は、譲渡所得となる。なお、次の株式等の譲渡による所得は、譲渡所得として差し支えない（措通37の10－2）。
　　ア　上場株式等（下記(5)参照）で所有期間が1年を超えるものの譲渡による所得
　　イ　上場株式等以外の株式等の譲渡による所得

参考　投資一任口座（ラップ口座）における株取引の所得区分
　投資一任口座（ラップ口座）とは、顧客が証券会社等との間で締結した投資一任契約に基いて開設する資産運用専用口座をいう。そして証券会社等は顧客の投資資金の運用に関する投資判断とその執行に必要な権限の委任を受けて顧客に代わって資産運

【十三 株式譲渡益課税】

（株式等）
譲渡所得

用を行う一方、顧客は投資顧問報酬として固定報酬及び成功報酬を支払うというもので、契約期間は1年（自動更新）というものが主流である。

この口座において行う株式等の譲渡の所得区分の判定については、その株式等の譲渡が営利を目的として継続的に行われているかどうかにより判定することとなる。

一般的に、上場株式等は流動性が高いことから、営利性、継続性をもつ取引とされる可能性が高いことから、事業もしくは雑所得に区分し得る。一方、非上場株式等は流動性が低いことを理由として、また上場株式等であっても、その株式等の所有期間が1年超にわたるものについては、その保有期間中の値上がり益の実現が目的であるとして、譲渡所得に該当するとされている。

そうすると、投資一任口座で行う取引は、一般的に所有期間1年以下の上場株式の売買を行うものであること、顧客が報酬を支払って有価証券の投資判断とその執行を証券会社等に一任し、契約期間中に営利を目的として、継続的に上場株式の売買を行っていると認められることから、投資一任口座における上場株式等の譲渡による所得は、事業もしくは雑所得に当たると考えられる（措法37の10、措通37の10－2）。

（国税庁HP　質疑応答事例より）

⑶　**上場株式等の譲渡損失の損益通算及び繰越控除**（措法37の12の2）

確定申告書を提出する居住者又は恒久的施設を有する非居住者が上場株式等の一定の譲渡（下記⑹参照）をすることにより生じた譲渡損失の金額があるとき、又はその年の前年以前3年内の各年に生じた上場株式等の譲渡損失の金額（前年以前に既に控除したものを除く。）があるときは、これらの損失の金額を上場株式等の譲渡所得及び配当所得の金額（申告分離課税（措法8の4）を選択したものに限る。）から控除する（P.244参照）。

なお、平成28年以後においては、上場株式等の譲渡損失と一般株式等の譲渡益とは損益通算はできない。また、平成27年以前の各年分に生じた上場株式等の譲渡損失で、平成28年分以後に繰り越されたものについても、一般株式等の譲渡所得等の金額から控除することはできない。

⑷　**株式等**（措法37の10②、措令25の8③）

株式等の範囲は以下のとおり（注1、2）。

①	株式（注3、4） 　株主又は投資主となる権利、株式の割当てを受ける権利、新投資口予約権を含む新株予約権及び新株予約権の割当てを受ける権利を含む。
②	特別の法律により設立された法人の出資者の持分
	合名会社、合資会社又は合同会社の社員の持分
	法人税法2条7号に規定する協同組合等の組合員又は会員の持分
	その他法人の出資者の持分
	（注）　出資者、社員、組合員又は会員となる権利を含み、③に掲げるものを除く。

— 233 —

【十三　株式譲渡益課税】

③	協同組織金融機関の優先出資に関する法律に規定する優先出資 （注）　優先出資者となる権利及び優先出資の割当てを受ける権利を含む。
	資産の流動化に関する法律2条5項に規定する優先出資 （注）　優先出資社員となる権利及び引受権を含む。
④	投資信託の受益権
⑤	特定受益証券発行信託の受益権
⑥	社債的受益権
⑦	公社債 （注）　預金保険法2条2項5号に規定する長期信用銀行債、農水産業協同組合貯金保険法2条2項4号に規定する農林債及び租税特別措置法41条の12第7項に規定する償還差益につき同条1項の規定を受ける同条7項に規定する割引債を除く。

(注)1　ゴルフ場の所有又は経営に係る法人の株式又は出資を所有することがそのゴルフ場を一般の利用者に比して有利な条件で継続的に利用する権利を有する者となるための要件とされている場合におけるその株式又は出資者の持分を除く（措令25の8②）。

2　外国法人に係る株式等を含む。

3　株主又は投資主となる権利とは、次の期間における株式引受人の地位のことをいう。

〈会社設立又は増資の場合〉

	株主又は投資主となる権利	
株式の申込みに対する割当てがあった日	割当てがあった日の翌日 （注）　会社の設立に際して発起人が引受けをする株式にあっては、その引受けの日	①　会社設立の場合 　→設立登記の日の前日 ②　増資による新株の発行の場合 　→払込期日

4　「株式」には、租税特別措置法第8条の4第1項第1号の規定により、投資法第2条第14項に規定する投資口が含まれる（措通37の10・37の11共－19）。

「投資口」とは、投資法人（資産を主として特定資産に対する投資として運用することを目的として設立された社団）の社員の地位で、均等の割合的単位に細分化されたものをいう。

(5)　上場株式等（措法37の11①②、措令25の9②〜⑩、措規18の10①）

上場株式等の範囲は以下のとおりである。

なお、平成27年12月31日以前に行う株式等の譲渡においては、下記のうち①から⑧の株式等（ただし、⑦については「公募株式等証券投資信託の受益権」とする。）が上場株式等とされる（旧措法37の11の3②）。

— 234 —

【十三　株式譲渡益課税】

①	金融商品取引所に上場されている株式等（ETF、ベンチャーファンド、カントリーファンドを含む。）
②	店頭売買登録銘柄として登録された株式（出資を含む。）
③	店頭転換社債型新株予約権付社債（注1）
④	店頭管理銘柄株式（注2）
⑤	認可金融商品取引業協会の定める規則に従い、登録銘柄として認可金融商品取引業協会に備える登録原簿に登録された日本銀行出資証券
⑥	外国金融商品市場において売買されている株式等（海外 ETF を含む。）（注3）
⑦	投資信託でその規定に係る受益権の募集が一定の公募により行われたものの受益権
⑧	特定投資法人の投資口（J–REIT など）
⑨	特定受益証券発行信託でその受益権の募集が一定の公募により行われたものの受益権。ただし、特定株式投資信託（措法3の2）の受益権は除く。
⑩	特定目的信託（その信託契約の締結時において原委託者が取得する社債的受益権の募集が一定の公募により行われたものに限る。）の社債的受益権
⑪	国債及び地方債
⑫	外国又はその地方公共団体が発行し、又は保証する債券
⑬	会社以外の法人が特別の法律により発行する一定の債券
⑭	公社債でその発行の際の有価証券の募集が一定の公募により行われたもの
⑮	社債のうち、その発行の日前9月以内（外国法人にあっては、12月以内）に有価証券報告書等を内閣総理大臣に提出している法人が発行するもの
⑯	金融商品取引所等においてその規則に基づき公表された公社債情報に基づき発行する一定の公社債
⑰	国外において発行された一定の公社債
⑱	外国法人が発行し、又は保証する一定の債券
⑲	銀行業等を行う法人等が発行した一定の社債
⑳	平成27年12月31日以前に発行された公社債（同族会社が発行したものを除く。）

※　⑦⑧については、非上場であっても「上場株式等」に含まれる。

(注)1　新株予約権付社債（転換特定社債（資産の流動化に関する法律131①）及び新優先出資引受権付特定社債（同法139①）を含む。）で、認可金融商品取引業協会（金商法2⑬）が、その定める規則に従い、その店頭売買につき、その売買価格を発表し、かつ、当該新株予約権付社債の発行法人に関する資料を公開するものとして指定したものをいう。

　　　2　金融商品取引所（金商法2⑯）への上場が廃止され、又は店頭売買登録銘柄（措令25の8⑨二）としての登録が取り消された株式（出資及び投資口（投信法2⑭）を含む。）のうち認可金融商品取引業協会が、その定める規則に従い指定したものをいう。

【十三　株式譲渡益課税】

3　外国金融商品市場には日本証券業協会の規則に基づき各証券会社が「適格外国金融商品市場」としている市場も該当する（措通37の11－1）。

(6)　**一定の譲渡**（措法37の12の2②、平28改正法附則57、措令25の11の2④～⑥）
一定の譲渡の範囲は以下のとおり。

①　金融商品取引業者（金商法2⑨）又は登録金融機関（金商法2⑪）への売委託により行う上場株式等の譲渡
②　金融商品取引業者に対する上場株式等の譲渡
③　登録金融機関又は投資信託委託会社に対する上場株式等の譲渡で一定のもの（金商法2⑧一）
④　租税特別措置法37条の10第3項又は4項各号の規定に該当する合併等による上場株式等についての譲渡
⑤　上場株式等を発行した法人の行う株式交換又は株式移転によるその法人の株式交換完全親法人又は株式移転完全親法人に対するその上場株式等の譲渡
⑥　上場株式等を発行した法人に対してその買取請求（会社法192①）に基づいて行う単元未満株式の譲渡
⑦　上場株式等を発行した法人に対して取得条項付新株予約権又は取得条項付新株予約権が付された新株予約権付社債を譲渡する場合で一定のもの、又は投資信託及び投資法人に関する法律88条の9第1項に規定する取得条項付新投資口予約権のその取得条項付新投資口予約権を発行した法人に対する譲渡
⑧　上場株式等を発行した法人に対してその買取請求（旧商法220ノ6①）に基づいて行う端株の譲渡（会社法の施行に伴う関係法律の整備等に関する法律64）
⑨　上場株式等を発行した法人が行う会社法234条1項又は235条1項（他の法律で準用する場合を含む。）、投資信託及び投資法人に関する法律88条1項及び149条の17第1項に規定する1株又は1口に満たない端数に係る上場株式等の競売その他一定の方法による譲渡
⑩　信託会社（信託業務を営む金融機関を含む。）の国内にある営業所に信託されている上場株式等のその営業所を通じた、外国証券業者への売委託による譲渡
⑪　信託会社の営業所に信託されている上場株式等のその営業所を通じた外国証券業者に対する譲渡
⑫　国外転出時課税（P.257参照）の適用により行われたとみなされた上場株式等の譲渡（平成28年分以後適用）

2　株式等に係る譲渡所得等の金額の計算

株式等に係る譲渡所得等の金額は、所得の区分ごとに次のように計算する。
〔事業所得又は雑所得の場合〕

【十三 株式譲渡益課税】

〔譲渡所得の場合〕

(注) 株式等の譲渡による所得が事業所得若しくは雑所得に該当するか又は譲渡所得に該当するかは、当該株式等の譲渡が営利を目的として継続的に行われているかどうかにより判定するのであるが、その者の一般株式等に係る譲渡所得等の金額又は上場株式等に係る譲渡所得等の金額の計算上、次に掲げる株式等の譲渡による部分の所得については、譲渡所得として取り扱って差し支えない（措通37の10・37の11共－2）。
① 上場株式等で所有期間が1年を超えるものの譲渡による所得
② 一般株式等の譲渡による所得

(1) 収入金額（株式等の譲渡に係る収入金額）

株式等の譲渡に係る収入金額には、一般株式等の譲渡の対価（措法37の10①）の他、以下のものも含まれる。

ア 株式等に係る譲渡所得等のみなし譲渡課税（措法37の10③）
　法人の株主等がその法人の合併（合併法人の株式又は出資以外の資産が交付されなかった場合など一定の場合を除く。）等により交付を受ける金銭の額及び金銭以外の資産の価額の合計額（配当等の額とみなされる部分の金額など一定の部分の金額を除く。）等(注)は、みなし譲渡課税の対象となり、株式等に係る譲渡所得等の収入金額に算入する（措法37の③一～七）（みなし配当については、P.54参照）。
　ただし、平成31年4月1日以後に行われる合併又は分割型分割については、一般株式等（上場株式等）の譲渡所得等に係る収入金額とみなして課税する事由から、次に掲げるものが除外された（措法37の10③一、二、措令25の8⑤⑥）。
　① 法人の株主等がその法人の合併により合併法人との間にその合併法人の発行済株式等の全部を間接に保有する関係がある法人の株式以外の資産が交付されない場合のその法人の合併
　② 法人の株主等がその法人の分割により分割承継法人との間にその分割承継法人の発行済株式等の全部を間接に保有する関係がある法人の株式以外の資産が交付されない場合のその法人の分割

イ 株式等証券投資信託等の受益権に基づき交付を受ける一定の金銭（措法37の10④）

ウ 合併等により交付を受ける一定の外国親法人の株式（措法37の14の2、37の14の3）

エ これらの他、株式の譲渡等とみなされるものの事由には、合併、法人の分割、資本の払戻し、解散、法人の自己株式又は出資の取得出資の消却・払戻し、退社・脱退による持分の払戻し、株式・出資の消滅、組織変更の他、平29.4.1以後行われた株式分配も含まれる（措法37の10③三、37の11③、平29改正法附則52）。

オ 取得費の一般的な計算方法については次頁(2)ア参照

カ 取得費の中には、株式等取得のための負債利子、委託手数料の他、事業・雑所得に該当する場合には、投資顧問報酬等の管理料が含まれる。

【十三　株式譲渡益課税】

(2) 取得費（株式等の取得に要した金額等）（所令84、109、所規19の4）

ア　購入、若しくは払込みにより取得した株式

その購入の代価（購入手数料、その他その株式等の購入のために要した費用がある場合には、その費用を加算した金額）（措通37の10・37の11共－10）

2回以上にわたって取得した同一銘柄の株式等を譲渡した場合の株式等の取得費は、その株式等を取得した時（その後既にその株式等の一部を譲渡している場合には、直前の譲渡の時）から譲渡の時までの期間を基礎として、取得した時（又は直前の譲渡の時）において有していた株式等及びその期間内に取得した株式等について事業所得にあたる場合は、総平均法（所法48①、所令105①、措令25の8⑧、25の9⑪）で、譲渡所得、雑所得に該当する場合は、総平均法に準ずる方法（所法48③、所令118）によって算出した1単位当たりの金額を基として計算する。

イ　払込みや購入以外で取得した株式の取得価額

① 相続や遺贈、贈与により取得した場合は、被相続人、遺贈者又は贈与者の取得費を引継ぐ（所法60①）。ただし、相続が限定承認であった場合、あるいは遺贈が包括遺贈でかつ限定承認であった場合には、相続又は遺贈があったときの時価が取得価額となる（所法60②）。

② 発行法人から与えられた新株予約権等（株主等として取得したものを除く。）については、その権利行使の日における価額が取得価額となる。

③ 株式と引換えに払込むべき金額が有利な場合におけるその株式を取得する権利（上記②を除く。）については、その権利に基づく払込み額又は給付の期日における価額が取得価額となる。

④ 新たな払込み又は給付を要しないで取得した株式又は新株予約権（株主等として取得するもので、他の株主等に損害を与えないものに限る。）については、零円が取得価額となる。

⑤ 平成28年分以後において、法人又はその全部の株式等を保有する一定の親法人から役務の対価として取得した一定の譲渡制限付株式については、譲渡制限が解除された日における価額が取得価額となる（平28改正所令附則5）。

ウ　取得価額の付替え計算が必要な場合

所有する株式等の発行法人において、株主割当、合併、解散等があったことにより取得した場合には、単に株式を買増しした場合と異なり、これらの事実があった日に新株と共に既保有の旧株も新たに取得したものとして、新株と旧株の取得価額を均等にするための補正＝所定の付替え計算が必要となる。この付替え計算が必要となるのは、以下の場合である。

①株式の分割又は併合（所令110）、②株主割当てによる新株取得（所令111）、③合併による株式取得（所令112）、④分割型分割による株式取得又は特定受益証券発行信託の分割（措法37の10③二、④三、37の11③、④二）による取得（所令113）、⑤株式分配による取得（平29.4.1以後の取得について適用（平29改正所令附則9））（所令113の2）、⑥資本の払戻し又は解散による残余財産の分配として金銭その他の資産の取得（所令114①）、⑦口数の定めがない法人の出資の払戻しによる金銭その他の資産の取得（所令114②）、⑧法人の組織変更に伴い変更後の法人の株式の取得（所

令115)、⑨一定の合併等により交付を受けた新株予約権又は新株予約権付社債（所令116)。

上場株式等の取得価額の確認方法

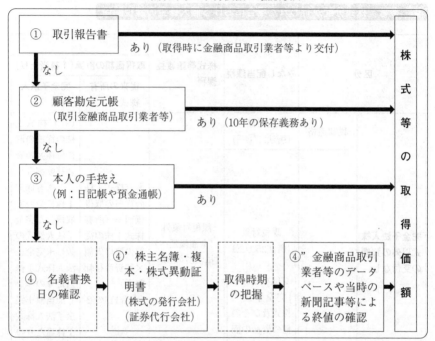

① 証券会社などの金融商品取引業者等から送られてくる取引報告書で確認する。
　取引報告書以外に、口座を開設する金融商品取引業者等が交付する取引残高報告書（上場株式等の取引がある場合に交付される。）、月次報告書、受渡計算書などの書類で確認できる場合がある。
② 取引した金融商品取引業者等の「顧客勘定元帳」で確認する。
　過去10年以内に購入したものであれば、その金融商品取引業者等で確認できる。なお、10年より前の取引情報が任意に保存されている場合がある。
③ 自身の手控えで確認する。
　日記帳や預金通帳などの手控えによって取得価額がわかれば、その額による。
　日記帳などの手控えで取得時期のみが確認できる場合には、その取得時期を基に取得価額を算定しても差し支えない。
④ ①～③で確認できない場合、名義書換日を調べて取得時期を把握し、その時期の相場を基に取得価額を算定する。
　例えば、発行会社（株式の発行会社が証券代行会社に名義書換業務を委託している場合にはその証券代行会社）の株主名簿・複本・株式異動証明書などの資料（④'）を手がかりに株式等の取得時期（名義書換時期）を把握し、その時期の相場（④"）を基にして取得費（取得価額）を計算する。

【十三　株式譲渡益課税】

　なお、④'においては、株券電子化後手元に残った株券の裏面で確認しても差し支えない。

参考　株式分配が行われた場合における個人株主の課税関係

区分		みなし配当課税	株式等譲渡益課税	取得価額の計算（１株当たり）	
				従来の所有株式	完全子法人株式
完全子法人株式以外の資産の交付なし	税制適格	課税対象外（所法25①三）	課税対象外（全額繰延べ）（措法37の10③三）	所有株式１株の従前の取得価額－（所有株式１株の従前の取得価額×純資産移転割合）（所令113の2②）	（所有株式１株の従前の取得価額×純資産移転割合）÷（所有株式１株について取得した完全子法人株式の数）＋完全子法人株式１株当たりのみなし配当額＋完全子法人株式１株当たりの取得費用の額（所令113の2①）
	税制非適格	課税対象（所法25①三）［交付を受ける「完全子法人株式及びその他の資産の価額の合計額」が法人の資本金等の額のうちその交付の基因となった株式に対応する部分の金額を超えるときに、その超える部分の金額が配当等とみなされる。			
完全子法人株式以外の資産の交付あり			課税対象（措法37の10③三）［交付を受ける「完全子法人株式及びその他の資産の価額の合計額」からみなし配当額を控除した金額が収入金額となる。	同上	取得のために通常要する価額（時価）（所令109①六）

(注)　純資産移転割合とは、株式分配前の簿価純資産価額のうちに完全子法人の株式の帳簿価額の占める割合をいう（所令61②三）。

【十三　株式譲渡益課税】

(3)　譲渡に要した費用
譲渡のために要した委託手数料
管理費（事業所得又は雑所得に限る。）
その他の経費

(4)　取得に要した負債の利子
譲渡した株式等の取得のための借入金等の利子で、本年中の所有期間に対応する部分の金額

(5)　特定投資株式の取得に要した金額の控除
特定投資株式を払込みにより取得した場合、その取得に要した金額を株式等に係る譲渡所得等の金額の計算上控除できる（エンジェル税制）。

(6)　相続税額の取得費加算の特例（措法39）についてはP.251参照

3　申告分離課税の対象とならない株式等以外の有価証券の譲渡による所得
株式等（新株予約権付社債を含む。）を譲渡した場合は、上記のとおり原則、申告分離課税であるが下記の場合は、取扱いが異なっている。

(1)　総合譲渡所得
①　株式形態によるゴルフ会員権の譲渡による所得（措法37の10②、措令25の8②）
②　国外で発行される割引公社債（いわゆるゼロクーポン債）を国内で譲渡したことによる所得（旧措法37の16、旧措令25の15）（平27.12.31まで）
③　割引の方法により発行される公社債に類する利付公社債を国内で譲渡したことによる所得（旧措法37の16①三、旧措令25の15①③）（平27.12.31まで）
④　国内で発行される割引公社債で、独立行政法人住宅金融支援機構、旧住宅金融公庫、沖縄振興開発金融公庫、独立行政法人都市再生機構、旧都市基盤整備公団、旧住宅・都　市整備公団、並びに外国政府、外国の地方公共団体及び国際機関により発行されるものの譲渡による所得（旧措法37の16①三、旧措令25の15③）（平27.12.31まで）
⑤　国内で発行される一定の短期割引公社債の譲渡による所得（旧措法37の15、旧措令26の17）（平27.12.31まで）
⑥　利子が支払われない公社債（割引公社債を除く。）の譲渡による所得（旧措法37の16①四）（平27.12.31まで）
⑦　新株予約権付社債についての社債の譲渡による所得で一定のもの（所法41の2、措法37の10①、37の11①）
なお、上記以外の公社債（新株予約権付社債を除く。）の譲渡による所得は課税の対象とはならない（旧措法37の15①）（平27.12.31まで）。
⑧　金融商品取引法に規定する金融先物取引等の方法による株式等の譲渡（措法37の10①、金商法28⑧三イ）（P.271参照）

— 241 —

【十三　株式譲渡益課税】

(2)　**分離短期譲渡所得**（措法37の10①、37の11①、32②）

　土地等の譲渡に類似する株式等の譲渡で土地等の短期譲渡所得として分離課税の対象とされるもの

(3)　**非課税**（措法37の15①、措通37の10・37の11共−20）

　①　預金保険法に規定する長期信用銀行債や農水協貯金保険法に規定する農林債及び割引債等

　②　貸付信託の受益権

> #### 参考　上場株式等を対象とした特例

　①　特定口座制度（措法37の11の3①、37の11の4①、37の11の5①）

　②　上場株式等に係る譲渡損失の繰越控除（措法37の12の2）

> #### 参考　上場株式等の優遇税率（平成21年1月1日から平成25年12月31日までの取扱い）

　株式等に係る譲渡所得等の金額のうち、平成21年1月1日から平成24年12月31日までの間に上場株式等（P.234(5)参照）の一定の譲渡（P.236(6)参照）に係るものに対しては、税率は所得税7％、住民税3％、平成25年1月1日から平成25年12月31日までの間は、復興特別所得税を加算した（旧措法37の11、復興財確法28）7.147％、住民税3％となる。

4　特定口座制度

(1)　**制度の概要**

　金融商品取引業者又は登録金融機関（以下、「金融商品取引業者等」という。）に特定口座を設定した場合において、その特定口座に保管が委託されている上場株式等を譲渡した場合には、それぞれの特定口座ごとに、その特定口座に係る特定口座内上場株式等の譲渡による譲渡所得等の金額と、それ以外の株式等の譲渡所得等の金額とを区分して計算する。

　また、その特定口座内の譲渡所得等の金額の計算は金融商品取引業者等が行い、年間の取引の合計を記載した「特定口座年間取引報告書」が取引を行った年の翌年1月31日までに金融商品取引業者等より送られることが原則であるが、平成24年以後の各年において開設されていた特定口座については、その年中に取引のなかった特定口座にかかる年間取引報告書は、交付請求があった場合を除いて、その特定口座に係る特定口座取引年間報告書は交付を要しないこととされた。なお平成23年以前開設分は従前のとおり（措法37の11の3⑧）。

(2)　**特定口座に受け入れられることができる上場株式等**（特定口座内保管上場株式等）
のうち主なもの（措法37の10③一〜七、37の11の3③二ハ、措令25の10の2⑮一〜二十四）

　　ア　特定口座の開設後にその金融商品取引業者等への買付けの委託（買付けの委託の媒介、取次ぎ又は代理を含む。）により取得した上場株式等又はその金融商品取

【十三　株式譲渡益課税】

引業者等から取得した上場株式等で、その取得後直ちに特定口座に受け入れられるもの

イ　他の金融商品取引業者等に開設されている特定口座から移管（全部又は一部）される上場株式等

ウ　特定口座を開設している金融商品取引業者等が行う上場株式等の募集により取得した上場株式等

エ　特定信用取引等勘定において行った信用取引により買い付けた上場株式等のうち、いわゆる現引きにより取得したもので、その特定口座の特定保管勘定への振替の方法により受け入れるもの

オ　贈与、相続又は遺贈により取得した上場株式等で、同一又は異なる金融商品取引業者間での移管により受け入れるもの（贈与者又は被相続人の所有していた期間に特定口座内保管上場株式等であったものに限る。）

カ　特定口座を開設する金融商品取引業者等の行う有価証券の募集により、又はその金融商品取引業者等から取得した上場株式等償還特約付社債（いわゆるEB債）でその取得の日の翌日から引き続き当該口座において保管の委託がされているものの償還により取得した上場株式等でその受入れを保管振替制度の利用により行うもの

キ　特定口座を開設する金融商品取引業者等に開設されている口座において行った有価証券オプション取引の権利の行使又は義務の履行により取得した上場株式等で、その受入れ保管振替制度の利用により行うもの

ク　特定口座保管上場株式等につき株式の分割・併合、法人の合併・分割等により取得する株式で特定口座への受入れを保管振替制度の利用により行うもの

ケ　株式付与信託契約（いわゆる「ESOP信託契約」）に基づき取得した上場株式⇒平26.4.1以後取得する上場株式等について適用（平26改正法附則9）

コ　法人が行った株式分配（完全子法人の株式のみの交付がされる一定のものに限る。）により取得する当該完全子法人の株式又は資産⇒平29.4.1以後取得するものについて適用（措令25の10の2⑭九の二、平29改正法附則52）。

サ　居住者等が取得した特定譲渡制限付株式等で平30.4.1以後に譲渡制限が解除される一定のもの（措令25の10の2⑭二十五）

シ　平成31年4月1日以後、特定口座に受け入れることができる上場株式等の範囲に、居住者等が発行法人等に対して役務の提供をした場合に発行法人等から取得する上場株式等で、その役務の提供の対価として居住者等に生ずる債権の給付と引換えに居住者等に交付されるものが加えられた（措令25の10の2⑭二十六）。

(3)　源泉徴収を行う特定口座（源泉徴収口座）申告不要制度

「特定口座源泉徴収選択届出書」の提出がされた特定口座（源泉徴収口座）においては、上場株式等の譲渡の都度、年初からの純利益を計算し、その年における前回の譲渡までの純利益の額を超える部分の金額（源泉徴収選択口座内調整所得金額）が生じた場合には、その譲渡の対価の支払をする際に、その源泉徴収選択口座内調整所得金額に15.315%（他に住民税5％）(注)の税率を乗じて計算をした金額が金融商品取引業者等により源泉徴収(注)され、納税が完結し、確定申告をする必要はない。この場合、「扶

— 243 —

【十三　株式譲渡益課税】

養控除」などの判定上の合計所得金額は源泉徴収口座の所得を含めずに計算する。

　ただし、源泉徴収口座で売買した上場株式等の年間の損益が損失となった場合で、「上場株式等に係る譲渡損失の繰越控除」の特例を受ける場合には、確定申告をする必要がある。

> （注）　年初から純利益の計算をした結果、その年における前回の譲渡までの純利益の額に満たないこととなった場合には、その都度、その満たない金額に15.315％（他に住民税5％）を乗じて計算した金額に相当する所得税及び復興特別所得税が金融商品取引業者等から還付される。

(4)　手続

　ア　源泉徴収を選択する場合には、その年の最初の譲渡の時までに、金融商品取引業者等に対して、「特定口座源泉徴収制度選択届出書」を提出する必要がある。また、その選択は年単位となっているので、年の途中で源泉徴収を行わないように変更することはできない。

　イ　確定申告書を提出する場合において、「特定口座における株式等に係る譲渡所得等の金額」と「特定口座以外における株式等に係る譲渡所得等の金額」との合計は、「株式等に係る譲渡所得等の金額の計算明細書」により行う。

　ウ　確定申告書を提出する場合において、その年中一の特定口座以外の株式等の譲渡がないときは、「特定口座年間取引報告書」の添付をもって「株式等に係る譲渡所得等の金額の計算明細書」の添付に代えることができる。なお、源泉徴収税額のある源泉徴収口座を申告する場合には、「特定口座年間取引報告書」（注）を添付する必要がある。

> （注）　令和元年以後においては、確定申告書に添付すべき特定口座年間取引書の範囲に、電子証明書等に記録された情報の内容を一定の方法により出力した書面が加えられた（措令4の2⑨⑪）。

5　上場株式等に係る譲渡損失の繰越控除の特例

(1)　制度の内容

　平成15年1月1日以後に上場株式等（注1）を金融商品取引業者などを通じて譲渡（注2）したことにより生じた損失の金額のうち、その年の株式等に係る譲渡所得等の金額の計算上控除しきれない金額については、下記(3)の要領にて確定申告することにより、翌年以後3年間にわたり、株式等（平成28年以後は、上場株式等）に係る譲渡所得等の金額から繰越控除できる。

　なお、この場合に生じた損失の金額は、給与所得など他の各種所得の黒字の金額から控除することはできない。

> （注）1　P.234(5)に同じ。
> 　　　2　P.236(6)に同じ。

(2)　繰越控除の方法

　ア　上場株式等に係る譲渡損失の金額が前年以前3年内の二以上の年に生じたものである場合には、これらのうち最も古い年に生じた上場株式等に係る譲渡損失の金額から順次控除する。

— 244 —

【十三　株式譲渡益課税】

イ　前年以前３年内の一の年において生じた上場株式等に係る譲渡損失の金額を控除する場合、以下の点に留意する。

① 平成27年以前

　　その年の「株式等に係る譲渡所得等の金額」のうちに「未公開分」及び「上場分」がある場合には、まず「未公開分」から控除し、なお控除しきれない金額がある場合には、「上場分」の金額から控除する。

② 平成28年１月１日以後

　　上場株式等に係る譲渡損失及び配当所得の損益通算の特例の対象に、特定公社債等の利子所得、配当所得及び譲渡所得等が追加されたことから、特定公社債等の譲渡により生じた損失の金額のうち、その年に損益通算をしてもなお控除しきれない金額については、翌年以後３年間にわたり、特定公社債等の利子所得、配当所得及び譲渡所得等並びに上場株式等の配当所得（申告分離課税を選択したものに限る。）及び譲渡所得等からの繰越控除が可能となったが、「未公開分」の「株式等に係る譲渡所得等の金額」から控除することはできなくなった（措法37の12の２⑤、措令25の11の２⑧）。

ウ　前年より繰り越されてきた上場株式等に係る譲渡損失の金額はまず上場株式等に係る譲渡所得等の金額から控除し、なお控除しきれない損失の金額があるときは、次に上場株式等に係る配当所得の金額から控除する（措令25の11の２⑧）。

エ　上場株式等に係る譲渡損失の繰越控除と雑損失の繰越控除（所法71①）がある場合は、まず上場株式等に係る譲渡損失の繰越控除を行った後に、雑損失の繰越控除を行うこととなる。

　所得税の扶養控除の対象となる扶養親族に該当するかどうかなどを判定する際の「合計所得金額」（P. 326参照）は、この繰越控除の適用前の金額となる（措法37の12の２⑧では措法８の４③の読み替えをしていないため）。

(3)　手続

　この特例の適用を受けるためには、次の手続が必要となる（措法37の12の２⑦⑪、措令25の11の２⑪、措規18の14の２②～⑤）。

ア　上場株式等に係る譲渡損失の金額が生じた年分の所得税につき、その上場株式等に係る譲渡損失の金額の計算に関する明細書（※）などの添付がある確定申告書を提出していること（注）

　※　「株式等に係る譲渡所得等の金額の計算明細書」、「所得税の確定申告書付表（上場株式等に係る譲渡損失の繰越用）」

イ　上場株式等に係る譲渡損失の金額が生じた年分の後の年において連続して確定申告書を提出していること

ウ　この繰越控除を受けようとする年分の確定申告書にこの繰越控除を受ける金額の計算に関する明細書（※）などの添付があること

　※　「所得税の確定申告書付表（上場株式等に係る譲渡損失の繰越用）」

（注）　損失が発生した年の当初申告において、譲渡損失の申告を失念あるいは過少に申告してしまった場合においても、その損失が、特定口座（源泉徴収あり）以外のものであれば、一定の条件の下、更正の請求は可能である（措通37の12の２－５、37

— 245 —

【十三 株式譲渡益課税】

の12の2－6）。

参考 源泉徴収口座を申告する場合の転記方法

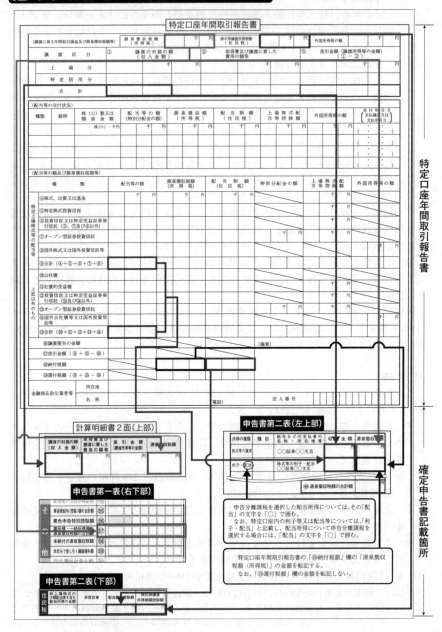

【十三　株式譲渡益課税】

(注)　源泉徴収口座を申告するに当たっての注意事項→P.45〜P.48参照

　　1　源泉徴収口座内の配当所得の金額又は譲渡所得の金額を申告するかどうかは、口座ごとに選択できる（1回に支払を受ける上場株式等の配当所得等ごと、1回の譲渡ごとの選択はできない。）（措法37の11の6⑨）。

　　2　源泉徴収口座の譲渡所得等の黒字金額とその源泉徴収口座の配当等の金額のいずれかのみを申告することもできる。ただし、源泉徴収口座の譲渡損失の金額を申告する場合は、その源泉徴収口座の配当所得等の金額も併せ申告する必要がある（措法37の11の6⑩）。

　　3　源泉徴収口座の譲渡所得等の金額又は配当所得等の金額を申告した後は、その譲渡所得等の金額又は配当所得等の金額を申告しないこととする変更はできない。また逆に、その譲渡所得等の金額又は配当所得等の金額を含めないで申告した後に、その譲渡所得等の金額又は配当所得等の金額を申告することとする変更もできない（措通8の5−1）。

参考　非課税口座内の譲渡所得等の非課税措置（令和3年4月1日以後）

　金融商品取引業者等の営業所に非課税口座を開設している居住者等が、非課税口座内上場株式等の次の(1)(2)に掲げる譲渡をした場合には、その譲渡による譲渡所得等については、所得税を課さないこととされた（措法37の14①三、四）。

(1)　その非課税口座に特定累積投資勘定を設けた日から同日の属する年の1月1日以後5年を経過する日までの間に行う特定非課税累積投資契約（注）に基づく譲渡

(2)　その非課税口座に特定非課税管理勘定を設けた日から同日の属する年の1月1日以後5年を経過する日までの間に行う特定非課税累積投資契約に基づく譲渡又は、上記の特定非課税累積投資契約に基づく非課税口座内上場株式等の譲渡による収入金額がその非課税口座内上場株式等の取得費及びその譲渡に要した費用の額の合計額又はその譲渡に係る必要経費に満たない場合におけるその不足額（損失額）は、所得税に関する法令の規定の適用については、ないものとみなすこととされた（措法37の14②）。

　(注)　特定非課税累積投資契約とは、上記(1)及び(2)の非課税措置等の適用を受けるために居住者等が金融商品取引業者等と締結した累積投資契約により取得した上場株式等の振替記載等に係る契約で、その契約書において、一定の事項が定められているものをいう（措法37の14⑤六、措令25の13㉕〜㉛、措規18の15の3⑨〜⑭）。

6　エンジェル税制

　下記の①から⑤に掲げる特定中小会社が発行する一定の株式（以下、「特定株式」という。）を払込み（これらの株式の発行に際してするものに限る。以下同じ。）により取得をした居住者又は国内に恒久的施設を有する非居住者（以下、「居住者等」という。）については、一定の要件に該当する場合には、次の(1)から(4)の特例を適用することができる（措法37の13、37の13の2、41の19）。

　なお、令和2年4月1日以後の払込みにより取得する株式につき、一定の要件を満たす特定株式がその対象に加えられた（新措法37の13①二、41の19①二）。

　①　中小企業の新たな事業活動の促進に関する法律に規定する一定の特定新規中小企業者に該当する株式会社により発行される株式（措法37の13①一）

— 247 —

【十三　株式譲渡益課税】

② 内国法人のうち、その設立の日以後10年を経過していない中小企業者に該当する一定の株式会社により発行される株式で、一定の投資事業有限責任組合契約に従って取得される株式（措法37の13①二）

③ 内国法人のうち、認可金融商品取引業協会の規則においてその事業の成長発展が見込まれるものとして指定を受けている株式を発行する株式会社（グリーンシート・エマージング区分）であって、その設立の日以後10年を経過していない中小企業者に該当する一定のものにより発行される株式で、一定の証券業者を通じて取得される株式（措法37の13①三）（ただし、平成31年4月1日以後払込み分より下記(1)、(3)の対象から除外された。）

また、平成24年度の地域再生法の一部改正に伴い、上記株式に同法に規定する認定地域再生計画に記載されている一定の特定再生事業を行う株式会社（平成24年11月1日から令和3年3月31日までの間に同法の確認を受けた者に限る。）である中小企業者に該当するものより発行される株式で、その確認を受けた日から3年を経過する日までの間に発行される株式（旧措法37の13①四）

④ 沖縄振興特別措置法に規定する指定会社が発行する株式（平成26年4月1日から令和3年3月31日までの間において同法による指定を受けたものに限る。）（措法37の13①四）

(1) 取得価額の控除

平成15年4月1日以後に、特定株式を払込みにより取得した居住者等が、当該特定株式を払込みにより取得した場合におけるその年分の株式等の譲渡所得等の金額の計算については、その計算上その年中に払込みにより取得した特定株式の取得に要した金額の合計額（この項の規定の適用前の金額が限度となる。）が控除される（措法37の13①）。ただし、上記③については、平成31年4月1日以後払込み分より対象から除外された。

特定新規中小会社が発行した株式を取得した場合の寄附金控除の特例（措法41の19、P.321参照）の適用を受けた場合は適用されない。

(2) 価値喪失の特例

特定株式を払込みにより取得した居住者等について、その取得の日からその株式の上場等の日の前日までの間に、その払込みにより取得した株式が株式としての価値を失ったことによる損失が生じた場合とされる清算結了等の一定の事実が発生したときは、その損失の金額とされる一定の金額は、その年分の株式等の譲渡に係る所得の金額の計算上、その株式の譲渡をしたことにより生じた損失の金額とみなされ控除することができる（措法37の13の2①④）。

(3) 損失の繰越控除

特定株式を払込みにより取得をした居住者等が、その取得の日からその株式の上場等の日の前日までの間にその株式の譲渡をしたことにより生じた損失の金額（租税特別措置法37条の13の2第1項の規定により損失の金額とみなされたものを含む。）のうち、

— 248 —

【十三　株式譲渡益課税】

その譲渡をした日の属する年分の株式等に係る譲渡所得等の金額の計算上控除しても
なおしきれない金額を有するときは、一定の要件の下で、そのなお控除しきれない金
額は、その年の翌年以後３年内の各年分の株式等に係る譲渡所得等の金額からの繰越
控除が認められる。ただし、上記③については、平成31年４月１日以後払込み分より
対象から除外された（措法37の13①三）。

　なお、平成27年以前の各年において生じた特定株式に係る譲渡損失が平成28年以後
に繰越される場合、平成28年以後の各年の上場株式等に係る譲渡所得の金額から控除
することも可能である（措法37の13の２⑦、平25改正法附則47）。→（P. 244参照）

⑷　**特定株式に係る寄附金控除の特例**（措法41の19）→（P. 319参照）

> **▶住民税（エンジェル税制）**
>
> 　住民税においては、エンジェル税制のうち取得価額の控除の特例は設けられていな
> いため、払込みにより取得した特定株式の取得に要した金額の合計額については、そ
> の年分の株式等の譲渡所得等の金額の計算上は控除されず、その特定株式を譲渡した
> 際に、取得費に算入されることとなる（地令附則18）。

7　株式等に係る譲渡所得等のその他の特例

⑴　**特定権利行使株式に係る保管の委託等の解約等があった場合のみなし譲渡課税**
（措法29の２④）

　特定権利行使株式（いわゆるストックオプション税制の適用を受けて取得した株式）の
保管の委託等の解約等により、その全部又は一部の返還又は移転があった場合には、そ
の時点で、その時における価額で譲渡があったものとみなされる。

⑵　**特定管理株式が価値を失った場合の株式等に係る譲渡所得の課税の特例**

　居住者等について、特定口座を開設する金融商品取引業者等に開設される特定管理
口座（特定口座内保管上場株式等で上場株式等に該当しないこととなった内国法人の株式に
つき当該特定口座から移管により保管の委託がされることその他の一定の要件を満たす口座
をいう。）において、上場株式等に該当しないこととなった日以後引き続き、振替口
座簿に記載又は保管の委託がされている当該株式（以下「特定管理株式」という。）に
つき株式としての価値を失ったことによる損失が生じた場合として定められた一定の
事実（注１）が発生したときは、当該事実が発生したことを当該特定管理株式の譲渡
をしたこととみなし、かつ、当該損失の金額として一定の方法により計算された金額
を当該特定管理株式の譲渡をしたことにより生じた損失の金額とみなして、株式等に
係る譲渡所得等の課税の特例を適用することとされる（措法37の11の２、措令25の９の
２②③、措規18の10の２）（注２）。

（注）１　一定の事実とは次のとおり（措法37の11の２①、措令25の９の２③）
　　　　　①　特定管理株式を発行した株式会社（以下「特定株式会社」という。）が解散（合
　　　　　　併による解散を除く。）をし、その清算が結了したこと

— 249 —

【十三　株式譲渡益課税】

　　②　特定株式会社が破産法の規定による破産手続開始の決定を受けたこと
　　③　特定株式会社がその発行済株式の全部もしくは社債を無償で消滅することを定
　　　めた会社更生法2条2項に規定する更生計画につき更生計画認可の決定を受け、
　　　当該更生計画に基づき発行済株式の全部を無償で消滅したこと
　　④　特定株式会社がその発行済株式の全部を消滅で消却することを定めた民事再生
　　　法2条3号に規定する再生計画につき再生計画認可の決定を受け、当該再生計画
　　　に基づき発行済株式の全部もしくは社債を無償で消滅したこと
　　⑤　特定株式会社が預金保険法111条1項の規定による特別危機管理開始決定を受
　　　けたこと
　2　この特例は、平28.1.1以後の清算決了等について適用される（平25改正法附則
　　43）。それ以前のものについては、この特例の対象となる株式等の範囲から公社債
　　が除かれると共に、この特例により損失とみなされる金額は、上場株式等以外の譲
　　渡損失とされ、上場株式等の配当との損益通算や3年間の損失の繰越控除はできな
　　い（旧措法37の10の2）。
※　添付書類
　　特定管理口座を開設している金融商品取引業者等の営業所の長から交付を受けた
　一定の事実の確認をした旨を証する書類（措令25の9の2⑧）

(3)　特別事業再編を行う法人の株式を対価とする株式等の譲渡に係る譲渡所得等の課税の特例

　　個人が、平30.7.9から令3.3.31までの間に産業競争力強化法に規定する特別事
　業再編計画について認定を受けた法人（以下「認定特別事業再編事業者」という。）の行
　った当該特別事業再編計画に係る特別事業再編によりその有する他の法人の株式等を
　譲渡し、当該認定特別事業再編事業者の株式の交付を受けた場合におけるその株式等
　の譲渡については、その譲渡がなかったものとみなすこととされた（措法37の13の3、
　措令25の12の3）。

(4)　株式交換等に係る課税の特例

①　株式交換

　　その有する株式（以下「旧株」という。）につき、その旧株を発行した法人の行
　った株式交換又は株式移転（株式交換完全親法人等又は株式移転完全親法人の株式以
　外の資産が交付されなかったものに限る。なお、平31.4.1以後においては間接保有法
　人も含まれる。）によりその株式交換完全親法人又はその株式移転完全親法人に対
　しその旧株の譲渡をし、かつ、その株式交換完全親法人又はその株式移転完全親
　法人の株式の交付を受けた場合（平30.4.1以後において行われたものについては、
　交付が省略されたものも含む。）には、その旧株の譲渡がなかったものとされる（所
　法57の4①②、所令167の7①～⑤）。

②　株式移転

　　その有する取得請求権付株式等を、その請求権の行使等により譲渡をし、かつ、
　その対価として、その取得をする法人の株式又は新株予約権の交付を受けた場合
　には、その取得請求権付株式等の譲渡がなかったものとされる（所法57の4③、

— 250 —

所令167の7⑦)。

(5) 保証債務を履行するために株式等を譲渡した場合の特例 (所法64②③)

保証債務を履行するために株式等を譲渡した場合で、主たる債務者に対し求償権の行使ができなくなった場合には、求償権の行使ができなくなった金額に対応する部分の金額は、譲渡所得の金額の計算上なかったものとされる。

(6) 相続税額の取得費加算の特例

相続又は遺贈により取得した土地、建物、株式などの財産を、申告期限から3年以内に譲渡した場合には、相続税額のうちその譲渡した資産に対応する税額については、申告要件により、取得費に加算することができる (措法39①②)。

なお、相続した上場株式等を特定口座で譲渡した場合は、該当する部分のみを抽出し、それに対応する部分の加算額を計算する必要がある。

(注) この特例は譲渡所得のみに適用がある特例であり、株式等の譲渡による事業所得及び雑所得については、適用できない。

取得費に加算する相続税額は、次の算式で計算した金額となる。ただし、その金額がこの特例を適用しないで計算した譲渡益 (取得費、譲渡費用を差し引いた金額) の金額を超える場合は、その譲渡益相当額までとなる (措令25の16①)。

上記以外の譲渡所得の特例としては、公益法人等に財産を寄附した場合の非課税の特例 (措法40)、物納財産の非課税 (措法40の3) などがある。

$$\text{(算式)} \quad \begin{array}{c} \text{その者の} \\ \text{相続税額} \end{array} \times \dfrac{\left(\begin{array}{c}\text{その者の相続税の課税価格の計算の}\\\text{基礎とされたその譲渡した財産(様式)の価額}\end{array}\right)}{\left(\begin{array}{c}\text{その者の相続}\\\text{税の課税価格}\end{array} + \begin{array}{c}\text{その者の}\\\text{債務控除額}\end{array}\right)} = \begin{array}{c}\text{取得費に}\\\text{加算する}\\\text{相続税額}\end{array}$$

8 公社債等に対する課税方式の概要

公社債等の課税関係は以下のとおりとなる。なお、平成28年以後の株式等を含めた課税関係の全体像についてはP.254～255参照。

【十三　株式譲渡益課税】

【平成28年1月1日以後の取扱い】

			①利子等		②譲渡所得		③利付債の償還差益		④割引債の償還差益	
			所得税	住民税	所得税	住民税	所得税	住民税	所得税	住民税
特定公社債等（注1）	特定口座内	源泉徴収口座	源泉徴収あり（申告不要選択可）申告分離　※ただし民間国外債は総合課税	【配当割】（地法23①十四・十五、71の31）（申告可）※ただし民間国外債は総合課税	源泉徴収あり（15.315%）（申告不要）申告分離	【株式等譲渡所得割】（地法23①十六）（申告可）所得割分離（5％）（地法附則35の2の2、地令附則18の2）	②に同じ（みなし譲渡）			
		簡易申告口座			源泉徴収なし申告分離（上場株式等と損益通算可）（地法附則35の2の6、地令附則18の5）		同上			
	特定口座外					特別徴収なし所得割分離（上場株式等と損益通算可）（地法附則35の2の6、地令附則18の5）	同上		源泉徴収あり（注2）申告分離	【配当割】所得割分離（申告後は譲渡所得と同様）
一般公社債等			源泉分離（申告不可）	【利子割】（地法23①十五）（申告不可）	源泉徴収なし申告分離（非上場株式等と損益通算可）	特別徴収なし所得割分離（5％）（地法附則35の2）（非上場株式等と損益通算可）	同上			
	同族会社が発行した社債でその同族会社の役員等が支払を受けるもの		総合課税	総合課税			総合課税	総合課税		

(注)1　特定公社債等とは、次のものをいう（措法37の10②七、37の11②一、五〜十四）。

① 国債、地方債、外国国債、外国地方債、外国政府等の保証債

② 会社以外の法人が特別の法律により発行する債券（外国法人に係るもの並びに投資法人債、短期投資法人債、特定社債及び特定短期社債を除く。）

　　例えば、独立行政法人が発行する一定の債券等や公募で発行された投資法人債や特定社債などがそれにあたる。

③ 公募公社債、上場公社債のうち発行時の有価証券の募集が一定の公募で行われたもの（措令25の9③）

④ 発行の日前9か月（外国法人にあっては12か月）以内に有価証券報告書等を提出している法人が発行する社債

⑤ 金融商品取引所（外国の法令に基づき設立されたこれに類するものを含む。）において公表された公社債情報（一定の期間内に発行する公社債の上限額、発行者の財務状況等その他その公社債に関する基本的な情報をいう。）に基づき発行する公社債で、目論見書にその公社債情報に基づき発行されるものである旨の記載のあるもの

【十三　株式譲渡益課税】

⑥　国外において発行された公社債で、次に掲げるもの（取得後引き続き保管の委託がされているものに限る（措令25の9⑤）。）
　イ　国内において売出しに応じて取得した公社債
　ロ　国内において売付け勧誘等に応じて取得した公社債（イに掲げる公社債を除く。）で、その取得の日前9か月（外国法人にあっては12か月）以内に有価証券報告書等を提出している法人が発行するもの
⑦　外国法人が発行し、又は保証する債券で一定のもの（措令25の9⑥）
⑧　国内又は国外の法令に基づいて銀行業又は金融商品取引業を行う法人又はその法人との間に完全支配の関係がある法人等が発行する社債（その取得をした者が実質的に多数でないものを除く。）
⑨　平成27年12月31日以前に発行された公社債（発行時に同族会社に該当する会社が発行したものを除く）。
2　償還金が源泉徴収の対象となる割引債は、①割引の方法により発行された一定の公社債、②ストリップス債、③ディスカウント債（その利子の利率が著しく低い公社債）等である。

【十三　株式譲渡益課税】

参考　平成28年分以後の金融証券税制の概略（措法37の10、37の11、平26改正法

金融商品の種類			所得区分
株式等	上場株式等	上場株式 （ETF、ETN、J-REIT 等を含む） 大口株主を除く	配当
		公募株式投資信託の受益権	譲渡
	特定公社債等（注1）	特定公社債（国債、地方債、公募公社債、上場公社債等）	利子
		公募　公社債投資信託の受益権 公社債等運用投資信託の受益権 特定目的信託の社債的受益権で公募のもの	譲渡・一部解約償還差益
	非上場株式等	非上場株式	配当
		私募株式投資信託の受益権	譲渡
	一般公社債等	特定公社債以外の公社債	利子
		私募　公社債投資信託の受益権	譲渡・一部解約償還差益

(注)1　公社債等につき、「特定公社債等」と「一般公社債等」として区分するのは、平
　　2　平成27年12月31日以前に発行された割引債でその償還差益が発行時に源泉徴収
　　　　所得は非課税とすることとされた（措法37の10①～③、37の11①～③、37の15①、

【十三　株式譲渡益課税】

（株式等）
譲渡所得

附則42、50ほか）

課　税　方　法	
（平 27. 12. 31 以前）	（平 28. 1. 1 以後）

改正後の損益通算可能な範囲（総合課税を選択した配当を除く）

申告分離課税又は総合課税
（申告不要制度あり）
非課税制度あり（平 26. 1. 1 ～令 9. 12. 31）

申告分離課税（特定口座（源泉有）取引の場合は申告不要制度あり）
損益通算・損失の繰越控除の制度あり
非課税制度あり（平 26. 1. 1 ～令 9. 12. 31）

源泉分離課税 【利子割】	➡	申告分離課税 （申告不要制度あり） 【配当割】
譲渡は非課税 利付債の償還差益等は、 申告総合課税 割引債の償還差益等は、 発行時源泉分離課税	➡	申告分離課税 （特定口座（源泉有）取引の場合は申告不要制度あり） 損益通算・損失の繰越控除の制度あり 【株式譲渡割】

総　合　課　税
（少額配当等は申告不要制度あり）

申告分離課税 （上場株式及び他の非上場株式の 譲渡損益との通算制度あり）	➡	申告分離課税 （他の非上場株式等の譲渡 損益との通算制度あり）
源泉分離課税 【利子割】	➡	源泉分離課税 （同族会社が発行した社債の利子で、 役員等が受けるものは総合課税） 【利子割】
譲渡は非課税 利付債の償還差益等は、 申告総合課税 割引債の償還差益等は、 発行時源泉分離課税（注2）	➡	申告分離課税 （同族会社が発行した社債の償還金で、その 役員等が支払を受けるものは総合課税） 【株式譲渡割または所得割】

利子を除いて損益通算可能

成28年1月1日以後適用される（措法37の11②）。
（18.378％）されたものについては、源泉分離課税制度が維持されるとともに、譲渡による
41の12①～③⑦、平25改正法附則56①、復興財確法28）。

— 255 —

【十三　株式譲渡益課税】

参考　上場株式等の配当・利子所得及び譲渡所得等の課税方式（所得税・住民税）

上場株式等の配当所得

配当所得	所得税における課税方式	住民税における課税方式	住民税における総所得への算入	国保料等への影響	配当控除の適用	配当割額の適用
上場株式等の配当所得（大口株主に該当しない場合）所得税 15.315% 住民税 5%	① 申告不要	➡ 申告不要	➡ 含めない	➡ 無	➡ 無	➡ 無
	② 申告分離課税	➡ 申告分離課税	➡ 含める	➡ 有	➡ 有	➡ 無
	③ 総合課税	➡ 総合課税	➡ 含める	➡ 有	➡ 有	➡ 有
	①～③の課税方式より選択	所得税と住民税で異なる課税方式の選択が可能（例：所得税は申告分離課税　住民税は申告不要　など）				
大口株主分及び一般株式等（少額配当に該当しない場合）所得税 20.42%	総合課税 ➡ 総合課税		―	―	―	―
	必ず申告が必要。また所得税と住民税で異なる課税方式の選択はできない。					

上場株式等（特定公社債等）の利子所得

利子所得	所得税における課税方式	住民税における課税方式	住民税における総所得等への算入	国保料等への影響の可能性	配当控除の適用	配当割額の適用
上場株式等の利子所得所得税 15.315% 住民税 5%	① 申告不要	➡ 申告不要	含めない	無	無	無
	② 申告分離課税	➡ 申告分離課税	含める	有	有	無
	①～②の課税方式より選択	所得税と住民税で異なる課税方式の選択が可能（例：所得税は申告分離課税　住民税は申告不要　など）				

株式等の譲渡所得の課税方式

譲渡所得	所得税における課税方式	住民税における課税方式	住民税における総所得等への算入	国保料等への影響の可能性	株式等譲渡所得割額の適用
特定口座（源泉徴収を選択したもの）所得税 15.315% 住民税 5%	① 申告不要	➡ 申告不要	含めない	➡ 無	無
	② 申告分離課税	➡ 申告分離課税	含める	➡ 有	有
	①～②の課税方式より選択	所得税と住民税で異なる課税方式の選択が可能（例：所得税は申告分離課税　住民税は申告不要　など）			
一般口座又は特定口座（源泉徴収を選択していないもの）	申告分離課税 ➡ 申告分離課税		―	―	無
	必ず申告が必要。また所得税と住民税で異なる課税方式の選択はできない。				

一般株式等の少額配当の申告について

　一般株式等の少額配当については、所得税では申告不要を選択できるが、住民税では全ての配当が課税の対象となるため、申告が必要。

　その際、所得税の確定申告書第二表「住民税に関する事項」欄の「配当に関する住民税の特例」欄に記載することにより、一般株式等の少額配当を申告することとなる。

【十三　株式譲渡益課税】

9　国外転出時課税制度

(1)　制度の概要

　平成27年7月1日以後に国外転出（国内に住所及び居所を有しないこととなることをいう。）をする一定の居住者（注1）が、国外転出特例財産（1億円以上の有価証券等、未決済信用取引等又は未決済デリバティブ取引）（以下「対象資産」（注2、3）という。）を所有等（所有又は契約の締結をいう。）している場合には、国外転出時にその対象資産について譲渡又は決済があったものとみなして、対象資産の含み益につき、国外転出した年分の譲渡所得、雑所得又は事業所得として、確定申告書を提出しなければならない（所法60の2、平27改正法附則7、所令170）。

(2)　国外転出（贈与・相続）時課税

　平成27年7月1日以後において、贈与又は相続開始の時において1億円以上の対象資産（注2）を所有している一定の居住者が、国外に居住する非居住者である親族又は相続人等へ対象資産の全部又は一部を贈与、相続又は遺贈した場合には、その贈与又はその相続開始時に、贈与（相続）財産を譲渡等したものとみなして、当該対象資産の含み益に所得税が課税される（所法60の3①～⑤、平27改正法附則8、所規37の3、所基通60の3－2、60の3－4）。

　(注)1　対象者の要件は、①国外転出時所有等している対象資産の価額の合計額が1億円以上であること。②原則として国外転出の日前10年以内において、国内在住期間が5年を超えていること。のいずれにも該当すること（所法60の2⑤、所令170②一、平27改正所令附則8②）。

　　　2　国外転出特例財産には、このほか匿名組合契約の出資の持分、発行日取引及び未決済のデリバティブ取引（先物取引、オプション取引など）が該当する（所法60の2①～③、平28改正法附則2、所令170①）。

　　　3　対象資産については、含み益があるかどうかにかかわらず、すべての対象資産の価額の合計額が1億円以上となるかを判定する。

　　　　また、譲渡による所得が非課税となる国債、地方債等の公社債、NISA口座内の有価証券や国外で所有等している対象資産についても、国外転出時課税制度の対象資産として1億円以上となるかの判定に含める必要がある（所法60の2①～③、所令170①、所基通60の2－5）。

(3)　申告書の提出時期と対象資産の評価の時期

　納税管理人の届出の有無による申告書の提出時期と対象資産の評価の時期の違いは以下のとおりである（所法60の2①～⑤、120①、127、128、130、所基通60－2－6）。

【十三　株式譲渡益課税】

① 国外転出の時までに納税管理人の届出をする場合

② 納税管理人の届出をしないで国外転出をする場合

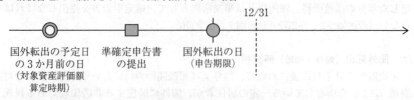

参考　主な対象資産（有価証券等）の価額の算定方法

国外転出の時等における有価証券等の価額については、下図のとおりとなる（所基通23～25共－9、59－6、昭39.4.25付直資56ほか1課共同「財産評価基本通達」第8章第2節《公社債》）。

1　有価証券等

種類			算定方法
株式等		金融商品取引所に上場されているもの	金融商品取引所の公表する最終価格
	上記以外のもの	売買実例のあるもの	最近において売買の行われたもののうち適正と認められる価額
		類似会社の株式の価額のあるもの	類似会社の株式の価額に比準した価額
		上記以外のもの	その株式の発行法人の1株当たりの純資産価額等を参酌して通常取引されると認められる価額
公社債	利付公社債	金融商品取引所に上場されているもの	金融商品取引所の公表する最終価格＋（既経過利息の額－源泉所得税相当額）
		日本証券業協会において売買参考統計値が公表される銘柄として選定されたもの	売買参考統計値の平均値＋（既経過利息の額－源泉所得税相当額）
		上記以外のもの	発行価額＋（既経過利息の額－源泉所得税相当額）

【十三　株式譲渡益課税】

<table>
<tr>
<td rowspan="7">公
社
債</td>
<td rowspan="3">割引公社債</td>
<td>金融商品取引所に上場
されているもの</td>
<td colspan="2">金融商品取引所の公表する最終価格</td>
</tr>
<tr>
<td>日本証券業協会におい
て売買参考統計値が公
表される銘柄として選
定されているもの</td>
<td colspan="2">売買参考統計値の平均値</td>
</tr>
<tr>
<td>上記以外のもの</td>
<td colspan="2">発行価額＋（券面額－発行価額）×（発行日から課税時
期までの日数／発行日から償還期限までの日数）</td>
</tr>
<tr>
<td rowspan="4">転換社債型新株予約権付社債</td>
<td>金融商品取引所に上場
されているもの</td>
<td colspan="2">金融商品取引所の公表する最終価格＋（既経過利息の額
＋源泉所得税相当額）</td>
</tr>
<tr>
<td>店頭転換社債として登
録されたもの</td>
<td colspan="2">日本証券業協会の公表する最終価格＋（既経過利息の額
－源泉所得税相当額）</td>
</tr>
<tr>
<td rowspan="2">上記以外のもの</td>
<td>株式の価額が転換
価格を超えないも
の</td>
<td>発行価額＋（既経過利息の額－源泉所得税相当額）</td>
</tr>
<tr>
<td>株式の価額が転換
価格を超えるもの</td>
<td>株式価額（※１）×（100円／100円当たりのその転換社
債の転換価格）</td>
</tr>
<tr>
<td rowspan="2">匿名組合契約の出資の持分の</td>
<td>売買実例のあるもの</td>
<td colspan="2">最近において売買の行われたもののうち適正と認められ
る価額</td>
</tr>
<tr>
<td>上記以外のもの</td>
<td colspan="2">匿名組合契約を終了した場合に分配を受けることができ
る清算金の額</td>
</tr>
</table>

※１　上記株式等欄を参照。

2　未決済デリバティブ取引

　　国外転出の時等における未決済デリバティブ取引の利益の額又は損失の額について
は、次に掲げる取引の区分に応じ算出した金額となる（所規37の2④⑤）。

取引区分	金額の算定方法
①　市場デリバティブ取引等 （注１）	市場デリバティブ取引等につき、金融商品取引所又は外 国金融市場における国外転出の日等の最終の価格により 取引を決済したものとした場合に授受される差金に基づ く金額又はこれに準ずるものとして合理的な方法により 算出した金額
②　先渡取引等（注２）	先渡取引等につき、その先渡取引等により当事者間で授 受することを約した金額を国外転出の時等の現在価値に 割り引く合理的な方法により割り引いた金額

【十三　株式譲渡益課税】

③　金融商品オプション取引（注３）	金融商品オプション取引につき、金融商品オプション取引の権利の行使により当事者間で授受することを約した金額、国外転出の時等の権利の行使の指標の数値及び指標の予想される変動率を用いた合理的な方法により算出した金額
④　金融商品取引法第２条第20項に規定するデリバティブ取引のうち、①～③に掲げる取引以外の取引	①～③までに掲げる金額に準ずる金額として合理的な方法により算出した金額

(注) 1　金融商品取引法第２条第21項に規定する市場デリバティブ取引又は同条第23項に規定する外国市場デリバティブ取引
　　2　金融商品取引法第２条第22項に規定する店頭デリバティブ取引（同項第３号、第４号及び第６号に掲げる取引を除く。）
　　3　金融商品取引法第２条第22項に規定する店頭デリバティブ取引（同項第３号、第４号に掲げる取引に限る。）

(4) 国外転出課税制度における納税猶予制度

国外転出課税制度の適用を受ける場合における、納税猶予制度及び減免制度の概要は以下のとおりである（所法60の２⑧⑨、137の２、153の２、153の３）。

① 納税猶予の流れ（納税管理人の届出をした場合）

国外転出時までに納税管理人の届出をした場合は、確定申告期限までに確定申告書の提出をし、納税猶予分の所得税及び利子税の額に相当する担保を提出することにより、当該所得税の額について納税が国外転出から５年間猶予される（猶予期間中は、各年の３月15日（土・日曜日の場合は翌月曜日）までに継続届出書の提出が必要。）。また、長期海外滞在が必要な状況にある場合は、納税猶予期間の延長の届出をすることで、更に５年間納税猶予期間を延長することができる（所法60の２①～③、120①、128）。

ア　出国中に譲渡等がない場合

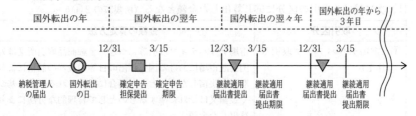

イ　出国中に譲渡等が発生した場合

納税猶予期間中に対象資産を譲渡するなど一定の事由が生じた場合は、その事由が生じた対象資産に係る猶予税額（猶予されていた期間に対応する利子税の額を含む。以下同じ。）をその事由が生じた日から４か月以内に納付しなければならない（所法137の２⑤⑫、所令266の２⑤、措法93①一）。

【十三　株式譲渡益課税】

【国外転出に当たっての納税猶予手続等の流れ】

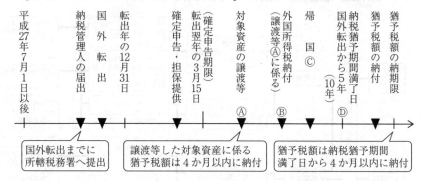

② 各種減額措置等

上記①の納税猶予制度の適用を受ける場合は、次のⒶ〜Ⓓの減額措置等の適用を受けることができる。ただし、納税管理人の解任をした場合や担保不足が生じた場合には、猶予税額の納付が必要になり、減額措置等の適用もなくなる（所法137の2⑪三、所令266の三⑮、所基通137の2－10）。

	国外転出後の状況	減額措置等	必要な手続
Ⓐ	譲渡等の際の対象資産の価額が国外転出時よりも下落している場合	譲渡等した対象資産について、国外転出時課税により課された税額を減額できる。	譲渡等の日から4か月を経過する日までに更正の請求
Ⓑ	国外転出先の国の外国所得税と二重課税が生じる場合（国外転出先の国において国外転出時課税分の税額が調整されない場合）	納税猶予期間中に対象資産を譲渡等した際、国外転出先の国で納付した外国所得税について、外国税額控除の適用を受けることができる。	外国所得税を納付することとなる日から4か月を経過する日までに更正の請求（所法153の6）
Ⓒ	納税猶予期間（5年又は10年）の満了日までに帰国した場合（納税猶予の適用を受けず、国外転出から5年以内に帰国した場合も含む。）	国外転出時から帰国時まで引き続き有している対象資産について、国外転出時課税により課された税額を取り消すことができる。	帰国した日から4か月を経過する日までに更正の請求（所法153の2③）
Ⓓ	納税猶予期間が満了した場合	国外転出時から引き続き有している対象資産について、納税猶予期間が満了した時点で、対象資産の価額が国外転出時よりも下落しているときは、国外転出時課税により課された税額を減額できる。	納税猶予期間の満了日から起算して4か月を経過する日までに更正の請求

【十三　株式譲渡益課税】

③ 国外転出時課税制度の納付についてのフローチャート

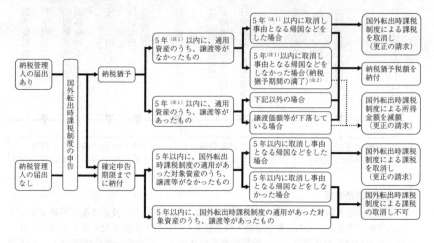

(注)1　納税猶予期限を延長している場合は10年となる。
　　2　納税猶予期間の満了日の適用資産（適用贈与資産、適用相続資産）の価額が国外転出の時（贈与の時、相続開始の時）よりも下落している場合には、更正の請求をすることができる。
　　3　国外転出時課税制度に係る更正の請求の特例についてはP.432参照。

参考　住民税における出国時の譲渡所得課税の特例についての検討状況

　個人住民税については、翌年1月1日に地方団体内に住所を有する者に課税される税であるため、年の途中で出国した者については、当該年中に実現したキャピタルゲイン（例えば出国の直前に売却した株式の譲渡益）に係る個人住民税は課税されないこととの公平性を踏まえると、所得税と同様の措置を講ずることは現時点では困難。

　個人住民税に係る出国時における未実現のキャピタルゲインに対する譲渡所得課税の特例については、年の途中で出国した者等の実現したキャピタルゲイン等についての課税のあり方の検討と併せて、関係省庁にて引き続き検討している。

【出国者等に係るキャピタルゲインに対する課税関係】

	出国年の1月1日から出国時までの間に実現したキャピタルゲイン	未実現のキャピタルゲイン
所得税（国税）	課税	平27.7.1以後新たに課税
個人住民税（地方税）	課税されない ＊　賦課期日（出国年の翌年1月1日）時点において住所を有しないため、納税業務者にあたらない。	（引き続き検討）

【十三　株式譲渡益課税】

【個人住民税におけるキャピタルゲインに対する課税関係（イメージ）】

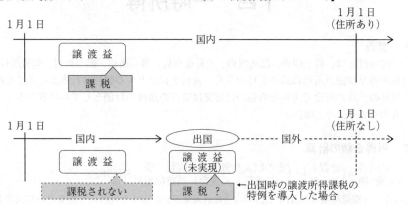

十四　一時所得

1　意義

　一時所得とは、利子所得、配当所得、不動産所得、事業所得、給与所得、退職所得、山林所得及び譲渡所得以外の所得のうち、営利を目的とする継続的行為から生じた所得以外の一時の所得で労務その他の役務又は資産の譲渡の対価としての性質を有しないものをいう（所法34①）。

2　所得金額の計算

$$\text{一時所得}\atop\text{の　金　額}=\binom{\text{総収入}}{\text{金　　額}}-\binom{\text{その収入を得るた}}{\text{めに支出した金額}}-\binom{\text{特　　別}}{\text{控除額}}（所法34②）$$

(注)　1　特別控除額は50万円（ただし、「総収入金額」から「その収入を得るために支出した金額」を差し引いた残額が50万円より少ない場合にはその残額）となる（所法34③）。

　　　2　総所得金額を計算する場合、一時所得の金額の2分の1相当額が他の所得と総合される（所法22②）。

3　所得分類のポイント

内　　　容		所得区分等
①　福引や懸賞の当選金品等	業務に関して受けるもの	業務に係る所得
	業務以外で受けるもの	一時所得
②　車券（競輪）や馬券（競馬）の払戻金等（営利を目的とする継続的行為から生じたものを除く。）（P.270参照）		一時所得
③　労働基準法114条の規定により支払を受ける付加金		一時所得
④　生命保険契約等の一時金（一時金とともに又はその一時金の支払後に受ける剰余金・割戻金）	業務に関して受けるもの	業務に係る所得
	業務以外で受けるもの	一時所得
⑤　生命保険契約等に基づく年金の受給資格者に対しその年金に代えて支払われる一時金のうち、受給開始日以前に支払われるもの及び受給開始日後に支払われる一時金のうち、将来の年金給付の総額に代えて支払われるもの		一時所得
⑥　損害保険契約や建物更生共済等の満期返戻金、解約返戻金		一時所得
⑦　法人からの贈与により取得する金品	業務に関して受けるもの	業務に係る所得
	業務以外で継続的に受けるもの	雑所得
	上記以外のもの	一時所得
⑧　人格のない社団等の解散により受ける清算分配金又は脱退により受ける持分の払戻金		一時所得

【十四　一時所得】

⑨　借家人の受ける立退料	借家権の消滅の対価の性質を有するもの	譲渡所得
	移転による休業等に伴う収益補償等の性質を有するもの	業務に係る所得
	上記以外のもの	一時所得
⑩　売買契約の解除に伴い取得する手付金又は償還金	業務に関して受けるもの	業務に係る所得
	業務以外で受けるもの	一時所得
⑪　遺失物拾得者又は埋蔵物発見者が受ける報労金、遺失物の拾得又は埋蔵物の発見により新たに所有権を取得する資産		一時所得
⑫　地方税等をその納期前に納付したことにより受ける報奨金	固定資産税に係る報奨金で業務用資産に係るもの	業務に係る所得
	上記以外のもの	一時所得
⑬　死亡した者に係る給与等、公的年金等、退職手当等で、死亡後に支給期の到来するもの	死亡後3年経過後に支払確定した退職給与等	遺族の一時所得
	上記以外で死亡後に支払確定するもの（ベースアップ差額を含む。）、死亡後に支給日の到来する給与等	非課税（相続財産）
	死亡後に支給日が到来する公的年金	遺族の一時所得
⑭　国庫補助金等のうち総収入金額不算入とならないもの及び資産の移転等の費用に充てるための交付金のうち交付目的とされた支出に充てられなかったもの		一時所得
⑮　退職金共済制度等に基づく一時金で退職手当等とみなされないもの		一時所得
⑯　勤労者財産形成給付金制度に基づく給付金で、勤労者が勤労者財産形成給付金契約又は勤労者財産形成基金契約に基づき一時金として支払を受ける財産形成給付金又は財産形成基金給付金	7年サイクルで支払を受けるもの及び7年サイクルの中途で支払を受けるもののうちやむを得ない理由によるもの	一時所得
	上記以外のもの	給与所得
⑰　免職、停職、戒告又は訓告等の処分を受けた者が、所属する労働組合等から支給を受ける一時金及び免職の処分を受けた者が、所属する労働組合等から退職給与に代わるものとして支給される一時金	心身に加えられた損害についての相当の見舞金に該当するもの	非課税
	給与に代わるものとして継続して給付されるもの	雑所得
	上記以外のもの	一時所得
⑱　時効により取得した土地等		一時所得
⑲　使用人等の発明等に係る報奨金		所基通23〜35共－1参照
⑳　株式等を取得する権利を与えられた場合の経済的利益		P.165参照
㉑　エコポイント（交換時又は充当時に収入計上）	業務用資産の購入・取得等に伴うもの	業務に係る所得
	上記以外	一時所得

— 265 —

【十四　一時所得】

㉒	「ふるさと納税」により地方公共団体から受けた特産品等		一時所得
㉓ すまい給付金 　 住まい復興給付金	国庫補助金等とする場合（所法42①）		総収入不算入
	上記以外		一時所得

4　課税方法（復興特別所得税を含む。）

区　分		課税 方法	税率等	
			所得税	住民税
保険の差益 一時払養老（損害）	保険期間等が5年以内のもの（保険期間等が5年を超えるもので、保険期間等の初日から5年以内に解約されたものを含む。）	源泉 分離 課税	15.315% （措法41の10）	5％（利子割） （地法23、 71の6）
	保険期間等が5年超のものに係る差益は一時所得として申告	総合 課税	5.105～45.945%	10%
賞金等 懸賞金等の懸賞 貯金等の預金	預貯金、合同運用信託、定期積金等で、くじ引き等により、金品その他経済的利益の支払等を受けることとされる一定のもの	源泉 分離 課税	15.315% （措法41の9）	5％（利子割） （地法23、 71の6）
上記以外のもの		総合 課税	5.105～45.945%	10%

5　非課税

(1)　宝くじの当せん金（当せん金付証票法13）

(2)　スポーツ振興投票（いわゆるサッカーくじ）の払戻金（スポーツ振興投票の実施等に関する法律16）

(3)　相続、遺贈又は個人からの贈与による所得（所法9①十六）（相続・贈与税の対象）

(4)　心身又は資産に加えられた損害を補填する性質の損害保険金、損害賠償金等（所法9①十七、所令30）

6　収入金額

(1)　収入計上時期

区　分	収入計上時期
①　生命保険契約に基づく一時金又は損害保険契約に基づく満期返戻金（所基通36－13、国税庁質疑応答事例）	支払を受けるべき事実が生じた日（保険金支払の免責事由が争われている場合は、判決等により確定した日）
②　新株等を取得する権利（所基通23～35共－6の2）	申込日（明らかでないときは、申込期限）

【十四　一時所得】

③　エコポイント（国税庁タックスアンサー）	エコポイント交換商品への交換時、追加工事費用への充当時
④　上記以外	支払を受けた日（支払金額が事前に通知されているものはその通知を受けた日）

(2)　収入金額の評価（計上額）

　ア　新株等を取得する権利による収入金額（所令84②）

$$\left(\begin{array}{c}\text{権利行使日等におけ}\\\text{る新株等の価額（※）}\end{array}\right) - \left(\begin{array}{c}\text{権利の取得価額に行使時}\\\text{の払込額を加算した金額}\end{array}\right)$$

　　※　払込期日における新株等の価額（所基通23〜35共－9参照）

　イ　賞品等による収入金額（所令321、所基通36－20、205－9）

　　㈠　金銭以外のものを受ける場合

　　　その金銭以外のものを他に譲渡するとした場合にその対価として通常受けるべき価額に相当する金額

　　　この場合、次の物品を賞品として支払を受けた場合は、それぞれ次の金額を基準とする。

　　①　公社債、株券、貸付信託、投資信託若しくは特定受益証券発行信託の受益権⇒時価

　　②　商品券⇒券面額

　　③　貴石、貴金属、真珠、さんご等若しくはこれらの製品又は書画、骨とう、美術工芸品⇒時価

　　④　土地、建物⇒時価

　　⑤　定期金に関する権利又は信託の受益権⇒これらの権利についての相続税の評価額

　　⑥　生命保険契約に関する権利⇒その受けることとなった日において、その契約を解除したとした場合に支払われることとなる契約返戻金の額

　　⑦　①から⑥以外の物品⇒通常の小売販売価格（いわゆる現金正価）の60％相当額

　　㈡　金銭以外のものと金銭とのいずれかを選択できる場合

　　　金銭の額

　ウ　生命保険契約に基づく一時金、損害保険契約等に基づく満期返戻金等

　　（一時金又は満期返戻金）＋（剰余金又は割戻金）

　　※　剰余金又は割戻金は、一時金等とともに又は一時金等の支払を受けた後に支払を受けるものに限る。

7　収入を得るために支出した金額

(1)　原則（所法34②）

　その収入を生じた行為をするため、又はその収入を生じた原因の発生に伴って直接要した金額

— 267 —

【十四　一時所得】

(2)　**生命保険契約等に基づく一時金、損害保険契約等に基づく満期返戻金等の場合**(所令183②④、184②③、所基通34－4)

　ア　一時金等のみの場合

　　保険料又は掛金の総額（一時金等の支払前に剰余金の分配若しくは割戻金の割戻しを受け、又は剰余金若しくは割戻金を保険料等の払込みに充てた場合は、その剰余金又は割戻金の額を差し引いた額）

　　ただし、事業主が負担した保険料又は掛金は、給与収入に算入された金額に限られるが、月額300円以下のため給与収入に含めないこととされたものは含まれる（イにおいて同じ。）。

　イ　一時金等のほかに年金を支払う内容の場合

$$
\binom{\text{保険料又は}}{\text{掛金の総額}} - \binom{\text{保険料又は}}{\text{掛金の総額}} \times \frac{\binom{\text{年金の支払総額又は}}{\text{支払総額の見込額}}}{\binom{\text{年金の支払総額又は}}{\text{支払総額の見込額}} + \binom{\text{一時金}}{\text{の　額}}}
$$

　　(注)　「保険料又は掛金の総額」には、その一時金の支払を受ける者以外の者が負担した保険料又は掛金の額で、その支払を受ける者が自ら負担して支出したものと認められるもの（これらの金額のうち、相続税法の規定により相続、遺贈又は贈与により取得したものとみなされる一時金等に係る部分の金額を除く。）も含まれる（所基通34－4）。

(3)　**寄附する定めがある場合**（所基通34－3）

　　懸賞クイズ等の当選金品の一部を公益施設等に寄附する定めがある場合の定めに基づき寄附した金品又はその当選金品に係る所得が国外源泉所得である場合において外国で課された外国税額（外国税額控除又は源泉徴収税額等の還付の規定の適用を受ける場合を除く。）

十五　雑　所　得

1　意義

雑所得とは、他のいずれの所得にも該当しない所得をいう（所法35①）。

2　所得金額の計算

次の①と②の合計額（所法35②）

① （公的年金等の収入金額）－（公的年金等控除額）

② （（公的年金等を除く。）総収入金額）－（必要経費）

　（注）　②の額がマイナスの場合は①の残額から控除する。

3　雑所得の例示

利子等、配当等及び他の所得に該当しないもの（所法35②、所基通35－1ほか）	① 公的年金（下記8⑴参照）
	② 法人の役員等の勤務先預け金の利子
	③ いわゆる学校債、組合債等の利子
	④ 定期積金又は相互掛金の給付補填金
	⑤ 国税又は地方税の還付加算金
	⑥ 土地収用法に規定する加算金及び過怠金
	⑦ 人格のない社団等の構成員がその構成員としての資格に基づいてその社団等から受ける収益の分配金（清算分配金、脱退による持分の払戻金は一時所得）
	⑧ 株主優待券等株主等である地位に基づき法人から受ける経済的利益で配当所得とされないもの
	⑨ 生命保険契約等に基づく年金（互助年金を含む。）及び損害保険契約等に基づく年金
	⑩ 役務提供の対価が給与等とされる者が支払を受ける契約金
	⑪ 就職に伴う転居のための旅行費用として支払を受ける金銭等のうち、通常必要と認められる範囲を超えるもの
	⑫ 役員又は使用人が職務に関連して取引先等から受ける金品
	⑬ 発明報償金等のうち一定のもの（所基通23～35共－1参照）
	⑭ 為替差益又は差損（事業所得、不動産所得、譲渡所得等となるものを除く。）
	⑮ 抵当証券の利息
	⑯ 金投資（貯蓄）口座等の利益
	⑰ 外貨投資口座の差益
	⑱ 匿名組合員として分配を受ける利益（重要な業務執行の決定を行っている場合等は営業の内容に従い事業所得又はその他の所得となる。）（所基通36・37共－21）
	⑲ 裁判員制度における旅費、日当及び宿泊料
	⑳ 総収入金額に算入される特定外国子会社等の課税対象金額（措法40の4）
	㉑ ビットコイン等の暗号資産を使用することにより生じる損益（事業所得等の各種所得の基因となる行為に付随して生じるものを除く。）

【十五　雑所得】

事業と称するに至らない程度の営利を目的とした継続的行為から生じた所得（所基通35－2ほか）	① 動産、採石権、鉱業権及び金銭の貸付けによる所得 　ただし、船舶（20トン未満のもの及び端舟その他ろかいだけ又は主としてろかいで運転するものを除く。）及び航空機の貸付けによる所得は不動産所得 ② 工業所有権の使用料に係る所得 ③ 温泉を利用する権利の設定による所得 ④ 原稿、さし絵、作曲、レコードの吹き込み若しくはデザインの報酬、放送謝金、著作権の使用料又は講演料等に係る所得 ⑤ 不動産等譲渡所得の基因となる資産の継続的売買による所得 ⑥ 保有期間が5年以内の山林の伐採又は譲渡による所得 ⑦ 有価証券先物取引による所得（下記11(1)参照） ⑧ 著作権、工業所有権等の侵害による損害賠償金等（所令94） ⑨ 馬券（車券）を自動的に購入するソフトウエアを使用して定めた独自の条件設定と計算式に基づき、又は予想の確度の高低と予想が的中した際の配当率の大小の組合せにより定めた購入パターンに従って、偶然性の影響を減殺するために、年間を通じてほぼ全てのレースで馬券（車券）を購入するなど、年間を通じての収支で利益が得られるように工夫しながら多数の馬券（車券）を購入し続けることにより、年間を通じての収支で多額の利益を上げ、これらの事実により、回収率が馬券（車券）の当該購入行為の期間総体として100%を超えるように馬券（車券）を購入し続けてきたことが客観的に明らかな場合の競馬の馬券（競輪の車券）の払戻金に係る所得 ⑩ 民泊（住宅宿泊事業法に規定する住宅宿泊事業）による所得

参考　太陽光発電設備による売電収入の所得区分

設置場所その他の区分		所得区分
余剰電力の売却	自宅（自宅使用分の余りを売却）	雑所得
	店舗併用住宅（店舗・自宅の使用分の余りを売却）	事業所得
	賃貸建物（共用部分での使用分の余りを売却）	不動産所得
全量売電	事業として行われている場合	事業所得
	上記以外	雑所得

（注）　太陽光発電設備の耐用年数は17年。余剰電力の売却における減価償却費は、業務用割合（発電量に占める売電量の割合）を乗じて計算

参考　民泊（住宅宿泊事業）に係る必要経費の算定

1　必要経費の考え方

　民泊を行うためにのみ支払うものはその全額を必要経費、水道光熱費や固定資産税などの家事関連費は、合理的な方法で民泊部分を算定して必要経費に算入する。

【十五　雑所得】

2　必要経費の計算例

（家屋・民泊の状況）

① 建物（平成20年1月取得、取得価額1,800万円、木造（耐用年数22年償却率0.046））

② 建物全体の床面積（180㎡）、うち主に民泊利用部分の床面積（60㎡）

③ 1年間で民泊営業月数5か月、実際の宿泊日数（120日）

④ 水道光熱費の年間合計額（240,000円）

（計算例）

・建物減価償却費（未償却残高がない場合は必要経費に算入できない。）

　　1,800万円×5か月／12か月×0.046×60㎡／180㎡＝115,000円

・水道光熱費

　　24万円×60㎡／180㎡×120日／365日＝26,302円（1円未満切上げ可）

4　課税方法

区　分		課税方法	税率等	
			所得税	住民税
金融類似商品	①定期積金、相互掛金の給付補填金 ②抵当証券の利息 ③金投資（貯蓄）口座の差益等（貴金属等の売戻し条件付売買による利益） ④外貨投資口座の差益（外貨建預貯金等であらかじめ円換算率等が定められているものの差益）	源泉分離課税	15.315% （措法41の10）	5％（利子割） （地法71の6）
先物取引に係る課税の特例	先物取引の差金等決済（商品、有価証券等の受渡しが行われるものを除く。）に係る所得	申告分離課税	15.315% （措法41の14）	5％ （地法附則35の4）
上記以外のもの		総合課税	5.105～45.945%	10%

5　収入計上時期（所基通36-14）

区　分	収入計上時期
公的年金に係る所得	後記8(2)参照
暗号資産に係る所得	後記6(1)参照
上記以外の所得	その収入の態様に応じ、他の所得の収入金額又は総収入金額の収入すべき時期の取扱いに準じて判定した日

雑所得

【十五　雑所得】

> **参考　令和4年分（5年度）以後の雑所得に係る業務**

1　小規模事業者等の収入及び費用の帰属時期

　雑所得を生ずべき業務（山林の伐採又は譲渡に係るものを除く。）について、現金主義を採用することができるようになる。その年の前々年分のその業務に係る収入金額が300万円以下であることを要件とし、確定申告書に現金主義の適用を受ける旨の記載が必要となる（所法67②、所令196の2、197③）。

2　確定申告書の添付書類

　その年の前々年分の雑所得に係る業務の収入金額が1,000万円を超えるものが確定申告書を提出する場合には、その雑所得に係る収支内訳書（収入及び経費の内容を記載）の添付が必要となる（所法120⑥）。

6　暗号資産に係る所得

(1)　収入計上時期

　所有する暗号資産について、その売却、その暗号資産による購入代金等の支払、他の暗号資産と交換等を行った際は、暗号資産による所得（雑所得又は事業所得）の認識が行われる（所法36）。

　なお、暗号資産は、棚卸資産に準ずる資産に含まれるため（所令87）、贈与（相続人に対する死因贈与を除く。）又は遺贈（包括遺贈及び相続人に対する特定遺贈を除く。）をした場合にも所得の認識が行われる（所法40②一）。

(2)　取得価額

　暗号資産の取得価額は、その取得の区分に応じ次による（所令119の6、所法40②）。

取得の区分	取得価額
①　購入したもの	購入の代価（購入手数料、購入に要した費用を含む。）
②　購入したもの以外	取得時におけるその取得のために通常要する価額（時価）
③　贈与（相続人に対する死因贈与に限る。）、相続又は遺贈（包括遺贈及び相続人に対する特定遺贈に限る。）	被相続人の死亡時におけるその被相続人が選定した下記(3)の評価方法で評価した金額
④　贈与又は遺贈（③に該当するものを除く。）による取得で、贈与者又は遺贈者の雑（事業）所得の総収入金額に算入されたもの	贈与又は遺贈時の暗号資産の価額（贈与者又は遺贈者の総収入金額とされた金額）
⑤　著しく低い価額の対価	支払対価の額とその譲渡により実質的に贈与したと認められる金額の合計額

【十五 雑所得】

⑶ 譲渡原価等の計算

令和元年分以後において、暗号資産につき、雑（事業）所得の金額の計算上必要経費に算入する金額を算定する場合のその算定の基礎となるその年12月31日（死亡、出国の場合は、その死亡又は出国の時）において有する暗号資産の価額は、その者が暗号資産について選定した評価の方法（総平均法又は移動平均法）により評価した金額とする（所法48の2、所令119の2）。なお、評価方法を選定しなかった場合には、総平均法により評価した金額とされる（所令119の5①）。

※　平成30年分以前においては、移動平均法を原則とし、継続適用を前提として総平均法も適用できた。令和元年分以後は、総平均法を継続することを前提に、取得価額の計算方法を変更することができる。

⑷ 評価方法の選定の届出又は変更の申請

評価方法の選定は、暗号資産の種類ごとに次により行う（所令119の3、119の4）。

選定又は変更	提出期限
新たに取得した暗号資産の評価方法の選定の届出	その年分の確定申告期限
選定した評価方法（選定しなかった場合の総平均法による評価を含む。）の変更申請	新たな評価方法を採用しようとする年の3月15日

参考　暗号資産に係る所得の認識とその取得価額（BTC…ビットコイン）

区分	取引内容（金額は手数料込）	1 BTC 当たり取得価額 （BTC の保有残高）
① 購入	4 BTC を200万円で購入 ⇒ 200万円÷4 BTC＝50万円（1 BTC 当たり取得価額）	500,000円 （4 BTC を保有）
② 売却	0.2BTC を11万円で売却 ⇒ 11万円－50万円（1 BTC）×0.2BTC＝ 1万円	500,000円 （3.8BTC を保有）
③ 商品購入	0.3BTC で15万5千円の商品を購入 ⇒ 15万5千円－50万円（1 BTC）×0.3BTC＝ 5千円	500,000円 （3.5BTC を保有）
④ 他の暗号資産と交換	1 BTC で他の暗号資産を購入（決済時点の他の暗号資産の時価は60万円） ⇒ 60万円－50万円（1 BTC）×1 BTC＝ 10万円	500,000円 （2.5BTC を保有）
⑤ 追加購入	2 BTC を160万円で追加購入（従前からの保有分2.5 BTC と併せて4.5BTC を保有） ⇒ 追加購入後の取得単価の算定が必要 A　移動平均法の場合 〔160万円（2 BTC）＋50万円×2.5BTC〕÷4.5BTC ＝ 633,334円(注2)（1円未満の端数は切上げ可） B　総平均法の場合 〔160万円＋200万円（①）〕÷〔2 BTC＋4 BTC（①）〕 ＝600,000円	移動平均法 633,334円 総平均法 600,000円 （4.5BTC を保有）

雑
所
得

— 273 —

【十五　雑所得】

(注)　□□で囲んだ金額（他に必要経費があれば控除可）は、所得として認識されるものを示す。所得区分は原則として雑所得（ただし、暗号資産取引が事業として継続的に行われると事業所得、業務用資産の取得の際に生じるものはその業務に係る所得）となる。損失が生じた場合の取扱いは、各所得区分での取扱いとなる。

7　非課税

　恩給、年金その他これらに準ずる給付で次のもの（所法9①三、所令20）。

(1)　増加恩給及び傷病賜金その他公務上又は業務上の事由による負傷又は疾病に基因して受ける特定の給付

(2)　遺族の受ける恩給及び年金（死亡した者の勤務に基づいて支給されるものに限る。）

(3)　条例の規定により地方公共団体が実施する特定の心身障害者共済制度に基づいて受ける給付

8　公的年金

(1)　公的年金等の範囲　（所法35③、所令82の2）

①　国民年金法、厚生年金保険法、国家公務員共済組合法、地方公務員等共済組合法、私立学校教職員共済法、独立行政法人農業者年金基金法の規定に基づく年金
②　恩給（一時恩給を除く。）及び過去の勤務に基づき使用者であった者から支給される年金
③　確定拠出年金法に規定する企業型年金規約又は個人型年金規約に基づいて老齢給付金として支給される年金（加入者の負担した掛金等に対応する部分を除く。）
④　適格退職年金契約に基づいて支給を受ける退職年金（自己の負担した掛金等に対応する部分を除く。）
⑤　中小企業退職金共済法に基づき分割払の方法により支給される分割退職金
⑥　小規模企業共済法の規定に基づき分割払の方法により支給される分割共済金
⑦　確定給付企業年金法の老齢給付金として支給される年金（自己の負担した掛金等に対応する部分を除く。なお、企業年金連合会又は厚生年金基金から確定給付企業年金に移換された年金給付等積立等のうち加入者が負担した部分に相当する金額は除かれる。）
⑧　次に掲げる制度に基づいて支給される年金（これに類する給付を含む。） 　ア　旧船員保険法の規定に基づく年金 　イ　厚生年金保険法附則28条に規定する共済組合が支給する年金 　ウ　旧令による共済組合等からの年金受給者のための特別措置法3条1項若しくは2項、4条1項又は7条の2の1項の規定に基づく年金 　エ　特例年金(地方公務員等共済組合法の一部を改正する法律附則の規定に基づく年金) 　オ　旧農林漁業団体職員共済組合法の規定に基づく年金 　カ　石炭鉱業年金基金法16条1項又は18条1項の規定に基づく年金の支給に関する制度 　キ　特定退職金共済団体が行う退職金共済に関する制度 　ク　外国の法令に基づく保険又は共済に関する制度で上記①に掲げる法律の規定による社会保険又は共済に関する制度に類するもの

【十五　雑所得】

ケ　被用者年金制度の一元化等を図るための厚生年金保険法等の一部を改正する法律
　　（平24法63）附則の規定に基づく一定の年金、改正前の国家公務員共済組合法の規定
　　に基づく一定の年金、改正前の地方公務員等共済組合法の規定に基づく一定の年金、
　　改正前の私立学校教員共済法の規定に基づく一定の年金

(2)　収入計上時期 （所基通36−14）

区　　　分		収入計上時期
①　通常の公的年金等		支給の基礎となる法令等により定められた支給日
②　法令等の改正、改訂が既往にさかのぼって実施されたため既往の期間に対応して支払われる新旧公的年金等の差額	支給日が定められているもの	支給日
	支給日が定められていないもの	改正、改訂の効力が生じた日

参考　公的年金の遡及受領等に係る取扱い

区　　　分	所得区分	収入計上時期
年金受給権者が未請求であった既往の期間の年金を遡及受領した場合	雑所得	本来の支給日の属する年分
未支給年金　①　年金受給権者の死亡後に年金支給日が到来する年金（死亡月分までの年金）　②　死亡した年金受給権者が未請求であったため遺族が年金を請求・受領した場合	受領した遺族の一時所得	支給を受けることになる年分

(3)　公的年金等に係る雑所得の金額の速算表

　年齢及び公的年金等に係る雑所得以外の所得に係る合計所得金額（公的年金等の収入金額がないものとして計算したものであるから、給与所得控除後の給与等の金額と公的年金等に係る雑所得の金額がある場合に給与所得の金額から控除する所得金額調整控除の適用はないものとして計算）の各区分に応じ、それぞれ次表のとおりとなる。

1　年齢65歳未満 （令和2年分は、昭和31年1月2日以後生まれ）

公的年金の収入 Ⓐ	公的年金等に係る雑所得以外の所得に係る合計所得金額		
	1,000万円以下	1,000万円超2,000万円以下	2,000万円超
130万円以下	Ⓐ−60万円	Ⓐ−50万円	Ⓐ−40万円
130万円超410万円以下	Ⓐ×75%−27.5万円	Ⓐ×75%−17.5万円	Ⓐ×75%−7.5万円
410万円超770万円以下	Ⓐ×85%−68.5万円	Ⓐ×85%−58.5万円	Ⓐ×85%−48.5万円

【十五　雑所得】

770万円超 1,000万円以下	Ⓐ×95% −145.5万円	Ⓐ×95% −135.5万円	Ⓐ×95% −125.5万円
1,000万円超	Ⓐ−195.5万円	Ⓐ−185.5万円	Ⓐ−175.5万円

(注)　年齢は、その年の12月31日（年の中途で死亡し又は出国した場合には、その死亡又は出国の日）により判定する（下記2において同じ。）。

2　年齢65歳以上（令和2年分は、昭和31年1月1日以前生まれ）

公的年金の収入 Ⓐ	公的年金等に係る雑所得以外の所得に係る合計所得金額		
	1,000万円以下	1,000万円超 2,000万円以下	2,000万円超
330万円以下	Ⓐ−110万円	Ⓐ−100万円	Ⓐ−90万円
330万円超 410万円以下	Ⓐ×75% −27.5万円	Ⓐ×75% −17.5万円	Ⓐ×75% −7.5万円
410万円超 770万円以下	Ⓐ×85% −68.5万円	Ⓐ×85% −58.5万円	Ⓐ×85% −48.5万円
770万円超 1,000万円以下	Ⓐ×95% −145.5万円	Ⓐ×95% −135.5万円	Ⓐ×95% −125.5万円
1,000万円超	Ⓐ−195.5万円	Ⓐ−185.5万円	Ⓐ−175.5万円

参考　令和元年分（2年度）以前の公的年金等に係る雑所得の金額（速算表）

区　分	公的年金等の収入金額Ⓐ	所得金額
65歳未満	① 　　　　　130万円以下 ②130万円超410万円以下 ③410万円超770万円以下 ④770万円超	Ⓐ−70万円 Ⓐ×75%− 37.5万円 Ⓐ×85%− 78.5万円 Ⓐ×95%−155.5万円
65歳以上	① 　　　　　330万円以下 ②330万円超410万円以下 ③410万円超770万円以下 ④770万円超	Ⓐ−120万円 Ⓐ×75%− 37.5万円 Ⓐ×85%− 78.5万円 Ⓐ×95%−155.5万円

9　生命（損害）保険契約に基づく年金の雑所得の計算

(1)　下記(2)以外の場合

ア　年金の支払開始日以後受ける剰余金又は割戻金は、その年分の雑所得の総収入金額に算入する（所令183①一、184①一）。

イ　次の算式によって計算される金額をその年分の雑所得の必要経費に算入する（所令183①二、184①二）。

【十五　雑所得】

$$
\begin{pmatrix} \text{その年分の必要経} \\ \text{費に算入する金額} \end{pmatrix} = \begin{pmatrix} \text{その年に支給さ} \\ \text{れる年金の額} \end{pmatrix} \times \frac{\text{保険料又は掛金の総額}}{\begin{pmatrix} \text{年金の支払総額又は} \\ \text{支払総額の見込額} \end{pmatrix}}
$$

(注)　生命保険契約等が年金の他に一時金を支払う内容のものである場合、上記算式中の「保険料又は掛金の総額」は、次の算式で計算した金額による（所令183①三）。

$$
\begin{pmatrix} \text{年金につ} \\ \text{いての保} \\ \text{険料又} \\ \text{は掛金} \\ \text{の総額} \end{pmatrix} = \begin{pmatrix} \text{保険料又は} \\ \text{掛金の総額} \end{pmatrix} \times \frac{\begin{pmatrix} \text{年金の支払総額又は} \\ \text{支払総額の見込額} \end{pmatrix}}{\begin{pmatrix} \text{年金の支払総額又は} \\ \text{支払総額の見込額} \end{pmatrix} + \begin{pmatrix} \text{一時金} \\ \text{の額} \end{pmatrix}}
$$

なお、「その年に支給される年金の額」又は「保険料又は掛金の総額」に掛ける場合は小数点以下２位まで算出し、３位以下を切り上げる（所令183①四、184①三）。

ウ　年金の支払開始日前に剰余金又は割戻金を受け、又はその剰余金又は割戻金を保険料又は掛金の払込みに充てた場合には、その剰余金又は割戻金の額をイの算式の「保険料又は掛金の総額」から差し引く。

(注)　「保険料又は掛金の総額」には、その年金の支払を受ける人が負担した保険料又は掛金の額に限られるが、給与収入に算入された事業主負担の保険料等（月額300円以下のため給与収入に含めないこととされたものを含む。）は含まれる（所令183④、所基通35−4）。

(2)　相続等に係る年金の場合

相続、遺贈又は個人からの贈与により取得したものとみなされる生命（損害）保険契約等に基づく年金（以下「保険年金」という。）について、課税部分と非課税部分（相続税の課税対象）に振り分け、前者の課税部分の所得金額（課税部分の年金収入額−課税部分の支払保険料）にのみ所得税が課税される（所令185、186）。

ア　対象者

①死亡保険金の年金形式による受給者、②学資保険の保険契約者が死亡したことに伴う養育年金の受給者、③個人年金保険契約に基づく年金の受給者のいずれかに該当する者（いずれも保険契約等に係る保険料等の負担者を除く。）

イ　課税部分に係る所得金額の計算

保険年金に係る課税部分と非課税部分は、年金支給初年は全額非課税とし、２年目以降、課税部分が同額ずつ階段状に増加していく方法により計算する（下記の参考を参照）。

ウ　保険年金が、確定年金、終身年金、有期年金、特定終身年金又は特定有期年金のいずれであるかの判定は、年金の支払を受ける者のその年金の支払開始日の現況において行う（所基通35−4の2）。

☞　参考　保険年金の課税・非課税部分の振り分け

1　旧相続税法対象年金の場合

「旧相続税法対象年金」とは、年金に係る権利について平成22年法律6号による改正前の相続税法24条（定期金に関する権利の評価）の規定の適用があるものをいい、原則として、平成23年4月1日前に相続等により取得した定期金に関する権利について適用。

— 277 —

【十五 雑所得】

① 支給期間10年の場合、相続税法24条で □ 部分は6割と法定。
② したがって、所得税課税部分は4割となる。
③ 支払期間に対応して、一単位（マス）当たりの課税部分を算出し、これを基に各年の所得金額を計算する。

（計算例） 支払期間10年の確定年金（旧相続税法対象年金）を相続した者の支払年数5年目の所得金額の計算（年100万円定額払い、保険料総額200万円の場合）

① 1課税単位当たりの金額：1,000万円×40%÷45マス＝8.8万円
　　　　　　　　　　　　　　（課税部分）　（課税単位数）｛10年×(10年−1年)÷2｝

② 課税部分の年金収入額：8.8万円×4年＝35.2万円
　　　　　　　　　　　　　　（経過年数）支払開始日からその支払を受ける日までの年数

③ 必要経費額：35.2万円×（200万円÷1,000万円）＝7万円
　　　　　　　　　　　　　（保険料総額）（支払総額）

④ 課税部分に係る所得金額：35.2万円−7万円＝28.2万円（雑所得の金額）

　具体的な計算は、平22.10.20付課個2−27「相続等に係る生命保険契約等に基づく年金に係る雑所得の金額の計算書（様式）の制定について（法令解釈通達）」で定められた様式により行う（国税庁ＨＰ参照）。

2　新相続税法対象年金の場合
　「新相続税法対象年金」とは、上記1の旧相続税法対象年金以外のものをいい、原則として平成23年4月1日以後の相続等により取得する定期金に関する権利について適用。

算式　　課税部分
　　　1課税単位当たりの金額 ＝課税部分（※1）÷課税単位数（※2）

　　　各年分の総収入金額
　　　　（課税部分） ＝1課税単位当たりの金額×経過年数

※1　課税部分の金額＝支払金額×課税割合

— 278 —

【十五　雑所得】

課税割合は、相続税評価割合に応じ、それぞれ次表のとおりとなる。
［算式］相続税評価割合＝相続税評価額÷年金の支払総額又は支払総額見込額

相続税評価割合	課税割合	相続税評価割合	課税割合	相続税評価割合	課税割合
50％超　55％以下	45％	75％超　80％以下	20％	92％超　95％以下	5％
55％超　60％以下	40％	80％超　83％以下	17％	95％超　98％以下	2％
60％超　65％以下	35％	83％超　86％以下	14％	98％超	0
65％超　70％以下	30％	86％超　89％以下	11％	—	—
70％超　75％以下	25％	89％超　92％以下	8％	—	—

相続税評価割合が50％以下の場合の計算方法については、税務署に問い合わせる。

2　課税単位数＝残存期間年数×（残存期間年数－1年）÷2

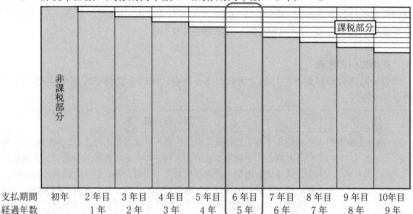

（計算例）　支払期間10年の確定年金（新相続税法対象年金）を相続した者の支払年数
　　　　　6年目の所得金額の計算（年100万円定額払い、保険料総額200万円、新相続
　　　　　税法による評価額900万円の場合）

① 相続税評価割合：　　900万円　÷1,000万円＝90％
　　　　　　　　　　　（相続税評価額）（支払総額）
② 課税部分（収入金額）の合計額：1,000万円×8％＝80万円
　　　　　　　　　　　　　　　（支払総額）　（相続税評価割合90％の時の課税割合）
③ 1課税単位当たりの金額：80万円÷45単位＝1.8万円
　　　　　　　　　　　　　　　　　（課税単位数）｛10年×（10年－1年）÷2｝
④ 課税部分の年金収入額：1.8万円×5＝9万円
　　　　　　　　　　　　　　　　（経過年数）支払開始日からその支払を受ける日までの年数
⑤ 必要経費額：9万円×（200万円÷1,000万円）＝1.8万円
　　　　　　　　　　　　　（保険料総額）（支払総額）
⑥ 課税部分に係る所得金額：9万円－1.8万円＝7.2万円（雑所得の金額）
　（注）　タックスアンサーNo.1620「相続等により取得した年金受給権に係る生命保険契約等
　　　に基づく年金の課税関係」より抜粋

【十五　雑所得】

10　減額された外国所得税額の総収入金額算入

　外国税額控除の適用年の翌年以後7年内の各年において、その適用を受けた外国所得税の額が減額された場合には、その減額された金額から、その減額された金額のうちその減額された年において納付控除対象外国所得税額からの控除（所令226①、292の14①）又は控除限度超過額からの控除（所令226③、292の14③）に充てられる部分の金額を控除した金額は、その減額された年分の雑所得の金額の計算上、総収入金額に算入する（所法44の3、165の2）。

11　先物取引に係る雑所得等の課税の特例

　居住者又は恒久的施設を有する非居住者が、次の(1)の先物取引をし、かつ、その取引に係る決済（その商品、有価証券又は通貨等の受渡しが行われることとなるものを除く。以下「差金等決済」という。）をした場合には、その先物取引に係る所得については、復興特別所得税を含め15.315%（居住者については他に住民税5%）の税率による申告分離課税が行われる（措法41の14①、地法附則35の4）。

(1)　先物取引の意義

　申告分離課税の対象とされる先物取引は、次表に掲げる取引である（措法41の14①、措令26の23②）。

区　分	該　当　取　引	
1．商品先物取引	平成13年4月1日以後に商品市場で行われる①現物先物取引、②現金決済型先物取引、③商品指数先物取引、④商品オプション取引及び⑤商品の実物取引のオプション取引	平成24年1月1日以後に店頭で行われる①現物先物取引、②現金決済型先物取引、③指数先物取引、④オプション取引及び⑤指数現物オプション取引（ただし、平成28年10月1日以後は、商品先物取引業者を相手方として行うものに限られる。）
2．金融商品先物取引等	①　平成16年1月1日以後に有価証券市場（金融商品取引所）で行われる⑦有価証券先物取引、④有価証券指数等先物取引及び⑨有価証券オプション取引（平成19年9月30日以後は下記③の左列に含まれることになった。）	
	②　平成17年7月1日以後に取引所で行われる⑦通貨等先物取引、④金利等先物取引及び⑨金融オプション取引（平成19年9月30日以後は下記③の左列に含まれることになった。）	
	③　平成19年9月30日以後に金融商品市場で行われる⑦先渡取引、④指数先渡取引及び⑨オプション取引（令和2年5月以後は暗号資産又は金融指標に係るものを除く。）	平成24年1月1日以後に店頭で行われる⑦先渡取引、④指数先渡取引、⑨オプション取引及び㊀指数オプション取引（ただし、平成28年10月1日以後は、第一種金融商品取引業者又は登録金融機関を相

— 280 —

【十五　雑所得】

		手方として行うものに限られる。） （令和2年5月以後は暗号資産又は金融指標に係るものを除く。）
3．カバードワラント取引	平成22年1月1日以後に行われる上場カバードワラントに表示される権利の行使若しくは放棄又はこれらの金融商品取引業者への売委託による譲渡若しくは金融商品取引業者に対する譲渡	平成24年1月1日以後に行われるカバードワラント（未上場）に表示される権利の行使若しくは放棄又はこれらの金融商品取引業者への売委託による譲渡若しくは金融商品取引業者に対する譲渡

⑵　**先物取引に係る雑所得等の金額**

　先物取引に係る雑所得等の金額は、先物取引による事業所得の金額、譲渡所得の金額及び雑所得の金額の合計額である（措令26の23①）。

　この場合において、先物取引による事業所得の金額、譲渡所得の金額又は雑所得の金額の計算上生じた損失の金額は、それぞれ先物取引に係る他の所得の金額から控除できるが、控除しきれない損失の金額は、生じなかったものとみなされる（措法41の14①、措令26の23①）。

⑶　**先物取引に係る課税雑所得等の金額に対する税額**（復興特別所得税を含む。）

　先物取引に係る課税雑所得等の金額（千円未満切捨て）＝「D」に次表の税率を乗じて算定する（措法41の14①、地法附則35の4）。

①所得税	②住民税	合計（①＋②）
D×15.315%	D×5%	D×20.315%

（注）　住民税の税率は、標準税率（道府県民税と市町村民税の合計）によっており、道府県民税2％と市町村民税3％（指定都市の区域内居住者の平成30年度以後は前者が1％、後者が4％）の合計である。

⑷　**先物取引の差金等決済に係る損失の繰越控除**

内容	平成15年1月1日以後に先物取引に係る差金等決済をしたことにより生じた損失の金額のうちに、その差金等決済をした日の属する年分の先物取引に係る雑所得等の金額の計算上控除してもなお控除しきれない金額があるときは、上記⑵の「生じなかったものもみなす」旨の規定にかかわらず、一定の要件の下で、その控除しきれない金額についてその年の翌年以後3年内の各年分の先物取引に係る雑所得等の金額を限度として控除をすることができる（措法41の15）。
方法	①　控除する損失の金額が前年以前3年内の2以上の年に生じたものである場合、最も古い年に生じた損失の金額から順次控除する。 ②　雑損失の繰越控除（所法71①）が行われる場合には、まず、先物取引の差金等決済に係る損失の繰越控除を行った後、雑損失の繰越控除を行う。

【十五　雑所得】

手続	先物取引の差金等決済に係る損失の金額の計算に関する明細書を添付した確定申告書を提出し（当初、明細書の添付がなく、更正の請求に基づく更正により、新たに差金等決済に係る損失の金額があることとなった場合を含む。）、かつ、その後、連続して確定申告書を提出している場合であって、繰越控除を受ける年分の確定申告書に繰越控除を受ける金額の計算に関する明細書の添付がある場合に適用される（寛恕規定はない。）（措法41の15③、措通41の15－1）。

十六　所得税額等の計算過程

1　課税標準の計算過程

　所得税及び住民税（所得割）の課税標準となる総所得金額等の計算過程を図示すると、次のとおりとなる。

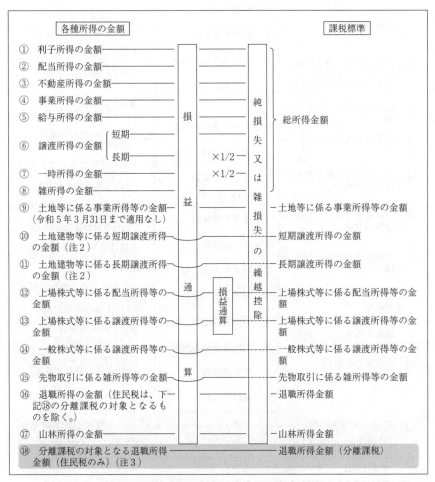

（注）1　上図の「-----線」は、雑損失の繰越控除のみができることを示す。
　　　2　土地建物等の譲渡に係る譲渡所得の金額（⑩及び⑪）については、損益通算及び純損失の繰越控除が適用されない。ただし、居住用財産の買換え等の場合の譲渡損失及び特定居住用財産の譲渡損失は、損益通算、通算後譲渡損失の繰越控除が認められる。
　　　3　住民税では、所得税法199条（源泉徴収義務）の規定により所得税を徴収して納付すべき退職手当等は、現年分離課税となる（上記⑱）。

【十六　所得税額等の計算過程】

2　課税所得金額の計算過程

　所得税及び住民税（所得割）の課税所得金額の計算過程を図示すると、次のとおりとなる。

（注）1　所得控除は、まずアの雑損控除から行う。
　　　2　課税標準から所得控除を控除する順序
　　　　①総所得金額→②土地等に係る事業所得等の金額→③特別控除後の短期譲渡所得の金額→④特別控除後の長期譲渡所得の金額→⑤上場株式等に係る配当所得等の金額→⑥一般株式等に係る譲渡所得等の金額→⑦上場株式等に係る譲渡所得等の金額→⑧先物取引に係る雑所得等の金額→⑩山林所得金額→⑨退職所得金額
　　　　なお、住民税において、⑪退職所得金額（現年分離課税）には、所得控除の適用はない。

— 284 —

【十六 所得税額等の計算過程】

3 税額の計算過程

所得税及び住民税（所得割）の税額の計算過程を図示すると、次のとおりとなる。

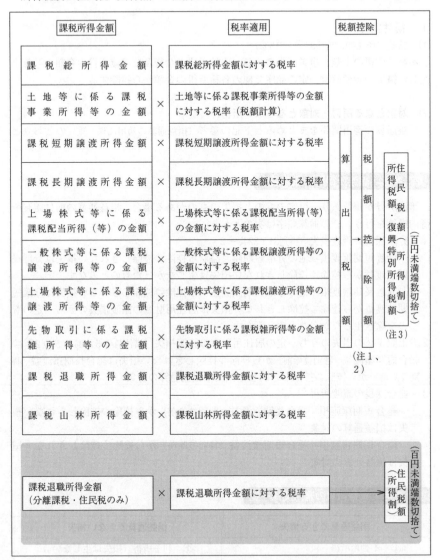

(注) 1 税額控除の順序についてはP.401参照。
　　 2 控除することとなる源泉所得税額、道府県民税（配当割・株式等譲渡所得割）がある場合には、税額控除適用後の税額から控除する。
　　 3 平成25年分から令和19年分までは、基準所得税額（外国税額控除前の所得税額）を基礎として、その額に2.1%を乗じた復興特別所得税を併せて計算する。

十七　損益通算、損失の繰越し・繰戻し

1　損益通算

(1)　意義（所法69、地法32②、313②）

不動産所得の金額、事業所得の金額、山林所得の金額及び譲渡所得の金額の計算上生じた損失の金額は、一定の順序で他の各種所得の金額から控除する。

(2)　対象となる所得・対象とならない所得

損益通算の適用関係をまとめると下記の参考（損益通算の適用関係一覧）のとおりとなる。

☞　参考　譲渡所得内の通算順序

譲渡所得が複数あり、黒字のものと損失のものがある場合、損益通算の前に譲渡所得内通算を行う。その通算順序は次のとおり。

1　分離課税の譲渡損失（措通31・32共－２）

①　分離短期譲渡損⇒他の分離短期譲渡益から控除⇒控除しきれない損失は分離長期譲渡益から控除⇒控除しきれない損失は生じなかったものとみなす。

②　分離長期譲渡損⇒他の分離長期譲渡益から控除⇒控除しきれない損失は分離短期譲渡益から控除⇒控除しきれない損失は居住用財産の譲渡損失のうち一定のものを除き生じなかったものとみなす。

2　上記１②の損失のうち一定の居住用財産の譲渡損失（措法41の５、41の５の２）⇒総合短期譲渡益（特別控除前）から控除⇒控除しきれない損失は総合長期譲渡益（特別控除前）から控除⇒控除しきれない損失は損益通算の対象

3　総合課税の譲渡所得

①　総合短期譲渡損⇒総合長期譲渡益（特別控除前）から控除⇒控除しきれない損失は損益通算の対象

②　総合長期譲渡損⇒総合短期譲渡益（特別控除前）から控除⇒控除しきれない損失は損益通算の対象

☞　参考　損益通算の適用関係一覧

損益通算できる損失	損益通算できない損失
①　不動産所得	①　利子所得（損失は生じない。）
②　事 業 所 得	②　配 当 所 得
③　山 林 所 得	③　給 与 所 得
④　譲 渡 所 得	④　退職所得（損失は生じない。）
（損益通算等に係る例外規定参照）	⑤　一 時 所 得
	⑥　雑 所 得

【十七　損益通算、損失の繰越し・繰戻し】

損益通算等に係る例外規定

<table>
<tr>
<td rowspan="1">生活に通常必要でない資産に係る取扱い</td>
<td>　競走馬（事業用は除く。）、ゴルフ会員権やリゾート会員権、別荘、1個又は1組の価額が30万円を超える書画、骨とう、貴金属などの生活に通常必要でない資産についての所得金額の計算上生じた損失（次の①〜③の適用がある場合にはその適用後の損失）は、生じなかったものとみなされる（所法69②、所令178①）。
①　競走馬（事業用を除く。）の譲渡損は、競走馬の保有に係る雑所得の金額（黒字）を限度として控除できる。
②　ゴルフ会員権、1個又は1組の価額が30万円を超える書画、骨とう、貴金属などの譲渡損は、他の総合課税の譲渡所得の金額（黒字）を限度として控除できる。
③　別荘など生活に通常必要でない不動産の貸付けに係る損失は、他の不動産所得の金額（黒字）を限度として控除でき、また、その譲渡による損失は、他の土地建物等の譲渡益を限度として控除できる。</td>
</tr>
<tr>
<td>非課税資産による譲渡・低額譲渡・強制換価手続に係る取扱い</td>
<td>　次の損失は、いずれも生じなかったものとみなされる。
①　自己又はその配偶者その他の親族が生活の用に供する家具、じゅう器、衣服その他の生活に必要な動産（書画、骨とう、貴金属などは1個又は1組の価額が30万円を超えるものを除く。）の譲渡損（所法9②一、所令25）
②　資力を喪失して債務を弁済することが著しく困難である場合における強制換価手続による資産の譲渡等による損失（所法9②二、所令26）
③　個人に対し山林（事業所得の基因となるものを除く。）又は譲渡所得の基因となる資産の低額譲渡（時価の2分の1未満）による損失（所法59②）
　なお、法人に対して贈与又は低額譲渡をした場合には、時価で譲渡があったものとみなされる（所法59①）。</td>
</tr>
<tr>
<td>不動産所得・不動産所得に係る任意組合又は信託・有限責</td>
<td>1　次の損失は、いずれも生じなかったものとみなされる（事業税では通算できる（県通3−10の5）。）。
①　不動産所得の計算上生じた損失の金額のうち、土地等の取得に係る借入金の利子の額に対応する部分の金額（措法41の4①）
②　特定組合員（組合の重要な業務の執行の決定に関与し、契約を締結するための交渉等自らその執行を行う個人組合員以外の個人組合員）の組合事業から生じた不動産所得の損失（措法41の4の2①）
③　平成19年9月30日以後に効力が生ずる信託及び同日以後に受益者たる地位の承継を受けるその承継に係る信託に係る特定受益者のその信託に係る不動産所得の損失（措法41の4の2①）
　（注）②、③の損失は、他の組合事業や他の信託に係る不動産所得の金額と通算できず、また、組合事業や信託以外の一般の不動産所得の金額との通算もできない。
④　令和3年以後の国外中古建物（減価償却の耐用年数をいわゆる「簡便法」等で算定しているものをいう。以下同じ。）に係る不動産所得の金額の計算上生じた国外不動産所得の損失の金額（他の国外不動産等の貸付けによる所得と通算後の金額）（措法41の4の3①②）。
2　有限責任事業組合の事業から生ずる不動産所得、事業所得又は山林所得の損失の金額のうち調整出資金額を超える部分の金額（複数の組合契約を締結している場合には、各組合契約に係る事業ごとに計算する。）は、必要経費に算入できない（措法27の2①、措令18の3①④）。</td>
</tr>
</table>

損失損益通算繰越・等

— 287 —

【十七　損益通算、損失の繰越し・繰戻し】

<table>
<tr><td rowspan="2">申告分離課税等に係る損益通算の取扱い</td><td colspan="2">次の損失は、いずれも生じなかったものとみなされる。また、それらの譲渡に係る所得が黒字であっても、他の所得の損失と通算することもできない。</td></tr>
<tr><td>
① 土地建物等に係る長期譲渡所得の金額又は短期譲渡所得の金額の計算上生じた損失で、他の土地建物等による譲渡益と通算しきれない損失（措法31①、32①）。
　なお、居住用財産の譲渡損失のうち、居住用財産の買換え等の場合の譲渡損失（措法41の５）及び特定居住用財産の譲渡損失（措法41の５の２）は、一定の要件のもと土地建物等の譲渡所得以外の所得との損益計算が認められる。
② 一般株式等の譲渡に係る事業所得、譲渡所得及び雑所得の金額の計算上生じた損失で、他の一般株式等に係る譲渡益と通算しきれない損失（措法37の10①、措令25の８①）
　ただし、特定株式の譲渡損失とされるものは、次の③の上場株式等の譲渡益と通算できる（措法37の13の２④）。
③ 上場株式等の譲渡に係る事業所得、譲渡所得及び雑所得の計算上生じた損失で、他の上場株式等に係る譲渡益と通算しきれない損失（措法37の11①、措令25の９①）
　ただし、その損失のうち、上場株式等に係る譲渡損失（申告分離課税を選択した上場株式等に係る配当所得の金額との通算後のもの）は、一定の要件のもと３年間の繰越控除が適用できる（措法37の12の２）。
④ 先物取引に係る事業所得の金額、譲渡所得の金額及び雑所得の金額の計算上生じた損失で、他の先物取引に係る所得金額（黒字）と通算しきれない損失（措法41の14①、措令26の23①）
　なお、この通算しきれない損失は、一定の要件のもと３年間の繰越控除が適用できる（措法41の15①）。
</td></tr>
</table>

(3) 損益通算の順序 (所令198、199)

損益通算は、下図のように第一次通算、第二次通算及び第三次通算の区別をして行う。

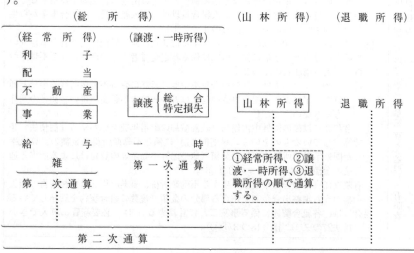

【十七　損益通算、損失の繰越し・繰戻し】

(注)1　□で囲んだ所得は、その損失額を他の所得金額と通算できる所得を示す。

　　2　経常所得とは、利子所得、配当所得、不動産所得、事業所得、給与所得及び雑所得をいう（所令198一）。

　　3　譲渡における「特定損失」とは、居住用財産の買換え等の場合の譲渡損失及び特定居住用財産の譲渡損失をいう。

　　4　住民税では、分離課税となる退職所得の金額は、現年分課税主義を採用しているため、損益通算の対象とならない。

ア 第一次通算	(ア)　経常所得グループ内での通算 　　不動産所得、事業所得の各損失は、他の経常所得（利子所得、配当所得、不動産所得、事業所得、給与所得、雑所得）の金額から控除する。この場合において、経常所得の金額のうちに、土地等に係る事業所得等の金額（平10.1.1～令2.3.31を除く。）があれば、まず、その金額から控除する。 　　これらの損失のうち、①変動所得の損失（P.338参照）、②被災事業用資産の損失（下記2(1)の表の注1参照）、③その他の損失があるときは、③→②→①の順序で差し引く。 (イ)　譲渡・一時グループ内での通算 　　総合課税の譲渡所得の損失及び居住用財産の譲渡損失（措法41の5、41の5の2）は、一時所得の金額（特別控除後、2分の1前）から控除する。
イ 第二次通算	(ア)　経常所得グループが損失の場合の通算 　　上記ア(ア)によって引き切れない損失は、①総合短期譲渡所得の金額（特別控除後）、②総合長期譲渡所得の金額（特別控除後で2分の1前）、③一時所得の金額（特別控除後で2分の1前）から順次差し引く。 (イ)　譲渡・一時グループが損失の場合の通算 　　上記ア(イ)によって引き切れない損失は、経常所得の金額（上記ア(ア)）から控除する。
ウ 第三次通算	(ア)　総所得金額が損失となった場合の通算 　　上記イの(ア)又は(イ)によって引き切れない損失は、①山林所得の金額（特別控除後）、②退職所得の金額（住民税は分離課税分を除く。）（2分の1後）から順次差し引く。 (イ)　山林所得が損失となった場合の通算 　　山林所得の損失は、①経常所得の金額、②総合短期譲渡所得の金額（特別控除後）、③総合長期譲渡所得の金額（特別控除後で2分の1前）、④一時所得の金額（特別控除後で2分の1前）、⑤退職所得の金額（住民税は分離課税分を除く。）（2分の1後）から順次差し引く。 　　山林所得の損失のうちに、①被災事業用資産の損失（P.290の表の注1参照）、②その他の損失があるときは、②→①の順序で差し引く。

▶住民税（損益通算における所得税との相違点）

「分離課税の対象となる退職手当等（P.191参照）」に係る退職所得からは、損益通算の対象となる損失を控除できない（住民税は前年分課税主義を採用しているが、分離課税となる退職手当等については現年分課税主義（地法50の3）を採用しているため）。

【十七 損益通算、損失の繰越し・繰戻し】

2 損失の繰越控除

(1) 純損失、通算後譲渡損失及び雑損失の繰越控除（所法70、71、措法41の5④⑧、41の5の2④⑧、地法32⑧⑨、313⑧⑨）

損失の区分			繰越控除の適用
控除しきれない損失の金額（損益通算をしても控除しきれない純損失の金額）	① ②以外の損失		青色申告者に限り3年間（注3）の繰越控除可（純損失の繰戻還付の基礎となったものを除く。）
		うち、変動所得（P.338参照）に係る損失又は被災事業用資産に係る損失（注1）	3年間（注4）の繰越控除可
	② 居住用財産の譲渡に係る損失（通算後譲渡損失の金額）	居住用財産の買換え等に係る損失（措法41の5）	土地等の面積500㎡を超える部分の金額を除き、3年間（注3）の繰越控除可（控除年の年末（注2）において住宅借入金等を有し、控除年の合計所得金額（P.326参照）3千万円以下であることが要件）
		特定居住用財産に係る損失（措法41の5の2）	譲渡資産に係る住宅借入金等の残高から譲渡対価を控除した残額を限度として3年間（注3）の繰越控除可（控除年の合計所得金額（P.326参照）が3千万円以下であることが要件）
③ 雑損失の金額（雑損控除において控除しきれない損失）			3年間（注5）の繰越控除可

(注)1　①棚卸資産、②不動産・事業・山林の各所得を生ずべき事業用の固定資産及び繰延資産、③山林の災害による損失（災害関連支出を含み、保険金等により補てんされる部分の金額を除く。）で、変動所得の金額の計算上生じた損失に該当しないものをいう（所法70③）。

2　死亡した場合には死亡日となる。

3　東日本大震災により事業用資産につき10％以上の被害を受けた場合には、被災事業用資産（注1）以外の損失による純損失を含めて5年間（震災税特法7）

4　東日本大震災により事業用資産につき10％以上の被害を受けた場合には、変動所得に係る損失又は被災事業用資産（注1）に係る損失の合計額に達するまでの金額について5年間（震災税特法7）

5　東日本大震災に基因するものは5年間

(2) 繰越控除の手続（所法70④、71②、措法41の5⑤、41の5の2⑤）

　純損失及び雑損失の繰越控除は、損失が生じた年分の確定申告書（前記(1)の表の①のうち、変動所得、被災事業用資産の損失以外の純損失の金額については青色申告書）を提出し、その後、連続して確定申告書を提出している場合に限り適用される。

　通算後譲渡損失（前記(1)の表の②）の繰越控除は、譲渡損失が生じた年分の確定申告書に明細書等を添付し、その提出期限までに提出し、その後、連続して確定申告書

— 290 —

【十七　損益通算、損失の繰越し・繰戻し】

を提出している場合に限り適用される。

(3)　繰越控除の順序 （所令201、204ほか）

　純損失の金額、通算後譲渡損失の金額及び雑損失の金額の控除は、次の順序で行う。

　なお、平成10年1月1日から令和2年3月31日までの間の土地等に係る事業所得等の金額とされる土地の譲渡等に係る所得については、総所得金額に含まれる（措法28の4⑥）。

ア　前年以前3年内の2以上の年に生じた損失の控除

　最も古い年に生じた損失の金額から控除する。その際、同じ年に複数の損失の金額がある場合には、①純損失の金額、②通算後譲渡損失の金額、③雑損失の金額の順序で控除する。

イ　純損失の金額 （前記(1)の表の①） の控除

　次表に掲げる順序で控除する。

純損失の金額の控除順序表

その年分の所得の内容 ＼ 純損失の金額の内容	総所得金額の計算上生じた損失の部分の金額	土地等に係る事業所得等の金額(注1)の計算上生じた損失の部分の金額	山林所得金額の計算上生じた損失の部分の金額
総　所　得　金　額	①	⑤	⑩
土地等に係る事業所得等の金額(注1)	④	②	⑪
山　林　所　得　金　額	⑥	⑧	③
退 職 所 得 金 額(注2)	⑦	⑨	⑫

(注)1　令和5年3月31日まで適用なし。

　　2　住民税は現年分離課税となるものを除く。

ウ　通算後譲渡損失の金額 （前記(1)の表の②） の控除 （措通41の5-1の2(3)）

　①分離長期譲渡所得の金額、②分離短期譲渡所得の金額、③総所得金額、④土地等に係る事業所得等の金額、⑤山林所得金額、⑥退職所得金額（住民税は現年分離課税の対象となるものを除く。）の順序で控除する。

エ　雑損失の金額 （前記(1)の表の③） の控除 （措通31・32共-4）

　①総所得金額、②土地等に係る事業所得等の金額、③分離短期譲渡所得の金額（一般所得分⇒軽減所得分）、④分離長期譲渡所得の金額（一般所得分⇒特定所得分⇒軽課所得分）、⑤上場株式等に係る配当所得等の金額、⑥一般株式等に係る譲渡所得等の金額、⑦上場株式等に係る譲渡所得等の金額、⑧先物取引に係る雑所得等の金額、⑨山林所得金額、⑩退職所得金額（住民税は現年分離課税の対象となるものを除く。）の計算上順次（④から⑧までの間においては適用税率の高いものから順次）控除する。

　ただし、④から⑧までの間においては、納税者がこの取扱いと異なる順序で控除して申告することができる。

【十七　損益通算、損失の繰越し・繰戻し】

●事業税（損失の控除と繰越控除）

〔損失の繰越控除〕（地法72の49の12⑥）

　青色申告者で、事業の所得が損失となったときは、一定の要件のもと、翌年以降3年以内に生じた事業の所得からその損失額を差し引くことができる。

〔被災事業用資産の損失の繰越控除〕（地法72の49の12⑦⑧）

　棚卸資産（有価証券及び山林を除く。）、事業用固定資産及び繰延資産、山林の震災、風水害、火災などによって生じた損失の金額（保険金等の金額を除く。）は、一定の要件のもと、翌年以降3年間、繰越控除ができる。

〔譲渡損失の控除と繰越控除〕（地法72の49の12⑨⑩）

　事業に使用していた機械及び装置、船舶、航空機、車両及び運搬具並びに生物で、事業の用に供しなくなった日から1年以内に譲渡したことにより生じた損失額については、事業の所得の計算上控除することができ、また、青色申告者は、控除しきれない損失について一定の要件のもと、翌年以降3年間、繰越控除ができる。

〔控除の順序〕（地法72の49の12⑪）

　①損失（被災事業用資産の損失）の繰越控除、②事業用資産の譲渡損失の控除、③事業用資産の譲渡損失の繰越控除の順で控除する。

3　純損失の繰戻しによる還付請求

(1)　制度の内容（所法140）

　青色申告者は、その年において純損失の金額（上記2(1)の表の②を除く。）がある場合その他一定の場合には、その申告書の提出と同時に、一定の所得税の額（前年分等の税額を限度）の還付を請求することができる。

(2)　繰戻し還付の手続

ア　純損失の前年分への繰戻し（所法140①～④）

　その年分の青色申告書を提出期限までに提出すると同時に、繰戻しによる還付請求書を提出する。

　ただし、前年分についても青色申告書を提出していることが必要となる。

イ　事業の全部の譲渡又は廃止などの場合におけるその廃止等の年の前年分の純損失の前々年分への繰戻し（所法140⑤）

　その年分の青色申告書を提出期限までに提出すると同時に、繰戻しによる還付請求書を提出する。

　ただし、前年分及び前々年分について青色申告書を提出していることが必要となる。

ウ　相続人等による繰戻し（P.417参照）

【十七　損益通算、損失の繰越し・繰戻し】

⑶　**繰戻し還付の控除順序** (所令271)

　　上記2⑶イの表（純損失の金額の控除順序表）と同じ順序で控除する。この場合、表側の「その年分の所得の内容」は「その年分の前年分（若しくは前々年分）の所得の内容」と読み替える。

> ➡**住民税**
> ➡**事業税**　（損失の繰戻し）
>
> 　住民税及び事業税には、純損失の繰戻し還付制度はなく、全て繰越控除となる。

十八　所得控除

〈所得税と住民税の控除額の概要〉

種　類（内　容）		所得税（令和2年分）	住民税（令和3年度分）
雑損控除	災害・盗難・横領により一定の資産に受けた損害等	（損失額－保険金等で補填される金額）＝Ⓐとした場合の次の①と②のいずれか多い金額 ①　Ⓐ－（総所得金額等（注1）の10%） ②　災害関連支出の金額－5万円	同左
医療費控除・医療費控除の特例	本人、生計を一にする配偶者、親族の医療費の支払（特定一般用医薬品等購入費の支払）	次の①と②のいずれかを選択 ①　医療費控除 　（支払った医療費の額－保険金等で補填される金額）＝Ⓐとした場合 　Ⓐ－10万円（※）（最高200万円） 　※　総所得金額等（注1）が200万円未満の場合はその5% ②　医療費控除の特例 　（特定一般用医薬品等購入費－保険金等で補填される金額）＝Ⓑとした場合 　Ⓑ－12,000円（最高88,000円）	同左
社会保険料控除	社会保険料の支払（給与控除）	支払（控除）額	同　左
小規模企業共済等掛金控除	一定の掛金の支払	支払額	同　左
生命保険料控除	一般の生命保険料	新契約　最高　40,000円 旧契約　最高　50,000円	新契約　最高　28,000円 旧契約　最高　35,000円
	介護医療保険料	最高　40,000円	最高　28,000円
	個人年金保険料	新契約　最高　40,000円 旧契約　最高　50,000円	新契約　最高　28,000円 旧契約　最高　35,000円
	合　計	最高　120,000円	最高　70,000円
地震保険料控除	地震保険料等の支払	最高　50,000円	最高　25,000円
寄附金控除	特定寄附金（住民税の場合は一定の寄附金）の支払	特定寄附金の額（※）－2千円 ※　総所得金額等（注1）の40%が限度	税額控除
障害者控除	本人　障害者	270,000円	260,000円
	本人　特別障害者	400,000円	300,000円
	扶養親族又は控除対象配偶者　障害者	270,000円	260,000円
	扶養親族又は控除対象配偶者　特別障害者　同居	750,000円	530,000円
	扶養親族又は控除対象配偶者　特別障害者　同居以外	400,000円	300,000円

【十八　所得控除】

寡婦控除	本人が寡婦		270,000円		260,000円
ひとり親控除	本人がひとり親		350,000円		300,000円
勤労学生控除	本人が勤労学生		270,000円		260,000円
配偶者控除	控除対象配偶者	最高	380,000円	最高	330,000円
	老人控除対象配偶者	最高	480,000円	最高	380,000円
配偶者特別控除	一定の配偶者	最高	380,000円	最高	330,000円
扶養控除	一般の控除対象扶養親族		380,000円		330,000円
	特定扶養親族		630,000円		450,000円
	老人扶養親族　同居老親等		580,000円		450,000円
	老人扶養親族　上記以外		480,000円		380,000円
基礎控除	本人につき	最高	480,000円	最高	430,000円

(注) 1　総所得金額等（下記の参考を参照）

2　寡婦控除、ひとり親控除、勤労学生控除、配偶者控除、配偶者特別控除及び扶養控除については、所得要件がある。

参考　総所得金額等とは

次の各所得金額の合計額（純損失、居住用財産の買換え等の場合の譲渡損失、特定居住用財産の譲渡損失及び雑損失の繰越控除については、いずれも適用後の金額）

① 総所得金額

② 土地等に係る事業所得等の金額（平10.1.1～令5.3.31適用なし）

③ 短期譲渡所得の金額（措置法の特別控除適用前）

④ 長期譲渡所得の金額（措置法の特別控除適用前）

⑤ 上場株式等に係る配当所得等の金額

⑥ 一般株式等に係る譲渡所得等の金額（特定株式に係る譲渡損失の繰越控除後）

⑦ 上場株式等に係る譲渡所得等の金額（上場株式等に係る譲渡損失の繰越控除及び特定株式に係る譲渡損失の繰越控除適用後）

⑧ 先物取引に係る雑所得等の金額（先物取引の差金等決済に係る損失の繰越控除適用後）

⑨ 退職所得金額（住民税は分離課税の対象となるものを除く。）

⑩ 山林所得金額

1　雑損控除

(1)　**内容**（所法72）（地法34①一、314の2①一）

居住者又はその者の一定の親族等が有する下記(5)②の資産について、災害、盗難、横領による損失が生じた場合、下記(3)の金額を所得金額から控除する。

※ 住宅又は家財の災害による損失については、災害減免法（P.398参照）との選択適用となる。なお、所得税で災害減免を受けても、翌年度分の住民税で雑損控除を適用できる（取扱通知（市）2章19）。

― 295 ―

【十八 所得控除】

(2) 損失の金額

次の①、②の合計額

① 下記(5)②の資産（以下「住宅家財等」という。）について受けた損失額

② 災害等に関連してやむを得ない支出をした金額

区　　分		損　失　額　の　範　囲
① 損 失 額		損失発生直前の時価(注)－損失発生直後の時価 (注)　減価償却資産の場合は時価又は簿価(※)
②災害等に関連してやむを得ない支出をした金額 （所令206①他）	災害関連支出	ア　災害により損壊した住宅家財等の取壊し費用、除去費用など
		イ　災害により住宅家財等が損壊した場合で、災害のやんだ日の翌日から１年以内（大規模な災害（緊急災害対策本部が設置される特定大規模災害を含む。）その他やむを得ない事情に係るものは３年以内）に支払った⑦土砂等の障害物の除去費用、①住宅家財等の現状回復費用（損失額を除く。）、⑦住宅家財等の損壊を防止するための費用など 　なお、平成26年１月以後に支出する東日本大震災に係るものは、やむを得ない事情により災害がやんだ日から３年以内に支出することができなかった場合、その事情がやんだ日から３年以内に支出したものでもよい。
		ウ　災害により住宅家財等につき現に被害が生じ、又はまさに被害が生ずるおそれがあると見込まれる場合で、災害の拡大又は発生を防止するための緊急措置を講ずるために支出した金額
		エ　盗難又は横領による損失が生じた住宅家財等の現状回復費用（損失額を除く。）など

※　業務用資産　　⇒取得価額等－減価償却費の累積額
　　業務用資産以外⇒取得価額等－減価の額（耐用年数を1.5倍した年数による旧定額法での償却費相当額×年数）

(3) 控除額

$$\left(\begin{array}{c}\text{その年（住民税は前年）}\\\text{の損失の金額}\end{array}\right) - \left(\begin{array}{c}\text{保険金等で補塡}\\\text{される金額}\end{array}\right) = \begin{array}{c}\text{Ⓐとして次表によ}\\\text{り計算した金額}\end{array}$$

区　　分	控　除　額
①　損失の金額のうちに災害関連支出の金額がない場合又は５万円以下の場合	Ⓐ－（総所得金額等×10%）
②　損失の金額のうちに５万円を超える災害関連支出の金額がある場合	Ⓐ－次のいずれか少ない金額 ・Ⓐ－（災害関連支出の金額－５万円） ・総所得金額等×10%
③　損失の金額が全て災害関連支出の金額である場合	Ⓐ－次のいずれか少ない金額 ・５万円 ・総所得金額等×10%

(注) 1　災害関連支出の金額とは、上記(2)の表の「災害等に関連してやむを得ない支出を

【十八　所得控除】

した金額」のうち、ア〜ウの金額（保険金、損害賠償金等により補塡される部分の金額を除く。）をいう。

2　総所得金額等（P.295参照）

3　保険金等で補塡される金額が未確定の場合は見込額による。

(4)　損害の発生原因

発生原因	内　　　　　容
災害（所法2①二十七、所令9）	①　震災、風水害、冷害、雪害、干害、落雷、噴火その他自然現象の異変による災害
	②　火災、鉱害、火薬類の爆発その他の人為による異常な災害
	③　害虫、害獣その他の生物による異常な災害
盗　　難	自己の意思に反して財物を窃取又は強取されること
横　　領	自己の財物を占有する第三者によってその財物を不正に横得されること

(5)　対象となる資産の範囲

①資産の所有者	居住者又はその者と生計を一にする配偶者その他の親族（六親等内の血族、三親等内の姻族）で、総所得金額等（P.295参照）が48万円（令和元年分以前は38万円）以下である者 ※　生計を一にするかどうかの判定の時期（所基通72-4(1)） 　ア　資産そのものの損失額につき適用を受ける場合 　　⇒その損失が生じた日 　イ　災害等に関連するやむを得ない支出額につき適用を受ける場合 　　⇒その損失が生じた日又は費用を支出した日 ※　総所得金額等が48万円（令和元年分以前は38万円）以下（所基通72-4(2)） 　上記のア又はイに掲げる日の属する年の12月31日の現況による（居住者が年の中途で死亡又は出国したときは、その死亡又は出国の日における見積額による）。

②資産の範囲	住宅家財等の生活に通常必要な資産 ※　対象とならない資産（所法72①） 　㋐棚卸資産、㋑事業用固定資産・繰延資産、㋒山林及び㋓次の生活に通常必要でない資産（所令178①）	生活に通常必要でない資産

競走馬（事業用を除く。）その他射こう的行為の手段となる動産
主として趣味、娯楽、保養又は観賞の目的で所有する次のもの／別荘などの不動産／ゴルフ会員権、リゾート会員権等

生活用動産	生活に通常必要でない資産	
	生活に通常必要な動産	1個又は1組の価額が30万円を超える貴石、半貴石、貴金属、真珠及びこれらの製品、べっこう製品、さんご製品、こはく製品、象げ製品、七宝製品、書画、骨とう、美術工芸品
		上記以外

所得控除

【十八　所得控除】

(6) **災害に関連するやむを得ない支出の控除年分等**
　損壊等をした資産の取壊しや除去に要した費用、その資産の原状回復、土砂などの障害物の除去に要した費用など「災害等に関連するやむを得ない支出」をした場合の支出金額はその支出をした日の属する年分の雑損控除の対象となる。
　ただし、災害や盗難、横領のあった年の翌年3月15日までに支出した金額は、その災害等のあった年分の雑損控除の対象として認められる（所基通72－5）。

(7) **添付書類**（所令262①一）
　災害関連支出の金額（盗難、横領に関連する支出の金額を含む。）の領収を証する書類（e-Tax による申告の場合には添付省略可（P.417参照））

> **参考　原状回復のための支出を行った場合**（所基通72－3）

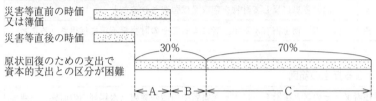

A…雑損控除の対象となる損失
B…　　〃　　　　　災害関連支出
C…資本的支出

> **参考　災害による損失の取扱い**

区　分			災害減免法	雑損控除 (所法72)	資産損失の必要経費算入 (所法51)	総合譲渡所得からの控除（注1）
建物	自宅		○（選択）	○（選択）	×	×
	家族（生計一）の住居		○（選択）	○（選択）	×	×
	別荘、リゾートマンション等		×	×	×	○
	賃貸建物	事業的規模以外	×	○（選択）	○（選択）(注2)	×
		事業的規模	×	×	○	×
	事務所・事業所		×	×	○	×
家財	家具、什器、衣服、書籍、冷暖房装置など		○（選択）	○（選択）	×	×
	貴金属・書画・骨董	30万円以下	○（選択）	○（選択）	×	×
		30万円超	×	×	×	○

— 298 —

自動車	事業用	×	×	○	×
	通勤用等	×	○	×	×
	レジャー用等	×	×	×	○
現金	事業用	×	×	○	×
	生活用	×	○	×	×

(注) 1 控除しきれない部分の金額は、その翌年分の総合課税の譲渡所得の金額の計算上控除
 2 所得金額を限度として必要経費算入

2 医療費控除と医療費控除の特例

　平成29年分（平成30年度）からセルフメディケーション税制（以下「医療費控除の特例」という。）が適用されることにより、医療費控除は下記イの医療費控除の特例との選択適用になる。その後の更正の請求や修正申告においてその選択替えはできない（措通41の17の2－1）。

(1) 内容

ア 医療費控除（所法73）（地法34①二、314の2①二）

　居住者が、自己又は自己と生計を一にする配偶者その他の親族に係る下記(3)アの医療費を支払った場合、その支払った金額（保険金、損害賠償金等により補填される部分の金額を除く。）の合計額により算定した下記(2)アの金額を所得金額から控除する。

イ 医療費控除の特例（措法41の17の2）

　健康の保持増進及び疾病の予防への取組として一定の取組を行っている者が、平成29年1月1日から令和3年12月31日までの間に自己又は自己と生計を一にする配偶者その他の親族に係る下記(3)イの特定一般用医薬品等購入費を支払った場合には、上記アとの選択により、下記(2)イにより算定した金額を所得金額から控除する。

　一定の取組とは次のものをいう（平28厚労省告示181）。なお、生計を一にする親族等についてはこの取組は不要。

① 保険者(健康保険組合、市町村国保)が実施する健康診査(人間ドッグ、各種健(検)診等)

② 市町村が健康増進事業として行う健康診査（骨粗鬆症検査、生活保護受給者等を対象とする健康診査）

③ 予防接種（定期接種、インフルエンザワクチンの予防接種）

④ 勤務先で実施する定期健康診断（専業主検診）

⑤ 特定健康診査（いわゆるメタボ検診）、特定保健指導

⑥ 市町村が健康増進事業として実施するがん検診（胃がん、子宮頸がん、肺がん、乳がん、大腸がんに限る。）

　※ 市町村が自治体の予算で住民サービスとして実施する健康診査、申請者が任意に受診した健康診査（全額自己負担）は対象外

【十八　所得控除】

(2) 控除額
ア　医療費控除

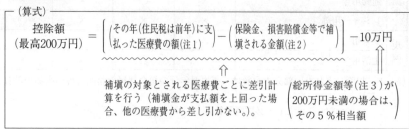

（注）1　支払った医療費の額に未払分は含まない（所基通73-2）。
　　　2　保険金、損害賠償金等で補塡される金額が未確定の場合は見込額による。
　　　3　総所得金額等（P.295参照）

イ　医療費控除の特例

$$\underset{(最高88{,}000円)}{控除額} = \begin{pmatrix} その年（住民税は前年）\\ の特定一般用医療品等\\ 購入費の金額（注） \end{pmatrix} - \begin{pmatrix} 保険金、損害賠償金\\ 等で補塡される金額 \end{pmatrix} - 12{,}000円$$

（注）　一定の取組にかかった費用は対象外

ウ　有利選択
医療費控除額を計算し、控除額が88,000円以上であれば医療費控除を選択し、88,000円未満であれば医療費控除の特例を検討する。

(3) 対象となる支出の範囲
ア　医療費控除（所法73②、所令207、所規40の3）
次に掲げるものの対価のうち、その病状等に応じて一般的に支出される水準を著しく超えない部分の金額
① 医師又は歯科医師による診療又は治療（医師に対する謝礼金は対象外）
② 治療又は療養に必要な医薬品の購入（病気の予防、健康増進のためのものは対象外）
③ 病院、診療所（下記⑧Aに掲げる施設を含む。）又は助産所へ収容されるための人的役務の提供
④ あん摩マッサージ指圧師、はり師、きゅう師又は柔道整復師による施術（疲れを癒したり、体調を整えるものは対象外）
⑤ 保健師、看護師、准看護師又は特に依頼した人（親族等を除く。）による療養上の世話
⑥ 助産師による分べんの介助（妊婦、じょく婦又は新生児の保健指導も含む。）
⑦ 介護福祉士等による一定の喀痰吸引及び経管栄養
⑧ 介護保険制度の下で提供された一定の施設・居宅サービスの自己負担額
　A　施設サービスの自己負担額

【十八　所得控除】

施設名	対象となるもの
指定介護老人福祉施設【特別養護老人ホーム】指定地域密着型介護老人福祉施設	施設サービスの対価である介護費、食費及び居住費の支払額の2分の1相当額（ただし、理美容代等の日常生活費、特別なサービス費用は対象外）
介護老人保健施設指定介護療養型医療施設【療養型病床群等】介護医療院（平成30年4月以後）	施設サービスの対価である介護費、食費及び居住費の支払額（ただし、理美容代等の日常生活費、特別なサービス費用は対象外）

B　居宅サービスの自己負担額

区分	居宅サービス等の種類
(a)　医療費控除の対象	訪問看護、介護予防訪問看護、訪問リハビリテーション、介護予防訪問リハビリテーション、居宅療養管理指導【医師等による管理・指導】、介護予防居宅療養管理指導、通所リハビリテーション【医療機関でのデイサービス】、介護予防通所リハビリテーション、短期入所療養介護【ショートステイ】、介護予防短期入所療養介護、定期巡回・随時対応型訪問介護看護（一体型事業所で訪問看護を利用する場合に限る。）、複合型サービス（上記の居宅サービスを含む組合せにより提供されるもの（生活援助中心型の訪問介護の部分を除く。）に限る。）
(b)　上記(a)と併せて利用した場合には医療費控除の対象	訪問介護【ホームヘルプサービス】（生活援助（調理、洗濯、掃除等の家事の援助）中心型を除く。）、夜間対応型訪問介護、介護予防訪問介護（※平成30年3月末まで）、訪問入浴介護、介護予防訪問入浴介護、通所介護【デイサービス】、地域密着型通所介護、認知症対応型通所介護、小規模多機能型居宅介護、介護予防通所介護（※平成30年3月末まで）、介護予防認知症対応型通所介護、介護予防小規模多機能型居宅介護、短期入所生活介護【ショートステイ】、介護予防短期入所生活介護、定期巡回・随時対応型訪問介護看護（一体型事業所で訪問看護を利用しない場合及び連携型事業所に限る。）、複合型サービス（上記（a）の居宅サービスを含まない組合せにより提供されるもの（生活援助中心型の訪問介護の部分を除く。）に限る。）、地域支援事業の訪問型サービス（生活援助中心のサービスを除く。）、地域支援事業の通所型サービス（生活援助中心のサービスを除く。）

（参考）　次に掲げるものは、医療費控除の対象にならない。
訪問介護（生活援助中心型）、認知症対応型共同生活介護【認知症高齢者グループホーム】、介護予防認知症対応型共同生活介護、特定施設入居者生活介護【有料老人ホーム等】、地域密着型特定施設入居者生活介護、介護予防地域密着型特定施設入居者生活介護、福祉用具貸与、介護予防福祉用具貸与、複合型サービス（生活援助中心型の訪問介護の部分）、地域支援事業の訪問型サービス（生活援助中心のサービスに限る。）、地域支援事業の通所型サービス（生活援助中心のサービスに限る。）、地域支援事業の生活支援サービス

【十八　所得控除】

⑨　次の費用で、医師等による診療、治療、施術又は分べんの介助を受けるために直接必要なもの

　　A　医師等による診療等を受けるための通院費、医師等の送迎費、入院の際の部屋代や食事代の費用、コルセットなどの医療用器具等の購入代やその賃借料で通常必要なもの

　　B　医師等による診療や治療を受けるために直接必要な、義手、義足、松葉杖、補聴器、義歯などの購入費用

　　C　身体障害者福祉法、知的障害者福祉法などの規定により都道府県や市区町村に納付する費用のうち、医師等の診療等の費用に相当するものや上記A又はBの費用に相当するもの

　　D　傷病でおおむね6か月以上寝たきりで医師の治療を受けている場合に、おむつを使う必要があると認められるときのおむつ代（「おむつ使用証明書」が必要、2年目以降は「おむつ使用の確認書」でも可）

⑩　骨髄移植推進財団に支払う骨髄移植のあっせんに係る患者負担金

⑪　日本臓器移植ネットワークに支払う臓器移植のあっせんに係る患者負担金

⑫　特定保健指導（一定の積極的支援によるものに限る。）のうち一定の基準に該当する者が支払う自己負担金

参考　医療費控除の対象となるものとならないもの

内容	対象となるもの	対象とならないもの
マッサージ代、はり代	治療のためのもの	健康維持のためのもの
歯列矯正費用	不正咬合の歯列矯正など社会通念上必要なもの	容姿を美化し又は容貌を変えるためのもの
人間ドックの費用	疾病が発見され引き続きその治療を行った場合	左記以外
特定健康診査の費用	高血圧症、脂質異常症、糖尿病等の一定の基準に該当し、引き続き特定保健指導が行われた場合	左記以外
差額ベッド代	右記以外	自己都合により個室を使用する場合など
入院患者の食事代	病院に支払う入院患者の食事代	外食代など病院から給付される食事以外の食事代
入院における付添人の食事代	家政婦などの付添人の食事代	親族が付き添う場合のその親族の食事代
入院に当たり購入したものの費用	医師の指示に基づき購入した器具等の費用	寝具や洗面具等の身の回り品の購入費用
病院に支払うクリーニング代	病院が用意したシーツや枕カバーのクリーニング代	患者自身のパジャマ等のクリーニング代

【十八　所得控除】

通院費などの交通費	直接かつ通常必要なもの（交通機関などの人的役務の提供の対価に限る。）	自家用車のガソリン代や駐車料金、お産のために実家に帰る交通費
治療者以外の交通費	子供など付添が必要な場合の付添者の交通費	左記以外
遠隔地の病院までの旅費	医師の指示により遠隔地の病院で治療を受けるためのもの	左記以外
療養上の世話の費用	親族以外に支払うもの	親族に支払うもの
妊娠中絶の費用	母体保護法の規定で医師が行うもの	左記以外
不妊症の治療費や人工授精の費用	医師による診療等の対価として行われるもの	左記以外
B型肝炎ワクチンの接種費用	B型肝炎の患者の同居親族が行うもの（医師の診断書等が必要）	左記以外
医薬品に該当する漢方薬やビタミン剤の購入費用	治療又は療養に必要なもの	疾病の予防や健康の増進など左記以外のもの
家政婦紹介所に支払う紹介手数料	療養上の世話をする者の紹介に係るもの	左記以外
訪問介護の居宅サービス費に係る自己負担額	医療系サービスと併せて利用する場合（領収書に医療費控除対象額の記載あり）	生活援助中心型の場合（介護福祉士等による喀痰吸引等の対価の部分は医療費の対象）
眼鏡、義手、義足、松葉づえ、補聴器、注射器等の購入費用	医師による治療のため直接必要なもの	左記以外
おおむね6か月以上寝たきりの者のおむつ代	「おむつ使用証明書（2年目以降は「おむつ使用の確認書」でも可）」が必要	左記以外
上記以外のもの	・妊婦の定期検診のための費用 ・視力回復のためのレーシック施術代 ・オルソケラトロジー（角膜矯正療法）による近視治療に係る費用 ・かぜの治療のために使用した一般的な医薬品の購入費用 ・耳鼻咽喉科学会が認定した補聴器相談医が、「補聴器適合に関する診療情報提供書」により、	・出生前遺伝学的検査の費用 ・特定保健指導に基づく運動施設の利用料 ・無痛分べん講座の受講費用 ・食事療法に基づく食品の購入費用 ・医師やナースセンターに対する贈物 ・療養中のため家事を家政婦に依頼した場合の費用 ・病院に支払うテレビや冷蔵

所得控除

【十八　所得控除】

	補聴器が診療等のために直接必要である旨を証明している場合の補聴器の購入費用 ・「温泉療養証明書」が発行された温泉利用型健康増進施設の利用料金	庫の賃借料等 ・湯治の費用

　イ　**医療費控除の特例**（措令26の27の2②、平28厚労省告示178）

　　一般用医薬品等のうち、医療保険各法等の規定により療養の給付として支給される薬剤との代替性が特に高いもの（特定一般用医薬品等）の購入費が対象となる。

　　対象商品は、スイッチOTC医療品ともいわれ、厚生労働省のホームページにて「対象品目一覧」が掲載されている。薬局等では、レシート等にはマーク（例えば「★」）を付すなどして、対象商品である旨を記載することとされている（平28.10.4厚労省医政局経済課事務連絡）。なお、パッケージに右記の識別マークが付けられているものもある。

(4)　**医療費を補填する保険金等**（所基通73－8、73－9）

補填する保険金等に当たるもの	補填する保険金等に当たらないもの
①　社会保険、共済等の法令の規定に基づく療養費、移送費、出産育児一時金、家族療養費、家族移送費、家族出産育児一時金、高額療養費又は高額介護合算療養費 ②　損害(生命)保険契約に基づく傷害費用保険金、医療保険金、入院給付金等 ③　医療費の補填を目的として支払を受ける損害賠償金 ④　任意の互助組織から医療費の補填を目的として支払を受ける給付金	①　死亡したこと、重度障害の状態になったこと、療養のため労務に服することができなくなったことなどに基因して支払を受ける保険金、損害賠償金等 ②　社会保険、共済等の法令の規定に基づく傷病手当金、出産手当金等 ③　使用者その他の者から支払を受ける見舞金等

（注）　確定申告書の提出時までに保険金等の額が確定しない場合、保険金等の額を見積り、控除する(所基通73－10)。この場合、後日確定した保険金等の額が見積額と異なったときは、医療費控除額を訂正（修正申告又は更正の請求）する。

　参考　高額療養費制度

　　医療機関等の窓口で支払った額（入院時の食事負担や差額ベッド代等は含まない。）が、1か月当たり一定額（下記の負担の上限額参照）を超えた場合に、その超えた金額を支給する制度であり、支給された金額は医療費の補填額となる。

　　なお、この制度には、世帯合算や多数回該当といった仕組みにより、さらに最終的な自己負担額が軽減される場合がある。

【十八 所得控除】

[例] 70歳以上で年収約370〜770万円の場合
100万円の医療費で、窓口の負担（3割）が30万円の場合

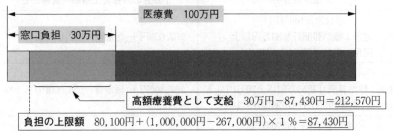

高額療養費として支給　30万円－87,430円＝212,570円

負担の上限額　80,100円＋(1,000,000円－267,000円)×1％＝87,430円

⇨ 212,570円が高額療養費として支給され、実際の自己負担額は87,430円となる。

[負担の上限額（平成30年8月診療分から）]
〈70歳以上の者の場合〉

適用区分		外来（個人ごと）	1か月の負担の上限額 （世帯ごと）
現役並み	年収約1,160万円〜 標準報酬月額83万円以上 課税所得690万円以上	252,600円＋（医療費－842,000円）×1％	
	年収約770万円〜約1,160万円 標準報酬月額53万円以上 課税所得380万円以上	167,400円＋（医療費－558,000円）×1％	
	年収約370万円〜約770万円 標準報酬月額28万円以上 課税所得145万円以上	80,100円＋（医療費－267,000円）×1％	
一般	年収156万円〜約370万円 標準報酬月額26万円以下 課税所得145万円未満等	18,000円	57,600円
住民税非課税等	Ⅱ（下記Ⅰ以外の者）	8,000円	24,600円
	Ⅰ（年金収入80万円以下など）		15,000円

【十八　所得控除】

〈70歳未満の者の場合〉

適用区分	1か月の負担の上限額（世帯ごと）
年収約1,160万円～ 健保：標準報酬月額83万円以上 国保：年間所得901万円超	252,600円＋（医療費－842,000円）×1％
年収約770～約1,160万円 健保：標準報酬月額53万円以上79万円以下 国保：年間所得600万円超901万円以下	167,400円＋（医療費－558,000円）×1％
年収約370～約770万円 健保：標準報酬月額28万円以上50万円以下 国保：年間所得210万円超600万円以下	80,100円＋（医療費－267,000円）×1％
～年収約370万円 健保：標準報酬月額26万円以下 国保：年間所得210万円以下	57,600円
住民税非課税者	35,400円

(注)　同一の医療機関等における自己負担（院外処方代を含む。）では上限額を超えないと
きでも、同じ月の複数の医療機関等における自己負担（70歳未満の場合は2万1千円
以上）を合算することができる。
この合算額が負担の上限額を超えれば、高額療養費の支給対象となる。

(5)　**対象となる親族の範囲**（所基通73－1）

医療費を支出すべき事由が生じた時又は医療費を支払った時の現況において、その
医療費を支払った居住者と生計を一にする配偶者その他の親族（六親等内の血族、三
親等以内の姻族）

※　控除対象配偶者、（控除対象）扶養親族に該当しなくてもよい。

(6)　**添付書類**

医療費の領収書や特定一般用医薬品等購入費の領収書については、平成29年分以後
の申告書を平成30年1月1日以後に提出する場合は、原則、それらの明細書の添付等
を行い、領収書の添付等は不要とされている。しかしながら、税務署長は、法定申告
期限（還付請求申告書は提出日）から5年を経過する日（同日前6か月以内に更正の請求
があった場合は、その更正の請求日から6か月を経過する日）までこれらの領収書の提示
又は提出を求めることができるとされ、求められた場合にはそれに応じる必要がある
（所法120⑤）。

【十八　所得控除】

ア　医療費控除 （所法120④、所規47の2⑫⑬）

申告年分	添付書類等	経過措置
①　平成28年分以前の申告書 （注1）	医療費の領収書の添付又は提示	—
②　平成29年分以後の申告書を平成30年1月以後に提出する場合	国税庁様式「医療費控除の明細書【内訳書】」の添付（「医療保険者から受けた医療費通知（注2）」を添付し、医療費控除の明細書【内訳書】の記載の簡略化が可能）	平成元年分までは医療費の領収書の添付又は提示も可
③　平成3年分以後の申告書を令和4年1月以後に提出する場合	上記②と同様 ただし、上記の「医療保険者から受けた医療費通知」に代えて「審査支払機関（社会保険診療報酬支払基金及び国民健康保険団体連合会）の医療費の額等を通知する書類」の添付も可（これらは、その記載事項が記録された電磁的記録を印刷した書面で国税庁長官が定めるものでも可（注3））	—

(注)1　平成29年分の準確定申告書を平成29年中に提出する場合を含む。
　　2　次の①〜⑥の記載があるもの（後期高齢者医療広域連合発行書類の場合は③を除く。）及びインターネットを使用して医療保険者から通知を受けた医療費通知情報でその医療保険者の電子署名並びにその電子署名に係る電子証明書が付されたもの。
　　　①被保険者等の氏名、②療養を受けた年月、③療養を受けた者、④療養を受けた病院、診療所、薬局等の名称、⑤被保険者等が支払った医療費の額及び⑥保険者等の名称
　　3　令和4年1月以後はe-Taxの場合は添付省略可（P.417参照）

イ　医療費控除の特例 （措法41の17③、措規19の10の2）

申告年分	添付書類等	経過措置
平成29年分の準確定申告書を同年中に提出する場合	次の書類の添付又は提示 ①　特定一般用医薬品等の領収書等 ②　一定の取組を行ったことを明らかにする書類（注1）	—
平成29年分以後の申告書について平成30年1月1日以後に提出する場合	①　国税庁様式「セルフメディケーション税制の明細書」の添付 ②　一定の取組を行ったことを明らかにする書類（注1）の添付又は提示（注2）	①については、令和元年分までは特定一般用医薬品等購入費の領収書の添付又は提示でもよい。

(注)1　氏名、取組年（申告年と同一）、事業者（保険者、市町村、医療機関や医師の名称）の記載のあるもの⇒具体的には下記参照
　　2　e-Taxの場合は添付省略可（P.417参照）

所得控除

【十八 所得控除】

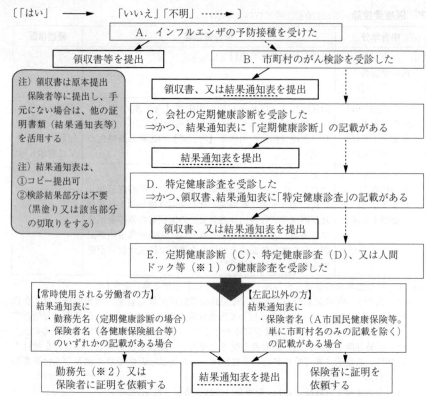

（※1） 人間ドックの他、保険者が実施する骨粗鬆症検査やがん検診等の健康診査。上記以外にも、特定保健指導を終了した場合や、定期の予防接種（高齢者の肺炎球菌感染症の定期接種）を受けた場合は「一定の取組」に該当する。

（※2） 勤務先は定期健康診断の場合。

（厚労省資料を一部改変）

3 社会保険料控除

(1) 内容 （所法74）（地法34①三、314の2①三）

居住者が、自己又は自己と生計を一にする配偶者その他の親族の負担すべき下記(3)の社会保険料を支払った場合（給与又は年金控除を含む。）、その支払った金額を所得金額から控除する。

(2) 控除額

所 得 税	住 民 税
その年中に支払った社会保険料の金額（未払分は控除不可）	その年の前年に支払った社会保険料の金額（未払分は控除不可）

【十八　所得控除】

(注) 1　前納した場合は按分計算（所基通74・75－1(2)）するが、前納期間が1年以内の
　　　もの及び一定期間の保険料を前納できる旨の法令の規定に基づき前納したものは、
　　　その全額を控除できる（所基通74・75－2）。
　　2　「社会保険料控除適用者＝保険料の支払者」であるため、公的年金又は給与から保
　　　険料が控除された場合には、その年金又は給与の受給者が社会保険料控除適用者と
　　　なる。

(3)　**対象となる社会保険料の範囲**（所法74②、所令208、措法41の7②、実特法5の2①ほか）
　①　健康保険の保険料、国民健康保険の保険料（保険税）、介護保険の保険料、後
　　期高齢者医療制度に係る保険料
　②　厚生年金及び国民年金の保険料、国民年金基金の掛金、農業者年金の保険料、
　　船員保険の保険料、存続厚生年金基金の掛金
　③　労災保険及び雇用保険の保険料、恩給納金
　④　共済組合（国家公務員・地方公務員・私立学校教職員）の掛金
　⑤　税務署長の承認を受けた地方公共団体職員の一定の互助会の掛金
　⑥　公庫等の復帰希望職員に関する経過措置の規定による掛金、健康保険又は船員
　　保険の承認法人等に支払う負担金
　⑦　租税条約の規定により相手国の社会保障制度に対して支払うもののうち一定額
　　（フランス共和国の社会保障制度の保険料）
　※　医師年金、歯科医師年金は対象とならない。

(4)　**対象となる親族の範囲**
　生計を一にする配偶者その他の親族（六親等内の血族、三親等内の姻族）
　※　控除対象配偶者、扶養親族に該当しなくてもよい。

(5)　**添付書類**（所令262①三）
　国民年金の保険料及び国民年金基金の掛金についてはその支払をした旨を証する書
類（e-Tax による申告の場合には添付省略可（P.417参照））、フランス共和国の保険料に
ついては、一定の届出書、適用証明書及び保険料の金額を証する書類

所得控除

－ 309 －

【十八　所得控除】

📖 参考　社会保険料控除の控除年分・控除対象者

区　分	取扱い
過去３年分の国民年金保険料を一括納付した場合の控除年分	納付日の属する年分において控除（所法74①）
前納保険料の控除年分	その年中に納期限到来分。ただし、前納期間１年以内のもの及び一定期間分を前納できる旨の法令の規定に基づき前納したものは、その納付時に全額控除可（所基通74・75－１、74・75－－２）
生計一親族等の判定時期	保険料の納付時で判定
給与・公的年金から控除された保険料	給与や年金の受給者において控除

📖 参考　国民年金の保険料

（単位：円）

区分	平28	平29	平30	令元	令2
１～３月	15,590	16,260	16,490	16,340	16,410
４～12月	16,260	16,490	16,340	16,410	16,540
年間（１～12月）	193,110	197,190	196,530	196,710	198,090
一括前納	191,660	194,370	192,600	193,420	194,960

（注）1　付加年金加入者については、年間4,800円（月400円）が加算される。

　　　2　口座振替は、１か月分50円（当月末振替の場合）の割引となる。

　　　3　一括前納は、４月～翌年３月までを４月末までに現金納付した場合の金額を示す。なお、口座振替による一括前納の場合は、令和２年では640円割引され194,320円になる。

📖 参考　国民健康保険料について

　国民健康保険料の概要及びその算定方法は以下のとおりである。なお、所得割の料率や均等割の単価等は各自治体により異なっているため、居住地の自治体に確認する必要がある。主要都市の令和２年分の所得割料率は、P.312のとおりである。なお、平成30年度より、各区市町村料率や均等割額の決定は都道府県が行っている。

【十八　所得控除】

1　年代別にみた国民健康保険料の内訳
  (1)　40歳未満の場合

  (2)　40歳以上65歳未満の場合

  (3)　65歳以上75歳未満（※介護保険料は、市区町村の介護保険担当より別途通知徴収される。）

2　保険料の計算例（東京23区内在住40～64歳の場合）

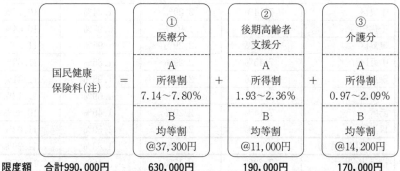

（注）　自治体により保険料率が異なっているほか、自治体によっては、所得割、均等割のほかに、平等割や資産割を設けているところもあるので各自治体に確認する必要がある。
　　　保険料の軽減措置についても、各自治体により制度が異なっている。

【十八　所得控除】

国民健康保険料率一覧（令和2年分）

	医療保険分	後期高齢支援分	介護保険分	合　計
足立区	7.14%	2.29%	1.98%	11.41%
荒川区	7.14%	2.29%	1.63%	11.06%
板橋区	7.14%	2.29%	1.95%	11.38%
江戸川区	7.80%	2.36%	2.04%	12.20%
大田区	7.14%	2.29%	1.97%	11.40%
葛飾区	7.14%	2.29%	2.03%	11.46%
北区	7.14%	2.29%	1.76%	11.19%
江東区	7.14%	2.29%	1.98%	11.41%
品川区	7.14%	2.29%	1.99%	11.42%
渋谷区	7.14%	2.29%	1.94%	11.37%
新宿区	7.14%	2.29%	1.96%	11.39%
杉並区	7.14%	2.29%	2.09%	11.52%
墨田区	7.14%	2.29%	1.86%	11.29%
世田谷区	7.14%	2.29%	2.05%	11.48%
台東区	7.14%	2.29%	1.99%	11.42%
中央区	7.14%	2.29%	1.34%	10.77%
千代田区	7.14%	1.93%	0.97%	10.04%
豊島区	7.14%	2.29%	1.96%	11.39%
中野区	7.45%	2.29%	1.86%	11.60%
練馬区	7.14%	2.29%	1.98%	11.41%
文京区	7.14%	2.29%	1.69%	11.12%
港区	7.14%	2.29%	1.46%	10.89%
目黒区	7.14%	2.29%	1.59%	11.02%
東京都区内平均	7.18%	2.28%	1.83%	11.29%
横浜市	7.22%	2.17%	2.46%	11.85%
千葉市	6.59%	2.61%	2.11%	11.31%
さいたま市	7.51%	2.11%	2.02%	11.64%
大阪市	8.06%	2.78%	2.62%	13.46%
札幌市	9.46%	3.09%	2.53%	15.08%
仙台市	7.27%	2.76%	2.41%	12.44%
名古屋市	7.39%	2.37%	2.09%	11.85%
金沢市	8.00%	2.56%	2.47%	13.03%
広島市	7.51%	2.47%	2.16%	12.14%
高松市	9.88%	2.60%	2.16%	14.64%
福岡市	7.82%	3.05%	3.06%	13.93%
熊本市	8.34%	2.27%	2.04%	12.65%
那覇市	9.70%	1.59%	1.56%	12.85%
全国主要都市平均	8.06%	2.49%	2.28%	12.83%

【十八　所得控除】

国民健康保険均等割等一覧（令和2年分）

	医療保険分(円)	後期高齢支援分(円)	介護保険分(円)	合　計(円)
江戸川区	42,000	13,200	16,500	71,700
千代田区	37,300	11,000	14,200	62,500
中野区	37,500	11,700	15,900	65,100
その他の区	39,900	12,900	15,600	68,400
東京都区内平均	39,774	12,778	15,591	68,143
横浜市	34,320	10,320	14,450	59,090
千葉市※	42,960	16,320	17,160	76,440
さいたま市	29,500	8,500	9,700	47,700
大阪市	53,748	18,099	17,820	89,667
札幌市※	49,770	16,060	12,710	78,540
仙台市※	46,920	17,620	15,100	79,640
名古屋市	40,843	12,907	14,569	68,319
金沢市※	46,200	17,400	18,840	82,440
広島市※	52,236	16,931	15,567	84,734
高松市※	53,400	14,500	14,000	81,900
福岡市※	43,834	16,274	17,185	77,293
熊本市※	60,700	16,600	15,400	92,700
那覇市※	43,600	8,600	12,300	64,500
全国主要都市平均	46,002	14,625	14,985	75,612

所得控除

【十八　所得控除】

3　所得割額の計算方法

　国民健康保険料計算の内、所得割額の計算は、基準所得金額に各自治体ごとに定められている料率を乗じて求められるが、この基準所得金額とは、総所得金額等から基礎控除（33万円）のみを控除した金額である（注1）。なお、ここでいう総所得金額等には退職所得は含まれない。

$$\text{基準所得金額} = \text{国民健康保険料計算上の総所得金額等（注2）} - \text{基礎控除額（33万円）}$$

(注)1　なお、所得割は世帯単位で所得を合算して計算されるため、もし同一世帯内に収入がある者が複数いる場合には、この基礎控除は各々の所得からそれぞれ控除した上で合算することとなる。

　　　　例えば、夫が年金収入と家賃収入、妻にはパート収入があるとした場合には、

基準所得金額　＝（夫の年金所得＋不動産所得－基礎控除）＋（妻の給与所得－基礎控除）

という計算になる。

　　2　ここでいう総所得金額等とは、P.295の「参考」に記載の総所得金額等の金額から退職所得を除き、所得税法及び地方税法上免税となる肉用牛の売却益を加算したもの。また、事業所得等における事業専従者控除、青色専従者給与は収入から控除できる（控除された青色事業専従者給与等はその世帯員の給与所得となる。）が、青色申告特別控除の取扱いは自治体によって異なる（各自治体に確認のこと）。

　　3　上場株式等の配当所得等や譲渡所得を申告する上で留意すべき事項

　　　　上記のように、源泉有特定口座内にて取引される特定上場株式等の配当等（措法8の4②）や上場株式等の譲渡所得等は、国民健康保険料や後期高齢者医療保険料の計算上、基準所得金額には含まれないが、所得税の確定申告書の計算上、配当所得につき、総合課税もしくは申告分離課税を選択、あるいは譲渡所得につき申告分離課税を選択して確定申告書を提出した場合、その後、住民税の納税通知書が送達される日までに、これらの所得を含めないところで計算した個人住民税の申告書を提出しない限り、これらの所得は基準金額に含まれることとなるため、自治体によっては、還付又は減額される税額より保険料の増額分のほうが高くなってしまう場合があるので申告の際は注意が必要である（具体的な金額等については各自治体に照会のこと）。

参考　後期高齢者医療保険料について

　75歳以上の者を対象とする後期高齢者医療保険の保険料も、被保険者全員が等しく負担する「均等割額」と被保険者の所得に応じて負担する「所得割額」の合計額からなっている。しかし、所得割額の算定方法は国民健康保険料とは違い、同一世帯員であっても各人別に計算、賦課される。またその料率等は2年ごとに見直されることとなっている。

保険料の計算例（東京都の場合）

$$
\begin{array}{ccccc}
\text{後期高齢者医療保険料}\\ \text{（限度額64万円）} & = & \text{均等割}\\ @44,100円 \times 加入者数 & + & \text{所得割}\\ \text{基準所得金額（注）} \times 8.72\%
\end{array}
$$

【十八　所得控除】

(注) 1　基準所得金額については、国民健康保険料に同じ。
　　 2　実際の賦課額は各自治体毎に異なる軽減措置が用意されているため、上記計算例の
　　　　額より減額される場合が多い（詳細は各自治体に照会のこと）。

No.	都道府県	均等割額(円)	所得割率(%)	No.	都道府県	均等割額(円)	所得割率(%)
	令和2～令和3年度　全国　後期高齢者医療制度　料率等の状況						
1	北海道	52,048	10.98	25	滋　賀	45,512	8.70
2	青　森	44,400	8.30	26	京　都	53,110	9.98
3	岩　手	38,000	7.36	27	大　阪	54,111	10.52
4	宮　城	42,240	7.97	28	兵　庫	51,371	10.49
5	秋　田	43,100	8.38	29	奈　良	48,100	9.41
6	山　形	43,100	8.68	30	和歌山	50,304	9.51
7	福　島	43,300	8.23	31	鳥　取	42,480	8.07
8	茨　城	46,000	8.50	32	島　根	50,640	9.55
9	栃　木	43,200	8.54	33	岡　山	46,600	9.17
10	群　馬	43,600	8.60	34	広　島	46,451	8.84
11	埼　玉	41,700	7.96	35	山　口	53,847	10.48
12	千　葉	43,400	8.39	36	徳　島	55,000	10.28
13	東　京	44,100	8.72	37	香　川	49,800	9.78
14	神奈川	43,800	8.74	38	愛　媛	47,720	9.02
15	山　梨	40,490	7.86	39	高　知	54,316	10.49
16	新　潟	40,400	7.84	40	福　岡	55,687	10.77
17	長　野	40,907	8.43	41	佐　賀	52,300	10.06
18	富　山	46,800	8.82	42	長　崎	47,200	8.98
19	石　川	47,520	9.33	43	熊　本	50,600	9.95
20	福　井	47,800	8.90	44	大　分	47,000	9.06
21	岐　阜	44,411	8.55	45	宮　崎	48,400	9.08
22	静　岡	42,100	8.07	46	鹿児島	55,100	10.38
23	愛　知	48,765	9.64	47	沖　縄	48,440	8.88
24	三　重	44,589	8.99		全国平均	46,987	9.12

（厚生労働省 HP より抜粋）

所得控除

【十八　所得控除】

4　小規模企業共済等掛金控除

(1)　内容（所法75）（地法34①四、314の2①四）

　居住者が、小規模企業共済等掛金を支払った場合、その支払った金額を所得金額から控除する。

(2)　控除額

所　得　税	住　民　税
その年に支払った小規模企業共済等掛金の金額（未払分は控除不可）	その年の前年に支払った小規模企業共済等掛金の金額（未払分は控除不可）

（注）　前納した場合は按分計算（所基通74・75－1(2)）するが、前納期間が1年以内のもの及び一定期間の掛金を前納できる旨の法令の規定に基づき前納したものは、その全額を控除できる（所基通74・75－2）。

(3)　小規模企業共済等掛金の範囲（所法75②、所令208の2）

①　小規模企業共済法に規定する共済契約に基づく掛金（旧第2種共済契約を除く。）（平23.1より配偶者等の共同経営者が加入対象者に加わる。）

②　確定拠出年金法に規定する企業型年金加入者掛金又は確定拠出年金法に規定する個人型年金加入者掛金

③　心身障害者扶養共済制度の掛金

※　生計を一にする親族の掛金は控除できない（各人がそれぞれ控除）。

(4)　添付書類（所令262①四）

　小規模企業共済等掛金の額を証明する書類(e-Taxによる申告の場合には添付省略可（P.417参照))

5　生命保険料控除

(1)　内容（所法76）（地法34①五・⑧、314の2①五・⑧）

　居住者が、生命保険契約等、個人年金保険契約等及び介護医療保険契約等に係る保険料又は掛金（以下「保険料等」という。）を支払った場合（保険金の受取人の全てを保険料等負担者、その配偶者その他の親族とするものに限る。）、下記(2)の金額を控除する。

(2)　控除額

$$\left(\begin{array}{c}\text{支払った保険料等}\\\text{の合計額（注）}\end{array}\right)-\left(\begin{array}{c}\text{剰余金・割戻}\\\text{金の合計額}\end{array}\right)=\begin{array}{c}Ⓐとして下記ア～ウ\\により計算した金額\end{array}$$

（注）　前納の場合は按分計算（所基通76－3(3)）

ア　新契約（平24.1.1以後の契約）に係る控除

　①一般生命保険料控除、②介護医療保険料控除、③個人年金保険料控除に区分し、それぞれにつき下記の算式で計算した金額（いずれも限度額は、所得税4万円、住民

【十八　所得控除】

税2.8万円）の合計額（所得税は12万円、住民税は7万円が限度）

（単位：円）

所　得　税	住　民　税
Ⓐ≦20,000円　⇒　Ⓐ	Ⓐ≦12,000円　⇒　Ⓐ
20,000円＜Ⓐ≦40,000 　　　　⇒　Ⓐ×1/2＋10,000	12,000円＜Ⓐ≦32,000 　　　　⇒　Ⓐ×1/2＋6,000
40,000円＜Ⓐ≦80,000 　　　　⇒　Ⓐ×1/4＋20,000	32,000円＜Ⓐ≦56,000 　　　　⇒　Ⓐ×1/4＋14,000
80,000円＜Ⓐ　⇒　40,000	56,000円＜Ⓐ　⇒　28,000

イ　旧契約（平23.12.31以前の契約）に係る控除

　　①一般生命保険料控除、②個人年金保険料控除に区分し、それぞれにつき下記の算式で計算した金額（いずれも限度額は、所得税5万円、住民税3.5万円）の合計額（所得税は10万円、住民税は7万円が限度）

（単位：円）

所　得　税	住　民　税
Ⓐ≦25,000　⇒　Ⓐ	Ⓐ≦15,000　⇒　Ⓐ
25,000＜Ⓐ≦50,000 　　　　⇒　Ⓐ×1/2＋12,500	15,000＜Ⓐ≦40,000 　　　　⇒　Ⓐ×1/2＋7,500
50,000＜Ⓐ≦100,000 　　　　⇒　Ⓐ×1/4＋25,000	40,000＜Ⓐ≦70,000 　　　　⇒　Ⓐ×1/4＋17,500
100,000＜Ⓐ　⇒　50,000	70,000＜Ⓐ　⇒　35,000

ウ　新契約と旧契約の双方について控除を受ける場合

　　新契約と旧契約の双方について一般生命保険料控除又は個人年金保険料控除の適用を受ける場合には、上記ア及びイにかかわらず、一般生命保険料控除又は個人年金保険料控除の控除額は、それぞれ次に掲げる金額の合計額（いずれも限度額は、所得税4万円、住民税は2.8万円）と、介護医療保険料控除を含めた合計による限度額は、所得税12万円、住民税7万円とされる。

①　新契約の支払保険料等につき、上記アの計算式により計算した金額

②　旧契約の支払保険料等につき、上記イ計算式により計算した金額

【十八 所得控除】

参考　生命保険料の区分による控除額と控除限度額

新契約のみ	一般 $\begin{bmatrix} 所\ 4万円 \\ 住\ 2.8万円 \end{bmatrix}$ ＋介護 $\begin{bmatrix} 所\ 4万円 \\ 住\ 2.8万円 \end{bmatrix}$ ＋個人 $\begin{bmatrix} 所\ 4万円 \\ 住\ 2.8万円 \end{bmatrix}$ ≦ $\begin{bmatrix} 所12万円 \\ 住\ 7万円 \end{bmatrix}$
旧契約のみ	一般 $\begin{bmatrix} 所\ 5万円 \\ 住\ 3.5万円 \end{bmatrix}$ ＋ 個人 $\begin{bmatrix} 所\ 5万円 \\ 住\ 3.5万円 \end{bmatrix}$ ≦ $\begin{bmatrix} 所10万円 \\ 住\ 7万円 \end{bmatrix}$
一般・個人に 新旧双方あり	一般 (双方) $\begin{bmatrix} 所\ 4万円 \\ 住\ 2.8万円 \end{bmatrix}$ 個人 (双方) $\begin{bmatrix} 所\ 4万円 \\ 住\ 2.8万円 \end{bmatrix}$ 又は ＋介護 (新) $\begin{bmatrix} 所\ 4万円 \\ 住\ 2.8万円 \end{bmatrix}$ ＋ 又は ≦ $\begin{bmatrix} 所12万円 \\ 住\ 7万円 \end{bmatrix}$ 一般 (旧) $\begin{bmatrix} 所\ 5万円 \\ 住\ 3.5万円 \end{bmatrix}$ 個人 (旧) $\begin{bmatrix} 所\ 5万円 \\ 住\ 3.5万円 \end{bmatrix}$

(注) 1　金額は限度額を示す。

2　一般及び個人については、新契約・旧契約双方の支払いがあるときでも旧契約のみを選択できる。所得税と住民税で有利選択が異なる場合、住民税では所得税の選択と異なる選択で対応される（総務省通知）。

3　個人年金保険の特約部分の保険料は一般の生命保険契約の保険料として扱う（所法76③かっこ書、所基通76－2）。

(3)　添付書類 （所令262①五）

生命保険料等の金額又は個人年金保険料等の金額（いずれも剰余金等を控除した後の金額）が9,000円を超えるものについて、一定の事項を証明する書類（平成30年分以後は、電子証明書等に記録された情報の内容を一定の方法で出力した書面でも可。なお、e-Taxによる申告の場合には添付省略可（P.417参照））

6　地震保険料控除

(1)　内容 （所法77、平18改正法附則10②）（地法34①五の三、314の2①五の三、平18改正地法附則5⑤、11⑤）

居住者が、損害保険契約等に附帯した契約で、自己や生計一親族の居住用家屋又は生活用動産の地震等による損害をてん補するための契約に係る保険料又は掛金（以下「保険料等」という。）を支払った場合又は平成18年12月31日までに締結した長期損害保険契約等に係る保険料等を支払った場合、下記(2)の金額を所得金額から控除する。

(2)　控除額

$\begin{pmatrix} 支払った保険料等 \\ の合計額（注） \end{pmatrix} - \begin{pmatrix} 剰余金・割戻 \\ 金の合計額 \end{pmatrix} = \begin{pmatrix} Ⓐとして次表に \\ より計算した金額 \end{pmatrix}$

(注)　前納の場合は按分計算（所基通77－7）

（単位：円）

保険料等の区分	所　得　税	住　民　税
①　地震等損害保険契約に係る保険料等	Ⓐ≦50,000 ⇒ Ⓐ	Ⓐ×1/2（最高限度25,000）
	50,000<Ⓐ ⇒ 50,000	

【十八　所得控除】

②　長期損害保険契約（平18.12.31以前締結の損害保険契約等で、満期返戻金等があり、保険期間が10年以上のもの）に係る保険料等	Ⓐ≦10,000 ⇒ Ⓐ	Ⓐ≦5,000 ⇒ Ⓐ
	10,000<Ⓐ≦20,000 ⇒ Ⓐ×1/2+5,000	5,000<Ⓐ≦15,000 ⇒ Ⓐ×1/2+2,500
	20,000<Ⓐ ⇒ 15,000	15,000<Ⓐ ⇒ 10,000
③　①と②の両方がある場合	①、②それぞれ計算した金額の合計額（最高限度50,000）	①、②それぞれ計算した金額の合計額（最高限度25,000）

（注）　上記表の控除額を計算する場合、一の損害保険契約等又は一の長期損害保険契約が①の契約又は②の契約のいずれにも該当するときは、いずれかの一の契約のみに該当するものとする（平18改正法附則10③）。

(3)　添付書類 （所令262①六）

　地震(損害)保険料等の金額等一定の事項を証明する書類（平成30年分以後は、電子証明書等に記録された情報の内容を一定の方法で出力した書面でも可。なお、e-Tax による申告の場合には添付省略可（P.417参照））

7　寄附金控除 （所得税のみ）

(1)　内容 （所法78）

　居住者が下記(3)の特定寄附金を支出した場合、下記(2)の金額を所得金額から控除する。

(2)　控除額

区　分	所　得　税	住　民　税
控除額	（特定寄附金の額）－2千円 総所得金額等の40%を限度	（税額控除）

（注）1　総所得金額等については、P.295参照。
　　　2　政治活動に関連する寄附金のうち政党、政治資金団体に対するもの及び認定NPO法人等に対する寄附金については、税額控除（P.376〜378参照）との選択適用となる。
　　　3　公益社団法人等のうち一定のもの（認定NPO法人におけるパブリック・サポート・テスト及び情報公開に関する要件と同様の要件を満たすもの）に対する寄附金については、税額控除（P.377参照）との選択適用となる。なお、国（公）立大学法人等で前述のかっこ書の要件を満たすものに対する学生等の修学支援事業に充てられるための寄附金、学生又は不安定な雇用状態にある研究者に対する研究助成等のための寄附金についても同様。

(3)　特定寄附金とは

　次表に掲げる寄附金（学校の入学に関してするもの（注）及び特定寄附信託の利子の非

【十八　所得控除】

課税の適用を受けたものを除く。）をいう（所法78②③、所令217ほか）。

①	国又は地方公共団体に対する寄附金（ふるさと納税を含む。なお、寄附をした者に専属的利用等の特別の利益が及ぶものは除かれる。） ※　国公立の学校等の施設の建設、拡張等の目的で設立された後援会等に対する寄附金で、その目的施設が完成後遅滞なく国等に帰属することが明らかなものは国等に対する寄附金に該当（所基通78－4）。 ※　災害救助法2条の規定に基づき指定区域の被災者のための義援金等の募集を行う募金団体（日本赤十字社、新聞・放送等の報道機関等）に対して拠出した義援金等で、最終的に義援金配分委員会等（地方公共団体が組織）に対して拠出されるものは、地方公共団体に対する寄附金に該当（所基通78－5）。	
②	公益社団法人、公益財団法人など（国(公)立大学法人を含む。）に対する寄附金で財務大臣が指定したもの	
③　右の特定公益増進法人に対し、これらの法人の主たる目的である業務に関連する寄附金（所法78②三）	ア　独立行政法人 イ　地方独立行政法人のうち一定の業務を主たる目的とするもの ウ　自動車安全運転センター、日本司法支援センター、日本私立学校振興・共済事業団、日本赤十字社 　※　海外の災害に際して、募金団体から最終的に日本赤十字社に対して拠出される義援金等は、日本赤十字社に対する寄附金に該当（所基通78－5注）。 エ　公益社団法人及び公益財団法人 オ　旧民法34条により設立された一定の法人（旧民法法人の移行登記日の前日までの寄附に限られる（平20改正所附則13②）。）及び科学技術の研究などを行う特定法人（主務大臣の認定を受けた日の翌日から2年（特定の法人は5年）を経過していないものに限る。） カ　私立学校法人で、学校及び幼保連携型認定こども園の設置若しくは学校及び専修学校若しくは各種学校の設置を主たる目的とする法人 キ　社会福祉法人 ク　更生保護法人 　**※　上記エ、カ、キ及びクに掲げる法人に対するもので、PST要件と情報公開の要件を満たすものは、公益社団法人等寄附金税額控除との選択適用となる。**	
④	特定の公益信託の信託財産とするための支出	
⑤　政治活動に関する寄附金（措法41の18①）	ア　政党 イ　政治資金団体（政党が総務大臣に届け出たもの） 　**※　政党及び政治資金団体に対するものは、政党等寄附金税額控除との選択適用となる。** ウ　国会議員が主宰し又は主要な構成員となる政治団体 エ　公職者の後援会又は公職の候補者の後援会 　※　公職とは、国会議員、都道府県議会議員、都道府県知事又は政令指定都市の議会の議員若しくはその市長をいう。	

— 320 —

【十八 所得控除】

⑥ 認定 NPO 法人（仮認定を含む。）に対する寄附金で、その NPO 事業に関連するもの
※ **認定 NPO 法人等寄附金税額控除との選択適用となる。**

⑦ 特定新規中小会社により発行される特定新規株式（⑦中小企業等経営強化法6条に規定する特定新規中小企業者に該当する株式会社が発行する株式、④総合特別区域法55条1項に規定する指定会社で平成30年3月31日までに指定を受けたものが、その指定日から3年以内に発行する株式、⑦設立後5年以内の中小企業者である株式会社が発行する株式で、投資事業有限責任組合契約に従って取得されるもの又は、第一種少額電子募集取扱業務を行う者が行う業務により取得されるもの、④沖縄振興特別措置法57条の2の1項に規定する指定会社で平成26年4月1日から令和3年3月31日までの間に指定を受けたものが発行する株式、④国家戦略特別区域法27条の5に規定する株式会社の株式で国家戦略特別区域法及び構造改革特別区域法の一部を改正する法律附則1条1号に掲げる規定の施行日から令和4年3月31日までの間に発行するもの、④地域再生法に規定する特定地域再生事業を行う株式会社の株式で地域再生法の一部を改正する法律の施行日から令和4年3月31日までの間に発行するもの及び④東日本大震災復興特別区域法42条1項に規定する指定会社で令和3年3月31日までに指定を受けたものがその指定日から5年以内に発行する株式）に対し出資した金額（1,000万円（令和3年以後の⑦～④は800万円）を限度とする。）

(注) 「学校の入学に関してするもの」とは、①納入がない限り入学を許されないもの、②入学願書受付の開始日から入学予定年の年末までの期間内に納入したもの（募集開始が入学決定後で、新入生以外の者と同一条件での募集は除く。）をいい、結果的に入学しなかった場合も含まれる（学校と特殊関係にある団体等に対する寄附も含まれる。）（所基通78-2、3）。

参考 新型コロナウイルス感染症に関連する寄附金の指定等

1 チケット払戻請求権の放棄に係る寄附金控除の適用

新型コロナウイルス感染症の影響で中止、延期又は規模縮小を行った文化芸術又はスポーツに関する行事で一定のもの（文化庁又はスポーツ庁のHP参照）の入場料金等払戻請求権の全部又は一部の放棄を令和2年2月1日から令和3年12月31日までの期間にした場合の払戻請求権相当額の合計額（20万円を限度）が寄附金控除の対象とされた（税額控除との選択適用（P.378参照）、新型コロナ税特法5）。添付書類は、払戻請求権放棄証明書、指定行事認定証明書の写し。

2 寄附金控除の対象となる寄附金の指定

次表の①～③の寄附金が寄附金控除の対象として指定された（令和2年財務省告示152、159）。所得控除と税額控除の選択適用となる。ただし、下記②に係る税額控除はPSTと同様の要件等を満たす公益社団（財）法人に対するものに限られる。税額控除を選択した場合の控除率は、いずれも40%（所得税額の25%を限度）。

区　分	内　容
① 新型コロナウイルス感染症に関連するボランティア団体等向け寄附金	新型コロナウイルス感染症に関連して中央共同募金会が募集する NPO 法人や民間ボランティア団体等向けの寄附金（受入期間：令2.6.19～3.1.31）

【十八 所得控除】

② 新型コロナウイルス感染症対策等支援活動を行う公益社団（財団）法人が募集する寄附金	公益社団（財団）法人が自ら行う新型コロナウイルス感染症対策等支援活動に特に必要となる費用に充てるため、その公益社団（財団）法人が募集する一定の寄附金（受入期間：行政庁の確認を受けた日の翌日～令3.1.31）
③ 新型コロナウイルス感染症対策等支援活動を行う（特例）認定NPO法人が募集する寄附金	（特例）認定NPO法人が自ら行う新型コロナウイルス感染症対策等支援活動に特に必要となる費用に充てるため、その（特例）認定NPO法人が募集する一定の寄附金（受入期間：所轄庁の確認を受けた日の翌日～令3.1.31）

(4) 国、地方公共団体に対して財産を寄附した場合の取扱い (措法40⑲、地令7の18、48の9②)

　国等に対して財産を贈与又は遺贈した場合において、租税特別措置法の規定（措法40①）により譲渡所得等の金額に相当する部分が非課税とされる場合には、その資産の取得費に相当する部分の金額のみが所得税の特定寄附金及び住民税の寄附金となる。

(5) 添付書類 (所令262①七) (e-Tax による申告の場合には添付省略可（P.417参照）)

	区　分	添　付　書　類
特定寄附金	(3)の①、②及び③のア～エ、キ、ク	領収書（地方公共団体に対する寄附金につき令和3年分以後の申告書を令和4年1月以後に提出する場合は、特定事業者の特定寄附金の額等を証する書類でも可。所規47の2③一イ）、地方独立行政法人（③イ）については、要件に該当する旨を証する書類の写し
	(3)の③のオ、カ	領収書・特定公益増進法人の証明書の写し（旧民法34条法人は不要）（所規47の2③一イ、ロ、ハ）
	(3)の④	領収書・特定公益信託の認定書の写し（所規47の2③二）
	(3)の⑤	総務大臣又は選挙管理委員会等の確認印のある「寄附金（税額）控除のための書類」（所規47の2③三）
	(3)の⑥	領収書等（所規47の2③四）
	(3)の⑦	都道府県知事等が発行した特定新規中小会社に該当するものであること等の一定の事実の確認書、一定の同族株主等に該当しない旨の確認書、一定の株式異動状況明細書、投資契約書の写し、控除対象特定新規株式数の計算明細書、適用控除対象特定新規株式の取得に要した金額の計算明細書、適用控除対象特定新規株式に係る寄附金控除の明細書（措規19の11⑦）

(注) 平成30年分以後、証明書については、電子証明書に記録された情報の内容を一定の方法で出力した書面でも可。

— 322 —

【十八　所得控除】

8　障害者控除

(1)　内容 (所法79) (地法34①六・③、314の2①六・③)

　居住者が（特別）障害者である場合又は居住者の同一生計配偶者（平成29年分以前は「控除対象配偶者」）若しくは扶養親族が（特別）障害者である場合、下記(2)の金額を所得金額から控除する。

(2)　控除額（障害者1人当たり）

(単位：円)

区　　分			所　得　税	住　民　税
本人	障害者		270,000	260,000
	特別障害者		400,000	300,000
扶養親族又は同一生計配偶者	障害者		270,000	260,000
	特別障害者	同居	750,000	530,000
		同居以外	400,000	300,000

(注)1　同居とは、居住者又はその居住者の配偶者若しくはその居住者と生計を一にするその他の親族のいずれかとの同居を常況としている者をいう（所法79③）。
　　2　16歳未満で扶養控除の適用がない者、控除する者の合計所得金額が1,000万円超で配偶者控除の適用がない同一生計配偶者も適用対象となる。

(3)　障害者・特別障害者とは (所法2①二十八・二十九、所令10、所基通2-38、2-39)

障　　害　　者	特　別　障　害　者
①　精神上の障害により事理を弁識する能力を欠く常況にある者（医師の診断書などで判定）	同左
②　児童相談所、知的障害者更生相談所、精神保健福祉センター若しくは精神保健指定医の判定により知的障害者とされた者	②　左のうち、重度の知的障害者（一般的にIQ50以下）と判定された者（注1）（注2）
③　精神障害者保健福祉手帳の交付を受けている者	③　左のうち、障害等級が1級と記載されている者
④　身体障害者手帳（又はカード）に身体上の障害がある者として記載されている者（注3）	④　左のうち、障害の程度が1級又は2級と記載されている者
⑤　戦傷病者手帳の交付を受けている者	⑤　左のうち、障害の程度が恩給法に定める特別項症から第3項症までと記載されている者
⑥　原子爆弾被爆者で厚生労働大臣の認定を受けている者	同左
⑦　常に就床を要し、複雑な介護を要する者（障害者の判定時期において、引き続き6か月以上にわたり身体の障害により就床を要し、介護がなければ自ら排便等をできない程度の状態にある者）	同左

所得控除

— 323 —

【十八　所得控除】

⑧　精神又は身体に障害のある年齢65歳以上の者で、その障害の程度が上記①、②又は④に準ずるものとして市区町村長等の認定を受けている者（介護保険の要介護認定を受けていても、別途、市区町村長からの障害者認定が必要）	⑧　左のうち、その障害の程度が、上記①、②又は④に準ずるものとして市区町村長等の認定を受けている者
⑨　後見登記されている成年被後見人	同左

(注)　1　療育手帳⇒A…特別障害者、B…障害者
　　　　2　愛の手帳、みどりの手帳、愛護手帳⇒１度、２度…特別障害者、３度以上…障害者
　　　　3　身体障害者手帳等の交付を受けていなくても、申告書等の提出時において身体障害者手帳等の交付申請中（又はその交付を受けるための医師の診断書を所有している）であり、かつ、その手帳等に記載される程度の障害があれば、障害者控除が適用される。

(4)　判定の時期　(所法85①②)

ア　居住者が（特別）障害者に該当するかの判定は、その年（住民税は前年）の12月31日（死亡又は出国の場合は、その死亡又は出国の時）の現況による。

イ　同一生計配偶者（平成29年分以前は「控除対象配偶者」、以下同じ。）又は扶養親族が（特別）障害者に該当するかの判定は、その年（住民税は前年）の12月31日（居住者が死亡又は出国の場合は、その死亡又は出国の時）の現況による。ただし、その同一生計配偶者又は扶養親族がその当時既に死亡している場合、その死亡時の現況による。

(5)　添付書類

平成28年分以後において、障害者控除の対象となる親族等が非居住者の場合⇒国外扶養親族等に係る添付書類（P.334）を参照。

> ☞ 参考　年の中途で死亡・出国した居住者等に係る障害者控除の取扱い
>
> 年の中途で死亡・出国をした居住者の同一生計配偶者又は扶養親族について、その居住者が障害者控除の適用を受けた場合であっても、その後その年中において相続人等他の居住者の同一生計配偶者又は扶養親族にも該当するときは、当該他の居住者において障害者控除の適用を受けることができる（所基通79－2）。

9　寡婦控除　(改正前の寡婦（寡夫）控除の経過措置)

(1)　内容　(所法⑧)（地法34①八、314の2①八)

居住者が寡婦である場合、下記(2)の金額を所得金額から控除する。

(2)　控除額

(単位：円)

区　分	所　得　税	住　民　税
控　除　額	270,000	260,000

【十八　所得控除】

(3)　**寡婦とは**

　次の①又は②のいずれかに該当する者でひとり親（下記10(3)参照）に該当しないものをいう（所法2①三十、所令11、所規1の3）。

　①　夫と離婚した後婚姻をしていない者のうち、次の要件を満たすもの。

　　A　扶養親族を有すること。

　　B　合計所得金額（P.326参照）が500万円以下であること。

　　C　その者と事実上婚姻関係と同様の事情にあると認められる次に掲げる者がいないこと（住民票の続柄に「夫（未届）」又は「妻（未届）」の記載がある者は対象外）。

　　　a　その者が住民票の世帯主である場合には、その者と同一の世帯に属する者の住民票に世帯主との続柄が世帯主の未届の夫である旨その他の世帯主と事実上婚姻関係と同様の事情にあると認められる続柄である旨の記載がされた者

　　　b　その者が住民票の世帯主でない場合には、その者の住民票に世帯主との続柄が世帯主の未届の妻である旨その他の世帯主と事実上婚姻関係と同様の事情にあると認められる続柄である旨の記載がされているときのその世帯主

　②　夫と死別した後婚姻をしていない者又は夫の生死の明らかでない一定の者のうち、上記①のBとCの要件を満たすもの。

(4)　**配偶者控除を受ける場合の寡婦控除**

　年の中途で夫と死別した妻でその年において寡婦に該当するものは、その死別した夫につき配偶者控除の適用を受ける場合であっても寡婦控除を適用できる（所基通80－1）。

(5)　**寡婦（寡夫）控除の経過措置**

　令和2年3月31日以前に死亡した者、同日以前に令和2年分所得税につき確定申告書を提出した者及び同日以前に同年分所得税につき決定を受けた者（これらの者のうち改正前の寡婦（寡夫）控除の規定の適用がある者であって、改正後の寡婦又はひとり親に該当しない者に限る。）については、改正前の寡婦（寡夫）控除の規定（下記参考参照）が適用される（令2改正法附則6）。

(6)　**判定の時期**（所法85①）

　居住者が寡婦に該当するかの判定は、その年（住民税は前年）の12月31日（死亡又は出国の場合は、その死亡又は出国時）の現況による。

所得控除

— 325 —

【十八　所得控除】

参考　令和元年分（２年度）以前の寡婦（寡夫）控除

区分	寡婦控除		寡夫控除
状況	夫と離婚	夫と死別 夫が生死不明	妻と離婚又は死別 妻が生死不明
係累保有 要件	扶養親族又は総所得金額等38万円以下の生計を一にする子あり	同左　　　　　－	総所得金額等38万円以下の生計を一にする子あり
所得要件	－	合計所得金額 500万円以下	合計所得金額 500万円以下
控除額	所得税27万円・住民税26万円 （特例・・・扶養親族ある子を有し、かつ、合計所得金額が500万円以下の者は、所得税35万円・住民税30万円）		所得税27万円 住民税26万円

参考　合計所得金額とは（所法２①三十ロ、その他措置法による読替え）

　純損失、居住用財産の買換え等の場合の譲渡損失、特定居住用財産の譲渡損失及び雑損失の繰越控除の各規定を適用しないで計算した次の各所得金額の合計額

① 総所得金額
② 土地等に係る事業所得等の金額（平10. 1. 1～令 5. 3. 31適用なし）
③ 短期譲渡所得の金額（措置法の特別控除適用前）
④ 長期譲渡所得の金額（措置法の特別控除適用前）
⑤ 上場株式等に係る配当所得等の金額
⑥ 一般株式等に係る譲渡所得等の金額（特定株式に係る譲渡損失の繰越控除の適用前）
⑦ 上場株式等に係る譲渡所得等の金額（上場株式等に係る譲渡損失の繰越控除及び特定株式に係る譲渡損失の繰越控除の適用前）
⑧ 先物取引に係る雑所得等の金額（先物取引の差金等決済に係る損失の繰越控除の適用前）
⑨ 退職所得金額（住民税は分離課税の対象となるものを除く。）
⑩ 山林所得金額

　なお、災害減免法における合計所得金額は、損失の繰越控除や措置法の各特別控除を適用した後の金額となる。

10　ひとり親控除（令和２年分（３年度）から適用）

(1)　内容（所法81）（地法34①八の二、314の２八の二）

　居住者がひとり親である場合、下記(2)の金額を所得金額から控除する。

— 326 —

【十八　所得控除】

(2) 控除額

(単位：円)

区　　分	所　得　税	住　民　税
控　　除　　額	350,000	300,000

(3) ひとり親とは（所法2三十一、所令11の2、所規1の4）

　現に婚姻をしていない者又は配偶者の生死の明らかでない者のうち、次に掲げる要件を満たすものをいう。

① その者と生計を一にする子（総所得金額等が48万円以下で、他の者の同一生計配偶者又は扶養親族とされていない者に限る。）を有すること。

② 合計所得金額が500万円以下であること。

③ その者と事実上婚姻関係と同様の事情にあると認められる次に掲げる者がいないこと（住民票の続柄に「夫（未届）」又は「妻（未届）」の記載がある者は対象外）。

A その者が住民票の世帯主である場合には、その者と同一の世帯に属する者の住民票に世帯主との続柄が世帯主の未届の夫又は未届の妻である旨その他の世帯主と事実上婚姻関係と同様の事情にあると認められる続柄である旨の記載がされた者

B その者が住民票の世帯主でない場合には、その者の住民票に世帯主との続柄が世帯主の未届の夫又は未届の妻である旨その他の世帯主と事実上婚姻関係と同様の事情にあると認められる続柄である旨の記載がされているときのその世帯主

(4) 配偶者控除を受ける場合のひとり親控除

　年の中途で配偶者と死別した者でその年においてひとり親に該当するものは、その死別した配偶者につき配偶者控除の適用を受ける場合であってもひとり親控除を適用できる（所基通81-1）。

(5) 判定の時期（所法85①）

　居住者がひとり親に該当するかの判定は、その年（住民税は前年）の12月31日（死亡又は出国の場合は、死亡又は出国時）の現況による。ただし、生計を一にする子が、その当時死亡している場合における上記(3)①の要件に該当するかどうかは、その死亡時の現況による。

11　勤労学生控除

(1) 内容（所法82）（地法34①九、314の2①九）

　居住者が勤労学生である場合、下記(2)の金額を所得金額から控除する。

【十八　所得控除】

(2)　控除額

(単位：円)

区　　分	所　得　税	住　民　税
控　　除　　額	270,000	260,000

(3)　勤労学生とは（所法2①三十二、所令11の3）

　次の①～③のいずれかに該当する者で、自己の勤労に基づいて得た事業所得、給与所得、退職所得又は雑所得（以下「給与所得等」という。）を有し、合計所得金額（上記参照）が75万円（令和元年分以前は65万円）以下（給与収入のみの場合、年収130万円以下）であり、かつ、その合計所得金額のうち給与所得等以外の所得に係る金額が10万円以下である者

　①　学校教育法1条に規定する学校の学生、生徒又は児童

　②　学校法人、専修学校、各種学校の生徒で、一定の課程（所令11の3②）を履修するもの

　③　認定職業訓練を受けるもので、一定の課程（所令11の3②）を履修するもの

　なお、合計所得金額のうち給与所得等以外の所得に係る金額が10万円以下とは、合計所得金額から上記の「給与所得等」の金額の合計額を控除した残額が10万円以下かどうかにより判定することになるが、事業所得が損失の場合は、その損失の金額を給与所得、退職所得及び雑所得の金額の合計額から控除した残額を「給与所得等」の金額の合計額とする（所基通2－44）。

(4)　判定の時期（所法85①）

　その年（住民税は前年）の12月31日（死亡又は出国の場合は、その死亡又は出国時）の現況による。

(5)　添付書類（所令262③）

　専修学校、各種学校の生徒又は認定職業訓練を受ける者は、一定の証明書（e-Taxによる申告の場合には添付省略可（P.417参照））

12　配偶者控除

(1)　内容（所法83）（地法34①十、314の2①十）

　居住者が(老人)控除対象配偶者を有する場合、下記(2)の金額を所得金額から控除する。

【十八　所得控除】

(2)　控除額

（単位：円）

居住者（控除者）の 合計所得金額	所　得　税		住　民　税	
	控除対象 配偶者	老人控除対象 配偶者	控除対象 配偶者	老人控除対象 配偶者
900万円以下	380,000	480,000	330,000	380,000
900万円超　　950万円以下	260,000	320,000	220,000	260,000
950万円超　1,000万円以下	130,000	160,000	110,000	130,000

(3)　控除対象配偶者とは （所法２①三十三・三十三の二）

　同一生計配偶者（次の①～④のいずれにも該当する者）のうち、合計所得金額が1,000万円以下の居住者の配偶者をいう。

　なお、内縁の場合は、民法の規定による配偶者ではないから、同一生計配偶者等には該当しない（所基通２-46）。

①　居住者と生計を一（P.333参照）にする配偶者である。

②　青色事業専従者給与の支払を受けていない。

③　事業専従者に該当しない。

④　合計所得金額（P.326参照）が48万円（令和元年分以前は38万円）以下である。

(4)　老人控除対象配偶者とは （所法２①三十三の三）

　上記(3)の控除対象配偶者のうち、70歳以上の者をいう。

　令和２年分（令和３年度）は、昭和26年１月１日以前生まれの者となる。

(5)　判定の時期 （所法85③）

　その年（住民税は前年）の12月31日の現況による。ただし、その判定に係る者がその当時既に死亡している場合は、死亡時の現況による。

(6)　配偶者が同一生計配偶者及び他の納税者の扶養親族のいずれにも該当する場合

（所令218）

　申告書等への記載によりいずれか一にのみ該当するものとされる。

(7)　再婚した場合 （所令220①②）（地令７の16、48の７⑤）

　年の中途で配偶者が死亡し、その年中に再婚した場合において、同一生計配偶者とできるのは、死亡した配偶者又は再婚した配偶者のうちの一人に限られ、一人を同一生計配偶者とした場合には、同一生計配偶者とされない配偶者は、所得税では他の居住者の扶養親族とできない(住民税では当該他の居住者の扶養親族とすることができる。)。

(8)　添付書類

　平成28年分以後において、控除対象配偶者が非居住者である場合⇒国外扶養親族等に係る添付書類（P.334）を参照。

所得控除

— 329 —

【十八　所得控除】

◆参考　平成29年分（平成30年度分）以前の配偶者控除

　平成29年分（住民税は平成30年度分）以前の配偶者控除は、居住者の合計所得金額による制限はない。前記12の⑶の①ないし④に該当する場合に次表の金額を控除する。

（単位：円）

区　分	所　得　税	住　民　税
控除対象配偶者	380,000	330,000
老人控除対象配偶者	480,000	380,000

13　配偶者特別控除

⑴　内容（所法83の2）（地法34①十の二、314の2①十の二）

　居住者が生計を一にする配偶者（青色専従者給与の支払を受けている者及び事業専従者に該当する者を除き、合計所得金額（P. 326参照）が133（令和元年分以前は123）万円以下であるものに限る。）で控除対象配偶者に該当しない者を有する場合には、下記⑵の区分による一定の金額を所得金額から控除する。

　ただし、居住者の合計所得金額が1,000万円を超える場合は適用がなく、夫婦がお互いに配偶者特別控除を適用することもできない。また、令和2年分以後は配偶者が給与や公的年金の源泉徴収（年末調整後）において源泉控除対象配偶者の適用を受けている場合（確定申告をして適用を受けなかった場合を除く。）も適用できない（所法83の2②）。

⑵　控除額

配偶者の 合計所得金額		居住者（控除者）の合計所得金額					
		900万円以下		900万円超 950万円以下		950万円超 1,000万円以下	
		所得税	住民税	所得税	住民税	所得税	住民税
48万円超　95万円以下		38万円	⎫33万円	26万円	⎫22万円	13万円	⎫11万円
95万円超　100万円以下		36万円	⎭	24万円	⎭	12万円	⎭
100万円超　105万円以下		31万円	31万円	21万円	21万円	11万円	
105万円超　110万円以下		26万円	26万円	18万円	18万円	9万円	9万円
110万円超　115万円以下		21万円	21万円	14万円	14万円	7万円	7万円
115万円超　120万円以下		16万円	16万円	11万円	11万円	6万円	6万円
120万円超　125万円以下		11万円	11万円	8万円	8万円	4万円	4万円
125万円超　130万円以下		6万円	6万円	4万円	4万円	2万円	2万円
130万円超　133万円以下		3万円	3万円	2万円	2万円	1万円	1万円

⑶　判定の時期（所法85③）

　その年（住民税は前年）の12月31日の現況による。ただし、その判定に係る者がその当時既に死亡している場合には、死亡時の現況による。

— 330 —

【十八　所得控除】

⑷　再婚した場合 （所令220①）（地令7の16、48の7⑤）

配偶者特別控除の対象となる配偶者は、死亡した配偶者又は再婚した配偶者のうちの1人に限られる。

⑸　添付書類

平成28年分以後において、配偶者が非居住者の場合⇒国外扶養親族等に係る添付書類（P.334）を参照。

☞ 参考　令和元年分（令和2年度分）以前の配偶者特別控除

1　所得税 平成30・令和元年分、住民税 令和元・2年度分

配偶者の合計所得金額	居住者（控除者）の合計所得金額					
	900万円以下		900万円超 950万円以下		950万円超 1,000万円以下	
	所得税	住民税	所得税	住民税	所得税	住民税
38万円超　85万円以下	38万円	}33万円	26万円	}22万円	13万円	}11万円
85万円超　90万円以下	36万円		24万円		12万円	
90万円超　95万円以下	31万円	31万円	21万円	21万円	11万円	
95万円超　100万円以下	26万円	26万円	18万円	18万円	9万円	9万円
100万円超　105万円以下	21万円	21万円	14万円	14万円	7万円	7万円
105万円超　110万円以下	16万円	16万円	11万円	11万円	6万円	6万円
110万円超　115万円以下	11万円	11万円	8万円	8万円	4万円	4万円
115万円超　120万円以下	6万円	6万円	4万円	4万円	2万円	2万円
120万円超　123万円以下	3万円	3万円	2万円	2万円	1万円	1万円

2　所得税 平成29年分以前、住民税 平成30年度分以前

配偶者の合計所得金額	所　得　税	住　民　税
38万円超　40万円未満	38万円	33万円
40万円以上　45万円未満	36万円	
45万円以上　50万円未満	31万円	31万円
50万円以上　55万円未満	26万円	26万円
55万円以上　60万円未満	21万円	21万円
60万円以上　65万円未満	16万円	16万円
65万円以上　70万円未満	11万円	11万円
70万円以上　75万円未満	6万円	6万円
75万円以上　76万円未満	3万円	3万円

所得控除

【十八　所得控除】

参考　配偶者控除・配偶者特別控除の所得基準と控除額

区　分		控除を受ける居住者の合計所得金額 *給与収入のみの場合の年収*			
		900万円以下 年収1,095万円 以下	**900万円超 950万円以下** 年収1,095万円超 1,145万円以下	**950万円超 1千万円以下** 年収1,145万円超 1,195万円以下	**1千万円超** 年収1,195万円超
配偶者の合計所得金額 *給与収入のみの場合の年収*	**48万円以下** 年収103万円以下	配偶者控除 38万円 (老人48万円)	配偶者控除 26万円 (老人32万円)	配偶者控除 13万円 (老人16万円)	控除なし
	48万円超 95万円以下 年収103万円超 150万円以下	配偶者 特別控除 38万円	配偶者 特別控除 26万円	配偶者 特別控除 13万円	控除なし
	95万円超 133万円以下 年収150万円超 201.6万円未満	配偶者 特別控除 3～36万円	配偶者 特別控除 2～24万円	配偶者 特別控除 1～12万円	控除なし

14　扶養控除

(1)　内容 (所法84・措法41の16) (地法34①十一・⑤、314の2①十一・⑤)

　居住者が控除対象扶養親族（特定扶養親族・老人扶養親族）を有する場合、下記(2)の金額を所得金額から控除する。

(2)　控除額

(単位：円)

区　分		所　得　税	住　民　税
一般の控除対象扶養親族		380,000	330,000
特定扶養親族		630,000	450,000
老人扶養親族	同居老親等	580,000	450,000
	上記以外	480,000	380,000

(3)　扶養親族とは (所法2①三十四)

　次の①～④のいずれにも該当する者をいう。

　①　配偶者以外の親族（六親等内の血族、三親等以内の姻族）、児童福祉法の規定により里親に委託された児童（18歳未満）、老人福祉法の規定により養護受託者に委託された老人（65歳以上）で、居住者と生計を一にしている者である。

　②　青色事業専従者給与の支払を受けていない。

　③　事業専従者に該当しない。

— 332 —

【十八　所得控除】

④　合計所得金額（P.326参照）が48万円（令和元年分以前は38万円）以下である。

> ### 📖 参考　「生計を一にする」とされる場合（所基通2－47）
>
> 1　同一の家屋に起居している親族（明らかに互いに独立した生活を営んでいると認められる場合を除く。）
> 2　勤務、修学、療養等の都合上他の親族と日常の起居を共にしていない親族で、次のいずれかに該当する場合
> ①　勤務、修学等の余暇には親族のもとで起居を共にすることを常例としている。
> ②　常に生活費、学資金、療養費等の送金が行われている。

(4)　控除対象扶養親族とは（所法2①三十四の二）

　上記(3)の扶養親族のうち、16歳以上の者をいう。令和2年分（令和3年度）は、平成17年1月1日以前生まれの者となる。

　なお、令和5年分（令和6年度）以後は、扶養親族が非居住者である場合に限り年齢制限が設けられ、年齢16歳以上30歳未満の者及び年齢70歳以上の者となる。ただし、年齢30歳以上70歳未満であっても、次のいずれかに該当する者は対象となる。

①　留学により非居住者になった者（留学ビザの写し提出要）
②　障害者
③　その居住者からその年において生活費又は教育費に充てるための支払を38万円以上受けている者（送金関係書類（P.334参照）の提出要）

(5)　特定扶養親族とは（所法2①三十四の三）

　上記(4)の控除対象扶養親族のうち、19歳以上23歳未満の者をいう。令和2年分（令和3年度）は、平成10年1月2日〜平成14年1月1日生まれの者となる。

(6)　老人扶養親族とは（所法2①三十四の四）

　上記(4)の控除対象扶養親族のうち、70歳以上の者をいう。令和2年分（令和3年度）は、昭和26年1月1日以前生まれの者となる。

(7)　同居老親等とは（措法41の16①）

　上記(6)の老人扶養親族が、居住者又はその配偶者の直系尊属で、かつ、居住者又はその配偶者のいずれかとの同居を常況としている者をいう。なお、老人ホーム入所者は、同居老親等には該当しない。

(8)　判定の時期（所法85③）

　その年（住民税は前年）の12月31日の現況による。ただし、その判定に係る者がその当時既に死亡している場合は、死亡時の現況による。

(9)　二以上の居住者の扶養親族に該当する場合（所法85⑤、所令219）

　いずれか一の居住者の扶養親族にのみ該当するものとみなす。

所得控除

— 333 —

【十八　所得控除】

⑽　国外扶養親族等に係る添付書類

　平成28年分以後において、非居住者である親族について扶養控除、配偶者控除、配偶者特別控除又は障害者控除の適用を受ける場合には、その非居住者である親族に係る次に掲げる①親族関係書類及び②送金関係書類（いずれも外国語で作成されている場合はその訳文を含む。）の提出又は提示が必要（所法120③二、所規47の２④⑤）。

　①　親族関係書類（次のいずれかの書類でその非居住者が親族であることを証するもの）

　　Ａ　戸籍の附票の写しその他の国又は地方公共団体が発行した書類及び親族の旅券の写し

　　Ｂ　外国政府又は外国の地方公共団体が発行した書類（親族の氏名、住所及び生年月日の記載があるもの）

　②　送金関係書類（次のいずれかの書類で非居住者である親族の生活費又は教育費に充てるための支払を、必要の都度、各人別に行ったことを明らかにするもの）

　　Ａ　金融機関の書類又はその写しでその金融機関が行う為替取引によりその居住者からその非居住者である親族へ向けた支払が行われたことを明らかにする書類

　　Ｂ　クレジットカード発行会社の書類又はその写しで、そのクレジットカード発行会社が交付したカードを提示して非居住者である親族が商品等を購入したこと及びその商品等の購入代金に相当する額をその居住者から受領したことを明らかにする書類

参考　扶養親族等の所属の変更

　生計を一にする親族の中に納税者が２人以上ある場合、その同一生計配偶者又は扶養親族の所属は、納税者の選択によりそのうちいずれか１人にのみ該当するものとされ、その選択は、①予定納税額の減額の承認申請書、②確定申告書、③給与所得者の扶養控除等申告書若しくは従たる給与についての扶養控除等申告書、④公的年金等の受給者の扶養親族等申告書（同一生計配偶者の帰属の場合は、給与所得者の配偶者控除等申告書を含み、以下「申告書等」という。）に記載されたところにより適用する。

　また、いったんこれらの申告書等に記載した後において、納税者がこれと異なる記載をして上記の申告書等を提出することもできる（所令218①、219①、所基通85－２）。

参考　年の中途で死亡・出国した居住者に係る扶養親族等の取扱い

1　年の中途で死亡・出国した居住者の配偶者又は親族が、同一生計配偶者、配偶者特別控除の対象となる配偶者又は扶養親族に該当するかどうかの判定は次による（所基通85－１）。

　①　居住者と生計を一にしていたかどうか、及び親族関係にあったかどうかは、その居住者の死亡・出国の時（その時までに死亡した親族等についてはその親族等の死亡の時）の現況により判定する。

　②　その配偶者又は親族の合計所得金額は、その居住者の死亡・出国の時の現況によるその年１月１日から12月31日までの見積額による。例えば、被相続人に不動産所得があり、その不動産を相続した相続人については、その年の12月31日まで

— 334 —

【十八 所得控除】

の不動産所得の見積額により判定する。なお、譲渡所得などの偶発的な所得は、この判定上考慮しない。

2 年の中途で死亡・出国した居住者の控除対象配偶者、配偶者特別控除の対象となる配偶者又は控除対象扶養親族とされた者であっても、その後その年中において相続人等他の居住者の控除対象配偶者、配偶者特別控除の対象となる配偶者又は控除対象扶養親族とすることができる（所基通83～84-1）。

15 基礎控除

(1) 内容 （所法86）（地法34②、314の2②）

合計所得金額の区分に応じ、それぞれ下記(2)の金額を所得金額から控除する。なお、令和2年分以後は合計所得金額が2,500万円を超えると基礎控除の適用はない。

(2) 控除額

（単位：円）

合計所得金額	所得税	住民税
2,400万円以下	480,000	430,000
2,400万円超　2,450万円以下	320,000	290,000
2,450万円超　2,500万円以下	160,000	150,000
2,500万円超	適用なし	適用なし

参考　令和元年分以前の基礎控除

（単位：円）

区　　分	所　得　税	住　民　税
控　　除　　額	380,000	330,000

（注）　所得金額による制限はない。

16 所得控除の順序

(1) 所得控除の種類による順序 （所法87）

まず、雑損控除から控除する（控除しきれない金額について雑損失の繰越控除の適用があるため）。

(2) 控除する課税標準による順序 （措通31・32共-4）

所得控除の課税標準からの控除は、次の順序による。ただし、④から⑧までについては、これと異なる順序で控除することが認められる。

①総所得金額、②土地等に係る事業所得等の金額、③分離短期譲渡所得の金額（一般所得分⇒軽減所得分）、④分離長期譲渡所得の金額（一般所得分⇒特定所得分⇒軽課所得分）、⑤上場株式等に係る配当所得等の金額、⑥一般株式等に係る譲渡所得等の金額、⑦上場株式等に係る譲渡所得等の金額、⑧先物取引に係る雑所得等の金額、⑨山林所得金額、⑩退職所得金額（住民税は分離課税の対象となるものを除く。）

十九　税額計算

1　税額算定の基礎

<table>
<tr>
<td rowspan="2">所
得
税</td>
<td>$申\ 告\ 納税額 = \left[\left(\begin{array}{c}各\ 課\ 税\\所得金額\end{array} \times \begin{array}{c}所定の\\税\ 率\end{array}\right)の合計額\right] - \left(\begin{array}{c}税\ \ \ \ 額\\控除額\end{array}\right) - \left(\begin{array}{c}源泉徴\\収税額\end{array}\right)$</td>
</tr>
<tr>
<td>課税所得金額…①課税総所得金額、②上場株式等に係る課税配当所得等の金額、③土地等に係る課税事業所得等の金額（平10.1.1～令5.3.31は適用なし）、④課税長期譲渡所得金額、⑤課税短期譲渡所得金額、⑥一般株式等に係る課税譲渡所得等の金額、⑦上場株式等に係る課税譲渡所得等の金額、⑧先物取引に係る課税雑所得等の金額、⑨課税退職所得金額及び⑩課税山林所得金額</td>
</tr>
<tr>
<td rowspan="2">住
民
税</td>
<td>

1　住所を有する個人（均等割額と所得割額の合計額）
①　均等割額

区　　　分		標準税率
		平成26～令和5年度
道府県民税（都民税）	1,000円	1,500円
市町村民税（特別区民税）	3,000円	3,500円

（注）　市区町村は、市町村民税（特別区民税）の納税義務者が、①均等割を納付する義務がある同一生計配偶者又は扶養親族に該当する場合、②①に掲げる者を2人以上有する者である場合のいずれかに該当する場合には、その者に対して課する均等割の額を条例の定めによって軽減することができる（地法311）。

（参考）　令和6年度から森林環境税1,000円が、市町村民税均等割の賦課徴収と併せて徴収される（森林環境税等法5）。

②　所得割額

$所得割額 = \left[\left(\begin{array}{c}各\ 課\ 税\\所得金額\end{array} \times \begin{array}{c}所定の\\税\ 率\end{array}\right)の合計額\right] - \left(\begin{array}{c}税\ \ \ \ 額\\控除額\end{array}\right)$

$\begin{array}{c}退職所得の分離課税\\に\ 係\ る\ 所\ 得\ 割\ 額\end{array} = \left(\begin{array}{c}分離課税に係る\\課税退職所得金額\end{array}\right) \times \left(\begin{array}{c}税率\\10\%\end{array}\right)$

「各課税所得金額」の区分は所得税の区分と同様。
　配当割及び株式譲渡所得割を課された所得について申告をした場合は、税額控除額と同様、算出所得割額から控除される。

2　事務所、事業所又は家屋敷を有する個人で、その事務所、事業所又は家屋敷を有する市区町村に住所を有しないもの
　　上記1①の均等割額が課される。

</td>
</tr>
<tr>
<td>事
業
税</td>
<td>事業税額 ＝（事業の所得）×（適用税率）
　適用税率…第1種事業（5％）、第2種事業（4％）、第3種事業（5％、あん摩、マッサージ又は指圧、はり、きゅう、柔道整復その他の医業に類する事業及び装蹄師業は3％）</td>
</tr>
</table>

— 336 —

【十九　税額計算】

2　各課税標準に対する税額（所得税及び住民税の所得割）

(1)　課税総所得金額に対する税額　(所法89①)（地法35①、314の3①)

　課税総所得金額(千円未満切捨て)に、次表の上段の税率を乗じた金額から下段の控除額を控除して算定する。

税額の速算表（所得税は復興特別所得を含めた税額）

> ○　**速算表を利用するに当たって**
> 1　所得税、復興特別所得税、住民税(所得割)及びそれらの合計税額の速算表である。
> 2　所得税と住民税(所得割)の課税総所得金額は一致しないため、合計欄は税負担の参考として記載したものである。
> 3　道府県民税及び市町村民税の税率は、標準税率によっている。

所得税　平成27〜令和2年分、住民税　平成28〜令和3年度分

課税総所得金額 （千円未満切捨て）	①所得税 (上段)税　率 (下段)控除額	②住民税（所得割）			合計(①+②) （参考） (上段)税　率 (下段)控除額
		道府県民税 税　率	市町村民税 税　率	住民税　計 税　率	
1,950千円以下	5.105% 　― 円				15.105% 　― 円
1,950千円超 　3,300千円以下	10.21% 99,547.5円				20.21% 99,547.5円
3,300千円超 　6,950千円以下	20.42% 436,477.5円				30.42% 436,477.5円
6,950千円超 　9,000千円以下	23.483% 649,356円	4％ （2％）	6％ （8％）	10%	33.483% 649,356円
9,000千円超 　18,000千円以下	33.693% 1,568,256円				43.693% 1,568,256円
18,000千円超 　40,000千円以下	40.84% 2,854,716円				50.84% 2,854,716円
40,000千円超	45.945% 4,896,716円				55.945% 4,896,716円

(注)1　平成25・26年分は、「18,000千円超、40,000千円以下」を「18,000千円超」と読み替え、「40,000千円超」の区分はない。

　　2　道府県民税及び市町村民税の税率のかっこ書は、指定都市の区域内居住者に係る平成30年度以後の税率を示す。

税額計算

— 337 —

【十九　税額計算】

参考　税額の速算表(復興特別所得税を含めない税額)

課税総所得金額 (千円未満切捨て)	①所得税 (上段)税　率 (下段)控除額	②住民税（所得割）			合計(①+②) (参考) (上段)税　率 (下段)控除額
		道府県民税 税　率	市町村民税 税　率	住民税　計 税　率	
1,950千円以下	5 % 　－　円				15% 　－　円
1,950千円超 3,300千円以下	10% 97,500円				20% 97,500円
3,300千円超 6,950千円以下	20% 427,500円				30% 427,500円
6,950千円超 9,000千円以下	23% 636,000円	4 % (2 %)	6 % (8 %)	10%	33% 636,000円
9,000千円超 18,000千円以下	33% 1,536,000円				43% 1,536,000円
18,000千円超 40,000千円以下	40% 2,796,000円				50% 2,796,000円
40,000千円超	45% 4,796,000円				55% 4,796,000円

(注)1　平成26年分以前は、「18,000千円超、40,000千円以下」を「18,000千円超」と読み替え、「40,000千円超」の区分はない。

　　2　道府県民税及び市町村民税の税率のかっこ書は、指定都市の区域内居住者に係る平成30年度以後の税率を示す。

(2)　変動所得と臨時所得の平均課税 (所法90)

変動所得又は臨時所得がある者で一定の場合には、課税総所得金額に対する税額を平均課税の方法により計算することができる。

ア　平均課税の適用要件

変動所得の金額+臨時所得の金額≧総所得金額×20%

ただし、変動所得の金額が前々年及び前年の変動所得の金額の合計額の2分の1以下の場合には、臨時所得の金額のみで適用の有無を判定する。

イ　変動所得と臨時所得 (所法2①二十三・二十四、所令7の2、8、所基通2-30〜2-37)

【十九　税額計算】

	年々の変動の著しい所得のうち次のものをいう。
変動所得	①　漁獲又はのりの採取から生ずる所得（こんぶ、わかめ、てんぐさ等の採取及び水産動物の養殖は含まれない。） ②　はまち、まだい、ひらめ、かき、うなぎ、ほたて貝又は真珠（真珠貝を含む。）の養殖から生ずる所得 ③　原稿又は作曲の報酬に係る所得（さし絵、イラスト等の報酬は含まれない。） ④　著作権の使用料に係る所得（著作権者以外の者が著作権に関連して受けるものは除く。） ※　①、②の所得は、簡易な加工を施して販売することによるものを含む。
臨時所得	臨時に発生する所得のうち次のものその他これらに類する所得をいう。 ①　3年以上の期間、一定の者に専属して役務の提供をすることにより一時に受ける契約金（更新、更改の場合も含む。）で、報酬の年額の2倍に相当する金額以上であるものに係る所得 ②　不動産、不動産の上に存する権利、船舶、航空機、採石権、鉱業権、漁業権、工業所有権その他の技術に関する権利、特別の技術による生産方式等を有する者が、3年以上の期間、これらの資産を他人に使用させることにより一時に受ける権利金等で使用料の年額の2倍に相当する金額以上（契約ごとに判定）であるものに係る所得（これら資産に係る損害賠償金等で、その計算の基礎とされた期間が3年以上のものを含む。なお、いずれの場合も、譲渡所得に該当するものを除く。） ③　業務の全部又は一部の休止、転換又は廃止することになった者が、その業務に係る3年以上の期間の不動産、事業又は雑の各所得の補償として受ける補償金に係る所得 ④　業務用資産の全部又は一部につき鉱害等により被害を受けた者が、その業務に係る3年以上の期間の不動産、事業又は雑の各所得の補償として受ける補償金に係る所得 ⑤　3年以上の期間の不動産賃料で一括受領するもの、賃借人の交替、転貸等により支払を受ける承諾料等（交替、転貸等の後の貸付期間が3年以上）で賃料の年額の2倍以上であるもの（譲渡所得に該当するものを除く。）及び金銭債権の債務者から受ける債務不履行に基づく損害賠償金、還付加算金でその計算期間が3年以上のものに係る所得 ※　③、④には、収益補償金、経費補償金、棚卸資産の対価補償金、固定資産の遊休期間中における減耗補償金等が含まれるのが、固定資産の除却、譲渡に係る対価補償金（譲渡所得）又は資産の移転、移築の費用に充てるための費用補償金（一定のものを除き一時所得）は除かれる。

ウ　税額計算

①　平均課税対象金額	$\left(\begin{array}{l}\text{その年分} \\ \text{の変動所} \\ \text{得の金額}\end{array}-\begin{array}{l}\text{前年分及び前々年分の} \\ \text{変動所得の金額の合計} \\ \text{額の2分の1相当額}\end{array}\right)$ $+\begin{array}{l}\text{その年分} \\ \text{の臨時所} \\ \text{得の金額}\end{array}$	
②　調整所得金額（千円未満切捨て）	課税総所得金額－平均課税対象金額（①）$\times\dfrac{4}{5}$ （課税総所得金額が平均課税対象金額以下の場合は、 　課税総所得金額$\times\dfrac{1}{5}$とする。）	

【十九　税額計算】

③	特別所得金額	課税総所得金額－調整所得金額（②）
④	調整所得金額に対する税額	調整所得金額（②）に税率を適用して算出
⑤	特別所得金額に対する税額	特別所得金額（③）$\times \dfrac{④}{②}$（小数点３位以下切捨て）
⑥	課税総所得金額に対する税額	④＋⑤

☞ 参考　変動所得の金額又は臨時所得の金額の計算上控除する青色申告特別控除額

$$\left(\begin{array}{l}\text{不動産所得の金額又} \\ \text{は事業所得の金額の} \\ \text{計算上控除される青} \\ \text{色申告特別控除額}\end{array}\right) \times \dfrac{\text{変動所得の金額又は臨時所得の金額}}{\text{青色申告特別控除前の不動産所得の金額又は事業所得の金額}}$$

エ　手続

確定申告書、修正申告書又は更正の請求書に適用を受ける旨の記載及び計算明細書の添付が必要

➡住民税（変動所得と臨時所得の平均課税）

住民税は、所得割の税率が10％の比例税率であるため、平均課税の適用はない。

---

(3)　その他の課税所得金額に対する税額

区　　　　分	掲載ページ
① 土地等に係る課税事業所得等の金額に対する税額	P.148
② 課税退職所得金額に対する税額	P.193
③ 課税山林所得金額に対する税額	P.198
④ 課税長期譲渡所得金額に対する税額	P.207
⑤ 課税短期譲渡所得金額に対する税額	P.208
⑥ 上場株式等に係る課税配当所得の金額に対する税額	P.43
⑦ 株式等に係る課税譲渡所得等の金額に対する税額	P.232
⑧ 先物取引に係る課税雑所得等の金額に対する税額	P.281

【十九　税額計算】

●事業税（税率と税額計算）

〔標準税率〕（地法72の49の17①）

区　分	標準税率
①　第1種事業を行う個人	所得の100分の5
②　第2種事業を行う個人	所得の100分の4
③　第3種事業（④に掲げるものを除く。）を行う個人	所得の100分の5
④　第3種事業のうちあん摩、マッサージ又は指圧、はり、きゅう、柔道整復その他の医業に類する事業及び装蹄師業を行う個人	所得の100分の3

(注) 1　制限税率は、標準税率の1.1倍である（地法72の49の17③）。
　　 2　事業の区分（P.13参照）

〔税額計算〕

(1)　事業を廃止しない個人

（前年中の事業所得及び不動産所得－各種の控除額）×適用税率＝事業税額

ア　前年中の事業所得及び不動産所得

所得税との相違点は次表のとおり。

項　目	所得税との相違点	加減算	掲載ページ
①　社会保険診療報酬に係る所得	事業税においては課税除外とされている（社会保険診療に係る経費も除外）。	減算	P. 140
②　外国所得税	国内の事業に帰属する所得に対して課されたものは必ず経費に算入（税額控除なし）	減算	P. 392
③　青色事業専従者給与額	所得税で配偶者控除・扶養控除を選択した青色事業専従者に対して支払った給与額を控除	減算	P. 136
④　青色申告特別控除額	事業税では青色申告特別控除の適用はない。	加算	P. 138

税額計算

— 341 —

【十九　税額計算】

イ　各種の控除額

項　目	内　容	掲載ページ
①　損失の控除等	A　損失の繰越控除（損失の生じた年において青色申告者） 　　前年前3年以内に生じた事業の損失で前年前に控除されなかった部分の金額を控除	P.292
	B　被災事業用資産の損失の繰越控除（青色以外） 　　前年前3年以内に生じた被災事業用資産の損失で前年前に控除されなかった部分の金額を控除	P.292
	C　事業用資産の譲渡損失の控除 　　事業用資産（土地、建物及び附属設備、構築物並びに無形固定資産を除く。）の譲渡損失を控除（事業の用に供しなくなった日の翌日から1年以内の譲渡に限る。）	P.202 P.292
	D　事業用資産の譲渡損失の繰越控除（青色申告者） 　　前年前3年間における上記Cの譲渡損失で前年前に控除されなかった部分の金額を控除	P.292
②　事業主控除額（地法72の49の14）	年間290万円（営業期間が1年未満の場合は月数（1か月未満は1か月とする。）按分し、千円未満の端数は切り上げる。）を控除	―

(注)　各種の控除は、①（A（B）→C→D）、②の順に控除する（地法72の49の12⑪）。

　ウ　税率を異にする事業を併せ行う場合

　　　税率を異にする事業を併せて行う場合におけるそれぞれの税率を適用すべき所得は、その個人の事業の所得を、損失の繰越控除又は被災事業用資産の損失の繰越控除、譲渡損失の控除、譲渡損失の繰越控除、事業主控除の金額を控除した後の所得金額をこれらの控除をする前のそれぞれの事業の所得金額により按分して算定する（地法72の49の17②）（以下(2)及び(3)において同じ。）。

　　　この場合、課税標準額の端数処理（千円未満の端数切捨て）は、それぞれの算出課税標準額ごとに行う。また、その算出事業税額についても、その税率の異なるごとの税額について端数処理（百円未満の端数切捨て）を行う。

(2) 年の中途において事業を廃止した個人

次のア及びイの合算額となる。

　ア　（前年中の事業所得及び不動産所得－各種の控除額）×適用率＝事業税額

　イ　（1月1日から事業を廃止した日までの事業所得及び不動産所得－各種の控除額）×適用率＝事業税額

　(注)　事業主控除額は月割計算する。

— 342 —

【十九 税額計算】

(3)　2以上の都道府県において事業を行う個人

　2以上の都道府県において事務所又は事業所を設けて事業を行う個人（以下「分割個人」という。）に対して課する事業税の課税標準とすべき所得の総額は、主たる事務所又は事業所所在地の都道府県知事が決定する（地法72の54①）。

　ア　分割課税標準額の算定

$$
個人の所得の総額 \times \frac{\binom{その都道府県に所在する事務所}{又は事業所の従業者の数}}{個人の事務所又は事業所の従業者の総数}
$$

　※　異なる税率を適用される所得があるときは、その異なる税率を適用される所得ごとに区分した所得を事務所又は事務所の従業者の数に按分する（地法72の54②かっこ書）。

　(ア)　従業者とは（地規6の2の2①）

　　事務所又は事業所の勤務者で、俸給、給料、賃金、手当、賞与その他これらの性質を有する給与の支払を受けるものをいう。この場合、事業の経営者である個人及びその親族又は同居人のうちその事業に従事している者で給与の支払を受けない者は、給与の支払を受けるべきものとみなす。

　(イ)　従業者の数（地法72の54②後段）

　　事務所又は事業所（以下「事務所等」という。）の従業者の数は、その個人に係る事業税の課税標準の算定期間（以下「算定期間」という。）の末日現在における数値とされている。

　　ただし、次の事務所等は、それぞれの算式によって算定した数（1人に満たない端数は1人とする。）を算定期間の末日現在における従業者の数とみなす。

①　算定期間の中途で新設された事務所等

$$
\binom{算定期間の末日}{現在の従業者の数} \times \frac{\binom{事務所等が新設された日から}{算定期間の末日までの月数}}{算定期間の月数}
$$

②　算定期間の中途で廃止された事務所等

$$
\binom{廃止の日の属する月}{の直前の月の末日現}{在 の 従 業 者 の 数} \times \frac{\binom{事務所等が算定期間中}{に所在していた月数}}{算定期間の月数}
$$

　※　算定期間の中途で、新設され、かつ、廃止された事務所等は、廃止された事務所等として算定する。

税額計算

— 343 —

【十九　税額計算】

③　算定期間中を通じて従業員の数に著しい変動がある事務所等（算定期
間に属する各月の末日現在の従業者の数のうち最大の数値が、最小の数値に
2を乗じた数値を超える事務所等をいう。）

$$\frac{算定期間に属する各月の末日現在の従業者の数の合計数}{算定期間の月数}$$

イ　分割個人に係る事業税額

次により計算した額が分割個人に係る関係都道府県ごとの事業税額となる。

$$関係都道府県 \atop ごとの事業税額 = \binom{関係都道府県ごと}{の分割課税標準額} \times \binom{条例で定める}{適\;用\;税\;率}$$

二十　税額控除

1　配当控除

(1)　内容（所法92、措法9）（地法附則5）

　配当控除の対象となる一定の配当等に係る配当所得の金額があるときは、その年分の所得税額（住民税の所得割額）を限度として下記(3)により計算した金額を控除する。

(2)　配当控除の対象

対象となる配当所得	対象とならない配当所得
①　剰余金の配当（株式又は出資に係るものに限るものとし、資本剰余金の額の減少に伴うもの並びに分割型分割によるもの及び平成29年4月以後の株式分配を除く。） ②　利益の配当（資産の流動化に関する法律115条1項《中間配当》に規定する金銭の分配を含み、分割型分割によるものを除く。） ③　剰余金の分配（出資に係るものに限る。） ④　金銭の分配（出資総額等の減少に伴う金銭分配を除く。） ⑤　証券投資信託の収益の分配 ⑥　一般外貨建等証券投資信託の収益の分配（措法9④）	①　外国法人から受ける配当（外国法人の国内にある営業所、事務所その他これらに準ずるものに信託された証券投資信託若しくは特定投資信託の収益の分配又は特定目的信託の収益の分配に係るものを除く。） ②　特定受益証券発行信託の収益の分配 ③　基金利息 ④　オープン型証券投資信託のうち、信託財産の元本の払戻し相当部分（所法9①十一） ⑤　申告分離課税を選択した上場株式等の配当等（措法8の4①） ⑥　確定申告をしないことを選択した配当（措法8の5①） ⑦　私募公社債等運用投資信託の受益権及び私募の特定目的信託の社債的受益権の収益の分配（措法9①一） ⑧　国外私募公社債等運用投資信託等の配当等（措法9①二） ⑨　外国株価指数連動型特定株式投資信託の収益の分配（措法9①三） ⑩　特定外貨建等証券投資信託の収益の分配（措法9①四） ⑪　適格機関投資家私募による証券投資信託の収益の分配（措法9①五イ） ⑫　特定目的信託の収益の分配（措法9①五ロ） ⑬　特定目的会社から受ける配当等（措法9①六） ⑭　J-REITなど投資法人から受ける配当等（措法9①七）

（注）　申告不要及び上場株式等の配当等で申告分離課税を選択したものは、配当控除の適用はない。

(3)　控除額の計算

$$\begin{matrix}配　当\\控除額\end{matrix}=\begin{pmatrix}配当所得\\の　金　額\end{pmatrix}\times\begin{pmatrix}一定の\\控除率\end{pmatrix}（次表参照）$$

　（注）　損益通算や損失の繰越控除の結果、総所得金額が配当所得の金額未満となっても、配当控除額は上記の算式により計算した金額となる。

【二十　税額控除】

(単位：％)

配当所得の内容 \ 税目等の区分	課税総所得金額等(注1)の合計額が1,000万円以下の場合 所得税	市町村民税	道府県民税	課税総所得金額等(注1)の合計額が1,000万円超の場合 1,000万円以下の部分の金額 所得税	市町村民税	道府県民税	1,000万円超の部分の金額 所得税	市町村民税	道府県民税
剰余金の配当、利益の配当、剰余金の分配、金銭の分配、特定株式投資信託の収益の分配	10.0	1.6 (2.24)	1.2 (0.56)	10.0	1.6 (2.24)	1.2 (0.56)	5.0	0.8 (1.12)	0.6 (0.28)
証券投資信託（特定株式投資信託及び一般外貨建等証券投資信託を除く。）(注2)の収益の分配	5.0	0.8 (1.12)	0.6 (0.28)	5.0	0.8 (1.12)	0.6 (0.28)	2.5	0.4 (0.56)	0.3 (0.14)
一般外貨建等証券投資信託(注3)の収益の分配	2.5	0.4 (0.56)	0.3 (0.14)	2.5	0.4 (0.56)	0.3 (0.14)	1.25	0.2 (0.28)	0.15 (0.07)

(注) 1　課税総所得金額等（P.347参照）
　　 2　非株式組入割合と外貨建資産割合のいずれもが50％以下のものが該当
　　 3　非株式組入割合と外貨建資産割合のいずれもが50％超75％以下のものが該当
　　　　なお、外国株式投資信託及び特定外貨建等証券投資信託（非株式組入割合又は外貨建資産割合が75％超のもの）については配当控除の適用はない。
　　 4　表中のかっこ書は、指定都市の区域内居住者に係る平成30年度以後の割合を示す。

（図解　所得税の場合）

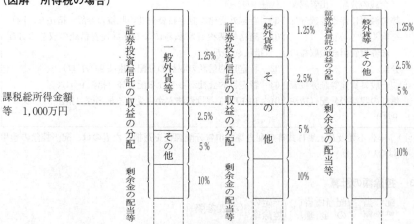

(注)　特定株式投資信託（外国株価指数連動型特定株式投資信託を除く。）は、「剰余金の配当等」と同じ区分となる。

参考 課税総所得金額等

　課税総所得金額、土地等に係る課税事業所得等の金額（平10.1.1～令5.3.31は除く。）課税長期譲渡所得金額、課税短期譲渡所得金額、上場株式等に係る課税配当所得等の金額、一般株式等に係る課税譲渡所得等の金額、上場株式等に係る課税譲渡所得等の金額及び先物取引に係る課税雑所得等の金額の合計額をいう。

2　住宅の取得や改築等に係る税額控除

⑴　住宅税制（住宅の取得、改築等）の概要

　住宅の取得や改築を行った場合の税額控除制度は、住宅ローンの有無と取得や改築等の態様により、次のとおり区分される。

住宅ローン	制度名	ローンの返済期間	取得や改築等の態様		住民税	頁
必要	① 住宅借入金等特別控除	10年以上	ア　住宅の新築又は新築住宅の購入	駆け込み・反動減対策のための控除期間の特例	控除しきれない額は住民税控除の対象	P. 348
			イ　認定住宅の新築又は新築認定住宅の購入			
			ウ　既存（中古）住宅の購入			
			エ　次の増改築等の実施 　㋐　増改築・建築基準法上の大規模修繕又は模様替 　㋑　マンションリフォーム等 　㋒　耐震改修工事 　㋓　バリアフリー改修工事 　㋔　省エネ改修工事			
	② 特定増改築等住宅借入金等特別控除	5年以上（注）	ア　省エネ改修工事等の実施			P. 361
			イ　バリアフリー改修工事等の実施			
			ウ　特定多世帯同居改修工事等の実施			
			エ　特定の省エネ工事と併せて行う特定耐久性向上改修工事等			
なくても可	③ 住宅特定改修特別控除		ア　省エネ改修工事等の実施			P. 368
			イ　バリアフリー改修工事等の実施			
			ウ　多世帯同居改修工事等の実施			
			エ　耐震改修工事又は省エネ改修工事と併せて行う耐久性向上改修工事等の実施			
			オ　耐震改修工事及び省エネ改修工事と併せて行う耐久性向上改修工事等の実施			
	④ 認定住宅新築等特別控除		認定住宅の新築又は新築の認定住宅の購入			P. 374

— 347 —

【二十　税額控除】

⑤　住宅耐震改修特別控除	耐震改修工事の実施	P. 375

(注)　バリアフリー改修工事等（②イに限る。）の場合、住宅金融支援機構からの借入金で死亡時に一括償還をする方法により支払うこととされているものを含む。

📖 参考　住宅借入金等特別控除と他の住宅税制との適用関係

他の制度	適用関係
認定長期優良住宅新築等特別控除	選択適用
住宅特定改修特別控除	選択適用
住宅耐震改修特別控除	重複適用可(注1)
居住用財産の買換え等の場合の譲渡損失の損益通算及び繰越控除	重複適用可
住宅取得等資金の贈与の特例（贈与税）	重複適用可(注2)

(注)1　要耐震改修住宅の取得日までに耐震改修の申請をし、居住日までに耐震基準に適合した場合の特例を受ける場合を除く（措法41㉚）。
　　2　住宅借入金等特別控除の控除額の計算上、受贈額を家屋の取得対価等から差し引く。

📖 参考　従前住宅に係る居住用財産の譲渡特例の適用を受ける場合の住宅税制の制限

1　住宅借入金等特別控除（措法41）又は特定増改築等住宅借入金等特別控除（措法41の3の2）が適用できないケース
　⇒　新規住宅の居住年又は居住年の前2年、後3年の従前住宅の譲渡（その譲渡が令和2年3月までの場合は、居住年の前2年、後2年の譲渡）につき、居住用財産を譲渡した場合の長期譲渡所得の課税の特例（措法31の3）、居住用財産（相続空き家を除く。）を譲渡した場合の特別控除（措法35）、特定の居住用財産の買換え・交換の特例（措法36の2、36の5）、中高層耐火建築物等の建設のための買換え・交換の特例（措法37の5）の適用を受ける場合
2　認定住宅新築等特別控除（措法41の19の4）が適用できないケース
　⇒　新規住宅の居住年又は居住年の前2年、後3年の従前住宅の譲渡（その譲渡が令和2年3月までの場合は、居住年の前2年、後2年の譲渡）につき、居住用財産を譲渡した場合の長期譲渡所得の課税の特例（措法31の3）、居住用財産（相続空き家を除く。）を譲渡した場合の特別控除（措法35）の適用を受ける場合
　　いずれも、従前住宅に係る譲渡年の前3年（譲渡が令和2年3月以前の場合は前年又は前々年）において新規住宅に係る上記の住宅税制の適用を受けている場合は、修正申告又は期限後申告によりその適用を受けないこととすることにより従前住宅についての譲渡特例を適用することとなる。

(2)　住宅借入金等特別控除

　　令和元年度税制改正において、令和元年10月1日の消費税等の税率10%への引上げ

— 348 —

【二十　税額控除】

による駆け込み・反動減対策のため、控除期間の特例（控除期間13年間）が設けられた。この特例は、控除期間13年間のうち10年目までは従前の制度と同内容である。

そこで、以下においては、「**従前からの制度**」と「**駆け込み・反動減対策のための控除期間の特例**」に区分して記載している。

また、令和2年分について、「**新型コロナウイルス感染症の影響で期限内に入居できない場合の措置**」も設けられている（P.352参照）。

従前からの制度

個人（平成28年3月31日以前は居住者に限る。以下同じ。）が、①住宅の新築又は新築住宅の購入、②認定住宅の新築又は新築認定住宅の購入、③既存（中古）住宅の購入、④住宅の増改築等（これらを以下「住宅の取得等」という。）をして、これらの家屋をその取得等の日から6か月以内に自己の居住の用に供し（居住日は平成11年1月1日から令和3年12月31日までの間に居住の用に供した場合に限る。）、その後引き続いて居住の用に供している場合において、下記イの住宅借入金等を有するときは、その居住の用に供した年以後10年間（平成19年及び平成20年に入居した場合には、15年間の控除額の特例が選択可）各年分の所得税額から、下記の算式により計算した金額を控除できる（措法41）。（災害により居住できなくなった場合は、P.352参照。）

なお、②の認定住宅については、認定長期優良住宅が平成21年6月4日以後、認定低炭素住宅が平成24年12月4日以後（低炭素建築物とみなされる特定建築物に該当する家屋は平成25年6月1日以後）に居住の用に供した場合に適用される。

（算式）

居住年が平成26年4月1日～令和3年12月31日の場合

$$控除額\binom{100円未満}{切捨て}_{(限度額)} = \binom{住宅借入金等の年末}{残高の合計額（注1）} \times \binom{}{控除率}$$

区　　分		住宅借入金等の年末残高の合計額	控除率	控除限度額
認定住宅	特定取得	最高5,000万円	1%	50万円
	上記以外	最高3,000万円		30万円
上記以外	特定取得	最高4,000万円		40万円
	上記以外	最高2,000万円		20万円

※　特定取得とは、住宅の取得等に係る対価又は費用の額に含まれる消費税等の税率が8%又は10%の場合をいう（P.351参照）。

※　平成19年1月1日から平成26年3月31日までの間に入居した場合の住宅借入金等の年末残高の区分に応じた控除率及び控除限度額については（注2）を参照。

(注)1　住宅借入金等の年末残高の合計額

①　住宅の取得等の対価の額（一定の場合には土地等の取得の対価の額を含む。）又は費用の額の範囲内の金額となる。ただし、交付を受ける補助金（すまい給付金など）又は住宅取得資金の贈与税の非課税の適用を受けた部分の金額を控除する。

②　家屋に居住用以外の部分がある場合、次表の按分計算が必要。なお、居住用割合が概ね90%以上の場合は、全てを居住用とすることができる（措通41-29）。

— 349 —

【二十　税額控除】

区　　分			対象となる住宅借入金等の額
新築・既存住宅	家　　屋		$\left(\begin{array}{c}\text{住宅借入金等の}\\\text{年末残高の合計額}\end{array}\right) \times \dfrac{\text{居住用部分の床面積}}{\text{家屋の床面積}}$
	土地等	区分所有建物の敷地	$\left(\begin{array}{c}\text{住宅借入金等の}\\\text{年末残高の合計額}\end{array}\right) \times \dfrac{\text{居住用部分の土地等の面積}}{\text{1棟の家屋の敷地面積×所有する区分所有割合}}$
		上記以外	$\left(\begin{array}{c}\text{住宅借入金等の}\\\text{年末残高の合計額}\end{array}\right) \times \dfrac{\text{居住用部分の土地等の面積}}{\text{土地等の面積}}$
増　改　築　等			$\left(\begin{array}{c}\text{住宅借入金等の}\\\text{年末残高の合計額}\end{array}\right) \times \dfrac{\text{居住用部分の増改築等に要した費用の額}}{\text{増改築等に要した費用の額}}$

2　控除率及び控除限度額

居住の用に供した日	控除年	年末における住宅借入金等の合計額に乗ずる控除率					控除限度額
		2,000万円以下の部分の金額	2,000万円超2,500万円以下の部分の金額	2,500万円超3,000万円以下の部分の金額	3,000万円超4,000万円以下の部分の金額	4,000万円超5,000万円以下の部分の金額	
平19.1.1～19.12.31	1～6年目	1.00%			—		25万円
	7～10年目	0.50%			—		12.5万円
控除額の特例	1～10年目	0.60%			—		15万円
	11～15年目	0.40%			—		10万円
平20.1.1～20.12.31	1～6年目	1.00%			—		20万円
	7～10年目	0.50%			—		10万円
控除額の特例	1～10年目	0.60%			—		12万円
	11～15年目	0.40%			—		8万円
平21.1.1～22.12.31	10年間			1.00%			50万円
認定長期優良住宅の特例	10年間			1.20%			60万円
平23.1.1～23.12.31	10年間		1.00%			—	40万円
認定長期優良住宅の特例	10年間		1.20%			—	60万円
平24.1.1～24.12.31	10年間		1.00%		—		30万円
認定住宅の特例	10年間		1.00%			—	40万円
平25.1.1～26.3.31	10年間	1.00%		—			20万円
認定住宅の特例	10年間		1.00%		—		30万円
平26.4.1～令3.12.31（注）	10年間	1.00%		—			20万円
	特定取得（下記参考）		1.00%			—	40万円
認定住宅の特例	10年間		1.00%		—		30万円
	特定取得（下記参考）			1.00%			50万円

— 350 —

【二十　税額控除】

(注)　特別特定取得（P.352参照）に該当し、かつ、令和元年10月１日から令和２年12月31日までの間に居住の用に供した場合の11年目から13年目については、下記の「駆け込み・反動減対策のための控除期間の特例」の適用がある。

📖 参考　「特定取得」とは

　「特定取得」とは、住宅の取得等の対価の額又は費用の額に含まれる消費税額等（地方消費税を含む。）が、８％又は10％の税率により課されるべき消費税額等である場合におけるその住宅の取得等をいう（措法41⑤）。

　事業者から取得する場合で、その事業者が消費税の免税事業者であっても、その取引自体は消費税の課税取引に該当するため、その住宅の取得等が前述の要件を満たす場合には、「特定取得」に該当することになる。

　なお、「特定取得」に該当する場合には、請負（売買）契約書の写し等で特定取得に該当する事実を明らかにする書類の添付が必要となる。

　次に記載したものは「特定取得」に該当しない。

・　住宅の取得等の対価の額又は費用の額に含まれる消費税額が、５％の税率により課されるべき消費税額等である場合

・　個人間の売買契約で住宅の取得等に係る対価の額又は費用の額に含まれる消費税額等がない場合

駆け込み・反動減対策のための控除期間の特例

　個人が住宅の取得等で特別特定取得（P.352参照）に該当するものをし、かつ、その住宅の取得等をした家屋を令和元年10月１日から令和２年12月31日までの間に自己の居住の用に供し（住宅の取得等の日から６月以内に自己の居住の用に供した場合に限る。）、その後引き続き居住の用に供している場合において、適用年の11年目から13年目までの各年においてその住宅の取得等に係る住宅借入金等（以下「(認定)特別特定住宅借入金等」という。）の金額を有するときは、当該各年分の所得税額から次表に掲げる区分に応じ、それぞれ計算した金額を控除できる（措法41⑬⑯）。なお、適用年の10年目までは、「従前からの制度」における「特定取得」の場合と同様である。

区　　　分	控除限度額（次の①と②の少ない金額・100円未満切捨て）
認定住宅を特別特定取得した場合	①　認定特別特定住宅借入金等の年末残高×１％ ②　認定住宅の新築等で特別特定取得に該当するものに係る対価の額の税抜価額（注）（5,000万円を限度）×２％÷３
認定住宅以外を特別特定取得した場合	①　特別特定住宅借入金等の年末残高×１％ ②　住宅の取得等で特別特定取得に該当するものに係る対価の額又は費用の額の税抜価額（注）（4,000万円を限度）×２％÷３

(注)　土地等の取得は除く。また、居住用以外の部分がある場合は、全床面積のうちに居住用部分の床面積の占める割合を乗じて計算する。なお、補助金等の交付を受けた場合や住宅取得等資金の贈与税の非課税を適用した場合であっても補助金等の額や適用を受けた住宅取得等資金の額を控除しない。

税額控除

【二十　税額控除】

参考　「特別特定取得」とは

　「特別特定取得」とは、住宅の取得等の対価の額又は費用の額に含まれる消費税額等（地方消費税を含む。）が、10％の税率により課されるべき消費税額等である場合の住宅の取得等をいう（措法41⑭）。

　なお、事業者から取得する場合や個人間売買等による取得の取扱いについては、前記参考の特定取得の場合の取扱いと同様である。

参考　新型コロナウイルス感染症の影響で期限内に入居できない場合の措置

1　駆け込み・反動減対策のための控除期間の特例に係る措置について、新型コロナウイルス感染症の影響により入居が期限（令和2年12月31日）に遅れた場合でも、以下の要件のいずれも満たし、かつ、令和3年12月31日までに入居すれば、この措置の対象となる（新型コロナ税特法6④⑤）。

①　次の期日までに契約が行われていること。

　　・　注文住宅の新築の場合：令和2年9月末

　　・　分譲住宅や既存住宅の取得又は増改築等の場合：令和2年11月末

②　新型コロナウイルス感染症の影響により住宅への入居が遅れたこと。

2　既存住宅取得の場合の入居期限要件（取得等の日から6か月以内）について、取得後に行った増改築工事等が新型コロナウイルス感染症の影響で遅れ入居が遅れた場合でも、以下の要件のいずれも満たせば、入居期限が「増改築等完了の日から6か月以内」となる（新型コロナ税特法6①②）。

①　以下のいずれか遅い日までに増改築等の契約が行われていること。

　　・　既存住宅の取得日から5か月後まで（取得日前の契約も可）

　　・　新型コロナウイルス税特法施行日（令和2年4月30日）から2か月後まで（施行日前の契約も可）

②　取得した既存住宅に行った増改築等について、新型コロナウイルス感染症の影響により増改築等後の住宅への入居が遅れたこと。

　なお、要耐震改修住宅の取得をし、一定の日までに耐震改修に係る契約を締結している場合で、その要耐震改修住宅をその取得日から6か月以内に居住の用に供することができなかった場合についても、同様の措置が講じられている（新型コロナ税特法6③）。

※　上記1又は2の措置を適用する場合には、通常の添付書類（P.357参照）に加え、契約の時期を確認する書類（請負契約書や売買契約書の写し）及び入居が遅れたことを証する書類（「入居時期に関する申告書兼証明書」）を提出する必要がある。

参考　災害と（特定増改築等）住宅借入金等特別控除

　（特定増改築等）住宅借入金等特別控除の適用を受けている家屋（居住年に災害で居住できなくなった家屋を含み、以下「従前家屋」という。）が災害で居住できなくなった場合（客観的にみて居住できない状態になった場合）には、次表の取扱いとなる（措法41

㉙、41の3の2⑳、措通41−29の3、同4）。

なお、災害とは、震災、風水害、火災その他一定の災害（冷害、雪害、干害、落雷、噴火その他の自然現象の異変による災害及び鉱害、火薬類の爆発その他の人為による異常な災害並びに害虫、害獣その他の生物による異常な災害）をいう（措通41−29の2）。

災害で居住できなくなった日	平成27年12月31日以前	平成28年1月1日以後
受けていた税額控除の適用期限	居住できなくなった日の属する年分で終了	従前家屋に係る平成29年分以後の適用年について、従前どおり適用可（注）

(注)　以下に掲げる年以後の各年を除く。

①　従前家屋若しくはその敷地である土地等又はその土地等に新たに建築した建物等を事業（賃貸）の用又は生計を一にする親族等に対する無償貸付けをした場合における当該事業（賃貸）の用又は無償貸付けの用に供した日の属する年（再建支援法適用者がその土地等に新築等をした家屋について、住宅借入金等特別控除又は認定住宅新築等特別控除の適用を受ける場合を除く。）

②　従前家屋又はその敷地であった土地等の譲渡をし、その譲渡について居住用財産の買換え等の場合の譲渡損失の損益通算及び繰越控除又は特定居住用財産の譲渡損失の損益通算及び繰越控除の適用を受ける場合における当該譲渡の日の属する年

③　災害で従前家屋に居住できなくなった者（再建支援法適用者を除く。）が取得等をした家屋について住宅借入金等特別控除又は認定住宅新築等特別控除の適用を受けた年

ア　対象となる住宅の範囲（措法41①⑱㉚、措令26①〜④、⑳〜㉒、㉘㉙㉝）

自己の居住の用に供する家屋（居住用家屋を2以上所有する場合には、主として居住の用に供している一の家屋に限る。）で、次の新築住宅、既存住宅、増改築等の各区分ごとに、それぞれの記載事項の全てに該当すること

(ア) 新築住宅	①　登記簿上表示される床面積（マンション等区分所有建物は区分所有部分の面積）が50㎡以上であること ②　床面積の2分の1以上が専ら居住用であること ③　認定住宅の新築等の場合には、認定長期優良住宅又は認定低炭素住宅に該当することを証明されたものであること
(イ) 既存（中古）住宅	①　上記(ア)の①、②の要件を満たすこと ②　建築後使用されたことのある家屋であること ③　次表のA〜Cのいずれかに該当すること A　取得の日以前20年以内（耐火建築物は25年以内）に建築されたものであること（築後年数基準） ※　耐火建築物とは、建物登記簿に記載された家屋の構造のうち、建物の主たる部分の構成材料が石造、れんが造、コンクリートブロック造、鉄骨造（軽量鉄骨造は含まない。）、鉄筋コンクリート造又は鉄骨鉄筋コンクリート造のものをいう。

― 353 ―

【二十　税額控除】

<table>
<tr>
<td rowspan="5">(イ)
既存（中古）住宅</td>
<td colspan="2">B　上記Aに該当しないもので、一定の耐震基準に適合するものであること（耐震基準）
※　一定の耐震基準に適合するものとは、地震に対する安全上必要な構造方法に関する技術的基準又はこれに準ずるものに適合する家屋で、その家屋の取得の日前2年以内に耐震基準適合証明書による証明のための家屋の調査が終了したもの、その家屋の取得の日前2年以内に住宅性能評価書により耐震等級に係る評価が等級1、等級2又は等級3であると評価されたもの又は既存住宅売買瑕疵担保責任保険契約が締結されているものをいう。</td>
</tr>
<tr>
<td colspan="2">C　上記A、Bのいずれにも該当しないもの（要耐震改修住宅）で、取得の日までに耐震改修を行うことにつき一定の申請をし、かつ、居住する日（取得の日から6か月以内）までに耐震基準に適合することとなったことの証明がされたもの（平成26年4月1日以後の取得に限る。）</td>
</tr>
<tr>
<td colspan="2">④　購入時において生計を一にし、その後も引き続き生計を一にする親族等（家屋を購入した者の親族、家屋を購入した者とまだ婚姻の届出をしていないが事実上婚姻関係と同様の事情にある者、家屋を購入した者から受ける金銭その他の資産によって生計を維持している者又はこれらの者と生計を一にするこれらの者の親族）からの取得でないこと</td>
</tr>
<tr>
<td colspan="2">⑤　贈与による取得でないこと</td>
</tr>
</table>

<table>
<tr>
<td rowspan="11">(ウ)
増改築等</td>
<td colspan="2">①　自己が所有している家屋について行う下記⑤の増改築等であること</td>
</tr>
<tr>
<td colspan="2">②　増改築等の工事費（交付を受ける補助金等を控除する。）が100万円を超えること（居住用部分の工事費が工事費全体の2分の1以上であること）</td>
</tr>
<tr>
<td colspan="2">③　増改築後の家屋の登記簿上の床面積（マンション等区分所有建物は区分所有部分の面積）が50㎡以上であること</td>
</tr>
<tr>
<td colspan="2">④　増改築後の家屋の床面積の2分の1以上が専ら居住用であること</td>
</tr>
<tr>
<td colspan="2">⑤　増改築等の内容が、次のそれぞれの区分において、いずれかに該当すること</td>
</tr>
<tr>
<td colspan="2">A　戸建住宅の場合</td>
</tr>
<tr>
<td colspan="2">(A)　増築、改築、建築基準法2条14号に規定する大規模な修繕及び同条15号に規定する大規模な模様替え</td>
</tr>
<tr>
<td colspan="2">(B)　家屋のうち居室、調理室、浴室、便所、洗面所、納戸、玄関、廊下の一室の床又は壁の全部について行う修繕又は模様替え（上記(A)に該当するものを除く。）</td>
</tr>
<tr>
<td colspan="2">(C)　建築基準法施行令の構造強度等に関する規定又は地震に対する安全性に係る基準に適合させるための一定の修繕又は模様替え（上記(A)(B)に該当するものを除く。）</td>
</tr>
<tr>
<td colspan="2">(D)　バリアフリー改修工事（家屋について行われる高齢者等が自立した日常生活を営むのに必要な構造及び設備の基準に適合させるための修繕又は模様替えであり、下記(3)の特定増改築等住宅借入金等特別控除の対象となるバリアフリー改修工事等と同内容）（上記(A)～(C)に該当するものを除く。）</td>
</tr>
<tr>
<td colspan="2">(E)　家屋について行われるエネルギーの使用の合理化に資する修繕又は模様替（下記(3)の特定増改築等住宅借入金等特別控除の対象となる省エネ改修工事等と同内容）（上記(A)～(D)に該当するものを除く。）</td>
</tr>
</table>

― 354 ―

【二十 税額控除】

（ウ）増改築等	**B　区分所有建物（マンション等）の場合** (A)　次の修繕又は模様替えに係る工事（Aの(A)に該当するものを除く。） 　　a　区分所有する部分の床の過半又は階段（屋外階段を除く。）の過半について行う修繕又は模様替え 　　b　区分所有する部分の間仕切壁の室内に面する部分の過半について行う修繕又は模様替え（間仕切壁の一部の位置の変更を伴うものに限る。） 　　c　区分所有する部分の主要構造物である壁の室内に面する部分の過半について行う修繕又は模様替え（修繕等に係る壁の過半について遮音又は熱の損失の防止のための性能を向上させるためのものに限る。） (B)　上記Aの戸建住宅の(B)と同じ。 (C)　上記Aの戸建住宅の(C)と同じ。 (D)　上記Aの戸建住宅の(D)と同じ。 (E)　上記Aの戸建住宅の(E)と同じ。

イ　対象となる住宅借入金等 （措法41①⑲、措令26⑦～⑲）

　　住宅の取得等に要する資金に充てるための次表の借入金又は債務（住宅の取得等とともに家屋の敷地の用に供される土地等の取得資金に充てるためのものを含む。）で、償還期間又は賦払期間が10年以上のもの。

　　なお、控除対象となる借入金等については、貸付者から「住宅取得資金に係る借入金の年末残高等証明書」が発行される。

① 　金融機関（措法8①）、独立行政法人住宅金融支援機構、地方公共団体、貸金業を行う法人で一定のもの、沖縄振興開発金融公庫、独立行政法人福祉医療機構、国家公務員共済組合、国家公務員共済組合連合会、日本私立学校振興・共済事業団、地方公務員共済組合、農林漁業団体職員共済組合、独立行政法人北方領土問題対策協会又はエヌ・ティ・ティ厚生年金基金からの借入金（一定の要件を満たす土地等の先行取得に係るものを含む。）

② 　上記①の借入金に類する次に掲げる債務
　　建設業者からの借入金、宅地建物取引業者からの借入金、貸金業を行う法人で一定のもの又は宅地建物取引業者である法人が新築住宅の請負代金等の支払を代行したことによりその法人に対して負担する債務、事業主団体又は福利厚生会社からの借入金（独立行政法人勤労者退職金共済機構からの転貸貸付資金に係るものに限る。）、厚生年金保険の被保険者に対して住宅資金の貸付けを行う一定の法人等からの借入金（独立行政法人福祉医療機構からの転貸貸付けに係るものに限る。）、平成12年4月1日以後に金融機関等から債権譲渡を受けた特定債権者に対する借入金又は債務

③ 　建設業者に対する請負代金に係る債務、宅地建物取引業者、独立行政法人都市再生機構、地方住宅供給公社、地方公共団体、日本勤労者住宅協会に対する債務、事業主団体又は福利厚生会社からの債務（独立行政法人勤労者退職金共済機構からの分譲貸付資金に係るものに限る。）、厚生年金保険又は国民年金の被保険者に住宅を分譲する一定の法人等からの債務（独立行政法人福祉医療機構からの分譲貸付資金に係るものに限る。）及び土地開発公社との一定の宅地分譲契約のうち新築の日前に取得した土地等の対価に

— 355 —

【二十　税額控除】

　　係る債務（独立行政法人都市再生機構、地方住宅供給公社、地方公共団体からの債務については、一定の要件を満たす土地の先行取得に係る債務を含む。）

④　独立行政法人都市再生機構、地方住宅供給公社及び日本勤労者住宅協会を当事者とする既存住宅の取得に係る債務の承継に関する契約に基づく債務、厚生年金保険又は国民年金の被保険者に住宅を分譲する一定の法人等を当事者とする既存住宅の取得に係る債務の承継に関する契約に基づく債務（独立行政法人福祉医療機構からの分譲貸付資金に係るものに限る。）

⑤　使用者からの借入金又は使用者に対する住宅の取得等の対価に係る債務及び使用者に代わって住宅の取得等に要する資金の貸付けを行っていると認められる一般社団（財団）法人で国土交通大臣が指定した者からの借入金（一定の要件を満たす土地の先行取得に係る債務を含む。）

※　①使用者又は事業主団体（以下「使用者等」という。）からの無利子又は利率0.2％未満（平成28年分以前は１％、以下同じ。）の借入金等、②使用者等から利子補給を受けたため実際の負担利率が0.2％未満となる借入金等、③使用者等から時価の50％未満の価額で取得した住宅の借入金等は対象とならない。

ウ　適用を受けられない年分

①　合計所得金額（P.326参照）が3,000万円を超える年分（措法41①）
②　新築や購入した家屋又は増改築等をした部分を居住の用に供しなくなった年以後の各年分（再び居住した場合の再適用を受ける年分を除く。災害により居住できなくなった場合については、P.352参照）（措法41①㉙）
　（注）死亡日の属する年分は、死亡日まで引き続き居住の用に供していれば控除できる。
③　次の措置法の特例の適用を居住年又は居住年の前年若しくは前々年に受けている場合には、その居住年以後の10年間（駆け込み・反動減対策のための控除期間の特例は13年間、控除額の特例は15年間）の各年分（措法41⑬⑯⑳）
　A　居住用財産を譲渡した場合の長期譲渡所得の課税の特例（措法31の３①）
　B　居住用財産（相続空き家を除く。）の譲渡所得の特別控除（措法35①）
　C　特定の居住用財産の買換え・交換の特例（措法36の２、36の５）
　D　中高層耐火建築物等の建設のための買換え・交換の特例（措法37の５）
④　従前住宅の譲渡を居住年の翌年又は翌々年中（その譲渡が令和２年４月以後の場合は、居住年の翌年以後３年以内の各年中）に行い、その譲渡につき上記③のいずれかの特例の適用を受けるときは、その居住年以後10年間（駆け込み・反動減対策のための控除期間の特例は13年間、控除額の特例は15年間）の各年分（前年分又は前々年分（その譲渡が令和２年４月以後の場合は、譲渡年以前３年以内の各年分）において住宅借入金等特別控除を受けている場合においては、修正申告又は期限後申告によりその控除を受けないこととすれば、譲渡に関し③の特例の適用を受けることができる。）（措法41⑬⑯㉑、41の３①）

— 356 —

【二十　税額控除】

エ　添付書類 （措法41③、措規18の21）

必要な書類等 ＼ 取得等の区分	住宅の新築	住宅の購入 未使用住宅	住宅の購入 中古住宅	増改築等
住宅借入金等特別控除額の計算明細書	○	○	○	○
（付表1）補助金等の交付を受ける場合又は住宅取得等資金の贈与の特例を受けた場合の取得対価の額等の計算明細書	△（注1）	△（注1）	△（注1）	△（注1）
（付表2）連帯債務がある場合の住宅借入金等の年末残高の計算明細書	△（注2）	△（注2）	△（注2）	△（注2）
住民票の写し（平成27年12月31日以前に居住の用に供した場合に限る。）	○	○	○	○
住宅取得資金に係る借入金の年末残高等証明書（令和2年分以後は電磁的記録印刷書面も可）	○	○	○	○
売買（又は請負）契約書の写し	○（注3）	○（注3）	○（注3）	○（注3）
敷地の売買契約書の写し	△（注4）	△（注4）	△（注4）	△（注4）
家屋の登記事項証明書	○	○	○	○（注5）
敷地の登記事項証明書	△（注4）	△（注4）	△（注4）	△（注4）
交付を受けた補助金等の額又は住宅取得資金の額を証する書類	△（注1）	△（注1）	△（注1）	△（注1）
入居時期に関する申告書兼証明書	△（注6）	△（注6）	△（注6）	△（注6）
認定長期優良住宅　長期優良住宅建築等計画の認定（変更認定）通知書の写し	△（注7）	△（注7）	－	－
認定長期優良住宅　住宅用家屋証明書若しくはその写し又は認定長期優良住宅建築証明書	△（注7）	△（注7）	－	－
認定低炭素住宅　低炭素建築物　低炭素建築物新築等計画の認定（変更認定）通知書の写し	△（注8）	△（注8）	－	－
認定低炭素住宅　低炭素建築物　住宅用家屋証明書若しくはその写し又は認定低炭素住宅建築証明書	△（注8）	△（注8）	－	－
認定低炭素住宅　特定建築物　低炭素住宅とみなされる特定建築物であることの市区町村長の証明書	△（注8）	△（注8）	－	－
中古住宅　次の①～③のいずれかの書類　①住宅性能評価書の写し、②耐震基準適合証明書、③既存住宅売買瑕疵担保責任保険契約が締結されていることを証する書類			△（注9）	－

税額控除

－ 357 －

【二十　税額控除】

中古住宅	次の①～④のいずれかの書類 ①建築物の耐震改修計画の認定申請書の写し及び耐震基準適合証明書、②耐震基準適合証明申請書の写し及び耐震基準適合証明書、③建設住宅性能評価申請書の写し及び建設住宅性能評価書の写し、④既存住宅売買瑕疵担保責任保険契約の申込書の写し及び既存住宅売買瑕疵担保責任保険契約が締結されていることを証する書類	△(注10)	―
	債務の承継に関する契約書の写し	△(注11)	―
増改築等	増改築等工事証明書（上記ア(ウ)A(A)の場合は、建築確認済証又は検査済証の写しも必要）		○

(注) 1　補助金等の交付を受けるとき又は住宅取得等資金の贈与の特例の適用を受けているときに必要となる。
2　連帯債務がある場合に必要になる。
3　特定取得又は特別特定取得に該当するときは、その該当する事実の記載が必要となる。
4　敷地の取得に係る住宅借入金等が控除対象となる場合に必要となる。
5　増改築等の登記がなされた後の家屋の登記事項証明書
6　新型コロナウイルス感染症の影響で入居が遅れた場合に必要となる。
7　認定長期優良住宅に係る控除を適用する場合に必要となる。
8　認定低炭素住宅に係る控除を適用する場合に必要となる。
9　築後年数基準は満たさないが、耐震基準に適合した住宅を取得した場合に必要となる。
10　要耐震改修住宅を取得した場合に必要となる。
11　住宅借入金等が債務の承継に関する契約に基づく債務である場合に必要となる。

オ　再び居住の用に供した場合の（再）適用

　住宅借入金等特別控除は、対象となる家屋に入居後、引き続き居住の用に供していることが適用要件であるが、転勤等のやむを得ない事由により居住の用に供しなくなった後、その事由が解消して再び居住の用に供した場合に、残年数について再適用できることとされている。

　この場合、①住宅借入金等特別控除制度を適用していた者の再適用と、②入居年の12月31日までに転勤等があった場合の再入居後の適用の2つの制度が用意されている（措法41㉓㉖）。適用要件等は次表のとおり。

区　　分	再び居住の用に供した場合の再適用	再び居住の用に供した場合の適用
転居の事由等	勤務先からの転任の命令に伴う転居、その他これに準ずるやむを得ない事由により、その家屋を居住の用に供しなくなったこと	
その家屋を居住の用に供しなくなる日までに必要な手続等	次の①、②の書類を家屋所在地の所轄税務署に提出する。 ①　転任の命令等により居住しないこととなる旨の届出書 ②　未使用分の「年末調整のための（特定増改築等）住宅借入金等特	不要

— 358 —

【二十　税額控除】

	別控除証明書」及び「給与所得者の（特定増改築等）住宅借入金等特別控除申告書」（税務署から交付を受けている場合のみ）	
再び居住の用に供した日の属する年以後、再適用又は適用をする最初の年分の手続と必要書類	次の書類を確定申告書に添付する。 ①　（特定増改築等）住宅借入金等特別控除の計算明細書（再び居住の用に供した方用） ②　住宅取得資金に係る借入金の年末残高等証明書	住宅借入金等特別控除に係る添付書類（上記エ参照）のほかに、次の書類を確定申告書に添付する。 ①　（特定増改築等）住宅借入金等特別控除の計算明細書（再び居住の用に供した方用） ②　転任の命令等やむを得ない事由によりその家屋を居住の用に供さなくなったことを明らかにする書類
再適用又は適用の制限	再び居住の用に供した日の属する年にその家屋を賃貸の用に供していた場合には、その年の翌年以後の適用年について再適用又は適用ができる。	

☞ **参考　東日本大震災に係る住宅借入金等特別控除の取扱い**

区　分	内　容
①　控除期間の特例	住宅が滅失等をして居住できなくなった者について、残りの適用期間について、引き続き適用できる制度（対象…（特定増改築等）住宅借入金等特別控除）
②　控除額の特例	再取得住宅につき、選択により適用できる制度（控除期間＝10年又は13年）

入居年	再建住宅借入金等の限度額	控除率
平成23年及び24年	4,000万円	
平成25年1月〜26年3月	3,000万円	1.2%
平成26年4月〜令和3年12月	5,000万円	

	なお、住宅の新築取得等が特別特定取得（P.352参照）に該当し、かつ、その新築取得等をした家屋を令和元年10月1日から令和2年12月31日までの間に自己の居住の用に供した場合で、11年目から13年目までの各年においてその住宅の取得等に係る住宅借入金等（以下「再建特別特定住宅借入金等」という。）の金額を有するときは、当該各年分の所得税額から次の①と②のいずれか少ない金額を控除できる（駆け込み・反動減対策のための控除期間の特例）。 ①　再建特別特定住宅借入金等の年末残高×1.2% ②　住宅の特別特定取得に係る対価の額又は費用の額の税抜価額（注）（5,000万円を限度）×2%÷3
③　重複適用の特例	居住できなくなった住宅に係る制度（上記①を含む。）と②の制度を重複適用できる制度（控除額…それぞれの控除額の合計）

【二十　税額控除】

④　添付書類	A	従前住宅に係る書類
		(a)　東日本大震災に係る「り災証明書」（一部損壊の場合は、他に一定の資料が必要）
		(b)　閉鎖登記記録に係る登記事項証明書（増改築の場合は登記事項証明書）
		(c)　被害を受けた者の住民票の写し（被害時及びその後の住所等が記載されているもの）
	B	再取得住宅に係る書類
		上記(2)エの添付書類

（注）　土地等の取得は除く。また、居住用以外の部分がある場合は、全床面積のうちに居住用部分の床面積の占める割合を乗じて計算する。なお、補助金等の交付を受けた場合や住宅取得等資金の贈与税の非課税を適用した場合であっても補助金等の額や適用を受けた住宅取得等資金の額を控除しない。

▶住民税（住宅借入金等特別控除）

〔内容〕

　平成22年度分から令和15年度分までの住民税（所得割）の納税義務者が、次の①及び②の要件を満たす場合には、所得税で控除しきれなかった住宅借入金等特別控除額と前年分の所得税の課税総所得金額、課税退職所得金額及び課税山林所得金額の合計額に5％を乗じた金額（97,500円を限度（注1）とする。）とのいずれか小さい金額が住民税額から控除される（地法附則5の4の2）。

①　平成21年から令和3年までの間に居住の用に供して住宅借入金等特別控除の適用を受けた場合において、所得税額（注2）から控除しきれない住宅借入金等特別控除額（注3）があること

②　控除を受けようとする年度分の個人住民税の申告書又は前年分の所得税の確定申告書に住宅借入金等特別控除額の控除に関する事項の記載があること（前年分の所得税の年末調整で住宅借入金等特別控除の適用を受けている場合を含む。）

（注）1　平成26年4月から令和3年までの間に居住の用に供し、かつ、住宅の取得等に係る対価の額又は費用の額に含まれる消費税等の税率が8％又は10％の場合は、課税総所得金額等の合計額に7％を乗じた金額（136,500円を限度）となる。

　　　2　住宅借入金等特別控除額、政党等寄附金特別控除額、認定NPO法人等寄附金特別控除額、公益社団法人等寄附金特別控除額、住宅耐震改修特別控除額、住宅特定改修特別控除額、認定住宅新築等特別控除額、災害減免額、外国税額控除額がないものとして計算した所得税額である。

　　　3　特定増改築等住宅借入金等特別控除を適用しないで計算した金額である。

〔手続〕

　所得税について住宅借入金等特別控除の申告書を提出すればよく、また、年末調整の際、給与支払報告書等に住宅借入金等特別控除可能額等一定の事項の記入を求めることで対応されるため、特に住民税に関する申告等の必要はない。

【二十　税額控除】

⑶　特定増改築等住宅借入金等特別控除

　下記アの個人（平成28年3月31日以前は居住者に限る。以下同じ。）が、自己所有の家屋について、下記イの増改築等（バリアフリー改修工事等、省エネ改修工事等、特定多世帯同居改修工事等又は特定の省エネ改修工事と併せて行う特定耐久性向上改修工事等のいずれかを含むものに限る。）をして、平成19年4月1日（省エネ改修工事に係るものは平成20年4月1日、特定多世帯同居改修工事等は平成28年4月1日、特定の省エネ改修工事と併せて行う特定耐久性向上改修工事等は平成29年4月1日）から令和3年12月31日までの間にその増改築等に係る部分をその者の居住の用に供し（増改築等の日から6か月以内に居住の用に供した場合に限る。）、引き続き居住の用に供している場合において、その居住の用に供した日の属する年以後5年間の各年において下記ウの増改築等住宅借入金等を有するときは、上記⑵の住宅借入金等特別控除に代えて、次の算式により計算した控除額をその年分の所得税額から控除できる（措法41の3の2）（災害により居住できなくなった場合についてはP.352参照。）。

┌─（算式）─────────────────────────────
│ **居住日が平成26年4月1日～令和3年12月31日の場合**
│
│　増改築等住宅借入金等の年末残高の合計額（最高1,000万円）＝Ⓐ（注1）
│　Ⓐのうちの特定増改築等住宅借入金等の年末残高の合計額（最高250万円（※））＝Ⓑ（注2）　とする。
│
│　$\displaystyle \substack{控　除　額\\（最高12.5万円）}\left(\substack{100円未満\\切捨て}\right) = Ⓑ × 2\% + (Ⓐ - Ⓑ) × 1\%$
│
│　※　特定取得（P.351参照）以外の場合は200万円となる。
└─────────────────────────────────────

（注）1　増改築等住宅借入金等（下記ウ）の年末残高の合計額

　　　①　住宅の増改築等（一定の場合には土地等の取得の対価の額を含む。）に要した費用の額の範囲内の金額となる（最高1,000万円）。この場合の費用の額については、交付を受ける補助金を控除する必要がある（措令26の4②）。

　　　②　家屋に居住用以外の部分がある場合には、増改築等住宅借入金等の年末残高の合計額について、次表の按分計算が必要となる（措令26の4③）。

区　　分	対象となる増改築等住宅借入金等の額
増改築等の部分	$\left(\substack{増改築等住宅借入金等\\の年末残高の合計額}\right) × \dfrac{居住用部分の増改築等に要した費用の額}{増改築等に要した費用の額}$
土地等の部分	$\left(\substack{増改築等住宅借入金等\\の年末残高の合計額}\right) × \dfrac{居住用部分の土地等の面積}{土地等の面積}$

　　　2　特定増改築等住宅借入金等の年末残高の合計額

　　　①　下記イ⑥Cの「バリアフリー改修工事等」に要した費用の額、下記イ⑥Dの省エネ改修工事等のうち「特定の省エネ改修工事等」に要した費用の額、下記イ②ウの「特定多世帯同居改修工事等」に要した費用の額及び下記イ②エの「特定耐久性向上改修工事等」に要した費用の額の合計額（補助金の控除については上記1と同じ。）の範囲内となる（措法41の3の2⑦⑩）。

　　　　　なお、バリアフリー改修工事等、特定の省エネ改修工事等、特定多世帯改修工事等又は特定耐久性向上改修工事等に要した費用の額は、それぞれ増改築等工事証明書で確認できる。

税額控除

— 361 —

【二十　税額控除】

② 家屋に居住用以外の部分がある場合には、上記1の増改築等住宅借入金等の年末残高の合計額と同様、按分計算が必要となる。

増改築等の区分		増改築等住宅借入金等	控除率
増改築等	バリアフリー改修工事等	最高250万円（※）	2％
	特定多世帯同居改修工事等		
	特定の省エネ改修工事と併せて行う特定耐久性向上改修工事等		
	省エネ改修工事等　特定の省エネ改修工事等	最高1,000万円	1％
	省エネ改修工事等　上記以外		
	上記以外の増改築等の部分		

※　特定取得（P.351参照）以外の場合は200万円となる。

ア　控除を受けられる者

(ア)　バリアフリー改修工事等の場合　（措法41の3の2①）

①〜④のいずれかに該当する個人であること

① 年齢が50歳以上の者
② 介護保険法の要介護認定又は要支援認定を受けている者
③ 所得税法に規定する障害者に該当する者
④ 上記②若しくは③に該当する者又は65歳以上である者（以下「高齢者等」という。）である親族と同居を常況とする者

(注)1　年齢が50歳以上であるかどうか又は同居の親族の年齢が65歳以上であるかどうかの判定は、居住年の12月31日（これらの者が年の中途で死亡した場合には、その死亡時）の年齢による。
　　2　高齢者等と同居を常況としているかどうかは、居住年の12月31日の現況による。
　　3　要介護認定、要支援認定又は障害者に該当する者の判定時期については、措通41の3の2－1参照

(イ)　省エネ改修工事等又は特定多世帯同居改修工事等の場合　（措法41の3の2⑤⑧）

個人であること（上記(ア)のバリアフリー改修工事等のような要件はない。）

イ　対象となる増改築等の範囲　（措法41の3の2②⑥⑨、措令26の4①④〜⑨⑲〜㉑）

自己所有の家屋につき行う、次表の要件に該当する増改築等であること

① 下記⑥の工事であることについて、建築確認通知書の写し、検査済証の写し又は建築士等による増改築等工事証明書により証明されたものであること（⑥のA(A)以外の工事については増改築等工事証明書に限られる。）

② 次のいずれかに該当すること

ア　バリアフリー改修工事等（下記⑥のC）に要した費用の額（補助金を控除）が50万円を超えること

イ　省エネ改修工事等又は特定の省エネ改修工事等（下記⑥のD）に要した費用の額（補助金を控除）が50万円を超えること

ウ　住宅の増改築等（下記⑥のA又はB）のうち、特定多世帯同居改修工事等（調理室、

— 362 —

浴室、便所又は玄関のいずれかを増設する工事で、改修後にこれらのいずれか２つ以上が複数となる工事をいう。）に要した費用の額（補助金を控除）が50万円を超えること

　イ　上記イの特定の省エネ改修工事等と併せて行う特定耐久性向上改修工事等（構造の腐食、腐朽及び摩損を防止し、又は維持保全を容易にするため増築、改築、修繕又は模様替をいう。）に要した費用の額（補助金を控除）が50万円を超えること

③　工事部分に自己の居住用以外の用に供する部分がある場合には、居住用部分の工事に要した費用の額が工事総額の２分の１以上であること

④　工事後の家屋の登記簿上の床面積(マンション等区分所有建物は区分所有部分の面積)が50㎡以上であること

⑤　工事後の家屋の床面積の２分の１以上が専ら自己の居住用であり、その家屋が主としてその居住の用に供すると認められるものであること

⑥　次のＡ～Ｄに掲げる工事であること。ただし、Ａ又はＢに掲げる工事で、特定多世帯

Ａ　戸建住宅の増改築
P.354の表の「(ｳ)増改築等」の「Ａ　戸建住宅の場合」の(A)～(C)と同じ。

Ｂ　区分所有建物（マンション等）の増改築
P.355の表の「(ｳ)増改築等」の「Ｂ　区分所有建物（マンション等）の場合」の(A)～(C)と同じ。

Ｃ　バリアフリー改修工事等
高齢者等が自立した日常生活を営むに必要な構造及び設備の基準に適合させるための増築、改築、修繕又は模様替えで、下記の(A)～(H)のいずれかに該当する工事又はこれら工事が行われる構造又は設備と一体となって効用を果たす設備の取替え又は取付けに係る工事をいう（エレベーター設置工事等の取扱い⇒措通41の３の２－３参照）。

(A)　通路・出入口の拡幅	介助用の車いすで容易に移動するために通路又は出入口の幅を拡張する工事
(B)　階段の勾配の緩和	階段の設置（既存の階段の撤去を伴うものに限る。）又は改良によりその勾配を緩和する工事
(C)　浴室の改良	浴室を改良する工事であって、次のいずれかに該当するもの ・入浴又はその介助を容易に行うために浴室の床面積を増加させる工事 ・浴槽をまたぎ高さの低いものに取り替える工事 ・固定式の移乗台、踏み台その他の高齢者等の浴槽の出入りを容易にする設備を設置する工事 ・高齢者等の身体の洗浄を容易にする水栓器具を設置し又は同器具に取り替える工事
(D)　便所の改良	便所を改良する工事であって、次のいずれかに該当するもの ・排泄又はその介助を容易に行うために便所の床面積を増加させる工事 ・便器を座便式のものに取り替える工事 ・座便式の便器の座高を高くする工事

【二十　税額控除】

(E)　手すりの取付	便所、浴室、脱衣室その他の居室及び玄関並びにこれらを結ぶ経路に手すりを取り付ける工事
(F)　床の段差の解消	便所、浴室、脱衣室その他の居室及び玄関並びにこれらを結ぶ経路の床の段差を解消する工事（勝手口その他屋外に面する開口の出入口及び上がりかまち並びに浴室の出入口にあっては、段差を小さくする工事を含む。）
(G)　出入口の戸の改良	出入口の戸を改良する工事であって、次のいずれかに該当するもの ・開戸を引戸、折戸等に取り替える工事 ・開戸のドアノブをレバーハンドル等に取り替える工事 ・戸に戸車その他の戸の開閉を容易にする器具を設置する工事
(H)　床材の取替	便所、浴室、脱衣室その他の居室及び玄関並びにこれらを結ぶ経路の床の材料を滑りにくいものに取り替える工事

D　省エネ改修工事等

①居室の全ての窓の改修工事、又は①の工事と併せて行う②床の断熱工事、③天井の断熱工事若しくは④壁の断熱工事で、次の要件のすべてを満たすものをいう。

(A)　改修した部位の省エネ性能がいずれも平成25年基準以上となること。

(B)　改修後の住宅全体の省エネ性能が改修前から一段階相当以上上がると認められる工事内容であること（平成27年12月31日以前居住分についてはこの(B)の要件は不要とされている。）。

なお、平成29年4月1日以後に居住の用に供する場合については、居室の全ての窓の改修工事を行っていなくても、改修後の住宅全体の断熱等性能等級が改修前から一段階相当以上向上し、改修後の住宅全体の省エネ性能が「断熱等性能等級4」又は「一次エネルギー消費量等級4以上及び断熱等性能等級3」となるものでも要件を満たすこととされている（平29.3国交省告示286、289）。

また、「特定の省エネ改修工事等」とは、前述の省エネ改修工事等のうち、改修後の住宅全体の省エネ性能が平成25年基準相当となると認められる工事内容のものをいう。

ウ　対象となる増改築等住宅借入金等 （措法41の3の2③⑦）

住宅の増改築に係る次表の借入金又は債務（住宅の増改築等とともにするその増改築等に係る家屋の敷地の用に供する土地等の取得資金に充てるためのものを含む。）をいう。なお、バリアフリー改修工事等を行わない場合には、死亡時一括償還による借入金は対象とならない。

また、増改築等の日前に購入した増改築等に係る家屋の敷地の用に供される土地等に係る増改築等住宅借入金等の年末残高のみがあり、その家屋の増改築等に係る増改築等住宅借入金等の年末残高がない場合には、その土地等に係る増改築等住宅借入金等の金額はないものとみなされる（措令26の4⑰）。

【二十　税額控除】

契約による償還期間又は賦払期間が５年以上の割賦償還又は割賦払	①　金融機関（措法８①）、独立行政法人住宅金融支援機構、地方公共団体、貸金業を行う法人で一定のもの、沖縄振興開発金融公庫、国家公務員共済組合、国家公務員共済組合連合会、日本私立学校振興・共済事業団、地方公務員共済組合、農林漁業団体職員共済組合及び独立行政法人北方領土問題対策協会からの借入金（一定の要件を満たす土地等の先行取得に係るものを含む。） ②　上記①の借入金に類する次に掲げる債務 　増改築等に係る建設業者からの借入金、貸金業を行う法人又は宅地建物取引業者である法人が増改築等の請負代金等の支払を代行したことによりその法人に対して負担する債務、事業主団体又は福利厚生会社からの借入金（独立行政法人勤労者退職金共済機構からの転貸貸付資金に係るものに限る。）及び当初借入先から債権譲渡を受けた特定債権者に対する借入金又は債務 ③　建設業者に対する増改築等工事の請負代金に係る債務又は宅地建物取引業者、独立行政法人都市再生機構、地方住宅供給公社、日本勤労者住宅協会に対する増改築等の対価に係る債務及び土地開発公社との宅地分譲に係る一定の契約のうち増改築等の日前に取得した土地等の対価に係る債務（独立行政法人都市再生機構、地方住宅供給公社からの債務については、一定の要件を満たす土地の先行取得に係る債務を含む。） ④　使用者からの借入金又は使用者に対する住宅の増改築等の対価に係る債務及び使用者に代わって住宅の増改築等に要する資金の貸付けを行っていると認められる一般社団（財団）法人で国土交通大臣が指定した者からの借入金（一定の要件を満たす土地の先行取得に係る債務を含む。）
死亡時一括償還	独立行政法人住宅金融支援機構からの借入金で、契約においてその個人であってその借入金に係る債務を有する者（２人以上の居住者による共同借入れの場合には、その２人以上の居住者の全て）の死亡時に一括償還をする方法により支払うこととされているもの（バリアフリー改修工事等に係るものに限る。）

※　①使用者又は事業主団体（以下「使用者等」という。）からの無利子又は利率１％未満の借入金等、②使用者等から利子補給を受けたため実際の負担利率が１％未満となる借入金等、③使用者等から時価の50％未満で取得した住宅敷地の借入金等は対象とならない。

エ　適用を受けられない年分

①　合計所得金額（P.326参照）が3,000万円を超える年分
②　増改築等をした部分を居住の用に供しなくなった年分（再適用を受ける年分を除く。災害により居住できなくなった場合については、P.352参照。）
　（注）　死亡日の属する年分は、死亡日まで引き続き居住の用に供していれば控除できる。
③　次の措置法の特例の適用を居住年又は居住年の前年若しくは前々年に受けている場合には、その居住年以後の５年間の各年分
　A　居住用財産を譲渡した場合の長期譲渡所得の課税の特例（措法31の３①）
　B　居住用財産（相続空き家を除く。）の譲渡所得の特別控除（措法35①）
　C　特定の居住用財産の買換え・交換の特例（措法36の２、36の５）
　D　中高層耐火建築物等の建設のための買換え・交換の特例（措法37の５）
④　従前住宅等の譲渡を居住年の翌年又は翌々年中（その譲渡が令和２年４月以後の場合

— 365 —

【二十　税額控除】

は、居住年の翌年以後3年以内の各年中）に行い、その譲渡につき上記③の特例の適用を受けるときは、その居住年以後5年間の各年（前年分又は前々年分（その譲渡が令和2年4月以後の場合は、譲渡年以前3年以内の各年分）において特定増改築等住宅借入金等特別控除を受けている場合においては、修正申告又は期限後申告によりその控除を受けないこととすれば、譲渡に関し③の特例の適用を受けることができる。）

オ　添付書類（措規18の23の2）

① 特定増改築等住宅借入金等特別控除の計算明細書
　　補助金等の交付を受ける場合や住宅取得等資金の贈与の特例の適用がある場合は、「（付表1）補助金等の交付を受ける場合又は住宅取得等資金の贈与の特例を受けた場合の取得対価の額等の計算明細書」、連帯債務がある場合には、「（付表2）連帯債務がある場合の住宅借入金等の年末残高の計算明細書」が必要である。

② 住宅取得資金に係る借入金の年末残高等証明書（令和2年分以後は電磁的記録印刷書面も可）

③ 増改築等工事証明書（上記イ⑥A(A)に該当する場合には、確認済証の写し、検査済証の写し又は増改築等工事証明書）

④ 家屋の登記事項証明書

⑤ 請負契約書の写し及び補助金等を受けている場合には、その額を証する書類

⑥ 増改築等住宅借入金等に土地等の取得に係る借入金が含まれる場合には、土地等の登記事項証明書、その売買契約書の写し及び抵当権が設定された家屋の登記事項証明書等

⑦ 適用を受ける者の住民票の写し（バリアフリー改修工事等について、同居の親族が、年齢65歳以上、要介護又は要支援認定を受けている者、障害者であることにより適用を受ける場合にはその親族の住民票の写し（住所地が記載されているものが必要））（平成27年12月31日以前に居住の用に供した場合に限る。）

⑧ バリアフリー改修工事等について、適用を受ける者が要介護又は要支援の認定者である場合には、その者の介護保険の被保険者証の写し、また、同居の親族が要介護又は要支援の認定者であることにより適用を受ける場合にはその親族の介護保険の被保険者証の写し

⑨ 敷地を先行取得している場合
　A　敷地の登記事項証明書、売買契約書の写し
　B　建築条件付で購入した敷地の場合は、土地の分譲に係る契約書等で、契約において一定期間内の建築条件が定められていることを明らかにする書類の写し
　C　家屋の増改築等の日前2年以内に購入した敷地の場合
　　(A)　金融機関、地方公共団体又は貸金業者からの借入金の場合は、家屋の登記事項証明書
　　(B)　上記(A)以外の借入金の場合は、家屋の登記事項証明書又は貸付け若しくは譲渡の条件に従って一定期間内に家屋が建築されたことをその譲渡の対価に係る債権を有する者が確認した旨を証する書類

— 366 —

【二十　税額控除】

参考　増改築等に係る住宅借入金等特別控除制度の比較

区分	住宅借入金等(措法41) 増改築等	特定増改築等住宅借入金等　(措法41の3の2①⑤⑧)		
		バリアフリー 改修工事等	省エネ改修工事等	特定多世帯同居 改修工事等
控除率	1.0%	2.0% (バリアフリー改修工事等、特定の省エネ改修工事等、特定多世帯同居改修工事等及び特定の省エネ改修工事等と併せて行う特定耐久性向上改修工事等以外の部分は1.0%)	2.0% (特定の省エネ改修工事等、特定多世帯同居改修工事等及び特定の省エネ改修工事等と併せて行う特定耐久性向上改修工事等以外の部分は1.0%)	2.0% (特定多世帯同居改修工事等以外の部分は1.0%)
控除期間	10(13(注1))年間	5年間	5年間	5年間
借入金限度額	4,000万円 (特定取得以外の場合は2,000万円)	1,000万円(うち、バリアフリー改修工事等、特定の省エネ改修工事等、特定多世帯同居改修工事等及び特定の省エネ改修工事等と併せて行う特定耐久性向上改修工事等部分は200万円(注2)が限度)	1,000万円(うち、特定の省エネ改修工事等、特定多世帯同居改修工事等及び特定の省エネ改修工事等と併せて行う特定耐久性向上改修工事等部分は200万円(注2)が限度)	1,000万円(うち、特定多世帯同居改修工事等部分は250万円が限度)
償還期間等	10年以上	5年以上又は死亡時一括償還	5年以上	5年以上
工事費	100万円超(補助金等及び住宅取得資金の贈与税の非課税適用額を除く。)	各工事ごとに50万円超(補助金等を除く。)	各工事ごとに50万円超(補助金等を除く。)	50万円超(補助金等を除く。)
住民税控除	所得税で控除しきれない場合、一定額が控除される。	住民税控除不可		

(注)1　特別特定取得(P.352参照)とし、かつ、その家屋を令和元年10月1日から令和2年12月31日までの間に居住の用に供した場合は13年間
　　　2　居住年が平成26年から令和3年までの各年で、特定取得(P.351参照)の場合は250万円

【二十　税額控除】

(4)　住宅特定改修特別控除

　バリアフリー改修工事等、省エネ改修工事等、多世帯同居改修工事等又は省エネ改修工事等若しくは耐震改修工事等と併せて耐久性向上改修工事等を行った場合に、借入金の有無を問わず適用できる税額控除であり、次のア(ア)の特定個人の場合、(イ)の特定個人以外の場合に区分される。

ア　制度の内容

(ア)　特定個人の場合

　下記イ(ア)の特定個人（平成28年3月以前は居住者に限る。以下同じ。）が、その者の所有する家屋で、自己の居住の用に供するものについて、下記ウの改修工事をして、平成21年4月1日から令和3年12月31日までの間に、その家屋（その家屋の改修工事に係る部分に限る。）をその者の居住の用に供した場合（改修工事の日から6か月以内に居住の用に供した場合に限る。）には、その者のその年分の所得税の額から次の算式により計算した金額を控除できる（措法41の19の3①）。

┌─(算式)────────────────────────────

居住日が平成26年4月1日～令和3年12月31日の場合

　　控除額（最高95万円）＝ (A) ＋ ((B)、(D)、(E)のいずれか) ＋ (C)

　　（注）　太陽光発電設備設置工事が含まれる場合は最高105万円

　　(A)　（100円未満切捨て）＝バリアフリー改修工事等の標準的な費用の額×10%

バリアフリー改修工事等の標準的な費用の額	8%又は10%の税率による消費税額等が課されるべき場合…200万円が限度
	上記以外の場合…150万円が限度

　　(B)　（100円未満切捨て）＝省エネ改修工事等の標準的な費用の額×10%

省エネ改修工事等の標準的な費用の額	8%又は10%の税率による消費税額等が課されるべき場合…250万円（太陽光発電設備工事が含まれる場合は350万円）が限度
	上記以外の場合…200万円（太陽光発電設備工事が含まれる場合は300万円）が限度

　　(C)　（100円未満切捨て）＝多世帯同居改修工事等の標準的な費用の額（250万円が限度）×10%

$$
\text{(D)} \left(\begin{array}{c}100円未満\\切捨て\end{array}\right) = \left[\begin{array}{c}\text{耐震改修工事又は省エネ改修工事等の標準的な費用の額}\\ + \\ \text{耐久性向上改修工事等の標準的な費用の額}\end{array}\right] \times 10\%
$$

$$
\left(\begin{array}{c}250万円（省エネ改修工事等と併せて太陽光発電\\装置を設置する場合は350万円）が限度\end{array}\right)
$$

【二十　税額控除】

$$
\text{(E)} \begin{pmatrix} 100円未満 \\ 切捨て \end{pmatrix} = \left\{ \begin{array}{c} \text{耐震改修工事及び省エネ改修工事等の標準} \\ \text{的な費用の額} \\ + \\ \text{耐久性向上改修工事等の標準的な費用の額} \end{array} \right\} \times 10\%
$$

$$
\begin{pmatrix} 500万円（省エネ改修工事等と併せて太陽光発電 \\ 装置を設置する場合は600万円）が限度 \end{pmatrix}
$$

※1　(C)は平成28年4月1日以後に、(D)及び(E)は平成29年4月1日以後に、居住の用
　　に供した場合に限る。

　2　「各改修工事等の標準的な費用の額」は、増改築等工事証明書で確認できる。
　　交付される補助金等は控除する。

(ｲ)　特定個人以外の場合

　下記イ(ｲ)の特定個人以外の個人（平成28年3月31日以前は居住者に限る。以下同じ。）
がその者の所有する家屋で、自己の居住の用に供するものについて、次表の改修工
事等をして、平成21年4月1日から令和3年12月31日までの間に、その家屋（その
家屋の改修工事に係る部分に限る。）をその者の居住の用に供した場合（改修工事の日
から6か月以内に居住の用に供した場合に限る。）には、その者のその年分の所得税の
額から次の算式により計算した金額を控除できる（措法41の19の3③⑤～⑧）。

(算式)

居住日が平成26年4月1日～令和3年12月31日の場合

控除額（最高75万円）＝（(A)、(C)、(D)のいずれか）＋(B)

(注)　太陽光発電設備設置工事が含まれる場合は最高85万円

(A)　（100円未満切捨て）＝省エネ改修工事等の標準的な費用の額×10%

省エネ改修工事等の標準的な費用の額	8％又は10％の税率による消費税額等が課されるべき場合…250万円（太陽光発電設備工事が含まれる場合は350万円）が限度
	上記以外の場合…200万円（太陽光発電設備工事が含まれる場合は300万円）が限度

(B)　（100円未満切捨て）＝多世帯同居改修工事等の標準的な費用の額（250万
　　　　　　　　　　　　　　　円が限度）×10%

$$
\text{(C)} \begin{pmatrix} 100円未満 \\ 切捨て \end{pmatrix} = \left\{ \begin{array}{c} \text{耐震改修工事又は省エネ改修工事等の標準} \\ \text{的な費用の額} \\ + \\ \text{耐久性向上改修工事等の標準的な費用の額} \end{array} \right\} \times 10\%
$$

$$
\begin{pmatrix} 250万円（省エネ改修工事等と併せて太陽光発電 \\ 装置を設置する場合は350万円）が限度 \end{pmatrix}
$$

【二十　税額控除】

$$
\text{(D)}\quad \binom{100\text{円未満}}{\text{切捨て}} = \left(\begin{array}{c} \text{耐震改修工事及び省エネ改修工事等の標準} \\ \text{的な費用の額} \\ + \\ \text{耐久性向上改修工事等の標準的な費用の額} \end{array} \right) \times 10\%
$$

$$
\binom{500\text{万円（省エネ改修工事等と併せて太陽光発電}}{\text{装置を設置する場合は600万円）が限度}}
$$

> ※1　(B)は平成28年4月1日以後に、(C)及び(D)は平成29年4月1日以後に、居住の用
> 　に供した場合に限る。
> 　2　「各改修工事等の標準的な費用の額」は、増改築等工事証明書で確認できる。
> 　　交付される補助金等は控除する。

イ　控除適用者

(ア)　特定個人の要件

次の①～④のいずれかに該当する個人

①50歳以上である者、②介護保険法に規定する要介護認定又は要支援認定を受け
ている者、③所得税法に規定する障害者に該当する者、④上記②若しくは③に該当
する者又は年齢が65歳以上である親族と同居を常況としている者

(イ)　特定個人以外の個人の要件

上記(ア)に該当しない個人

ウ　対象となる改修工事

(ア)　特定個人の場合

次表に掲げる改修工事で、①対象工事であることについて増改築等工事証明書に
より証明されていること、②改修工事の日から6か月以内に居住の用に供している
こと、③工事後の家屋の床面積の2分の1以上が専ら自己の居住用であること、④
自己の所有する家屋で主として自己の居住の用に供するものについて行う改修工事
であること、⑤自己の居住の用に供される部分の工事費用の額が改修工事の総額の
2分の1以上であること、⑥工事をした後の家屋の床面積が50㎡以上であることの
いずれにも該当すること（措令26の28の5）

バリアフリー 改修工事等	省エネ改修工事等	多世帯同居 改修工事等	耐久性向上 改修工事等
工事費（補助金控除後） 平26.4.1以後に居住 標準的な費用の額…50万円超	工事費（補助金控除後） 平26.4.1以後に居住 標準的な費用の額…50万円超	工事費（補助金控除後） 平28.4.1以後に居住 標準的な費用の額…50万円超	工事費（補助金控除後） 平29.4.1以後に居住 標準的な費用の額…50万円超

— 370 —

【二十　税額控除】

工事内容	工事内容	工事内容	工事内容
① 廊下の拡幅 ② 階段の勾配の緩和 ③ 浴室改良 ④ 便所改良 ⑤ 手すりの設置 ⑥ 屋内の段差の解消 ⑦ 引き戸等への取替え工事 ⑧ 床表面の滑り止め化	① エネルギーの使用の合理化に資する一定の改修工事（次のAからDの工事で改修部位の省エネ性能がいずれも平成25年基準以上となるもの） A　居室の全ての窓の改修工事 B　床の断熱工事 C　天井の断熱改修工事 D　壁の断熱工事 　（B～DについてはAと併せて行う工事に限る。） 　なお、平成29年4月1日以後に居住の用に供する場合については、居室の全ての窓の改修工事を行っていなくても、改修後の住宅全体の断熱等性能等級が改修前から一段階相当以上向上し、改修後の住宅全体の省エネ性能が「断熱等性能等級4」又は「一次エネルギー消費量等級4以上及び断熱等性能等級3」となるものでも要件を満たすこととされている（平29.3国交省告示286、289）。 ② 太陽光発電設備設置（取替え）工事（①の工事と併せて行うものに限る。） ③ ①の工事が行われる構造又は設備と一体となって効用を果たすエネルギー使用合理化設備の取替え又は取付け工事	①調理室、②浴室、③便所又は④玄関のいずれかを増設する工事で、改修後に①から④までのいずれか2つ以上が複数となるもの	構造の腐食、腐朽及び摩損を防止し、又は維持保全を容易にするための増築、改築、修繕又は模様替（認定長期優良住宅建築等計画に基づくものに限る。）

※　耐震改修工事は、標準的な費用の額（補助金控除後）が50万円を超えることが要件であり、下記(6)の住宅耐震改修特別控除の「住宅耐震改修」と同内容である。

(イ)　特定個人以外の個人の場合

「バリアフリー改修工事等」が対象工事から除かれること以外は、上記(ア)と同じ。

エ　控除が受けられない年分等

① 合計所得金額（P.326参照）が3,000万円を超える年分

② 次のとおり、既に該当工事による控除を受けている場合（異なる家屋に係る工事を行う場合など、いずれも一定の例外あり）

【二十　税額控除】

　　A　バリアフリー改修工事等
・　平成26年４月１日から同年12月31日までの間に居住の用に供した場合で、前年に当該控除を適用しているとき
・　平成27年１月１日から平成28年12月31日までの間に居住の用に供した場合で、前年以前２年内に当該控除を適用しているとき
・　平成29年１月１日以後に居住の用に供した場合で、前年以前３年内に当該控除を適用しているとき
　　B　省エネ改修工事等
　　平成29年４月１日以後に居住の用に供した場合で、前年以前３年内において当該控除を適用しているとき
　　C　多世帯同居改修工事等
　　平成28年４月１日以後に居住の用に供した場合で、前年以前３年内に当該控除を適用しているとき
　　D　耐久性向上改修工事等
　　平成29年４月１日以後に居住の用に供した場合で、前年以前３年内に当該控除を適用しているとき

オ　他の制度との適用関係
　　各改修工事等について、住宅借入金等特別控除又は特定増改築等住宅借入金等特別控除の適用を受ける場合には、この制度の適用はできない（措法41⑱、41の３の２②）。また、この住宅特定改修特別控除を適用して確定申告書を提出した場合には、その後において、更正の請求書若しくは修正申告書を提出する場合においてもこの制度が適用される（この制度を適用しなかった場合も同様）（措通41の19の３－２）。

カ　添付書類（措規19の11の３）

> ①　住宅特定改修特別税額控除額の計算明細書
> ②　増改築等工事証明書
> ③　家屋の登記事項証明書等（床面積が50㎡以上であることの証明）
> ④　住民票の写し（平成27年12月31日以前に居住の用に供した場合に限る。）
> ⑤　バリアフリー改修工事等の場合は上記に加え次の書類
> 　　A　介護保険の被保険者証の写し（申告者又は同居親族が要介護認定若しくは要支援認定を受けていることが要件とされる場合に限る。）
> 　　B　介護保険法76条２項の適用を受けたことを証する書類（同一家屋について再度適用を受ける場合に限る。）

【二十　税額控除】

参考　対象工事別の標準的な工事費用（限度額）と最高控除税額

対象工事	標準的な工事費用（限度額）	最高控除税額	
		特定個人	左記以外
① バリアフリー改修工事等（特定個人に限る。）	200万円	20万円	－
② 省エネ改修工事等	250万円（350万円）	25万円（35万円）	25万円（35万円）
③ 多世帯同居改修工事等	250万円	25万円	25万円
④ 耐震改修工事 ＋ 耐久性向上改修工事等	250万円	25万円	25万円
⑤ 省エネ改修工事等 ＋ 耐久性向上改修工事等	250万円（350万円）	25万円（35万円）	25万円（35万円）
⑥ 耐震改修工事 ＋ 省エネ改修工事等 ＋ 耐久性向上改修工事等	500万円（600万円）	50万円（60万円）	50万円（60万円）
合計控除税額の最高額　[①＋③＋⑥] 又は [③＋⑥]	－	95万円（105万円）	75万円（85万円）

（注）1　かっこ書は、省エネ改修工事と併せて太陽光発電装置を設置する場合である。

2　①と②の最高控除税額は、消費税税率8％又は10％の場合としている。

3　①～⑥の各改修工事と住宅耐震改修特別控除（P.375）の主な重複適用関係は次表のとおり。

措法	改修工事の区分	①	②	③	④	⑤	⑥	⑦
41の19の3	① バリアフリー（1項）		○／－	○／○	×／△	×／△	×／△	○／△
	② 省エネ（3項）	○		○	×	×	×	○
	③ 多世帯（5項）	○	○／－		×／△	×／△	×／△	○／△
	④ 耐震＋耐久性（6項）	○	×	○		×	×	○
	⑤ 省エネ＋耐久性（7項）	○	×	○	×		×	×
	⑥ 耐震＋省エネ＋耐久性（8項）	○	×	○	×	×		×
41の19の2	⑦ 住宅耐震改修特別控除	○	○	○	×	×	×	

表側の各工事からみた重複適用関係を示す。○…適用可、×…適用不可、△…①及び③について、②を適用しない場合にいずれか1つの適用可

税額控除

— 373 —

【二十　税額控除】

⑸　認定住宅新築等特別控除

　個人（平成28年3月31日以前は居住者に限る。以下同じ。）が、認定住宅の新築又は建築後使用されたことのない認定住宅の取得（以下「認定住宅の新築等」という。）をして、その家屋をその者の居住の用に供した場合（認定住宅の新築等の日から6か月以内に居住の用に供した場合に限る。）には、その者のその年分の所得税の額から次の算式により計算した金額を控除できる（措法41の19の4①②）。なお、認定住宅とは、認定長期優良住宅又は認定低炭素住宅（平成26年4月以後に限る。）をいう。

　個人がその年において、その年の前年における税額控除限度額のうち前年において控除をしてもなお控除しきれない金額を有する場合、又はその年の前年分の所得税につきその確定申告書を提出すべき場合及び提出することができる場合のいずれにも該当しない場合には、その控除しきれない金額相当額又はその年の前年における税額控除限度額をその者のその年の所得税の額から控除できる（措法41の19の4③）。

---（算式）---

居住日が平成26年4月1日〜令和3年12月31日の場合

$$
\begin{pmatrix} 控\ 除\ 額 \\ (最高50万円 \\ 又は65万円) \end{pmatrix} \begin{pmatrix} 100円未満 \\ 切捨て \end{pmatrix} = \begin{pmatrix} 認定長期優良住宅又は認定低炭素住宅について \\ 講じられた標準的なかかり増し費用の額(注) \\ (最高500万円、ただし、住宅の対価の額に含ま \\ れる消費税額等が税率8\%又は10\%により課さ \\ れるべき場合は650万円) \end{pmatrix} \times 10\%
$$

(注)　1㎡当たりの金額（43,800円）に床面積を乗じて計算した金額。

ア　対象となる家屋（①〜③のいずれにも該当）

　①床面積が50㎡以上の家屋であること、②床面積の2分の1以上を専ら自己の居住の用に供する家屋であること、③認定長期優良住宅又は認定低炭素住宅であると証明されたものであること

イ　控除が受けられない場合

　㈠　居住年の合計所得金額（P.326参照）が3,000万円を超える場合（居住年の翌年の所得税の額から控除未済税額控除額を控除する場合は、居住年の翌年分の合計所得金額が3,000万円を超える場合）

　㈡　従前住宅等の譲渡を居住年とその前後の2年ずつの5年間（その譲渡が令和2年4月以後の場合は、居住年とその前2年及び後3年の6年間）に行い、その譲渡について次に掲げるいずれかの特例を適用する場合

　①　居住用財産を譲渡した場合の長期譲渡所得の課税の特例（措法31の3①）

　②　居住用財産（相続空き家を除く。）の譲渡所得の特別控除（措法35①）

ウ　他の制度との適用関係

　上記⑵の住宅借入金等特別控除との選択適用となる（措法41㉒）。

エ　添付書類（措規19の11の4）

㈠　居住年に適用する場合

　①認定住宅新築等特別税額控除額の計算明細書、②家屋の登記事項証明書、③工

— 374 —

事請負契約書又は売買契約書の写し、④住民票の写し（平成27年12月31日以前に居住
の用に供した場合に限る。）及び⑤認定住宅の区分に応じ次に掲げる書類

A 認定長期優良住宅
- ・ 長期優良住宅建築等計画の認定通知書の写し（計画の変更の認定を受けた場合は
  変更認定通知書の写し、認定計画実施者の地位の承継があった場合は認定通知書及
  び地位の承継の承継通知書の写しが必要）
- ・ 住宅用家屋証明書若しくはその写し又は認定長期優良住宅建築証明書

B 低炭素建築物
- ・ 低炭素建築物新築等計画認定通知書の写し（計画の変更の認定を受けた場合は、
  変更認定通知書の写しが必要）
- ・ 住宅用家屋証明書若しくはその写し又は認定低炭素住宅建築証明書

C 低炭素建築物とみなされる特定建築物
- ・ 特定建築物用の住宅用家屋証明書

(イ) 居住年の翌年の所得税の額から控除未済税額控除額を控除する場合

上記(ア)①の書類（居住年において、確定申告書を提出すべき場合及び提出すること
ができる場合のいずれにも該当しない場合は(ア)の①～⑤の書類）

(6) 住宅耐震改修特別控除

個人（平成28年3月31日以前は居住者に限る。以下同じ。）が、その者の居住の用に供
する下記アの家屋について耐震改修（地震に対する安全性の向上を目的とした増築、改
築、修繕又は模様替をいう。）として一定の証明がされたもの（以下「住宅耐震改修」と
いう。）をした場合には、住宅耐震改修を行った日により、それぞれ次の算式により計
算した控除額をその者のその年分の所得税の額から控除できる（措法41の19の2①②）。

---（算式）---

平成26年4月1日～令和3年12月31日の間に住宅耐震改修を行った場合

$$\underset{\substack{（最高20万円\\又は25万円）}}{\text{控 除 額}}\left(\substack{100円未満\\切捨て}\right)=\left[\substack{住宅耐震改修に係る耐震工事の\\標準的な費用の額（補助金控除後）}\right]\times10\%$$

(注) 住宅耐震改修に要した費用の額に含まれる消費税額等が税率8％又は10％によ
り課されるべき場合は控除額25万円が限度となる。

ア 対象となる家屋 （措令26の28の4①）

居住の用に供する家屋で、昭和56年5月31日以前に建築されたもの（その者が居
住の用に供する家屋を2以上有する場合は、主として居住の用に供する一の家屋）

イ 他の制度との適用関係

住宅借入金等特別控除等との重複適用ができる。ただし、要耐震改修住宅の取得
日までに耐震改修の申請をし、居住日までに耐震基準に適合した場合の住宅借入金
等特別控除の特例を受ける場合は重複適用できない（措法41㉚）。

また、平成29年4月1日以後における住宅特定改修特別控除との重複適用につい
てはP.373参照。

【二十　税額控除】

ウ　添付書類（措法41の19の２③、措規19の11の２）

① 住宅耐震改修特別控除額の計算明細書

② 住宅耐震改修証明書又は増改築等工事証明書

③ 家屋の登記事項証明書など、家屋が昭和56年５月31日以前の建築であることを明らかにする書類

④ 住民票の写し（平成27年12月31日以前に耐震改修を行った場合に限る。）

3　寄附金に係る税額控除

(1)　共通事項

寄附金に係る税額控除には、①政党等寄附金税額控除、②認定NPO法人等寄附金税額控除、③公益社団法人等寄附金税額控除がある。これらの制度には、共通事項として、次の制約が設けられている。

ア　所得控除との選択適用

税額控除の対象となる寄附金については、上記①～③の各区分ごとにいずれも所得控除との選択適用となるが、税額控除を選択した場合には、その年の支出額の全てについて適用しなければならない（措通41の18－１、41の18の２－１、41の18の３－１）。

イ　税額控除限度額

控除限度額は所得税額の25％相当額（認定NPO法人等寄附金税額控除と公益社団法人等寄附金税額控除は、両控除額の合計額が所得税額の25％相当額）となる。この場合の所得税額は、配当控除適用後の税額である（措通41の18－２、41の18の２－２、41の18の３－２）（税額控除の順序については、P.401参照）。

※　新型コロナウイルス感染症に関連する寄附金の指定（令和２年財務省告示152、159）を受けた寄附金の税額控除については、P.321の参考の２を参照。

(2)　政党等寄附金税額控除

個人が、令和６年12月31日までの間に政党又は政治資金団体（政党が総務大臣に届け出たもの）に対し、政治活動に関する寄附を行った場合（以下「政党等寄附金」という。）で、所得控除である寄附金控除の適用を受けないときは、次表により計算した金額を所得税額から控除できる（措法41の18②、措令26の27の２①）。

区　　分	控　　除　　額
政党等寄附金の額（Ⓐ）のみの場合	（Ⓐ－２千円）×30% 　　　　（100円未満切捨て、所得税額の25％相当額が限度） ※　Ⓐは、総所得金額等（P.295参照）の40%が限度
政党等寄附金の額（Ⓐ）とその他の特定寄附金（Ⓑ）がある場合	［｛（Ⓐ＋Ⓑ）－Ⓑ｝－（２千円－Ⓑ）］×30% 　　　　（100円未満切捨て、所得税額の25％相当額が限度） ※１　（Ⓐ＋Ⓑ）は、総所得金額等（P.295参照）の40%が限度 　２　（２千円－Ⓑ）におけるⒷは２千円が限度

適用に当たっては、確定申告書に①政党等寄附金特別控除額の計算明細書、②総務大臣又は選挙管理委員会等の確認印のある「寄附金控除のための書類」（平成30年分以

【二十　税額控除】

後は、電子証明書等に記録された情報の内容を一定の方法で出力した書面でも可。なお、e-Tax
による申告の場合には添付省略可（P.417参照））を添付する必要がある（措規19の10の2）。

⑶　認定 NPO 法人等寄附金税額控除

　個人が、認定 NPO 法人（仮認定を含む。）に対し、特定非営利活動に係る事業関連
寄附（寄附者に特別の利益が及ぶものを除く。）を行った場合（以下「特定非営利活動寄附
金」という。）で、所得控除である寄附金控除の適用を受けないときは、次表により計
算した金額を所得税額から控除できる（措法41の18の2②、措令26の28①）。

区　　分	控　　除　　額
特定非営利活動寄附金の額（Ⓐ）のみの場合	（Ⓐ－2千円）×40% 　　　　　　（100円未満切捨て、所得税額の25%相当額が限度） ※　Ⓐは、総所得金額等（P.295参照）の40%が限度
特定非営利活動寄附金の額（Ⓐ）とその他の特定寄附金（Ⓑ）がある場合	[〔（Ⓐ＋Ⓑ）－Ⓑ〕－（2千円－Ⓑ）]×40% (100円未満切捨て、下記⑷の公益社団法人等寄附金特別控除と合わせて所得税額の25%相当額が限度) ※1　（Ⓐ＋Ⓑ）は、総所得金額等（P.295参照）の40%が限度 　　2　（2千円－Ⓑ）におけるⒷは2千円が限度

　適用に当たっては、確定申告書に①認定 NPO 法人寄附金特別控除額の計算明細書、
②認定 NPO 法人が発行した寄附金に係る証明書（平成30年分以後は、電子証明書等に
記録された情報の内容を一定の方法で出力した書面でも可。なお、e-Tax による申告の場合
には添付省略可（P.417参照））を添付する必要がある（措規19の10の3）。

⑷　公益社団法人等寄附金税額控除

　個人が、下記①～③に掲げる寄附金（いずれもその運営組織及び事業活動が適正であ
ること並びに市民から支援を受けていることにつき一定の要件を満たすものに限る。）を支
払った場合で、所得控除である寄附金控除の適用を受けないときは、下記の表により
計算した金額を所得税額から控除できる（措法41の18の3①、措令26の28の2①～④）。
①　平成23年分以後の公益社（財）団法人、学校法人等、社会福祉法人又は更生保護
　　法人に対する寄附金
②　平成28年分以後の国（公）立大学法人、（独）国立高等専門学校機構、（独）日本学
　　生支援機構に対する寄附金で、学生等に対する修学支援事業に充てられることが
　　確実である一定のもの
③　令和2年分以後の国（公）立大学法人、大学共同利用機関法人、（独）国立高等専
　　門学校機構に対する寄附金で、学生又は不安定な雇用状態にある研究者に対する
　　これらの者が行う研究への助成又は研究者としての能力向上事業に充てられるこ
　　とが確実である一定のもの

【二十 税額控除】

区　分	控　除　額
税額控除対象寄附金の額（Ⓐ）のみの場合	（Ⓐ－2千円）×40% 　　　　（100円未満切捨て、所得税額の25%相当額が限度） ※　Ⓐは、総所得金額等（P. 295参照）の40%が限度
税額控除対象寄附金の額（Ⓐ）とその他の特定寄附金（Ⓑ）がある場合	［｛（Ⓐ＋Ⓑ）－Ⓑ｝－（2千円－Ⓑ）｝］×40% （100円未満切捨て、上記(3)の認定NPO法人寄附金特別控除と合わせて所得税額の25%相当額が限度） ※1　（Ⓐ＋Ⓑ）は、総所得金額等（P. 295参照）の40%が限度 　2　（2千円－Ⓑ）におけるⒷは2千円が限度

　適用に当たっては、確定申告書に①公益社団法人等寄附金特別控除額の計算明細書、②寄附金受領法人が発行した寄附金に係る証明書及び所轄庁による税額控除対象法人である旨の証明書（平成30年分以後は、電子証明書等に記録された情報の内容を一定の方法で出力した書面でも可。なお、e-Taxによる申告の場合には添付省略可（P. 417参照））を添付する必要がある（措規19の10の4⑪）。

> **📌 参考　チケット払戻請求権の放棄に係る寄附金税額控除の適用**
>
> 　新型コロナウイルス感染症の影響で中止、延期又は規模縮小を行った文化芸術又はスポーツに関する行事で一定のもの（文化庁又はスポーツ庁のHP参照）の入場料金等払戻請求権の全部又は一部の放棄を令和2年2月1日から令和3年12月31日までの期間にした場合の払戻請求権相当額の合計額（20万円を限度）について、所得控除の適用を受けない場合は、公益社団法人等寄附金税額控除を適用できる（新型コロナ税特法5③）。添付書類は、払戻請求権放棄証明書、指定行事認定証明書の写し。
>
> 　所得控除又は税額控除の選択は、その年中に放棄した払戻請求権相当額の全額についてする必要があるが（新型コロナ税特法通達5－1）、所得税法上の寄附金控除の対象にも該当する国や地方公共団体などが行事を主催する場合は、その払戻請求権ごとに所得控除又は税額控除のいずれかを選択できる（同通達5－2）。

➡住民税（寄附金税額控除）

〔対象となる寄附金〕（地法37の2①、314の7①、地令7の17、7の18、48の9①）

①　都道府県又は市区町村（特別区）に対する寄附金（特別の利益が寄附した納税義務者に及ぶものを除く。）
②　住所地の都道府県共同募金会に対する寄附金（総務大臣の承認を受けたもの等に限る。）（注）
③　住所地の日本赤十字社支部に対する寄附金（総務大臣の承認を受けたものに限る。）（注）
④　所得税の寄附金控除の適用対象となる寄附金（国に対する寄附金及び政党等寄附金を除く。）のうち住民の福祉の増進に寄与する寄附金として都道府県又は市区町村の条例で定めるもの

【二十　税額控除】

⑤　認定NPO法人以外のNPO法人に対する当該法人の行う特定非営利活動に係る事業に関連する寄附金のうち、都道府県又は市区町村の条例で定めるもの（特別の利益が寄附をした納税義務者に及ぶと認められるものを除く。）

(注)　日本赤十字社や中央共同募金会などが災害救助法の適用を受けた災害について義援金の募金活動を行っている場合にも、その義援金が最終的に被災地方団体又は義援金配分委員会等に拠出されるものであるときは、都道府県又は市区町村に対する寄附金となる。

〔控除税額〕

1　本則控除額（地法37の2①、314の7①）

（上記①～⑤の寄附金の額－2,000円）×10%（道府県民税4%、市町村民税6%）

　※　寄附金の額は、総所得金額等（P.295参照）の合計額の30%が限度

　　　指定都市の区域内居住者の平成30年度以後は、道府県民税2%、市町村民税8%

2　特例控除額（上記①の寄附金及び②又は③の寄附金で注書きに該当するもののうち総務大臣が指定した都道府県又は市区町村に対する特例控除対象寄附金がある場合）の加算（地法37の2②、314の7②、地法附則5の5、5の6）…いわゆる「ふるさと納税」分

　　特例控除の対象から除かれる団体及びその期間は次のとおり。東京都（令元.6～）、静岡県小山町（令元.6～令2.7.22）、高知県奈半利町（令2.7.23～）（いずれも上記1の本則控除は適用可）。

　特例控除対象寄附金の合計額が2千円を超える場合、上記1により計算した金額に、次の算式による特例控除額が加算される（調整控除後の所得割額の20%が限度）。

（特例控除対象寄附金の額－2,000円）×次に掲げる割合

A　課税総所得金額を有する場合で、課税総所得金額－人的控除差調整額(注)≧0のとき

課税総所得金額	割合	課税総所得金額	割合	
（人的控除差調整額控除後）	26年度以後	（人的控除差調整額控除後）	26・27年度	28年度以後
195万円以下	84.895%	900万円超　1,800万円以下	56.307%	56.307%
195万円超　330万円以下	79.79%	1,800万円超　4,000万円以下	49.16%	49.16%
330万円超　695万円以下	69.58%	4,000万円超		44.055%
695万円超　900万円以下	66.517%			

(注)　所得税と住民税の人的控除額の差額（P.291参照）の合計額

B　課税総所得金額を有する場合で、課税総所得金額－人的控除差調整額＜0、かつ、課税山林所得金額及び課税退職所得金額を有しないとき　90%

C　課税総所得金額を有する場合で、課税総所得金額－人的控除差調整額(注)＜0、又は課税総所得金額を有しない場合で、課税山林所得金額又は課税退職所得金額を有するとき

　次の(A)又は(B)に定める割合（いずれにも該当するときはいずれか低い割合）

(A)　課税山林所得金額を有する場合

税額控除

【二十　税額控除】

　　　　課税山林所得金額の５分の１の金額につき、上記Ａの表により求めた割合
　(B)　課税退職所得金額を有する場合
　　　　課税退職所得金額につき、上記Ａの表により求めた割合
Ｄ　上記Ｂ、Ｃに該当する場合、又は課税総所得金額、課税退職所得金額及び課税
　山林所得金額を有しない場合で、上場株式等に係る配当所得等の金額、土地等に
　係る事業所得等の金額（土地の譲渡等が平成10年１月１日から令和５年３月31日まで
　の間に行われたものは適用なし。）、長期譲渡所得の金額、短期譲渡所得の金額、一
　般株式等に係る譲渡所得等の金額、上場株式等に係る譲渡所得等の金額又は先物
　取引に係る雑所得等の金額を有するとき
　　　次の(A)〜(E)に定める割合（２以上に該当するときは最も低い割合）
　(A)　課税山林所得金額を有する場合
　　　　課税山林所得金額の５分の１の金額につき、上記Ａの表により求めた割合
　(B)　課税退職所得金額を有する場合
　　　　課税退職所得金額につき、上記Ａの表により求めた割合
　(C)　土地等に係る事業所得等の金額を有する場合…50％
　(D)　短期譲渡所得の金額を有する場合…60％（平成26年度以後は59.37％）
　(E)　上場株式等に係る配当所得等の金額、長期譲渡所得の金額、一般株式等に係
　　　る譲渡所得等の金額、上場株式等に係る譲渡所得等の金額又は先物取引に係る
　　　雑所得等の金額を有する場合…75％（平成26年度以後は74.685％）
　　　ただし、この場合の都道府県民税の特例控除額は計算額の５分の２（指定都市
　の区域内居住者の平成30年度以後は５分の１）、また、市区町村民税の特例控除額は計
　算額の５分の３（同５分の４）（いずれも調整控除後の所得割額の20％が限度）となる。
　※　上記における「退職所得金額」には、現年分離課税となる退職所得は含まれない。

〔手続〕

１　所得税の確定申告を行う場合（⑤の寄附金を除く。）
　　住民税に関する事項の寄附金税額控除欄の「都道府県、市区町村への寄附（特例
　控除対象）」、「共同募金、日赤その他の寄附」、「都道府県条例指定寄附」及び「市
　区町村条例指定寄附」に区分して記載する。
２　⑤の寄附金について税額控除を受ける場合
　　「寄附金税額控除申告書（二）」（総務省令第５号の５の３様式）を、賦課期日現在
　における住所所在地の市区町村長に３月15日までに提出する。その際、NPO法人
　から交付を受けた寄附金の受領証明書を添付する。

【二十　税額控除】

参考　特例控除（ふるさと納税）を含めた税の軽減額

〔例１〕　特例控除対象寄附金は602,000円、所得の種類は総所得金額のみで、所得税の限界税率は40.84％、調整控除後の所得割額2,000,000円の場合

所得税（寄附金控除）		（602,000円－2,000円）×40.84％（限界税率）＝245,040円…A
個人住民税	本則控除額	（602,000円－2,000円）×10％＝60,000円…B
	特例控除額	①　（602,000円－2,000円）×〔49.16％（限界税率）〕＝294,960円
		②　400,000円（2,000,000円×20％…調整控除後の所得割額の20％）
		③　①と②のいずれか少ない金額⇒①＜②　∴①294,960円…C
税の軽減額		A＋B＋C＝600,000円
最終的な自己負担額		602,000円－600,000円＝2,000円

※　住民税の対象寄附金は総所得金額等（P.295参照）の30％相当額が限度

寄附金　602,000円ぺ			
所得税 245,040円	個人住民税 （本則控除） 60,000円	個人住民税（特例控除） 294,960円	自己負担 2,000円

←――――――――税の軽減額　600,000円――――――――→

〔例２〕　特例控除対象寄附金は90,000円、所得の種類は総所得金額のみで、所得税の限界税率は10.21％、調整控除後の所得割額291,000円の場合

所得税（寄附金控除）		（90,000円－2,000円）×10.21％（限界税率）＝8,984円…A
個人住民税	本則控除額	（90,000円－2,000円）×10％＝8,800円…B
	特例控除額	①　（90,000円－2,000円）×〔79.79％（限界税率）〕＝70,215円
		②　58,200円（291,000円×20％…調整控除後の所得割額の20％）
		③　①と②のいずれか少ない金額⇒①＞②　∴②58,200円…C
税の軽減額		A＋B＋C＝75,984円
最終的な自己負担額		90,000円－75,984円＝14,016円

※　住民税の対象寄附金は総所得金額等（P.295参照）の30％相当額が限度

寄附金　90,000円			
所得税 8,984円	個人住民税 （本則控除） 8,800円	個人住民税（特例控除）　58,200円	自己負担 14,016円

←――――――――税の軽減額　75,984円――――――――→

【二十 税額控除】

〔例３〕 前記〔**例２**〕において、総所得金額の他に課税長期譲渡所得に対する所得割額200,000円がある場合の「特例控除額」と「税額軽減額」

1 特例控除額
① 70,215円（〔**例２**〕と同じ。）
② 98,200円（(291,000円＋200,000円)×20％）
③ ①と②のいずれか少ない金額⇒①＜② ∴①70,215円…C

2 税額軽減額
A＋B＋C＝87,999円

なお、課税総（退職・山林）所得金額がなく、課税長期譲渡所得などの申告分離課税に係る所得割額のみの場合は、P.380のDの(C)～(E)の割合（２以上に該当するときは最も低い割合）により計算する。

〔ふるさと納税の限度額の目安を求める算式〕

特例控除額は、調整控除後の所得割額の20％相当額が限度とされている。そのため、「特例控除額＝調整控除後の所得割額×20％」となるときのふるさと納税（寄附）額を求めることになる。

> ―（算式）―
> 限度額(X)＝調整控除後の所得割額×20％÷(90％－所得税の限界税率)＋2,000円

(注) 1 調整控除後の所得割額及び所得税の限界税率は、ふるさと納税（寄附）を行う年のものになるため、前年の所得金額、所得割額等を参考として予想することになる。
2 所得税の限界税率は、適用される最高税率になる。復興特別所得税を加味するため「適用される所得税の最高税率×1.021」となる。

〔参考事例〕 令和３年のふるさと納税の限度額の目安

令和２年分所得に対する（令和３年度の）調整控除後の所得割額は291,000円、令和２年分所得税等の適用最高税率は10.21％であり、令和３年の所得状況や所得控除は前年（令和２年）と概ね同様と見込まれる場合

限度額（目安）(X)＝291,000円×20％÷(90％－10.21％)＋2,000円
≒74,941円

給与収入・家族構成別 ふるさと納税の限度額（目安）については、巻末の付録（P.441）参照。

［申告特例控除額の特例（ふるさと納税ワンストップ特例)］

特例控除対象寄附金については、ワンストップで控除を受けられる特例制度が適用できる。この場合、所得税の寄附金控除は適用されず、寄附年の翌年の寄附金税額控除後の住民税所得割から申告特例控除額（所得税の控除相当額）が控除される。適用できる者（以下「申告特例対象寄附者」という。）及び適用要件は次のとおり（地法附則7）。

1 申告特例対象寄附者（次のいずれにも該当）
① 特例控除対象の地方団体に対する寄附金を支出する年の所得税について、確定

【二十　税額控除】

申告義務がない者又は申告不要特例の適用を受ける者

② 特例控除対象の地方団体に対する寄附金を支出する年の翌年の4月1日の属する年度分の個人住民税の所得割について、その寄附金に係る寄附金税額控除額の控除を受ける目的以外に申告書の提出を要しない者

2　適用要件

特例控除対象の地方団体に対する寄附が年間5以下である申告特例対象寄附者が、寄附の都度、寄附先の特例控除対象の地方団体にこの申告特例の適用を受ける旨の申請書を提出する。

3　申告特例控除額の住民税からの控除

申告特例控除額（所得税控除相当額）は、寄附者の住民税所得割の額（寄附金税額控除適用後）から控除される。この申告特例控除額は、寄附金税額控除の特例控除額（P.378参照）に、次表の課税総所得金額の区分に応じ、それぞれに掲げる割合を乗じた金額となる（地法附則7の2、7の3）。

課税総所得金額（人的控除差調整額控除後）		割　合
	195万円以下	84.895分の5.105
195万円超	330万円以下	79.79分の10.21
330万円超	695万円以下	69.58分の20.42
695万円超	900万円以下	66.517分の23.483
900万円超		56.307分の33.693

4　留意事項

① 同一年に同一の特例控除対象の地方団体に複数回寄附をするときで寄附の都度申請を行う場合の特例控除対象の地方団体のカウントは1となる。

② 住所、氏名等の変更があった場合など、提出済の申請書の内容に変更があった場合は、翌年1月10日までに寄附先の特例控除対象の地方団体へ変更届出書を提出する。

③ 申告特例控除の適用を受けるための申請書を提出した場合であっても、その後、上記1の申告特例対象寄附者に該当しなくなったとき、5を超える特例控除対象の地方団体に寄附をしたとき、申告特例通知書の送付を受けた市区町村長が賦課期日現在における住所所在地の市区町村長と異なったときは、この申告特例控除の適用はない（確定申告を行う。）。

4　分配時調整外国税相当額控除

〔制度の概要〕

令和2年以後において、集団投資信託の収益の分配に係る二重課税の調整（収益の分配に係る源泉徴収所得税額から外国税額を控除する。）を適切に精算するための制度として、分配時調整外国税額相当額の控除制度が設けられている。

— 383 —

【二十　税額控除】

　法人が引き受けた集団投資信託の信託財産について納付した外国所得税の額は、その集団投資信託の収益の分配に係る源泉所得税の額から控除することにより二重課税調整がなされるが（所法176③）、支払の取扱者から交付を受ける場合には、これまでこの二重課税調整はなされていなかった。令和２年以後においては、支払の取扱者において二重課税調整をすることとし、収益の分配に係る源泉所得税の額から控除する額について、この分配時調整外国税相当額控除により調整することとされた。

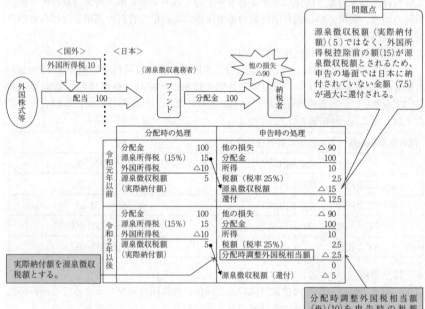

(1)　内容　（所法93①、所令220の２、復興財確法33①）

　居住者が集団投資信託等の収益の分配の支払を受ける場合には、その収益の分配に係る分配時調整外国税相当額（収益の分配に係る外国所得税額でその収益の分配に係る所得税及び復興特別所得税の額から控除された金額のうち、その支払を受ける収益の分配に対応する部分の金額相当額をいい、次の算式１と算式２により計算した金額の合計をいう。）は、一定の要件のもと、その年分の所得税額から控除する。

（算式１）

内国法人が引き受けた集団投資信託の収益の分配に係る源泉徴収所得税及び復興特別所得税の額から控除された外国所得税の額の合計額　×　支払を受ける集団投資信託の収益の分配の額(注) ／ 集団投資信託の収益の分配の額の総額(注)

【二十　税額控除】

（算式２）

$$\text{外国法人が引き受けた集団投資信託の収益の分配に係る源泉徴収所得税及び復興特別所得税の額から控除された外国所得税の額の合計額} \times \frac{\text{支払を受ける集団投資信託の収益の分配の額（注）}}{\text{集団投資信託の収益の分配の額の総額（注）}}$$

（注）1　源泉所得税が課されない集団投資信託の収益の分配を除く。

　　　2　控除する年分は、集団投資信託の収益の分配に係る収入金額の収入すべき時期の属する年分となる（所基通93－1）。

　上記の各算式により計算した金額が、分配時における二重課税調整の規定による控除をしないで計算した場合の収益の分配（上記算式の母及び分子の集団投資信託の収益の分配をいう。）に係る所得税及び復興特別所得税の額にその収益の分配の計算期間の末日において計算したその収益の分配に係る集団投資信託の外貨建資産割合を乗じて計算した金額を超える場合には、その外貨建資産割合を乗じて計算した金額が限度とされる（所令220の2）。

(2)　特定目的会社の利益の配当等への分配時調整外国税相当額控除制度の適用

　上記(1)の分配時調整外国税相当額控除の制度は、特定目的会社の利益の配当、投資法人の投資口の配当等、特定目的信託又は特定投資信託の受益権の剰余金の配当において、特定目的会社、投資法人、特定目的信託又は特定投資信託の受託法人が納付した外国法人税の額のうち一定の額についても適用される（措法9の6～9の6の4）。

(3)　添付書類等　（所法93②、所規40の10の2）

①　確定申告書、修正申告書又は更正の請求書への記載

②　分配時調整外国税相当額控除に関する明細書

③　分配時調整外国税相当額を証する書類

参考　恒久的施設を有する非居住者に係る分配時調整外国税相当額控除

　恒久的施設を有する非居住者が集団投資信託の収益の分配の支払を受ける場合についても、その支払を受ける収益の分配（恒久的施設帰属所得に該当するものに限る。）に係る分配時調整外国税相当額は、一定の要件のもと、恒久的施設帰属所得に係る所得の金額に係る所得税相当額を限度として、その年分の所得税の額から控除する（所法165の5の3）。

5　外国税額控除

(1)　内容　（所法95、復興財確法14）（地法37の3、314の8）

　その年において下記(2)の外国所得税を納付することとなる場合、その年分の所得税と復興特別所得税の合計額（住民税の場合は、道府県民税及び市町村民税の所得割額）から下記(3)の控除限度額を限度として外国所得税額を控除する。

　控除は、まず①所得税及び復興特別所得税から控除し、控除しきれない場合に②道

【二十　税額控除】

府県民税（所得割額）、③市町村民税（所得割額）から順次控除する。

(2)　外国所得税
ア　控除対象となるものとならないもの（所令221、222の２、所基通95－２、95－29）

控除対象となるもの	控除対象とならないもの
外国の法令に基づいて外国又はその地方公共団体によって個人の所得を課税標準として課される税で次のもの ①　超過所得税その他個人の所得の特定部分を課税標準として課される税 ②　個人の所得又はその特定の部分を課税標準として課される税の附加税 ③　個人の所得を課税標準として課される税と同一税目に属する税で、特定の所得について徴税上の便宜のため、所得に代えて収入金額その他これに準ずるものを課税標準として課されるもの(利子、配当、ロイヤリティ等の投資所得に対する源泉所得税など) ④　個人の特定の所得について、所得を課税標準とする税に代え、個人の収入金額その他これに準ずるものを課税標準として課される税	①　納付後、任意にその金額の全部又は一部を還付請求できる税 ②　税の納付猶予期間を、納付者が任意に定められる税 ③　複数の税率の中から税の納付者と外国等との合意により税率が決定された税（複数の税率のうち最も低い税率を上回る部分に限る。） ④　外国所得税に附帯して課される附帯税その他これに類する税 ⑤　居住者が借入れをしている者又は預入れを受けている者と特殊関係（所令222の２②参照）のある者に対し、その借入れ又は預入れ条件に比して特に有利な条件で、金銭の貸付けを行うことにより生じた所得に課される税 ⑥　居住者が貸付債権をその債務者と特殊関係のある者から譲り受けた場合において、その居住者がその貸付債権に係る利子（その特殊関係のある者の保有期間に対応する額を超える額をその特殊関係のある者に支払うものに限る。）を受け取る取引から生じた所得に課される税 ⑦　みなし配当事由による交付金銭等で交付の基因となった株式等の取得価額までの部分に課される税 ⑧　国外事業所等と事業場との間の内部取引につきその国外事業所等の所在国等で課される税 ⑨　居住者に対する配当等の支払があったものとみなして課される一定の税（令和２年分から適用） ⑩　他の者の所得金額相当額に対し、これを居住者の所得金額とみなして課される一定の税（令和４年分から適用） ⑪　国外事業所等所在地国において課される一定の税（令和４年分から適用） ⑫　非課税口座内上場株式等の配当等に対して課される税（平成26年分から適用） ⑬　未成年者口座内少額上場株式等の配当等に対して課される税（平成28年分から適用） ⑭　その年以前の年で、非居住者期間内に生じた所得に対して課される税 ⑮　特定外国子会社等から受ける剰余金の配当等の額を課税標準として課される税 ⑯　特定外国法人から受ける剰余金の配当等の額を課税標準として課される税 ⑰　租税条約に定める限度税率を超える税率により外国所得税を課された場合における限度税率を超える部分の金額又は免

【二十　税額控除】

除することとされる部分の金額

⑱　外国居住者等の所得に対する相互主義による所得税等の非課税等に関する法律の規定で軽減又は免除することとされる部分の金額

⑲　租税条約の規定において外国税額控除適用に当たって考慮しないものとされる税

⑳　外国法人が支払う配当等の基礎となった所得の金額に対して課される外国法人税の額に充てるために、その配当等から控除される金額

㉑　非永住者が課税される所得以外の所得に対して課された税

イ　邦貨換算（所法57の3①、所基通95-28）

(ア)　源泉徴収による外国所得税

源泉徴収により納付する利子、配当、使用料等（以下「配当等」という。）に係る外国所得税については、その配当等の額の換算に適用する外国為替の売買相場により換算した金額とする。

(イ)　(ア)以外による外国所得税

源泉徴収以外の方法により納付する外国所得税については、外貨建取引に係る経費の金額の換算に適用する外国為替の売買相場により換算した金額（所法57の3①）とする。

(3)　控除限度額の計算

①　所得税の控除限度額（所令222、措令25の11の2ほか、所基通95-5、95-10）

その年分の所得税の額		その年分の調整国外所得金額
外国税額控除適用前の所得税額（税額控除の順序はP.401参照）	×	その年分の国外所得金額（下記(4)参照）の課税標準となる総所得金額、土地等に係る事業所得等の金額（平10.1.1～令5.3.31は除く。）、短期譲渡所得の金額、長期譲渡所得の金額、上場株式等に係る配当所得等の金額、一般株式等に係る譲渡所得等の金額、上場株式等に係る譲渡所得等の金額、先物取引に係る雑所得等の金額、退職所得金額及び山林所得金額の合計額（非永住者については、国内において支払われ、又は国外から送金されたものに限る。）（その年分の所得総額を限度とする。）（注1）
		その年分の所得総額
		その年分の総所得金額、土地等に係る事業所得等の金額（平10.1.1～令5.3.31は除く。）、短期譲渡所得の金額、長期譲渡所得の金額、上場株式等に係る配当所得等の金額、一般株式等に係る譲渡所得等の金額、上場株式等に係る譲渡所得等の金額、先物取引に係る雑所得等の金額、退職所得金額及び山林所得金額の合計額（注2）

（注）1　純損失の繰越控除、雑損失の繰越控除、居住用財産の買換え等の場合の譲渡損失の繰越控除又は特定居住用財産の譲渡損失の繰越控除、上場株式

【二十 税額控除】

等又は特定株式に係る譲渡損失の繰越控除、先物取引の差金等決済に係る損失の繰越控除はいずれも適用しないで計算した金額（平成30年分以前は、上場株式等又は特定株式に係る譲渡損失の繰越控除及び先物取引の差金等決済に係る損失の繰越控除については適用して計算した金額）

なお、租税条約の規定により条約相手国等において租税を課することができる所得でその条約相手国等において外国所得税が課されるものは、国外所得に該当する（条約相手国の法人の役員報酬など）。

2 純損失の繰越控除、雑損失の繰越控除、居住用資産の買換え等の場合の譲渡損失の繰越控除又は特定居住用財産の譲渡損失の繰越控除、上場株式等又は特定株式に係る譲渡損失の繰越控除、先物取引の差金等決済に係る損失の繰越控除はいずれも適用しないで計算した金額

※ 給与所得及び退職所得に係る国外所得の計算（所基通95－26）

$$\binom{給与所得}{の\ 金\ 額} \times \frac{給与等の総額のうちその源泉が国外にあるものの金額}{給与等の総額}$$

$$\binom{退職所得}{の\ 金\ 額} \times \frac{退職手当等の総額のうちその源泉が国外にあるものの金額}{退職手当等の総額}$$

② 復興特別所得税の控除限度額（復興所令3①）

$$\begin{array}{l}その年分の復興特別\\所得税の額\\（外税控除適用前）\end{array} \times \frac{その年分の調整国外所得金額}{その年分の所得総額}$$

③ 道府県民税の控除限度額（地令7の19③）

所得税の控除限度額（上記①の金額）×12％（6％）

(注) かっこ書は、指定都市の区域内居住者に係る平成30年度以後の割合。以下④において同じ。

④ 市町村民税の控除限度額（地令48の9の2④）

所得税の控除限度額（上記①の金額）×18％（24％）

⑷ 国外所得金額 （所法95④）

上記⑶の控除限度額の基礎となる「国外所得金額」は、次に掲げる国外源泉所得に係る所得金額の合計額（零を下回る場合には零）となる。

ア 国外事業所等帰属所得

居住者が国外事業所等を通じて事業を行う場合で、その国外事業所等がその居住者から独立して事業を行う事業者であるとした場合にその国外事業所等に帰せられるべき所得（国外事業所等の譲渡による所得を含む。）をいう。

なお、国外事業所等とは、租税条約の相手国等についてはその租税条約に定める恒久的施設をいい、その他の国又は地域については次の恒久的施設をいう。

① 支店、工場その他事業を行う一定の場所に相当する場所で国外にあるもの

② 建設作業等で1年を超えて国外において行われるもの

③ 代理人等に相当するもので国外に置かれているもの

イ その他の国外源泉所得

次の国外源泉所得（上記アに該当するものを除く。）をいい、その国外源泉所得に

【二十 税額控除】

係る所得のみについて所得税を課するものとした場合に課税標準となるべきその年分の所得金額の合計額となる。なお、租税条約の適用を受ける場合は、その租税条約が優先される。

① 国外資産の運用又は保有により生ずる所得

② 国外資産の譲渡により生ずる所得として一定のもの

③ 国外における人的役務提供事業に係る対価で一定のもの

④ 国外における不動産、不動産の上に存する権利、採石権の貸付け、国外における租鉱権の設定又は非居住者等に対する船舶、航空機の貸付けによる対価

⑤ 利子等及びこれに相当するもののうち次のもの

　A 外国の国債、地方債又は外国法人の発行する債券の利子

　B 国外にある営業所、事務所等に預け入れられた預金等の利子

　C 国外にある営業所、事務所等に信託された合同運用信託等、公社債投資信託又は公募公社債等運用投資信託等の収益の分配

⑥ 配当等及びこれに相当するもののうち次のもの

　A 外国法人から受ける剰余金の配当、利益の配当、剰余金の分配、金銭の分配又は基金利息

　B 国外にある営業所に信託された投資信託（公社債投資信託、公募公社債等運用投資信託等を除く。）又は特定受益証券発行信託等の収益の分配

⑦ 国外において業務を行う者に対する貸付金等でその業務に係るものの利子（一定の利子を除き、債権の買戻又は売戻条件付売買取引による一定の差益を含む。）

⑧ 国外において業務を行う者から受ける次の使用料又は対価でその業務に係るもの

　A 工業所有権その他の技術に関する権利、特別の技術による生産方式等の使用料又はその譲渡による対価

　B 著作権（出版権及び著作隣接権等を含む。）の使用料又はその譲渡による対価

　C 機械、装置その他一定の用具の使用料

⑨ 次の給与、報酬又は年金

　A 俸給、給料、賃金、歳費、賞与又はこれらの性質を有する給与その他人的役務の提供に対する報酬のうち、国外において行う勤務その他の人的役務の提供(内国法人の役員としての国外勤務など一定の人的役務の提供を除く。)に基因するもの

　B 外国の法令に基づく保険又は共済に関する制度で、「退職手当金等とみなす一時金」（所法31一・二）に規定する法律の規定による社会保険又は共済制度等に基づいて支給される年金等

　C 退職手当等のうちその支払を受ける者の非居住者期間に行った勤務等（内国法人の役員として非居住者期間中に行った勤務等を除く。）に基因するもの

⑩ 国外において行う事業の広告宣伝のための賞金として一定のもの

⑪ 国外にある営業所又は国外において契約締結の代理人を通じて締結した保険契約その他の年金に係る契約で一定のものに基づいて受ける年金（年金の支払開始日以後に分配を受ける剰余金等及び年金に代えて支給される一時金を含む。）

⑫ 次の給付補填金、利息、利益又は差益

— 389 —

【二十　税額控除】

　　A　給付補填金のうち国外営業所が受け入れた定期積金又は掛金に係るもの
　　B　抵当証券の利息のうち国外営業所を通じて締結されたものに係るもの
　　C　金や貴金属等の買入れ売戻し契約に係る利益のうち国外にある営業所を通じて締結された契約に係るもの
　　D　外貨預貯金でその元本及び利子をあらかじめ約定した率により本邦通貨又はその外国通貨以外の外国通貨に換算して支払うこととされているものの差益のうち国外営業所が受け入れた預貯金に係るもの
　　E　保険料又は掛金を一時に支払う保険契約等で保険期間が5年以内（5年超のもので5年以内に解約された）のものの差益のうち国外営業所又は国外における契約締結の代理人を通じて締結した契約に係るもの
⑬　国外において事業を行う者に対する出資につき、匿名組合契約に基づいて受ける利益の分配
⑭　国内及び国外にわたって船舶又は航空機による運送の事業を行うことにより生ずる所得のうち国外において行う業務につき生ずべき一定の所得
⑮　租税条約の相手国等において租税を課することができることとされる所得のうち一定のもの
⑯　上記のほかその源泉が国外にある一定の所得

(5) **控除限度額を超える場合の外国税額控除** (所法95②、所令223、224、地令7の19④、48の9の2⑤)

　　外国所得税の額が、その年の所得税及び復興特別所得税の控除限度額、道府県民税及び市町村民税の控除限度額の合計額を超える場合において、前年以前3年内の各年において課された外国所得税の額で控除余裕額があるときは、その控除余裕額の範囲内においてその最も古い年のものから順次に、かつ、同一の年のものについては所得税、道府県民税及び市町村民税の控除余裕額の順に控除する。この場合、前年以前3年内の各年の控除余裕額を算出する際して、これらの各年のうちに外国所得税の額を所得金額の計算上必要経費等に算入した年があるときは、その算入した年以前の年は除かれる。

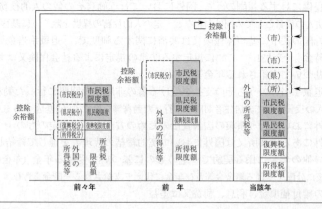

— 390 —

【二十　税額控除】

(6) 外国所得税額の繰越控除（所法95③、所令225、地令7の19②、48の9の2②）

　外国所得税の額がその年の所得税及び復興特別所得税の控除限度額、道府県民税及び市町村民税の控除限度額の合計額に満たない場合において、その年の前年以前3年内の各年において課された外国所得税の額のうちに、控除することができた額を超える部分の額があるときは、その超過額を、その最も古い年のものから順次に、その年の控除余裕額の範囲内において控除する。この場合、前年以前3年内の各年の控除超過額を算出するに際して、これらの年のうちに外国所得税の額を所得金額の計算上必要経費等に算入した年があるときは、その算入した年以前の年は除かれる。

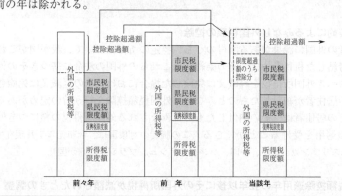

(7) 適用に当たっての留意事項

ア　適用時期（所基通95-3、95-4）

① 原則として申告、賦課決定等の手続により外国所得税について具体的に納付すべき租税債務が確定した年分において適用するが、継続して実際の納付年分において適用している場合は、その処理が認められる。

② 予定納付等をした外国所得税についても上記①によるが、継続して予定納付等に係る年分の外国所得税について確定申告又は賦課決定等があった日の属する年分で適用している場合は、その処理が認められる。

イ　外国税額控除と必要経費算入の選択

　不動産、事業、山林、一時又は雑の各所得についての外国所得税は、これらの各種所得の金額の計算上必要経費等に算入することを選択できるが（所法46）、それを選択した場合、その年中に確定した外国所得税の全部について行わなければならない。すなわち、利子、配当、給与、退職又は譲渡の各所得について、その計算の基礎とした外国所得税額につき外国税額控除をするときは、不動産、事業、山林、雑又は一時の各所得をその計算の基礎とした外国所得税についても、外国税額控除を選択することになる（必要経費等算入を選択できない。）（所基通46-1、95-1）。

— 391 —

【二十　税額控除】

▶事業税（外国所得税額の必要経費算入）

日本国内に主たる事務所又は事業所を有する個人が外国所得税を課された場合、その個人の事業の所得の計算上、その外国所得税額は必要な経費に算入される。

ただし、日本国内に主たる事務所又は事業所を有する個人の外国の恒久的施設に帰属する所得は課税除外とされる（地法72の49の13）ことから、その個人の国内の事業に帰属する所得（課税の対象となる事業の所得）の計算上必要な経費に算入されるのは外国所得税額のうち国内の事業に帰属する所得に対して課されたものに限られる（地令35の3の2）。

ウ　租税条約によるみなし外国税額の控除

居住者の外国に源泉がある所得のうち、特定の所得について、我が国がこれらの外国と締結した租税条約に、その条約又はこれらの外国の法令に基づきその外国がその課すべき外国所得税を軽減又は免除した場合におけるその軽減又は免除された額をその居住者が納付したものとみなして外国税額控除を行う旨の定めがある場合には、その居住者は、その納付したものとみなされる外国所得税の額につき外国税額控除の適用を受けることができる（この制度の対象国は、令和元年7月現在で、ザンビア、スリランカ、タイ、中国、バングラデシュ、ブラジルの6か国）。

エ　外国税額控除適用年の翌年以後にその外国所得税が減額されたときの調整 （所法95⑨、所令226、所法44の3、所令93の2、所基通95−14）

① 外国税額控除の適用を受けた年の翌年以後7年内に外国所得税の額が減額された場合には、その減額されることとなった日（還付金の支払通知書の受領日又は実際に還付を受けた日）の属する年において納付することとなる控除対象外国所得税の額から減額控除対象外国所得税額に相当する金額（下記②）を控除し、その控除後の金額につき外国税額控除の規定を適用する。

② 減額控除対象外国所得税額とは、減額に係る年において外国所得税の額の減額がされた金額のうち、次の算式で計算された残額相当額をいう。

$$\begin{bmatrix} 減額控除対象 \\ 外国所得税額 \end{bmatrix} = \begin{bmatrix} 減額された外国所得税 \\ の額のうち外国税額控 \\ 除の適用を受けた年に \\ おいて控除対象外国所 \\ 得税の額とされた部分 \\ の金額 \end{bmatrix} - \begin{bmatrix} 減額された後のその外国所 \\ 得税の額について外国税額 \\ 控除の適用を受けた年にお \\ いて所得税法95条1項の規 \\ 定を適用したならば控除対 \\ 象外国所得税の額とされる \\ 部分の金額 \end{bmatrix}$$

③ 減額に係る年に納付する外国所得税額がない場合又は納付する外国所得税額が減額された外国所得税額に満たない場合は、減額に係る年の前年以前3年内の各年の繰越外国所得税額から控除する。

④ 減額された外国所得税額のうち上記①及び③の調整に充てられない金額がある場合、その金額を減額に係る年分の雑所得の総収入金額に算入する。

— 392 —

【二十　税額控除】

オ　外国所得税額に増額があった場合（所基通95−16）

　　外国税額控除の適用年の翌年以後に外国所得税が増額されたときは、その増額された年に生じたものとする。

(8)　**添付書類等**（所法95⑩⑪、所規41、地令7の19⑦）

①　確定申告書、修正申告書又は更正請求書へ控除額の記載

②　外国税額控除に関する明細書

③　外国所得税を課されたことを証する書類（申告書、納付書の写し）等（e-Taxによる申告の場合には省略可（P. 417参照））

📖 参考　非居住者に係る外国税額控除制度

　　平成29年分以後の所得税（住民税は30年度以後）において、非居住者の恒久的施設帰属所得（国内事務所の国外で生じる所得）につき課される外国所得税があるときは、恒久的施設帰属所得に係る所得に対して課される所得税との二重課税を排除するため、外国税額控除の適用がある（所法165の6）。制度の仕組みは、基本的には居住者の外国税額控除制度と同様となる。

　　ただし、控除限度額及び国外所得金額については、次のとおり。

1　控除限度額（所令292の8）

(1)　所得税の控除限度額

$$その年分の恒久的施設帰属所得に係る所得税の額 \times \frac{その年分の調整国外所得金額}{その年分の恒久的施設帰属所得}$$

(2)　復興特別所得税の控除限度額

$$その年分の恒久的施設帰属所得に係る復興特別所得税の額 \times \frac{その年分の調整国外所得金額}{その年分の恒久的施設帰属所得}$$

(3)　住民税

　　所得割の納税義務者（その年1月1日に国内に住所がある者）のうち、前年に非居住者期間を有する者については、当該期間内の恒久的施設帰属所得に課せられる外国所得税等がある場合には、非居住者に係る外国税額控除が適用できる。

ア　道府県民税の控除限度額

　　所得税の控除限度額×12%（6%）

イ　市町村民税の控除限度額

　　所得税の控除限度額×18%（24%）

※　かっこ書は、指定都市の区域内居住者に係る平成30年度以後の割合を示す。

2　国外所得金額（所法165の6④⑤）

　　控除限度額の基礎となる国外所得金額は、非居住者の恒久的施設帰属所得金額のうち一定のものをいう。ただし、租税条約の適用を受ける場合には、その租税条約の定めが優先される。

　　なお、一定のものとは、居住者の外国税額控除に記載した(4)国内源泉所得の「イ　その他の国外源泉所得」に掲げるものであるが、次のものは除かれる。

　　　　　　　　　　　　　　　　　— 393 —

【二十 税額控除】

「⑨ 次の給与、報酬又は年金」

「⑭ 国内及び国外にわたって船舶又は航空機による運送の事業を行うことにより生ずる所得のうち国外において行う業務につき生ずべき一定の所得」

「⑮ 租税条約の相手国等において租税を課することができることとされる所得のうち一定のもの」

3 外国税額控除と必要経費算入の選択

外国所得税につき外国税額控除の適用を受けた場合には、その適用を受けた控除対象外国所得税の額は、その非居住者のその年分の恒久的施設帰属所得につき居住者に係る規定に準じて計算する事業所得の金額等の計算上、必要経費又は支出した金額に算入しないこととなる（所法165の4）。

6 所得税におけるその他の主な税額控除（概要）

(1) 高度省エネルギー増進設備等を取得した場合の税額控除（中小事業者の特例の場合）

中小事業者である青色申告者が、平成30年4月1日（次の②及び③は、エネルギーの使用の合理化等に関する法律（以下「省エネ法」という。）の一部を改正する法律の施行日）から令和4年3月31日までの期間内に、次の①ないし③の区分に応じそれぞれに定める減価償却資産の取得等をして国内事業の用に供した場合で、特別償却の適用を受けないときは、下記算式により計算した金額を総所得金額に係る所得税額から控除できる（措法10の2③）。

---（算式）---

控除額 ＝ 取得価額 × 7％

（注）　控除額は、調整前事業所得税額の20％が限度

---

① 省エネ法に定める特定事業者、特定連鎖化事業者又は認定管理統括事業者若しくは管理関係事業者…主務大臣に提出された計画で設置するものとして記載されたエネルギーの使用の合理化のための機械その他の減価償却資産でエネルギーの使用の合理化に特に効果の高い一定のもの

② 省エネ法の認定を受けた工場等を設置している者…その認定に係る連携省エネルギー計画に記載された連携省エネルギー措置の実施により取得等をされる機械その他の減価償却資産でエネルギーの使用の合理化に資する一定のもの

③ 省エネ法の認定を受けた荷主…その認定に係る荷主連携省エネルギー計画に記載された荷主連携省エネルギー措置の実施により取得等をされる機械その他の減価償却資産でエネルギーの使用の合理化に資する一定のもの

(2) 中小事業者が機械等を取得した場合の税額控除

中小事業者である青色申告者が、平成10年6月1日から令和3年3月31日までの期間内に新品の特定機械装置等を取得等し指定事業の用に供した場合で、特別償却の適用を受けないときは、下記算式により計算した金額を総所得金額に係る所得税額から控除できる（措法10の3③）。

— 394 —

【二十　税額控除】

特定機械装置等とその基準取得価額は、次のとおり。

① 機械及び装置で取得価額160万円以上のもの（基準取得価額＝取得価額）

② 製品の品質管理の向上等に資する測定工具及び検査工具で取得価額120万円以上のもの（基準取得価額＝取得価額）

③ 一定のソフトウエアで取得価額70万円以上のもの（基準取得価額＝取得価額）

④ 貨物の輸送用に供される車両総重量が３．５ｔ以上の普通自動車（基準取得価額＝取得価額）

⑤ 内航海運業の用に供される船舶（基準取得価額＝取得価額×75％）

┌─（算式）─────────────────────────────────
│ 控除額 ＝ 基準取得価額 × ７％
│ （注）　控除額は、特定中小事業者が経営改善設備を取得した場合の特別控除（措法10の
│　　　　 ５の２）及び特定中小事業者が特定経営力向上設備等を取得した場合の特別控除（措
│　　　　 法10の５の３）との合計で調整前事業所得税額の20％が限度
└──────────────────────────────────────

(3)　給与等の引上げ及び設備投資を行った場合等の税額控除（中小事業者の場合）

　中小事業者である青色申告者が、平成31年（令和元年）から令和３年までの各年（開業年・廃業年を除く。）で国内雇用者に対して給与等を支給する場合において、①雇用者給与等支給額が比較雇用者給与等支給額以上で、かつ、②継続雇用者給与等支給額から継続雇用者比較給与等支給額を控除した金額の継続雇用者比較給与等支給額に対する割合が１．５％以上であるときは、下記算式により計算した金額を総所得金額に係る所得税額から控除できる（措法10の５の４②）。

┌─（算式）─────────────────────────────────
│ 控除額 ＝（適用年分の雇用者給与等支給額－比較雇用者給与等支給額）×15％（注１）
│ （注）１　継続雇用者給与等支給額から継続雇用者比較給与等支給額を控除した金額の継
│　　　　　 続雇用者比較給与等支給額に対する割合が２．５％以上で、次の要件のいずれか
│　　　　　 を満たす場合には25％
│　　　　　 ①　適用年分の事業所得の計算上必要経費に算入される教育訓練費が前年分の教
│　　　　　　　 育訓練費より10％以上増加していること
│　　　　　 ②　中小企業等経営強化法の認定を受けた中小事業者で、経営力向上計画に記載
│　　　　　　　 された経営力向上が確実に行われたことにつき一定の証明がされたものである
│　　　　　　　 こと
│　　　　２　控除額は、調整前事業所得税額の20％が限度
└──────────────────────────────────────

〔用語の意義〕

1　国内雇用者…個人の使用人（特殊関係人を除く。）のうち、国内事業所の勤務者で賃金台帳（労基法108）に記載された者

2　雇用者給与等支給額…適用年の必要経費に算入される国内雇用者に対する給与等支給額

3　比較雇用者給与等支給額…適用年の前年分の事業所得の必要経費に算入される国内雇用者に対する給与等支給額

4　継続雇用者…適用年及び適用年の前年の各月において給与支給を受けた国内雇用

【二十　税額控除】

者

5　継続雇用者給与等支給額…継続雇用者に対する適用年の給与等支給額

6　継続雇用者比較給与等支給額…適用年の前年分の必要経費に算入される国内雇用
者に対する給与等支給額

7　教育訓練費…国内雇用者の職務に必要な技術や知識の習得又は向上させるために
支出する一定の費用

⑷　革新的情報産業活用設備を取得した場合の税額控除

　生産性向上特別措置法に規定する認定革新的データ産業活用事業者である青色申告
者が、同法の施行の日から令和３年３月31日までの間に、同法の認定革新的データ産
業活用計画に従って一定のソフトウエアを新増設した場合（新増設のソフトウエア並び
にそのソフトウエアとともに取得等をする機械装置及び器具備品の取得価額の合計額が
5,000万円以上の場合に限る。）において、取得等した革新的情報産業活用設備（上記ソ
フトウエア等のうち一定のもの）をその事業の用に供したときで、特別償却の適用を受
けないときは、下記算式により計算した金額を総所得金額に係る所得税額から控除す
る（措法10の５の５③）。

┌（算式）─────────────────────────────────────
│控除額　＝　取得価額　×　５％（賃上率３％未満の場合は３％）
│（注）　控除額は、調整前事業所得税額の20％（賃上率３％未満の場合は15％）が限度

⑸　所得税額控除額の特例

　税額控除の順序（P.401参照）の③から⑫までの税額控除制度のうち２以上を適用
する場合の税額控除限度額は、その年分の調整前事業所得税額の90％相当額となる。
なお、控除限度超過額は、一定の明細書を添付することにより翌年分以後に繰り越す
ことができる（措法10の６）。

📖 参考　調整前事業所得税額とは

$$\begin{pmatrix} 配当控除以外の税額控除を適 \\ 用しないで計算したその年分 \\ の総所得金額に係る所得税額 \end{pmatrix} \times \frac{事業所得の金額}{\begin{array}{c} 利子・配当・不動産・事業・給与・総合譲渡・一時・雑の \\ 各所得の合計額（総合長期譲渡と一時は２分の１後） \end{array}}$$

【二十　税額控除】

▶住民税（調整控除）

〔内容〕（地法37、314の6）

　所得税から住民税への税源移譲に伴う調整措置の一環として、平成19年度分以後の住民税において、所得税と住民税の人的控除額の差に基づく負担増を調整するため調整控除が設けられた。他の税額控除に先立ち、所得割額から控除される。

　令和3年度分以後においては、基礎控除が消失する合計所得金額2,500万円超の者には、調整控除を適用しないこととされた。

　なお、合計所得金額2,500万円以下の者については、基礎控除額が逓減する者も含め、従来のとおり調整控除が適用される。

〔控除額〕

区　　分	控　　　　除　　　　額
その納税義務者の合計課税所得金額が200万円以下である場合	次のうちいずれか少ない金額の5％（道府県民税2％（1％）・市町村民税3％（4％））相当額 ①　所得税との人的控除額の差額の合計額 ②　合計課税所得金額
その納税義務者の合計課税所得金額が200万円を超える場合	①から②を控除した金額（5万円を下回る（マイナスを含む。）場合は5万円）の5％（道府県民税2％（1％）・市町村民税3％（4％））相当額 ①　所得税との人的控除額の差額の合計額 ②　合計課税所得金額から200万円を控除した金額

（注）1　合計課税所得金額とは、課税総所得金額、課税退職所得金額及び課税山林所得金額の合計額をいう（分離課税に係る課税長期譲渡所得金額、課税短期譲渡所得金額、上場株式等に係る配当所得等の金額、一般株式等に係る課税譲渡所得等の金額、上場株式等に係る課税譲渡所得等の金額又は先物取引に係る課税雑所得等の金額は含まない。）。

　　　2　道府県民税及び市町村民税の税率のかっこ書は、指定都市の区域内居住者の平成30年度以後の税率を示す。

税額控除

— 397 —

【二十 税額控除】

☞ 参考　住民税の人的控除額と所得税の人的控除額との差額（令和3年度分以後）

人的控除の区分	差額	人的控除の区分	差額
(1)　障害者控除		(6)　配偶者特別控除（注）	
ア　本人		ア　配偶者の前年の合計所得金	
(ア)　障害者	1万円	額が50万円以上55万円未満で	
(イ)　特別障害者	10万円	ある者	
イ　扶養親族・同一生計配偶者		㊒900万円以下	3万円
(ア)　障害者	1万円	㊒900万円超　　950万円以下	2万円
(イ)　同居特別障害者	22万円	㊒950万円超　1,000万円以下	1万円
(ウ)　(イ)以外の特別障害者	10万円	イ　ア以外（50万円未満）	
(2)　寡婦・ひとり親（父）控除	1万円	㊒900万円以下	5万円
(3)　ひとり親（母）控除	5万円	㊒900万円超　　950万円以下	4万円
(4)　勤労学生控除	1万円	㊒950万円超　1,000万円以下	2万円
(5)　配偶者控除		(7)　扶養控除	
ア　一般の控除対象配偶者		ア　一般の扶養親族	5万円
㊒900万円以下	5万円	イ　特定扶養親族	18万円
㊒900万円超　　950万円以下	4万円	ウ　老人扶養親族	
㊒950万円超　1,000万円以下	2万円	(ア)　同居老親等	13万円
イ　老人控除対象配偶者		(イ)　(ア)以外	10万円
㊒900万円以下	10万円	(8)　基礎控除	5万円
㊒900万円超　　950万円以下	6万円		
㊒950万円超　1,000万円以下	3万円		

（注）　配偶者特別控除の対象となる配偶者で前年の合計所得金額が55万円未満の者に限る。
　　　　上記表内の「㊒」は合計所得金額を意味する。

➡住民税（配当割額又は株式等譲渡所得割額の控除）

　所得税の源泉徴収税額は税額計算過程で控除され法文上税額控除として掲げられていない。一方、住民税は次のとおり配当割等についての控除規定が設けられている。
　所得割の納税義務者が前年において配当割又は株式等譲渡所得割を課された場合において、翌年の4月1日の属する年度分の個人住民税の申告書（確定申告書を含む。）にこれらに関する必要事項を記載した場合には、当該配当割額又は株式等譲渡所得割額を所得割の額から控除する。なお、控除不足額があれば還付又は充当する（地法37の4、314の9）。

7　災害減免

(1)　内容（災害減免法2）

　住宅又は家財が災害（震災、風水害、落雷、火災その他これに類する災害）によって

— 398 —

【二十　税額控除】

甚大な被害を受けた場合、税額控除後の所得税額を軽減し又は免除する。

　※　雑損控除との選択適用となる（所得税で災害減免を受け、翌年度の住民税で雑損控除を適用できる（取扱通知(市) 2 章19））。

(2)　**適用要件**（災害減免法 2 、災害減免法令 1 ）

　①　損害金額（保険金、損害賠償金等により補塡された金額を除く。）が、その住宅又は家財の時価の50％以上であること

　②　損害を受けた年分の所得金額の合計額（純損失、雑損失、居住用財産の買換え等の場合の譲渡損失、特定居住用財産の譲渡損失、上場株式等に係る譲渡損失及び先物取引の差金等決済に係る損失の各繰越控除適用後、措置法の各特別控除適用後）が1,000万円以下であること

　③　その損害について雑損控除の適用を受けないこと

(3)　**所得税の減免税額**（災害減免法 2 ）

区　　　分		減免（軽減）額
所得金額の合計額（注）	500万円以下	所得税の全額減免
	500万円超　750万円以下	所得税の50％相当額の軽減
	750万円超　1,000万円以下	所得税の25％相当額の軽減

(注)　上記(2)②参照。

(4)　**手続**（災害減免法令 2 ）

　確定申告書、修正申告書又は更正の請求書に適用を受ける者、被害の状況及び損害金額を記載して提出

▶住民税の減免

〔市町村民税〕

　市町村長又は特別区長は、天災その他特別の事情がある場合において市（区）町村民税の減免を必要とすると認める者、貧困により生活のため公私の扶助を受ける者その他特別の事情がある者に限り、その市町村又は特別区の条例の定めるところにより、市（区）町村民税を減免することができる（地法323、取扱通知 2 章 7 ）。

〔道府県民税〕

　市町村長が個人の市町村民税等を減免した場合、その納税者に係る個人の道府県民税等についても、市町村民税等に対する減免額の割合と同じ割合によって減免される（地法45）。

　なお、市町村民税の減免の割合が所得割と均等割とで異なるときは、それぞれの減免率によって道府県民税の所得割と均等割が減免される（取扱通知(県) 2 章17(4)）。

税額控除

【二十 税額控除】

▶事業税の減免

　都道府県知事は、天災その他特別の事情がある場合において事業税の減免を必要とすると認める者、貧困により生活のため公私の扶助を受ける者その他特別の事情がある者に限り、その都道府県の条例の定めるところにより、事業税を減免することができる（地法72の62）。

※　手続等は、各地方団体の税条例に定められており、一般的には納税者の申請に基づいて個別に減免が行われる。

参考　東京都における事業税の減免制度

1　次の減免を受ける場合、事業税の納期限までに、印鑑と納税通知書の他に、り災証明書、医療費の領収書、障害者手帳など減免事由を証する書類を添付して申請する。

減免の対象	減免の要件	減免額
生活扶助を受けている者	生活保護法に基づく生活扶助を受けている者	全額
災害等により事業用資産や住宅・家財等に損害を受けた者	合計所得金額×20％を超える損害があったとき	〔損害額−（合計所得金額×10％）〕×税率
高額な医療費の支出があった者	合計所得金額×20％−25万円を超える医療費の支出があったとき	〔医療費−（合計所得金額×5％）〕×税率
障害者又は障害者である扶養親族等を有する者	合計所得金額が370万円以下	障害者1人につき5千円　特別障害者1人につき1万円

(注)1　損害額・医療費は、保険金・損害賠償金等による補塡部分を除く。
　　2　合計所得金額とは、青色申告特別控除額の控除前の事業所得等と他の所得の合計額
　　3　被災の程度により、軽減する割合、添付書類が異なる。

【二十　税額控除】

2　省エネ促進税制（低炭素型都市の実現に向けての自主的省エネ努力の促進）

対象者	「地球温暖化対策報告書」等を提出した中小企業者である個人事業者
対象設備	次の要件を満たすもの ① 特定地球温暖化対策事業所等（3年連続消費エネルギー量1,500kℓ以上の事業所）以外の事業所において取得されたもの ② 「省エネルギー設備及び再生可能エネルギー設備」（貸付用、住宅用、中古設備以外の減価償却資産）で、環境局が導入推奨機器として指定するもの 　空調設備（エアコンディショナー、ガスヒートポンプ式冷暖房機）、照明設備（LED照明器具、LED誘導灯器具）、小型ボイラー設備（小型ボイラー類）、太陽光発電システム、太陽熱利用システム
減免額	設備の取得価額（上限2,000万円）の2分の1を、取得年の所得に対して翌年度に課税される個人事業税額から減免（ただし、個人事業税の2分の1を限度） ※　減免しきれなかった額は、翌年度の個人事業税額から減免可
対象期間	次の期間に設備を取得し、事業の用に供した場合に適用 平成22年1月1日から令和7年12月31日までの間 ※　個人事業税は、暦年の所得に対して翌年度に課税されるので、令和2年中の取得の場合、令和3年度の定期課税分から減免の対象となる。
減免手続	事業税の納期限までに、減免申請書及び必要書類を提出する（期限厳守）。

8　税額控除の順序

税額控除の順序は次による（措通41の19の4－4参考）。

① 肉用牛の売却による農業所得の免税（措法25①）
② 配当控除（所法92）
③ 試験研究を行った場合の特別控除（措法10）
④ 高度省エネルギー増進設備等を取得した場合の特別控除（措法10の2）
⑤ 中小事業者が機械等を取得した場合の特別控除（措法10の3）
⑥ 地域経済牽引事業の促進区域内において特定事業用機械等を取得した場合の特別控除（措法10の4）
⑦ 地方活力向上地域等において特定建物等を取得した場合の特別控除（措法10の4の2）
⑧ 地方活力向上地域等において雇用者の数が増加した場合の特別控除（措法10の5）
⑨ 特定中小事業者が経営改善設備を取得した場合の特別控除（措法10の5の2）
⑩ 特定中小事業者が特定経営力向上設備等を取得した場合の特別控除（措法10の5の3）
⑪ 給与等の引上げ及び設備投資を行った場合等の特別控除（措法10の5の4）
⑫ 認定特定高度情報通信技術活用設備を取得した場合の特別控除（措法10の5の4の2）
⑬ 革新的情報産業活用設備を取得した場合の特別控除（措法10の5の5）（令和2年3月31日まで）
⑭ 住宅借入金等（特定の増改築等に係る住宅借入金等）特別控除（措法41、41の3の2）
⑮ 公益社団法人等寄附金特別控除（措法41の18の3）
⑯ 認定NPO法人等寄附金特別控除（措法41の18の2）

税額控除

— 401 —

【二十 税額控除】

⑰ 政党等寄附金特別控除（措法41の18②）

⑱ 耐震改修特別控除（措法41の19の２）

⑲ 住宅特定改修特別控除（措法41の19の３）

⑳ 認定住宅新築等特別控除（措法41の19の４）

㉑ 所得税の額の軽減又は免除（災害減免法２）

㉒ 分配時調整外国税相当額控除（所法93、165の５の３）

㉓ 外国税額控除（所法95、165の６）

参考　震災税特法に規定する税額控除

① 震災関連寄附金を支出した場合の特別控除（震災税特法８②）

② 復興産業集積区域等において機械等を取得した場合の特別控除（震災税特法10③）

③ 企業立地促進区域において機械等を取得した場合の特別控除（震災税特法10の２③）

④ 避難解除区域等において機械等を取得した場合の特別控除（震災税特法10の２の２③）

⑤ 復興産業集積区域において被災雇用者等を雇用した場合の特別控除（震災税特法10の３①）

⑥ 企業立地促進区域において避難対象雇用者等を雇用した場合の特別控除（震災税特法10の３の２①）

⑦ 避難解除区域等において避難対象雇用者等を雇用した場合の特別控除（震災税特法10の３の３①）

⑧ 住宅借入金等特別控除等の適用に係る特例（震災税特法13、13の２）

➡住民税（税額控除の順序）

　①肉用牛の売却による農業所得の減免(地法附則６)、②調整控除(地法37、314の６)、③配当控除（地法附則５）、④住宅借入金等特別控除（地法附則５の４の２）、⑤寄附金税額控除（地法37の２、314の７、地方附則５の５～５の７）、⑥寄附金税額控除に係る申告特例控除（地方附則７）、⑦外国税額控除（地法37の３、314の８）、⑧配当割額又は株式等譲渡所得割額の控除（地法37の４、314の９）の順序で控除する。

二十一　予定納税

1　制度の概要

　予定納税とは、その年の5月15日（特別農業所得者（注）は9月15日）現在で確定している前年分の所得金額、税額等を基に計算した下記2の予定納税基準額が15万円以上である場合、その予定納税基準額の3分の1相当額を第1期分（7月1日～31日）及び第2期分（11月1日～30日）として（前年において特別農業所得者である者及びその年に特別農業所得者と見込まれるとして承認を受けた者は予定納税基準額の2分の1相当額を第2期分（11月1日～30日）として）、納める制度である（所法104、105、107、108）。なお、この予定納税額は、確定申告での第3期分の税額の計算において精算される。

$$\begin{array}{ccc} \text{確定申告税額} & & \text{確定申告書における} & & \text{予定納税額} \\ \text{（第3期分の税額）} & = & \text{申告納税額} & - & \text{（第1期分・第2期分の税額）} \end{array}$$

（注）　特別農業所得者とは、その年において農業所得の金額が総所得金額の7割を超え、かつ、その年9月1日以後に生じる農業所得の金額がその年の農業所得の金額の7割を超える者をいう（所法2①三十五）。

2　予定納税基準額

　次の算式により計算する（所法104、復興財確法16）。

　予定納税基準額＝〔（①＋②）－前年の税額控除額－③〕×102.1%
①　前年の課税総所得金額（譲渡、一時、雑の各所得及び臨時所得を除いて計算）に対する税額
②　前年の上場株式等に係る課税配当所得等の金額に対する税額
③　前年の所得税に係る源泉徴収税額（上記①及び②の計算対象所得に係るものに限る。）

（注）　前年に災害減免法の適用を受けている場合には、その適用がなかったものとして計算する。

3　予定納税額等の通知

　上記2の予定納税基準額が15万円以上になる者に対しは、所轄の税務署長から、その年の6月15日（特別農業所得者の場合は10月15日）までに予定納税基準額及び予定納税額が書面で通知される（所法106、109）。

4　予定納税の減額申請

　その年の6月30日の状況で所得税（復興特別所得税を含む。）の申告納税見積額（下記(2)）が、下記(1)の事由により上記2の予定納税基準額未満となる場合は、7月15日までに「予定納税額の減額申請書」を提出し、承認がなされれば予定納税額は減額される。なお、第2期分の予定納税額のみの減額申請は、11月15日までとなる（10月31日の状況で見積もる。）（所法111、112）。

【二十一　予定納税】

なお、次の①又は②に該当すれば、減額申請は認められる（所法113②）。

①　申告納税見積額の計算の基準日（6月30日又は10月31日）までに生じた事業の全部若しくは一部の廃止、休止若しくは転換、失業、災害、盗難若しくは横領による損害又は医療費の支払があったことにより、申告納税見積額が予定納税基準額に満たない場合

②　申告納税見積額の計算基準日の現況による申告納税見積額が予定納税基準額の70％相当額以下となる場合

(1)　減額承認申請ができる場合

減額承認申請の対象事由としては、次のようなものが挙げられる。

① 　廃業、休業、失業

② 　業況不振などのため所得が前年より明らかに少なくなる

③ 　災害や盗難、横領により事業用資産や山林に損害を受け資産損失が生じる

④ 　災害や盗難、横領による損失で雑損控除を受ける

⑤ 　多額の医療費の支出による医療費控除の適用又はその増加

⑥ 　配偶者控除、配偶者特別控除、扶養控除、障害者控除、寡婦控除、寡夫控除の対象者の増加

⑦ 　社会保険料控除、小規模企業共済等掛金控除、生命保険料控除、地震保険料控除の控除額の増加や、一定の寄附金の支出による寄附金控除の適用

⑧ 　（特定増改築等）住宅借入金等特別控除その他の住宅税制に係る各種控除、政党等寄附金特別控除、認定NPO法人等寄附金特別控除、公益社団法人等寄附金特別控除などの税額控除の適用又はその増加

(2)　申告納税見積額

申告納税見積額は、該当年分の税制に基づき計算する。なお、退職所得、源泉分離課税の利子所得や配当所得及び確定申告をしないことを選択する配当等は含めない。

参考　死亡又は出国の場合の予定納税

予定納税を納付する居住者（総合課税の適用を受ける非居住者を含む。以下同じ。）に該当するか否かはその年6月30日（特別農業所得者はその年10月31日）の現況による（所法105、108）。そのため、同日以前に死亡した者及び同日以前に出国した者で総合課税の適用を受けない非居住者は、予定納税の納付義務はない（所基通105-2）。

また、予定納税基準額が15万円以上の居住者がその年7月1日以後（特別農業所得者はその年11月1日以後）に死亡又は出国した場合は、予定納税の納付義務がある。準確定申告の際に、第1期分、第2期分（特別農業所得者は第2期分）を予定納税額の欄に記載し、これらを控除した金額が第3期分となる。

なお、予定納税を納付すべき者が出国をする場合には、出国後に納期限が到来する税額についても、その出国の日までに納付する必要がある（所法115）。ただし、出国時までに納税管理人の届出をすれば、所得税法上の出国とはならないため、通常どおり、第1期、第2期の納期限までにそれぞれ納付することになる。

— 404 —

二十二　確定申告

1　確定申告義務

居住者の確定申告義務については、次のとおり（所法120、121）。

区　分			条件Ⅰ	条件Ⅱ	
一般の者		⇒			
給与所得のある者	源泉徴収される者	① 給与等の収入金額が2,000万円を超える者 ⇒			確定申告義務あり
		② 給与を1か所から受けている者 ⇒		⇒ 給与所得及び退職所得以外の所得金額（注1）が20万円を超える。	
		③ 給与を2か所以上から受けている者 ⇒	所得金額の合計額から所得控除の合計額を差し引き、その金額を基として算出した税額が配当控除額、年末調整による住宅借入金等特別控除額等の合計額よりも多い。	年末調整を受けない従たる給与等の金額と給与所得及び退職所得以外の所得金額（注1）の合計額が20万円を超える（ただし、給与収入の合計が、「150万円＋社保控除＋小規模控除＋生保控除＋地保控除＋障害控除＋寡婦（夫）控除＋勤学控除＋配偶者控除＋配特控除＋扶養控除」以下であり、かつ、給与所得及び退職所得以外の所得金額（注1）が20万円以下の場合を除く。）。 ⇒	
		④ 同族会社の役員、親族等で、その会社から給与のほか、貸付金利子、賃貸料、使用料などの支払を受けている者 ⇒			
		⑤ 災害減免法により、源泉徴収税額の徴収猶予等を受けている者 ⇒		⇒	
		⑥ 所得税が源泉徴収されない者（家事使用人、外国の在日公館勤務者等） ⇒			
公的年金等のある者	源泉徴収される者	① 公的年金等の収入金額が400万円を超える者 ⇒		⇒	
		② 公的年金等の収入金額が400万円以下の者（注2） ⇒		⇒ 公的年金等に係る雑所得以外の所得金額（注1）が20万円を超える。	
		③ 平成27年以後で源泉徴収されない者（外国の公的年金等） ⇒		⇒	
退職所得のある者		⇒		⇒ 所得税が源泉徴収されてない者（家事使用人、外国の在日公館勤務者等） ⇒	

【二十二　確定申告】

(注) 1　「給与所得及び退職所得以外の所得金額」又は「公的年金等に係る雑所得以外の所得金額」とは確定申告書への記載や提出又は明細書等の添付を要件として適用される特例を適用しないで計算した総所得金額、土地等に係る事業所得等の金額(平10.1.1～令5.3.31は適用なし。)、長期譲渡所得の金額、短期譲渡所得の金額、上場株式等に係る配当所得等の金額、一般株式等に係る譲渡所得等の金額、上場株式等に係る譲渡所得等の金額、先物取引に係る雑所得等の金額、退職所得金額及び山林所得金額の合計額から、給与所得の金額及び退職所得の金額の合計額又は公的年金等に係る雑所得の金額及び退職所得の金額の合計額を控除した金額をいう (所基通121－6)。
 2　平成23～26年分については源泉徴収されない者を含み、平成30年4月以後に消滅時効を援用せず支払われる公的年金等を受ける者を含む。

2　損失申告

　次表のいずれかに該当する者は、①その年の翌年以後に純損失又は雑損失の繰越控除を受けるため、②その年分の純損失の金額につき繰戻しによる還付を受けるため、③居住用財産の買換え等の場合の譲渡損失の繰越控除、特定居住用財産の譲渡損失の繰越控除、上場株式等に係る譲渡損失の繰越控除、特定株式に係る譲渡損失の繰越控除、先物取引の差金等決済に係る損失の繰越控除を受けるために、確定損失申告書を提出することができる (所法123①)。

区　　　　　分
①　その年に純損失の金額が生じた場合
②　その年に生じた雑損失の金額が、総所得金額、土地等に係る事業所得等の金額 (平10.1.1～令5.3.31は適用なし。)、特別控除後の分離短期譲渡所得の金額及び分離長期譲渡所得の金額、上場株式等に係る配当所得等の金額、一般株式等に係る譲渡所得等の金額、上場株式等に係る譲渡所得等の金額、先物取引に係る雑所得等の金額、山林所得金額及び退職所得金額の合計額を超える場合
③　その年の前年以前3年内の各年に生じた純損失の金額若しくは雑損失の金額又は居住用財産の買換え等の場合の譲渡損失の繰越控除、特定居住用財産の譲渡損失の繰越控除 (前年以前において控除されたもの及び純損失の繰戻しによる所得税の還付を受ける金額の計算の基礎となるものを除く。) の合計額が、これらの金額を繰越控除しないで計算した場合のその年分の総所得金額、土地等に係る事業所得等の金額 (平10.1.1～令5.3.31は適用なし。)、特別控除後の分離短期譲渡所得の金額及び分離長期譲渡所得の金額 (居住用財産に係る各譲渡損失及び雑損失の金額に限る。)、上場株式等に係る配当所得等の金額 (雑損失の金額に限る。)、一般株式等に係る譲渡所得等の金額 (雑損失の金額に限る。)、上場株式等に係る譲渡所得等の金額 (雑損失の金額に限る。)、先物取引に係る雑所得等の金額 (雑損失の金額に限る。)、山林所得金額及び退職所得金額の合計額を超える場合 (注)
④　上場株式等に係る譲渡損失の金額が生じた場合
⑤　特定株式に係る譲渡損失の金額が生じた場合
⑥　先物取引の差金等決済に係る損失が生じた場合

(注)　「上場株式等に係る譲渡所得等の金額」については、上場株式等に係る譲渡損失の繰越控除及び特定株式に係る譲渡損失の繰越控除の適用がある場合には適用後の金額、

【二十二　確定申告】

「先物取引に係る雑所得等の金額」については、先物取引の差金等決済に係る損失の繰越控除の適用がある場合には適用後の金額となる。

3　還付等を受けるための申告

次表のいずれかに該当する者は、確定申告をしなければならない場合又は確定損失申告をすることができる場合を除き、確定申告書を提出できる（所法122）。

区　分	内　　　　　　　　　容
①　還付を受けるための申告	所得税額の計算上引き切れない外国税額控除の額がある場合
	申告納税額の計算上引き切れない源泉徴収税額がある場合
	第1期分及び第2期分の予定納税額の合計額が、申告納税額より多い場合
②　外国税額の繰越控除等を受けるための申告	外国所得税の額が控除限度額を超える場合で、前3年以内の控除限度額でその年に繰り越されたものを限度として控除する場合
	外国所得税の額が控除限度額に満たない場合で、その年に繰り越された前3年以内の外国所得税のうち、その年の控除限度額に達するまでのものを控除する場合

4　非居住者の申告

平成26年度税制改正により、国内法における国際課税の原則が、総合主義から帰属主義に改められ、平成29年分の所得税からの適用とされた。

(1)　非居住者に対する課税関係の概要（所基通164−1）

P.414のとおり、平成29年分以後は、恒久的施設（下記ア）の有無により、また、恒久的施設を有する場合には、恒久的施設帰属所得（下記イ）に該当するか否かにより、課税上の取扱いが異なることとなる。ただし、租税条約により取扱いが異なる場合がある（所法162）。

ア　恒久的施設（ＰＥ）

次に掲げるものをいう（所法2①八の四、所令1の2）。

— 407 —

【二十二　確定申告】

	平成30年分以前		令和元年分以後	
支店PE	支店、出張所その他の事業所・事務所、工場、倉庫業者の事業用倉庫	以下は、PEに含まれない。 ● 購入のみを行う場所 ● 保管のみを行う場所 ● 広告・宣伝・情報提供・市場調査・基礎的研究その他補助的活動のみを行う場所	事業の管理の場所、支店、事務所、工場、作業場	以下は、PEに含まれない。ただし、事業を行う一定の場所での活動の全体が準備的・補助的な性格のものである場合に限る。 ● 保管・展示・引渡しのみを行う場所 ● 保管・展示・引渡し用の在庫 ● 加工用の在庫 ● 購入のみを行う場所 ● 情報収集のみを行う場所 ● 他の活動のみを行う場所 ● 上記を組み合わせた活動のみを行う場所 ※　各場所で行う事業上の活動が一体的な業務の一部として補完的な機能を果たす等の場合等には、上記の取扱いは適用しない。
	鉱山、採石場、その他の天然資源採取場所		鉱山、石油・天然ガスの坑井、採石場、その他の天然資源採取場所	
	その他事業を行う一定の場所で上記に掲げる場所に準ずるもの		その他事業を行う一定の場所 ※　倉庫も含まれる。	
建設PE	1年超の建設・据付け・組立てその他の作業、上記の作業の指揮監督を行う場所 ※　上記の作業・指揮監督も含まれる。		1年超の建設・据付け、上記の作業の指揮監督を行う場所 ※　上記の作業・指揮監督も含まれる。	
代理人PE	従属代理人 ※　契約内容につき、実質的な合意権限付与者も含まれる。	同業者代理人 単純購入代理人	従属代理人 ● 契約者名基準 ● 契約類型基準 ※　契約の締結に繋がる主要な役割を果たす場合にも、PEに該当	独立代理人 専ら又は主として関連企業に代わって行動する者を除外
	在庫保有代理人	独立代理人		
	注文取得代理人 ※　単純購入のための注文は除かれる。			

※　租税条約に異なる定めがある場合には、租税条約上のPEによる。

イ　恒久的施設帰属所得 （所法161①一）

　　非居住者が恒久的施設を通じて事業を行う場合において、その恒久的施設がその非居住者から独立して事業を行う事業者であるとしたならば、その恒久的施設が果たす機能、その恒久的施設において使用する資産、その恒久的施設とその非居住者の事業場等との間の内部取引その他の状況を勘案して、その恒久的施設に帰せられるべき所得（その恒久的施設の譲渡により生ずる所得を含む。）をいう。

【二十二　確定申告】

(2)　**総合課税（申告の対象）と源泉分離課税の区分け** (所法164)

ア　恒久的施設を有する非居住者

　　総合課税（申告の対象）となるのは、次の(ア)及び(イ)である。これら以外の国内源泉所得は、源泉分離課税になる。

　　(ア)　①　上記(1)イの恒久的施設帰属所得

　　　　　②　民法組合契約等に基づき恒久的施設を通じて行う事業から生ずる利益の分配

　　(イ)　①　国内にある資産の運用・保有による所得

　　　　　②　国内にある資産の譲渡による所得（恒久的施設帰属所得に該当する所得以外のものについては、次に掲げる資産の譲渡によるものに限る。）

　　　　　　・　国内にある不動産、不動産の上に存する権利、鉱業権、砕石権、山林（の伐採）の譲渡

　　　　　　・　国内の株式又は出資（P.411の「イ　年を通じて国外勤務の場合の申告」に掲げる表の「株式等の譲渡」に掲げるものに限る。）の譲渡

　　　　　　・　国内にあるゴルフ場等の施設利用権の譲渡

　　　　　　・　国内滞在中の資産の譲渡

　　　　　③　国内不動産の賃貸料等の所得

　　　　　④　人的役務提供事業の所得(注)

　　　　　⑤　その他その源泉が国内にある所得

　　　　(注)　人的役務を提供する事業に係る所得であり、給与、報酬、年金、退職手当等は含まない。

イ　恒久的施設を有しない非居住者

　　上記ア(イ)の所得のみが総合課税（申告の対象）となり、他は源泉分離課税となる。

ウ　年の中途で非居住者の区分が変わる場合

　　恒久的施設を有する非居住者からそれを有しない非居住者となるなど、年の中途で非居住者の区分が変わる場合は、それぞれの区分であった期間内に生じた所得に応じ、上記ア又はイに掲げる国内源泉所得が総合課税（申告の対象）になる（所基通164－3）。

(3)　**総合課税（申告の対象）とされる所得の課税標準、所得控除及び税額控除** (所法165、所令292)

　　国内源泉所得について総合課税（申告の対象）とされる所得を有する非居住者は、原則として居住者についての所得税の課税標準及びその税額の計算方法を準用することとされているが、所得計算、所得控除、税額控除における主な取扱いは次のとおり。

　　なお、ここでは恒久的施設帰属所得（上記(2)ア(ア)）に係るものは、記載を省略している。

ア　所得計算で居住者の規定が準用されないもの

　　①　減額された外国所得税額の総収入金額不算入等（所法44の3）

　　②　所得税額から控除する外国税額の必要経費不算入（所法46）

　　③　外国転出時課税の規定の適用を受けた場合の譲渡所得等の特例（所法60の4）

－ 409 －

【二十二　確定申告】

イ　所得控除で居住者の規定が準用されないもの

医療費、社会保険料、小規模企業共済等掛金、生命保険料、地震保険料、寡婦、ひとり親、勤労学生、配偶者、配偶者特別、扶養の各控除

なお、雑損控除は、国内にある資産に係るものは適用がある。

ウ　税額控除で居住者の規定が準用されないもの

① 分配時調整外国税相当額控除（所法93）

② 外国税額控除（所法95）

③ 国外転出をする場合の譲渡所得等の特例に係る外国税額控除の特例（所法95の2）

(4)　退職所得の選択課税（所法171、173）

非居住者が国内源泉所得とされる退職所得（居住者期間に行った勤務等に基因するもの）の支払を受ける場合は、税率20.42％による源泉分離課税となり税負担が重くなることが多い。例えば、長年国内で勤務していた者が海外赴任中に退職したケースなどである。そこで、その年中に支払を受ける退職手当等の総額（居住者期間及び非居住者期間に対応する退職手当等の合計額）を居住者として受けたものとみなして、退職所得の金額及びその税額計算を選択することができる。

選択をする非居住者は、その年の翌年1月1日（同日前に退職手当等の総額が確定した場合には、その確定した日）以後に、源泉徴収税額について還付を受けるための申告書を提出することとなる。ポイントは次のとおり。

・基礎控除等の所得控除は一切適用がない。

・非居住者につき、一般には、納税管理人を選任し、同人を通じて申告する。

・国税庁のホームページに申告書の様式は用意されていないので、確定申告書Bを使用するなどして申告書を作成する。

(5)　源泉徴収を受けない給与等（所法172）

非居住者が国内源泉所得とされる給与等の支払を国外で受ける等のため源泉徴収の適用を受けないときは、その年の翌年3月15日（同日前に国内に居所を有しなくなるときは、その有しなくなる日）までに確定申告をする必要がある。

(6)　海外転勤者（恒久的施設を有しない非居住者の場合）の納税手続

国内の会社勤務の給与所得者が1年以上の予定で海外支店等に転勤すると、日本国内に住所を有しない者と推定され（所令15）、一般的には、恒久的施設を有しない非居住者となり、転勤後は国内源泉所得のみが我が国での課税対象となる。確定申告を行う場合には、納税管理人を定める（「所得税の納税管理人の届出書」を税務署に提出）のがよい。

非居住者期間を有する者の申告等は、次のとおり（所法102、所令258、所基通165－1）。

— 410 —

【二十二　確定申告】

ア　出国した年分の申告

出国時までに納税管理人を定めた場合	左記以外（納税管理人を定めない）の場合
出国時までの全ての所得と、出国日の翌日以後に生じた国内源泉所得（源泉分離課税対象を除く。）を合計して、翌年の確定申告期間に納税管理人を通じて確定申告をする。	①　出国時までの全ての所得について、出国時までに確定申告（準確定申告）をする。3月15日までに出国する場合、前年分の所得に係る確定申告書についても、出国時までに提出する。 ②　出国時までの全ての所得と、出国日の翌日以後に生じた国内源泉所得（源泉分離課税対象を除く。）を合計して、翌年の確定申告期間に確定申告をする。その際、上記①の税額を控除する。

所得控除及び主な税額控除については、次のとおり。

(ｱ)　医療費、社会保険料、小規模企業共済等掛金、生命保険料、地震保険料の各控除は、居住者期間内に支払ったものが控除対象となる（所令258③二～四）。

(ｲ)　配偶者、配偶者特別、扶養、障害者、寡婦、ひとり親、勤労学生の各控除は、通常の居住者と同様に控除できる（所令258①三）。なお、納税管理人の届出をしない場合は出国時の現況により、納税管理人の届出をした場合には12月31日（その年中に死亡した場合は死亡時）の現況により判定する（所基通165-2）。

(ｳ)　雑損控除は、居住者期間に生じた損失と非居住者期間に国内にある資産について生じた損失が控除対象となる（所令258③一）。

(ｴ)　配当控除、分配時調整外国税相当額控除、外国税額控除は、通常の居住者の場合と同様に控除できる（所令258①五）。

(ｵ)　住宅借入金等特別控除等の住宅税制に係る各種控除は、従前は非居住者についての適用はなかったが、平成28年4月以後は、非居住者であっても、これらの制度の要件を満たせば適用できることとなった（措法41ほか）。次のイにおいて同じ。

イ　年を通じて国外勤務の場合の申告

国内源泉所得（源泉分離課税対象を除く。）について申告する。国内源泉所得については、前記(2)又は次表を参照

【二十二 確定申告】

主な国内源泉所得の例	申告の要否及びその方法
国内不動産の貸付け	総合課税による申告が必要
国内不動産、不動産の上に有する権利の譲渡	申告分離課税による申告が必要
株式等の譲渡 ①内国法人の株券等を買集め、その内国法人等に対する譲渡、②内国法人の特殊関係株主等である非居住者が行うその内国法人の株式等の譲渡、③税制適格ストックオプションの権利行使により取得した特定株式等の譲渡、④特定の不動産関連法人の株式の譲渡、⑤日本滞在中に行う株式等の譲渡	申告分離課税による申告が必要（注）
日本国内にあるゴルフ場の株式形態のゴルフ会員権の譲渡	総合課税による申告が必要（注）
国内にあるゴルフ場その他の施設の利用に関する権利の譲渡	総合課税による申告が必要
内国法人の役員報酬（取締役支店長など使用人として常時勤務する役員を除く。）	源泉分離課税（申告できない。）
内国法人から受ける配当等	源泉分離課税（申告できない。）

（注）　租税条約により課税されない場合がある。所得控除等については、上記(3)を参照

【二十二　確定申告】

ウ　帰国した年分の申告

　帰国時までの国内源泉所得（源泉分離課税対象を除く。）と帰国後の全ての所得について申告する。所得控除等については、上記アと同様になるが、(ｲ)の配偶者、扶養、障害者、寡婦、ひとり親、勤労学生の各控除は、12月31日（その年中に死亡した場合は死亡時）の現況となる。

　住宅借入金等特別控除については、居住継続ができなくなるため適用できなくなった場合で、帰国後再び居住の用に供したときは、残年数について再適用できる（P.358参照）。

　なお、非居住者期間の源泉分離課税対象所得については、住民税では、所得税と異なり、総合課税の対象となる（下記➡住民税（非居住者期間を有する者に係る申告）を参照）。

➡住民税（非居住者期間を有する者に係る申告）

　賦課期日（1月1日）に国内に住所を有しなければ住民税は課税されない。同日に国内に住所を有する者で前年に非居住者期間を有し、かつ、所得税において源泉分離課税となる国内源泉所得（所法164②各号）を有する場合には、その国内源泉所得について住民税の申告が必要となる（住民税では総合課税とされる）（地令7の11、48の5の2）。なお、その者が、他の所得を有することにより所得税の確定申告書を提出する場合には、確定申告書の「住民税に関する事項」の「非居住者の特例」欄に所得税で源泉分離課税とされた金額を附記することになる。

➤事業税（国内不動産の貸付事業者が非居住者となる場合）

　事業税は、事務所又は事業所所在の都道府県が課税する（地法72の2③）。事務所又は事業所を設けないで行う事業については、事業者の住所又は居所を事務所等とみなして事業税が課税される（同条⑦）。

　国内不動産の貸付事業者が非居住者となった場合には、その貸付事業に係る事務所等が国内になく（管理人を配置すると事務所等があることになる。）、かつ、国内に住所や居所がなければ、事業税の納税義務はないことになる。この場合、所定の届出書を都道府県に提出する必要がある。

【二十二　確定申告】

非居住者に対する課税関係の概要（平成29年分以後）

非居住者の区分／所得の種類	非居住者			所得税の源泉徴収（平28.4.1以後支払分から適用）
	恒久的施設を有する者		恒久的施設を有しない者	
	恒久的施設帰属所得	その他の所得		
（事業所得） ① 資産の運用・保有により生ずる所得（⑦から⑮に該当するものを除く。） ② 資産の譲渡により生ずる所得	【総合課税】	【課税対象外】		なし
		【総合課税（一部）】		なし
				なし
③ 組合契約事業利益の配分		【課税対象外】		20.42%
④ 土地等の譲渡による所得		【源泉徴収の上、総合課税】		10.21%
⑤ 人的役務提供事業の所得				20.42%
⑥ 不動産の賃貸料等				20.42%
⑦ 利子等	【源泉徴収の上、総合課税】	【源泉分離課税】		15.315%
⑧ 配当等				20.42%
⑨ 貸付金利子				20.42%
⑩ 使用料等				20.42%
⑪ 給与その他人的役務の提供に対する報酬、公的年金等、退職手当等				20.42%
⑫ 事業の広告宣伝のための賞金				20.42%
⑬ 生命保険契約に基づく年金等				20.42%
⑭ 定期積金の給付補塡金等				15.315%
⑮ 匿名組合契約等に基づく利益の分配				20.42%
⑯ その他の国内源泉所得	【総合課税】	【総合課税】		なし

（注）1　恒久的施設帰属所得が、上記の表①から⑯までに掲げる国内源泉所得に重複して該当する場合がある。

　　　2　上記の表②資産の譲渡により生ずる所得のうち恒久的施設帰属所得に該当する所得以外のものについては、所得税法施行令281条1項1号から8号までに掲げるもののみ課税される。

　　　3　措置法の規定により、上記の表において総合課税の対象とされる所得のうち一定のものについては、申告分離課税又は源泉分離課税の対象とされる場合がある。

　　　4　措置法の規定により、上記の表における源泉徴収税率のうち一定の所得に係るものについては、軽減又は免除される場合がある。

【二十二　確定申告】

参考　平成28年分以前の非居住者に対する課税関係の概要

所得の種類（所法161）＼非居住者の区分（所法164①）	国内に恒久的施設を有する者		国内に恒久的施設を有しない者（所法164①四）	源泉徴収（所法212①、213①）
	支店その他事業を行う一定の場所を有する者（所法164①一）	1年を超える建設作業等を行い又は一定の要件を備える代理人等を有する者（所法164①二、三）		
事業の所得　（所法161一）			【非課税】	なし
資産の所得　（〃一）	【総合課税】（注1、2、3）		【総合課税】（注2、3、4、5）	なし（注1、2、3、4）
その他の国内源泉所得　（〃一）	（所法164①一）	（所法164①二、三）	（所法164①四）	なし
組合契約事業利益の配分　（〃一の二）			【非課税】	20.42%
土地等の譲渡対価　（〃一の三）	【源泉徴収の上総合課税】			10.21%
人的役務の提供事業の対価　（〃二）				20.42%（注6）
不動産の賃貸料等　（〃三）	（所法164①一）	（所法164①二、三）	（所法164①四）	20.42%
利子等　（〃四）				15.315%
配当等　（〃五）	【源泉徴収の上総合課税】（注7、8、9、10、11、12）		【源泉分離課税】（注12）	20.42%（注9、10、11）
貸付金利子　（〃六）				20.42%
使用料等　（〃七）		国内事業に帰せられるもの	国内事業に帰せられないもの	20.42%
給与その他人的役務提供に対する報酬、公的年金等、退職手当等（〃八）				20.42%
事業の広告宣伝のための賞金　（〃九）				20.42%
生命保険契約に基づく年金等　（〃十）				20.42%
定期積金の給付補塡金等　（〃十一）				15.315%
匿名組合契約等に基づく利益の分配（〃十二）	（所法164①一）	（所法164①二、三）	（所法164②一）（所法164②二）	20.42%

【二十二　確定申告】

5　確定申告書の提出期間等

確定申告書の提出期間等は次表のとおりである。なお、非居住者の総合課税に係る所得税の申告等についても準用される（所法166）。

区　　　分			提出期間等
確定申告義務がある場合	一般の場合	還付申告の場合	翌年1月1日～3月15日
		還付申告以外の場合	翌年2月16日～3月15日
	死亡の場合	申告義務がある者が、翌年1月1日～3月15日の間に確定申告書を提出しないで死亡した場合（所法124①）	相続の開始があったことを知った日から4か月以内
		年の中途で死亡した者がその死亡年分について申告義務がある者に該当する場合（所法125①）	
	出国の場合	申告義務がある者が、翌年1月1日～3月15日の間に出国する場合（所法126①）	出国の時まで
		年の中途で出国する場合、その年1月1日～出国までの所得について確定申告義務がある場合（所法127①）	
損失申告書を提出できる場合	一般の場合（所法123①）		翌年2月16日～3月15日
	死亡の場合	損失申告を提出できる者が、翌年1月1日～3月15日の間に損失申告書を提出しないで死亡した場合（所法124②）	相続の開始があったことを知った日から4か月以内
		年の中途で死亡した者が、その死亡年分について損失申告できる者に該当する場合（所法125③）	
	出国の場合	損失申告を提出できる者が、翌年1月1日～2月15日の間に出国する場合（所法126②）	翌年2月16日前でも提出可
		年の中途で出国する場合、その年の出国までの純（雑）損失や前年以前3年内の損失について、損失申告できる者に該当する場合（所法127③）	出国の時まで
還付申告書等を提出する場合	一般の場合（所法122①）		翌年1月1日以降
	死亡の場合	還付申告できる者が、翌年1月1日以降、その申告書を提出しないで死亡した場合（所基通124・125－1）	既に提出可能
		年の中途で死亡した者が、その死亡年分について還付申告できる者に該当する場合（所法125②）	死亡日の翌日以降
	出国の場合	年の中途で出国する場合、その年1月1日～出国までの所得について還付申告できる者に該当する場合（所法127②）	出国時まで

（注）1　「出国」とは納税管理人（通法117②）の届出をしないで国内に住所等を有しないこととなることをいう（所法2①四十二）。

　　　2　還付請求は、その請求ができる日（還付請求に係る申告書を提出できる日）から5年間行使しないと請求権が時効により消滅する（通法74①）。

　　　3　提出期間等は、災害などにより地域指定、個別指定等により延長される場合がある。

【二十二　確定申告】

6　確定申告書の提出先

　確定申告書は、その提出の際における所得税の納税地（P. 8 参照）を所轄する税務署長に提出する（通法21）。

参考　死亡の場合の準確定申告のポイント

1　準確定申告書の提出期限と提出先

　申告書の種類に応じ、前記 5 に記載したとおり。提出先は、被相続人の死亡時の納税地の所轄税務署。「死亡した者の所得税及び復興所得税の確定申告書付表」（以下「付表」という。）を添付する（相続人等が 1 人、かつ、紙提出の場合は省略可）。

2　e-Tax による申告

　令和 2 年分以後は e-Tax による申告が可能。①準確定申告書、②付表（e-Tax の場合は相続人等が 1 名でも提出が必要）を e-Tax で送信する。なお、相続人等が 2 名以上いる場合は、各相続人が申告内容等を確認した上で、自署で署名・捺印した③「準確定申告書の確認書の確認書」のイメージデータ（PDF 形式）を e-Tax で送信する必要がある。

3　還付金の受領

　相続人等が 2 名以上の場合で、相続人代表が、他の相続人が受け取るべき還付金を代表して受け取る場合には、各相続人が申告内容や還付額等を確認した上で、自署で署名・捺印した「委任状」を書面（e-Tax で送信の場合も書面）で提出する。

4　損失申告書と純損失の繰戻し還付請求

　被相続人の純損失は、繰戻し還付請求をすることができる。相続人が準確定申告書を提出する際に、繰戻し還付請求も併せて行う（所法141①）。また、死亡年の前年の純損失は、死亡年に繰り越して控除するが、死亡年の所得から控除しきれない損失（死亡年が損失である場合を含む。）は、死亡年の前々年に繰戻し還付請求できる（所法141④）。なお、準確定申告書の提出は、原則、期限内であることを要し、かつ、損失発生年及び控除年のいずれも青色申告者であることが要件（所法141③④）。

5　予定納税額の記載（「参考　死亡又は出国の場合の予定納税」（P.404）参照）

7　確定申告における添付書類の省略

(1)　**平成31年 4 月 1 日以後に確定申告書を提出する場合における添付省略**

①　給与所得、退職所得及び公的年金等の各源泉徴収票

②　上場株式配当等、オープン型証券投資信託の収益の分配、特定割引債の償還金の各支払通知書及び配当等とみなす金額に関する支払通知書

③　特定口座年間取引報告書

④　未成年者口座等につき契約不履行等事由が生じた場合の報告書

(2)　**電子申告（e-Tax）における第三者作成書類の添付省略**（平31. 3. 29国税庁告示10号、令 2. 5.29国税庁告示 7 号）

①　給与所得者の特定支出の控除の特例に係る支出の証明書

②　個人の外国税額控除に係る証明書

— 417 —

確定申告

【二十二　確定申告】

③　雑損控除の証明書（災害関連支出等の領収書等）

④　社会保険料控除（国民年金、国民年金基金）の証明書

⑤　小規模企業共済等掛金控除の証明書

⑥　生命保険料控除、地震保険料控除の各証明書

⑦　寄附金控除の証明書等

⑧　勤労学生控除の証明書

⑨　医療保険者から交付を受けた医療費通知（令和4年1月1日以後適用）

⑩　医療費控除の特例における一定の取組証明書

⑪　住宅借入金等特別控除及び特定増改築等住宅借入金等特別控除に係る各借入金年末残高証明書（適用2年目以降のもの）

⑫　政党等寄附金特別控除、認定NPO法人等寄附金特別控除、公益社団法人等寄附金特別控除の各証明書

(注)　税務署長は、法定申告期限（還付請求申告書は提出日）から5年を経過する日（同日前6か月以内に更正の請求があった場合は、その更正の請求日から6か月を経過する日）まで、これらの書類の提出又は提示を求めることができ、その求めに応じなかった場合は、確定申告書に添付又は提示がなかったものとして取り扱われる（国税オンライン化省令5④⑤）。

8　確定申告書の所得控除欄の記載

　令和元年分以後の確定申告書を平成31年4月1日以後に提出する場合、給与等に係る年末調整で適用を受けた所得控除額と同額である所得控除に係る事項については、その控除額のみの記載でよいとされ、また、所得控除の合計額が年末調整における金額と同額であれば、所得控除の合計額のみの記載でよいこととされている（所規47①②④、48②）。

9　申告書等へのマイナンバー（個人番号）の記載と本人確認等

(1)　申告書、申請書等へのマイナンバーの記載

　所得税の申告書は平成28年分から、申請・届出書等は平成28年1月以後に提出するものから、マイナンバー（個人番号）の記載が必要となる（控用には記載しない。提出用の写しを控用とする場合には、マイナンバーをマスキングする。）。ただし、一定の書類については、その記載を省略することができることとされている。

　申告所得税（関連する手続を含み、租税条約に関するものを除く。）に関連する申告書、申請書等で、平成29年1月1日以後もマイナンバーの記載が必要となる主なものは次のとおり。

①　確定申告書（第一表・第二表）

②　死亡した者の確定申告書付表

③　更正の請求書

④　純損失の金額の繰戻しによる所得税の還付請求書

⑤　個人事業の開業・廃業等届出書

⑥　所得税・消費税の納税地の変更（異動）に関する届出書

— 418 —

【二十二　確定申告】

⑦　財産債務調書・国外財産調書

⑧　納税管理人の（解任）届出書

⑨　有限責任事業組合の組合事業に係る所得に関する計算書

⑩　総収入金額報告書

⑪　源泉徴収税額の納付届出書

⑫　保険料を支払った場合等の課税の特例の届出書（兼）保険料を支払った場合等の課税の特例の還付請求書（条約相手国の社会保障制度の下で支払った保険料の控除制度）

⑬　給与につき源泉徴収を受けない場合の申告書

⑭　退職所得の選択課税の申告書

⑮　措置法40条の規定による承認申請書（公益法人等に対する財産の寄附に係る譲渡所得の非課税承認申請）

⑯　国外転出をする場合の譲渡所得等の特例等に係る付表（納税管理人の届出の場合に限る。）

⑰　再調査の請求書

⑱　再調査の請求人の地位承継届出書（許可申請書）

⑲　審査請求書

⑳　審査請求人の地位承継及び総代選任の届出書、審査請求人の地位の承継の許可申請書

(2)　書面によりマイナンバーを記載した申告書等を提出する場合の確認事項

ア　納税者自らが提出する場合

　　納税者自らが、書面によりマイナンバーを記載した申告書等を提出する際には、成りすまし等を防止するための本人確認（番号確認と身元確認）がなされる。具体的には、次表の書類の提示又はその写しの添付が必要になる。

　　なお、これらの書類の写しを添付して提出する場合には、「本人確認書類（写）添付台紙」を利用する。

区　分	番号確認書類	身元確認書類
マイナンバーカードによる場合	マイナンバーカード（裏面）	マイナンバーカード（表面）
上記以外の場合	・番号通知カード ・住民票の写し又は住民票記載事項証明書（いずれもマイナンバーの記載のあるものに限る。） 　などのうちいずれか１つ	・運転免許証 ・公的医療保険の被保険者証 ・パスポート ・身体障害者手帳 ・在留カード 　などのうちいずれか１つ

（注）　e-Tax による送信により提出する場合には、本人確認書類の提示又は写しの提出は不要になる。

確定申告

— 419 —

【二十二　確定申告】

イ　税理士等の代理人が提出する場合

　　上記アに記載した納税者の「番号確認書類」に加え、代理権の確認と代理人の身元確認が必要となる（提示若しくは提出又は写しの添付）。

　　代理権の確認書類と代理人の身元確認書類は、次表のとおり。

代理人の区分	代理権の確認書類	代理人の身元確認書類
税理士の場合	税務代理権限証書	税理士証票
法定代理人の場合	戸籍謄本など	上記アの「身元確認書類」のうちいずれか1つ
任意代理人の場合	委任状	

➡住民税の申告

　　住民税は市区町村が税額を計算し、納税通知書により納税者に通知する賦課課税方式であるが、賦課事務の便宜等の見地から一定の事項を納税義務者に申告させている。

〔住所を有する者〕

区　　分		内　　容	留　意　点
1　申告を要する者（下記2に該当しない者）		毎年3月15日までに一般の申告書（総務省令5号の4様式及び同様式別表）を賦課期日（1月1日）現在における住所所在地の市区町村長に提出しなければならない。 　なお、損失の金額のある者、その繰越控除及び外国税額控除を受ける者は、一定の明細書の添付が必要。	例えば、年末調整済給与以外の所得が20万円以下で所得税の申告を要しないとされる場合でも、住民税は申告する必要がある（地法45の2①、317の2①）。
2 申告を要しない者	(1)　申告が免除される者	ア　給与支払報告書の提出義務者から1月1日現在において給与の支払を受けている者で前年中に給与所得以外の所得を有しない者	雑損控除、医療費控除、純損失又は雑損失の金額の繰越控除、寄附金税額控除（一定のものを除く。）を受けるときは、3月15日までに次に掲げる申告書を賦課期日（1月1日）現在における住所所在地の市区町村長に提出する。ただし、地方団体（総務大臣指定分に限る。）に対する寄附金については、ワンストップ特例制度が講じられている（P.382参照）。 (ア)　「給与所得者・公的年金等受給者用雑損控除・医療費控除申告書」（総務省令第5号の5様式）

【二十二　確定申告】

			(イ)　「寄附金税額控除申告書㈠」 （総務省令第5号の5の2様式）
			(ウ)　「給与所得者・公的年金等受給者用繰越控除申告書」（総務省令第5号の6様式）
2　申告を要しない者		イ　公的年金等支払報告書の提出義務者から1月1日現在において公的年金等の支払を受けている者で前年中に公的年金等以外の所得を有しない者	上記アと同様。 　ただし、社会保険料控除（公的年金控除分を除く。）、小規模企業共済等掛金控除、生命保険料控除、地震保険料控除、勤労学生控除、配偶者特別控除、同居老親等扶養控除又はこれらと併せて雑損控除、医療費控除、純損失又は雑損失の金額の繰越控除、寄附金税額控除（一定のものを除く。）を受けるときは、3月15日までに一般の申告書を賦課期日（1月1日）現在における住所所在地の市区町村長に提出する。
		ウ　市町村民税（特別区民税）の所得割の納税義務を負わないと認められる者のうち市区町村の条例で定める者	純損失又は雑損失の金額について、翌年度以降において繰越控除を受けるときは、3月15日までに一般の申告書を賦課期日（1月1日）現在における住所所在地の市区町村長に提出できる。
	(2)　所得税の申告をした者 ⇒所得税の確定申告書が提出された日に申告されたものとみなされる（地法45の3①、317の3①）。（注）		所得税の確定申告書に記載された事項のうち住民税の申告事項及び下記の附記された事項は、住民税の申告書に記載されたものとみなされる（地法45の3②、317の3②）。（注）
		所得税の申告書に附記する事項	①　1月1日現在の住所 ②　給与所得以外の所得（老齢等年金給付の支払を受けている65歳以上の者は、給与所得及び公的年金等に係る所得以外の所得）に係る住民税の徴収方法 ③　前年分の所得税につき控除対象配偶者又は扶養親族とした者を住民税において青色事業専従者とする場合は、その者の氏名、個人番号及び青色事業専従者給与額 ④　前年中に非居住者であった期間を有する場合においては、国内源泉所得のうち所得税で分離課税の対象とされるもの ⑤　前年分の所得税につき控除対象配偶者、控除対象扶養親族、青色事業専従者又は事業専従者とした者のうち、別居している者の氏名、住所及び個人番号 ⑥　前年分の所得税につき確定申告しないこととした非上場株式

— 421 —

【二十二　確定申告】

2　申告を要しない者	所得税の申告書に附記する事項	の少額配当等 ⑦　所得割額から控除する配当割額又は株式等譲渡所得割額 ⑧　寄附金税額控除額の控除に関する事項 ⑨　扶養親族（控除対象扶養親族を除く。）の氏名、申告者との続柄、生年月日、個人番号、別居扶養親族についてはその住所及び控除対象外国外扶養親族である場合にはその旨 ⑩　同一生計配偶者（控除対象配偶者を除く。）の氏名、生年月日及び個人番号並びに申告者と別居している同一生計配偶者については、当該同一生計配偶者の住所並びに控除対象外国外同一生計配偶者である場合にはその旨。

（注）　所得税の確定申告書を提出した場合であっても、①配当等の支払の際に道府県民税配当割が特別徴収される上場株式等の配当等及び②源泉徴収口座の上場株式等の譲渡所得等については、住民税の納税通知書が送達される日までに、住民税の申告書を提出することにより、所得税と異なる課税方法を選択することができる（地法32⑬⑮、313⑬⑮）。

〔住所を有しない者で事務所、事業所、家屋敷のみを有する者〕

　市区町村長が賦課徴収について必要があると認める場合、賦課期日（1月1日）現在有する事務所等の所在地、その他必要な事項を申告させることができる（地法317の2⑥）。

▶事業税の申告

　事業税は都道府県が税額を計算し、納税通知書により納税者に通知する賦課課税方式であるが、賦課事務の便宜等の見地から一定の事項を納税義務者に申告させている。

　なお、事業税の申告は、事務所又は事業所所在地の都道府県知事に対して行う（地法72の55、72の55の2）。

区分	内容及び留意点
所得税（道府県民税）の申告書を提出した個人	原則⇒　申告不要（所得税又は道府県民税の申告書が提出された日に、事業税の申告書が提出されたものとみなされる（地法72の55の2））。 例外⇒　①年の中途で事業を廃止（死亡廃止を除く。）した者の提出した所得税又は道府県民税の申告書、②その所得税又は道府県民税の申告書の提出前に事業税の申告書が提出された場合は、いずれも事業税の申告書が提出されたものとみなされない（地法72の55の2、地令35の4）（注）。 　　所得税又は道府県民税の申告書に記載された事項のうち事業税の申告事績に相当するもの及び附記された事項について、申告されたものとみなされる。

【二十二　確定申告】

所得税（道府県民税）の申告書を提出した個人	所得税又は道府県民税の申告書等に附記する事項（地規7の2）	①　所得税の不動産所得の金額及び事業所得の金額（農業に係る金額を除く。）のうちに、次に掲げる非課税所得等を有する者にあっては、その金額 ・法定列挙されていない事業から生ずる所得 ・林業及び鉱物の掘採事業から生ずる所得 ・外国の事業所等において行う事業に帰属する所得 ・社会保険診療報酬に係る所得 ②　所得税において青色事業専従者としなかった親族について事業税で青色事業専従者にしようとする者にあっては、その青色事業専従者の氏名及びその青色事業専従者に支給した給与の総額 ③　前年分の事業の所得の計算上生じた損失のうちに被災事業用資産の損失の金額を有する者にあっては、その金額 ④　譲渡損失の金額を有する者にあっては、その金額 ⑤　青色申告特別控除の適用を受けた者にあっては、その金額 ⑥　不動産所得の金額の計算上生じた損失の金額のうち土地等の取得に係る負債の利子の額についての損益通算の特例及び特定組合員又は特定受益者の不動産所得に係る損益通算の特例の規定の適用を受けた者にあっては、これらの損益通算の特例適用前の不動産所得の金額 ⑦　前年中に事業を開始した者にあっては、その開業月日 ⑧　分割個人にあっては、主たる事務所等所在の都道府県以外の都道府県における事務所等の有無

その他の個人（地法72の55）	事業の所得の金額が事業主控除額を超える場合	事業を廃止した場合	死亡廃止⇒死亡後4か月以内に申告
			死亡廃止以外⇒廃止後1か月以内に申告
		上記以外	3月15日までに申告
	事業の所得の金額が事業主控除額以下である場合	損失の繰越控除等の適用を受ける場合	3月15日までに申告
		上記以外	申告不要

分割個人の申告	分割個人は、主たる事務所等の所在地の都道府県知事に事業税の申告をすることとされている（地法72の55③）。この場合、事務所等の従業者の数その他必要な事項を併せて申告することになる。

(注)　年の中途で事業を廃止（法人成・代替わり等を含む。）した場合は、廃止から1か月以内（死亡廃止は4か月以内）に個人事業税の申告書を都道府県知事に提出しないと、下記の諸控除は認められない（地法72の55）。
　①　専従者控除（地法72の49の12③）
　②　繰越損失控除（地法72の49の12⑥）
　③　被災事業用資産の繰越控除（地法72の49の12⑦）
　④　譲渡損失（地法72の49の12⑨）
　⑤　譲渡損失の繰越控除（地法72の49の12⑩）

【二十二　確定申告】

🖙 参考　「国外財産調書」と「財産債務調書」

1　制度の概要

	国外財産調書	財産債務調書
提出義務者	平成25年分以後、居住者（非永住者を除く。）で、その年の12月31日において、その価額の合計額が5,000万円を超える国外財産（注）を有する者は、その財産の種類、数量及び価額その他必要な事項を記載した国外財産調書を、翌年3月15日までに提出しなければならない。 （注）「国外にある財産」をいい、国外にあるかどうかは、財産の種類ごとに行う（具体的には、国外送金等調書法通達5-5～5-6の2参照）。	平成27年分以後、所得税の確定申告書を提出する義務がある者で、その年分の所得金額（退職所得を除く。）の合計額が2,000万円を超え、かつ、その年の12月31日において、その価額の合計額が3億円以上の財産又はその価額の合計額が1億円以上の国外転出特例対象財産（P.257参照）を有する者は、その財産の種類、数量及び価額並びに債務の金額その他必要な事項を記載した財産債務調書を、翌年3月15日までに提出しなければならない。

① 　いずれの調書も合計表（「国外財産調書合計表」又は「財産債務調書合計表」）を作成し、添付する。
② 　その年の翌年3月15日までにこれら調書を提出しないで死亡した場合（国外財産調書については出国（所法2①四十二）を含む。）は、提出不要となる。
③ 　令和2年分以後においては、相続開始年の相続又は遺贈により取得した国外財産（以下「相続国外財産」という。）を除外して、国外財産調書又は財産債務調書を提出できる（提出義務についても相続国外財産を除外して判定）。

記載に当たっての留意事項

① 　財産の価額は、その年の12月31日における「時価」又は時価に準ずるものとして「見積価額」による（国外送金等調書法通達5-7、6の2-8）。
　（注）「時価」とは、その年の12月31日における財産の現況に応じ、不特定多数の当事者間で自由な取引が行われる場合に通常成立すると認められる価額（専門家による鑑定評価額、金融商品取引所等の公表する同日の最終価格など）をいう。
　　　「見積価額」とは、その年の12月31日における財産の現況に応じ、その財産の取得価額や売買実例価額などを基に、合理的な方法により算定した価額をいう（国外送金等調書法通達5-8、6の2-9参照）。
② 　共有財産の持分の価額は、その財産の価額をその共有者の持分に応じてあん分した価額とする。なお、持分が定まっていない場合や明らかでない場合は、各共有者の持分は相等しいものと推定する（国外送金等調書法通達5-12、6の2-12）。
③ 　邦貨換算は、各調書の提出者の取引金融機関が公表するその年の12月31日における最終の対顧客直物電信買相場（TTB）又はこれに準ずる相場為替相場（同日に相場がない場合には、直近の相場）による。なお、財産債務調書における債務については、対顧客直物電信売相場（TTS）又はこれに準ずる相場となる（国外送金等調書法通達5-11、6の2-15）。
④ 　暗号資産（仮想通貨）は、その所有者の住所地で内外判定を行うため、財産債務調書への記載となる（国外財産調書は、居住者のみが提出）。

【二十二　確定申告】

加算税と罰則	①　提出期限内に提出された場合には、これら調書に記載がある財産（財産債務調書は債務を含む。以下「財産等」という。）に関して申告漏れが生じたときは、その財産等に係る部分の加算税の割合が5％軽減される。 ②　提出期限内に提出されない場合又は提出期限内に提出されたこれら調書に記載すべき財産等の記載がない場合あるいは記載が不十分と認められる場合で、その財産等に関して申告漏れ（死亡した者に係るものを除く。）が生じたときは、加算税の割合が5％加重される。 　　ただし、令和2年分以後において、その年の12月31日において相続国外財産を有する者の責めに帰すべき事由がなく提出期限内にこれら調書の提出がない場合又は修正申告の対象となる相続国外財産についての記載がない（記載不備を含む。）場合は、加重措置の対象外となる。 ③　提出期限後に提出した場合であっても、調査があったことにより更正又は決定があるべきことを予知していたものでないときは、提出期限内に提出されたものとみなして、上記①及び②の特例が適用される。 ④　令和2年分以後において、国外財産についての調査により修正申告等をしたケースで、その修正申告等の前に、国外財産調書に記載すべき国外財産の取得、運用又は処分に係る書類（その電磁的記録を含む。）又はその写しの提示等を求められた場合で、その提示等を求められた日から60日を超えない範囲内においてその提示等の準備に通常要する日数を勘案して当該職員が指定する日までにその提示等をしなかったとき（その者の責めに帰すべき事由がない場合を除く。）は、次のとおりとなる。 ・　その国外財産に係る加算税の軽減措置は適用なし。 ・　その国外財産に係る加算税の加重措置の加算割合は10％（上記②のただし書きの場合は5％）。

⑤　国外財産調書に偽りの記載をして提出した場合又は国外財産調書を正当な理由がなく提出期限内に提出しなかった場合には、1年以下の懲役又は50万円以下の罰金に処される。ただし、提出期限内に提出しなかった場合については、情状によりその刑を免除可能とされる。	罰則規定なし

その他	財産債務調書を提出する者が国外財産調書を提出する場合には、その財産債務調書には、国外財産調書に記載した国外財産に関する事項の記載は要しないが、国外財産の価額の合計額を記載する。

2　記載例

　次に掲げる「国外財産調書」及び「財産債務調書」の各記載例は、令和2年10月20日現在の国税庁ホームページに掲載されているものを参考として作成したものである。

確定申告

【二十二　確定申告】

「国外財産調書」の記載例

番号 0 XXXXXXX

令和○○年12月31日分　国外財産調書

国外財産を有する者	住所又は事業所、事務所、居所など	東京都千代田区霞が関３－１－１
	氏名	×× ××
	個人番号	0000 0000 0000 　電話番号（自宅・勤務先・携帯）03－××××－××××

	国外財産の区分	種類	用途	所在／国名	所在	数量	（上段は有価証券等の取得価額）価額	備考
①	土地		事業用	オーストラリア	○○州△△××通り6000	1 200m²	円／54,508,000円	
②	建物		事業用	オーストラリア	○○州△△××通り6000	1 150m²	80,000,000	
	建物		一般用 事業用	アメリカ	△△州○○市××通り4440	1 95m²	77,800,000	土地を含む
					建物計		(157,800,000)	
③	預貯金	普通預金	事業用	オーストラリア	○○州△△××通り40 ××銀行○○支店		58,951,955	
	預貯金	普通預金	一般用	アメリカ	○○州△△××通り123 ○○銀行△△支店		23,781,989	
	預貯金	定期預金	一般用	アメリカ	○○州△△××通り123 ○○銀行△△支店		5,000,000	
					預貯金計		(87,733,944)	
④	有価証券	上場株式(○○securities, Inc.)	一般用	アメリカ	△△州○○市××通り321	10,000株	3,000,000 3,300,000	
⑤	特定有価証券	ストックオプション(○○Co,Ltd.)	一般用	アメリカ	○○州△△市××通り400	600個	3,000,000	
⑥	匿名組合出資	C匿名組合	一般用	アメリカ	△△州××市○○通り456 (Cxxx D. Exxx)	100口	100,000,000 140,000,000	
⑦	未決済信用取引等に係る権利	信用取引(××)	一般用	オーストラリア	○○州△△××通り567 △△証券××支店	400口	0 △4,500,000	
	未決済デリバティブ取引に係る権利	先物取引(○○)	一般用	オーストラリア	○○州△△××通り567 △△証券××支店	100口	30,000,000 29,000,000	
⑧	貸付金		一般用	アメリカ	△△州○○市××通り10 123号室 (Axxx B. Yxxxx)		15,600,000	
	未収入金		事業用	オーストラリア	○○州△△××通り40 (Bxxx A. Jxxxx)		4,400,000	
⑨	書画骨とう	書画	一般用	アメリカ	△△州○○市××通り4440	2点	2,000,000	
⑩	貴金属類	金	一般用	アメリカ	△△州○○市××通り4440	1kg	5,000,000	
⑪	その他の動産	自動車	一般用	アメリカ	△△州○○市××通り4440	1台	6,000,000	
⑫	その他の財産	委託証拠金	一般用	アメリカ	○○州△△××通り987 ○○証券○○支店		10,000,000	
⑬	合計額						513,841,944	

(摘要)

（１）枚のうち（１）枚目

— 426 —

【二十二　確定申告】

【各財産共通】

1　それぞれの財産を「事業用」と「一般用」に区分し、更に、所在の別に区分する。
2　所在については、それぞれの国外財産の所在地（国名及び住所）を記入する。
　※　各国外財産において記載例が示されている場合には、各国外財産の書き方に従って記入する。
3　国外財産の価額については、その年の12月31日における国外財産の「時価」又は時価に準ずる価額として「見積価額」を記入する。
4　一の国外財産の区分について複数の国外財産を記入する場合には、国外財産の区分ごとに価額（小計）をかっこ書で記入する。
5　財産債務調書を提出する場合には、国外財産調書に記載する国外転出特例対象財産（有価証券（特定有価証券に該当する有価証券を除く。）、匿名組合契約の出資の持分、未決済信用取引等に係る権利及び未決済デリバティブ取引に係る権利）について、価額欄の上段に取得価額を記入する。

① 土地
　○　「数量」欄の上段に地所数を、下段に面積を記入する。

② 建物
1　「数量」欄の上段に戸数を、下段に床面積を記入する。
2　2以上の財産区分からなる財産を一括して記入する場合には「備考」欄に一括して記入する財産の区分等を記入する。
　※　記載例では、土地付で取得した建物を一括して記入する場合を例示している。
3　財産の用途が、「一般用」及び「事業用」の兼用である場合には、用途は「一般用、事業用」と記載し、価額は、一般用部分と事業用部分とを区分することなく記入する。

③ 預貯金
1　上記「各財産共通」の1に加え、預貯金の種類（当座預金、普通預金、定期預金等）の別に区分する。
2　「種類」欄に預貯金の種類を記入する。
3　「所在」欄は預貯金を預け入れている金融機関の所在地（国名及び住所）、名称及び支店名を記入する。

④ 有価証券（特定有価証券以外）
1　上記「各財産共通」の1に加え、有価証券の種類（株式、公社債、投資信託、特定受益証券発行信託、貸付信託等）及び銘柄の別に区分する。
2　「種類」欄に有価証券の種類及び銘柄を記入する。なお、株式については、「上場株式」と「非上場株式」に区分して記入する。
3　「所在」欄は有価証券の保管等を委託している場合には、金融商品取引業者等の所在地（国名及び住所）、名称及び支店名を記入する。
　※　国内にある金融機関の営業所等に設けられた口座において管理されている有価証券については、この調書への記入の必要はない。

⑤ 特定有価証券
1　上記「各財産共通」の1に加え、特定有価証券の種類（ストックオプション等）の別に区分する。
2　「種類」欄に特定有価証券の種類及び発行会社を記入する。
3　「所在」欄に特定有価証券の発行会社の所在地（国名及び住所）を記入する。
　※　「特定有価証券」とは新株予約権その他これに類する権利で株式を無償又は有利な価額により取得することができるもののうち、その行使による取得の全額又は一部が国内源泉所得となるものをいう。

⑥ 匿名組合契約の出資の持分
1　上記「各財産共通」の1に加え、匿名組合の別に区分する。
2　「種類」欄は匿名組合契約名を記入する。
3　「所在」欄は金融商品取引業者等に取引を委託している場合には、その所在地（国名及び住所）、名称及び支店名を記載する。

⑦ 未決済信用取引等に係る権利及び未決済デリバティブ取引に係る権利
1　上記「各財産共通」の1に加え、未決済信用取引に係る権利及び未決済デリバティブ取引に係る権利の種類及び銘柄の別に区分する。
2　「種類」欄に未決済信用取引に係る権利及び未決済デリバティブ取引に係る権利の種類及び銘柄を記入する。
3　「所在」欄は金融商品取引業者等に取引を委託している場合には、その所在地（国名及び住所）、名称及び支店名を記載する。

⑧ 貸付金及び未収入金
　○　「所在」欄は債務者の氏名又は名称並びに国名及び住所を記入する。

⑨ 書画骨とう及び美術工芸品
1　上記「各財産共通」の1に加え、書画骨とうの種類（書画、骨とう、美術工芸品）の別に区分する。
2　「種類」欄に書画骨とうの種類を記入する。
3　「数量」欄に点数を記入する。

⑩ 貴金属類
1　上記「各財産共通」の1に加え、貴金属の種類（金、白金、ダイヤモンド等）の別に区分する。
2　「種類」欄に貴金属類の種類を記入する。
3　「数量」欄に点数又は重量を記入する。

⑪ その他の動産
　○　上記「貴金属類」に準じて記入する。
　※　その他の動産とは、家庭用動産（家具、什器備品や自動車などの動産（現金、書画骨とう、美術工芸品、貴金属類を除く。））、棚卸資産、減価償却資産をいう。
　※　貴金属類のうち、いわゆる装身具として用いられるものは、家庭用動産として取り扱って差し支えない。

⑫ その他の財産
　○　上記「貴金属類」に準じて記入する。
　※　その他の財産とは、上記のどの種類にも当てはまらない財産、例えば、保険契約に関する権利、民法に規定する組合契約その他これに類する契約に基づく出資、信託受益権などをいう。

⑬ 「合計額」欄
　○　2枚以上の調書を作成、提出する場合でも、「合計額」は1枚目の調書に記入する。
　※　国外に存する債務については国外財産調書への記載は不要

【二十二　確定申告】

「財産債務調書」の記載例

番号　0XXXXXXX

令和○○年12月31日分　財産債務調書

財産債務を有する者	住　所〔又は事業所、事務所、居所など〕	東京都千代田区霞が関３－１－１				
	氏　名	××　××				
	個人番号	0000　0000　0000		電話番号〔自宅・勤務先・携帯〕03－××××－××××		

	財産債務の区分	種　類	用　途	所　在	数　量	（上段は有価証券等の取得価額）財産の価額又は債務の金額	備　考
①	土地		事業用	東京都千代田区○○１－１－１	1 250m²	円 250,000,000円	
②	建物		事業用	東京都港区○○３－３－３	1 500m²	110,000,000	
	建物		一般用 事業用	東京都品川区○○５－５－５－2501	1 95m²	89,000,000	土地を含む
	建物計					(199,000,000)	
③	現金		一般用	東京都千代田区霞が関３－１－１		1,805,384	
④	預貯金	普通預金	事業用	東京都千代田区○○２－２－２○○銀行△△支店		38,961,915	
⑤	有価証券	上場株式（Ｂ社）	一般用	東京都港区○○３－１－１△△証券△△支店	5,000株	6,500,000 6,450,000	
⑥	特定有価証券	ストックオプション（○○株式会社）	一般用	東京都港区△△１－２－１	600個	3,000,000	
⑦	匿名組合出資	Ｃ匿名組合	一般用	東京都港区○○１－１－１株式会社Ｂ	100口	100,000,000 140,000,000	
⑧	未決済デリバティブ取引に係る権利	先物取引（○○）	一般用	東京都品川区○○５－１－１××証券××支店	100口	30,000,000 29,000,000	
⑨	貸付金		事業用	東京都目黒区○○２－１－１○○　△△		3,000,000	
	未収入金		事業用	東京都豊島区○○２－１－１株式会社Ｃ		1,500,000	
⑩	貴金属類	ダイヤモンド	一般用	東京都千代田区霞が関３－１－１	3個	6,000,000	
⑪	その他の動産	家庭用動産	一般用	東京都千代田区霞が関３－１－１	20個	3,000,000	
⑫	その他の財産	生命保険契約	一般用	東京都品川区○○１－５－５××証券××支店		10,000,000	
	その他の財産	暗号資産（△△コイン）	一般用	東京都千代田区霞が関３－１－１	10△△コイン	8,500,000	
⑬	借入金		事業用	東京都千代田区○○２－２－２○○銀行△△支店		20,000,000	
	未払金		事業用	東京都港区○○７－８－９株式会社Ｄ		1,500,000	
⑭	その他債務	保証金	事業用	東京都台東区○○２－３－４株式会社Ｅ		2,000,000	
注	国外財産調書に記載した国外財産の価額の合計額（うち国外転出特例対象財産の価額の合計額(34,000,000))円）					89,000,000	
⑮	財産の価額の合計額	789,217,299		債務の金額の合計額		23,500,000	
	（摘要）						

（1）枚のうち（1）枚目

【二十二　確定申告】

【各財産及び債務共通】
1　それぞれの財産債務を「事業用」と「一般用」に区分し、更に、所在の別に区分する。
2　所在については、それぞれの財産債務の所在地を記入する。
　　※　各財産債務において記載例が示されている場合には、各財産債務の書き方に従って記入する。
3　財産の価額については、その年の12月31日における財産の「時価」又は時価に準ずる価額として「見積価額」を記入する。
4　一の財産及び債務の区分について複数の財産及び債務を記入する場合には、財産及び債務の区分ごとに価額（小計）をかっこ書で記入する。
5　事業用の財産債務で「未収入金」「その他の財産」「未払金」「その他の債務」に区分される債権又は債務について、その価額又は金額が100万円未満のものについては、所在別に区分することなく、その件数及び総額を記入して差し支えない。
6　国外財産調書を提出する場合には、国外財産調書に記載した国外財産の価額の合計額及び国外転出特例対象財産の価額の合計額を財産債務調書にも記入する（注）。

① 土地
　○ 「数量・面積」欄の上段に地所数を、下段に面積を記入する。

② 建物
　1　「数量」欄の上段に戸数を、下段に床面積を記入する。
　2　2以上の財産区分からなる財産を一括して記入する場合には「備考」欄に一括して記入する財産の区分等を記入する。
　3　財産の用途が「一般用」及び「事業用」の兼用である場合には、用途は「一般用、事業用」と記載し、価額は一般用部分と事業用部分とを区分することなく記入する。

③ 現金
　○ 上記「各財産及び債務共通」の1の別に区分し、記入する。

④ 預貯金
　1　上記「各財産及び債務共通」の1に加え、預貯金の種類（当座預金、普通預金、定期預金等）の別に区分する。
　2　「種類」欄に預貯金の種類を記入する。
　3　「所在」欄は預貯金を預入れている金融機関の所在地、名称及び支店名を記入する。

⑤ 有価証券（特定有価証券以外）
　1　上記「各財産及び債務共通」の1に加え、有価証券の種類（株式、公社債、投資信託、特定受益証券発行信託、貸付信託等）及び銘柄の別に区分する。
　2　「種類」欄に有価証券の種類及び銘柄を記入する。
　　なお、株式については、「上場株式」と「非上場株式」に区分して記入する。
　3　「所在」欄は有価証券の保管等を委託している場合には、金融商品取引業者等の所在地、名称及び支店名を記入する。
　4　「価額」欄の上段には取得価額を記載する。

⑥ 特定有価証券
　1　上記「各財産及び債務共通」の1に加え、特定有価証券の種類(ストックオプション等)の別に区分する。
　2　「種類」欄に特定有価証券の種類及び発行会社を記入する。
　3　「所在」欄は特定有価証券の発行会社の住所を記入する。
　　※　「特定有価証券」とは新株予約権その他これに類する権利で株式を無償又は有利な価額により取得することができるもののうち、その行使による取得の全額又は一部が国内源泉所得となるものをいう。

⑦ 匿名組合契約の出資の持分
　1　上記「各財産及び債務共通」の1に加え、匿名組合の別に区分する。
　2　「種類」欄は匿名組合契約名を記入する。
　3　「所在」欄は金融商品取引業者等に取引を委託している場合には、その所在地、名称及び支店名を記載する。
　4　「価額」欄の上段には取得価額を記入する。

⑧ 未決済信用取引等に係る権利及び未決済デリバティブ取引に係る権利
　1　上記「各財産及び債務共通」の1に加え、未決済信用取引等に係る権利及び未決済デリバティブ取引に係る権利の種類及び銘柄の別に区分する。
　2　「種類」欄に未決済信用取引に係る権利及び未決済デリバティブ取引に係る権利の種類及び銘柄を記入する。
　3　「所在」欄は金融商品取引業者等に取引を委託している場合には、その所在地、名称及び支店名を記載する。
　4　「価額」欄の上段には取得価額を記入する。

⑨ 貸付金及び未収入金
　○ 「所在」欄は債務者の氏名又は名称及び住所を記入する。

⑩ 貴金属類・書画骨とう及び美術工芸品
　1　上記「各財産及び債権共通」の1に加え、貴金属の種類(金、白金、ダイヤモンド等)の別、書画骨とうの種類（書画、骨とう、美術工芸品）の別に区分する。
　2　「種類」欄に貴金属類、書画骨とうの種類を記入する。
　3　「数量」欄に点数又は重量（書画骨とうは点数のみ）を記入する。

⑪ その他の動産
　○ 上記「貴金属類」に準じて記入する。
　　※　その他の動産とは、家庭用動産（家具、什器備品や自動車などの動産（現金、書画骨とう、美術工芸品、貴金属類を除く。））、棚卸資産、減価償却資産をいう。
　　※　貴金属類のうち、いわゆる装身具として用いられるものは、家庭用動産として取り扱って差し支えない。

⑫ その他の財産
　○ 上記「貴金属類」に準じて記入する。
　　※　その他の財産とは、上記のどの種類にも当てはまらない財産、例えば、保険契約に関する権利、民法に規定する組合契約等その他これらに類する契約に基づく出資、信託受益権、暗号資産などをいう。

⑬ 借入金及び未払金
　○ 「所在」欄は債権者の氏名又は名称及び住所を記入する。

⑭ その他の債務
　○ 上記「借入金及び未払金」に準じて記入する。
　○ 「所在」欄は上記「借入金及び未払金」に準じて記入する。
　　※　その他の債務とは、「借入金」「未払金」に当てはまらない債務、例えば、前受金、預り金、保証金、敷金などをいう。

⑮ 財産の価額の合計額及び債務の金額の合計額
　○ 2枚以上の調書を作成、提出する場合でも「合計額」は1枚目の調書に記入する。

— 429 —

確定申告

二十三　更正の請求

1　更正の請求の原則

確定申告書の提出者は、次の①〜③に該当する場合、法定申告期限（還付を受けるための申告書（所法122）の場合には申告書提出日）から5年以内に課税標準等又は税額等につき更正の請求をすることができる（通法23①、所基通122−1）。

①	申告書に記載した課税標準等、税額等の計算が国税に関する法律の規定に従っていなかったこと又は計算誤りがあったことにより、納付すべき税額が過大であるとき
②	①の理由により、純損失等の金額が過少であるとき、又は申告書に純損失等の金額の記載がなかったとき
③	①の理由により、還付金の額に相当する税額が過少であるとき、又は申告書に還付金の額に相当する税額の記載がなかったとき

📖 参考　更正の請求期限

1　申告義務者が提出する確定申告書に係る更正の請求期限

年分	平成27年分	平成28年分	平成29年分	平成30年分	令和元年分
請求期限	令3.3.15	令4.3.15	令5.3.15	令6.3.15	令7.4.16(注)

(注)　新型コロナウイルスによる申告期限の延長適用者は、原則として申告書提出日から5年以内

2　申告義務がない者が提出する還付申告書に係る更正の請求期限
　還付申告書の提出日から5年以内

2　後発的事由の場合の更正の請求の特例

確定申告書の提出者又は決定を受けた者は、次の①〜③に該当する場合（確定申告書の提出者については、それぞれの満了日が法定申告期限から5年経過後に到来する場合に限る。）には、それぞれに掲げる期間において、更正の請求をすることができる（通法23②、通令6）。

①	申告、更正又は決定に係る課税標準等又は税額等の計算の基礎となった事実に関する訴えについての判決（裁判上の和解を含む。）により、その事実が計算の基礎としたところと異なることが確定したとき……その確定日から2か月以内
②	申告、更正又は決定に係る課税標準等又は税額等の計算に当たって申告をし、又は決定を受けた者に帰属するものとされていた所得等が他の者に帰属するとする当該他の者に係る国税の更正又は決定があったとき……更正又は決定があった日から2か月以内
③	その他法定申告期限後に生じた次に掲げるやむを得ない理由があるとき……その理由が生じた日から2か月以内
	A　申告、更正又は決定に係る課税標準等又は税額等の計算の基礎となった事実のうちに含まれていた行為の効力に係る官公署の許可その他の処分が取り消されたこと
	B　申告、更正又は決定に係る課税標準等又は税額等の計算の基礎となった事実に係る契約が、解除権の行使によって解除され、若しくはその契約の成立後生じたやむを得

— 430 —

【二十三　更正の請求】

ない事情によって解除され、又は取り消されたこと

C　帳簿書類の押収その他やむを得ない事情により、課税標準等又は税額等の計算の基礎となるべき帳簿書類等に基づいて国税の課税標準等又は税額等を計算することができなかった場合において、その後、その事情が消滅したこと

D　租税条約に規定する権限のある当局間の協議により、申告、更正又は決定に係る課税標準等又は税額等に関し、その内容と異なる内容の合意が行われたこと

E　その申告、更正又は決定に係る課税標準等又は税額等の計算の基礎となった事実に係る国税庁長官通達に示されている法令解釈が、裁決又は判決に伴って変更され、変更後の解釈が国税庁長官により公表されたことにより、課税標準等又は税額等が異なることとなる取扱いを受けることとなったことを知ったこと

参考　後発的事由による更正の請求と税務署長による所得税の更正可能期限

区　　　分	税務署長による更正可能期限
①　上記2の①及び③A～Dに基づく更正の請求	法定申告期限から5年間と後発的事由が生じた日から3年間のいずれか遅い日
②　上記2の②及び③Eに基づく更正の請求	法定申告期限から5年間（満了日前6か月以内の更正請求によるものは、更正請求日から6か月以内）

（通法70③、71①二、通令30、24④参照）

3　所得税法における更正の請求の特例

(1)　各種所得の金額に異動を生じた場合（所法152）

確定申告書の提出者又は決定を受けた者は、次の①～③の事実が生じたことにより更正の請求事由が生じたときは、その事実が生じた日から2か月以内に更正の請求をすることができる。

なお、確定申告書の提出者の場合に限り、法定申告期限から5年以内であれば、上記1による更正の請求の対象となると解されている。

①　不動産所得、事業所得又は山林所得を生ずべき事業を廃止した後において、その事業に係る費用又は損失で必要経費に算入されるべき金額が生じたこと（所法63）
②　保証債務を履行するため資産を譲渡した場合において、その履行に伴う求償権の全部又は一部を行使できなくなったこと（所法64②）
③　事業所得及び不動産所得又は山林所得を生ずべき事業以外の各種所得について、
　A　計算の基礎となる収入金額の全部又は一部を回収できなくなった場合及び一定の事由により収入金額の全部又は一部を返還することとなったこと（所法64①）
　B　計算の基礎となった事実のうちに含まれていた無効な行為により生じた経済的成果がその行為の無効に基因して失われたこと、また、計算の基礎となった事実のうちに含まれていた取り消すことのできる行為が取り消されたこと（所令274）

【二十三　更正の請求】

参考　各種所得の金額の異動（所得減少要因）と更正の請求等

区　　　分		取　扱　い
①　事業所得及び不動産所得又は山林所得を生ずべき事業に係る金額	事業継続の場合	事実が生じた年分の必要経費に算入
	事業廃止の場合	事業廃止年分又はその前年分の必要経費に算入（更正の請求が必要）
②　①以外の所得（不動産所得又は山林所得を生ずべき業務を含む。）に係る金額		その基となった申告に係る年分の所得を減少（更正の請求が必要）

⑵　**修正申告又は更正・決定に伴いその翌年分以後の金額が異動する場合**　（所法153）

　　修正申告又は更正・決定に伴いその翌年分以後の各年分で決定を受けた年分の税額が過大（源泉徴収税額又は予納税額の控除不足による還付金の額が過少）となる場合が対象になる。「伴い」とは修正申告又は更正等の基礎となった事実に直接基因して又は関連して、その後の年分の税額が過大（還付金の額が過少）になることをいう。この場合、修正申告日又は更正・決定を受けた日から２か月以内に更正の請求をすることができる。

　　なお、この規定で「決定を受けた年分」としているのは、平成23年分以後、確定申告書の提出者は法定申告期限から５年間は上記１による更正の請求ができるためである。

⑶　**国外転出時課税制度に係る更正の請求の特例**

　　①　国外転出をした者が帰国をした場合等の更正の請求の特例（所法153の２）

　　②　非居住者である受贈者等が帰国をした場合等の更正の請求の特例（所法153の３）

　　③　相続により取得した有価証券等の取得費の額に変更があった場合等の更正の請求の特例（所法153の４）

　　④　遺産分割等があった場合の更正の請求の特例（所法153の５）

　　⑤　国外転出をした者が外国所得税を納付する場合の更正の請求の特例（所法153の６）

二十四 復興特別所得税

1 納税義務者

　平成25年から令和19年までにおいて、所得税を納める義務のある個人は、復興特別所得税も併せて納める義務がある（復興財確法8①）。

2 税額計算（復興財確法12、13）

　　基準所得税額（注1）　×　税率（2.1%）　＝　復興特別所得税額（注2）

（注）1　基準所得税額（復興財確法10）

区　　分		基準所得税額
居住者	非永住者以外の居住者	全ての所得に対する所得税額（外国税額控除の適用はないとした場合の所得税額）
	非永住者	国内源泉所得及び国外源泉所得のうち国内払のもの又は国内に送金されたものに対する所得税額（外国税額控除の適用はないとした場合の所得税額）
非居住者		国内源泉所得に対する所得税額

　　2　所得税で外国税額控除の適用を受ける居住者で、控除対象外国所得税額が所得税の控除限度額を超える場合には、その超える額を復興特別所得税額から控除できる（控除限度額＝復興特別所得税額のうち国外所得に対応する部分の金額）（復興財確法14）。

3 確定申告

　所得税と復興特別所得税を併せて申告する必要がある。すなわち、所得税の申告義務がない者であっても、還付を受けるために所得税の申告をする場合は、併せて復興特別所得税の申告をすることになる（復興財確法17）。

　所得税及び復興特別所得税の申告書には、基準所得税額、復興特別所得税額等一定の事項を併せて記載する。

4 納付又は還付

(1)　申告書に記載した納付すべき所得税及び復興特別所得税の合計額を申告書の提出期限までに納付する（復興財確法18）。

(2)　所得税及び復興特別所得税の額の計算上控除しきれない予納（特別）税額及び源泉徴収（特別）税額があるときは、その控除しきれない金額が還付される（復興財確法19）。

【二十四　復興特別所得税】

5　端数計算 (復興財確法24、通法118、120)

区　分		復興特別所得税	所得税
確定申告	課税標準	基準所得税額…1円未満切捨て	1,000円未満切捨て
	確定金額	復興特別所得税と所得税の合計額につき100円未満切捨て	
還付金額		還付すべき復興特別所得税と所得税の合計額につき1円未満切捨て（還付金の合計額が1円未満のときは1円）	

6　その他

(1) 予定納税額　予定納税基準額 (所得税＋復興特別所得税) ≧150,000円

(2) 源泉徴収　平成25年1月1日以後支払分から適用

　　復興特別所得税の源泉徴収は、所得税の源泉徴収の際に併せて行うこととされており、所得税率に102.1%を乗じた合計税率により源泉徴収すべき所得税及び復興特別所得税の額を算出する (復興財確法28②)。

　　なお、源泉徴収に係る所得税の端数計算及び源泉徴収に係る復興特別所得税の端数計算は、これらの確定金額の合計によって行い、算出した税額に1円未満の端数は切り捨てる (復興財確法31)。

➡住民税 (地方財確法における標準税率の特例)

1　適用年度
平成26年度から令和5年度まで

2　均等割額の標準税率 (修正地方財確法2)
道府県民税　1,500円（500円の加算）
市町村民税　3,500円（500円の加算）
　合　計　　5,000円（1,000円の加算）

所得税と住民税（所得割）の主な相違点

	区　分	所　得　税	住　民　税（所得割）	掲載ページ
①		課税年分（度）	現年所得課税	前年所得課税。ただし、退職手当等（所得税法199条《源泉徴収義務》の規定により所得税を徴収して納付すべきものに限る。）に係る退職所得については現年所得課税	P.191
②	手続関係	申告書の提出先	提出時の納税地の所轄税務署（提出する申告書の年分等は問わない。）。申告書の提出により税額が確定する（申告納税方式）。	住所を有する者の申告は、課税年度の1月1日現在の住所地の所轄市区町村。ただし、所得税の確定申告をした者については、原則として所得税の確定申告書の提出をもって、住民税の申告書の提出があったものとみなされる（地法45の3①、317の3①）。提出された申告書等を資料として、税額を賦課決定する（賦課課税方式）。	P.420
③		所得税において申告不要となる場合	所得税法121条《確定申告を要しない場合》に該当しても、住民税には同様の規定はなく、一定の申告を免除される者を除き、申告が必要となる。例えば、給与1か所（収入2,000万円以下で年末調整済）の者で、その給与以外の不動産所得が20万円以下である場合、所得税は原則として申告不要であるが、住民税は申告が必要となる。	P.420
④		青色事業専従者給与	必要経費算入のためには、青色事業専従者給与の届出書の提出が必要	所得税において、配偶者控除又は扶養控除の対象とするなどにより、青色事業専従者給与に関する届出書を提出していない場合であっても、その従事状況等が所得税法に定める要件を満たし、かつ、相当な青色事業専従者給与を支払った場合には、その支払額を必要経費に算入できる。	P.137
⑤	所得計算等	特別（割増）償却と税額控除	租税特別措置法で認められる特別（割増）償却又は税額控除については、所得税において特別（割増）償却を選択したものは住民税においても特別（割増）償却が適用されるが、税額控除は所得税のみ認められる。したがって、特別償却と税額控除の選択は、所得税額及び住民税額（事業税額）の合計額を計算するなどし、有利選択することになる。	P.118 P.394 ほか
⑥		国外転出時課税	平成27年7月1日以後の国外転出等について適用される。	適用なし。	P.257
⑦		退職所得金額の取扱い	合計所得金額に含まれる。	上記①欄に記載した現年所得課税となる退職所得金額は分離課税とされ、合計所得金額に含まれない。	P.326
⑧		非居住者期間中の所得	総合課税に係る所得税の課税標準となる国内源泉所得と分離課税に係る所得税の国内源泉所得とに分ける。	前年中に非居住者期間を有する場合において、所得税で分離課税とされた国内源泉所得についても総合課税となる。	P.7 P.413
⑨		損益通算及び損失の繰越控除	退職所得は、全て合計所得金額に含まれるので損益通算の対象となる。	上記①欄に記載した現年所得課税となる退職所得金額は、合計所得金額に含まれないので損益通算の対象とならない。その結果、純損失の金額が所得税と異なる場合がある。	P.290
⑩		純損失の繰戻還付	適用あり・青色申告者のみ	適用なし。	P.292

⑪	所得控除	同額であるもの	社会保険料控除、小規模企業共済等掛金控除は同額。配偶者特別控除は配偶者の所得金額100万円超の場合は同額。雑損控除及び医療費控除は、これらの控除額の計算過程における足切り額（総所得金額等の10％又は5％）が異なることによる差異が生じる場合がある。また、所得税では、災害による住宅等の損失は、雑損控除と災害減免法との選択適用となるが、所得税で災害減免法を適用した場合、住民税では雑損控除を適用することができる。	P. 294 ～
⑫		同額とならないもの	地震保険料控除（経過措置分を除く。）、障害者控除、寡婦控除、ひとり親控除、勤労学生控除、配偶者控除、扶養控除及び基礎控除は、いずれも控除額が異なる。寄附金控除は所得税のみ。生命保険料控除及び地震保険料控除（経過措置分に限る。）は、保険料等が少額の場合を除き控除額が異なる。また、所得要件により適用の可否が定まる所得控除については、上記④～⑧に記載した所得金額の差異により、例えば、所得税では控除ないが、住民税では控除対象となる場合も生じる。	P. 294 ～
⑬	税額計算（税率）	超過累進税率及び比例税率	比例税率	P. 336 ～
⑭	税額控除	所得税法及び租税特別措置法による税額控除	配当控除は適用あり。外国税額控除及び住宅借入金等特別控除は、所得税において控除しきれない部分について適用あり。調整控除は住民税のみ。寄附金控除は全て税額控除	P. 345 ～
⑮	税額の減免等	災害減免法2条の適用あり（雑損控除との選択適用）	災害減免法2条の適用はない。ただし、市区町村長又は特別区長が、天災その他特別の事情がある場合において市（区）町村民税の減免を必要とすると認める者等について、それぞれの条例の定めるところにより、一定の申請に基づき減免される場合がある。	P. 398

所得税（事業所得・不動産所得）と事業税の主な相違点

	区　分		所　得　税	事　業　税	掲載ページ
①	手続関係	課税年分(度)	現年所得課税（1年分）	前年所得課税。ただし、年の中途で事業を廃止した場合は、前年中の事業の所得とその年1月1日から事業の廃止の日までの事業の所得	P. 422
②		申告書の提出先	提出時の納税地を所轄する税務署（申告により確定……申告納税方式）	事務所、事業所の所在地の都道府県（県税事務所）（申告等を資料として賦課課税される……賦課課税方式）。なお、所得税の確定申告書を提出した者は、①年の中途で事業を廃止した場合、②所得税（又は住民税）の申告書が提出される前に事業税の申告書が提出された場合を除き、事業税の申告がされたものとみなされる。	P. 422
③		課税対象	非課税規定のあるものを除き、課税の対象となる。	法定列挙（第1種事業・第2種事業・第3種事業）されている事業のみ課税される。なお、不動産貸付けは、不動産貸付業と駐車場業に区分した上で、一定規模以上のものが課税対象となる。国外の恒久的施設（事務所、事業所）に帰属する所得は課税対象から除かれる。	P. 13 P. 60

④		青色事業専従者給与	必要経費算入のためには、青色事業専従者給与の届出書の提出が必要	所得税において、配偶者控除又は扶養控除の対象とするなどにより、青色事業専従者給与に関する届出書を提出していない場合であっても、事業税の申告（注2）があり、一定の要件を満たしていれば青色事業専従者給与を必要経費に算入できる。	P. 137
⑤		青色申告特別控除	青色申告者については、一定の要件を基に最高65万円（又は10万円）を控除できる。	適用なし。	P. 138
⑥	所得計算等	社会保険診療報酬に係る所得	課税対象となる（収入5,000万円以下の場合、経費算定に関し、特例あり）。	医業、歯科医業、薬剤師業、あん摩、マッサージ又は指圧、はり、きゅう、柔道整復その他の医業に類する事業に係る社会保険診療につき支払を受けた金額は、総収入金額に算入せず、また、その社会保険診療に係る経費は、必要な経費に算入しない。	P. 140
⑦		特別（割増）償却と税額控除	措置法で認められる特別（割増）償却又は税額控除については、所得税において特別（割増）償却を選択したものは事業税においても特別（割増）償却が適用されるが、税額控除については所得税のみ認められる。したがって、特別償却と税額控除の選択は、所得税額、住民税額、事業税額等を計算するなどし、有利選択する必要がある。		P. 118 P. 394 ほか
⑧		事業用資産の譲渡損失（注1）	総合譲渡所得の損失として処理する。	事業税の申告（注2）を要件として、事業の所得の金額から控除する。	P. 190 P. 292
⑨		外国所得税額	事業所得等の必要経費算入又は外国税額控除の選択	外国の恒久的施設に帰属する所得は課税除外となり、国内の事業に帰属する所得に対して課された外国所得税額のみ必要な経費に算入	P. 391
⑩		事業主控除	適用なし。	年額290万円（事業を行った期間が1年未満の場合は月数按分）を控除する。	P. 342
⑪		損益通算（事業税は、不動産所得を生ずべき事業と事業所得を生ずべき事業との合算又は通算）	不動産所得の損失のうち、土地等を取得するための借入金利子の部分及び特定組合員又は特定受益者に係る損失は損益通算の対象とならない。	左記の所得税における損益通算の特例の適用はない。	P. 70
⑫		損失の繰戻還付	適用あり・青色申告者のみ	適用なし（繰越控除のみ）。	P. 292
⑬		税額の減免等	災害減免法2条の適用あり（雑損控除との選択適用）	災害減免法2条の適用はない。ただし、都道府県知事が、天災その他特別の事情がある場合において事業税の減免を必要とすると認める者等について、それぞれの条例の定めるところにより、一定の申請に基づき減免される場合がある。	P. 400

（注）1 事業を行う個人が直接事業の用に供する資産（機械及び装置、船舶、航空機、車両及び運搬具、工具・器具及び備品並びに生物に限る。）で、事業の用に供さなくなった日の翌日から1年以内に譲渡したものの譲渡損失をいう。

2 事業税の納税通知書が送達される前に申告している場合を含む。なお、所得税（又は住民税）の申告書を提出している場合（ただし、死亡以外の事由により事業を廃止した場合を除く。）には、事業税の申告書を提出したものとみなされる（事業を廃止した場合は、その廃止の日から1か月以内に事業税の申告をしなければならない。）。

所得税に関する主な申請、届出等一覧

項　　　　　目	提　出　期　限
(1)　**個人事業の開廃業等届出書**（所法229、所規98）	事業の開始、廃止の日又は事務所等を移転した日から１か月以内
(2)　**納税地の異動に関する届出書**（所法20、所令57）	納税地が異動した後遅滞なく
(3)　**納税地の変更に関する届出書**（所法16、所規17）（事業所を納税地とする場合等）	随時
(4)　**青色申告承認申請書**（所法144、所規55、所基通144−１）	①　１月16日以後に開業した場合……その開業の日から２か月以内 ②　被相続人（青色申告者）の業務を相続したことにより相続人が新たに業務を開始した場合 ・死亡日が１月１日〜８月31日……死亡日の翌日から４か月以内 ・死亡日が９月１日〜10月31日…その年12月31日 ・死亡日が11月１日〜12月31日……翌年２月15日 ③　その他の場合……受けようとする年の３月15日まで
(5)　**青色申告の取りやめ届出書**（所法151、措規66）	やめようとする年の翌年３月15日まで
(6)　**青色事業専従者給与に関する届出（変更届出）書**（所法57②、所規36の４）	①　１月16日以後に開業した場合又は同日以後新たに青色事業専従者を有することになった場合……開業の日又は有することとなった日から２か月以内 ②　青色事業専従者給与の金額を変更する場合及び新たに専従者が加わった場合……遅滞なく ③　その他の場合……その年の３月15日まで
(7)　**現金主義による所得計算の特例を受けることのできる届出書**（所法67、所令195、197、所規40の２）	①　１月16日以後に開業した場合……その開業した日から２か月以内 ②　その他の場合……受けようとする年の３月15日まで
(8)　**棚卸資産の評価方法、減価償却資産の償却方法の届出書**（所法47、49、所令99、100、120、123）	その年分の確定申告期限まで

(9) 棚卸資産の評価方法、減価償却資産の償却方法の変更承認申請書（所令101、124、所規23、29）	新たな評価方法、償却方法を採用しようとする年の3月15日まで
(10) 減価償却資産の耐用年数短縮の承認申請書（所令130、所規31）	随時（承認を受けた場合には、その承認を受けた日の属する年分から適用する。）
(11) 増加償却の届出書（所令133、所規34）	その年分の確定申告期限まで
(12) 有価証券の評価方法の届出書（所法48、所令105、106）	取得した日の属する年分の確定申告期限まで
(13) 有価証券の評価方法の変更承認申請書（所法48、所令107）	新たな評価方法を採用しようとする年の3月15日まで
(14) 暗号資産の評価方法の届出書（所法48の2、所令119の3）	取得をした場合（取得をした日の属する年の前年以前においてその暗号資産と種類を同じくする暗号資産につき届出をすべき場合を除く。）には、取得した日の属する年分の確定申告期限まで
(15) 暗号資産の評価方法の変更承認申請（所法48の2、所令119の4）	新たな評価方法を採用しようとする年の3月15日まで
(16) 予定納税額の減額の承認申請書（所法111）	① 第1期及び第2期において納付すべき予定納税額の減額について税務署長の承認を受ける場合その年の7月15日まで ② 第2期において納付すべき予定納税額の減額について税務署長の承認を受ける場合その年の11月15日まで
(17) 退職給与規程の提出（所法54、所令158）（退職給与引当金を設ける場合）	その年分の確定申告期限まで
(18) 純損失の繰戻しによる所得税額の還付請求書（所法140）	青色申告書の提出期限までに当該青色申告書と同時に提出
(19) 納税管理人の届出書（通法117、通令39）納税管理人の解任届出書	納税管理人を定めたとき 納税管理人を解任したとき
(20) 所得税の申告等の期限延長申請書（通法11、通令3）	災害等のやむを得ない理由がやんだ後相当の期間内
(21) 国税関係帳簿の電磁的記録等による保存等の承認申請書（電子帳簿保存法6①）	国税関係帳簿の備付けを開始する日の3か月前の日
(22) 国税関係書類の電磁的記録等による保存の承認申請書（電子帳簿保存法6②）	国税関係書類に係る電磁的記録又はCOMによる保存をもってその国税関係書類の保存に代える日の3か月前の日
(23) 国税関係書類の電磁的記録等によるスキャナ保存の承認申請書（電子帳簿保存法6②）	承認を受けようとする国税関係書類をスキャナで読み取った電磁的記録による保存に代える日の3か月前の日

付録

⑷ 承認済国税関係帳簿書類に係る電磁的記録の電子計算機出力マイクロフィルムによる保存の承認申請書（電子帳簿保存法6①、②、9）	国税関係帳簿書類に係る COM による保存をもって電磁的記録の保存に代える日の3か月前の日
⑸ 国税関係帳簿書類の電磁的記録等による保存等の取りやめの届出書（電子帳簿保存法7①、9）	電磁的記録又は COM による保存等をやめようとする日
⑹ 国税関係帳簿書類の電磁的記録等による保存等の変更の届出書（電子帳簿保存法7②、9）	申請書に記載した事項の変更をしようとする日

給与収入・家族構成別　ふるさと納税の限度額（目安）

　次頁の表は、給与収入のみの者が自己負担額の2,000円を除いた全額が所得税等及び個人住民税から控除されるふるさと納税の限度額を示すものであり、あくまで目安額である。

　家族構成の内容については、次のとおりである。

「共働き」…ふるさと納税を行う者が配偶者（特別）控除の適用を受けていないケース

「夫　婦」…ふるさと納税を行う者の配偶者に収入がないケース

「高校生」…「16歳から18歳の扶養親族」

「大学生」…「19歳から22歳の特定扶養親族」

※　中学生以下の子は、控除額に影響がないため、計算に入れる必要はない。

　　例えば、「夫婦子1人（小学生）」は、「夫婦」と同額になる。また、「夫婦子2人（高校生と中学生）」は、「夫婦子1人（高校生）」と同額になる。

(注)1　次頁の表は、給与収入以外に収入がない場合である。給与以外に収入がある場合や事業所得者、不動産所得者、年金所得者などは異なることになる。

　　2　給与収入のみであっても、住宅ローン控除、医療費控除等の控除はその適用を受けていないことを前提としている。

　　3　社会保険料控除額は給与収入の15％と仮定している。

（単位：円）

	独身又は共働き	夫婦	共働き+子1人（高校生）	共働き+子1人（大学生）	夫婦+子1人（高校生）	共働き+子2人（大学生と高校生）	夫婦+子2人（大学生と高校生）
			ふるさと納税をした者の家族構成				
300万円	28,000	19,000	19,000	15,000	11,000	7,000	―
325万円	31,000	23,000	23,000	18,000	14,000	10,000	3,000
350万円	34,000	26,000	26,000	22,000	18,000	13,000	5,000
375万円	38,000	29,000	29,000	25,000	21,000	17,000	8,000
400万円	42,000	33,000	33,000	29,000	25,000	21,000	12,000
425万円	45,000	37,000	37,000	33,000	29,000	24,000	16,000
450万円	52,000	41,000	41,000	37,000	33,000	28,000	20,000
475万円	56,000	45,000	45,000	40,000	36,000	32,000	24,000
500万円	61,000	49,000	49,000	44,000	40,000	36,000	28,000
525万円	65,000	56,000	56,000	49,000	44,000	40,000	31,000
550万円	69,000	60,000	60,000	57,000	48,000	44,000	35,000
575万円	73,000	64,000	64,000	61,000	56,000	48,000	39,000
600万円	77,000	69,000	69,000	66,000	60,000	57,000	43,000
625万円	81,000	73,000	73,000	70,000	64,000	61,000	48,000
650万円	97,000	77,000	77,000	74,000	68,000	65,000	53,000
675万円	102,000	81,000	81,000	78,000	73,000	70,000	62,000
700万円	108,000	86,000	86,000	83,000	78,000	75,000	66,000
725万円	113,000	104,000	104,000	88,000	82,000	79,000	71,000
750万円	118,000	109,000	109,000	106,000	87,000	84,000	76,000
775万円	124,000	114,000	114,000	111,000	105,000	89,000	80,000
800万円	129,000	120,000	120,000	116,000	110,000	107,000	85,000
825万円	135,000	125,000	125,000	122,000	116,000	112,000	90,000
850万円	140,000	131,000	131,000	127,000	121,000	118,000	108,000
875万円	145,000	136,000	136,000	132,000	126,000	123,000	113,000
900万円	151,000	141,000	141,000	138,000	132,000	128,000	119,000
925万円	157,000	148,000	148,000	144,000	138,000	135,000	125,000
950万円	163,000	154,000	154,000	150,000	144,000	141,000	131,000
975万円	170,000	160,000	160,000	157,000	151,000	147,000	138,000
1000万円	176,000	166,000	166,000	163,000	157,000	153,000	144,000
1100万円	213,000	194,000	194,000	191,000	185,000	181,000	172,000
1200万円	242,000	239,000	232,000	229,000	229,000	219,000	206,000
1300万円	271,000	271,000	261,000	258,000	261,000	248,000	248,000
1400万円	355,000	355,000	343,000	339,000	343,000	277,000	277,000
1500万円	389,000	389,000	377,000	373,000	377,000	361,000	361,000
1600万円	424,000	424,000	412,000	408,000	412,000	396,000	396,000
1700万円	458,000	458,000	446,000	442,000	446,000	430,000	430,000
1800万円	493,000	493,000	481,000	477,000	481,000	465,000	465,000
1900万円	528,000	528,000	516,000	512,000	516,000	500,000	500,000
2000万円	564,000	564,000	552,000	548,000	552,000	536,000	536,000
2100万円	599,000	599,000	587,000	583,000	587,000	571,000	571,000
2200万円	635,000	635,000	623,000	619,000	623,000	607,000	607,000
2300万円	767,000	767,000	754,000	749,000	754,000	642,000	642,000
2400万円	808,000	808,000	795,000	790,000	795,000	776,000	776,000
2500万円	849,000	849,000	835,000	830,000	835,000	817,000	817,000

（総務省資料を一部改変）

索　引

·····＊索引内の略語·····
（利子）＝利子所得・（配当）＝配当所得・（不動産）＝不動産所得・（事業）＝事業所得・（給与）＝
給与所得・（退職）＝退職所得・（山林）＝山林所得・（総譲）＝譲渡所得（総合課税）・（土譲）＝譲
渡所得（土地建物）・（株譲）＝譲渡所得（株式）・（一時）＝一時所得・（雑）＝雑所得・（住）＝住民
税・（事）＝事業税

あ

愛護手帳	324
愛の手帳	324
青色事業専従者給与	136
─────────（住・事）	137
青色申告	24
青色申告特別控除	25, 138, 340
─────────（事）	140
青色申告の特典	25
暗号資産	272
暗号資産の評価	87

い

ESOP 信託契約	243
ESPP	168
家屋敷	10
慰謝料	84
遺族が受ける死亡退職金	187
委託販売	78
一時所得	264
一時払養老保険の差益	266
一部取壊し等をした資産の償却費	114
一括償却資産	89
一括償却資産の必要経費算入の特例	117
一括評価貸金	135
一般株式等	233
一般公社債等	254
一般公社債等の利子	35
一般生命保険料	316
一般退職手当等	187

一般 NISA	49
違約金	85
医療費控除	299
医療費控除の特例	299
医療費を補塡する保険金等	304
医療用機器等の特別償却	120
祝金品	170

う

請負	78
埋立	65

え

永住者	1
永年勤続記念品等の支給	170
役務提供を受けるための権利金等	125
エコポイント	59, 265, 267
エンジェル税制	247
─────────（住）	249

お

オープン型証券投資信託	47, 48
オペレーティング・リース取引	77

か

海外転勤者	410
海外渡航費	85
外貨建取引の換算等	33
外貨投資口座の差益	271
開業費	122
介護医療保険料	316

外国為替の円換算 ……………33	価値喪失の特例 …………………248
外国所得税 …………………386	家内労働者等の必要経費の特例 ………142
外国所得税額の繰越控除 ……………391	カバードワラント取引 ……………281
外国所得税額の必要経費算入（事）……392	寡婦 ………………………………325
外国所得税が減額されたときの調整 …392	寡婦控除 …………………………324
外国人 ………………………………9	株式交換等に係る課税の特例 ………250
外国税額控除 …………………385	株式譲渡益課税 ……………………232
解雇予告手当 …………………185	株式等 ………………………233, 258
概算経費率（山林）………………196	株式等以外の有価証券の譲渡 ………241
概算取得費（総譲）………………201	株式等譲渡所得割額 ………………398
――――（土譲）………………204	株式等に係るみなし譲渡課税 ………237
解散による清算分配金 ……………41	株式等の譲渡所得等の金額 ………232
会社役員賠償責任保険 ……………170	株式等を取得する権利 ……………165
改定償却率 ………………101, 103	株式付与信託契約 …………………243
開発費 …………………………122	株式分配 …………………………240
学資金 …………………………169	株主優待 ……………………………40
革新的情報産業活用設備を取得した場	借入金利子 …………………………65
合の税額控除 ………………396	仮受消費税 …………………………149
学生等に対する修学支援事業 ………377	仮払消費税 …………………………149
確定給付企業年金規約等に基づく掛金	為替差損益の認識 …………………34
………………………………172	簡易な施設の負担金 ………………123
確定申告 …………………………405	還付等を受けるための申告 ………407
確定申告義務 ……………………405	簡便法 ………………………74, 104
確定申告書の提出期間 ……………416	元本取得に要した負債の利子 …………42
確定申告書の提出先 ………………417	
確定申告における添付書類の省略 ……417	**き**
家事関連費 …………………………81	企業組合 ……………………………41
貸倒損失 …………………………132	企業組合等の分配金 ………………41
貸倒引当金 …………………………133	基金利息 ………………………40, 41
家事費 ………………………………81	起工式の費用 ………………………66
課税所得金額の計算過程 ……………284	帰国した年分の申告 ………………413
課税総所得金額等 …………………347	寄宿舎の電気料等 …………………172
課税総所得金額に対する税額 ………337	基準所得税額 ………………………433
課税の範囲 ……………………………1	基礎控除 …………………………335
課税標準の計算過程 ………………283	帰宅旅費 …………………………163
課税方法（利子）……………………36	機能復旧補償金 ……………………127
―――（配当）……………………42	寄附金控除 …………………………319
―――（一時）……………………266	寄附金額控除（住）………………378
―――（雑）………………………271	寄附する定めがある場合 …………268
課税未成年者口座 …………………50	旧国外リース期間定額法 …………101

— 444 —

旧生産高比例法 ……………………101
旧相続税法対象年金 ……………277
旧定額法 ……………………………100
旧定率法 ……………………………100
給与所得 ……………………………158
給与所得控除額 …………………159
給与所得の速算表 ………………160
給与等の引上げ及び設備投資を行った
　場合等の税額控除 ……………395
協業組合 ………………………………41
強制換価手続 ……………………287
供託された家賃等 …………………62
業務用資産 …………………………131
居住者 …………………………………1
居住用財産 …………………………209
居住用財産の買換え等の場合の譲渡損
　失の特例 …………………………215
居住用財産の買換え等の特例 ………212
切土 ……………………………………65
金商品に関する課税区分 ………202
金銭債権の譲渡 ……………………76
金銭等の無利息貸付 ……………172
金銭の貸付け ……………………173
金銭の分配 …………………………41
勤続年数の計算 …………………188
金投資（貯蓄）口座の差益 ………271
均等償却 ……………………………122
均等割 ………………………………336
勤務必要経費 ……………………163
金融商品オプション取引 ………260
金融商品先物取引等 ……………280
金融取引とされるリース取引 …………77
勤労学生控除 ……………………327

く

繰延資産の償却 …………………121
繰延資産の償却期間 ……………124
繰延消費税額等 …………………150

け

軽減税率（土譲） ………………212
経済的利益 …………………………169
形式基準 ……………………………128
減額された外国所得税額の総収入金額
　算入 ………………………………280
減価償却資産 ………………………88
減価償却資産の区分 …………92, 94
減価償却資産の取得価額 …………96
減価償却資産の償却率 …………103
原価法 …………………………………86
現金基準 ………………………………25
研修費 ………………………………163
原状回復のための支出 …………298
原状回復費用 ……………………131
懸賞金付預貯金 …………………266
源泉徴収（退職） ………………191
源泉徴収口座 ……………………247
源泉徴収選択口座内配当等 …42, 43
源泉徴収を受けない給与等 ………410
源泉分離課税 ………………………37
建築確認申請費用 …………………64
現年分課税主義 …………………191
現物給与 …………………………169, 173
堅牢な建物等 ………………………94

こ

公益社団法人等寄附金税額控除 ………377
高額療養費 …………………………304
後期高齢者医療保険料 …………314
恒久的施設（PE） ………………407
恒久的施設（PE）を有する非居住者……38
公共的施設の負担金 ……………124
公共負担金等 ………………………65
合計所得金額 …………………23, 326
広告宣伝用資産等の贈与 …………80
広告用宣伝資産を贈与した費用 ………125
交際費等 ……………………………172
工事進行基準 ………………………79

— 445 —

公社債 ……………………258, 259	国庫補助金等の総収入金額不算入 ………80
公社債等に対する課税方式 ……………251	固定資産を交換した場合の特例 ………219
控除限度額の計算 ……………………387	5年間の均等償却 ………………93, 100
控除限度額を超える場合の外国税額控	5年均等償却 ……………………………122
除 ……………………………………390	5分5乗方式 ……………………………198
控除対象外消費税 ……………………150	個別評価貸金等 ………………………134
控除対象配偶者 ………………………329	ゴルフ会員権の譲渡 …………………241
控除対象扶養親族 ……………………333	ゴルフクラブの入会金 ………………172
更新料等 ………………………………62	
構成員課税 ……………………………144	**さ**
更正処分等 ……………………………25	サービス付き高齢者向け賃貸住宅の割
更正の請求 ……………………………430	増償却 ………………………………68
公的年金 ………………………………274	災害関連支出 …………………………296
公的年金等に係る雑所得の金額の速算	災害減免 ………………………………398
表 ……………………………………275	災害等に関連してやむを得ない支出を
公的年金の遡及受領 …………………275	した金額 ……………………………296
香典 ……………………………………170	災害に関連するやむを得ない支出の控
合同運用信託 …………………………30	除年分 ………………………………298
高度省エネルギー増進設備等を取得し	災害による損失の取扱い ……………298
た場合の税額控除 …………………394	災害の復旧費用 ………………………127
後発的事由の場合の更正の請求の特例	在勤手当 ………………………………169
……………………………………430	財産債務調書 …………………………424
公務員 …………………………………7	債務確定基準 …………………………81
国外勤務の場合の申告 ………………411	債務免除益の総収入金額不算入 ………80
国外財産調書 …………………………424	先物取引に係る雑所得等の課税の特例…280
国外事業所等帰属所得 ………………388	先物取引の差金等決済に係る損失の繰
国外私募公社債等運用投資信託 ………49	越控除 ………………………………281
国外所得金額 …………………………388	先渡取引 ………………………………259
国外中古建物 …………………………72	雑所得 …………………………………269
国外転出時課税制度 …………………257	雑損控除 ………………………………295
国外転出(贈与・相続)時課税 ………257	雑損失の繰越控除 ……………………290
国外投資信託等 ………………………49	残価保証額 ……………………………102
国外扶養親族等 ………………………334	3,000万円の特別控除(土譲)……209, 212
国民健康保険料 …………………23, 310	残存価額 ………………………………100
国民年金の保険料 ……………………310	山林所得 ………………………………195
個人大口株主 …………………………44	山林所得の特別控除額 ………………195
個人年金保険料 ………………………316	山林の伐採又は譲渡 …………………75
個人番号 ………………………………418	
5,000万円の特別控除(土譲)…………224	**し**
国家(地方)公務員の取扱い …………7	資格取得費 ……………………………163

— 446 —

事業から生ずる収益の享受者の判定 ……26
事業所 …………………………………………10
事業所得 …………………………………75
事業税 ……………………………………72
事業税の減免 ………………………400
事業税の申告 ………………………422
事業専従者控除 ……………………136
─────────（住・事）………138
事業的規模と事業的規模以外 ………59
事業の広告宣伝のための賞金 ………80
事業廃止後に生じた貸倒損失等 ………133
事業用固定資産の譲渡 ………………75
業務用資産 ……………………………131
事業用資産の買換え ……………226, 229
事業用資産の専属的利用 ……………173
試験研究費 ……………………………122
自己が便益を受けるための費用 ……125
資産から生ずる収益の享受者の判定 ……26
資産損失 ………………………………130
資産損失と消費税 ……………………132
資産を賃借するための権利金等 ……124
市場デリバティブ取引 ………………259
地震保険料控除 ………………………318
示談金 ……………………………………84
地鎮祭の費用 ……………………………66
失業等給付 ……………………………18
実質所得者課税の原則 …………………62
死亡した者の給与 ……………………171
私募公社債等運用投資信託の受益権 ……49
資本的支出 …………………99, 125, 129, 131
資本的支出があった場合の償却費 ……115
資本的支出・修繕費の判断（不動産所
　得関係）………………………………67
資本的資出を行った場合 ………………97
事務所 ………………………………………10
社会保険診療報酬の必要経費の特例 …140
社会保険料控除 ………………………308
借地権等の更新料 ……………………130
社交団体の入会金 ……………………172
社債的受益権 ……………………………48, 49

従業員持株購入権 ……………………168
従事分量分配金 ………………………195
住所 …………………………………………7
住所に関する推定 ………………………7
住所認定の基準（住）…………………11
修繕積立金 ………………………………66
修繕費 ………………………………125, 129
住宅エコポイント ………………………62
住宅資金の貸付け ……………………172
住宅借入金等 …………………………355
住宅借入金等特別控除 ………………348
─────────（住）…………360
住宅宿泊事業 …………………………270
住宅耐震改修特別控除 ………………375
住宅等の貸与 …………………………171
住宅特定改修特別控除 ………………368
集団投資信託 …………………………30
収入金額とされる保険金等 ……………63
収入金額の評価（一時）………………267
収入計上額（事業）……………………79
収入計上時期（利子）…………………39
─────────（配当）………41
─────────（不動産）……62
─────────（事業）………78
─────────（給与）………164
─────────（退職）………190
─────────（山林）………195
─────────（総譲）………199
─────────（一時）………266
─────────（公的年金）……275
住民基本台帳法の適用を受ける個人 ……9
住民税の減免 …………………………399
住民税の申告 …………………………420
住民税（非課税限度額）………………22
住民対策費 ………………………………65
収用代替の特例 ………………………220
収用等 …………………………………197
収用等の場合の課税の特例 …………231
受益者が存在しない信託 ………………30
受益者等課税信託 ………………………28

— 447 —

受益証券発行信託 …………………………30	上場株式等に係る譲渡損失の繰越控除
宿日直料 ……………………………………170	の特例 ……………………………………244
出国した年分の申告 ………………………411	上場株式等の一定の譲渡 …………………233
取得価額 ……………………………………96	上場株式等の配当等 ……………………44, 52
取得費（総譲）……………………………201	上場株式の配当の有利選択 ………………52
―― （土譲）………………………203	承諾料 ………………………………………65
―― （株譲）………………………238	譲渡所得（総譲）…………………………199
ジュニア NISA ……………………………50	―― （土譲）………………………203
準確定申告 …………………………………417	―― （株譲）………………………232
竣工式の費用 ………………………………66	譲渡所得内の通算順序 ……………………286
純損失の繰越控除 ………………………25, 290	譲渡損失の繰越控除 ………………………244
純損失の繰戻しによる還付請求 ……25, 292	譲渡の特例一覧（土譲）…………………210
省エネ改修工事等 ………………………362, 370	譲渡費用（土譲）…………………………207
障害者 ………………………………………323	試用販売 ……………………………………78
障害者控除 …………………………………323	消費税等の処理 ……………………………148
障害者等の定義 ……………………………38	消費税の軽減税率制度 ……………………155
障害者等利子所得 …………………………38	消費税のみなし仕入率 ……………………151
少額繰延資産の必要経費算入 ……………123	消費税率の段階的引上げとその経過措
少額減価償却資産の特例 …………………89	置 …………………………………………152
少額重要資産 ………………………………76	商品先物取引 ………………………………280
少額な保険料 ………………………………170	商品等の支給 ………………………………173
少額の減価償却資産 ………………………89	剰余金の配当 ……………………………40, 41
少額の減価償却資産の取得価額の必要	剰余金の分配 ……………………………40, 41
経費算入 …………………………………117	食事の支給 …………………………………173
少額の減価償却資産の取扱い ……………89	職務上の旅費 ………………………………163
少額配当 ……………………………………42	所得金額調整控除 …………………………158
少額費用等の必要経費算入 ………………127	所得金額の計算（利子）…………………35
小規模企業共済等掛金控除 ………………316	―――――（配当）…………………40
小規模事業者の現金主義 …………………79	―――――（不動産）………………58
償却資産税 …………………………………118	―――――（事業）…………………75
償却費相当額 ………………………………201	―――――（給与）…………………158
償却費の計算方法 …………………………100	―――――（退職）…………………187
償却方法 …………………………………92, 94	―――――（山林）…………………195
償却方法の選定 ……………………………116	―――――（総譲）…………………199
償却方法の変更 ……………………………117	―――――（土譲）…………………203
償却方法のみなし選定 ……………………116	―――――（株譲）…………………236
償却方法を変更した場合の償却費 ……114	―――――（一時）…………………264
償却累積額による償却限度額 ………93, 95	―――――（雑）……………………269
償却累積額による償却費の特例 …………93	所得控除 ……………………………………294
上場株式等 ………………………………42, 234	所得控除の順序 ……………………………335

— 448 —

所得の帰属 ……………………………25	──── （事）………………………341
所得の種類 ……………………………24	税額控除 ………………………………345
所得分類のポイント（利子）…………35	税額控除の順序 ………………………401
──────────（配当）………40	税額の計算過程 ………………………285
──────────（不動産）……58	税額の速算表 …………………………337
──────────（事業）………75	生活に通常必要でない資産……70, 287, 297
──────────（給与）………159	生計を一 ………………………………333
──────────（一時）………264	生計を一にする親族に支払う対価 ……135
所得割 …………………………………336	税込経理方式 …………………………148
所得割額 ………………………………314	生産高比例法 …………………………101
所有権移転外リース取引……………77, 101	政治活動に関する寄附 …………320, 376
所有権移転リース取引…………………77	税制適格 SO …………………………165
歯列矯正料 ……………………………79	税制非適格 SO ………………………165
新型コロナウイルス感染症等助成金……19	政党等寄附金税額控除 ………………376
新型コロナ関連損失等の取扱い………87	税抜経理方式 …………………………149
申告特例控除額 ………………………382	成年被後見人 …………………………324
申告不要となる配当の有利選択………52	制服等の支給 …………………………172
申告分離課税 …………………………37	生命（損害）保険契約に基づく年金 …276
申告分離課税等に係る損益通算 ………288	生命保険金等の課税関係………………20
申告を要する者（住）………………420	生命保険契約等に関する権利 ………173
新相続税法対象年金 …………………278	生命保険契約等に基づく一時金 ………268
親族間における事業主の判定…………26	生命保険契約の保険料………………66
親族の有する固定資産について生じた	生命保険料控除 ………………………316
損失 ………………………………132	セール・アンド・リースバック取引……77
信託 ……………………………………287	セルフメディケーション税制 ………299
信託課税 ………………………………27	専従者給与等……………………………25
人的非課税（住）……………………20	**そ**
森林計画特別控除 ……………………197	
す	増改築等住宅借入金等 ………………364
	創業記念品等の支給 …………………170
スイッチ OTC 医療品 …………………304	総合課税 ………………………………38
水道敷設関係 …………………………65	葬祭料 …………………………………170
スクラップ化している資産の譲渡損失	総所得金額等 …………………………295
………………………………131	相続財産に係る非上場株式……………57
ストックオプション（SO）…………165	相続税額の取得費加算 ………………229
すまい給付金 …………………………266	相続税額の取得費加算の特例 ………251
住まい復興給付金 ……………………266	相続等に係る業務用資産の固定資産税…83
せ	相続等に係る年金 ……………………277
	ソーラーシステム ……………………107
税額計算 ………………………………336	測量費 …………………………………64

― 449 ―

訴訟費用 ……………………66	但書き信託 ………………27, 30
租税公課 ……………………64, 82	立退料 ………………………64
租税条約によるみなし外国税額の控除	建物と建物附属設備の区分方法 ………98
……………………392	建物取壊費用 ………………65
措置法差額の計算 ……………142	建物の取得費 ………………203
ソフトウエアに係る資本的支出 ……126	建物の賃借の際の仲介手数料 ………123
損益通算 ……………………23, 286	建物の標準的な建築価額 ………205
損益通算等に係る例外規定 ………287	建物の標準的な建築価額表 ………206
損益通算の順序 ………………288	棚卸資産等の著しく低い価額の対価に
損益通算の適用関係一覧 ………286	よる譲渡 ………………79
損益通算の特例(不動産) ………70	棚卸資産等の家事消費 ………79
損害の発生原因 ………………297	棚卸資産の評価 ………………86
損害賠償金 ……………………84	短期軽減所得分 ………………208
損害保険契約等に基づく満期返戻金等	短期譲渡所得金額に対する税額 ………208
……………………268	短期滞在者免税 ………………6
損失申告 ……………………406	短期前払費用 …………………81
損失の繰越控除 ………………248, 290	
損失の控除と繰越控除(事) ………292	**ち**
損傷等した棚卸資産の評価 ………87	
	地質調査費 ……………………64
た	地ならし ……………………65
	地方財確法における標準税率の特例
第1種事業(事) ……………13	(住) ………………434
第2種事業(事) ……………13	中高層耐火建築物の買換え等の特例 …227
第3種事業(事) ……………13	中古資産の耐用年数 …………104
耐久性向上改修工事等 …………370	駐車場業(事) ………………60
退職所得 ……………………184, 193	中小事業者 ……………………89
退職所得控除額 ………………188	中小事業者が機械等を取得した場合の
退職所得申告書(住) ………192	税額控除 ………………394
退職所得の課税時期の特例(住) ……191	中小事業者が機械等を取得した場合の
退職所得の受給に関する申告書 ………192	特別償却 ………………118
退職所得の選択課税 …………410	中小事業者の少額減価償却資産の取得
退職手当等 ……………………184	価額の必要経費算入の特例 ………117
退職手当等とみなす一時金 ………185	中小事業者の税額計算の特例(消費
退職年金等信託 ………………30	税) ……………………156
太陽光発電システム …………107	中長期在留者 …………………9
太陽光発電設備 ………………270	長期軽課所得分 ………………208
耐用年数 ……………………104	長期譲渡所得金額に対する税額 ………207
耐用年数表(主な有形減価償却資産)…105	長期損害保険契約 ……………319
────(無形減価償却資産) ……113	長期特定所得分 ………………208
多世帯同居改修工事等 …………370	調整控除 ……………………397

調整出資金額 ……………145	特定権利行使株式 ……………249
調整前事業所得税額 ……………396	特定口座 ……………242
賃貸料 ……………62	特定口座内保管上場株式等 ……………242
賃貸料収入の貸付期間対応額の収入計	特定公社債等 ……………252, 254
上……………63	特定公社債等の利子 ……………35

つ

通勤手当等 ……………169
通勤費 ……………163
つみたて NISA ……………50

て

低額譲渡 ……………287
低額譲渡における態様別課税関係 ……………200
定額法 ……………101
低価法 ……………86
定期借地権設定による保証金 ……………63
定期積金の給付補填金 ……………271
抵当証券の利息 ……………271
定率法 ……………101
低未利用土地等 ……………225
転換社債型新株予約権付社債 ……………259
転居費 ……………163

と

同一生計配偶者 ……………22
登記費用 ……………65
同業者団体等への加入金 ……………123
同居老親等 ……………333
投資一任口座（ラップ口座） ……………232
投資口 ……………234
投資信託 ……………30
投資信託の収益の分配 ……………40, 41
特殊な償却費 ……………114
特定株式 ……………247
特定株式投資信託 ……………47
特定管理株式 ……………249
特定寄附金 ……………319
特定居住用財産の譲渡損失の特例 ……………217
特定組合員 ……………70, 71

特定支出 ……………162
特定支出控除の特例 ……………162
特定受益者 ……………70, 71
特定受益証券発行信託 ……………30
─────────の収益の分配……40
特定取得 ……………351
特定上場株式等の配当等 ……………45
特定譲渡制限付株式等 ……………166
特定増改築等住宅借入金等特別控除 ……361
特定耐久性向上改修工事等 ……………363
特定多世帯同居改修工事 ……………362
特定年間取引報告書 ……………47
特定非課税累積投資契約 ……………247
特定扶養親族 ……………333
特定目的信託 ……………30
特定役員退職手当等 ……………187
特定累積投資勘定 ……………247
特別永住者 ……………9
特別控除（総譲） ……………201
───（土譲） ……………207, 224
特別障害者 ……………323
特別償却 ……………118
特別償却・割増償却 ……………25
特別特定取得 ……………352
匿名組合契約に係る利益の分配 ……………76
匿名組合の組合員の所得計算 ……………144
特例基準割合による利率 ……………173
特例重複適用可否一覧（土譲） ……………211
土地等・建物等の譲渡の特例一覧 ……………210
土地等に係る事業所得等の金額 ……………147
土地等の取得のための借入金利子……70
土地の譲渡等の課税の特例 ……………147
土盛 ……………65

— 451 —

に

NISA：ニーサ ……………………………49
肉用牛の売却 ……………………………22
200％定率法 ……………………………104
250％定率法 ……………………………104
任意組合 …………………………………287
任意組合等の組合員の所得計算 ………143
任意償却 …………………………………122
認定NPO法人等寄附金税額控除 ………377
認定住宅新築等特別控除 ………………374
認定長期優良住宅 ………………………349
認定低炭素住宅 …………………………349

ね

値引販売 …………………………………170
年の中途から（まで）事業の用に供し
　た資産等の償却費の計算 ……………114

の

農住組合 …………………………………41
納税義務者 ………………………………1
──────（住）………………………9
──────（事）………………………13
納税地 ……………………………………8
──（事）………………………………13
納税地の指定 ……………………………9
納税猶予制度 ……………………………260
延払条件付販売等 ………………………79

は

配偶者控除 ………………………………328
配偶者特別控除 …………………………330
配当控除 …………………………………345
配当所得 …………………………………40
配当割額 …………………………………398
売買とされるリース取引 ………………77
パス・スルー課税 ………………………145
発行法人から与えられた株式を取得す
　る権利の譲渡 …………………………167

発明報奨金 ………………………………170
バリアフリー改修工事等 …………362,370
番号確認 …………………………………419

ひ

PE帰属所得 ………………………………3
PEの定義 …………………………………4
非永住者 …………………………………1
非永住者等の区分 ………………………8
東日本大震災の被災者向け優良賃貸住
　宅 ………………………………………69
非課税（利子）…………………………38
──（一時）……………………………266
──（雑）………………………………274
非課税限度（住）………………………22
非課税所得 ………………………………15
──────（住）………………………20
非課税所得番号 …………………………14
非課税投資額 ……………………………50
非課税累積投資契約 ……………………50
引当金 ……………………………………25
非業務用資産を業務用に転用した場合
　の償却費 ………………………………115
非居住者 …………………………………1
非居住者期間 ……………………………7
非居住者期間を有する者に係る申告
　（住）……………………………………413
非居住者に係る外国税額控除 …………393
非居住者に対する課税 …………………2
非居住者に対する課税関係 ………407,414
非居住者の申告 …………………………407
被災事業用資産に係る損失 ……………290
美術品等の取扱い ………………………91
非上場株式等 ……………………………42
非上場株式等に係る少額配当 …………53
被相続人に係る消費税等の取扱い ……149
被相続人の居住用家屋の3,000万円の
　特別控除 ………………………………212
ビットコイン ……………………………273
必要経費（不動産）……………………64

— 452 —

───（事業） ……………81
必要経費区分のポイント（不動産）……64
必要経費算入時期 ……………83
ひとり親控除 ……………326

ふ

ファイナンス・リース取引 ……………77
再び居住の用に供した場合の（再）適
用 ……………358
復興特別所得税 ……………433
不動産貸付業（事）……………60
不動産業者等の土地の譲渡等の課税の
特例 ……………147
不動産所得 ……………58
不動産等の貸付け ……………75
扶養控除 ……………332
扶養親族 ……………332
扶養親族等の所属の変更 ……………334
ふるさと納税 ……………266, 320, 381
　────の限度額 ……………382
　────ワンストップ特例 ………382
分割払の繰延資産の償却 ……………122
分配時調整外国税相当額控除 ………383
分離課税の対象となる退職手当等 …191

へ

平均課税 ……………338
返還不要となった敷金等 ……………62
弁護士の着手金 ……………79
変動所得 ……………338

ほ

法人課税信託 ……………30
法定償却 ……………116
防壁工事 ……………65
補償金の区分（土譲）……………222
保証債務の履行 ……………198, 220, 251
保証率 ……………101, 103

ま

マイナンバー ……………418
マンション管理組合 ……………66

み

未決済デリバティブ取引 ……………259
未支給年金 ……………275
見積法 ……………74
みどりの手帳 ……………324
みなし仕入率 ……………151
みなし配当 ……………40, 41, 54
　────の不適用 ……………56
未払賃金立替制度に基づく弁済 ………185
未分割不動産 ……………62
見舞金 ……………84, 170
身元確認 ……………419
民泊 ……………270

む

無記名株式等の配当 ……………42
無記名の公社債の利子等の帰属 ………26
無対価組織再編に係るみなし配当 ………56

め

名義書換料 ……………62
免税所得 ……………22
免税対象飼育牛 ……………22

や

夜間勤務者の夜食代 ……………170
役員等勤続年数 ……………187

ゆ

有価証券 ……………173
有価証券先物取引 ……………280
有価証券等の価額の算定方法 …………258
有限責任事業組合 ……………147, 287
有限責任事業組合の事業に係る組合員
の事業所得等の所得計算の特例 ……144

有姿除却 ……………………………131

よ

用役の提供等 ……………………172
予定納税 …………………………403
　──額 …………………………434
　──基準額 ……………………403

り

リース期間 ………………………102
リース期間定額法 ………………101
リース資産の取得価額 …………102
リース譲渡 …………………………79
リース賃貸資産の償却方法の特例 …95
リース取引 …………………………77
リース取引に関する償却方法 …………96
利益の配当 ……………………40,41
利子所得 …………………………35
利子税の必要経費算入額 …………84
リストリクテッド・ストック …………166
リストリクテッドストックユニット

（RSU） …………………………167
利付公社債 ………………………258
療育手帳 …………………………324
旅費 ………………………………169
臨時所得 …………………………338
臨時所得の平均課税 ………………69

れ

レクリエーションの費用 …………170
レジャークラブの入会金 …………172

ろ

ロータリークラブの入会金 …………172
老人控除対象配偶者 ………………329
老人扶養親族 ……………………333
労働基準法による補償金 …………172

わ

賄賂 ………………………………82
割引公社債 ………………………259
割増償却 …………………………68,118

— 454 —

〔著者紹介〕

松岡章夫 （まつおか あきお）

昭和33年東京都生まれ。早稲田大学商学部卒業、筑波大学大学院企業法学専攻修士課程修了。大蔵省理財局、東京国税局税務相談室等を経て、平成5年3月国税庁資料調査課を最後に退職。平成7年8月税理士事務所開設、平成16・17・18年度税理士試験試験委員。他に、東京地方裁判所所属民事調停委員、早稲田大学大学院会計研究科非常勤講師、東京国際大学大学院（商学研究科）客員教授、全国事業再生税理士ネットワーク副代表幹事など。主な著書「平成16～令和2年度 税制改正早わかり」（共著・大蔵財務協会）、「法務・税務からみた配偶者居住権のポイント」（共著・大蔵財務協会・2020）、「令和元年版 Ｑ＆Ａ219問 相続税 小規模宅地等の特例」（共著・大蔵財務協会・2019）、「図解 事業承継税制」（共著・大蔵財務協会・2019）、「事業承継税制の特例のポイント」（共著・大蔵財務協会・2018）、「4訂版 不動産オーナーのための会社活用と税務」（共著・大蔵財務協会・2017）など。

秋山友宏 （あきやま ともひろ）

昭和33年東京都生まれ。明治大学商学部卒業、筑波大学大学院ビジネス科学研究科（博士前期課程）企業法学専攻修了。
東京国税局企画課・国税訟務官室等を経て、平成17年7月課税第一部審理課を最後に退職。同年9月税理士登録。税理士法人エーティーオー財産相談室社員税理士。平成20～23年度中央大学大学院（商学研究科）・商学部兼任講師。
主な著書「平成18～令和2年度 税制改正早わかり」（共著・大蔵財務協会）、「改訂版 上場株式等に係る利子・配当・譲渡所得等における課税方式の有利選択」（大蔵財務協会・2020）、「キーワードで読み解く所得税の急所」（大蔵財務協会・2015）、「改正減価償却の実務重要点解説」（共編著・大蔵財務協会・2007）。

山下章夫 （やました あきお）

昭和32年長崎県生まれ。北九州大学法学部卒業、筑波大学大学院企業法学専攻修士課程修了。国税庁税務大学校、東京国税局査察部等を経て、平成24年7月世田谷税務署個人課税部門統括官を最後に退職。同年8月税理士登録とともに税理士法人松岡事務所（現 松岡・大江・伊勢税理士法人）入社。

笹原眞司 （ささはら しんじ）

昭和34年東京都生まれ。大蔵省理財局、東京国税不服審判所、東京国税局国税訟務官室、審理専門官室等を経て、平成25年7月大和税務署資産課税部門統括官を最後に退職。平成26年8月税理士登録。現在、松岡・大江・伊勢税理士法人所属。

〈執筆協力者〉

矢川里恵子 （やがわ りえこ）

成蹊大学経済学部卒業後、中央大学大学院博士前期課程修了。
学校法人村田簿記学校講師（簿記3級、2級及び財務諸表論）、税理士事務所勤務などを経て平成10年6月税理士登録。

安田展章 （やすだ のぶあき）

昭和48年生まれ。早稲田大学政治経済学部卒業。一部上場企業勤務を経て平成16年税理士登録。

大蔵財務協会は、財務・税務行政の改良、発達および
これらに関する知識の啓蒙普及を目的とする公益法人と
して、昭和十一年に発足しました。爾来、ひろく読者の
皆様からのご支持をいただいて、出版事業の充実に努め
てきたところであります。

今日、国の財政や税務行政は、私たちの日々のくらし
と密接に関連しており、そのため多種多様な施策の情報
をできる限り速く、広く、正確にかつ分かり易く国民の
皆様にお伝えすることの必要性、重要性はますます大き
くなっております。

このような状況のもとで、当協会は現在、「税のしる
べ」(週刊)、「国税速報」(週刊)の定期刊行物をはじめ、
各種書籍の刊行を通じて、財政や税務行政についての情
報の伝達と知識の普及に努めております。また、日本の
将来を担う児童・生徒を対象とした租税教育活動にも、
力を注いでいるところであります。

今後とも、国民・納税者の方々のニーズを的確に把握
し、より質の高い情報を提供するとともに、各種の活動
を通じてその使命を果たしてまいりたいと考えており ま
すので、ご叱正・ご指導を賜りますよう、宜しくお願い
申し上げます。

　　　　　一般財団法人　大蔵財務協会
　　　　　　　　理事長　木村幸俊

令和2年12月改訂　所得税・個人住民税ガイドブック

令和2年11月16日　初版印刷
令和2年12月10日　初版発行

不許複製

著　者　　松岡　章夫
　　　　　秋山　友宏
　　　　　山下　章夫
　　　　　笹原　眞司

(一財)大蔵財務協会 理事長
発行者　木村幸俊

発行所　　一般財団法人　大蔵財務協会
〔郵便番号　130-8585〕
東京都墨田区東駒形1丁目14番1号
(販　売　部)TEL03(3829)4141・FAX03(3829)4001
(出版編集部)TEL03(3829)4142・FAX03(3829)4005
http://www.zaikyo.or.jp

乱丁・落丁の場合は、お取替えいたします。　　　　印刷　恵友社
ISBN978-4-7547-2833-5